Argentinien

Juan Garff
Rolf Seeler

Reise-Handbuch

Inhalt

Wissenswertes über Argentinien

Das Land der sechs Kontinente	12
Steckbrief Argentinien	14
Natur und Umwelt	16
Klimamosaik	16
Flora und Fauna	18
Naturparks	27
Umweltprobleme	27
Wirtschaft, Soziales und aktuelle Politik	30
Politischer Neuanfang	30
Wirtschaft	32
Soziale Situation	33
Geschichte	34
Präkolumbische Kulturen	34
Kolonialherrschaft	35
Unabhängigkeit	38
Konsolidierung zum modernen Staat	38
Zeit der Weltkriege	39
Peronismus	40
Militärregierung und Schmutziger Krieg	41
Neue Demokratie	44
Zeittafel	46
Gesellschaft und Alltagskultur	48
Bevölkerung und Lebensweise	48
Kirche im Aufbruch	53
Fútbol – la Mano de Dios	54
Tango	54
Kunst und Kultur	55
Kultur ist für alle da · Musik	55
Literatur	57
Malerei	61
Film	62
Essen und Trinken	63
Essen wie die Gauchos	63
Multikulturelle Einflüsse	64
Essgewohnheiten	64

Ein argentinisches Muss: die Confitería	65
Getränke	65
Kulinarisches Lexikon	68

Wissenswertes für die Reise

Informationsquellen	72
Reise- und Routenplanung	75
Anreise und Verkehr	79
Unterkunft	84
Sport und Aktivurlaub	86
Einkaufen	88
Gut zu wissen	89
Reisekasse und Reisebudget	91
Reisezeit und Reiseausrüstung	93
Gesundheit und Sicherheit	94
Kommunikation	96
Sprachführer	98

Unterwegs in Argentinien

Kapitel 1   Buenos Aires und Umgebung

Auf einen Blick: Buenos Aires und Umgebung	104
Buenos Aires	106
Das Dreizehn-Millionen-Monster	106
Geschichte	108
Orientierung · Stadtzentrum	111
Recoleta	124
Palermo	126
San Telmo	127
La Boca	130
Aktiv unterwegs: Die etwas andere Stadttour –	
3 x Kunst und Architektur	131
Aktiv unterwegs: Buenos Aires im Tango-Takt	140
Die Umgebung von Buenos Aires	144
Tigre-Delta	144
Aktiv unterwegs: Mit Rad und Kanu durch	
die Stadt und das Tigre-Delta	147

Inhalt

San Antonio de Areco und Umgebung	149
Luján · Lobos und Umgebung	154
La Plata	155
Ausflug nach Uruguay	157

Kapitel 2 Die Pampa und ihr Hinterland

Auf einen Blick: Die Pampa und ihr Hinterland	162
Küste zwischen Buenos Aires und Bahía Blanca	164
Die Küste nördlich von Mar del Plata	164
Mar del Plata	171
Die Küste südlich von Mar del Plata	174
Bahía Blanca	176
Sierra de la Ventana	178
Die Pampa	180
Pampa – gestern und heute	180
Von Buenos Aires nach Santa Rosa · Santa Rosa	184
Aktiv unterwegs: Tierbeobachtung in der	
Reserva Natural Parque Luro	185
Parque Nacional Lihué Calel	186
Sierras Pampeanas	188
San Luis und Umgebung	188
Sierras de Córdoba	192
Aktiv unterwegs: Per Pferd durch die Sierra	
de los Comechingones	192
Córdoba und Umgebung	198
Córdoba	198
RN 9 Richtung Santiago del Estero	202

Kapitel 3 Patagonische Küste und Tierra del Fuego

Auf einen Blick: Patagonische Küste und	
Tierra del Fuego	208
Die patagonische Küste	210
Blick in die Geschichte	210
Vom Río Colorado zur Península Valdés	212
Península Valdés	214
Von Puerto Madryn bis Comodoro Rivadavia	220
Comodoro Rivadavià	224

Bosques Petrificados Sarmiento und Jaramillo	225
Von Comodoro Rivadavia nach Río Gallegos	226
Río Gallegos und Umgebung	231

Tierra del Fuego 236
Geschichte und Geografie 236
Ushuaia 239
Aktiv unterwegs: Wanderparadies Feuerland 246
Parque Nacional Tierra del Fuego 248
Am Beagle-Kanal entlang 249
Isla de los Estados · Von Ushuaia nach Río Grande 250
Río Grande und Umgebung 254
Von Río Grande zur Magellanstraße 256

Falkland Islands (Islas Malvinas) 257
Geschichte · Port Stanley 259
Restliche Inselwelt 261

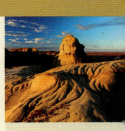

Kapitel 4 Die patagonischen Anden

Auf einen Blick: Die patagonischen Anden 266
Provinz Santa Cruz 268
El Calafate 269
Abstecher nach Chile 274
Parque Nacional Los Glaciares 275
Aktiv unterwegs: Gletschertour auf dem Glaciar
  Perito Moreno 277
Aktiv unterwegs: Wellblech mit Charme – Estancias
  in Südpatagonien 278
Aktiv unterwegs: (Lama-)Trekking am Fitz Roy 280
Von El Chaltén nach Perito Moreno 281

Provinz Chubut 288
Esquel 288
Südliche Provinz Chubut 290
Parque Nacional Los Alerces 291
Parque Nacional Lago Puelo 295
El Bolsón 296

Die Argentinische Schweiz 298
San Carlos de Bariloche 298
Sehenswertes in der Umgebung 300
Von Bariloche nach El Bolsón 304
Circuito Grande 305

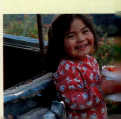

Inhalt

Von Bariloche nach San Martín de los Andes	305
San Martín de los Andes und Umgebung	306
Junín de los Andes	308
Parque Nacional Lanín	309
Araukanien	312
Aluminé und Umgebung	312
Von Aluminé nach Neuquén	313
Neuquén	315
Nördliche Provinz Neuquén	316

Kapitel 5 Cuyo

Auf einen Blick: Cuyo	322
Provinz Mendoza	324
Mendoza	324
Aktiv unterwegs: Caminos del Vino – Weinroute(n) um Mendoza	328
Die Umgebung von Mendoza	333
Südliche Provinz Mendoza	342
Provinz San Juan	346
San Juan	346
Die nähere Umgebung von San Juan	348
Valle de Calingasta	351
Aktiv unterwegs: Wind-Cart-Segeln in den Anden	352
Nordwestliche Provinz San Juan	353
Reserva Provincial Ischigualasto	354
Provinz La Rioja	358
La Rioja	358
Von La Rioja nach Villa Unión	359
Parque Nacional Talampaya	360
Von Villa Unión zur Laguna Brava	362
Chilecito und Umgebung	363
Von Chilecito zum Paso de San Francisco	366
Provinz Catamarca	368
San Fernando del Valle de Catamarca	368
Rundfahrt nördlich der Provinzhauptstadt	369
Von Catamarca nach Santa María	371
Von Hualfín nach San Antonio de los Cobres	377
Aktiv unterwegs: Geländewagentour im Reich der Vulkane	378

Kapitel 6 Der Nordwesten

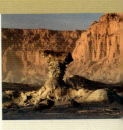

Auf einen Blick: Der Nordwesten	382
Provinzen Santiago del Estero und Tucumán	384
Santiago del Estero	384
San Miguel de Tucumán und Umgebung	387
Valles Calchaquíes	390
Aktiv unterwegs: Tour für Genießer – zu den Winzereien um Cafayate	394
Salta und Umgebung	400
Salta	400
Santa Rosa de Tastil	410
In den Parque Nacional Los Cardones	411
Aktiv unterwegs: Wanderung durch das Verwunschene Tal	412
Koloniale Landgüter	414
Parque Nacional El Rey	415
Provinz Jujuy	418
San Salvador de Jujuy	418
Parque Nacional Calilegua	421
Parque Nacional Baritú	422
Quebrada de Humahuaca	424
Abra Pampa und Puna-Routen	432
La Quiaca und Umgebung	433

Kapitel 7 Mesopotamien und die Chaco-Wälder

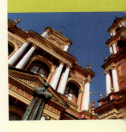

Auf einen Blick: Mesopotamien und die Chaco-Wälder	438
Die Provinzen Entre Ríos und Corrientes	440
Geschichte	440
Anfahrt ins Zwischenstromland	441
Entlang dem Río Paraná nach Posadas	441
Entlang dem Río Uruguay nach Posadas	454
Esteros del Iberá	459
Provinz Misiones	462
Posadas und Encarnación	462
Entlang dem Río Paraná nach Puerto Iguazú	465
Cataratas del Iguazú	471
Rund um Puerto Iguazú	473
Östliche Provinz Misiones	475

Inhalt

Gran Chaco	478
Resistencia	478
Provinz Chaco	479
Aktiv unterwegs: Geländewagentour durch den Impenetrable	485
Provinz Formosa	487
Aktiv unterwegs: Landleben aktiv in der Comarca Bermeja	488
Register	490
Abbildungsnachweis/Impressum	496

Themen

Mit siebzig Sachen durchs Espartogras – der Pampastrauß	20
Argentiniens Unsterbliche – Perón & Perón	42
Gauchos und Gauchadas	50
Träne in der Kehle – der argentinische Tango	58
Rebstöcke mit Weltrekord – argentinische Weine	66
Teatro Colón – die Scala Argentiniens	120
Macanudo – Lunfardo in Buenos Aires	132
Von der Schutzhütte zum Tudorkastell – Estancias in der Pampa	150
Goldene Ähren – Wolgadeutsche in der Pampa	182
Wal-Treff in Valdés	218
Die Straße der Tränen	234
Der sechste Kontinent	242
Von der Küchenschublade ins Britische Museum	251
Der Krieg der 74 Tage und seine Folgen	262
Höhlenmalereien am Río Pinturas	286
Gruppenbild mit Dame	294
Argentiniens Saurier-Register hält Rekorde	317
Das Dach Amerikas – der Aconcagua	335
Segeln im Schatten der Sechstausender	336
Das Erbe der Inka	338
Der skurrilste Wallfahrtsort der Welt	350
Auf tönernen Füßen – die Diaguita-Kulturen	375
Wohnen im Kolonialstil	416
Die friedliche Eroberung – Jesuitenstationen und Mate-Anbau	466
Im Wandel begriffen – das Gesetz des Dschungels	480
Indianer im Chaco	486

Alle Karten auf einen Blick

Buenos Aires und Umgebung: Überblick	105
Buenos Aires – Zentrum: Cityplan	112
Buenos Aires – Erweitertes Zentrum: Cityplan	122
Buenos Aires – Umgebung	148
Die Pampa und ihr Hinterland: Überblick	163
Sierras Pampeanas	189
Córdoba: Cityplan	201
Route der Jesuiten-Estancias	202
Patagonische Küste und Tierra del Fuego	209
Tierra del Fuego	238
Parque Nacional Tierra del Fuego: Wanderkarte	247
Die patagonischen Anden: Überblick	267
Provinz Santa Cruz	270
El Chaltén: Wanderkarte	281
Provinz Chubut	290
Argentinische Schweiz	300
Araukanien	314
Cuyo: Überblick	323
Mendoza: Cityplan	327
Provinz Mendoza	343
Provinzen San Juan und La Rioja	355
Provinz Catamarca	370
Der Nordwesten: Überblick	383
Valles Calchaquíes	388
Salta: Cityplan	402
Rund um Salta	410
Provinzen Salta und Jujuy	420
Mesopotamien und die Chaco-Wälder: Überblick	439
Provinzen Entre Ríos und Corrientes	442
Provinz Misiones	464

▶ Dieses Symbol im Buch verweist auf
die Extra-Reisekarte Argentinien

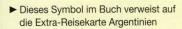

Der Tango ist Argentiniens ›Fingerabdruck‹ und wird gelebt, nicht nur getanzt

Wissenswertes über Argentinien

Das Land der sechs Kontinente

Das Glücksversprechen liegt in seinem Namen: Argentinien, das ›Silberland‹, Río de la Plata, der ›Silberfluss‹. Diese Begriffe spiegeln wider, welche Bedeutung das Land einst hatte – zunächst für die Konquistadoren, die den südamerikanischen Subkontinent nach Edelmetallen durchwühlten, später für Millionen von europäischen Einwanderern, die ab dem 19. Jh. auf der Suche nach einer besseren Zukunft ins Land strömten.

Der Don Quijote der Meere erblickt Silberland

Als Christoph Kolumbus am 12. Oktober 1492 auf eine der vermeintlich 7458 Inseln stieß, die Marco Polo als goldstrotzendes Reich des legendären Groß-Khans beschrieben hatte, zwang er seine Mannschaft, die entdeckten Gestade für Japan zu halten. Die Küste, die Amerigo Vespucci dann zehn Jahre später im Süden des Kontinents ausmachte – die des heutigen Argentinien –, erschien noch im Atlas des Diego Homen von 1558 als *terra incognita.*

Entdeckungsgeschichtlich müsste Amerika eigentlich Kolumbien und Argentinien Amerika heißen. So aber erhielt Argentinien nicht den Namen seines Erspähers, sondern wurde Silberland (von *argentum* = Silber) getauft. In der Mündung des Río de la Plata belud man die Galeonen der spanischen Silberflotte mit den schimmernden Barren, die mit Pferden aus den Gruben von Potosí in Oberperu (im heutigen Bolivien) herbeitransportiert wurden.

Hätte der Don Quijote der Meere, wie Kolumbus von dem deutschen Schriftsteller Jakob Wassermann einmal betitelt wurde, schon die Anden gekannt, dann wäre ihm nicht nur die mineralische Fülle der Neuen Welt, sondern auch die ›erdhafte‹ Poesie ihrer Naturvölker als Verheißung erschienen. *Anta* – woraus Anden wurde – bezeichnet in Quechua, der Sprache der Inka, ebenso das Kupfer als Metall wie auch den rotgoldenen Schmelz, den die untergehende Sonne über die Kordillere gießt.

Überfremdung, Kriege und Anpassung

Tausend Sonnenwenden später, zum 500. Jubiläum der Entdeckung Amerikas durch die Europäer, tat man sich schwer, das historische Ereignis der Eroberung zu feiern, und wählte die versöhnende Formel von der Begegnung zwischen zwei Kulturen. Ein ziemlich schnittiges Wortmodell für eine so bewegte und grausame Geschichte.

Kolumbus, den Wegbereiter eines Jahrhunderte während Missions- (und Kolonisierungs-)auftrags der spanischen Krone, hatte Papst Pius IX. heilig sprechen wollen, ehe der erste in der Neuen Welt ordinierte Priester, Bischof Bartolomé de las Casas, die Ausbeutungsmethoden vor Ort voller Abscheu geißelte. Von der kriegerischen Konquista bis zum utopisch-sozialistischen Jesuitenstaat, von den Ausrottungsfeldzügen gegen die indianische Urbevölkerung bis zu den ›Indianerschutzgesetzen‹ ihrer katholischen Majestäten Fernando de Aragón und Isabel de Castilla y León, Gönnern von Kolumbus – dieser Subkontinent hat alle Spielarten der Überfremdung, der Kriege und der Anpassung erlebt.

Die – erzwungene – kulturelle Verschmelzung hat andererseits einen außerordentlich fruchtbaren Nährboden entstehen lassen, denn die Begegnung zweier Kulturen war in Wirklichkeit eine Verschränkung vieler Werte und Traditionen. Die Spanier waren ja ausgiebig phönizisch, griechisch, römisch infiltriert und arabisch ›durchgeknetet‹ worden, ehe sie, selbst schon ein Mischvolk, Argentinien betraten. Aus den unterschiedlichsten Ecken Europas stammten auch die Einwanderer, die im 19. Jh. von Argentinien umworben wurden – aus Dalmatien, Kroatien, Rumänien, aus der jungen Sowjetrepublik, aus Wales, aus Deutschland und allen voran aus den verarmten italienischen Provinzen. Genueser und Neapolitaner stülpten ihre unverwechselbaren Sprachmelodien über das argentinische Spanisch und verzierten es mit ihrem Hang zur Theatralik. Ihre Teller voller *ñoquis* (›Gnocchi‹) glänzten auf den mit Zeitungspapier gedeckten Tischen der *cantinas,* der Arbeiter-Speisesäle. Auch heute noch schaufelt man in Argentinien hingebungsvoll Spaghetti in sich hinein und sie schmecken nicht schlechter als die in Italien.

Schön und ein bisschen schäbig: Buenos Aires

Die Immigranten strandeten in Buenos Aires, das sie fortan mit ihren schönsten Erinnerungen an die Heimat ausstatteten. In den vergangenen 100 Jahren ist die Stadt jedoch nie das illustre Abbild dieser europäischen Ideale gewesen, denen sie auch architektonisch nachzueifern suchte. Stattdessen besteht Buenos Aires aus einem Mix von mondänen Vierteln und wachsenden Elendsrevieren, von schicken Flaniermeilen und chaotischen Verkehrsstaus. Projekte wie der Ausbau des U-Bahn-Netzes werden groß angekündigt, aber nur schleppend umgesetzt – daran sind beileibe nicht nur die wiederholten (Finanz-)Krisen schuld, denen Buenos Aires ausgesetzt war. 2001 liefen Bilder geschlossener Banken mit demonstrativ heruntergelassenen Rollläden durch die Weltpresse, vor denen sich verzweifelte Bürger versammelten. Kaum hatte sich das Land von dem Chaos erholt, drohten die Wellen der internationalen Wirtschaftskrise anzubranden, die auch in Europa das Vertrauen zu den Banken in Frage stellt. Doch die relative finanzielle Isolierung Argentiniens nach dem Desaster von 2001 hat den Ausbruch einer neuen Krise gedämpft und ein erstaunliches, bis heute anhaltendes Wachstum eingeleitet. Buenos Aires ist in ständigem Wandel, aber so attraktiv wie eh und je – manche sagen: richtig sexy. Ein klein wenig schäbiger als früher zwar, aber kulturell noch erfinderischer, mit Verlagen, die ihre Bücher auf dem Altpapier der *cartoneros* (›Papiersammler‹) drucken, einem in der Wirtschaftskrise entstandenen veritablen Beruf. Solidarität und kreative Improvisation waren den Argentiniern noch nie Fremdwörter und sie haben ihre Kräfte in den Krisenzeiten noch verdoppelt.

Landschaften voller Strahlkraft

Man mag gerne darüber spekulieren, wie viele verschiedene Bevölkerungsgruppen in Argentinien versammelt sind, aber ein Land der sechs Kontinente zu sein, das kann dieser Riesenkegel auch aufgrund seiner geografischen Bandbreite bezeugen: Von den Tropen bis zum ewigen Eis ist alles vertreten.

Argentinien bietet unzählige Landschaften, so weit das Auge blicken kann, und viele davon sind von fast mythischer Strahlkraft: das endlose Schichtstufenland Patagoniens, die majestätische Gletscherwand des Perito Moreno, die riesigen, von schnurgeraden Pappelalleen durchzogenen Ländereien der *estancias* (›Viehfarmen‹), die wilden Granitzacken des Fitz-Roy-Massivs. Wir erleben Seerobben- und Flamingoparadiese auf der Península Valdés, werden mit ein bisschen Glück Zeugen der Wasserspiele von Blauwalen, besuchen die Heimat von Abertausenden Pinguinen in Punta Tombo, genießen besten Rotwein in Mendoza und bestaunen die unvergleichlichen Iguazú-Wasserfälle, in denen sich die mächtigsten Ströme des tropischen Nordens vereinigen. Und in den bunt gestreiften Bergen des indianischen Nordwestens, die 5000 m Höhe erreichen, da lagern uralte metallene Schätze aus der Erdgeschichte – Silber übrigens, ja, das ist auch darunter.

13

Steckbrief Argentinien

Daten und Fakten

Name: República Argentina
Fläche: 2,78 Mio. km^2
Hauptstadt: Buenos Aires
Amtssprache: Spanisch
Einwohner: 40,12 Mio.
Bevölkerungswachstum: 1,02 %
Lebenserwartung: 77 Jahre
Analphabetenrate: 1,9 %

Währung: Argentinischer Peso ($ bzw. ARS)
1 $ = 0,09 € = 0,11 CHF
1 € = 11,01$, 1 CHF = 9 $
Zeit: MEZ −4 Std., MESZ −5 Std.
Landesvorwahl: 0054

Landesflagge: Das Blau symbolisiert den Himmel, das Weiß die Wolken und die Sonne Inti, den Sonnengott der Inka. Blau und Weiß sind allerdings auch die Farben des spanischen Königshauses der Bourbonen.

Geografie

Als zweitgrößter Staat Lateinamerikas nimmt Argentinien den breitesten Raum der Südspitze des Kontinents ein. Vom tropischen Norden, wo es an Bolivien, Paraguay und Brasilien grenzt, läuft es nach Feuerland hinunter, welches die Drake-See von der nur 1000 km entfernten antarktischen Scholle trennt. Im Westen bilden die Anden eine natürliche Grenze zu Chile; den Osten säumt die 4000 km lange Atlantikküste. Die extreme Ausdehnung über 34 Breitengrade sorgt für starke Kontraste. Die Hochkordillere beschert Argentinien über 30 Sechstausender und mit dem Aconcagua die höchste Erhebung der westlichen Hemisphäre. Im Osten teilt sich das Land mit Uruguay die La-Plata-Senke, das nach dem Amazonasbecken zweitgrößte Gewässersystem der Erde. Zwischen Gletschern und Regenwäldern im Nordosten breiten sich fast menschenleere Trockenzonen wie die Puna, die Chaco-Steppe und die patagonische Meseta aus.

Geschichte

Vor der Konquista war Argentinien von rund einem Dutzend halbnomadischer indianischer Ethnien bewohnt. Erst die gegen Ende des 15. Jh. nach Süden vordringenden Inka überzogen das nördliche Vorandengebiet mit einem Netz fester Siedlungen und organisierten Ackerbau und Lamazucht. Für sie und die bald darauf eintreffenden Europäer blieb die Region jedoch vergleichsweise uninteressant, solange die Silberausbeute in Oberperu (heute Bolivien) fabulöse Gewinne versprach.

Wie überall in Lateinamerika gingen Landnahme und Missionierung der unterjochten Urbevölkerung Hand in Hand. Aber nur langsam entwickelte sich eine auf die Estancias gestützte großflächige Agrarstruktur. Während die spanische Krone ihre Interessen auf Mexiko und Peru gerichtet hielt, wurde Buenos Aires zum illegalen ›Freihandelszentrum‹ von Portugiesen, Holländern, Franzosen und Engländern. Die Loslösung vom spanischen ›Mutterland‹ begann 1810, die Unabhängigkeit wurde 1816 erfochten. Mitte des 19. Jh. festigte sich die junge Nation unter einem Grundgesetz. Heute gehört Argentinien mit Brasilien und Chile zu den am weitesten entwickelten Nationen Lateinamerikas.

Staat und Politik

Argentinien ist eine föderalistische, aus 23 Provinzen und der autonomen Stadt Buenos Aires bestehende Präsidialdemokratie mit einem nach dem Muster der Vereinigten Staaten geschaffenen Zweikammersystem in der Legislative. Die Deputiertenkammer und der Senat bilden den Nationalkongress, dessen Zustimmung in beiden Häusern jeder Gesetzentwurf zur Verabschiedung bedarf. Seit 2007 regiert Cristina Fernández de Kirchner von den Peronisten, die die Wahlen im Oktober 2011 erneut gewann und die Opposition mit über 50 % der Stimmen hinter sich ließ.

Die Provinzen (die größte ist Buenos Aires mit 308 000 km^2, die kleinste Feuerland mit 21 000 km^2) werden von Gouverneuren verwaltet. Den bundesstaatlichen Zusammenhalt symbolisiert im Staatswappen ein von zwei Händen brüderlich hochgehaltener Stab, auf dem die rote – an die Jakobinermütze der Französischen Revolution erinnernde – Zipfelmütze als Zeichen der mit der Unabhängigkeit gewonnenen Freiheit thront.

Wirtschaft und Tourismus

Wie kaum ein anderes Land Amerikas ist Argentinien mit natürlichen Ressourcen (Erdöl, Erdgas, Kohle, Edelmetalle, Salze) gesegnet. Ausgedehnte Flusssysteme erlauben die Gewinnung von Hydroenergie und die Bewässerung weiter Kulturflächen zur Erzeugung von Tafelobst, Wein und Zitrusfrüchten. In den nördlichen Feuchtgebieten gedeihen Reis, Zuckerrohr und Bananen, im trockenen Chaco Baumwolle und tanninreiches Holz. Die Pampa ist eine der großen Soja- und Getreidekammern der Welt. Auf den Weiden stehen rund 51 Mio. Rinder, die Schafherden Patagoniens liefern Wolle und Fleisch, die Wälder im Norden Zellulose für die Papierindustrie. Bedeutend ist auch der Fischfang. Vor allem die Automobilindustrie profitiert vom Mercosur (*Mercado Común del Sur* – ›Gemeinsamer Markt des Südens‹), dem außer Argentinien Brasilien, Paraguay, Venezuela und Uruguay angehören.

Die nach der Krise 2001/02 schnell wachsende Wirtschaft begünstigte das Tourismussegment und sorgte für ein ununterbrochenes Wachstum, das nur durch die Weltwirtschaftskrise 2008 und die europäische Finanzkrise 2011 etwas gebremst wurde. Klassische Tourismusziele sind die Iguazú-Fälle im Nordosten, das Hochland im Nordwesten sowie die patagonischen Anden und Gletscher. Auch Buenos Aires boomt als Reiseziel.

Bevölkerung und Religion

Argentinien ist die europäischste Nation des Subkontinents. Kein anderes südamerikanisches Land erlebte einen solchen Immigrantenstrom (rund 6 Mio. Menschen bis zum Ersten Weltkrieg). Die letzte Volkszählung 2010 hat erstmals seit 1914 einen Anstieg der ausländischen Bevölkerung (v. a. aus den Nachbarländern und Peru) auf 4,5 % verzeichnet. Soziostrukturell herrscht eine starke Polarisierung: Im Ballungsraum Buenos Aires lebt mehr als ein Drittel der Gesamtbevölkerung; in Teilen Patagoniens, Catamarcas und La Riojas kommen weniger als drei Bewohner auf den Quadratkilometer. Die indianischen Gruppen sind in Randgebiete versprengt oder im Stadtproletariat untergegangen.

90 % der Argentinier bekennen sich zum Katholizismus. Außerdem gibt es protestantische, jüdische und muslimische Minderheiten.

Natur und Umwelt

Seine Fläche entspricht der sechsfachen Größe Deutschlands, Österreichs und der Schweiz zusammen, doch solch abgezirkelte Dimensionen vermögen nicht die Weite der argentinischen Großlandschaften wiederzugeben. Das Auge sieht nur bis zum Horizont. Das Gefühl für Distanzen aber stellt sich im Kopf ein. Reisend erlebt, ist Argentinien viel imposanter, als es die Landkarte ahnen lässt.

Die untere, konisch zulaufende Spitze des Kontinents, den sogenannten **Cono Sur,** füllen das schlanke Chile auf der Pazifik- und das keilförmige Argentinien auf der Atlantikseite aus. Den natürlichen Grenzwall – ihr Rückgrat, wie beide Nationen gerne sagen – bildet eine mit 35 Sechstausendern gespickte Andenkette, die im Zentralbereich, auf der Höhe von Mendoza, ihren Zenit erreicht. Hier zerren 200 Stundenkilometer starke Winde am Gipfel des Aconcagua, der von den Inka Felszitadelle genannten höchsten Erhebung (6962 m) der westlichen Hemisphäre. Das topologische Gegengewicht an der 4000 km langen Atlantikküste bildet die 40 m unter dem Meeresspiegel liegende Salzpfanne der Salinas Grandes auf der Península Valdés – auch dies ein Rekord: die tiefste Stelle Südamerikas.

Wo sich der (in Brasilien entspringende) 3700 km lange **Río Paraná** durch den riesigen Mündungstrichter des La Plata (›Das Silber‹) – von den Spaniern Mar Dulce (›Süßes Meer‹) genannt – in den Ozean ergießt, geht die Seeküste in Flussufer über. Von hier an bildet der **Río Uruguay** eine ca. 500 km lange Ostgrenze zum gleichnamigen Nachbarstaat, bevor zunächst er, dann seine Nebenflüsse und schließlich der **Río Iguazú,** der mit den **Cataratas del Iguazú** eines der weltweit größten Naturschauspiele bietet, eine über 1000 km lange ›nasse Grenze‹ zu Brasilien ziehen. Den 2,7 km breiten Kranz der tosen-

den Wasserfälle kommentierte die Besucherin Eleanor Roosevelt im Gästebuch einst nur so: »Poor Niagara!«

Und noch mehr Flüsse – die Ríos Paraná, Paraguay und Pilcomayo – verknoten sich zu einem Uferband, das auf 1700 km Länge den Nachbarstaat Paraguay zum nördlichen Anrainer hat. Mit Bolivien teilt sich Argentinien rund 700 km Grenzlinie, dann schließt sich der Kreis: Der Limes der **Anden** und der durch (das mit Chile geteilte) Feuerland gehende lotrechte Schnitt sind 5300 km lang. Allein diese Messzahl illustriert die Längsstreckung (über 34 Breitengrade) der – neben Brasilien – beiden Goliaths des südamerikanischen Kontinents. Bildhaft dargestellt: Argentinien ist dreimal so ›hoch‹ wie der italienische Stiefel. Doch aufgrund seiner starken Ost-West-Ausdehnung (1500 km an der breitesten Stelle) fängt es noch mehr Klimazonen ein als sein westlicher Nachbar Chile, dem die Yungas, die subtropischen Urwälder, und großen Flusssysteme fehlen.

Klimamosaik

Der Cono Sur lässt sich nicht in Klimagürtel teilen. Das liegt zunächst an den ausgeprägten Relielformen des Landes, aber auch an einigen anderen Faktoren, die hier zusammentreffen: an der Argentinien in den Regenschatten stellenden Andenkette im Westen;

Klimamosaik

an dem im Norden vom warmen Äquatorialstrom, im Süden vom kalten Falklandstrom genährten Atlantik; vor allem aber am Fehlen quer streichender Gebirgszüge, die die eisigen antarktischen Winde im Süden des Landes oder die von Norden eindringenden tropischen Luftströme aufhalten könnten.

Fällt der (von Südwesten anbrausende) **Pampero** ins ansonsten gemäßigte La-Plata-Becken ein (ca. 30-mal im Jahr), dann bewirken die mit bis zu 90 km/h daherkommenden Polarluftmassen plötzliche Temperaturstürze von mitunter 20 °C und heftige Wolkenbrüche. Gefürchteter noch ist der aus den Tiefen des Südatlantiks heranwehende **Sudestada** mit seinen Kaltregenböen, die im La-Plata-Mündungstrichter den Strom stauen und häufig im Norden die Flüsse über die Ufer treten lassen. In den mittleren Andenprovinzen (Cuyo) sorgt der föhnartige Fallwind **Zonda** im Winter für Schocktemperaturen (bis 40 °C), indem er sich pro 100 m Höhenunterschied um einen Wärmegrad auflädt.

Mehr noch als durch die lokalen Windsysteme aber wird Argentiniens differenziertes Klimageschehen durch die sehr unterschiedlichen, von weither beeinflussten Niederschläge bestimmt. Die Regen- und Trockenzonen kann man sich wie ein riesiges Andreaskreuz vorstellen: Eine Feuchtdiagonale läuft von Nordosten (Mesopotamien und Formosa) durch die feuchte Pampa zur ostpatagonischen Waldkordillere; sie durchkreuzt eine Trockenachse, die vom Nordwesten (Puna, Vorpuna, westlicher Chaco) durch die trockene Pampa in die patagonische Zentral- und Küstensteppe führt. Kontrastverstärkend wirkt in Trockengebieten die Konzentration der jährlichen Niederschlagsmenge auf einige wenige Regenstürze: Die hohe Verdunstungsintensität leckt die Feuchtigkeit gleichsam vom Boden. Was die Temperaturen anbelangt, so sind in der nordwestlichen Puna die Tag-Nacht-Amplituden größer als die Jahresschwankungen.

Nur wenige wasserreiche Flüsse (Chubut, Negro, Colorado und Salado) schaffen es, die Trockengebiete in ihrer ganzen Breite von den Anden bis zum Meer zu durcheilen, ohne unterwegs zu versiegen.

In Patagonien malen die Wolkenformationen Gemälde an den Himmel

Natur und Umwelt
Flora und Fauna

Als Alexander von Humboldt und Aimé Bonpland um 1800 ihre botanischen Sammlungen in der Neuen Welt begannen, sprach man schwärmerisch von einer ›Wiederentdeckung‹ Amerikas. Die reisenden Forscher registrierten 3000 bis dahin unbekannte Arten, und der Franzose resümierte, wenn die Wunder nicht bald aufhörten, verlöre er den Verstand. Heute registriert man rund 1500 in Argentinien heimische Gattungen höherer Pflanzen. Weite Gebiete der Landschaft, aber immer noch der kleinere Teil, wurden in Nutzflächen verwandelt. Flora und Fauna passen sich an, mutieren – oder nehmen Reißaus. Argentiniens Fleisch fressende rote Feuerameise, 1930 mit einer Schiffsfracht nach Alabama gelangt, ›kolonisiert‹, wie man dort sagt, die US-amerikanischen Südstaaten und ist – ihr wissenschaftlicher Name *Solenopsis invicta* verrät es – bisher noch unbesiegt.

Amazonischer Beckenrand und Mesopotamien

Die aggressive Ameise (eine von weltweit 8800 Spezies ihrer Gattung) stammt aus dem subtropischen Misiones. In diesem feuchtesten Teil des Landes (75 bis 90 % Luftfeuchtigkeit) ist der – noch inselhaft erhaltene – **immergrüne Regenwald** das Habitat unzähliger Pflanzen und Tiere, die um einen Platz an der Sonne ringen. Vertreter von 200 Baumarten, deren erhabenste als sogenannte Überstände *(emergentes)* mit 30 bis 40 m Höhe den dampfenden Blätterdom überragen, recken sich von den roten Lehmböden durch den Dschungel des Unterwuchses dem Licht entgegen. Moose, Flechten, Epiphyten, Geweihfarne, Lianen, Schling- und Kletterpflanzen haben die fantastischsten Wuchsformen ausgebildet.

Die Zeiten des Blauen Aras, des *guacamayo azul*, sind vorbei: Dieser prächtigste aller Papageien starb in den Käfigen seiner Liebhaber. Aber mit etwas Glück sieht man noch den gelben Schnabel eines Tukans aus einer Baumkrone schnellen. Ansonsten gehören die Regenbogenboa, diverse Baumschlangenarten, Riesenfrösche, Halsbandpekaris, Affen, Tapire, herrliche Schmetterlinge, Kolibris, Skarabäen und immer noch einige Jaguare zu den Schaustellern der amazonischen Fauna von Misiones.

In den sich im Süden anschließenden **Feuchtgebieten** Corrientes und Entre Ríos begleiten Galeriewälder die Flussläufe, dazwischen breiten sich Savannen und Sümpfe aus. Lapacho, Ñandubay, Urunday und Timbó heißen die Naturbaumarten, die das Landschaftsbild prägen. Ein 85 km² großer Wald von Yatay-Palmen ist geschütztes Reservat (s. S. 458). Das Paraná-Delta entfaltet eine dichte Weiden- und Pappelvegetation. Nutrias, Reiher, Störche, Wildenten und -tauben haben im Gewässernetz des ›Zweistromlandes‹ ihr Dorado gefunden. In den Lagunen von Iberá leben Alligatoren, Wasserschweine und Sumpfhirsche.

Im Westen macht das Paraná-Becken, das nach der Amazonassenke zweitgrößte Flusssystem Südamerikas, stufenweise dem auf-

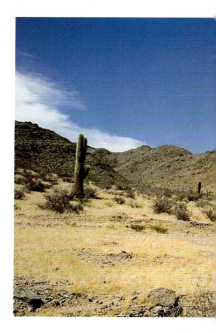

Flora und Fauna

gelockerten Trockenwald des **Chaco** Platz. Finden sich in der Provinz Formosa noch ausgedehnte Waldsümpfe und Caranday-Palmenfluren, so geht die Pflanzendecke des Chaco westwärts von Laub abwerfenden Hartholzwäldern in *espinales* (Dornbuschfluren) und Salzsteppen über. Im Chaco leben Reptilien, vor allem Leguane, Tapire, Ameisenbären und Riesengürteltiere.

Weiter im Nordwesten nimmt die Landschaft noch einmal das abgewandelte Vegetationsmuster des amazonischen Regenwaldes in Form der **Yungas** auf. Diese vorwiegend aus Lorbeergewächsen bestehenden, von Farnen, Flechten, Lianen und Bromelien durchwirkten Wolken- oder Nebelwälder überziehen die Grenzgebirge zu Bolivien wie ein grüner Filzteppich. Als südlichster Ausläufer dieses Klimagürtels präsentiert sich der tucumanische Regenwald. Die Yungas lassen sich in drei Zonen unterscheiden: Die unterste Zone, die der *selvas basales* (300 bis 500 m), ist zur Gewinnung von Kulturflächen (Zuckerrohr, Tabak, Baumwolle, Zitrusfrüchte, Pfeffer, Wein) fast völlig entforstet worden; im mittleren Gürtel (bis 1800 m) hat die Edelholzgewinnung ihre Breschen in den Nebelwäldern hinterlassen; am besten erhalten ist der Kronenraum der Waldregionen (bis etwa 2500 m). In den Gras- und Polsterfluren darüber behauptet sich als einzige Baumgattung die knorrige Queñoa mit ihrem sonderbar gedrechselten Stamm. Exemplarisch studieren lässt sich das Vegetationsmuster der Wolkenwälder in den Nationalparks des Nordwestens. In diesen wenig besuchten Bergenklaven verstecken sich Ameisenbären, Stachelschweine, Faultiere, Vampire und Jaguare. In den Baumkronen leben u. a. Tukane, Papageien und Kolibris.

Puna und Monte-Region

Mit Chile und Bolivien teilt sich der Nordwesten Argentiniens jenen von abflusslosen Becken *(bolsones)* gebildeten Hochgebirgssockel, der im Westen Atacamawüste, im

Im Nordwesten zu Hause: die bis zu 8 m hohen Kandelaberkakteen

Natur und Umwelt

Mit siebzig Sachen durchs Espartogras – der Pampastrauß

Der Vogel Strauß – Leittier aller Zweibeiner, deren Politik es ist, den Kopf in den Sand zu stecken, wie der Volksmund weiß – rennt in der Pampa, wenn es um Kopf und Kragen geht, in Wirklichkeit mit bis zu 70 km/h Geschwindigkeit davon. Solche Eile ist verhängnisvoll, wenn sich die von einem Gaucho geworfenen *boleadoras* (Schleuderkugeln) dem Laufvogel um die Beine schlingen. Dann kommt das Tier mit einem dumpfen Laut zu Fall – und hat ziemliches Glück, wenn es nur Federn lassen muss.

In den ersten Dekaden des 20. Jh. waren, neben Rindfleisch, Weizen und Wolle, Straußenfedern ein Posten in der Exportstatistik der Provinz La Pampa: pro Jahr rund 10 t. Die Technik der Straußenjagd mit den lederumhüllten Wurfkugeln, die wie ein Lasso geschleudert werden und am Ende langer Stricke befestigt sind, lernten die Viehtreiber von den Indianern. Die Ureinwohner sammelten nicht nur die hochgeschätzten Eier (zwölf Mal so groß wie Hühnereier), sondern liebten vor allem auch das puterähnliche Fleisch des Pampavogels, das sie auf köstliche Weise als *chaskin* zubereiteten, indem sie das ausgenommene Tier mit heißen Steinen füllten. Die Haut (mitsamt den graubraunen Federn) lieferte ihnen einen flaumweichen Teppich, beliebter Tauschartikel auch beim Handel mit den Weißen. Die spitzen, harten Vogelknochen wurden als Nadeln für buchstäblich alles verwandt, bis hin zum Perforieren von Mädchenohren.

Der flugunfähige Pampastrauß *(Rhea americana),* hier nach seiner indianischen Bezeichnung Ñandú genannt, ist nicht nur ein hervorragender Sprinter, der seine Schwung- und Schwanzfedern als Triebwerke benutzt, mit seinen unerwarteten Kreuzsprüngen macht er es auch seinen Verfolgern schwer, ihm auf den Fersen zu bleiben. Die von Dornen geletzten Füße sind hart wie Stahl. Wird der Strauß zu Fall gebracht, dann ist es eine Frage der Geschicklichkeit, die abwurfbereiten Federn – keine Blutfedern, das war immer verboten – aus dem Kleid zu ziehen, ohne selbst verletzt zu werden. Mit einem einzigen Hieb der von drei messerscharfen Krallen besetzten Klaue sind schon Jäger getötet worden. Hat man die Vögel wieder von den Beinschlingen befreit, trotten sie davon, wie sie sich überhaupt, nähert man sich ihnen zu Fuß, zunächst eher zögernd und, so will es uns scheinen, leicht pikiert in Marsch setzen, ehe sie in Galopp fallen.

Der Anflug von Hochmut oder Koketterie, den man zu erkennen glaubt, hat wohl eher etwas mit dem langen Hals zu tun (aus dem man früher Tabaksbeutel machte). Bei nur 1,70 m Scheitelhöhe erlaubt er es dem Tier, das oft über 2 m hohe Gras der Trockenpampa zu überragen und bis zum Horizont zu spähen. Der Ñandú sieht sehr scharf und ist außerordentlich wachsam. Das kommt vor allem dem Männchen zugute, das – ein seltener Fall von Ritterlichkeit in der zweibeinigen Welt – nicht nur den Nistplatz aussucht und das Nest baut, sondern auch 40 Tage lang (zwischen Oktober und Dezember) die jeweils 30 bis 40 Eier ausbrütet. Unterdessen geht die Henne erneut auf Männerfang und legt

Pampastrauß

Thema

Eier. Das wiederholt sich mehrere Male: ein ›intensivwirtschaftlicher‹ Reproduktionsprozess, der die Art erhält. Denn nicht nur in den Reservaten lebende Indianer und auf einen saftigen Braten erpichte *estancieros* sind sporadisch hinter dem Großvogel her – der schlimmste Dauerfeind ist der Puma.

Der freilebende Ñandú darf nicht wirtschaftlich ausgebeutet werden, er steht unter Schutz der internationalen Artenschutz-Konvention. Erst in den letzten Jahren begannen einige Farmen mit der Ñandú-Zucht, um Leder und Fleisch zu liefern. Das ist auch wichtig: Was wäre die Pampa ohne den Pampastrauß, »diesen archaischen Überlebenden aus der Zeit, als es auch unter den Vögeln noch Giganten gab«, wie Argentiniens berühmtester Ornithologe Guillermo Hudson meinte.

»Ñan-dú, Ñan-dú«, so klingen die Rufe des männliches Straußes während der Balz – daher auch sein indianischer Name

21

Natur und Umwelt

Von wegen trostlose Steppe: Im Herbst beginnt Patagoniens Landschaft zu leuchten

Norden Altiplano heißt und der an Höhe nur von den Plateaus in Tibet übertroffen wird. In dieser extremen Trockenzone (mindestens elf Monate im Jahr ohne einen Tropfen Regen) sorgen starke Sonneneinstrahlung und abrupte nächtliche Abkühlung für Klimasprünge von 20 bis 50 °C. Kultivierte Grünflächen findet man hier nur entlang der Flussläufe.

In der **Hochpuna** haben nur zwergwüchsige Kakteen, fast blattlose Harzgehölze, einige Horstgräser und Polsterpflanzen wie die *llareta* (oder Yareta) eine Chance. Charakteristische Puna-Tiere sind das seit 7000 Jahren (fast so lange wie die Kuh) domestizierte Lama und das Alpaka. Etwa 50 000 dieser Cameliden werden im Nordwesten gehalten. Die nur schwer zähmbaren Vikunjas, deren Bestand etwa 100 000 Tiere umfasst, werden alle zwei Jahre geschoren, indem die wilden Herden von Hunderten von Puna-Bewohnern eingekreist und nachher wieder frei gelassen werden. Ein Kilogramm ihres enorm feinen Haarkleides (100 Härchen pro Quadratmillimeter) ist zwischen 300 und 500 US-Dollar wert, weswegen die Vikunjas trotz starker Kontrollen den Wilderern ausgesetzt sind. Füllen sich die Salare der Puna mit Regenwasser, dann sind Andenflamingos saisonale Gäste. Den König der Kordilleren, den Kondor, findet man bereits hier; doch bewohnt er vorzugsweise die Bergregionen weiter im Süden (s. S. 336).

Nur Dornsträuchern und Kakteen gelingt der Aufstieg in die bis zu 5000 m hohe **Präpuna**. Die für die gesamte Längstälerzone von Humahuaca (Jujuy) bis Catamarca typischen Kandelaberkakteen *(cardones)* sind in Bezug auf ihren Wasserbedarf ein kleines Naturwunder. Die bis zu 8 m hohen Stachelsäulen – von dem schwedischen Naturforscher

Flora und Fauna

Carl von Linné schon im 18. Jh. als *Trichocereus* (›haarige Wachskerze‹) klassifiziert – haben ihre Oberfläche extrem reduziert und ihre Atemöffnungen (für Gasaustausch und Wasserverdunstung) tief in die Epidermis verlegt. Zum Vergleich: An einem heißen Sommertag verliert durch die Spaltöffnungen ein 4 m hoher Kaktus 0,02 l Wasser, ein Apfelbaum etwa 20 l und eine ausgewachsene Maispflanze 2 l. Nur der durch die Nutzung als Brennholz in seinem Bestand stark dezimierte Charqui-Baum vollbringt Ähnliches.

Den Präpunaketten vorgelagert ist die sich als Längsband bis in den Cuyo (San Juan, Mendoza) hinziehende Trockenzone des **Monte.** Er wird von endlosen, nicht einmal artenarmen, aber halb verdursteten Strauchsteppen gebildet, deren hartlaubige Hülsenfrüchtler aromatische Düfte verströmen. In der Nähe von (Trocken-)Flussbetten gelingt es auch einigen knorrigen Baumarten, mit tief reichenden Wurzeln – *algarrobo, chañar, brea* – Fuß zu fassen. Die Fauna des Monte beschränkt sich auf Gürteltiere, Schlangen, kleine Nager, Graufüchse und Pumas, sieht man von den allgegenwärtigen Ziegenherden ab.

Patagonische Waldkordillere

Vor allem an den Hängen und auf den Sohlen der quer laufenden Durchbruchstäler, wo regenreiche Westwinde die Anden durchstoßen, gedeihen herrliche **Mischwälder,** deren Herbstlaub (im April) ein buntes Feuerwerk entfacht. Daneben gibt es regionale **Hochwälder,** die aus jeweils nur einer Baumart wie Zypresse, Myrte oder Alerce, weiter im Norden Araukarie, im Süden Lenga oder Ñire bestehen. Alercen können bis zu 3000 Jahre alt werden und der Verlauf ihrer Jahresringe offenbart uns das Klimageschehen von drei Millennien.

Reich ist auch die Bodenflora, unter der die *Fuchsia magellanica,* die Stammmutter unserer gleichnamigen Zierpflanzengattung, mit ihren zinnoberroten Blütenampeln hervorleuchtet. Colihue-Bambus bildet stellenweise einen undurchdringlichen Dschungel, in dessen Dämmerlicht viele Erdorchideen gedeihen. Am Fuß der Andenabdachung gehen die Gehölzfluren in die gelbbraune patagonische Steppe über, deren Charakterpflanzen Doldenblütler mit dornigen Kugelpolstern sind. Zur mythischen Pflanze Südpatagoniens wurde der Sauerdornstrauch Calafate *(Berberis buxifolia),* eine Berberitzenart, deren dunkle Früchte die Indianer medizinisch nutzten.

Die höchsten Regionen des südandinen Regenwaldes, über die Kondore und Adler wachen, durchziehen – selten gewordene – *huemules* (Andenhirsche) und *pudúes* (Zwerghirsche). Als kleinste Hirsche der Welt sind sie leider zu einer Zooattraktion geworden. Die Steppe bevölkern Beutelratten, Stinktiere, *maras* (Pampahasen), Schlangen, Wildkatzen, Steppeneulen, Schwarzhalsschwäne, Grau- und Rotfüchse, Guanakos, Pumas und der *choique,* der patagonische Strauß mit seinem aschgrauen Federkleid.

Natur und Umwelt

Feuerlands Farbenzauber

Das eintönige Pflanzenkleid der **patagonischen Steppe** zieht sich über die Magellanstraße bis in den ariden Norden der Isla Grande, das Kerngebiet von Tierra del Fuego. Hier ist plattes Schafweideterritorium. Erst von Zentralfeuerland an nach Süden richtet sich die Natur auf und schmückt sich mit Farben und Formen, die wie ein Protest gegen den niederdrückenden Wind und die langen weißen Winter wirken. In den **Südbuchenwäldern** leuchten rote und gelbe kugelförmige Geflechte aus dem Geäst hervor. Diese ›Chinesischen Laternen‹ sind Halbparasiten und zapfen mit ihren Saugorganen die Wasserleitungsbahn der Bäume an, regeln ihren Chlorophyllhaushalt aber selbst. Noch farbenprächtiger wirken die Teppiche, die die **Hochmoore** in den Trogtälern, Gletscherbahnen der letzten Eiszeit, ausbreiten. Ihre pigmentreichen Torfmoose *(turbales),* in denen sich auch Sonnentau, Myrten und andere Heidekräuter eingenistet haben, entfalten eine breite Palette von Rot- und Gelbtönen.

Am Beagle-Kanal und auf sturmgepeitschten Höhen einzeln stehende Bäume sieht man häufig zu ›Windfahnen‹ verformt. Was die feuerländischen Gehölze so archaisch erscheinen lässt, sind vor allem die toten, von dicken Moospolstern und Pilzkolonien überzogenen Baumstämme, die in dem kalten Klima nur sehr langsam verrotten. An vielen Stellen haben auch Biber für Holzeinschläge gesorgt und wahrhaft imposante Stauwerke errichtet. Die Tiere sind die Nachkommen von 25 Biberpaaren, die 1946 aus Kanada eingeführt wurden, und heute fast eine Plage. Zur lokalen Tierwelt gehören auch die Magellangans, Strauße und Guanakos. In den Bergregionen der Darwin-Kordillere ist der Kondor zu Hause, und weit draußen auf dem Südatlantik vollbringt der im Aufwind segelnde Albatros seine akrobatischen Kunststücke.

Lebensader der vom Schiff aus zu beobachtenden Meeresfauna – Robben, Pinguine, Kormorane – ist der Beagle-Kanal. Seinen eisigen Gewässern entstammt die *centolla* (Königskrabbe), für die sich vor allem die einheimische Küche interessiert. Die Feuer, an denen die Yahgan-Indianer einst ihre Muscheln garten, sind erloschen, nur der die roten Fackeln seiner blühenden Zweige (am Nektar laben sich Kolibris) emporreckende Feuerbusch *(Embothrium coccineum)* erinnert noch an die Namengebung von Tierra del Fuego.

Patagonische Küste

Von den Anden bis zum Atlantik reicht die patagonische Steppe. Kein Baum, kein Strauch. An den Abrasionskanten der Steilküste aber und auf den vorgelagerten Strandterrassen scheint sich die Meeresfauna der ganzen Welt einzufinden: Wale, See-Elefanten, Seehunde, Pelzrobben, Pinguine, Kormorane, Möwen und unzählige Arten anderer Seevögel, die sich am dichtesten auf der Isla de los Pájaros, der ›Vogelinsel‹ bei Puerto Pirámides, konzentrieren (s. S. 216). Als wahrlich größte Attraktion finden sich an den Gestaden der Península Valdés alljährlich mehr als 1000 der 16 000 weltweit vermuteten Glattwale ein.

Über 1 Mio. Magellan-Pinguine bevölkern die patagonische Küste, mit Schwerpunkt Punta Tombo, der größten Kolonie der Erde. In den Küstengewässern wird die Fangkonkurrenz zwischen Fischdampfern und Pinguinen jedoch immer härter. Durch Satellitenbeobachtung weiß man, dass die Tauchvögel jetzt mitunter einen ganzen Monat lang unterwegs sind, um sich mit Futter (vor allem Anchovis) einzudecken. Normalerweise sorgen die Tiergruppen untereinander für ein arterhaltendes ökologisches Gleichgewicht: Raubmöwen fressen Pinguin-Nestlinge, Dominikanermöwen stibitzen Kormoraneier, Schwertwale jagen Delphine …

Pampa

Das dem Quechua entstammende Urwort *bamba,* das der Pampa seinen Namen lieh, bedeutet einfach: Ebene, Flachland, Weite ohne Hindernis. Und tatsächlich bildet die Pampa eine Großlandschaft, die sich nördlich des Río Colorado von der Atlantikküste bis zum Cuyo und weiter nach Córdoba und Santa Fe, nach Entre Ríos, ja bis nach Uruguay hinein erstreckt. Geomorphologisch

24

Flora und Fauna

weist die Pampa drei Formationen auf: die flache Pampa *(pampa deprimida)*, die hügelig gewellte Pampa *(pampa ondulada)* sowie die pampinen Sierren *(sierras pampeanas)*, eingestreute Gebirgszüge, deren südlichster die Sierra de la Ventana ist und zu denen man im Norden noch die Sierra de Famatina (La Rioja) und den Aconquija-Komplex (Tucumán) zählt; dazwischen erheben sich die Sierren von San Luis und Córdoba.

Üblicher aber ist die dem Vegetationsmuster entsprechende Unterscheidung in feuchte Pampa *(pampa húmeda)* und trockene Pampa *(pampa seca)*. Die in der atlantischen Regenzone, also im Osten, liegende **feuchte Pampa** empfängt zwar durchschnittlich nur 750 mm Niederschlag pro Jahr (Oktober bis Dezember), ist aber von einem engmaschigen Gewässernetz durchzogen, dessen Hauptstrang der Río Salado mit einem ganzen Geflecht von Seen, Tümpeln und unterirdischen Speichern *(napas)* bildet. Die Lagunenpampa *(pampa de las lagunas)*, die das Zentrum der Provinz Buenos Aires beherrscht, besteht aus schilfgesäumten Süßwasserteichen, die Ährenfischen *(pejerreyes)*, Nutrias, Reihern, Schwarzhals- und Wildschwänen, Fröschen und Kröten, Ibissen, Störchen, Schnepfen, Regenpfeifern, Kappen-, Bahama- und Schwarzkopfruderenten eine Heimat bieten. Auf Zäunen und Telegrafenmasten baut der *hornero* (Töpfervogel) seine Lehmkugelnester, im Gras nisten Perl- und Blesshühner, Gesundheitspolizei spielen Aas fressende Geiervögel und *chimangos*, eine Falkenart. Der Pampavogel schlechthin ist der *teru-teru*, dem sein gleich klingender Ruf den Namen gab. Die zuflussärmeren, weiter landeinwärts verstreuten Salzlagunen haben als Saisongäste vorwiegend Flamingos.

Nach Westen werden die Gewässer weniger und der aus Pfeil- *(flechilla)* und Pampasgras (jene 2–3 m hohen ›Fuchsschwänze‹, die – manchmal eingefärbt – als Trockensträuße große Vasen zieren) bestehende Unterwuchs geht in Weidegräser über, um schließlich riesigen Feldern Platz zu machen. Das Herzland Argentiniens mit den größten zusammenhängenden Kulturflächen des Landes ist zwangsläufig zur artenärmsten Region geworden.

Wo die fast nur von Eukalyptusbaumgruppen unterbrochene Kulturlandschaft im Westen und Südwesten in die **trockene Pampa,**

Ständige Begleiter auf einer Reise entlang der Südküste: Robben

Natur und Umwelt

im Nordwesten in den Monte-Gürtel übergeht, breiten sich Teppiche von Hartgräsern aus, die von Dornstrauchsteppen *(espinales)* und weiter im Norden von Trockenwald abgelöst werden. Hier belebt sich auch der Boden mit mobilen Bewohnern: Vizcachas, Stinktiere, Iltisse, Gürteltiere, Graufüchse, Pampahasen und *ñandúes* (Pampastrauße).

Schattenspender – daher auch *bellasombra* genannt – ist in der Pampa von Buenos Aires der einzeln stehende mächtige *ombú*, dessen korkartiges Holz sich gleichwohl als unverwertbar erweist. Ein anderer Charakterbaum mit prächtiger Krone, der *caldén* (eine hartholzige Leguminose), bildet im Südwesten der Pampa hingegen ganze Wälder aus, in denen aus Europa eingeführte Rothirsche und Wildschweine leben, wie ehedem gezielte Beute organisierter Jagdpartien.

Das Feuchtgebiet der östlichen Pampa bildet eine Art Knautschzone zwischen Überschwemmungen und Dürreperioden, gleichzeitig einen Riesenfuttertrog für Zugvögel, die aus bis zu 15 000 km Entfernung heranfliegen. Der unstete Puls dieses organischen Wasserwerks verlangt von seinen Nutznießern allerdings äußerste Flexibilität – Pflanzen und Tiere haben bewundernswerte Mechanismen und Verhaltensweisen entwickelt. So umgeben sich die Samen des Caldén-Baumes mit einer Schutzschale, die so hart ist, dass ein Auskeimen nicht möglich wäre, würden die samentragenden Schoten nicht von Tieren gefressen, deren Magensäfte die Hüllen anlösen, sodass sie nach dem Ausscheiden von den Keimen gesprengt werden können. Eine in der feuchten Pampa lebende Riesenkröte (die sogar Nagetiere und junge Vögel frisst), gräbt sich bei drohender Trockenheit ein und umgibt sich mit einer ›Regenhaut‹. Kaulquappen, die andernorts für ihre Umwandlung in Landtiere gewöhnlich

Herzstück der Argentinischen Schweiz: der Parque Nacional Nahuel Huapi

Monate benötigen, haben es gelernt, in nur 18 Tagen ihre Metamorphose zum Frosch zu bewältigen, was bedeutet, ihre Kiemenatmung auf die lebensrettende Lungenatmung umzustellen. Fischen bleibt beim Eintrocknen einer Teichpfütze nur der Tod, aber der männliche *pavita* provoziert das Weibchen mit einem aufregenden Tanz zum vorzeitigen Laichen, beide buddeln die Eier in den Schlammgrund, wo sie, während die Eltern sterben, bis zur nächsten Regenperiode überdauern. So bleibt die Art dieses hübschen Pampafisches – das Weibchen goldgelb, das Männchen von irisierendem Blau – auf wunderbare Weise erhalten.

Naturparks

Der erste Nationalpark Lateinamerikas – und einer der ersten der Welt – entstand 1903, als

Umweltprobleme

der argentinische Geologe Francisco Pascasio Moreno 75 km^2 Waldland am Lago Nahuel Huapi (bei Bariloche) dem Staat als Stiftung vermachte. Heute gibt es, von der Hochpuna bis zum Beagle-Kanal, 42 Nationalparks und -reservate in Argentinien, zu denen sich noch mehr *parques provinciales* und *parques municipales*, Naturschutzgebiete und private Reservate, addieren. Einige dieser Areale wurden von der UNESCO zu Biosphärezonen erklärt. Ca. 2 % der Landesfläche sind so geschützt.

Die Naturreservate sind die Arche Noah unserer Zeit und Argentiniens Refugien befinden sich in einem noch geradezu pionierhaften Stadium. Der Versuchung, gleichzeitig biologische Schatzkammer, Wilderness Resort und Freilichtzoo, Autowanderplatz und Freizeitpark mit Schnickschnack zu sein, werden sie jedenfalls noch lange widerstehen können. Im dschungelhaften Parque Nacional Baritú (s. S. 422) beispielsweise ist der einzige Besucher meist der Ranger selbst.

Wichtige Pufferzonen für die Nationalparks bilden die provinzialen und privaten Reservate, die etwa von Estancieros auf eigenem Gelände eingerichtet wurden. Sie dienen vor allem migrierenden Tierarten als Brückenköpfe und Korridore. So gibt es allein in der feuchten Pampa 18, an der patagonischen Küste 27 Schutzgebiete aller Art.

Die argentinischen Nationalparks stehen unter der Obhut von Parkhütern *(guardaparques)*. Sie werden von der Administración de Parques Nacionales (APN) in Zusammenarbeit mit der Universität Buenos Aires am Stausee Embalse Río Tercero (Córdoba) ausgebildet – ihre Losung: Die Natur der Natur zurückgeben.

Umweltprobleme

Ein gefährdetes Erbe

Argentiniens Umweltprobleme sind so kapriziös wie seine Geografie: Vom Chaco (der heißesten Region ganz Südamerikas), wo der ungehemmte Holzeinschlag die Desertifikation vorantreibt, bis zum Upsala-Gletscher, den der Treibhauseffekt zwischen 2002 und

Natur und Umwelt

2013 um 3 km abschmelzen ließ, von der Raubfischerei an der Atlantikküste bis zu den Waldbränden in der Kordillere erstreckt sich der kaum zu überblickende Katastrophenschauplatz. Die großartige Weite des Landes und die enorme Bevölkerungskonzentration auf Buenos Aires haben eine umfassende Politik des *medio ambiente* (›Umwelt‹) eher verhindert, obwohl das Wort heute in aller Munde ist. Im Gegensatz zu den Smogglocken über São Paulo oder Santiago de Chile werden die meisten Abgase der knapp 2 Mio. Autos, die täglich durch die Hauptstadt pendeln, vom Winde verweht: Die Straßen fungieren als Ventilationsbahnen zwischen Pampa und Meer. Ihr Geräuschpegel allerdings liegt permanent über dem von der Weltgesundheitsorganisation fixierten Höchstwert.

Umwelt- oder Vogel-Strauß-Politik?

Probleme aus der Welt zu schaffen bedeutet immer nur: sie sich selbst vom Leib zu halten. Täglich wird die Stadt von rund 5800 t Müll (im Großraum Buenos Aires insgesamt etwa drei Mal so viel) befreit, aber die 400 Mio. US-Dollar, die man dafür jährlich an sechs Privatunternehmer zahlt, sind wie ein Ablass auf Zeit. Die (zu begrünenden) Gruben füllen sich bis zu dem Punkt, an dem ein Abtransport per Eisenbahn unausweichlich wird. Das aber verbietet das Gesetz. Erst 2007 fing die Stadtverwaltung mit der Müllsortierung an, die gesetzlich vorgeschriebene Verringerung der Abfallmenge um 50 % bis 2012 wurde aber nicht annähernd erreicht. Bis 2014 konnte nur rund 35 % weniger Müll vergraben werden. Erst als die Bürgermeister der Bezirke, in denen die Gruben liegen, drohten, keine Mülltransporte aus der Hauptstadt mehr anzunehmen, reagierte die Stadtverwaltung mit der Ernennung eines ehemaligen Greenpeace-Mitarbeiters zum Leiter der lokalen Umweltagentur.

Diesem Verdrängungswettbewerb im Umweltgewissen entspricht der relative Gleichmut, mit dem seit über 30 Jahren auf das Baden im La Plata (Abwassereinleitung: 19 m³/ Sek.) verzichtet wird. Denn weiter südlich locken 4000 km Atlantikküste und jenseits der Mündung winken die Strände von Uruguay. Im Industriekessel der Kloakenflüsse Riachuelo, Reconquista und Matanza spucken viele der knapp 12 000 Betriebe seit Jahrzehnten Kohlenwasserstoffe, Schwermetalle und Nitrate in die Brühe. 1685 dieser Unternehmen wurden in den letzten Jahren aufgefordert, ihre Abwasseranlagen zu verbessern, knapp 30 % davon hatten bis Ende 2013 die Auflagen erfüllt.

Setzt Umdenken ein?

Gleichzeitig bezieht Argentinien einen großen Teil seiner Energie aus erneuerbaren Quellen. Die Wasserkraft deckt 36 % der Stromerzeugung, 60 % wird von Wärmekraftwerken geliefert (von denen ein Teil mit Biodiesel betrieben wird) und 3 % von Atomkraftwerken. In der patagonischen Provinz Chubut stehen viele Windräder – Argentinien gilt als eines der Länder mit dem höchsten Windkraftpotenzial der Erde: In Chubut fegen die Böen schon mal mit 180 Stundenkilometern über die Steppe. Der Beitrag der Windenergie zur Stromerzeugung liegt aber noch knapp unter 1 %.

Im Konflikt um den Bau von Zellulosewerken am Río de la Plata wurden gegensätzliche Ansätze des argentinischen Ökobewusstsein offensichtlich. Eine finnische Firma (2009 an ein spanisches Unternehmen veräußert) errichtete 2005 am Río Uruguay beim uruguayischen Fray Bentos eine Zellulosefabrik. Argentinische Umweltschützer protestierten mit einer dreijährigen Brückenblockade gegen die zu erwartenden Umweltschäden. Uruguay, eigentlich ein Verbündeter Argentiniens, ließ sich nicht erweichen – mit dem Bau waren 2000 Arbeitsplätze verknüpft. Ein nahezu klassischer Konflikt, bei dem Arbeitsplätze gegen Umweltschutz ausgespielt werden sollen. Am argentinischen Ufer andererseits, reihen sich zahlreiche umweltverschmutzende Betriebe und Städte aneinander, ohne dass Kontrollen oder Proteste sie daran stören.

Große Bedenken äußern Argentiniens Umweltaktivisten auch gegenüber der Absicht, im chilenisch-argentinischen Grenzgebiet (Pascua Lama) eine Goldmine zu bauen. Die kanadische Firma Barrick Gold will 8,5 Mrd.

Umweltprobleme

US-Dollar investieren, um das hier vermutete Gold-, Silber- und Kupferreservoir zu erschließen. Durch den Druck von Umweltschützern aus beiden Ländern wurden 2006 Forderungen laut, nach denen beim Bau der Mine keine Gletscher berührt werden dürfen. Das Engagement hatte Erfolg: Ende 2010 wurde das Ley de Glaciares (›Gletschergesetz‹) verabschiedet, das den Schutz der Gletscher beinhaltet. Auf der chilenischen Seite des weltweit ersten binationalen Tagebaus haben indigene Gemeinschaften Einspruch erhoben, der vom Obersten Gerichtshof anerkannt wurde. Bis Ende 2014 muss das Unternehmen nun diverse Mitigationsmaßnahmen durchführen, bevor es die Arbeit an der Goldmine wieder aufnehmen darf. Die Goldförderung soll frühestens 2016 beginnen.

Welche Rolle entschlossener Bürgerprotest einnehmen kann, verdeutlicht das pittoreske Esquel am Fuß der Anden. 80 % der Bevölkerung sprachen sich gegen die Ansiedlung einer kanadischen Goldmine aus, andere Gemeinden zogen nach und erreichten ein Richterurteil, das einer ausländischen Bergbaugesellschaft aufgrund eines Provinzgesetzes die Verwendung von hochgiftigen Schwermetallen untersagte.

Der Wald ›stirbt‹

Die dringlichste Herausforderung besteht jedoch darin, die Waldbestände zu erhalten, denn das Menetekel des argentinischen Naturschutzes heißt vor allem: fortschreitende Wüstenbildung. 30 % der Landesbevölkerung lebt in Trocken- und Halbtrockenregionen (Jujuy, Salta, Catamarca, La Rioja und Teile von Patagonien), die 75 % der Landesfläche ausmachen. Hier ist es eine Überlebensfrage, der weiteren Auslaugung der Böden Einhalt zu gebieten. Argentiniens Waldfläche hat sich in den letzten 80 Jahren auf weniger als ein Drittel verringert. Ca. 28 % der agrarischen Nutzfläche leidet infolge von Abholzung und Überweidung unter Wind- und Wassererosion; ca. 100 000 ha Wald gehen jährlich in Flammen auf, häufig durch Brandstiftung seitens Spekulanten, die den Boden für andere Nutzungen aufwerten wollen. Ein nach langen Kämpfen von ökologischen Initiativen 2007 verabschiedetes ›Waldgesetz‹ (Ley de Bosques) wurde erst 2009 von der Regierung in Kraft gesetzt, nachdem Vertreter der Provinzregierungen es blockierten, die von der Waldrodung kurzfristig profitieren, z. B. für den Anbau von Soja. Zwischen 1999 und 2007 wurden jährlich 250 000 ha Wald vernichtet.

Die Schiffsriesen im La-Plata-Delta sind nur ein Teil des Umweltproblems

29

Wirtschaft, Soziales und aktuelle Politik

Nach der Krise 2001/02 ging es mit Argentinien mehrere Jahre lang bergauf. Die Regierung von Néstor Kirchner leitete einen exportorientierten Aufschwung mit Umschuldung der Auslandsschulden ein. Seine Ehefrau und Nachfolgerin Cristina setzt mit klaren Wahlerfolgen, zuletzt 2011, die sogenannte K-Ära – zumindest derzeit noch – fort.

Politischer Neuanfang

Pinguin schlägt Ex-Präsident

Die Regierungsübernahme 2003 durch **Néstor Kirchner** fiel nicht gerade glänzend aus: Sein aus der ersten Wahlrunde ermittelter Gegenkandidat, der Ex-Präsident **Carlos Saúl Menem,** zog seine Kandidatur zurück, sodass Kirchner der Triumph, tatsächlich gesiegt zu haben, versagt blieb. Doch der Gouverneur der südlichsten und nahezu menschenleeren patagonischen Provinz Santa Cruz fand in den darauf folgenden Jahren die Mittel, das Land politisch und wirtschaftlich zu stabilisieren. Die Popularitätswerte des Pinguins (so genannt wegen seiner Herkunft aus einer südargentinischen Provinz) stiegen beständig an und bei der nächsten Wahl im Oktober 2007 siegte seine Frau, die damalige Senatorin **Cristina Fernández de Kirchner,** mit über 20 % Vorsprung. 2011 wurde dieses Wahlergebnis sogar übertroffen: Mit über 54 % der Stimmen ließ die Präsidentin den Sozialisten Hermes Binner weit hinter sich.

Das Ehepaar Kirchner verkörpert den linken Flügel der peronistischen Partei. Menem nannte sich ebenfalls Peronist, was als Beweis dafür genommen werden kann, wie elastisch der Begriff des Peronismus eigentlich ist. Denn gegensätzlicher könnten die politischen Konzepte gar nicht ausfallen, die Menem und die Kirchners repräsentieren. Menem versilberte unter lautem Beifall der Weltöffentlichkeit alles, was es an Staatseigentum zu versilbern gab und suchte die politische, ideologische und kulturelle Nähe zu den USA. Néstor Kirchner, der sich für eine stärkere staatliche Lenkung einsetzte, vermied während der Bush-Ära genau dies, zumindest öffentlich. Der Regierungswechsel in Washington wurde dagegen von der Casa Rosada mit positiven Erwartungen aufgenommen.

Politik des Selbstbewusstseins

Interessant, aber ebenso opportun ist der Zeitpunkt von Kirchners Erfolg. Wie Dominosteine fielen in den letzten Jahren in ganz Südamerika die Regierungen an linke Präsidentschaftskandidaten: in Venezuela, Brasilien, Ecuador, Bolivien, Argentinien, Uruguay und Chile. Die Auffassungen, was genau unter links zu verstehen ist, gehen in den Regierungen weit auseinander, doch bei allen Differenzen versteht sich Argentinien unter dem Ehepaar Kirchner als treuer Repräsentant eines wieder erstarkten Südamerikas, das sehr wohl in der Lage ist, mit eigener Stimme zu sprechen. 2003 bis 2007 stellte Néstor Kirchner mit einem Wirtschaftswachstum von bis zu 9 % jährlich das Land wieder auf die Beine. Dass er dabei u. a. den Dialog mit der Opposition und die Bekämpfung der Korruption vernachlässigte, sollte erst seine Frau während ihrer Regierungszeit zu spüren bekommen. Schnell begann ihre Popularität zu schwinden (s. S. 45), zumal sie sich mitten im Soja-Boom mit den Landwirten um die Marge der Exportsteuern stritt.

Politischer Neuanfang

Weg mit der Vergangenheit

Die politischen Strategien von Néstor Kirchner stießen von Beginn an nicht auf ungeteilte Gegenliebe, z. B. als die Regierung 2005 die Verschuldung bei privaten Gläubigern um ein Drittel zurückfuhr. Die meisten der 700 000 Privatschuldner gaben sich damit zufrieden, aus Furcht, bei ausbleibender Zustimmung gar nichts zu erhalten. Kirchners Neopopulismus honorierten die Bürger mit einer Zustimmung von 88 %. Gleichzeitig tilgte die Regierung mit einer einmaligen Zahlung von fast 10 Mrd. $ drei Jahre vor der Frist ihre gesamte Schuld beim Internationalen Währungsfond (IWF) und ersparte Argentinien knapp 1 Mrd. $ an Zinsen. Die relative Isolierung Argentiniens von den internationalen Finanzmärkten in den folgenden Jahren erschwerte zwar die Umsetzung vieler Investitionsprojekte, kam jedoch dem Land zugute: Sowohl die internationale Bankenkrise 2008 als auch die europäische Finanzkrise ab 2010 ließen das Land relativ unbehelligt.

Ein weiterer wichtiger Schritt bestand in der Aufhebung des Amnestiegesetzes, das 1987 unter Menem verabschiedet worden war. Während der Diktatur von 1976 bis 1983 verschwanden nach Angaben der Menschenrechtsorganisationen bis zu 30 000 Argentinier in den Verhörzellen. Bis heute ist größtenteils unklar, wo sich die Leichen befinden. Menem hatte auf Druck des Militärs ein Amnestiegesetz erlassen, das kollektiv alle unteren militärischen Ränge freisprach, nachdem ein Jahr zuvor die Aufhebung bereits verhängter Strafen und die Verhinderung neuer Urteile beschlossen worden war. Unter dem sinnfälligen Begriff *punto final,* ›Schlusspunkt‹, sollte die juristische Aufarbeitung der Verbrechen der Militärs beendet werden, die unter der Diktatur verübt worden waren.

Doch Schlussstriche zieht man nicht so leicht. Argentinien krankte an dieser Wunde. Die eigenen Verstrickungen in diesen Prozess verlangten das Licht der Öffentlichkeit ebenso wie eine öffentliche Verurteilung. Chile hatte diesen Weg mit der Anklage und Inhaftierung – nicht nur – Augusto Pinochets beschritten, der nahezu zeitidentisch ebenfalls eine diktatorische Schreckensherrschaft geführt hatte.

Sie übernahm die Präsidentschaft von ihrem Mann: Cristina Fernández de Kirchner

31

Wirtschaft, Soziales und aktuelle Politik

Wirtschaft

Gentechnik und Bioanbau

Um eine Weltbevölkerung zu ernähren, die von heute 7 Mrd. auf 9 Mrd. Menschen im Jahr 2030 anwachsen wird, müsste die Nahrungsmittelproduktion – so hat die FAO (Food and Agriculture Organization) errechnet – während der nächsten drei Jahrzehnte um 75 % gesteigert werden. Argentinien, das alle Klimazonen der Erde umfasst, wäre dann einer der Hauptlieferanten. Auf den reichen Lössböden des Landes gedeihen Soja und Wein, Bananen und Tee, Reis und Zuckerrohr. Auf den Weiden und Steppen stehen 51 Mio. Rinder, 14,5 Mio. Schafe und 4 Mio. Ziegen. Es gibt keinen Rinderwahnsinn, die Maul- und Klauenseuche ist gebannt. Die Kernprodukte sind Ölsaaten – allen voran Soja –, Getreide, Fleisch, Schafwolle, Leder, Honig und Tafelobst, immer mehr auch Wein.

Weltweit rangiert Argentinien (nach der EU, den USA, Brasilien, Kanada, China und Australien) auf dem siebten Platz als Agrarexporteur. Die Ausfuhrwerte seiner Landwirtschaftsprodukte erreichten in den vergangenen Jahren ›chinesische‹ Rekordmarken und Argentiniens Agrarsektor speist 20 % der Wirtschaftsleistung. Dabei kommt dem Land auch das im Verhältnis zur Nordhalbkugel antizyklische Klimageschehen zugute.

An der Produktivitätserhöhung haben genetisch veränderte Sorten einen erheblichen Anteil. Gleichzeitig wartet Argentinien mit der (nach Australien) zweitgrößten Bio-Anbaufläche der Welt auf. Die chemiefreie Nutzung von Kulturböden durch Öko-Bauern nimmt deutlich zu. Langfristig heißt die Devise Diversifikation, allerdings: Die starke Nachfrage Chinas nach einigen wenigen Agrarprodukten fördert das Gegenteil. Derzeit läuft Argentinien das große Risiko, sich in ein gigantisches Sojafeld zu verwandeln. Doch ohne Rotation der Anbauprodukte droht der Pampa die Verwüstung.

Reich an Bodenschätzen

Im Industriesektor entfallen rund 27 % der Wertschöpfung auf Petroleum, Erdgas und petrochemische Erzeugnisse, 25 % auf den Sektor Nahrungsmittel, Getränke und Tabak, 22 % auf Maschinen-, Geräte- und Fahrzeugbau sowie 12 % auf die Textilverarbeitung. Inzwischen übertrifft die Gasausbeute wertmäßig schon die Erdölförderung. Der Binnenmarkt verbraucht 120 Mio. m^3 Erdgas pro Tag, im Winter steigt der Spitzenbedarf auf 130 Mio. m^3. Infolge des Wirtschaftswachstums und mangels Investitionen im Energiebereich kommt es immer wieder zu Engpässen in der Stromversorgung. Während Argentinien noch vor ein paar Jahren Energieträger exportierte, muss das Land nun teuer importieren, allein im ersten Quartal 2014 für 2,1 Mrd. Dollar. Alle Hoffnung liegt jetzt auf dem Schiefergasvorkommen in Vaca Muerta (Provinz Neuquén), anscheinend eines der größten Gasfelder dieser Art weltweit. Die Bohrungen begannen 2013.

In der Industrie führte die drastische Peso-Abwertung 2002 auf breiter Front zur Importsubstitution. Die Regierung hielt den Peso lange Zeit stabil und begann im zweiten Quartal 2008 durch die internationale Krise mit einer kontrollierten Abwertung zum US-Dollar, um die Exportkompetenz zu wahren. Die Industrie erreichte hohe Steigerungsquoten, was hauptsächlich auf einen erhöhten Binnenkonsum zurückzuführen ist. Auch 2010 wurde trotz der sich anbahnenden Weltkrise 9,1 % Wachstumsquote notiert. Pharmazeutische, chemische, die Nahrungsmittelherstellungs- und die Autoindustrie speisten zwei Drittel dieses Wachstums, der inzwischen jedoch stark zurückging: 0,9 % im Jahr 2012 und 3,0 % im Jahr 2013. Anfang 2014 notierte man sogar rezessive Ergebnisse.

Neue Investitionsimpulse erhielt der Bergbau. In den Minen der Provinzen San Juan und Catamarca werden Gold, Silber, Kupfer, Blei und Lithium gewonnen. Allein Argentiniens größtes Bergwerk, La Alumbrera, exportiert jährlich Edelmetalle im Wert von fast 1600 Mio. US-Dollar. In Patagonien rückverstaatlichte die Kirchner-Regierung die darniederliegenden Kohlengruben von El Turbio und schuf dadurch wieder Arbeitsplätze – auf Kosten der Umwelt. Ohne die chinesischen

Einkäufe hätte Argentiniens Regierung die Maßnahmen zur Förderung der eigenen Ökonomie jedoch nicht ergreifen können.

Soziale Situation

Piqueteros

Mehrere Jahre Wachstum und gesunkene Arbeitslosigkeit verschleiern allerdings nicht, dass die Schere zwischen Arm und Reich weiter auseinanderklafft. Die Lücke, die traditionell die Mittelschicht auffüllte, hat sich noch nicht wieder schließen können. Das ist die ungeliebte Wirklichkeit in einem Land, das aufgrund seiner Einwanderer eher europäische als lateinamerikanische Standards in puncto Bildung, Beschäftigung und kulturellem Leben für sich beansprucht. (Die lateinamerikanischen Nachbarn reagieren regelmäßig entnervt auf diese Arroganz.)

Eine soziale Bewegung gab der Mittelschicht neuen Aufschwung: die Firmenübernahmen durch die Beleg-/Arbeiterschaft. Um die 100 Fabriken wechselten auf diese Weise bereits ihre Besitzer, mehr als 10 000 Arbeitsplätze konnten dadurch gerettet werden. Während diese Entwicklung auf Zustimmung stößt, haben die sogenannten *piqueteros* beileibe nicht nur Freunde. Mit diesem Begriff bezeichnet man Teilnehmer an spontanen Besetzungen und Straßenblockaden, mit denen auf Missstände (vor allem Arbeitslosigkeit) aufmerksam gemacht wird. Die stolzen Argentinier sind geradezu dazu erzogen worden – so möchte man meinen –, ihre Meinung offen zum Ausdruck zu bringen, zumindest wenn sie nicht durch eine Diktatur, massive Verbote oder Einschüchterungen daran gehindert werden. Allerdings dienen die häufig lebhaften Protestaktionen nicht immer dem Wohle der Allgemeinheit.

Norden und Süden, arm und reich

Die sozial schlechte Situation ist für ein traditionell reiches Land schwer hinzunehmen. Während die Manager südamerikanische Spitzengehälter erzielen, reicht in ›normalen‹ Familien ein Gehalt nicht aus, um über die Runden zu kommen. Die Not, nicht die Konsumverliebtheit macht es notwendig, dass mehrere Familienmitglieder einer Arbeit nachgehen müssen. Offiziell gelang es der Regierung, die Arbeitslosenquote auf 7,1 % zu drücken, doch die 2014 eingetretene Rezession droht diesen Erfolg zu schmälern.

Das soziale Gefälle lässt sich nicht ohne Weiteres als Konflikt zwischen Stadt und Land identifizieren. Die massive Landflucht der vergangenen Jahrzehnte hat zwar die urbane Struktur extrem verändert (zum einen wuchsen die Slumgebiete, zum anderen siedelten die Wohlhabenden in sichere Vororte um), aber auch von Norden nach Süden verläuft ein solcher Riss. Vor allem die nördlichen Provinzen haben mit der Armut zu kämpfen: In Formosa und im Chaco beispielsweise leben über 50 % der Menschen unterhalb der Armutsgrenze und auch den Provinzen mit höherem indigenem Bevölkerungsanteil wie Salta, Jujuy oder Tucumán geht es nicht besonders gut. Der äußerste Süden dagegen gilt zusammen mit Buenos Aires und den Provinzen Córdoba, Mendoza, Santa Fe und San Luis als relativ wohlhabend.

Bildung

Argentinier begriffen und begreifen Bildung und Ausbildung wie die Europäer als Investition in die Zukunft. Es ist ihnen geradezu ein Bedürfnis, gut informiert und intellektuell auf einem hohen Standard zu sein. Lange Zeit bedienten ihre Regierungen diese Einstellung erfreulicherweise mit für lateinamerikanische Verhältnisse extrem hohen Bildungsausgaben. Unter Präsident Carlos Menem jedoch schrumpfte der Etat auf das Niveau seiner armen Nachbarn Bolivien, Paraguay und Peru, nämlich auf 4,3 % des Bruttosozialproduktes. Die darauf folgenden Regierungen haben die Mittel erneut aufgestockt, aber noch ist der alte Status quo nicht erreicht. Mädchen und Jungen haben übrigens weitgehend die gleichen Bildungschancen – in einem Land, in dem Eva Perón als einem der ersten der Welt das Wahlrecht für Frauen einführte, gilt das als selbstverständlich.

Geschichte

Aus dem europäischen Blickwinkel betrachtet ist Argentinien eine noch junge Nation: Erst 1816 errang es seine Unabhängigkeit von Spanien. Die indianischen Wurzeln wurden lange Zeit verleugnet. Die Wildnis, die Indianer, die Gauchos passten nicht zur Vorstellung von der Zivilisation. Doch es sind genau diese Kontraste und seine Geschichte, die das Land so spannend machen.

Präkolumbische Kulturen

Die präkolumbische Epoche hatte lange Zeit in der Selbstfindung der Argentinier nichts zu suchen – man war kein *indio*. Was historisch großenteils auch zutrifft, denn viele Argentinier sind aus Europa eingewandert. Dennoch, der unterschwellige Rassismus, der bis heute mitunter hervorbricht, gründet darauf, dass es bis ins 19. Jh. hinein richtiggehende Vernichtungsfeldzüge gegen die indigene Bevölkerung gab – eine militärische Strategie, die in ihrer ideologischen Ausrichtung und ihrem Ergebnis nur mit den grausamen Indianerfeldzügen der USA zu vergleichen ist. Als Wüstenfeldzug wird diese *pacificación* (›Befriedung‹) bezeichnet, dabei verbergen sich hinter diesem verharmlosenden Schlagwort klassische Ausrottungskriege.

Es ist schließlich kein Niemandsland, das die Konquistadoren betreten, sondern der Lebensraum von zahlreichen unterschiedlichen Ethnien. Zum einen Völker, die über längere Perioden sesshaft sind und Handwerk betreiben, zum anderen umherziehende Jäger und Sammler. Die ersten Stadtgründungen der Spanier erfolgen fast ausschließlich in Gebieten mit einer sesshaften indigenen Bevölkerung.

Indigene Gruppen im Norden

Die größte Ethnie bilden die **Diaguita** (s. S. 375). Ihr Siedlungsgebiet liegt im Nordwes-
ten im Bereich des heutigen Córdoba, Mendoza, Catamarca, La Rioja und Jujuy. Sie gehören wie die **Pular** im Tal von Salta und die **Calchaquí** derselben Sprachgruppe an *(cacana)* und leben überwiegend vom Maisanbau. Erst das Eindringen der **Inka** Ende des 15. Jh. führt zu einer stärkeren Zentralisierung der verstreuten Gemeinschaften und zum Ausbau von Handelsbeziehungen und Verkehrswegen, derer sich während der Kolonialzeit auch die Spanier bedienten. Die oft als Camino de los Españoles (›Weg der Spanier‹) oder Camino Real (›Königsweg‹) bezeichneten Transportwege sind nichts anderes als indianische Handelwege, auch die Inka benutzten für ihren Camino del Inca das Wegenetz, das vor ihnen andere Völker angelegt hatten.

Wenn auch nicht auf dem hohen Niveau der Diaguita, so hat sich auch bei anderen Ethnien im argentinischen Nordwesten der Ackerbau durchgesetzt, etwa bei den **Comechingon**, den **Sanaviron**, den **Tonocote**, den **Lule,** den **Huarpe** und den **Omaguaca.** Reine Jäger und Sammler hingegen sind die Völker, die im undurchdringlichen Gestrüpp des Chaco, in der Pampa, in Patagonien und auf Feuerland leben.

Indianer im Süden

Die Pampa ist das Jagdgebiet der **Querandí,** die dem jungen Buenos Aires später erhebliche Sorgen bereiten. Sie wohnen in Zelten aus Tierhäuten und ernähren sich vom Fleisch der

Guanakos und Strauße. In Patagonien leben die **Tehuelche** und **Puelche,** später dann auch in friedlicher Nachbarschaft zu den zugezogenen Walisern, was jene in Dokumenten und Briefen schildern. Doch als in der jungen Nation die großen Viehfarmen *(estancias)* entstehen und die Jagdgebiete der Ureinwohner als Weideland für Schafe gebraucht werden, gibt es keinen Platz mehr für sie. Das Land nimmt man ihnen weg, sie werden in Reservaten zusammengepfercht, viele sterben am Alkohol oder an eingeschleppten Krankheiten.

Im tiefen Süden auf Feuerland trotzen die **Ona** und **Haush** als Jäger und Fischer der rauen Natur ihre kärgliche Lebensgrundlage ab. Sie jagen Guanakos, essen deren Fleisch und kleiden sich in deren Felle, während die **Yamaná** und **Alacaluf** in Baumrindenkanus auf Nahrungssuche gehen und sich von Muscheln, Robben und Pinguinen ernähren. Sie fallen den planmäßigen Vernichtungskriegen zum Opfer, aber auch den Goldsuchern und Walfischjägern.

Kolonialherrschaft

Am 2. Februar 1516 landet der Spanier **Juan Díaz de Solís** als erster Europäer in der Paraná-Mündung. Er hält sie für einen Meeresarm, der den ganzen Kontinent teilt. Später nennt man das Gewässer wegen seines geringen Salzgehalts Mar Dulce (›Süßes Meer‹), immer noch in der irrigen Annahme, Meer vor sich zu haben – und nicht einen Fluss.

Bei dem Versuch, Eingeborene gefangen zu nehmen, geraten Juan Díaz de Solís und seine Truppen in einen Hinterhalt der Charrúa. Die überlebenden Spanier finden bei den Indianern Silber und taufen das Gebiet flugs in La Plata (›Das Silber‹) um.

Erkundung des Subkontinents

Fernão de Magalhães (Magellan), angetreten, für die spanische Krone eine Handelspassage in den Osten zu entdecken, erforscht den riesigen Fluss 1520 und findet bald heraus, dass es sich dabei nicht um die ersehnte Ost-West-Durchfahrt handelt. Er setzt seine Fahrt nach Süden fort, durchstreift alle Mündungen, Buchten und Golfe und erreicht schließlich jene Meerenge an der äußersten Südspitze des Subkontinents, die heute seinen Namen trägt: Estrecho de Magallanes (Magellanstraße). 20 stürmische Tage lang dauert die Odyssee durch ihre finsteren und eiskalten Wasser.

Die ersten Europäer, die sich in das Landesinnere des Flussgebietes vorwagen, sind fünf Schiffbrüchige der Solís-Expedition, darunter ein Portugiese namens **Alejo García.** Guaraní-Indianer hatten García von legendären Gold- und Silberschätzen im entlegenen Westen des Kontinents erzählt und damit den Mythos von einem sagenhaften Reich und einem Gottkönig geschaffen, der die Fantasien der Seefahrer und natürlich auch deren Auftraggeber – Könige, Handelshäuser – anheizt. Mehrere Expeditionen arbeiten sich daraufhin durch die unbekannten Landstriche, doch keiner gelingt es, dem Rätsel auf die Spur zu kommen. Der Venezianer **Sebastian Caboto** schließlich, der die Region im spanischen Auftrag zwischen 1526 und 1530 erkundet, tauft den bis dahin nach seinem Entdecker Solís benannten Fluss in Río de la Plata um.

Erste Besiedlung

Fünf Jahre später entsteht die erste spanische Niederlassung an seinem Ufer: **Pedro de Mendoza** gründet 1536 im Auftrag Kaiser Karls V. Buenos Aires inmitten des Herrschaftsgebietes der Querandí, die es schnell in Schutt und Asche legen, was die Spanier veranlasst, ihr Glück weiter flussaufwärts zu suchen. 1537 wird Asunción gegründet, die heutige Hauptstadt von Paraguay.

Fast ein halbes Jahrhundert geht ins Land, bis 1580 von Asunción aus operierende spanische Streitkräfte unter der Regie von **Juan de Garay** erneut Buenos Aires anlegen. Den ersten Stadtplan zeichnet der spanische Oberbefehlshaber der Legende nach auf eine Kuhhaut. Unterdessen haben von Peru kommende spanische Expeditionen im Westen bereits den Grundstein für die Städte Santiago del Estero (1553), Mendoza (1561), Tucumán (1565) und Santa Fe (1573) gelegt.

Geschichte

Die Natur nimmt sich zurück, was die Jesuiten einst schufen

Im gesamten Raum des heutigen Argentinien leben um 1600 rund 5000 Spanier. Ihre Hauptaufgabe besteht in der militärischen Sicherung der weit auseinander liegenden Forts und Siedlungen. Während sie sich im Paraná-Paraguay-Raum bald mit den Eingeborenen vermischen, bleiben sie in der Pamparegion isoliert. Dort lassen die *malones* (›Überfälle‹) der Indianer nur schmale Korridore als Verkehrsachsen zu.

Kolonialpolitik und Zwangsarbeit

Nachdem sich der Traum vom Silberschatz in Bolivien und nicht im Gebiet des Río de la Plata erfüllt hat, nimmt die Kolonisierung eine ganz andere Richtung: Man will die Region besiedeln, festigen und erschließen. Auf Betreiben des ersten kreolischen (in Asunción geborenen) Gouverneurs der gesamtamerikanischen Geschichte, **Hernando Arias de Saavedra,** wird das Verwaltungsgebiet geteilt. Die Provinz Río de la Plata entsteht, Hauptstadt ist Buenos Aires. Limas Vormachtstellung jedoch bleibt erhalten und der Vizekönig in Peru oberste Instanz. Der gesamte Cono Sur ist ihm unterstellt.

Die koloniale Herrschaft der Spanier beruht auf Gewalt – Land und Indianer werden unter den Konquistadoren aufgeteilt *(repartimiento)*. Die Eingeborenen müssen unentgeltliche Zwangsarbeit *(encomienda)* leisten, und da eigener Besitz verboten ist, verfügen sie über keinerlei Mittel zur Bestreitung ihres eigenen Lebensunterhalts. Einzelne, die Konquista begleitende Missionare berichten an die Herrschenden in Spanien von dieser unmenschlichen Behandlung, woraufhin ein Regelwerk zum Umgang mit der Urbevölkerung erstellt wird, genannt *Leyes de las Indias,* das jedoch so fern der Heimat ungehört verhallt.

Kolonialherrschaft

Die Missionen der Jesuiten

Die Jesuiten sind die Ersten, die Konsequenzen ergreifen. Um 1620 richten sie am Oberlauf des Río Paraná Missionen zum Schutz der Guaraní-Indianer vor Sklavenjägern und Zwangsarbeit ein. Unter **Padre Diego de Torres,** der 1606 nach Córdoba kam, entstehen indianische Republiken. Die Einheimischen sollen schließlich den katholischen Glauben annehmen und dem spanischen König Abgaben zahlen, nicht vernichtet werden. Chroniken zufolge überzieht im Laufe des 17. Jh. ein Netz von 70 Städten mit insgesamt rund 150 000 Einwohnern das Herzstück des Cono Sur; in Loreto und San Ignacio, deren Ruinen noch von einstiger Größe und Schönheit künden (s. S. 465), sollen 1631 allein 50 000 Guaraní gelebt haben. Man hat die Städte der Jesuiten oft mit einer frühsozialistischen Gesellschaftsform in Verbindung gebracht, weil kein Privatbesitz angehäuft wurde und die Verwaltung gemeinschaftlich organisiert war – eine Art verwirklichte Sozialutopie, die aber selbstständig und erfolgreich wirtschaftete. Als die Jesuiten wegen angeblich verschwörerischer Umtriebe 1767 aus Südamerika vertrieben werden, zerfallen auch die Missionen.

Von der Schmugglerhochburg zum Vizekönigreich

Derweil entwickelt sich die am direkten Güteraustausch mit Spanien gehinderte La-Plata-Besitzung zum größten Schmugglerzentrum Südamerikas. Die am Handelsmonopol festhaltende spanische Krone erlaubt als einzigen Verkehrsweg den Warenfluss über den Isthmus von Panama, entlang der Pazifikküste bis Callao (Peru) und von da auf dem Landweg in das ärmliche Buenos Aires. Auch Handel mit den anderen spanischen Kolonien ist nicht geduldet. Hauptnutznießer des Umschlags von Konterbande sind die Engländer.

1776 erhebt eine verwaltungstechnische Änderung die La-Plata-Provinz in den Rang eines Vizekönigreichs, was die Loslösung von Lima bedeutet. In das neue Vizekönigtum Río de la Plata werden die Provinzen Tucumán und Paraguay, Teile des heutigen Bolivien (darunter die Silberstadt Potosí) sowie die bis dahin zum Generalkapitanat Chile gehörende Provinz Cuyo (Mendoza und San Juan) eingegliedert. Aus der damit einhergehenden größeren politischen und wirtschaftlichen Eigenständigkeit zieht vor allem Buenos Aires seinen Nutzen. Die Stadt ist seit Beginn des 18. Jh. zu einem Umschlagplatz für schwarzafrikanische Sklaven herangewachsen und bezieht daraus erhebliche Einkünfte. Einmal von der starren Kontrolle befreit, entwickelt sich Buenos Aires rasant. 1726 zählt es 2200 Einwohner, 1778 bereits 32 000.

Einem Paukenschlag gleichen die zwei gescheiterten britischen Militärexpeditionen, die 1806/07 Buenos Aires zu erobern versuchten. Die weithin ungeschützte Kolonie kann die Eindringlinge besiegen, nachdem sich der spanische Vizekönig Sobremonte nach Córdoba abgesetzt hat – damit ist das Fanal für die Unabhängigkeit gesetzt.

Geschichte

Unabhängigkeit

Wegbereiter Napoleon

Ein Datum eint alle lateinamerikanischen Kolonien in ihren nationalstaatlichen Bestrebungen zur Unabhängigkeit: Der Einmarsch von Napoleon 1808 in Madrid und der durch ihn erzwungene Rücktritt König Fernandos. Unter dem Eindruck des Zusammenbruchs der spanischen Regierungsgewalt im Mutterland berufen am 25. Mai 1810 kreolische Bürger und Milizangehörige in Buenos Aires einen Kongress ein, der den spanischen Vizekönig absetzt. Der koloniale *cabildo* (›Stadtrat‹) wird von einer provisorischen Regierungsjunta abgelöst. Fortan wird dieses Datum als Tag der argentinischen Befreiung gefeiert.

Nach ersten chaotischen Jahren mit einem Machtvakuum, in denen sich Paraguay und Alto Peru vom Río-de-la-Plata-Reich lossagen, verschafft die Wahl von **Juan Martín Pueyrredón** zum Director Supremo der jungen Nation eine Ruhepause. Ein nach San Miguel de Tucumán einberufener Kongress erklärt am 9. Juli 1816 formell die Unabhängigkeit.

Argentiniens Nationalheld

Zu diesem Zeitpunkt befindet sich Chile noch unter spanischer Herrschaft und der Gouverneur der Provinz Cuyo, General **José de San Martín,** sieht die Flanke des neuen Staates bedroht. 1817 zieht er mit einem Expeditionsheer über die Anden, besiegt die Royalisten bei Chacabuco, befreit Chile und – mit chilenischer Hilfe – 1821 auch Peru. Der *libertador* (›Befreier‹) San Martín gilt seitdem als Nationalheld Argentiniens, viele bedeutende Plätze des Landes tragen seinen Namen. Doch bei einem Treffen 1822 mit dem Befreier des nördlichen Südamerikas, Simón Bolívar in Guayaquil, kann er seine politischen Visionen von einem zukünftigen Südamerika nicht durchsetzen. San Martín emigriert nach Frankreich und stirbt 1850 in Boulogne-sur-Mer.

Unitarier und Föderalisten

Die Machtverhältnisse im neuen Staat polarisieren sich: Die sich vor allem aus der wohlhabenden Kaufmannschaft von Buenos Aires rekrutierenden Unitarier, deren erster politischer Repräsentant der Präsident Juan Martín Pueyrreddón war, wollen eine Zentralgewalt mit der Hegemonie des Überseehafens über die Provinzen errichten, während die von Großgrundbesitzern angeführten Föderalisten eine den USA nachempfundene dezentrale Staatsform anstreben. Bald werden die Konflikte nicht mehr politisch, sondern kriegerisch ausgetragen. Als Sieger gehen die Föderalisten hervor.

Erste Diktatur

1829 offeriert man General **Juan Manuel de Rosas** den Rang des Gouverneurs von Buenos Aires. 1835 ernennt er sich selbst zum Diktator und gründet die Geheimpolizei Mazorca, mit der er sein Regime zementiert. Unitarier werden in Kerker gebracht, Folter und Willkür sind Regierungsmethode.

Die Föderalisten haben ihn auf den Thron gesetzt, den Föderalisten ist er im Laufe seiner Gewaltherrschaft eindeutig zu zentralistisch gesinnt. Der Unmut in den Provinzen steigert sich zum offenen Kampf und in der **Schlacht von Monte Caseros** unterliegt Rosas seinem eigenen Verbündeten, dem föderalistischen Caudillo-General **Justo José de Urquiza,** Gouverneur von Entre Ríos. Rosas flüchtet nach Großbritannien, wo er 1877 in Southampton stirbt. 1989 veranlasst Carlos Saúl Menem die Rückführung der sterblichen Überreste dieses äußerst umstrittenen Diktators nach Buenos Aires, wo er im Herbst desselben Jahres beigesetzt wird.

Der Konflikt zwischen Unitariern und Föderalisten spaltet Argentinien in zwei Teile. Unter Urquiza wird 1853 die erste föderale Verfassung ausgearbeitet, der die Unitarier in Buenos Aires aber nicht zustimmen. Es kommt zum Bruch und zu zwei Kriegen.

Konsolidierung zum modernen Staat

Der lehrende Staat

Nach jahrelangen Kämpfen gewinnen die Unitarier 1862 die Oberhand und rufen zu gesamtargentinischen Wahlen auf. Der bisherige Gouverneur von Buenos Aires, **Bartolomé Mitre,** wird zum ersten verfassungsmäßigen Präsidenten (1862–68) der nun vereinigten Republik gewählt. Argentinien wird, von den Unitariern in Buenos Aires geführt, ein zentralistischer Staat in föderalem Gewand.

Der innenpolitischen Konsolidierung folgt wirtschaftliches Wachstum. Die Infrastruktur wird weiter ausgebaut, die europäische Einwanderung gefördert. 1865 sorgt der **Dreibund-Krieg,** den Argentinien, Brasilien und Uruguay gegen Paraguay (das Brasilien den Krieg erklärt hatte) führen, für eine Unterbrechung des Wirtschaftsbooms, doch am Ende hat Argentinien als Siegermacht bedeutende Landgewinne (Misiones, Formosa, Chaco) zu verzeichnen.

Mitres Nachfolger **Domingo Sarmiento** holt das Land aus seiner ›gauchesken Barbarei‹. Unter seiner Führung (1868–74) wird das Schlagwort vom *estado docente,* vom ›lehrenden Staat‹ geprägt und eine umfangreiche Bildungspolitik (80 % der Einwohner sind noch Analphabeten) eingeleitet. Die beginnende industrielle Verwertung der Rinder lässt die Estancias wachsen und aus den Gauchos werden fest angestellte *peones,* Landarbeiter. Einwanderer strömen ins Land: zwischen 1871 und 1914 rund 6 Mio.

Die Wüstenfeldzüge

»*Gobernar es poblar*« – ›Regieren heißt bevölkern‹ lautet die politische Parole von Präsident **Nicolás Avellaneda** (1874–80), doch bevor die große Immigrantenbewegung einsetzt, werden weite Landstriche regelrecht entvölkert. Die Campañas del Desierto, die ›**Wüstenfeldzüge**‹ (1877/79), richten sich gegen die indianischen Ethnien des Südens. Sie werden getötet, die Überlebenden in Reservate gesperrt. In der Folge entwickelt sich diese Region zum landwirtschaftlichen Zentrum des Landes. Die Wirtschaft boomt, riesige Schlacht- und Kühlhäuser werden errichtet und Argentinien avanciert zum größten Fleisch-, Wolle- und Getreideexporteur der Welt – den Preis dafür bezahlen die ursprünglichen Landesherren.

Das neue Jahrhundert bringt einen rasanten gesellschaftspolitischen Wechsel. 1916 gewinnt die vom bürgerlichen, zunehmend wachsenden Mittelstand getragene Unión Cívica Radical (UCR) die Präsidentschaftswahlen und setzt damit einen Kontrapunkt zur korrupten Oligarchie des Landadels und der Provinz-Caudillos. Eine Sozialgesetzgebung wird verabschiedet, aber gleichzeitig kommt es 1919 zur *semana trágica* (›tragische Woche‹), als das Militär einen Streik der Metallarbeiter in Buenos Aires niederschlägt, bei dem rund 1000 Arbeiter erschossen werden.

Zeit der Weltkriege

Durch seine Position als Weltmarktlieferant für Fleisch und Leder prosperiert Argentinien während des Ersten Weltkrieges. Politisch verfolgt es eine strikte Neutralität. Doch die Weltwirtschaftskrise verschont auch Argentinien nicht. Politische Nervosität führt zur Radikalisierung. Unter **José Uriburu** putscht 1930 das Militär, das erstmalig in der Geschichte des Landes in die politischen Geschicke des Landes eingreift und gegen das sich 60 lange Jahre keine Regierung mehr behaupten kann.

Auch während des Zweiten Weltkrieges bleibt Argentinien strikt neutral, sympathisiert aber aufgrund des hohen spanischen, italienischen und deutschen Bevölkerungsanteils überwiegend mit den Achsenmächten. Als die konservative, von der Oberschicht getragene Regierung 1943 anglophile Tendenzen zeigt, putscht eine junge Offiziersliga, der auch der damalige Oberst **Juan Domingo Perón** angehört. Auf nordamerikanischen Druck hin erklärt Argentinien Ende März 1945 als letztes Land der Welt Deutschland und Japan den Krieg.

Das sich traditionell als Zufluchtsland für politisch Verfolgte verstehende Argentinien wird zum Asyl vieler den Nationalsozialisten entkommener Juden, aber in der Nachkriegszeit auch (z. T. mit Hilfe des Vatikans) zum Brückenkopf für Funktionsträger des Dritten Reiches und zum Versteck für Kriegsverbrecher. Die Regierung von Perón ist weltweit die

Geschichte

einzige, die keinen Entnazifizierungsnachweis verlangt, wenn sich ein Deutscher in Argentinien niederlassen will.

Peronismus

Politik der sozialen Gerechtigkeit

Der auf Betreiben der Alliierten im Oktober 1945 auf die Insel Martín García verbannte Perón wird, unter dem Eindruck der bis dahin größten Arbeiterdemonstrationen Argentiniens, bereits eine Woche später zurückgeholt. Er gewinnt überlegen die Wahlen vom Februar 1946 und leitet ein umfangreiches Programm sozialer Reformen ein (die auch kommunistischen Umtrieben in der Arbeiterschaft entgegenwirken sollen). Innerhalb weniger Jahre schließen sich 5 Mio. *descamisados* (›Hemdlose‹) seiner Gewerkschaftsbewegung an. Peróns zweite Stütze ist die Armee. Ideologisch und außenpolitisch weist er Argentinien – unabhängig von den großen Blöcken – eine Dritte Position zu. Er und seine sozialpolitisch engagierte Frau **Eva Duarte de Perón** (›Evita‹, s. S. 42) werden zu den charismatischen Leitfiguren des *Justicialismo* (›Politik der sozialen Gerechtigkeit‹).

Seine Sozialgesetzgebung sucht auf dem Kontinent ihresgleichen. Er führt das 13. Monatsgehalt ein, legt Höchstpreise für Nahrungs- und Genussmittel fest und ordnet eine Mietpreisbindung an. Unterstützung erhält das System ab 1948 durch die mit Zwangsabgaben finanzierte Stiftung **Fundación Eva Perón**, die zwischen 1950 und 1952 über ein Budget von 100 Mio. US-Dollar jährlich verfügt. Dieses Geld fließt zum großen Teil direkt an die Argentinier zurück. Wohnungen und Hospitäler werden erbaut, Schulen unterstützt, Heime für junge Mütter eingerichtet.

Spaltung der Peronisten

Nach dem Tod Evas 1952 schrumpft Peróns Popularität. Missernten, sinkende Exporte und leere Kassen zwingen ihn zu einer unternehmerfreundlicheren Politik. Perón verliert an Glaubwürdigkeit. 1955 putscht das Militär gegen ihn und Perón flüchtet erst nach Paraguay, später über Panama nach Madrid.

Die neue rechtsgerichtete Regierung von General **Eugenio Aramburu** lässt zunächst die peronistische Partei verbieten und macht sich an die Säuberung des Staatsapparates, der Gewerkschaften und der Streitkräfte. Orientierungslosigkeit kennzeichnet die folgenden Militär- und Zivilregierungen. Streiks (und deren massive Unterdrückung), unerträgliche wirtschaftliche Zustände und wachsende Guerilla-Aktivitäten sind die Folge.

Die Peronisten spalten sich in einen rechten und linken Flügel, dessen Rand die revolutionäre Peronistische Jugend bildet. Ausufernde Arbeitslosigkeit und Inflation führen im Mai 1969 in der Industriestadt Córdoba zu einem Massenaufstand, dem *cordobazo,* der blutig niedergeschlagen wird.

Ende der Ära Perón

Von seinem Exil in Madrid aus beginnt Perón die Partei wieder zu strukturieren. Mit Erfolg: Im März 1973 gewinnt der linke peronistische Präsidentschaftskandidat **Hector J. Cámpora** die Wahlen, im Juni kehrt Perón nach Buenos Aires zurück und löst kurz darauf über Neuwahlen Cámpora ab. Eine Flut von neuen Gesetzen soll die Voraussetzungen für eine Aussöhnung zwischen Arbeiterschaft und Unternehmertum schaffen. Doch im Zuge einer immer radikaleren Unterdrückung aller Linkstendenzen verschärft sich die Klassenspaltung noch. Als Exponent des Rechtsperonismus tritt der Wohlfahrtsminister **José López Rega** hervor, der die später berüchtigte AAA (Alianza Anticomunista Argentina) ins Leben ruft, die bereits vor dem Staatsstreich der Militärs hunderte von linken Oppositionellen ermordete.

Juan Domingo Perón stirbt 1974. Seine Vizepräsidentin und dritte Frau **Isabel Perón** versucht als Nachfolgerin der wachsenden wirtschaftlichen Probleme – Absatzschwierigkeiten auf dem Weltmarkt, hohe Auslandsverschuldung – Herr zu werden. Während sie unter dem Einfluss von López Rega einen immer härteren Rechtskurs steuert, greifen im Untergrund die Widerstandsorganisationen,

Militärregierung und Schmutziger Krieg

Sie wurde zum (verfilmten) Mythos: Evita Perón

von den linksperonistischen Montoneros bis zum trotzkistischen Ejército Revolucionario del Pueblo (ERP), zu den Waffen. Korruptions- und Finanzskandale, eine galoppierende Inflation und chaotische Marktverhältnisse führen 1976 zu Isabel Peróns Amtsenthebung durch das Militär.

Militärregierung und Schmutziger Krieg

Grausamer Staatsterror

1976 ergreift eine dreiköpfige Militärjunta unter General **Jorge Rafael Videla** die Macht. Nach der unwürdigen Vorstellung der letzten Zivilregierung wird diese Entwicklung von Teilen der Bevölkerung erleichtert aufgenommen. Das Militär gilt als die moralische Reserve der Nation. Internationale Ereignisse wie die 1978 in Argentinien ausgetragene Fußballweltmeisterschaft lenken von der starken innenpolitischen Repression ab.

Unterdessen kommt unter der ideologischen Säuberung das gesamte Kulturleben zum Erliegen. Viele Schriftsteller und Künstler verlassen das Land. Die Repressalien nehmen unvorstellbare Formen an: Schüler und Studenten beispielsweise, die gegen eine Erhöhung der Fahrpreise demonstrieren, werden ins Gefängnis geworfen und zu Tode gefoltert, die Mädchen vergewaltigt. Werden bewaffnete Widerständler (deren Operationsbasis Tucumán ist) offen bekämpft, so verschwinden alle der Subversion Verdächtigen über Nacht. Erst spät begreift die durch die Zensur abgeschirmte Öffentlichkeit das Ausmaß des Staatsterrors. Bis zu 30 000 Menschen fallen ihm zum Opfer.

Falklandkrieg

Es folgt ein Krieg, der das Militärregime beendet: Unter Videlas Nachfolger General **Leopoldo Galtieri** erfolgt 1982 die Invasion der Islas Malvinas (Falklandinseln), die nach drei Monaten mit der Zurückeroberung durch die Engländer endet (s. S. 262).

Die gescheiterte Falkland-Aktion, das Versagen ultra-liberaler Wirtschaftsrezepte, vor allem aber der zunehmende Verdruss über

Geschichte

Argentiniens Unsterbliche – Perón & Perón

Anfang der 1950er-Jahre konnte man in der Bonaerenser Zeitung »Democracia« regelmäßig Beiträge eines Kolumnisten lesen, der unter dem Pseudonym Descartes Kerngedanken des Justizialismus postulierte. Erst viel später klärte der Schreiber – Juan Domingo Perón – auf, warum er sich des Namens des Philosophen bedient hatte: Dieser habe als Adliger den ähnlich klingenden Titel ›du Perron‹ getragen; doch vor allem habe ihm an der cartesianischen Denkweise die Skepsis gegenüber der Zwangsläufigkeit historischer Gegebenheiten imponiert.

Solche Folgerungen formulierte Eva Perón Zeit ihres Lebens auf die einfachste Art: »Bis zu meinem 11. Lebensjahr«, sagte sie, »gab es für mich Arme, so wie es Gras, und Reiche, so wie es Bäume gibt. Aber eines Tages hörte ich einen Arbeiter sagen, es gäbe deshalb so viele Arme, weil die Reichen zu reich seien.« In ihrem sowohl gegen den Kapitalismus als auch den Kommunismus gerichteten Diskurs des politischen Selbstbekenntnisses »Der Sinn meines Lebens« schrieb sie: »Wir wollen keine proletarische Einheitsklasse, sondern eine einzige Klasse von entproletarisierten Menschen, die in Würde arbeiten und leben können.«

Eva Duarte, außereheliche Tochter eines *estancieros,* kam als 15-jähriges ›Mädchen vom Land‹ nach Buenos Aires, tingelte durch Vorstadttheater, wurde Radiosprecherin und hörte 1944 bei einer Wohltätigkeitsveranstaltung zugunsten der Erdbebenopfer von San Juan den Oberst Perón vom Podium herunter gegen die argentinische Oligarchie ins Feld ziehen. Später setzte sich die 23-jährige Eva neben den fast 50-jährigen Redner, überzeugte ihn von ihrer Nützlichkeit und wurde noch im gleichen Jahr seine Frau. (Peróns erste Ehefrau war an Krebs gestorben.) Ob er sich damals in die junge Schauspielerin verliebt habe, wurde der Staatspräsident später gefragt. »Ich weiß es nicht«, sagte er, »aber

wenn eine Frau so liebt, wie Eva mich liebte, dann streckt man ohnehin die Waffen.«

Die affektiv-politische Allianz währte nur acht Jahre (›Evita‹ starb 1952 an Krebs), aber sie veränderte die sozialpolitische Landschaft Argentiniens mehr als alle Ereignisse der vorherigen eineinhalb Jahrhunderte. Nach der ›Infamen Dekade‹ der Korruption und des Ausverkaufs der Ressourcen an das Ausland setzte eine Epoche der Rückbesinnung ein, die, wie Argentiniens angesehener Historiker Felix Luna (1925–2009) dem peronistischen Regime attestiert, den Menschen eine neue Würde verlieh. Die Revolution kam von oben: Berufsschulen, Arbeitsgerichte, Gesundheitsschutz, bezahlter Urlaub, Unfallversicherung, ja sogar das verfassungsmäßig verbürgte Recht auf einen Arbeitsplatz wurden eingeführt. In dem »bisher wie eine Estancia vom Ausland verwalteten Land« erhöhte sich die Anzahl der – vorwiegend kleinen und mittelständischen – Industriebetriebe in acht Jahren von 85 000 auf 145 000. Die Realeinkommen der Industriearbeiter stiegen zwischen 1945 und 1948 um 50 %, die der Staatsbediensteten um 35 %. Im Zuge der ›Repatriierung‹ wurde von den Nordamerikanern das Telefon-, von Franzosen und Engländern das Eisenbahnsystem zurückgekauft. Evita Perón, die ›Schutzpatronin der Hemdlosen‹,

Der Mythos um Perón

Thema

speiste die untersten Klassen reich mit Geldern aus der nach ihr benannten Stiftung.

»In diesem Augenblick«, hatte ihr Mann am 16. Dezember 1946 dem Volk eröffnet, »ruhen in den Tresoren der Nationalbank 1500 t Gold. Da gibt es Leute, die sagen, wir dürfen da nicht drangehen. Nun frage ich euch: Wenn eine Hungerperiode käme, sollen wir dann vielleicht das Gold aufessen?« Das war die Sprache der beiden Peróns: provokativ, direkt, einfach, griffig. Man hat dem charismatischen Paar später faschistoide Züge angedichtet, weil Juan Domingo Perón, als jugendlicher Attaché in Italien weilend, sich von der rednerischen Begabung Mussolinis hatte beeindrucken lassen. Tatsächlich aber haben Chronisten, die ihn persönlich kannten, den jovialen Staatsmann als eine Mischung aus dem Gaucho Martín Fierro, dem Tangostar Carlos Gardel und General Charles de Gaulle bezeichnet. Perón amüsierte seine Tischgenossen mit Scherzen über sein künstliches Gebiss, verulkte mit aufgeblähtem Wanst den US-Botschafter Braden und erschreckte Besucher mit einem aus dem Geigenkasten gezogenen hölzernen Maschinengewehr. Soweit Statistiken und Anekdoten. Dass in Peróns Regierungszeit auch die Malaria ausgerottet und die Heuschreckenplage beseitigt wurden, wissen wir nur von Felix Luna. Und dann war Perón auch der erste Argentinier, der das Wort Ökologie in den Mund nahm.

Die spendablen Gesten des volksnahen *líder* (der insgeheim darauf setzte, ein Dritter Weltkrieg werde Argentinien neue Reichtümer bescheren!) ließen sich jedoch nicht durchhalten. Bereits Ende 1947 hatte er ein Drittel der Devisenvorräte aufgebraucht, der hochgepuschten Leichtindustrie fehlten die Vorprodukte, die Agrarexporte schrumpften und 1949 schon wurde Argentinien dem Ausland

gegenüber zahlungsunfähig. Den daraufhin bei der US-amerikanischen Eximbank in Anspruch genommenen Überbrückungskredit hielt man streng geheim, denn dieser Blamage wollte sich der General nicht aussetzen: Er hatte in besseren Zeiten verkündet, eher ließe er sich die Hand abschlagen, als einen Auslandskreditvertrag zu unterschreiben.

Auf makabre Weise wurde die Prophezeiung von der Amputation posthum wahr. 1987 brachen Unbekannte die Panzerglasplatte des Grabmals in der Perónschen Familiengruft und trennten dem Toten mit einer Elektrosäge die Hände ab. Eine politisch motivierte Profanisierung? Ein Ritual von Freimaurern? Das Werk von Verbrechern, die der Fingerabdrücke bedurften, um Zugang zu einem geheimen Bankfach im Ausland zu erlangen? Motiv und Urheberschaft der Grabschändung sind bis heute ungeklärt, wie es auch lange Zeit der Verlauf der 16 Jahre während den Odyssee des Leichnams der Eva Duarte de Perón war. Nachdem sie in Italien von den Militärs unter falschem Namen beigesetzt wurde, kehrte sie erst 1974 wieder nach Argentinien zurück und ruht heute auf dem Recoleta-Friedhof in Buenos Aires.

Allein über Eva Perón wurden über 50 Bücher geschrieben. Ihr Leben haben die Autoren der Rock-Oper Jesus Christ Superstar, Tim Rice und Andrew Lloyd Webber, zum Musical »Evita« verkitscht. Auf dieses Drehbuch stützte sich auch der gleichnamige Film mit dem Pop-Star Madonna. Eva Peróns populistische Prophezeiung, sie werde nach ihrem Tod »Millionen sein«, erfüllte die argentinische Staatsbank auf einprägsame Weise: 1997 brachte sie Millionen von 1-Peso-Münzen sowie 2012 eine noch größere Menge von 100-Peso-Scheinen mit Evitas Konterfei in Umlauf.

Geschichte

die Allmacht der Generäle erzwingt 1983 die Rückkehr zur Demokratie. Bei den Wahlen im Oktober gewinnt die Unión Cívica Radical (UCR). **Raúl Alfonsín** wird Staatspräsident. Allmählich gelangen auch die Gräuel des Militärregimes ans Tageslicht. Die Öffentlichkeit verlangt Gerechtigkeit und so kommt es 1985 zur Verurteilung der verantwortlichen Militärs Videla, Viola und Massera zu langen Freiheitsstrafen. (1999 wird der Heereschef Martín Balza eine Reform des Militärstrafgesetzes zur Abschaffung des kontroversen ›Befehlsnotstandes‹ einleiten.)

Neue Demokratie

Regierungszeit Carlos Menem

Trotz viel guten Willens bleibt es der Regierung unter Alfonsín versagt, die Wirtschaft zu sanieren. Eine nicht zu kontrollierende Hyperinflation bricht über Argentinien herein. In vorgezogenen Neuwahlen wird Alfonsín 1989 vom Gouverneur der Provinz La Rioja, **Carlos Saúl Menem,** besiegt. Der justizialistische Neoperonist (er selbst war Gefangener der Militärs) verkörpert die nötige Siegesgewissheit und anpackenden Mut, um Argentiniens Krise in den Griff zu bekommen.

Menem liegt vor allem an innenpolitischer Stabilität. Er begnadigt die inhaftierten Generäle (eine angesichts der begangenen Verbrechen kontroverse Aussöhnungsgeste, die der spätere Präsident Kirchner wieder rückgängig machen wird) und schafft es tatsächlich, den Einfluss der Militärs einzudämmen. Außenpolitisch lehnt sich Menem stark an die USA an und bringt die wettbewerbsschwache Wirtschaft auf einen anstrengenden, verlustreichen neoliberalen Kurs. Die *convertibilidad* (die Kopplung des argentinischen Pesos an den US-Dollar im Verhältnis 1 : 1) schafft eine neue, wenngleich trügerische Vertrauensbasis. Die einseitige Priorität der Währungsstabilität vor der Beschäftigungspolitik sowie die auf breiter Front eingeleitete Privatisierung von Staatsbetrieben mit den daraus resultierenden Massenentlassungen fördern rasant die Arbeitslosigkeit.

1995 stellt sich Menem zur Wiederwahl und gewinnt erneut, obwohl sein selbstherrlicher Caudillo-Stil Günstlingswirtschaft und Korruption fördert – die von früheren horrenden Inflationen traumatisierte Bevölkerung gibt Kontinuität und Stabilität den Vorrang vor allen anderen Erwägungen. Die Privatisierungswelle spült weiterhin Geld in die Staatskasse, doch die allmähliche Verarmung der unteren Bevölkerungsschichten sowie der Einbruch der Mittelschicht schreiten unaufhaltsam voran.

Wende zum Schlimmeren und schnelle Erholung

1999 tritt der als Kandidat der Allianz (gebildet von der Bürgerpartei Unión Cívica Radical und dem Mitte-Links-Block Frepaso) zum neuen Staatspräsidenten gewählte Rechtsanwalt **Fernando de la Rúa** sein Amt an. Leitziele der die Konvertibilität (Peso = US-Dollar) wahrenden Regierung sind Drosselung der Staatsausgaben, Verminderung der Arbeitslosigkeit (14,5 %) und Eindämmung der Korruption. Doch die Allianz-Regierung erfüllt die in sie gesetzten Erwartungen nicht. 73 % der Bevölkerung sind unzufrieden mit De la Rúas unentschiedenem Regierungsstil. Gerade die Mittelschicht als gesellschaftliche Basis der Allianz fühlt sich durch den *impuestazo* – eine Steuererhöhungswelle inmitten der Rezession – betrogen. Die Bindung des Peso an den US-Dollar ist zur Farce geworden. Den Banken werden Staatsschuldverschreibungen aufgezwungen, sie überschulden sich. Als die Regierung 2001 alle Guthaben sperren lässt, entlädt sich die Wut und Ohnmacht der Bevölkerung in *cacerolazos* (›Kochtopfschlagen‹) genannten Straßenprotesten. Es kommt zu Gewaltaktionen. Die Regierung erklärt den Ausnahmezustand und geht blindwütig gegen Radikale vor. Die Bilanz: 34 Tote und Hunderte von Verletzten. De la Rúa muss zurücktreten, ein Heer von Armenviertelbewohnern plündert die Supermärkte von Buenos Aires.

Eine Übergangsregierung unter dem peronistischen Ex-Gouverneur der Provinz Buenos Aires, **Eduardo Duhalde,** schaukelt das

Neue Demokratie

Land bis zu den Neuwahlen 2002 durch die Krise. Der Peso wird um ca. 70 % abgewertet, alle Dollarguthaben in die Landeswährung zwangsumgetauscht. Bei den Wahlen 2002 ergibt sich ein Patt zwischen Altpräsident Menem und dem Gouverneur der Provinz Santa Cruz, **Néstor Kirchner** – beide erhalten kaum mehr als 20 % der Stimmen. Aus taktischen Gründen – er will nicht als Verlierer dastehen – verzichtet Menem auf die Stichwahl und der Mitte-Links-Peronist Kirchner wird neuer Staatspräsident. Überdurchschnittliche Wachstumsraten durch den Export von Agrar- und Bergbauprodukten (BIP-Steigerung: 8 %), sinkende Arbeitslosigkeit und zunehmende soziale Sicherheit bei gezügelter Inflation sorgen für nachhaltigen Optimismus. Der venezolanische Präsident Hugo Chávez stellte die finanziellen Mittel zur Verfügung, um die internationale Isolierung Argentiniens nach der Einfrierung der Beziehungen zum IWF zu überbrücken.

Dank der Popularität ihres Vorgängers und Ehemanns gewinnt **Cristina Fernández de Kirchner** 2007 problemlos die Präsidentenwahl. Ein schwerer Konflikt mit den Landwirten wegen der Anhebung der Sojasteuern (s. S. 30) bringt ihr 2009 eine Niederlage in den Parlamentswahlen ein. Ende 2010 stirbt unerwartet Cristinas – wie sie in Argentinien genannt wird – Ehemann an einem Herzinfarkt, was ihr neue Sympathie einbringt und bei den Wahlen 2011 zu einem Erdrutschsieg führt.

Absehbares Ende der K-Ära

Steigende Staatsausgaben, Fehlentscheidungen und Verschlossenheit der Regierung führen bald zu neuen Problemen. Trotz der im ersten Quartal 2014 eingetretenen Rezession, lag die Inflation monatlich bei über 2 %. Die Niederlage bei den Parlamentswahlen 2013 zerschlug Cristinas Träume einer zweiten Wiederwahl. Schon jetzt zeichnen sich die Bewerber für 2015 ab: Buenos Aires' konservativer Bürgermeister **Mauricio Macri,** der aus dem sozialistischen Lager stammende, ehemalige Gouverneur von Santa Fe, **Hermes Binner,** sowie die zwei Peronisten **Sergio Massa,** ein ehemaliger Kabinettschef von Cristina, der sich von der Regierung distanziert hat, und **Daniel Scioli,** der Gouverneur von Buenos Aires.

Der wirtschaftliche Zusammenbruch 2001 entlädt sich in Demonstrationen

Zeittafel

ab 10 000 v. Chr.	Erste Besiedlung durch indianische Ethnien.
1516	Juan Díaz de Solis entdeckt die Mündung des Río de la Plata.
1536	Gründung von Buenos Aires durch Pedro de Mendoza.
1767	Die verschwörerischer Umtriebe bezichtigten Jesuiten werden aus Südamerika vertrieben. Die Missionen lösen sich auf.
1776	Buenos Aires wird Generalintendantur für das Vizekönigtum Río de la Plata.
1810	Eine kreolische Junta setzt den spanischen Vizekönig ab.
1816	Die Provinzen des Río de la Plata erklären ihre Unabhängigkeit.
1826–28	Argentinisch-brasilianischer Konflikt um die Banda Oriental, der mit der Entstehung von Uruguay als Pufferstaat endet.
1833	Großbritannien besetzt die von Argentinien – nach der Loslösung von Spanien – verwalteten Malwinen (Falklandinseln).
1853	Unter Urquiza kommt das erste Grundgesetz zustande. Buenos Aires schert aus der Föderation aus, erklärt sich zum selbstständigen Staat und gibt sich 1854 eine eigene Verfassung.
1862	Unter der Präsidentschaft von Bartolomé Mitre gliedert sich Buenos Aires in dominierender Position wieder in den nationalen Staat ein.
1865–70	Im Krieg der Triple-Allianz (Argentinien/Brasilien/Uruguay) gegen Paraguay verliert Letzteres Misiones und Formosa an Argentinien.
1877/78	Während der Wüstenfeldzüge werden die Pampaindianer größtenteils ausgerottet. In der Folge entwickelt sich die Pamparegion zur agrarischen Kernzone Argentiniens.
1892	Gründung der liberalen Partei Unión Cívica Radical; unter Führung von Hipólito Irigoyen entsteht eine neue, die korrupte Oligarchie des Landadels und der Provinz-Caudillos herausfordernde Kraft.
1902	Endgültige Grenzziehung zwischen Argentinien und Chile.

Soziale Unruhen aufgrund der Weltwirtschaftskrise. Militärputsch von General José Uriburu.	**1930**
Juan Domingo Perón gewinnt die Wahlen und leitet ein Programm sozialer Reformen ein.	**1945/46**
Missernten, sinkende Exporte und leere Kassen zwingen Perón zu einer unternehmerfreundlicheren Politik. Er wird zur Abdankung gezwungen und geht nach Madrid ins Exil.	**1955**
Argentinien leidet unter der sozialpolitischen und wirtschaftlichen Orientierungslosigkeit von drei Militär- und zwei Zivilregierungen.	**1955–73**
Der aus dem Exil zurückgekehrte Juan Domingo Perón löst den Interimspräsidenten Cámpora mit dem Versprechen einer nationalen Befriedung ab.	**1973**
Militärdiktatur, während der mehr als 13 000 Menschen verschwinden. Der verlorene Falklandkrieg leitet das Ende der Diktatur ein.	**1976–83**
Der neue Wahlsieger Raúl Alfonsín von der Unión Cívica Radical (UCR) kann die wirtschaftliche Notlage nicht mildern.	**1983–89**
Der Peronist Carlos Menem gewinnt die Wahlen und schnürt das Land in ein enges neoliberales Korsett.	**1989**
Wiederwahl Menems, obwohl die wirtschaftlichen Maßnahmen zur Verarmung der Bevölkerung geführt haben.	**1995**
Unter Präsident Fernando de la Rúa kommt es zu einem wirtschaftlichen und politischen Chaos; alle Guthaben werden eingefroren.	**1999–2002**
Der Peronist Néstor Kirchner gewinnt die Wahlen. Prozesse gegen die Verantwortlichen der Militärdiktatur und Wirtschaftsaufschwung.	**2003**
2007 folgt Cristina Fernández de Kirchner ihrem Ehemann in das Präsidentenamt. Nach ihrer Wiederwahl 2011 verliert sie den Rückhalt im Volk und erleidet bei den Parlamentswahlen 2013 eine Niederlage. Hohe Inflation, stagnierendes Wachstum und Korruptionsverdächtigungen zerschlagen die Hoffnungen auf eine Verfassungsreform, um eine zweite Wiederwahl 2015 zu ermöglichen.	**2007–14**

Gesellschaft und Alltagskultur

Während sich die Fußballfans von Boca Juniors als Schwarze bezeichnen, stellen die reichen Argentinier klar, dass sie keineswegs etwas mit den Indianern zu tun haben, die in Patagonien einst in Guanako-Fellen herumliefen. Die Wirklichkeit sieht so aus: Im südamerikanischen Schmelztiegel Argentinien haben Menschen unterschiedlichster Herkunft eine Heimat gefunden.

Bevölkerung und Lebensweise

Jorge Luis Borges, der bedeutendste Dichter des Landes, formulierte einmal, die Argentinier stammten von den Schiffen ab. Der historische Hintergrund – die Vernichtung der Indianer – ist alles andere als schmeichelhaft für Argentinien, aber Borges These trifft zu: Das europäischste Land Südamerikas wird heute von 40 Mio. Menschen bewohnt, aber nur ca. 1 Mio. größtenteils bereits mestizisierte Einwohner können noch als Indianer angesprochen werden. Verschiedenen Ethnien angehörend, bewohnen sie Regionen in den patagonischen Voranden, der Puna, im Chaco und in Misiones. Die größte Gruppe bilden die Mapuche (Araukaner) in den Provinzen Río Negro und Neuquén. Im Zuge eines wiedererwachenden *indigenismo* und angeregt von der Schutzgemeinschaft Defensa de la Cultura Indígena wählten Mapuche-Stämme 1995 – zum ersten Mal seit 100 Jahren – wieder *caciques* (›Häuptlinge‹).

Ländliche Feudalstruktur

Die *desindianización* des argentinischen Lebensraums, sprich die Vernichtung der indianischen Gemeinschaften, schuf Platz für eine von den frühen Spaniern auf Südamerika übertragene ländliche Feudalstruktur, deren Ausdruck bis heute die riesigen Estancias geblieben sind. Nur in wenigen agrarisch begünstigten Räumen erhielten Einwanderer Gelegenheit, aus Siedlungskolonien Städte zu entwickeln. Keimzellen der Stadtgründungen im Hinterland waren gegen das Indianerterritorium vorgeschobene Forts oder jesuitische Gutshöfe wie die Zuckerrohr-Estancias von Tucumán. Allerdings bildeten sich auf dem Land bald auch eigene Formen des Zusammenlebens heraus. Unter den kleinen Viehbetrieben blühte die Solidarität, früher sogar mit den zunächst noch indianischen Nachbarn, wie Zeugnisse aus den ersten Waliser Kolonien belegen.

Leben in der Stadt

Den Immigrantenstrom (in der Reihenfolge ihres prozentualen Anteils: Italiener, Spanier, Franzosen, Deutsche, Engländer, Polen, Griechen, Syrer, Libanesen) schluckte vorwiegend die Anfang des 20. Jh. aufblühende Hauptstadt Buenos Aires. An dem Industriestandort bildete sich – neben Arbeiterheeren – ein breiter, von Handwerkern, Technikern und Kaufleuten getragener Mittelstand.

Die mittelständisch geprägte Bevölkerungsstruktur Argentiniens hebt das Land soziokulturell aus dem Gros des übrigen Lateinamerikas heraus. Zwar haben die wirtschaftlich oft chaotischen letzten drei Jahrzehnte an der Substanz der Mittelschicht gezehrt, doch mit einem Anteil von knapp 50 % der Bevölkerung (freilich auch in sich selbst wieder gestaffelt) hat sie sich dank des Wirt-

Bevölkerung und Lebensweise

schaftsaufschwungs der letzten Jahre relativ gut von ihrem Schwund erholt. Das liegt nicht zuletzt am Improvisationstalent der Argentinier und ihrer Fähigkeit, sich rasch neue Nischen zu suchen – und sei es in der Schattenwirtschaft. Der *cuentapropismo,* das ›Auf-Eigene-Rechnung-Wirtschaften‹, wurde zum Ventil der Arbeitsplatzverlierer. Dennoch sind Hunderttausende als Neuarme in die Tiefe gerutscht. Statistisch macht die Arbeiterklasse 38,5 % der Landesbevölkerung aus; unterhalb dieser Schicht aber ist der Bodensatz der verarmten städtischen Bevölkerung von ehemals 12 % auf rund 50 % während der Krise 2001/02 gestiegen. Indec, das statistische Amt, hat die Veröffentlichung der Armutsdaten 2014 eingestellt, angeblich wegen methodologischer Mängel. Private Studien nennen eine Armutsquote von rund 35 %.

El Sur – der Süden

Und doch ist auch das Ländliche stets gegenwärtig in der städtischen Kultur – das kann nicht anders sein in Argentinien, wo der Reichtum größtenteils auf dem Land verdient wird. Das stellt sich vor allem bei einem Besuch der Viehmessen im Bonaerenser Stadtteil Palermo dar: Die einflussreiche Sociedad Rural Argentina lädt dort zwischen den Botschaftervillen zu einer Schau mit Viehversteigerungen, Musikdarbietungen und Rodeos.

Auch in anderen Stadtteilen von Buenos Aires, dort, wo sich die flache Stadt wie in Mataderos ins flache Land hinein erstreckt, werden Viehmärkte veranstaltet, verspeist man einen fachgerecht zubereiteten Asado, tanzt man den typischen Reigentanz.

El Sur, ›der Süden‹, entwickelte sich im 20. Jh. keineswegs zu einer Metapher des bäurischen Rückständigen, sondern zu einem Sehnsuchtsort der Intellektuellen, der sowohl die südliche, von den Weltszentren entfernte Lage Argentiniens als auch die Tangoszene in Buenos Aires und die Weite Patagoniens beinhaltet. Jorge Luis Borges gründete in den 1940er-Jahren zusammen mit Victoria Ocampo und Adolfo Bioy Casares die literarische Zeitschrift »Sur«. Die unendlichen Weiten Patagoniens inspirierten international

populär gewordene Spielfilme wie »Bonbón« und »Historias Minimas« von Pablo Sorín. Sur heißt eine traditionelle Tangobar in San Telmo in Buenos Aires nach einem bekannten Tango von Homero Manzi. Und auch der Filmemacher Fernando (›Pino‹) Solanas nutzte den Namen für eine poetische Filmparabel in den 1990er-Jahren.

Solidaridad!

Argentinier wären nicht Argentinier, wenn sie sich in Notlagen nicht zu helfen wüssten. Je nach Notstand wechseln sie die Berufe, und zur Wirtschaftskrise 2001 haben sie den *trueque* erfunden, den wie ein kleines Fest organisierten Tauschhandel, bei dem jeder, der etwas übrig hat oder nicht mehr braucht, es auf einem nachbarschaftlichen Straßenmarkt anbietet. Keiner käme auf die Idee, dies sei etwas Ehrenrühriges oder man dürfe seine Bedürftigkeit nicht öffentlich zeigen.

Ein anderes Zeichen für Zusammenhalt setzt der Verlag Ediciones Eloísa Cartonera. Er produziert seine Bücher ausschließlich mit dem Material der *cartoneros,* der Kartonsammler, die die Werke anschließend auch bemalen, falzen und dafür einen festen Lohn erhalten. Wenn sie nach harter Arbeit mit ihren voll beladenen Karren vom Zentrum in die Vororte fahren, gewährt die Stadt kostenlosen Beförderung in Lastwagen – die früher für den Transport der Kartonsammler eingesetzten Sonderzüge, die *trenes blancos* (›weiße Züge‹), haben inzwischen ausgedient.

Während der Militärdiktatur waren Zeichen von Solidarität besonders gefragt, besonders nötig, aber auch besonders gefährlich – nicht davon beirren ließen sich die Madres de la Plaza de Mayo, die Mütter von Verschwundenen, die sich jeden Donnerstag auf der Plaza de Mayo vor dem Regierungssitz Casa Rosada versammelten und auf das Schicksal ihrer verschwundenen Kinder, Väter, Gatten aufmerksam machten. Bis heute ziehen die Damen, das emblematische weiße Kopftuch umgeschlungen, zum Platz, wenngleich inzwischen in zwei Gruppen. Die größere um ihre Anführerin Hebe de Bonafini hat sich zu einer einflussreichen politischen Institution

Gesellschaft und Alltagskultur

Gauchos und Gauchadas

Kein anderer Prototyp Südamerikas ist zu einer solch mythischen Gestalt hochstilisiert worden wie der Gaucho. Freiheit und Abenteuer, Ehre und Tapferkeit, Pampa und Lagerfeuer – das sind die Assoziationen, die bei den verwegenen Reitern mit im Sattel sitzen.

Der Gaucho, Mittler zwischen Mensch und Natur, ging in vielerlei Verkleidungen und Verklärungen in den Sagenschatz und in die Literatur Argentiniens ein. Als Ideal verkörpert er – und zwar für alle Gesellschaftsschichten – das Wunschbild des kameradschaftlichen Weggefährten. Noch immer sagen Argentinier, wenn sie um eine kleine Hilfeleistung bitten: »¿Me hacés una gauchada?« – »Tust du mir einen Gefallen?«

Tatsächlich aber hat dieser Held zu Pferd in seiner mehrhundertjährigen Geschichte viele Verwandlungen durchgemacht. Als die Weiten der Pampa noch keinen Stacheldraht kannten, von Indianern bewohnt und von Wildrindern bevölkert waren, entstand – meist aus der Verbindung eines Spaniers mit einer Indianerin hervorgegangen – der Typ des umherschweifenden kreolischen Jägers, der, durch die Landnahme für immer mehr Estancias in seinem Freiraum eingeengt, schließlich zum Viehdieb wurde. Wandte man zu jener Zeit das Quechua-Wort *guacho* (›streunendes Kalb‹) auf die berittenen Vagabunden an? Die Etymologen rätseln noch. Dieser Landstreicher jedenfalls, artistischer Reiter und Messerheld zugleich, spielte, trank und raufte auch, entführte gelegentlich ein Mädchen und hielt sich im Übrigen fern von Siedlungen und Polizeistationen, wenn er sich nicht gerade in einer ländlichen Ladenschänke mit Wein, Tabak und Mate versorgte – meist ohne zu bezahlen. So konnte denn auch die Bezeichnung eines Mannes als Gaucho damals eine Beleidigung sein.

Domingo Faustino Sarmiento, Staatspräsident (1868–74) und Meistererzähler, hat diesem ›bösen Gaucho‹, den er uns in seinem »Facundo« dennoch als nicht unsympathischen Gauner vorstellt, den ›guten Gaucho‹ in Gestalt des ebenso geschickten, aber sesshaften und arbeitsamen *paisano* (›Landmann‹) gegenübergestellt. Eine derart klare Unterscheidung zwischen Gesetzlosen und Pflichttreuen dürfte jedoch kaum der Wirklichkeit entsprochen haben. Dazu war das Leben auf dem Kamp zu hart, zu unbeständig und zu sehr nach Normen ausgerichtet, die sich unter Raubeinen aller Art als Gewohnheitsrecht herausbildeten. Kein Wunder daher, wenn die beiden stilisierten Gegenfiguren bald miteinander verschmolzen, wobei eine – vor allem literarisch geförderte – Idealisierung des Helden erfolgte: Als eine Art argentinischen Robin Hood stellte man sich hinfort den Gaucho gerne vor. Europäische Chronisten jener Zeit haben uns die Gauchos als ebenso stolze und eitle wie gastfreundliche und bescheidene Menschen geschildert, Menschen mit knochigen Gesichtern, dunkler Hautfarbe und mongolisch geschnittenen Augen. Und wirklich standen die Gauchos den Indianern lange näher als den Weißen (das gilt für den extremen Süden und den Nordwesten des Landes immer noch). Von jenen lernten sie, das Lasso zu werfen und mit *boleadoras* (Schleuderkugeln) Tiere zu Fall zu bringen. Das waren zunächst Guanakos, Strauße und Wildrinder und später, als die Gauchos als *peones* (›Landarbeiter‹) in die

Mythos Gaucho

Thema

Estancias einzogen, die jungen Stiere, die mit dem Brandzeichen des Eigentümers markiert wurden. Mit der zunehmenden Sesshaftigkeit einher ging eine Verfeinerung der Ausrüstung und des Habitus. Von Mal zu Mal schmuckere Formen von ledernem und silbernem Reitgeschirr entstanden, man sang *payadas,* tanzte den *cielito* und den *gato* und ein neuer, eigenständiger Gaucho-Kult wurde geboren.

Zweimal in der Geschichte Argentiniens hat man die Gauchos, ihrer kämpferischen Eigenschaften wegen, zu militärischen Aktionen herangezogen. Zunächst rief man sie in den Revolutionskriegen zur Befreiung Argentiniens vom spanischen Mutterland zu den Fahnen, dann zwang man sie in den ›Wüstenfeldzügen‹ zum Kampf gegen die Indianer. Die Wüstenkampagne war noch nicht zu Ende, als der Dichter José Hernández 1872 den ersten Teil seines – den Gaucho zur argentinischen Leitfigur erhebendes – Versepos »Martín Fierro« veröffentlichte. In wenigen Jahren waren, damals eine Sensation, elf Auflagen vergriffen. Im zweiten Teil von 1879 wird aus dem Rebellen ein gefügiger Landarbeiter. So zeigte Hernández die Entwicklung von einer ›Wüste‹ zur Estancia auf. Jorge Luis Borges hat dieses Werk mit dem »Don Quijote« auf eine Stufe gestellt. Heute leben auf dem Land immer noch Zehntausende von Gauchos, auch wenn sie *peones* heißen, sich in Zeitungsannoncen (»mit Pferd und Hund«) bewerben und nicht unbedingt nach dem Bilderbuch gekleidet sein mögen. Die *doma,* die Bändigung junger Pferde, die Wettkämpfe und Reiterspiele haben nichts von ihrer Faszination verloren. Und natürlich kommt, von Salta bis Feuerland, keine Folkloreveranstaltung ohne den festlichen Aufzug der gauchesken Traditionsvereine aus.

Der Gaucho – Garant für Legenden und für ein wichtiges Exportgut: Fleisch

51

Gesellschaft und Alltagskultur

Von Trauernden zur politischen Institution: die Madres de la Plaza de Mayo

entwickelt, machte ab 2011 jedoch Negativschlagzeilen wegen vermeintlicher Veruntreuung staatlicher Subventionen.

Armut im Auf und Ab

Zwar scheint sich alle Welt an die Vorstellung zu gewöhnen, dass ein Drittel der 580 Mio. Einwohner Lateinamerikas im Zustand der Armut lebt, doch in Argentinien schockt noch immer der Gedanke, dass 3 Mio. Familien in unbewohnbaren Behausungen untergebracht sind. Hier die Sozialbilanz von sechs *villas miserias* (›Elendssiedlungen‹) am Rand der Millionenstadt Rosario nordwestlich von Buenos Aires: 22 % der Bewohner sind Analphabeten, die Hälfte der Kinder beendet die Grundschule nicht, ein Viertel von ihnen beginnt bereits vor dem zehnten Lebensjahr zu arbeiten, 57 % der Mädchen bekommen ihr erstes Kind im Alter zwischen 13 und 17 Jahren. Das Problem ist, dass die Armen nicht nur immer ärmer werden, sondern dass es auch stets mehr von ihnen gibt.

Tatsächlich hatte Carlos Menem während seiner Regierungszeit einen – angesichts der Bummelei in ehemaligen Staatsbetrieben unvermeidlichen – Sozialabbau betrieben, andererseits aber auch Formen eines gemeinnützigen Wohlstands in Gestalt neuer Straßenzüge, Naturschutzparks, umgenutzter Altbauten (wie den Hafenspeichern von Puerto Madero, die mit ihren Glitzerrestaurants zum Treffpunkt der Schickeria wurden) und eines damals modernen Telefonsystems geschaffen. Nach extrem schwierigen Zeiten verzeichnete die Wirtschaft Argentiniens (bedingt durch günstige Exportzahlen für Agrar- und Bergbauprodukte, gestiegene Tourismuszahlen und eine stärkere Nachfrage nach Konsumgütern) zwischen 2004 und 2013 wieder einen kräftigen Aufschwung und Argentinien eroberte sich erneut die Position, das Land mit dem höchsten Pro-Kopf-Einkommen von ganz Lateinamerika zu sein. Durch die erneuten Finanzkrisen sind die unteren und mittleren Schichten wieder Risiken ausgesetzt, insbesondere in den Randgebieten der Großstädte und in den ärmeren Provinzen. Aber auch die mehr oder weniger etablierte Arbeiterschaft der Autofabriken muss um ihren Lebensstandard fürchten, wenn der Konsum im Binnenmarkt und der Export innerhalb des Mercosur (vor allem nach Brasilien) stark sinken.

Kirche im Aufbruch

Argentiniens Nationalheiliger

Rund 90 % der Argentinier sind getaufte, aber weniger als 15 % praktizierende Katholiken. Der institutionelle Charakter der ›Staatsreligion‹ ist das Erbe der katholischen Pioniervölker des Landes: Spanier, Italiener und, in geringerem Ausmaß, Franzosen. Von Neapel her immigrierte auch Argentiniens Nationalheiliger San Cayetano zum La Plata (Neapolitaner brachten Anfang des 20. Jh. die erste Heiligenfigur mit). Der 1480 als Gaetano de Thiene im italienischen Vicenza geborene und 1671 heilig gesprochene Adlige, der sein Leben der Armen- und Krankenpflege und dem Kampf gegen die Korruption (damals schon!) widmete, leitet seinen Vornamen von dem nördlich von Neapel gelegenen Hafenstädtchen Gaeta ab. Nach der Pestwelle von 1656, die in Neapel 35 000 Opfer forderte, wurde der ›Sozialarbeiter‹ und Ankläger Gaetano (neben San Gennaro) zum Stadtpatron erhoben.

In Argentinien zum Santo de la Providencia (›Heiliger der Vorsorge‹) erkoren, waren seine himmlischen Fürsprachen in Krisenzeiten sehr gefragt: San Cayetano wurde zum Beschützer der Hungrigen, Arbeitslosen und Verschuldeten. Tatsächlich war Don Gaetano der Gründer eines Pfandleihhauses gewesen, aus dem die Banca di Napoli hervorging. Lebte er in unseren Tagen, sagt die Kirche, dann wäre er Pfleger der 110 000 Aidskranken. Sehr zeitgemäß werden an seinem Tempel im Bonaerenser Vorort Liniers zum Todes- und Feiertag am 7. August nicht mehr Blumen und Kerzen geopfert, sondern Kleider, Speisen und Getränke für Bedürftige gespendet.

… und der argentinische Papst

Leitfiguren für die ›Hemdlosen‹ von heute benötigt die Kirche mehr denn je. Rund 3 Mio. Katholiken jährlich scheren in Lateinamerika aus den Reihen ihrer Konfession aus, weniger aus Glaubenszweifeln als aus Überzeugungsmängeln seitens der Verkünder (ver)tröstender Botschaften: Zu lange hat sich die Kirche mit den jeweiligen militärischen, politischen und oligarchischen Machtstrukturen identifiziert. Der einstige Vorsitzende der argentinischen Bischofskonferenz, Adolfo Tortolo, interpretierte das Eingreifen des Militärs gar als das Werk Gottes. »Wir haben uns«, sagt ein hoher klerikaler Würdenträger heute, »unsere Mission von den Kommunisten aus der Hand nehmen lassen«.

Die Rückbesinnung auf den sozialen Auftrag der Urkirche ist im Gang. Immer mehr Arbeiterpriester leisten Basisarbeit. Bei ihnen handelt es sich nicht mehr um die zum Teil revolutionären Verfechter der Befreiungstheologie der 1970er-Jahre, sondern um Priester mit mitunter konservativen Wertvorstellungen, die Nächstenliebe predigen. Die Routine katholischer Sonntagsmessen brechen Spontanfeiern charismatischer Pfarreien auf – eine zeitgemäße Antwort auf das Vordringen der evangelischen Sekten. Mit einer neuen Direktheit nennen katholische Bischöfe Missstände wie wirtschaftliche Ausbeutung, Arbeitslosigkeit, Korruption und den *capitalismo salvaje* (›kapitalistischer Wildwuchs‹) beim Namen. Bereits als Erzbischof von Buenos Aires geißelte Papst Franziskus den Hochmut und die Selbstgefälligkeit der Schönen und Reichen sowie die Institutionalisierung der Korruption. Um sich auch vom geringsten Verdacht regierungsgefälligen Wohlverhaltens freizumachen, hatte die argentinische Katholische Kirche Anfang 1996 ihren Verzicht auf alle in der Verfassung festgeschriebenen staatlichen Zuwendungen angemeldet. In Argentinien gibt es keine Kirchensteuer, aber die katholischen und die meisten privaten Schulen bekommen staatliche Subventionen.

Die Wahl des Erzbischofs von Buenos Aires, Jorge Bergoglio, zum Papst hat in Argentinien eine Euphorie ausgelöst, wie sie sonst nur bei Fußballspielen zu Tage tritt. Politiker, Künstler und Sportler reisen nach Rom, um sich mit dem Heiligen Vater fotografieren zu lassen. Das Fußballteam San Lorenzo, dem Franziskus seit seiner Kindheit folgt, schien 2013, dem Jahr seiner Ernennung, von Gott beseelt und gewann die lokale Meisterschaft. Ein Schiff wurde nach dem Papst getauft, in Buenos Aires gibt es Führungen zu den Lebenstationen Bergoglios (s. S. 115).

Gesellschaft und Alltagskultur

Fútbol – la Mano de Dios

Wen wundert es, dass der Allzeitstar des argentinischen Fußballs, Diego Armando Maradona, während der Weltmeisterschaft 1986 von höchster Stelle Unterstützung im Viertelfinalspiel gegen England bekam? Gott höchstpersönlich griff ein, um die Partie zu entscheiden, und er selbst war nur das ausführende Organ, so lautete die schlitzohrige Botschaft des begnadeten Chaotikers, als das Spiel mit seinem Handtor besiegelt wurde.

Heute noch – selbst nach seinem erfolglosen Zwischenspiel als Nationaltrainer bei der Weltmeisterschaft 2010 in Südafrika – verkörpert Maradona den Traum vieler argentinischer Knirpse, besonders jener aus ärmeren Schichten: den Ball kickend zu Weltruhm zu gelangen. Einer, dem dies gelang, ist Lionel Messi, der bereits als 13-Jähriger vom FC Barcelona angeheuert wurde und mit dem katalanischen Team zum besten – und bestbezahlten – Spieler der Welt aufstieg.

Fußball kann als Nationalsport Argentiniens gelten, weil er ausnahmslos alle Schichten erreicht. Auch im Polo, Hockey und Tennis weisen die Argentinier weltweit beachtete Talente und Leistungen auf, doch sind dies eher Sportarten für Wohlhabende und vermögen lange nicht solche Emotionen wie ein Fußballspiel zu entlocken. Ein Klassiker unter den Partien spiegelt die Buenos-Aires-Paarung Boca Juniors und River Plate wider: die Mannschaft des armen Ex-Genueser Hafenviertels gegen die Mannschaft aus dem wohlhabenderen Norden der Stadt. Oft genug gewann Boca, dessen legendärster Spieler Maradona hieß.

Offizielle Feiertage

1. Jan. – Neujahr *(Año Nuevo)*
Karneval *(Carnaval)*
24. März – Tag der Wahrheit und Justiz *(Día de la Memoria por la Verdad y la Justicia)*
2. April – Tag der Kriegsveteranen und der Gefallenen im Falklandkrieg *(Día del Veterano y de los Caídos de la Guerra de Malvinas)*
Karfreitag *(Viernes Santo)*
Ostersonntag *(Pascua)*
1. Mai – Tag der Arbeit *(Día del Trabajador)*
25. Mai – Nationalfeiertag
20. Juni – Tag der Flagge *(Día de la Bandera)*
9. Juli – Tag der Staatsgründung *(Día de la Independencia)*
3. Mo im Aug. – Feier zu Ehren von José de San Martín
Mo nach 12. Okt. – Kolumbustag *(Día de la Diversidad Cultural)*
Mo nach 20. Nov. – Tag der Nationalen Souveränität *(Día de la Soberanía Nacional)*
8. Dez. – Tag der Unbefleckten Empfängnis *(Inmaculada Concepción)*
25. Dez. – Weihnachten *(Navidad)*

Brückentage: 2015 – 23. März u. 7. Dez.; 2016 – 8. Juli u. 9. Dez.

Tango

Er war, er ist, er wird immer sein: der Tango. Er ist Musik gewordenes Argentinien oder Musik gewordenes Buenos Aires. Keine andere Stadt der Welt wird so stark mit einer Musik identifiziert.

Die Musik und der Tanz durchleben insbesondere in jüngster Zeit größte Erfolge, nachdem sich die argentinischen Jugendlichen lange Zeit davon abgewendet und den Tango ihren Großeltern überlassen hatten. Nicht nur auf den von Touristen frequentierten Plätzen wie der Plaza Dorrego in San Telmo oder in den superteuren Dinnershows, sondern vor allem in den speckigen Clubs beweist der Tango, welchen Volkes Kind er ist – der stolzen, traurigen, sehnsüchtigen Einwanderer, die sich nur sonntags einen sauberen Kragen leisten konnten. In diesen Clubs erblüht der gebrochene Macho-Charme der älteren *señores* und so manche *abuela* hat sich wie ein junges Mädchen herausgeputzt. Die Jüngeren strömen wieder, vielleicht um zu zeigen: Dies ist – so unverwechselbar wie ein Fingerabdruck – unsere ganz eigene Kultur, die es sonst nirgendwo auf der Welt gibt (s. S. 58 u. 140).

54

Kunst und Kultur

»Kultur ist die Kunst zu überleben, ständig zu entdecken und zu erfinden«, sagte die argentinische Dichterin María Elena Walsh – »und zwar mit jener skeptischen Intelligenz«, meinte der Romancier Adolfo Bioy Casares, »die pessimistischem Denken optimistisches Temperament entgegensetzt«. An Erfindungsgeist hat es dem extrovertierten, gebildeten und kulturell anspruchsvollen Argentinien nie gefehlt.

Kultur ist für alle da

Wenn die jährlichen 560 Studienplätze am Konservatorium von Buenos Aires ausgeschrieben werden, stehen die Bewerber um mehrere Häuserblocks Schlange. Fast 1 Mio. Zuschauer drängen sich Jahr für Jahr im experimentierfreudigen Teatro San Martín. Es gibt 10 000 Schauspielschüler in Buenos Aires. Die Tänzerin Paloma Herrera wurde Primaballerina des American Ballet Theatre in New York; neben ihr errangen die Tänzer Julio Bocca und Maximiliano Guerra nicht nur Weltruf, sie popularisierten auch das klassische Ballett. Im Bonaerenser Kulturzentrum Ricardo Rojas kann man zwischen 690 Workshops wählen. Sogar der Nationalsport Fußball wurde in die Kunst einbezogen: Im Jahr 1996 gestaltete der Maler Pérez Celis das Stadion von Boca Juniors, die Pralinenschachtel (s. S. 130), mit Wandgemälden aus.

Kultur wird in Argentinien auf breiter Front gelebt, nicht als elitäres Happening bei Festspielen und Vernissagen verstanden, sondern in den Alltag integriert: Gabriel García Márquez im Supermarkt und, an einem U-Bahn-Kiosk, neben 100 Magazinen auch mal Kants »Kritik der reinen Vernunft«. Die zahlreichen Galerien dürfen sich als Publikumsmagneten fühlen, die Bühnen haben sich sogar unter der Militärdiktatur nicht den Mund verbieten lassen – ihre Aufführungen waren so aufrüttelnd, dass ihnen nicht wenige bescheinigen, den Sturz der Militärs intellektuell begleitet zu haben. 41 % der Argentinier lesen durchschnittlich ein Buch pro Monat. Vom allgemeinen Bildungseifer zeugt die Tatsache, dass der Buchhandel selbst in den Krisenjahren jährlich 15 000 neue Titel auf die Ladentische brachte. Und als man die Bücher während der Wirtschaftskrise aus Geldmangel nicht selbst erwerben konnte, wurden sie eben in den Buchhandlungen gelesen – keiner hat sich je daran gestört. Ohnehin gehört das stundenlange Stöbern in Buchläden zu den Lieblingsbeschäftigungen der Porteños. Die Buchgeschäfte haben teilweise bis spät in die Nacht geöffnet und praktischerweise ist ihnen häufig ein Café angeschlossen.

Musik

Argentiniens multikulturelle Vergangenheit ist auch in der Musik gegenwärtig. Von den schamanischen Gesängen der Indianer über die Barockmusik der Missionen reicht die Tradition bis zu den Stegreifliedern der Gauchos, begleitet von der Gitarre, dem Leitinstrument der argentinischen Folklore.

War das Musikleben in Buenos Aires zunächst von der spanischen Zarzuela und im 19. Jh. von Wiener Walzer und italienischen Opern bestimmt, so schufen Komponisten

Kunst und Kultur

wie **Carlos López Buchardo** (1881–1948) und **Felipe Boero** (1884–1959) die erste nationalfolkloristische Kunstmusik. Noch weiter spannte der Leiter des Konservatoriums La Plata, **Alberto Evaristo Ginastera** (1916–83), den Bogen der Klangbilder, indem er Folklore mit Zwölftonmusik verband. Aus seinem Grupo Renovación gingen der radikale Komponist **Carlos Paz** (1901–72) und der über einen langen Zeitraum in Köln und Essen als Direktor der Musikhochschulen tätige **Mauricio Kagel** (1931–2008), Schöpfer des Instrumentalen Theaters, hervor.

Daneben erhielt sich das von der Gitarre begleitete Liedgut der gauchesken *payadores* (Balladensänger), deren satirische Vortragsart sich in den Großstädten zu sozialkritischem Protest wandelte. In der Tradition der *payadores* stehende Künstler wie die Sänger **Eduardo Falú** (1923–2013) und **Atahualpa Yupanqui** (1908–1992) errangen Weltruf. Die Interpretationsbreite argentinischer Folklore reicht heute von den populären Weisen einer **Soledad Pastorutti** (›La Sole‹, geb. 1980) über die traditionellen correntinischen Lieder von **Teresa Parodis** (geb. 1947, seit 2014 Kulturministerin) bis zur vokalen Virtuosität der tucumanischen Negra, der ›Schwarzen‹, **Mercedes Sosa** (1935–2009).

Aus einer Verbindung von Folklore und Rock haben vor allem **Charly García** (geb. 1951), **Luis Alberto Spinetta** (1950–2012) und **Fito Páez** (geb. 1963) eine neue Kunstform entstehen lassen. Der in den 1960er-Jahren über ganz Lateinamerika ausstrahlende argentinische *rock nacional* leitete in den 70er- und 80er-Jahren zur *música de fusión* über, in der die verschiedensten Gattungen wie Blues, Jazz, Country und Tango miteinander verschmelzen. Der Bandoneonist **Astor Piazzolla** (1921–1992) ließ sich von den Arrangements Gerry Mulligans inspirieren. Zusammen spielten sie 1974 in Mailand eine historische Schallplatte (»Summit«) ein. Piazzollas »Le Grand Tango« interpretierte der russische Cellist Mstislaw Rostropowitsch 1994 im Teatro Colón. Argentiniens größtes folkloristisches Werk ist die 1964 von dem Pianisten **Ariel Ramírez** (1921–2010)

komponierte »Misa Criolla« (›Kreolische Messe‹), mit einem Verkaufserfolg von weltweit 15 Mio. Schallplatten und CDs.

In der Tradition der *nueva canción* der Mercedes Sosa und des politischen Rocks von Charly García haben sich auch viele neue Bands zusammengefunden, die kein Mainstream-Blabla abliefern, sondern Musikstile aus den *barrios* (›Vorstädten‹) in ihre Produktionen aufnehmen und die politische Wirklichkeit aufgreifen. **Los Fabulosos Cadillacs** und **Los Redonditos de Ricota** – deren Sänger Vicentico und Indio Solari in den letzten Jahren individuelle Karrieren starteten – zäh-

Literatur

Argentiniens Aushängeschild Nr. 1 in puncto Literatur: Jorge Luis Borges

len dazu, außerdem **Karamelo Santo,** eine Reggae- und Ska-Band aus Mendoza, die bereits mit dem Weltmusiker Manu Chao augetreten ist. Die Band **Poncho** kam mit ihrem Electro Rock und Synthie Pop in die Hitlisten.

Literatur

Jedes Volk habe sich – gleichsam als geistiges Gegengewicht –, so meinte Jorge Luis Borges einmal, eine literarische Leitfigur erkoren: Für Argentinien mit seiner von Bürgerkriegen und Wüstenfeldzügen geprägten Geschichte ist dies die Romanfigur des desertierten Gauchos Martín Fierro.

Gaucho-Dichtung

Tatsächlich hat der Gaucho, kulturgeschichtlich gesehen, mehrmals ›das Pferd gewechselt‹. Zunächst wird er von Argentiniens großem Reformer und Staatsmann **Domingo Faustino Sarmiento** (1811–88) unter dem Eindruck der Caudillo-Raubzüge als gesetzloser mestizischer Strolch aufs Korn genommen (»Zivilisation und Barbarei: Das Leben des Juan Facundo Quiroga«, 1845). Die Identitätsdebatte hat **Estanislao del Campo**

Kunst und Kultur

Träne in der Kehle – der argentinische Tango

»Keine sittlichen Bedenken«, entschied Papst Pius X. 1914, nachdem er die von einem eigens aus Buenos Aires in den Vatikan bestellten Paar vorgeführten Schritte des neuen Tanzes begutachtet und dabei den, wie er fand, orgelhaften Klängen ihres ziehharmonikaähnlichen Begleitinstruments gelauscht hatte: des Bandoneons.

Che Bandoneón (›He Bandoneon‹) nannte Aníbal Troilo, einer der großen Instrumentalisten und Komponisten, einen Tango, den er seinem ›Blasebalg‹ widmete. Dessen erste Version hatte 100 Jahre zuvor (1846) der Krefelder Musiklehrer Heinrich Band aus der Konzertina entwickelt. Shanties singende Seeleute brachten dann das Bandoneon nach Argentinien, wo die nostalgische Klangwirkung seiner 100 Metallzungen die Herzen der Zuhörer wie im Sturm eroberte.

Aber wo und wann fing er an, dieser Tango, der damals in den Kaschemmen des Bonaerenser Hafenviertels La Boca geschwoft und in den Vorzimmern der Bordelle auf Gitarren und Mandolinen gezupft wurde? Er entstand keineswegs nur hier, wo die italienischen Dockarbeiter ihre Wellblechhäuser mit Schiffsfarbenresten anstrichen. Auch in Montevideo mit seinem ganz ähnlichen Bevölkerungsmix aus Spaniern, Italienern, Schwarzen und Mestizen und sogar weiter im Süden unter dem Einfluss andalusischer und gauchesker Vortragsweisen bildeten sich frühe Musikformen des Tangos heraus. Bis heute schöpft der Tangosänger unbewusst aus dem mimischen Repertoire des Flamenco und der *payada* (s. S. 56).

Verschieden tief reichen die vielfältigen Wurzeln des Tango-Stammbaums in die Vergangenheit hinein, wobei dem ältesten – dem afrikanischen – Zweig der entscheidende Part zuzurechnen ist. Die kubanische Habanera, der von der Habanera abgeleitete, in Südspanien entstandene Tango andaluz, die ›obszöne‹ Milonga und die Candombé genannte Tanzpantomime der Schwarzen sind in den Tango eingeflossen. Dazu haben die Possen der Kneipiers, das Palaver der Kutscher, die Apachentänze der Stutzer und die lasziven Verhüllungen der Bordellwirtinnen noch ihren eigenen plebejischen Kanon beigetragen.

Für den Aufstieg des Tangos aus der Gosse in die Salons mag der Lebenslauf des uruguayischen *tanguista* Francisco Canaro symptomatisch gewesen sein. Als Anstreicher, mit einem Musikfloh im Ohr, kam ihm etwa zu Beginn des 20. Jh. in Buenos Aires die Idee, aus einem leeren Farbtopf eine Blechdosenfidel herzustellen. Ein Mandolinenspieler begleitete sein Gewimmer. Jahre später war Don Francisco, jetzt im schwarzen Smoking, Großunternehmer der Unterhaltungsbranche. Er glänzte als Schallplattenproduzent, besaß vier Tangoorchester und hatte inzwischen über 200 Musikstücke selbst komponiert.

Zwei Grundformen des Tangos bildeten sich heraus. Der reine Instrumentaltango präsentiert sich mit betont kontrapunktischen Effekten, schleppendem und dann wieder nachholendem Tempo und einer Melodik, bei der drei- bis viertönige, eng gesetzte Bassakkorde eine quälende Klangdichte erzeugen, die ständig zur Entspannung und Auflösung drängt. Der suggestiven Wirkung dieser Musik, die in den 1940er- und 50er-Jahren Triumphe feierte, kann man sich kaum entziehen. »Ich habe«, sagte dazu der 1992 gestorbene

Argentiniens Fingerabdruck: der Tango

Alfredo de Angelis einmal, »die Harmonie der Töne stets ebenso bewertet wie die Pausen.«

Die zweite Grundform, das Tangolied, bewegt sich an einem gefälligeren Kontinuum entlang, und weil hier die leichter verständliche Melodie den Transport der Stimme übernimmt, kann es sich diese sogar leisten, bis zum Sprechgesang abzufallen. Carlos Gardels Stimmumfang ging kaum über zwei Oktaven hinaus, doch seine Interpretationskunst kannte 1000 Register. ›Carlitos‹ zählt, als Mann ›mit der Träne in der Kehle‹, zu den Unsterblichen der Tangogeschichte.

Hörte man den 1995 verstorbenen Roberto Goyeneche im Café Homero etwa »Esta noche me emborracho« (›Heut abend besauf ich mich‹) singen, dann glaubte man ihm jedes Wort dieser von Enrique Santos Discépolo 1927 komponierten Abstiegselegie. Der aus einer neapolitanischen Familie stammende ›Discepolín‹ hatte in den wirren 30er-Jahren, Einzelschicksale aus seinem Freundeskreis thematisierend, noch einmal die sozialkritische Substanz der ersten Tangogeneration beschworen. »¿Que vachaché?« überschrieb er seine Debüt-Partitur im gleichen Lunfardo, das die Sprache seiner Jugend gewesen war – ›Wie komm ich aus dem Schlamassel raus?‹ Denn der Tango war, bevor er zum Synonym für Seelenschmerz, Sehnsucht, Liebe und zu einem »traurigen Gedanken, den man tanzen kann« (Discépolo), wurde, eine musikalische und gestische Form für Enttäuschung, Empörung und Anklage. In seiner heutigen Pluralität freilich hat er diese Uressenz eingebüßt, aber er konnte sich auch, wie die artistisch ausgearbeiteten Arrangements des (1992 gestorbenen) Bandoneonisten Astor Piazzolla zeigen, so weit von Formalzwängen frei machen wie nie zuvor.

Heute gibt es über 2000 Tangos mit dokumentierten Namen. Und wie heißt die den argentinischen Staatspräsidenten befördernde argentinische Version der Airforce One? – Tango 01 natürlich.

Entgegen dem Uhrzeigersinn drehen sich die Tänzer beim Tango

Kunst und Kultur

(1834–80) in seiner hochrangigen, von gaucheskem Esprit sprühenden Dichtung zugunsten des Naturburschen verschoben. Zum romantischen Helden par excellence aber gestaltete **José Hernández** (1834–86) den Gaucho Martín Fierro in seinem gleichnamigen Werk von 1872, das zu Argentiniens Nationalepos werden sollte. Exemplarisch ist Hernández Auseinandersetzung mit der erneut ausbrechenden Rivalität zwischen ›Zivilisation‹ und ›Barbarei‹: Zunächst flüchtet der an den Rand der Gesellschaft gedrängte Martín Fierro in das freiheitliche Leben eines Indianerstammes, dann kehrt er – im zweiten, sieben Jahre später veröffentlichten Band »La vuelta de Martín Fierro« (›Martín Fierros Rückkehr‹) –, des Vagabundendaseins müde, in die ungeliebte Zivilisation zurück. Die Gaucho-Dichtung hat der als Kostumbrismus in die Literaturgeschichte eingegangenen, die Sitten schildernden Regionalliteratur den Weg bereitet.

Vorläufer moderner Literatur

Erst mit dem über ganz Lateinamerika ausstrahlenden Modernismus, zu dessen Prophet der viele Jahre in Argentinien lebende Nicaraguaner **Rubén Darío** (1867–1906) wurde, setzte das Literaturgeschehen zu einer neuen Stilform an.

Argentinischer Exponent der Modernisten ist der in kühnen Metaphern und pittoresken Kontrasten dichtende **Leopoldo Lugones** (1874–1938), dessen sprachliche Virtuosität im »Lunario Sentimental« (›Empfindsames Lunarium‹) von 1909 gipfelt. Lugones, in seinen jungen Jahren ideologisch als sozialistischer Humanist ausgewiesen und später Unterstützer des ersten Militärputsches in Argentinien, entwickelte sich mit seinem Werk nicht nur zum Vorläufer der argentinischen Literatur, er belebte auch die gaucheske Schelmenromantik aufs Neue.

1926 wurde der Landaristokrat **Ricardo Güiraldes** (1886–1927) mit dem parabelhaften Roman »Don Segundo Sombra« berühmt, in dessen Mittelpunkt ein der Wirklichkeit abgeschauter Gaucho aus San Antonio de Areco (s. S. 149) steht.

Als städtischer Gegenpol zur Gaucho-Literatur entstand in der ersten Hälfte des 20. Jh. eine Vorstadt-Prosa, deren Protagonisten die *compadritos* – Stenze, Flaneure, Messerhelden – von Buenos Aires waren. Diese Randexistenzen, die durch **Roberto Arlts** (1900–42) Romane »Los siete Locos« (›Die sieben Irren‹) und »Los Lanzallamas« (›Die Flammenwerfer‹) geistern, thematisieren die Entwurzelung des Großstadtmenschen. Mit humoristischem Abstand als barocke Zeitsatire skizziert **Leopoldo Marechal** (1900–70) dieses Milieu in seinem »Adán Buenosayres« (›Adam Buenosaires‹), das auch den Hintergrund zu Jorge Luis Borges Erzählung »El Hombre de la Esquina Rosada« (›Der Mann von der rosa Ecke‹) bildet.

Literatura fantástica

Jorge Luis Borges (1899–1986), der seine Jugend in Genf und auf Mallorca verbracht hatte, entflammte nach seiner Rückkehr 1921 für seine Heimatstadt Buenos Aires und widmete ihr – sein erstes Werk – die in 300 Exemplaren gedruckte Gedichtsammlung »Fervor de Buenos Aires« (›Begeisterte Hingabe an Buenos Aires‹). Den Vertrieb besorgte der literarische Hoffnungsträger selbst, allerdings mit unkonventionellen Methoden, z. B. indem er die Bände in Garderoben in die Manteltaschen von Unbekannten schmuggelte.

Schon früh als Vater des argentinischen Ultraismus etikettiert, macht Borges sich gleichwohl frei von den überladenen Versexerzitien dieser lyrischen Welle und sucht die reine, essenzielle Poesie. Zusammen mit anderen avantgardistischen Autoren wird Borges zum Fackelträger der bis heute lebendigen *Literatura fantástica* Argentiniens. Der außerordentlich belesene Borges (er übersetzte Kafka, las Schopenhauer auf Deutsch und erlernte alte nordische Sprachen) erlangte Weltruhm mit seinen komödiantischen, Realität und Irrealität überblendenden Erzählungen – gesammelt in den Bänden »Ficciones« (›Fiktionen‹, 1944) und »El Aleph« (›Labyrinthe‹, 1949). Er gilt bis heute als der schöpferischste Schriftsteller spanischer Sprache des 20. Jh. Neben Borges gehört

Malerei

der Uruguayer **Horacio Quiroga** (1879–1937), der sich in den Urwald von Misiones zurückgezogen hatte, zu den naturnahen Vertretern dieser Literaturrichtung.

Borges Zeitgenosse und Freund **Adolfo Bioy Casares** (1914–99) hat mit seinen 1940 erschienenen Werken »Antología de la literatura fantástica« (›Anthologie der fantastischen Literatur‹) und »La invención de Morel« (›Morels Erfindung‹) die metaphysische Gedankenwelt mitgeprägt. Mit der Erstveröffentlichung der Kurzgeschichte »La casa tomada« (›Das besetzte Haus‹) wurde Borges 1951 – damals Chefredakteur der Zeitschrift »Los Anales de Buenos Aires« – zum Wegbereiter für einen anderen großen Schriftsteller der fantastischen Literatur: **Julio Cortázar** (1914–84), dessen anstrengender, in Beckettscher Verfremdungsmanier angelegter Antiroman »La Rayuela« (›Das Hüpfspiel‹) von 1963 im Mittelpunkt seines Werkes steht.

Der Technik des Narrativ-Fantastischen nicht weniger ergeben, versucht **Ernesto Sábato** (1911–2011), wie er sagt, aus dem von korrumpierten Idealen, Naturzerstörung und menschlicher Verarmung gezeichneten Gegenwartsgeschehen metahistorische Werte zu sublimieren. Mit seinen beiden Hauptwerken »Sobre héroes y tumbas« (›Über Helden und Gräber‹) von 1961 und dem apokalyptischen »Abaddón, el exterminador« (›Abaddón, der Engel des Verderbens‹) von 1974 sowie seinem politischen Engagement (auch für die unter dem Militärregime Verschwundenen) wurde der vom Atomforscher im Pariser Curie-Laboratorium zum Dichter konvertierte Sábato zum moralischen Gewissen der Nation. Er sammelte und edierte die erschütternden Zeugnisse der überlebenden Gefangenen der Militärdiktatur, die auch auf Deutsch erschienen sind: »¡Nunca más!« (›Nie wieder!‹). Mit der im Jahr 2000 erschienenen Autobiografie »Antes del fin« (›Vor dem Ende‹) schloss der Dichter sein literarisches Werk ab.

»El beso de la mujer araña« (›Der Kuss der Spinnenfrau‹, 1976) katapultierte **Manuel Puig** (1931–90) in die internationalen Bestseller-Charts und die kongeniale Verfilmung mit Raúl Juliá und William Hurt berührt bis auf den heutigen Tag; auch dieser Roman beschäftigt sich mit Gräueltaten der Militärdiktatur. Manuel Puig liebte das Kino und folgte beim Aufbau seiner Romane kunstvollen Montageregeln. Sie lesen sich wie eine Mischung aus rätselhaften Dialogbüchern und Traumsequenzen. »La traición de Rita Hayworth« (›Verraten von Rita Hayworth‹, 1968), »Boquitas pintadas: Folletín« (›Der schönste Tango der Welt: Ein Fortsetzungsroman‹, 1969) und »Sangre de amor correspondido« (›Herzblut erwiderter Liebe‹, 1982) gehören zweifellos zur ganz großen Literatur.

Ebenfalls gefeiert – und ins Deutsche übersetzt – sind bislang vier Bände von **Tómas Eloy Martínez** (1934–2010), der unter anderem »Santa Evita«, ein scharf-satirisches, traurig-böses Doppelporträt von Juan Domingo und Eva Perón schrieb. Der Schriftsteller lehrte in New Jersey – und Néstor Kirchner, so wird kolportiert, hätte ihn gerne als Botschafter in den USA gesehen.

Die Autoren **César Aira** (geb. 1949) und **Ricardo Piglia** (geb. 1941) genießen Kultstatus in ihrem eigenen Land, sind international aber eher unbekannt. Unter den jüngeren Autoren sticht **Pablo de Santis** (geb. 1963) hervor. Als ersten Schriftsteller spanischer Sprache im 20. Jh. nahm die Académie Française 1996 den Argentinier **Héctor Bianciotti** (1930–2012) – den ›neuen Borges‹, wie »La Quinzaine Littéraire« den Geehrten pries – in den Kreis der Unsterblichen auf.

Malerei

Erst spät machten sich die Bildenden Künste von den europäischen Vorbildern frei. Die argentinische Malerei des 19. Jh. mit ihren in üppigem Kolorit gestalteten Repräsentationsbildern (als anschauliches Beispiel: das »Porträt der Manuelita Rosas« von Prilidiano Paz Pueyrredón im Museo Nacional de Bellas Artes, s. S. 126) war noch ganz dem Wohlgefallen ihrer noblen Auftraggeber verpflichtet, ehe die Künstler die Ateliers verließen, um sich den Milieu schildernden Sittengemälden

Kunst und Kultur

und der Landschaftsmalerei zu widmen. Unter dem Einfluss des visuellen *criollismo* hielten Maler wie **Fernando Fader** (1882–1935), **Eduardo Sívori** (1847–1918) und **Martín Malharro** (1865–1911) impressionistisch eingestimmte Pampaszenen fest.

Ihren stärksten Ausdruck fand die argentinische Malerei in den 20er- und 30er-Jahren des 20. Jh. Der bis 1930 in Paris lebende **Antonio Berni** (1905–81), im Umfeld Louis Aragons und Giorgio de Chiricos dem Surrealismus und der Metaphysik ergeben, begegnete in Buenos Aires dem mexikanischen Muralisten David Álfaro Siqueiros und ließ Bilder von monumentaler Eindruckskraft entstehen. Seine Tempera-Dokumentation »Desocupación, Desocupados« (›Arbeitslosigkeit, Arbeitslose‹) von 1934 ist mit 800 000 US$ das bislang höchstbezahlte Werk eines Argentiniers. Der ebenfalls in Paris geschulte **Alfredo Guttero** (1882–1932) schuf, ans Quattrocento und die romanische Kunst Spaniens anknüpfend, großflächige Bilder in erdfarbenen Tonwerten (Material: pigmentierter Gips). Auf die mythologische Semantik des präkolumbischen Argentinien griff der Paul Klee verpflichtete, nachdenkliche Humanist **Xul Solar** (1887–1963) zurück. In seinen komplexen, von Sonnen, Schlangen, Kreuzen, Pfeilen, Gestirn, Zeichen und Zahlen besetzten Aquarellen beschwört er archaische Traumbilder.

Die moderne Malerei der jüngsten Generation ist v. a. zeitkritisch, karikierend, provokativ, plakativ. Zeitgenössisches zeigen die Museen Colección Fortabat, MALBA und Fundación Proa in Buenos Aires (s. S. 131) sowie das Museo de Arte Contemporáneo in Rosario (s. S. 448). **Guillermo Kuitka** (geb. 1961) und **León Ferrari** (1920–2013), Gewinner des Goldenen Löwens auf der Kunst-Biennale in Venedig 2007, gehören zu den international anerkanntesten Vertretern.

Film

Kulturprägend war auch immer der argentinische Film, der, einmal von den Hollywood-Klischees losgelöst, vor allem die eigene Geschichte kritisch ausleuchtete. Streifen wie »La Patagonia Rebelde« von **Héctor Olivera** (auf Osvaldo Bayers gleichnamiger Schilderung vom Aufstand der patagonischen Estancia-Arbeiter in den 1920er-Jahren fußend; 1974) oder **Luis Puenzos** 1986 mit einem Oscar ausgezeichneter Film »La historia oficial« (›Die offizielle Geschichte‹, ein paradigmatisches Verschwundenenschicksal aus der Zeit der Militärdiktatur) sind zu historiografischen Werken geworden.

Ein Kassenerfolg war 1993 der die Geschichte des Bonaerenser Stadtrebellen Tanguito nacherzählende Film »Tango feróz« (›Wilder Tango‹) von **Marcelo Piñeyro.** 1996 ehrte man die Cineasten **Eugenio Zanetti** (in den USA lebend) und **Luis Enrique Bacalov** (Rom) mit je einem Oscar. 2006 und 2007 wurde der in Kalifornien beheimatete **Gustavo Santaolalla** – einer der Mitbegründer des *rock nacional* – für seine Filmmusik in »Brokeback Mountain« und »Babel« mit dem Oscar ausgezeichnet.

Auf der Berlinale 2004 erhielt **Pino Solanas** (seine letzten vier Streifen, von »Memorias del saqueo« bis »La próxima estación«, dokumentieren Chaos und Neuanfang in Argentinien ab 2001) einen Goldenen Bären für sein Lebenswerk, darunter so wunderbare Parabeln wie »El exilio de Gardel« und »Sur«. Mit einem Silbernen Löwen ausgezeichnet wurde der im Bonaerenser Immigrantenmilieu spielende Film »El abrazo cortado« (›Die unterbrochene Umarmung‹) des jungen Cineasten **Daniel Burman.** Auch **Ariel Rotter** gehört zu den vielversprechenden neuen Namen; Julio Chávez, der Hauptakteur seines Films »El otro« (›Der Andere‹) gewann auf der Berlinale 2007 den Silbernen Bären als bester Schauspieler. Den größten Erfolg der letzten Jahre erzielte **Juan José Campanellas** Film »El secreto de tus ojos« (›In ihren Augen‹), der einen intimen Blick auf die blutrünstigen 1970er-Jahre wirft und 2010 den zweiten Oscar für einen argentinischen Film gewann, genau 25 Jahre nach »La historia oficial«. Generell besteht im Land eine große Akzeptanz für heimische Produktionen. Die Zahl der Filmstudenten liegt fünfmal so hoch wie in Deutschland.

Essen und Trinken

Argentinien, besonders Buenos Aires, ist ein Dorado für den genüss-lichen Esser. Auf dem Speisezettel stehen so gegensätzliche Gerichte wie die antarktische Königskrabbe und die würzigen Teigtaschen *(em-panadas)* von Salta. Klassiker der kreolischen Tafelfreuden sind jedoch das am offenen Holzfeuer gebratene Fleisch *(asado)* und die Pastas und Pizzas der italienischen Küche.

Essen wie die Gauchos

Seit Menschengedenken – so dürfen es die Argentinier ruhig formulieren – gehört ein *asado* zum guten Ton, zum Leben, zum Wohlfühlen, zum Treffen mit Freunden und der Familie, zum gelungenen Sonntag. Ein *asado* ist ein gesellschaftliches Ereignis. Es wird gemeinschaftlich zelebriert, wobei den Frauen die Aufgabe zukommt, *empanadas* und Salate als Vorspeisen vorzubereiten, während die Männer sich um das Grillgerüst versammeln, über das geeignete Brennholz fachsimpeln (Kiefer oder Eukalyptus) und Würste, Innereien, Huhn, Rindfleisch und Lamm braten – in dieser Reihenfolge. Das ist nicht optional gemeint, sondern additiv. Pro Person wandert gerne ein Pfund Fleisch – die Knochen mitgerechnet – auf den Grill. Eine solche Einladung beginnt am Nachmittag und endet gegen Mitternacht.

Diese Gaucho-Ernährungsweise ist nicht nur den Reichen in Fleisch und Blut überge-gangen, sondern auch den weniger Wohlha-benden: Fleisch war über Jahrzehnte billiger zu haben als frischer Salat oder Gemüse. Nicht alle freilich konnten sich die besten Stü-cke leisten, aber ein knuspriger *asado de tira* (Rippenstück mit Knochen) war immer drin.

Die argentinischen Metzger schneiden an-ders als in Mitteleuropa, deswegen lassen sich die landesüblichen Bezeichnungen nicht immer 1 : 1 übersetzen. Erst beim Blick auf die Preistabelle beispielsweise wird einem

klar, dass es sich bei einem *baby bife* keines-wegs um ein besonders kleines Stück han-delt – im Gegenteil, es ist das größte, wiegt mindestens ein Pfund und wird normaler-weise von einer einzigen Person verzehrt.

In den Restaurants findet man die opulen-ten Grillteller unter der Rubrik *parrillada*. Eine *parrillada completa* schließt Innereien wie Dünndarm, Nieren und Bries mit ein, auf einer normalen gibt es Fleisch, auch vom Huhn und Schwein. Die *parrillada* wird als Tischgrill serviert, von dem man sich nach Gusto selbst bedient. In der Regel ist es je-doch vorzuziehen, die Fleischgerichte einzeln zu bestellen, um die gewünschte Garstufe zu garantieren. Die Argentinier bevorzugen tra-ditionell gut durchgebratenes Fleisch. In ein-facheren Parrillas sollte man sich daher bei der Bestellung klar zur Garstufe äußern.

Überall in Argentinien gibt es auch spe-zielle Parrilla-Restaurants, in denen riesige Fleischstücke auf ebenso riesigen Grillgittern über Kohlefeuer oder auf fast 1 m langen Spießen über Holzfeuer gegrillt werden.

Im Fleischland Argentinien sind erstaunli-cherweise auch **Vegetarier** gut bedient. Die meisten Restaurants haben sich inzwischen darauf eingestellt und servieren eine mehr oder weniger große Auswahl an Gemüse- und Nudelgerichten. Auf dem Grill wird zu-nehmend auch Gemüse zubereitet.

Essen und Trinken

Multikulturelle Einflüsse

Nicht gaucheske, sondern indianische Wurzeln haben die dampfenden Gemüseeintöpfe aus den – indianischen – Zutaten Mais, Kartoffeln, Maniok und Karotten, die in den Anden serviert werden. Das darin schwimmende Schafs- oder Ziegenfleisch spielt dabei eine untergeordnete Rolle, es dient hauptsächlich als Brühelieferant.

Selbstverständlich haben auch die Ernährungsgewohnheiten der italienischen Einwanderer ihre Spuren im Speisezettel der Argentinier hinterlassen. Die besten Nudelgerichte außerhalb der Grenzen Italiens verzehre man in Argentinien, wird gerne behauptet, und die größten Pizzen auch. Ñoquis (Gnocchi), *tallarines* (Spaghetti), Polenta, *sopa de fideos* (Nudelsuppe) und Risotti gehören zu den Grundnahrungsmitteln, damit wird jeder Argentinier groß. Die *Tarta Pascualina*, eine Art Spinat-Eier-Quiche, gehört zu den Standardangeboten in Cafés und Imbissrestaurants, und auch die Art des Frühstücks kommt einem italienisch vor: ein kleiner Kaffee mit einer *medialuna* (Hörnchen). Auf die Spanier gehen die Eintöpfe der Landesmitte und die Zubereitung von Fisch und Meeresfrüchten an der Küste zurück.

Essgewohnheiten

Ebenfalls von den Spaniern haben die Argentinier die späten Essenszeiten übernommen, die für einen Mitteleuropäer kaum nachvollziehbar sind. In Spanien lassen sie sich als natürliche Reaktion auf sommerliche Hitzeperioden verstehen, wo auf eine ausgedehnte Siesta eine zweite Arbeitsphase folgt und man sich an Sommerwochenenden erst gegen 22 Uhr zu Tisch setzt, so auch in Buenos Aires. Eine Familie mit Großeltern und Enkelkindern gegen Mitternacht am Restau-

Fleisch, egal in welcher Form – bei den Argentiniern eine Art Grundnahrungsmittel

ranttisch versammelt zu sehen, ist keine Seltenheit. Nur auf dem Land und unter der Woche gelten moderatere Essenszeiten.

Auch beim Mittagessen kopieren die Argentinier in etwa die spanischen Zeitregeln, das *almuerzo* gibt es ab 13 Uhr. Berufstätige nehmen diese Mahlzeit häufig nicht zu Hause ein, sondern suchen eines der preiswerten Mittagrestaurants auf, in denen solides Essen serviert wird – und billig ist es auch. Ein Tipp für Reisende mit kleinem Geldbeutel.

In argentinischen Restaurants sucht man sich für gewöhnlich nicht selbst einen Platz, sondern wartet, bis ein freier Tisch zugewiesen wird. Freitag- und samstagabends sowie sonntagmittags ist in den beliebten Lokalen eine Reservierung empfehlenswert. Das Trinkgeld (ca. 10 % des Rechnungsbetrages) wird zumeist auf dem Tisch liegen gelassen.

Ein argentinisches Muss: die Confitería

Seit über einem Jahrhundert blüht in Buenos Aires die aus Europa importierte Kaffeehauskultur, wobei eine argentinische Confitería genau genommen kein Kaffeehaus ist, sondern ein bisschen mehr. Eine Confitería ist der Treffpunkt schlechthin – von morgens bis um Mitternacht. Serviert werden Kaffee, Tee, Kuchen, Wein, Sandwiches, Cocktails und Aperitifs mit den stets dazugehörigen salzigen Kleinigkeiten. In einer Confitería kann man frühstücken, Zeitung lesen, ein Buch oder Postkarten schreiben, seinen High Tea stilgerecht einnehmen, sich mit Freunden zum Wein treffen. Meist sind die Confiterías gemütlich eingerichtet, in manchen gibt es Tango-Konzerte, anderen wiederum sind Billardsalons angeschlossen.

An diese Tradition knüpft der immense Erfolg von Kaffeehausketten an, beispielsweise Café Martínez, Bonafide, Havanna sowie Starbucks. Die US-Kette hat in knapp sieben Jahren allein in Buenos Aires 65 Coffee Houses eröffnet – immer noch weniger als die lokalen Ketten, die jeweils über 70 Filialen in Buenos Aires zählen.

Restaurant-Typen
Comida rápida – Fastfood
Marisquería – Meeresfrüchte-Restaurant
Parrilla – Rustikales Grillrestaurant, zumeist preiswert und selbst in seiner bescheidensten Variante selten enttäuschend
Tenedor (Parrilla) libre – *all you can eat* zu einem festen Preis
Restaurante vegetariano/naturista – vegetarisches Lokal

Die im Führer angegebenen Preise umfassen eine für das jeweilige Restaurant repräsentative Mahlzeit mit Hauptgang, Dessert, Vorspeise oder Kaffee sowie 0,375 l Wein.

Getränke

Im Weinland Argentinien findet man auf fast allen Getränkekarten eine wechselnde Auswahl von Weinen, die zumeist von einer der über 50 großen Kellereien des Landes stammen (s. S. 66). Die verschiedenen Provenienzen, Rebsorten, Cuveés und Jahrgänge decken eine breite Geschmacksskala ab. Zu den gleichbleibend guten, allgegenwärtigen (und preiswerten) Tropfen gehören u. a. die Weißweine Lagarde Chardonnnay, Don David Torrontés, Callia Magna Viognier, Humberto Canale Sauvignon Blanc sowie die Rotweine Lagarde Doc Malbec, Alta Vista Premium Cabernet Sauvignon, Terrazas Reserva Merlot, Santa Julia und Rutini.

Biertrinker können zwischen den einheimischen Marken Quilmes, Schneider und Brahma sowie zahlreichen Exportbieren wählen. Daneben gibt es die üblichen Erfrischungsgetränke *(gaseosas)*. Vor allem aber ist Argentinien das Land des Mate-Tees, der zu jeder Tages- und Nachtzeit, von allen Altersgruppen und von allen Bevölkerungsschichten gleichermaßen getrunken wird – typische Begleitutensilien eines waschechten Argentiniers sind eine Thermoskanne mit heißem Wasser, ein Päckchen der grünen Yerba-Mate-Blätter, eine Kalebasse und eine *bombilla,* das Röhrchen zum Trinken (s. S. 466).

Essen und Trinken

Rebstöcke mit Weltrekord – argentinische Weine

Rund 320 Tage Sonne im Jahr, trockenes Halbwüstenklima, nahrhafte Böden und dazu die schon von den Indianern trassierten Bewässerungskanäle, gespeist vom Schmelzwasser der Anden – das waren Bedingungen, unter denen bereits vor 400 Jahren kein Jesuitenpater der Versuchung widerstehen konnte, seinen eigenen Messwein zu erzeugen.

Von den Kanarischen Inseln über Cuzco (Peru) gelangten die ersten Reben der *Vitis vinifera* ins heutige Argentinien. Die frühesten Berichte von Rebpflanzungen bei Santiago del Estero finden sich in Chroniken Mitte des 16. Jh. Damals trat man die Trauben in Lederbälgen mit den Füßen aus; so entstand die Bezeichnung *vino patero* (von *pata* = ›Fuß‹) und bis heute findet, wer in diesen gesegneten Regionen über Land fährt, einen hausgemachten Wein als *patero* an allen Straßenrändern angeboten, auch wenn der Saft inzwischen aus der Handpresse kommt.

Die Veredelung der Gewächse und ihrer Ausbaumethoden ließ allerdings bis Mitte des 19. Jh. auf sich warten. Damals brachte der Winzer Miguel Pouget die ersten französischen Rebsorten nach Argentinien und ab 1885 schaukelten auf der soeben fertiggestellten, 1000 km langen Eisenbahnlinie durch die Pampa 50 000 l fassende burgundische Eichenfässer von Buenos Aires nach Mendoza und San Juan. In den Bodegas von Escorihuela beispielsweise kann man solche *barriles* oder *toneles* (›Tonnen‹) noch heute sehen. Mit den Einwanderungswellen zu Beginn des 20. Jh. gelangten italienische und spanische, dann auch deutsche Gewächse wie der Riesling nach Argentinien. Heute sind hier Varietäten heimisch, die die ganze europäische Weinpalette abdecken und Sorten wie der Torrontés fanden weit bessere Anbaubedingungen als im mediterranen Ursprungsraum.

Unter der windgeschützten Ostabdachung der Anden zieht sich in 500 bis 2000 m Höhe die argentinische Weinstraße von Río Negro bis nach Salta entlang. Kerngebiet ist die Gegend um Mendoza, die 73 % der Trauben erzeugt und wo 1700 Brunnen der natürlichen Furchenberieselung zu Hilfe kommen. Lange Zeit galt ein Rebstock der Estancia Los Amigos, dessen Blätterdach 144 m² bedeckte und der bis zu 3 t Trauben pro Ernte hervorbrachte, als der fruchtbarste der Welt. Die hohen Sommertemperaturen haben hier tunnelartige, Schatten spendende Laubdächer zur typischen Formation der Rebpflanzungen gemacht. Fast 700 Mendociner Kellereien mit einem Speichervolumen von 40 Mio. Hektolitern bauen ihre Weine nach bewährten europäischen Methoden aus.

Auch die zweitgrößte Erzeugerprovinz San Juan schützt ihre von Licht übergossenen Pflanzungen (bei nur 200 mm Niederschlag im Jahr) durch das Parral- oder Trellissystem vor der Austrocknung der Fruchtstände in Bodennähe infolge der Reflexion des Sonnenlichts. San Juan erzeugt vor allem Tafeltrauben, Weißweine und Rosinen.

Die südlichste Anbauregion, die Provinzen Río Negro und Neuquén, eine Oase im wüstenhaften Patagonien, hat immerhin noch 31 Bodegas vorzuweisen. In diesen frostgefährdeten Breiten allerdings recken sich die (meist dunklen) Trauben bei kürzeren Reifezeiten vorzugsweise am Hochspalier der Sonne entgegen. Blumige, alkoholreiche

Weinland Argentinien

Thema

Argentiniens Paradies für Weinliebhaber ist insbesondere die Region um Mendoza

Weißweine bringen die tiefen, lehmigen Schwemmsandböden von La Rioja hervor, auf denen man viele Weinstöcke auch ›wild‹ (*parrón*-System) wachsen lässt. Schließlich tragen die Nordwestprovinzen Catamarca und Salta mit knapp 5300 ha Anbaufläche und einigen der besten hellen Gewächse zum Ruf der argentinischen Weinkultur bei. Hier entfalten besonders die elfenbeinfarbenen Weine von Cafayate – man koste den würzigen Ayres de Cafayate (Bodegas Etchart) – ihr reiches, von quellwassergespeisten Böden und einer göttlichen Sonne kommendes Bouquet.

Unter den Weinerzeugern der Welt liegt Argentinien heute mengenmäßig an fünfter Stelle. Hier, wie überall, ist der Pro-Kopf-Verbrauch jedoch unter dem Marktdruck der allgegenwärtigen nordamerikanischen Massengetränkehersteller sowie dem steigenden Hang zum Biertrinken zurückgegangen. Gestiegen hingegen ist der Konsum von hochwertigeren, d. h. teureren Weinen.

Die bedeutendsten roten Rebsorten sind: Cabernet Sauvignon (v. a. in der Provinz Mendoza), Malbec (Valle de Uco und Oberlauf des Río Mendoza), Merlot (vorwiegend in San Rafael und Luján de Cuyo/Mendoza), Syrah (erfreut sich in Argentinien zurzeit des stärksten Zuwachses an Anbaufläche) und Pinot Noir (Mendoza). Zu den wichtigsten weißen Rebsorten gehören: Torrontés (Valles Calchaquíes zwischen Cafayate und Angastaco), Chardonnay (weit verbreitet), Sauvignon (besonders Oberlauf des Río Mendoza), Chenin (v. a. San Rafael) und Semillón (Valle de Uco).

Kulinarisches Lexikon

Im Restaurant

Ich möchte einen Tisch reservieren.	Quisiera reservar una mesa.
Die Speisekarte, bitte.	El menú, por favor.
Die Rechnung, bitte.	La cuenta, por favor.
Vorspeise	entrada/primer plato
Hauptgericht	plato principal
Nachspeise	postre
Beilage	guarnición
Tagesgericht	plato del día
Gedeck	cubierto
Flasche	botella
Salz/Pfeffer	sal/pimienta
Essig/Öl	vinagre/aceite
Zucker/Süßstoff	azúcar/sacarina
Kellner/Kellnerin	camarero, camarera

Zubereitung

ahumado/-a	geräuchert
al ajillo	in Knoblauchsoße
a la plancha	gegrillt
al horno	im Ofen zubereitet
a punto	medium
asado/-a	gebraten/gegrillt
bien hecho	gut durchgebraten
brochette	am Spieß
crudo/-a	roh
empanado/-a	paniert
frito/-a	frittiert
guisado/-a	geschmort
hervido/-a	gekocht
jugoso	saftig/blutig

Snacks, Suppen, Vorspeisen

aceitunas	Oliven
caldo	(Fleisch-)Brühe
cazuela	Eintopf
empanadas	Teigpasteten mit Füllung (pikant oder süß)
fiambre (surtido)	(gem.) Aufschnitt
huevos fritos/revueltos	Spiegel-/Rühreier
jamón crudo/cocido	roher/gekochter Schinken

matambre (von mata hambre – ›tötet den Hunger‹)	mit Ei, Spinat, Petersilie und Knoblauch gefüllte Rinderroulade
morrón	rote, gegrillte Paprika
palmitos con salsa golf	Palmherzen mit Tomatenmayonnaise
pan (tostado)	(getoastetes) Brot
sopa	Suppe
tortilla	Omelette

Fisch und Meeresfrüchte

atún	Thunfisch
besugo	Seebrasse
centolla	Königskrabbe
corvina	Adlerfisch
langostinos	Krevetten
lenguado	Seezunge
mariscos	Meeresfrüchte
mejillones	Miesmuscheln
merluza	Seehecht
ostras	Austern
pejerrey	Ährenfisch
pescado	Fisch
pulpo	großer Tintenfisch
salmón	Lachs
trucha	Forelle

Fleisch und Geflügel

achuras	Innereien
albóndigas	Fleischbällchen
asado de tira	gegrilltes Rippenstück (mit Knochen)
aves	Geflügel
bife de chorizo	Rumpsteak
bife de costilla	Beefsteak mit Rippenknochen
bife de lomo	Lendensteak
carne	Fleisch
carne picada	Hackfleisch
cerdo, chancho	Schwein
chinchulines	gegrillter Dünndarm
chivito	Zicklein
chorizo	grobe Grillwurst
chuleta	Schweinekotelett
conejo	Kaninchen

cordero	Lamm	tallarines	Spaghetti
criadillas	Kalbshoden	verdura	Gemüse
cuadril	Hüftsteak	zanahoria	Möhre
escalope	Schnitzel		
estofado	Schmorfleisch		

Nachspeisen und Obst

higado	Leber
jabalí	Wildschwein
lechón	Spanferkel
locro	Eintopf mit Fleisch, Maiskörnern etc.
lomo	Filet
milanesa	paniertes Schnitzel
mollejas	Bries
morcilla	Blutwurst
pato	Ente
pavo	Truthahn
pierna de cerdo	Schweinshaxe
pollo	Huhn
puchero	Eintopf mit Fleisch, (Süß-)Kartoffeln und Gemüse
res	Rind
riñones	Nieren
salchicha	Würstchen
ternera	Kalb
vacío	Bauchfleisch

almendrado	Vanilleeis mit Mandeln
almíbar	Sirup
batatas	Süßkartoffeln
bombón helado	Eiscreme mit Schokoladenüberzug
cereza	Kirsche
ciruela	Pflaume
damasco	Aprikose
Don Pedro	Eiscreme mit Walnüssen und Whisky
dulce de batata	Süßkartoffelgelee
dulce de leche	Karamellcreme
dulce de mebrillo	Quittenpaste
durazno	Pfirsich
flan	Karamellpudding
galletita	Keks
helado	Eiscreme
mamón/papaya	Papaya
manzana (asada)	(Brat-)Apfel
medialuna	Croissant
melón	(Honig-)Melone
naranja	Apfelsine
panqueque	Pfannkuchen
pera	Birne
pomelo	Grapefruit
sandía	Wassermelone
torta, pastel	Kuchen
uva	Weintraube
zapallo en almíbar	Kürbisstücke in Sirup

Gemüse und Beilagen

arroz blanco	weißer Reis
arveja	Erbse
berenjena	Aubergine
chauchas	Bohnen
cebolla	Zwiebel
ensalada	Salat
espinaca	Spinat
fideos	Nudeln
lechuga	grüner Blattsalat
lenteja	Linse
palta	Avocado
panaché de legumbres	gemischte Gemüseplatte
papa	Kartoffel
pepino	Gurke
pimiento, ají	Paprikaschote
remolacha	rote Bete

Getränke

agua mineral con/sin gas	Mineralwasser mit/ohne Kohlensäure
aguardiente	Schnaps
café (con leche)	(Milch-)Kaffee
cerveza	Bier
gaseosa	Limonade
jugo	Saft
vino blanco/tinto	Weiß-/Rotwein

›Zwischen den Strömen‹ – Entre Ríos – heißt eine der Regionen, wo Reisende auf Rinderherden und stolze Cowboys, die Gauchos, treffen

Wissenswertes für die Reise

Informationsquellen

Infos im Internet

www.argentinien.com: Deutschsprachiges Portal zu Argentinien mit vielen Links.
www.argentina-argentinien.com: Grundlegende Infos und ein Forum für Fragen (dt.).
www.argentinaturistica.com: Ausführliche Website zu den wichtigsten Sehenswürdigkeiten, nach Regionen gegliedert (span., engl.).
www.enjoy-patagonia.org: Sehr ausführliches Web-Portal zu Patagonien mit detaillierten Infos zu den einzelnen Orten (engl.).

Touristenbüros

... in Europa

Derzeit unterhält Argentinien keine Touristenbüros im deutschsprachigen Raum, viele hilfreiche Infos erhält man aber aus dem Internet.

... in Argentinien

Ministerio de Turismo
Av. Santa Fe 883, Buenos Aires
Tel. 011 43 12 22 32, 080 05 55 00 16
www.turismo.gov.ar
Mo–Fr 9–17 Uhr

Infos über die einzelnen Provinzen erteilen in Buenos Aires die **Casas de Provincia** (Öffnungszeiten meist Mo–Fr 9/10–16/17 Uhr):
Buenos Aires: Callao 237, Tel. 011 53 00 75 31, int. 2, 080 06 66 21 45, www.casaprov.gba.gov.ar, www.buenosaires.tur.ar
Catamarca: Córdoba 2080, Tel. 011 43 74 68 92, www.turismocatamarca.gov.ar
Chaco: Callao 322, Tel. 011 43 72 30 45 u. 43 72 09 61, www.chaco.travel
Chubut: Sarmiento 1172, Tel. 011 43 82 20 09, www.chubut.gov.ar/turismo
Córdoba: Callao 332, Tel. 011 43 73 42 77, www.cordobaturismo.gov.ar
Corrientes: San Martín 333, 4. Stock, Tel. 011 43 94 28 08/35, www.corrientes.gov.ar/home/Turismo/categorias

Entre Ríos: Suipacha 844, Tel. 011 43 26 25 73, www.unatierradiferente.com
Formosa: H. Yrigoyen 1429, Tel. 011 43 84 84 43, www.casadeformosa.gov.ar, www.formosa.gov.ar
Jujuy: Santa Fe 967, Tel. 011 43 93 12 95 u. 43 93 60 96, www.turismo.jujuy.gov.ar
La Pampa: Suipacha 346, Tel. 011 43 26 05 11 u. 43 26 17 69, www.turismolapampa.gov.ar
La Rioja: Callao 745, Tel. 011 48 15 19 29 u. 48 13 34 17, www.larioja.gov.ar/turismo
Mendoza: Callao 445, Tel. 011 43 71 73 01, www.casa.mendoza.gov.ar, www.turismo.mendoza.gov.ar
Misiones: Santa Fe 989, Tel. 011 43 22 10 97, www.turismo.misiones. gov.ar
Neuquén: Maipú 48, Tel. 011 43 43 23 24, www.neuquentur.gob.ar
Río Negro: Tucumán 1916, Tel. 011 43 71 70 78, www.rionegrotur.gob.ar
Salta: Roque Sáenz Peña 933, Tel. 011 43 26 13 14, www.turismosalta.gov.ar
San Juan: Sarmiento 1251, Tel. 011 57 78 16 65 u. 57 78 16 21, www.turismo.sanjuan.gov.ar
San Luis: Azcuénaga 1087, Tel. 011 57 78 16 21/65, www.turismo.sanluis.gov.ar
Santa Cruz: Suipacha 1120, Tel. 011 43 25 30 98, www.santacruzpatagonia.gob.ar
Santa Fe: 25 de Mayo 168, Tel. 011 43 42 04 25/54, www.santafe.tur.ar
Santiago del Estero: Florida 274, Tel. 011 43 22 13 89, www.turismosantiago.gov.ar
Tierra del Fuego: Esmeralda 783, Tel. 011 43 28 70 40, www.tierradelfuego.org.ar
Tucumán: Suipacha 140, Tel. 011 43 22 00 10, int. 124, www.tucumanturismo.gov.ar

Innerhalb Argentiniens können von jedem Ort aus unter der Telefonnummer 0800 555 00 16 kostenlos Auskünfte – auch auf Deutsch – eingeholt werden (8–20 Uhr). In fast allen Städten Argentiniens gibt es darüber hinaus Informationsbüros, die Reisende mit einem

Stadtplan und Hinweisen zu den wichtigsten Sehenswürdigkeiten versorgen.

Diplomatische Vertretungen

... in Deutschland

Botschaft der Republik Argentinien
Kleiststraße 23–26, 10787 Berlin
Tel. 030 226 68 90
www.argentinische-botschaft.de
Generalkonsulate der Republik Argentinien
Eschersheimer Landstraße 19–21
60322 Frankfurt
Tel. 069 972 00 30
cfran@cancilleria.gob.ar
Mittelweg 141, 20148 Hamburg
Tel. 040 441 84 60
chamb@mrecic.gov.ar
Robert-Koch-Str. 104, 53127 Bonn
Tel. 0228 249 62 88
cbonn@cancilleria.gob.ar

... in Österreich

Botschaft der Republik Argentinien
Goldschmiedgasse 2/1, 1010 Wien
Tel. 01 533 85 77-0
etria@mrecic.gov.ar

... in der Schweiz

Botschaft der Republik Argentinien
Jungfraustr. 1, 3005 Bern
Tel. 031 356 43 43
seconbern@swissonline.ch
esuiz@mrecic.gov.ar

... in Argentinien

Deutsche Botschaft und Konsulate
Villanueva 1055, Stadtteil Belgrano
1426 Buenos Aires
Tel. 011 47 78 25 00
www.buenos-aires.diplo.de
Botschaft: Mo–Fr 8.30–11.30 Uhr
Konsulat: Mo–Fr 8.30–11 Uhr

Weitere Honorarkonsulate der Bundesrepublik Deutschland gibt es in San Carlos de Bariloche, Córdoba, El Dorado/Misiones, Posadas/Misiones, Santa Fe, Salta, San Miguel de Tucumán und Mendoza.

Österreichische Botschaft
French 3671, 1425 Buenos Aires
Tel. 011 48 09 58 00
www.bmeia.gv.at/botschaft/buenos-aires.html
Mo–Do 9–12 Uhr

Schweizerische Botschaft
Av. Santa Fe 846, 12. Stock
1059 Buenos Aires
Tel. 011 43 11 64 91
www.eda.admin.ch/buenosaires
Mo–Fr 9–12 Uhr

Karten

Kleine Stadtpläne erhält man in den örtlichen Touristenbüros sowie meist auch an der Hotelrezeption. Detaillierte Stadtkarten von Buenos Aires und YPF-Straßenkarten (YPF = Yacimientos Petrolíferos Fiscales, staatliche Erdölgesellschaft) gibt es an den Zeitungskiosken der Innenstadt von Buenos Aires zu kaufen. Von YPF wird auch ein guter Straßenatlas herausgegeben, dem eine CD und ein Führer zu den Weingütern Argentiniens beigefügt ist.

Gute Provinzstraßenkarten verkauft der argentinische Automobilclub (ACA), Av. del Libertador 1850, 3. Stock, Buenos Aires, Tel. 011 48 08 44 60, www.aca.org.ar. Touristen, die sich als Mitglieder eines ausländischen Automobilclubs ausweisen, bekommen das Material bis zu 50 % günstiger. Außerhalb der Hauptstadt halten über 100 ACA-Tankstellen und -Servicestationen (in größeren Städten und an Fernstraßen) Kartenmaterial bereit. Sehr empfehlenswert ist auch der Straßenatlas, den die Reifenfirma Firestone jährlich neu auf den Markt bringt. Er enthält außerdem Karten aller wichtigen Städte, Übersichtskarten der Nachbarländer sowie eine Unterkunfts- und Campingplatzliste. Zu kaufen in größeren Buchläden.

Lesetipps

Jorge Luis Borges: Sämtliche Erzählungen, München 1970; Einhorn, Sphinx und Salamander. Handbuch der phantastischen Zoologie, Frankfurt/M. 1993; Kabbala und Tango, Essays, Frankfurt/M. 2008; Niedertracht und Ewigkeit, Erzählungen, Frankfurt/M. 1991; Rose und Münze, Gedichte, Frankfurt/M. 1994.

Jorge Louis Borges/Adolfo Bioy Casares: Mord nach Modell, Erzählungen, Frankfurt/M. 1993; Zwielicht und Pomp, Erzählungen, Frankfurt/M. 1994. Der große Señor der argentinischen Literatur und sein Kollege und Freund präsentieren ihre wunderbar verrätselten, philosophischen Geschichten.

Adolfo Bioy Casares: Der Tod des Helden, Frankfurt/M. 1977; Morels Erfindung, Frankfurt/M. 2001.

Bruce Chatwin: In Patagonien, Reinbek 2006.

Bruce Chatwin/Paul Theroux: Wiedersehen mit Patagonien, München/Wien 1992. Diese beiden Reiseerzählungen haben beträchtlich dazu beigetragen, den Ruf Patagoniens als Sehnsuchtsland zu etablieren, und ganz nebenbei die Reisereportage wiederbelebt.

Julio Cortázar: Der Verfolger, Frankfurt/M. 1990; Geschichte der Cronopien und Famen, Frankfurt/M. 1992. Dieser Autor ist ein Klassiker, sein wichtigstes Werk »Rayuela« brachte es zum Kultbuch der 1968er-Jahre. Lyrik und Erzählungen haben dem 1984 verstorbenen Schriftsteller noch mehr internationalen Ruhm eingebracht.

Juan Filloy: Op Oloop, Frankfurt/M. 2001. Der Roman erschien bereits 1934, wurde aber erst spät bekannt. Er steht in der Erzähltradition eines Borges und James Joyce, auch Spuren Kafkas sind darin zu finden.

Rodolfo Fogwill: Die unterirdische Schlacht, Reinbek 2010. Das skurrilste literarische Zeugnis über den Falklandkrieg.

Ricardo Güiraldes: Das Buch vom Gaucho Sombra, Berlin 1999. Ein Klassiker.

William E. Hudson: Far Away and Long Ago: A Childhood in Argentina, London 2006 (engl.). Bezaubernde Kindheitsmemoiren eines Sohnes von US-Einwanderern, die sich um 1850 in der Pampa niederließen. Die Beobachtungsgabe Hudsons macht aus ihm den Begründer der argentinischen Ornithologie.

Tomas Eloy Martínez: Der Tangosänger, Frankfurt/M. 2005; Der Flug der Königin, Frankfurt/M. 2001; Der General findet keine Ruhe, Frankfurt/M. 1999; Santa Evita, Frankfurt/M. 1996. Anspruchsvoll, anstrengend und sehr originell sind diese skurrilen Romane. Das fiktive Doppelporträt von Juan Domingo und Eva Perón hat den Autor auch hierzulande sehr bekannt gemacht.

Santa Montefiore: Der Geisterbaum, München 2005. Argentinische Familiensaga.

Elsa Osorio: Mein Name ist Luz, Frankfurt/M. 2007. Mit diesem Roman über die Kinder der Verschwundenen während der Militärdiktatur gewann die Autorin den Amnesty-International-Literaturpreis.

Ricardo Piglia: Brennender Zaster, Berlin 2001. Spannender, sozialkritischer Krimi mit quasi-dokumentarischem Charakter über eine junge Verbrechergang.

Manuel Puig: Der schönste Tango der Welt, Frankfurt/M. 1978; Der Kuss der Spinnenfrau, Frankfurt/M. 2003; Die Engel von Hollywood, Frankfurt/M. 1998; Herzblut erwiderter Liebe, Frankfurt/M. 1998. Stark sozialkritisch geprägte Romane.

Ernesto Sábato: Maria. Oder die Geschichte eines Verbrechens, Berlin 1988. Einer der wichtigsten und einflussreichsten Autoren Argentiniens. »Maria« erschien 1945 unter dem Titel »El Túnel« und war sein erster Erfolg.

Reise- und Routenplanung

Argentinien als Reiseziel

Argentinien ist zu beneiden. Kolibris durchschwirren die Dschungel an den tosenden Wasserfällen von Iguazú, während 3000 km weiter südlich haushohe Eistürme vom Perito-Moreno-Gletscher in den Lago Argentino stürzen und Orkane um die Spitzen des Fitz-Roy-Massivs fegen. Dazwischen wogende Pampa, nur durchzogen von den schwarzen Asphaltbändern der Straßen oder staubigen Pisten. Am Horizont das Band der Anden mit den schneebedeckten Vulkanen, den himmelstürmenden Bergstraßen und den in Wäldern eingebetteten Seen. An der Atlantikküste bei Río Gallegos wippen die Ölpumpen, nicht weit entfernt brüten Pinguine in Erdhöhlen, ziehen Wale vorbei und sonnen sich See-Elefanten am Kiesstrand der Península Valdés. Welcher Kontrast dazu die brodelnde Metropole Buenos Aires mit ihren Tango-Kneipen, den Asado-Restaurants und Einkaufsgalerien – für viele nicht ohne Grund die schönste Hauptstadt Südamerikas. Eine Reise reicht bei Weitem nicht, die Vielfalt und Schönheit des Landes zu erforschen.

Vorschläge für Rundreisen

Die gewaltige Nord-Süd-Ausdehnung des Landes und die unterschiedlichen klimatischen Verhältnisse von den Tropen bis zur subarktischen Klimazone machen es sinnvoll, sich für eine bestimmte Reiseregion innerhalb Argentiniens zu entscheiden. Während man den Süden mit Patagonien und Feuerland bevorzugt in den Sommermonaten Oktober bis März besucht, ist die beste Reisezeit für den Nordosten der argentinische Winter (April–Sept.) – insbesondere die Provinzen Misiones, Entre Ríos und Chaco stöhnen im Sommer unter Temperaturen jenseits der 40-°C-Marke. Für den Nordwesten empfehlen sich Frühjahr oder Herbst (Okt.–Dez., April/Mai).

Vier Wochen durch Patagonien

Von Buenos Aires führt der Weg entlang der Atlantikküste nach Süden, vorbei am mondänen Badeort **Mar del Plata.** Erster Höhepunkt ist die zum UNESCO-Welterbe zählende **Península Valdés,** wo man Wale (Juni, Okt.), See-Elefanten und Pinguine beobachten kann. Immer wieder ergeben sich danach von der weiter Richtung Süden verlaufenden Hauptstraße (RN 3) lohnende Abstecher zur Küste, etwa zur Pinguinkolonie von **Punta Tombo** oder zu kleinen Fischerorten wie **Camarones** und **Puerto Deseado.**

In Río Gallegos nahe der Magellanstraße hat man die Wahl, ob man nach **Ushuaia** auf Feuerland reisen möchte, der südlichsten Stadt der Welt, oder nach Westen in die Anden. Entscheidet man sich für Feuerland, muss man ein kleines Stück durch Chile fahren, wo sich **Punta Arenas** mit seiner schönen Umgebung für einen Abstecher anbietet.

Ausgangspunkt für die Sehenswürdigkeiten der südlichen argentinischen Anden ist **Calafate.** Von hier aus lassen sich sowohl der **Glaciar Perito Moreno** als auch das **Fitz-Roy-Massiv** leicht erreichen.

Dann geht es auf der berühmt-berüchtigten **Ruta 40** – einer einsamen Piste, deren Asphaltierung jedoch mächtig vorangetrieben wird – entlang der Anden wieder nordwärts. Ein Abstecher führt zu den prähistorischen Felszeichnungen von **Las Manos,** ehe man das Seengebiet um den Ort **San Carlos de Bariloche** erreicht, eine der landschaftlich schönsten Regionen des Landes, die einen längeren Aufenthalt lohnt (s. auch S. 76). Sofern Wetter und Zeit es erlauben, sollte man noch die Gegend um **Mendoza** erkunden, das wichtigste Weinanbaugebiet des Landes, bevor man sich wieder auf den Rückweg nach Buenos Aires macht.

Bis auf Punta Tombo und Las Manos sind alle diese Ziele auch mit öffentlichen Verkehrsmitteln erreichbar, die meisten sogar mit dem Flugzeug.

Zwei Wochen im Seengebiet

Nicht von ungefähr zählt die am Fuße der Anden gelegene Region, auch Argentinische Schweiz genannt, zu den beliebtesten Reisezielen der Einheimischen. Ein See reiht sich an den nächsten, eingebettet in dichte Waldlandschaft und überragt von schneebedeckten Vulkanen. Die schönsten Landstriche stehen unter Naturschutz. Zentraler Ausgangspunkt ist **San Carlos de Bariloche** am Lago Nahuel Huapi. Hier empfiehlt es sich, einen Wagen zu mieten, denn mit öffentlichen Verkehrsmitteln sind viele Ziele nicht erreichbar.

In der näheren Umgebung lockt die am Südufer des Sees entlangführende RP 77 zu einem Tagesausflug. Etwa 40 km südlich von Bariloche zweigt bei Villa Mascardi von der Ruta 40 eine schmale Piste zum Fuß des **Volcán Tronador** ab. Weiter geht es auf der Ruta 40 gen Süden, wo nach ca. 25 km der **Lago Steffen** lockt. Endziel des südlichen Ausflugs ist **El Bolsón**, ein schmuckes Städtchen mit stark europäischem Einfluss inmitten einer an die Voralpen erinnernden Landschaft.

Von Bariloche führt die RP 231 in nordwestlicher Richtung am Nordufer des **Lago Nahuel Huapi** entlang durch das gleichnamige Naturschutzgebiet zunächst in den beliebten Ferienort **La Angostura** und weiter über die Anden nach Chile (Richtung Osorno und Puerto Montt). Kurz hinter Angostura zweigt die RP 234 nach Norden ab und führt vorbei an zahlreichen kleineren Seen und spektakulären Felsformationen in einem Bogen zurück nach Bariloche oder aber ins weiter nördlich gelegene **San Martín de los Andes,** einer weiteren Touristenhochburg im Seengebiet.

Zwei Wochen im Nordosten

Diese Rundreise führt in das Zweistromland zwischen Uruguay, Brasilien und Paraguay. Von Buenos Aires geht es zunächst zum **Río de la Plata,** wo man hübsche Bootsausflüge unternehmen kann, und dann auf der RN 14 entlang dem Río Uruguay nach Norden. Einen kurzen Aufenthalt lohnen die Grenzstadt **Colón** mit ihrer hübschen Promenade und der **Parque Nacional El Palmar.**

Atemberaubend ist die Landschaft nicht – eingezäuntes Weideland, so weit das Auge reicht –, dafür bekommt man immer wieder berittene Gauchos zu Gesicht. Bei trockener Witterung kann man auf der Höhe von Paso de los Libres einen Abstecher nach Nordwesten zu den **Esteros del Iberá** machen, einer einzigartigen amphibischen Welt mit unzähligen Tierarten. Höhe- und nördlichster Punkt dieser Rundtour sind dann aber die **Cataratas del Iguazú.** Ohne größere Formalitäten kann man auch die brasilianische Seite der Wasserfälle besuchen.

Die Rückreise nach Süden erfolgt entlang dem Río Paraná über die RN 12, wo sich immer wieder Gelegenheit zu Abstechern an den urtümlichen Strom ergeben. Im ersten Abschnitt bis Posadas lohnen die ehemaligen **Jesuitenmissionen** einen Besuch.

Zwei bis drei Wochen durch den Nordwesten

Als Ausgangspunkt dieser Rundreise eignet sich die schöne Stadt **Córdoba,** in deren Umgebung einige zum UNESCO-Welterbe zählende ehemalige Jesuitenklöster wie **Alta Gracia** und **Jesús María** liegen. Über **Santiago del Estero** geht es ins nördliche **San Miguel de Tucumán** und weiter nach **San Salvador de Jujuy,** Sprungbrett für den Besuch der **Quebrada de Humahuaca,** einer der faszinierendsten Landschaften Argentiniens. Besonders sehenswert sind hier das inmitten farbiger Gebirgsformationen liegende Örtchen **Purmamarca** sowie **Humahuaca,** ein Kolonialort andiner Prägung.

Auf der Rückfahrt gen Süden passiert man zunächst die lebendige Stadt **Salta,** Startpunkt auch für Ausflüge in die Andenregion, z. B. mit dem weltbekannten **Tren a los Nubes** nach **San Antonio de los Cobres.**

76

Argentinier zelten leidenschaftlich gern – hier in den Anden am Aconcagua

Als nächste Station empfiehlt sich der Weinort **Cafayate** in den landschaftlich bezaubernden **Valles Calchaquíes,** einer Reihe von Tälern, denen man bis zu den Indianerruinen von **Quilmes** folgen kann. Von hier fährt man – je nach Zeitbudget – entweder direkt zurück nach Córdoba oder besucht zuvor noch einige der touristisch interessanten, aber sehr abgelegenen Ziele in den Provinzen **Catamarca, La Rioja** und **San Juan.**

Natur und Abenteuer

Argentinien besitzt 42 vom Staat verwaltete Nationalparks und zahlreiche weitere Schutzgebiete, die den einzelnen Provinzen unterstehen. Einige davon wurden von der UNESCO zum Welterbe erklärt (u. a. Quebrada de Humahuaca, Talampaya, Iguazú, Península Valdés, Los Glaciares). Einen Überblick über die staatlichen Parks findet man unter www.parquesnacionales.gob.ar.

Beliebte Trekkingziele liegen v. a. im Seengebiet um San Carlos de Bariloche sowie bei El Chaltén in Südpatagonien. Die Andengipfel sind ein Dorado der Bergsteiger, die sich am Aconcagua und im Fitz-Roy-Massiv höchsten Anforderungen stellen. Aber auch an Angeboten für Ausritte, Mountainbike- und Raftrips, Angeltouren etc. fehlt es nicht.

Tipps für die Reiseorganisation

Reisen auf eigene Faust

Argentinien mit öffentlichen Transportmitteln zu bereisen, ist problemlos möglich, sofern man nicht gerade abgelegene Regionen aufsuchen möchte. Wichtigstes Verkehrsmittel ist der Bus. Während der Ferienzeit im Januar und Februar sollte man – vor allem zu Zielen wie den Badeorten an der Atlantikküste und dem Seengebiet um San Carlos de Bariloche – rechtzeitig einen Sitzplatz reservieren.

Organisierte Touren

Argentinienreisen haben viele Veranstalter im Programm. Eine kleine Auswahl:

Zu den ausgefalleneren, auf Südamerika spezialisierten Unternehmen gehört **Kondor Tours,** die mit Spezialbussen (max. 12 Pers.) auf abgelegenen Strecken unterwegs sind und teils auch anspruchsvollere Wanderungen in ihr Programm integrieren. Übernachtet wird im Zelt oder in stilvollen Unterkünften. Für Argentinien kann man zwischen vier verschiedenen Routen wählen (Im Runs 3, 72589 Westerheim, Tel. 07333 95 44 32, www.kondor-tours.de).

Auch **Papayatours** hat sich auf Reisen durch Lateinamerika spezialisiert und bietet u. a. eine Argentinienreise speziell für Fotoamateure, die unterwegs genügend Zeit haben, ihrem Hobby nachzugehen (Im Mediapark 2, 50670 Köln, Tel. 0221 355 57 70, www.papayatours.de).

Travel to Nature hat speziell die Naturwunder Argentiniens zum Ziel seiner Rundreisen gemacht (Franz-Hess-Str. 4, 79282 Ballrechten, Tel. 07634 505 50, www.travelto nature.de).

Wer die Vorzüge eines eigenen Fahrzeugs zu schätzen weiß, der findet bei **Miller-Reisen,** Millerhof 2, 88281 Schlier, Tel. 07529 97 13-0, www.miller-reisen.de, Mietwagenangebote v. a. in Patagonien (s. S. 82). Gute Kondition ist Voraussetzung für organisierte Fahrradtouren, die über das Portal **www.radreise-service.de** zugänglich sind. Mehr für Genießer ist die Wein- und Tango-Reise von **Esperanza Tours,** Schillerstraße 11, 71522 Backnang, Tel. 0251 28 91 94 25, www.esperanza-tours.de.

Seit einigen Jahren ist die Antarktis begehrtes Ziel von gut betuchten Kreuzfahrttouristen. Während der Saison legen etliche Schiffe von Punta Arenas (Chile) oder Ushuaia (Feuerland) zum Trip ins ewige Eis ab. Eine Übersicht der Angebote findet man unter **www.adventure-life.com.**

Reisen mit Kindern

Argentinien ist (ein italienisch-spanisches Erbe) ein sehr kinderfreundliches Land. Das bekunden schon die hohen Kinderstühle, die jedes Restaurant für seine kleinen Gäste bereithält. Ein Kinderparadies im Disney-Stil ist der Freizeitpark Parque de la Costa, www.parquedelacosta.com.ar, bei Buenos Aires im Tigre-Delta, wo auch Bootsfahrten auf Nostalgie-Schiffen durch das Flusslabyrinth locken. An den Wochenenden zeigen Clowns, Gaukler und Jongleure auf den Wiesen vor dem Kulturzentrum Recoleta ihre Künste. Über Kindertheater und Tanzgruppen (auch Tango) informieren die Touristenbüros (s. S. 72).

Reisen mit Handicap

Behindertenhilfe ist in Argentinien mehr eine Sache der Menschen als eine von Geräten und Installationen. Das erkennt man schon, wenn man an einer Straßenkreuzung einen mit dem Stock tastenden Blinden sieht – die anderen Fußgänger nehmen sich seiner mit Sicherheit an. In einem öffentlichen Verkehrsmittel käme es einem gehbehinderten Fahrgast seltsam vor, wenn er erst einen Ausweis zeigen müsste, um einen Sitzplatz zu erhalten. Hingegen ist die Technik noch weit von behindertengerechten Modellen entfernt: Es gibt kaum Spezialtoiletten, viele Stadtbusse müssen über steile Stufen erklommen werden (da sind die allgegenwärtigen, preisgünstigen Taxis die Rettung); nicht alle Züge erlauben ebenerdiges Ein- und Aussteigen. Zwei rollstuhlgerechte Einrichtungen stammen aus einer Zeit, als es dieses Wort noch gar nicht gab: die schrägen Fahrrampen an den Straßenübergängen und die (z. T. historischen) Aufzüge, die auch noch in den ältesten Häusern das Treppensteigen überflüssig machen.

Anreise und Verkehr

Einreise und Zoll

Deutsche, Schweizer und Österreicher benötigen für die Einreise nach Argentinien kein Visum, sofern die Aufenthaltsdauer 90 Tage nicht überschreitet (Verlängerungen werden problemlos erteilt, z. B. von Migraciones, Av. Antártida 1335, Buenos Aires). Für Kinder ist – unabhängig vom Alter – ein eigenes Reisedokument erforderlich. Bei der Einreise ist eine Touristenkarte auszufüllen, deren Duplikat bis zur Ausreise aufbewahrt werden muss.

Abgesehen von persönlichen Gegenständen dürfen Waren wie Zigaretten, Spirituosen, Geschenke etc. im Wert bis zu 300 US$ eingeführt werden (plus 300 US$ für Waren aus argentischen Duty-free-Shops). Bei Bargeld und Reiseschecks liegt die maximal erlaubte Einfuhrsumme bei 10 000 US$ pro Erwachsenem (16- bis 21-Jährige 2000 US$, Kinder unter 16 Jahren 1000 US$). Höhere Beträge müssen deklariert werden.

Anreise

... mit dem Flugzeug

Die überwiegende Mehrheit der europäischen Touristen kommt in Buenos Aires am internationalen Flughafen Ezeiza an. Im Empfangsgebäude befindet sich eine Touristeninformation, im Terminal A eine Filiale der Banco de la Nación. Geldwechsel ist hier noch nicht unbedingt nötig, sofern man – was empfohlen wird – Dollarscheine verschiedener Stückelung zur Hand hat.

In die Innenstadt von Buenos Aires (35 km) gelangt man am bequemsten mit den Zubringerdiensten von Manuel Tienda León, www.tiendaleon.com.ar, und Transfer Express (auch Zubringerdienst zum Stadtflughafen Aeroparque Jorge Newbery für Inlandsflüge), die alle 30 Minuten verkehren. Wesentlich billiger ist die Verbindung mit dem Stadtbus (colectivo) Nr. 86. Ziel der erstgenannten Busse sind Hotels im Zentrum oder, als Zwischenstation, das Terminal von Manuel Tienda León (Av. Madero, Ecke San Martín, 110 $). Die Linie 86 berührt die Avenida de Mayo unweit der Casa Rosada. Ein Taxi in die Innenstadt kostet zwischen 270 $ (am Taxistand in der Ankunftshalle) und 410 $ (bei VIP Cars, Transfer Express oder Tienda León) und sollte aus Sicherheitsgründen nur über die offiziellen Taxivermittlungsstellen bestellt werden.

Die meisten von Europa kommenden Maschinen treffen frühmorgens ein. Es ist daher nicht unklug, mit einem Bus von Manuel Tienda León ins Zentrum zu fahren, im dortigen Terminal sein Gepäck zu deponieren und sich zwei oder drei Hotels persönlich anzuschauen, bevor man eincheckt (und dann sein Gepäck mit dem Taxi abholt).

Buenos Aires wird von allen großen europäischen Fluggesellschaften angesteuert. Die Preise für Linienflüge liegen bei 1000 bis 1250 Euro, doch sind Flüge zu Sonderkonditionen auch schon ab 750 Euro erhältlich. Wer mehrere Strecken innerhalb Argentiniens mit dem Flugzeug zurücklegen will: Inlandsflüge mit Aerolíneas Argentinas sind in Argentinien für ausländische Touristen fast doppelt so teuer wie für lokale Bürger. Wer aber mit derselben Fluglinie (von Madrid oder Rom aus) ins Land reist, kann sich den Airpass »Visit Argentina« besorgen und bekommt die Inlandsflüge etwas vergünstigt. Pro Person müssen mindestens drei bzw. dürfen maximal zwölf Coupons – gültig für je eine Strecke – erworben werden (je 150 US$ im Zentrum und Norden, je 200–220 US$ in Patagonien). Problematisch können Reservierungen für Flüge nach Patagonien und Feuerland werden.

... mit dem Auto/Bus

Zwischen Argentinien und seinen Nachbarländern herrscht ein reger Grenzverkehr. So verkehren Langstreckenbusse von Buenos Aires nach Montevideo (Uruguay), Asunción (Paraguay), São Paulo (Brasilien), Potosí (Bolivien) und Santiago de Chile (Chile). In jedes Nachbarland gibt es mehrere Grenzübergänge: drei nach Uruguay (derjenige bei Fray Bentos ist derzeit geschlossen), mehrere nach Brasilien, zwei nach Paraguay, drei nach Bolivien und etliche nach Chile, von denen einige jedoch nur im Sommer geöffnet sind. Der Grenzübertritt gestaltet sich in der Regel problemlos. Wer mit einem Mietwagen unterwegs ist, braucht eine Sondergenehmigung des Autoverleihers, wer mit dem eigenen Fahrzeug reist, muss nur ein Formular ausfüllen. Nach Chile ist der Import von Obst, Gemüse und Fleisch streng verboten.

... mit dem Schiff

Sehr beliebt bei Touristen mit eigenem Fahrzeug ist die Anreise mit der italienischen Grimaldi Line, www.grimaldi.napoli.it, die mit Autofrachtern *(roll-on, roll-off)* zwei Mal monatlich von Hamburg nach Zárate, ca. 60 km nördlich von Buenos Aires, fährt. Man kann als Passagier mitfahren und so eine vierwöchige Seereise entlang der westafrikanischen und südamerikanischen Küste genießen. Die Ausschiffung des Fahrzeugs in Argentinien ist völlig problemlos. Allerdings wird für die Passagiere eine Gelbfieberimpfung verlangt.

Zwischen Buenos Aires und Colonia sowie Montevideo in Uruguay verkehren mehrmals täglich schnelle Fähren von Colonia Express (www.coloniaexpress.com.ar) und Buquebus (www.buquebus.com). Einfache Schiffe queren von Tigre den Río de la Plata nach Carmelo in Uruguay (www.cacciolaviajes.com).

Unterwegs im Land

Das argentinische Verkehrswesen weist eine – Europäern meist wenig bekannte – weitverzweigte Infrastruktur von vergleichsweise ho-

Fast jedes noch so abgelegene Dorf wird von öffentlichen Bussen angesteuert

her Beförderungsdichte auf. Dabei hat sich der Personenverkehr von den (fast nur noch dem Güterverkehr dienenden) Eisenbahnlinien auf das Luft- und Straßennetz verlagert.

... mit dem Flugzeug
Vier Fluggesellschaften steuern von Buenos Aires aus 36 inländische Flughäfen an, ein halbes Dutzend kleinerer Linien bedient das Hinterland. Eine Stadt wie Mendoza wird von Buenos Aires aus täglich rund 10-mal angeflogen und selbst in kleinen Provinzmetropolen kommen täglich mindestens ein oder zwei Flugzeuge aus Buenos Aires an. Nur selten entstehen ernsthafte Engpässe (u. U. bei den Flügen nach Ushuaia und Calafate im Südhochsommer, wo rechtzeitige Reservierungen zu empfehlen sind). Die jeweils gültigen Flugpläne werden von den Fluglinien und unter www.aa2000.com.ar veröffentlicht.

Ein großes Manko im argentinischen Flugnetz sind die fehlenden Querverbindungen zwischen den Provinzstädten, d. h. oft muss man über das Drehkreuz Buenos Aires fliegen. Ausnahmen von der Regel sind die folgenden Strecken: Rosario–Córdoba–Mendoza–Neuquén–Comodoro Rivadavia–Río Gallegos–Ushuaia mit Sol, Mendoza–Salta–Córdoba–Iguazú sowie Ushuaia–El Calafate–Bariloche mit Aerolíneas Argentinas/Austral.

Wichtigste Fluglinien: Aerolíneas Argentinas/Austral (www.aerolineas.com.ar), Andes Líneas Aéreas (www.andesonline.com), LAN (www.lan.com), LADE (www.lade.com.ar), Sol Líneas Aéreas (www.sol.com.ar).

... mit dem Bus
Busse sind neben dem Flugzeug das wichtigste Verkehrsmittel auf Langstrecken. Dabei sorgt das deregulierte Verkehrswesen für eine lückenlose Konkurrenz. 120 Buslinien starten allein von Buenos Aires aus und bedienen ein ca. 220 000 km langes Straßennetz. Die Fernbusse (z. T. mit Liegesitzen, *coche cama*) machen der Business Class im Flieger alle Ehre.

Die Hierarchie der Zielorte reicht von den Provinzmetropolen über Mittel- und Kleinstädte bis zum entlegensten Dorf, das, solange eine Erdstraße oder ein Fahrweg existiert, wenigstens noch durch einen Omnibus älterer Bauart mit der Außenwelt verbunden ist. Als Start und Ziel fungieren Busterminals, wo die (privaten) Unternehmen ihre Fahrkartenschalter haben. Möchte man unterwegs an einem Punkt aussteigen, der keine planmäßige Haltestelle darstellt (etwa an einer Estancia oder der Zufahrt zu einem Nationalpark), dann genügt zumeist ein entsprechender Hinweis an den Fahrer. Es gibt keine starren Sommer- und Winterfahrpläne, sondern das Wetter und die Saison (Schneeschmelze, Regenzeit, Schulferien) bestimmen die Verkehrsfrequenz. Maßgebend ist daher die aktuelle Auskunft vor Ort.

... mit der Bahn
Die Bahn spielt in Argentinien fast nur eine Rolle im Nahverkehr von Buenos Aires. Bedeutend sind die Verbindungen mit dem Tren de la Costa (www.trendelacosta.com.ar) von Buenos Aires ins Tigre-Delta sowie mit Ferrobaires (www.ferrobaires.gba.gov.ar) in den südlich der Metropole gelegenen Badeort Mar del Plata. Auf der Langstrecke gibt es einen Zug von Buenos Aires über Rosario, Córdoba und Santiago del Estero nach San Miguel de Tucumán (Ferrocentral, Tel. 0800 12 21 87 36). Der Zugverkehr von Buenos Aires nach Posadas sowie über Carmen de Patagones und Viedma nach Bariloche wurde eingestellt. Die geplante Modernisierung des Bahnnetzes könnte 2015 zu einer Wiederaufnahme dieser Linien führen.

Nostalgiker locken natürlich der alte Patagonien-Express La Trochita (www.latrochita.org.ar), ein Dampfzug, der das ganze Jahr hindurch zwischen Esquel und Ingeniero Jacobacci verkehrt, sowie der Tren del Fin del Mundo (www.trendelfindelmundo.com.ar) von Ushuaia in den Nationalpark Tierra del Fuego.

Noch atemberaubender ist die Fahrt mit dem Tren a las Nubes (www.trenalasnubes.com.ar), der sich von Salta nach San Antonio de los Cobres windet.

... mit der Fähre
In den Sommermonaten bestehen einige Fährverbindungen über die Seen in Patagonien, z. B. über den Lago Nahuel Huapi bei Bariloche nach Chile. Zu den Falklandinseln – politisch zu England gehörend, aber von Argentinien beansprucht – gibt es keine direkten Fährverbindungen. Das Gleiche gilt für die unbewohnten Inselgruppen von Südgeorgien und Sandwich.

... mit dem Mietwagen
In allen größeren Städten gibt es international bekannte Verleihfirmen wie Avis, Hertz oder Sixt. Generell gelten folgende Regeln: Bezahlung nur mit Kreditkarte; Mindestalter 21 Jahre; Vorlage des nationalen Führerscheins, dessen Ausstelldatum wenigstens zwei Jahre zurückliegen sollte. Der kleinste Wagentyp kostet inklusive Versicherung ca. 60 US$ pro Tag (tgl. 200 Freikilometer) bzw. 300 US$ pro Woche (1400 Freikilometer). Sind die Automieten generell höher als in Europa, so verhält es sich bei den Treibstoffkosten umgekehrt; in Patagonien und Feuerland ist Benzin sogar 15 % billiger als im übrigen Land.

Wer noch etwas unabhängiger sein möchte, kann sich bei **Ruta Sur** ein Wohnmobil oder ein Allradfahrzeug mit Campingausrüstung mieten (Tel. 011 52 38 40 71, www.rutasur.com). Auch der deutsche Anbieter **Aventura Tours**, Kaiserstr. 30, 47441 Moers, Tel. 0049 (0)2841 336 91, www.aventura-tours.de, mit Standort in Necochea vermietet Allrad-Pickups mit Kabine.

Achtung: Für Fahrten mit einem Mietwagen ins angrenzende Ausland oder nach Feuerland, das nur über Chile erreichbar ist, benötigt man eine Sondergenehmigung, die nicht von allen Vermietern ausgestellt wird und deren Bearbeitung mindestens drei Tage dauert. Man sollte sich daher rechtzeitig nach der Sachlage erkundigen.

Achtung, Lama! – in der Andenregion ein alltägliches Schild

... mit dem eigenen Fahrzeug

Immer mehr Langzeitreisende verschiffen ihr Campingfahrzeug nach Argentinien, von wo aus ihnen der gesamte Kontinent offensteht. Man benötigt lediglich den Kfz-Schein, einen internationalen Führerschein und eine Versicherung. Am problemlosesten ist die Verschiffung mit der Grimaldi Line (s. S. 80), sofern man persönlich mitfährt, da man den Wagen dann selbst abschließen kann und die Zollabfertigung im Hafen von Buenos Aires schnell und kostenlos ist. Detaillierte Infos hierzu findet man u. a. auf den Webseiten http://forum.postbus.de und www.weltreiseforum.info.

Man darf das Fahrzeug in Argentinien bis zu acht Monaten, in Uruguay sogar bis zu einem Jahr stehen lassen. Nach jedem Grenzübertritt erneuert sich die Aufenthaltsdauer. Beliebtester Ort für das zeitweilige Unterstellen des eigenen Fahrzeugs ist der deutsch geführte Campingplatz La Florida, Ruta 5, in Villa General Belgrano bei Córdoba (Tel. 03546 46 12 98, laflorida@calamuchitanet.com.ar, 15 $/Tag).

Wer in Argentinien ein Fahrzeug kaufen möchte, sollte wissen, dass man mit dem Wagen das Land nicht verlassen darf. Ein Trip nach Feuerland ist also nicht möglich.

... per Anhalter

Nur auf abgelegenen Strecken ohne regelmäßige Verkehrsverbindungen ist es möglich und auch üblich, per Anhalter zu reisen. Vor allem die Jugend macht von dieser Möglichkeit dann gerne Gebrauch.

Verkehrsregeln

Prinzipiell gelten in Argentinien die allgemein üblichen Verkehrsregeln und -zeichen, sie werden aber – insbesondere beim Überholen – nicht so ernst genommen. Während der Verkehr in den Städten recht hektisch ist, sind die Überlandstraßen (etliche davon mautpflichtig) angenehm leer bis einsam. Die asphaltierten Straßen sind in einem überwiegend sehr gu-

ten Zustand, die Pisten je nach Witterung gut befahrbar bis katastrophal. Auf der legendären Ruta 40 entlang der Anden muss man mit wellblechartigen Abschnitten rechnen.

Unangenehm sind die teils schikanösen Polizeikontrollen in den Provinzen des Zweistromlandes, besonders entlang der RN 12 und RN 14.

Benzin kostet etwa die Hälfte des bei uns Üblichen, in Patagonien sogar noch weniger. Wer mit einem Dieselfahrzeug mit fremdem Kennzeichen nach Brasilien ausreist, sollte bereits rund 100 km vor der Grenze volltanken, denn in Grenznähe kostet der Treibstoff wegen des Preisgefälles das Doppelte. Dies gilt auch für Bariloche auf dem Weg nach Chile. In den dichter besiedelten Regionen und entlang der Hauptstraßen ist das Tankstellennetz dicht, in abgelegenen Gegenden sollte man hingegen jede Gelegenheit zum Volltanken nutzen.

Öffentlicher Nahverkehr

Jede Stadt ist von einem dichten Busnetz überzogen, das bis in die Vororte reicht. Die Fahrzeuge sind teils modern, teils recht betagt. Wegen des günstigen Preises sind Taxis und Remises meist vorzuziehen, von denen es in allen Städten wimmelt. Offizielle Taxis sind in Buenos Aires schwarz-gelb und haben ein beleuchtetes Taxischild auf dem Dach. Sicherer sind Funktaxis, die vor allem nachts von Hotels und Restaurants telefonisch angefordert werden können, allerdings einen Zuschlag von 6,60 $ verlangen.

Taxis kann man überall anhalten. Die Fahrer schalten korrekt die Uhr ein, die in Buenos Aires bei einer Grundgebühr von 11 $ zu zählen beginnt und alle 200 m bzw. pro Minute Wartezeit 1,10 $ addiert (22–6 Uhr 20 % Nachtzuschlag). Der Fahrpreis ist nicht halb so teuer wie in Europa und sollte mit einem kleinen Trinkgeld stets aufgerundet werden.

Unterkunft

Stil und Tradition, das bieten die meisten Estancias, die Gäste aufnehmen

Argentinien bietet ein breites Spektrum an Unterkünften – von einfachen Hospedajes, wo man bereits ab 15 US$ ein Doppelzimmer bekommt, bis zu luxuriösen Estancias mit Preisen ab ca. 120 US$ reicht die Palette. Allgemein gilt, dass man in etwas einfacheren Etablissements oft besser unterkommt und mehr Kontakt mit den Menschen hat. Argentinische Hotels der guten Mittelklasse sind deutlich billiger als vergleichbare Häuser in Deutschland. Die Klassifizierung von Hotels nach Sternen unterliegt regional unterschiedlichen Bewertungen und folgt formalen Kriterien (z. B. Lift, Fernseher etc.). Faktoren wie Ruhe oder lichte Zimmer bleiben unberücksichtigt. Die in diesem Führer genannten Preise beziehen sich auf Standard-Doppelzimmer in der Hochsaison inklusive Frühstück und MwSt. (IVA, 21 %).

Hotels

Sie gibt es landesweit, wobei Luxusherbergen sich auf die großen Städte und beliebten Ferienorte beschränken. Seit einigen Jahren wächst das Angebot an stilvollen Boutiquehotels (www.boutiquehotelsargentina.com, www.smallhotelsargentina.com, www.thebbh.com). Teilweise werden in Hotels von Ausländern höhere Preise als von Einheimischen verlangt. Drahtloser Internetanschluss gehört zunehmend auch in Mittelklassehotels zur Grundausstattung. Vor allem in der Ferienzeit (Jan./Febr., Ostern, Juli) sollte man rechtzeitig im Voraus buchen und mit erhöhten Preisen rechnen.

Hostales und Hosterías

In der Ausstattung ähneln die Hostales und Hosterías (eine Art Landgasthöfe) den Hotels, doch verfügen sie in aller Regel nur über wenige Zimmer und haben deshalb oft eine persönlichere Note. Ob man sich hier wohlfühlt, hängt im Wesentlichen vom Besitzer ab. Ein eigenes Restaurant ist zumeist nicht vorhanden, aber fast überall wird ein kleines Frühstück serviert (zumeist Kaffee oder Tee, Brot oder *medialunas* (Croissants), Honig und Marmelade).

Hospedajes, Residenciales

Dies sind einfache, zuweilen nur mit Gemeinschaftsbädern ausgestattete Pensionen oder Privatunterkünfte für einen kürzeren Aufenthalt. Der Übergang zwischen ihnen ist fließend. Der Zimmerpreis beinhaltet für gewöhnlich kein Frühstück.

Hostels

Die nicht mit den Hostales zu verwechselnden Unterkünfte entsprechen mehr oder weniger unseren Jugendherbergen und sind teilweise auch diesem Verband angeschlossen. Ein internationaler Jugendherbergsausweis (erhältlich z. B. beim Deutschen Jugendherbergswerk, www.jugendherberge.de) kann pro Nacht bis zu 15 % sparen. Hostels gibt es in fast allen Städten Argentiniens (Infos: www.hostels.org.ar, www.hostels.com/argentina).

Cabañas

Die blockhüttenartigen Unterkünfte sind die urtümlichste Form der Übernachtung und vor allem in ländlichen Regionen anzutreffen – zuweilen romantisch abgelegen, zuweilen aber auch integriert in Campingplätze, deren Sanitäreinrichtungen dann genutzt werden.

Refugios

Man findet die unseren Berghütten vergleichbaren Unterkünfte vor allem in den Anden, z. B. das Otto Meiling Refugio am Tronador oder das Refugio San Bernardo am Aconcagua. Kochgelegenheit und Massenlager, viel mehr bieten sie nicht, dafür aber echte Bergatmosphäre. Ein Verzeichnis der Hütten findet man bei lokalen Bergsteigervereinen (www.clubandino.org in Bariloche, www.clubandino ushuahia.com.ar, www.clubandinoesquel.com.ar, www.clubandinista.com.ar in Mendoza).

Estancias

Der Besuch einer oder mehrerer *estancias* (möglichst nicht als organisierter Tagesausflug in einer Gruppe, sondern auf eigene Faust und mit Übernachtung) ist ein Muss für jeden, der mit Argentinien auf Tuchfühlung gehen will. Gäste aufnehmende Estancias gibt es von Feuerland bis zu den Subtropen, ihre Variationsbreite reicht von der einfachen Schaffarm bis zum Landschloss, vom Gestüt bis zur Plantagenvilla im Zuckerrohrfeld. In jedem Fall ist eine rechtzeitige Reservierung empfohlen. Zahlreiche wertvolle Hinweise und Adressen findet man im Internet unter www.estanciasargentinas.tur.ar, www.hresa.com, www.estanciastravel.com, www.estanciasrurales.com.ar, www.estanciasdesantacruz.com.

Im Nordwesten sowie in Chaco und Formosa gibt es Netzwerke für nachhaltigen Tourismus. Hier kann man auf den Estancias aktiv am Alltag teilnehmen (www.espejodesal.com.ar, www.comarcabermejo.com.ar).

Camping

Die Argentinier sind begeisterte Camper und so gibt es kaum eine touristisch interessante Stadt ohne die entsprechenden Plätze. In einigen Gemeinden stehen sie kostenlos zur Verfügung, lassen dann aber meist bzgl. ihrer Sanitäreinrichtungen zu wünschen übrig und liegen während der Saison nachts unter der Lärmglocke aufgedrehter Musikanlagen. Auf den besser ausgestatteten Plätzen zahlt man ab 10 US$ pro Fahrzeug/Zelt. Unter www.voydecamping.com.ar, www.solocampings.com.ar und www.acampante.com gibt es Adressen von Plätzen in ganz Argentinien.

Sport und Aktivurlaub

Die schier unermessliche Skala von Möglichkeiten reicht vom Skilanglauf in Feuerland bis zur Aconcagua-Besteigung, vom Baden oder Tauchen im Südatlantik bis zum Ritt über die Anden. Eine gute Infoquelle in Argentinien selbst sind die Monatsmagazine »Aire Libre« (www.revistaairelibre.com.ar) und »Weekend« (www.weekend.perfil.com).

Angeln

Schwerpunkte sind der Dorado-(Goldbrassen-)Fang im gesamten Paraná-Revier, der Lachs-Fang in den patagonischen Andengewässern (Angellizenzen sind an Ort und Stelle problemlos zu erwerben), der Fang von Meerforellen im Gebiet von Río Grande auf Feuerland sowie das Hochseefischen an der Atlantikküste (*corvinas negras*, ›Schattenfische‹ im Norden; Zitronenfische, Seebarsche und Hechte im Mittelabschnitt; kleine Haie und Thunfische im Süden).

Baden

Die Atlantikküste ist zwar lang, das Wasser zum Baden aber meist zu kalt. Allein der etwa 600 km lange Abschnitt zwischen San Clemente del Tuyú und Monte Hermoso eignet sich für ungetrübten Badespaß, dem sich dann auch Tausende Großstädter hingeben.

Gleitschirmfliegen

Entlang der Andenkette haben sich zahlreiche Schulen für Gleitschirmflieger angesiedelt und bieten auch Möglichkeiten zum Tandemflug. Das internationale Portal der Paraglider, www.paragliding.net, und die Seite des lokalen Verbands, www.favl.org.ar, weisen den Weg zu vielen Anbietern. Die Zentren des Gleitschirmfliegens liegen vornehmlich im nördlichen Andenbereich bei Mendoza sowie in den Sierras Pampeanas nahe Córdoba.

Golf

Golf ist bei der Mittel- und Oberschicht sehr populär und die Zahl der Golfplätze fast unüberschaubar. Auf den meisten Plätzen kann man gegen eine Greenfee seinem Hobby nachgehen. Golfreisen bietet z. B. die Asociación Argentina de Golf (www.aag.com.ar).

Jagen

Argentinien ist ein beliebtes Ziel für Jäger. Klassisches Gebiet für Hochwild sind die Provinzen La Pampa und Neuquén; die Niederwildjagd wird bereits im Umkreis von 150 km um Buenos Aires ausgeübt. Mehrere Estancias haben ein einschlägiges Angebot, z. B. zu finden unter www.excitingoutdoors.com.

Kanufahren und Rafting

Die von den Anden kommenden Flüsse bieten Reviere unterschiedlicher Schwierigkeitsgrade. Beliebt sind der Río Mendoza bei Mendoza, der Río Limay bei Bariloche und der Río Meliquina bei San Martín de los Andes (Buchtipp für Individualisten: »Faltbootfahrten in Patagonien«, Stuttgart 2006). Raftingtrips werden u. a. angeboten auf dem Río Iguazú in Misiones, dem Río Juramento bei Salta, dem Río Santa Cruz bei Calafate und dem Río Limay bei Bariloche. Infos gibt's auf der Seite des Raftingverbands: www.araft.com.ar.

Klettern

Möglichkeiten zum Freeclimbing bieten sich vielerorts. Besonderer Beliebtheit erfreuen sich die Wände von Macizo Los Gigantes bei Córdoba, die Cascadas in Puente del Inca bei Mendoza und natürlich die Felsnadeln des Fitz-Roy-Massivs in Südpatagonien.

Radfahren

Für Fernradler ist Argentinien ein beliebtes Ziel und auch Einheimische sieht man immer häufiger auf Rädern. Zum Radfahren eignen sich v. a. das Seengebiet um Bariloche und die Gegend um Mendoza. Wertvolle Infos findet man unter www.rad-forum.de.

Reiten

Exkursionen auf dem Pferderücken gehören im Land der Gauchos zum Standardangebot. Die Palette reicht vom 2-stündigen Ausflug bis zu abenteuerlichen 10-tägigen Andenüberquerungen. Organisierte Reiterferien in Argentinien bietet u. a. der deutsche Veranstalter Das Urlaubspferd, Wiesenstr. 25, 64331 Weiterstadt, Tel. 06151 89 56 38, www. urlaubspferd.de.

Segeln und Surfen

Der Atlantik vor der argentinischen Küste ist kein optimales Revier für Freizeitkapitäne. Abenteuer pur ist die Umseglung des Kap Hoorn oder die Fahrt in die Antarktis mit der Segeljacht Mago del Sur ab Ushuaia (www. magodelsur.com.ar). Windsurfer finden auf den Seen um Bariloche hervorragende Bedingungen.

Tauchen

Korallenriffe hat Argentinien zwar nicht zu bieten, aber glasklares, wenngleich kaltes Wasser entlang der Atlantikküste. Die wichtigsten Tauchreviere liegen vor dem Ferienort Las Grutas und vor der Küstenstadt Puerto Madryn unweit der Península Valdés.

Trekking und Bergsteigen

Die schönsten Wanderrouten führen durch die Nationalparks des Seengebiets, die Gegend um das Fitz-Roy-Massiv und die Urwälder Feuerlands. Aufgrund der extremen Wetterbedingungen ist eine gute Ausrüstung erforderlich. Hilfreiche Tipps für Touren findet man in den Portalen www.trekkingforum.com und www.mundotrekking.com.

Natürlich ist Argentinien auch ein Bergsteigerparadies mit teils sehr anspruchsvollen Touren wie der Besteigung des 6962 m hohen Aconcagua. Technisch extrem schwierig sind die senkrechten, sturmumtosten Felsnadeln des Fitz-Roy-Massivs im patagonischen Süden. Aber auch Vulkane wie der Tronador und der Lanín oder die 6000er in Catamarca locken Bergsteiger aus aller Welt. Detaillierte Infos und organisierte Touren bietet der Club Andino Bariloche (www.cluban dino.org) und andere Bergsteigervereine (s. S. 85). Geführte Touren haben auch der zum Deutschen Alpenverein gehörende Summit Club (www.dav-summit-club.de) sowie Diar (www.diamir.de) im Programm.

Wintersport

Mit den Wintersportorten der Alpen kann sich Argentinien nicht messen, dafür sind die Hänge noch nicht überall durch Liftanlagen verunstaltet und Pulverschnee und Sonne bieten zwischen Juni und Oktober Bedingungen, von denen wir hierzulande meist nur träumen können. Die wichtigsten Skigebiete liegen bei Mendoza (Las Leñas), Bariloche (Cerro Catedral) und San Martín de los Andes (Chapelco).

Einkaufen

Souvenirs

Argentiniens Bedeutung als Land der Rinderzucht findet seinen Niederschlag naturgemäß auch in der Lederverarbeitung. Kaum ein anderes Land gibt es, in dem man **Lederprodukte** höchster Qualität zu solch günstigen Preisen erwerben kann.

Eine Besonderheit Nordargentiniens sind die **Mategefäße,** die es in unzähligen Varianten gibt, vom einfachen ausgehöhlten Kürbis bis zum einem mit Silber verzierten Edelstück. Dazu gehört die **Bombilla,** das Trinkröhrchen mit eingebautem Sieb (s. S. 467). Auch hier sind der Gestaltungsfreude und Materialwahl keine Grenzen gesetzt. Vervollständigt wird die Mate-Ausrüstung durch einen ledernen Umhängebehälter, in dem auch die Thermosflasche für das Wasser Platz findet, denn Mate genießt man nicht nur zu Hause, sondern auch unterwegs.

Ein beliebtes Mitbringsel sind auch **CDs** und **DVDs** mit argentinischer Musik. Vornehmlich in den Musikläden der Hauptstadt findet man ein umfangreiches Sortiment klassischer und moderner Tangomusik.

Einige Landesteile können mit interessanten regionaltypischen Souvenirs aufwarten. Im Seengebiet etwa hat die **Holzschnitz-**

kunst ihren wichtigsten Standort, wobei sich über den Geschmack einiger Produkte, u. a. knorrige Trolle und Hexen, durchaus streiten lässt, kaum jedoch über die hervorragenden und preiswerten **Wollpullover,** für die vor allem Bariloche berühmt ist. Auch **Wolldecken** in der für die Mapuche-Indianer typischen schwarz-weißen Musterung findet man hier.

Sehr edel und nicht billig sind die fein gewebten **Quilmes-Ponchos** aus Alpaca-Wolle, die man im Nordwesten erwerben kann. Bekannt für hochwertige Produkte ist das Dorf Belén in der Provinz Catamarca. Auch die dekorativen **Satteldecken** der Region eignen sich als Souvenir, statt für den Pferderücken etwa fürs heimische Bett.

Im Grenzgebiet zu Bolivien ist die Nähe zu den andinen Nachbarstaaten nicht zu verkennen. Auf dem Handwerksmarkt in Purmamarca beispielsweise gehören **Produkte aus Lamawolle** wie Umhänge, Pullover und Mützen oder **Panflöten** zum Standardangebot, nicht immer allerdings in befriedigender Qualität. Sehr geschmackvoll sind die modernen und traditionellen **Keramiken** mit teilweise stark präkolumbischem Einfluss, die man vornehmlich in Catamarca und Salta findet, eher allerdings in Geschäften als auf Märkten.

Aus dem rosaroten Halbedelstein Rhodochrosit, der im Nordwesten gewonnen wird, entstehen hübsche **Schmuckstücke,** die man landesweit auf den Märkten findet, so auch in Córdoba, einem der schönsten Argentiniens (Sa/So 16–22 Uhr).

Einkauf von Kunsthandwerk

Eine große Auswahl kunstgewerblicher Artikel hat man auf den Ferias, die vielerorts 1–2 Mal im Jahr stattfinden. Zu den bekanntesten zählen die **Fiesta Nacional de la Artesanía** in Colón/Entre Ríos (Febr., www.fiestadelaarte sania.com.ar), die **Ferinoa** in Salta (Okt., www. ferinoa.com.ar), das **Festival Folklórico de Cosquín** in Córdoba (Ende Jan.) und die **Exposición Rural** in Buenos Aires (Juli/Aug.). In Buenos Aires kann man Kunsthandwerk in Fair-Trade-Geschäften kaufen (www.arteyes peranza.com.ar, www.fundacionsilataj.org.ar).

Öffnungszeiten

Es gibt keine gesetzlich vorgeschriebenen Ladenöffnungszeiten. Geschäfte öffnen zwischen 9 und 10 Uhr und schließen meist um 19.30 oder 20 Uhr, Supermärkte nicht vor 21 Uhr. Die Provinzstädte haben ihren eigenen Rhythmus. Im Norden sind Schließungen zur Mittagszeit üblich.

Gut zu wissen

Ausgehen

Argentiniens Nachtleben konzentriert sich auf die großen Städte, die Badeorte und touristischen Zentren. Auf dem Land werden abends die Bürgersteige hochgeklappt.

Wenn der ›gemeine‹ Argentinier ausgeht, dann am liebsten mit der ganzen Familie oder Freunden zum Asado, dem Schlemmen mit Lagerfeuerromantik, blutigen Steaks, fetten Würsten und herrlichem Rotwein. Wichtig: Der mit Holz befeuerte Grill muss sichtbar sein, Teil des Restaurants gewissermaßen. Wenn dann noch eine Musikantengruppe aufspielt, traurige Liebeslieder aus der Pampa als akustische Beilage darbietet, dann ist der Abend gelungen. Auf dem Land kann es durchaus vorkommen, dass man seine eigenen Instrumente mitbringt.

Ansonsten geht man wie bei uns ins Kino, sitzt in einer Bar, besucht die Disco oder (mit Ausnahme Buenos Aires eher selten) ein Theater. Für Touristen wirklich neu sind eigentlich nur die Tangoshows, die v. a. in der Hochburg Buenos Aires, aber auch in Städten wie Córdoba oder Mendoza geboten werden. Außerdem gibt es Tangoclubs, in denen zu früher Stunde zumeist auch das Tanzen gelehrt wird.

Vor allem in den Touristenregionen werden abends während der Saison Folkloreveranstaltungen mit landestypischer Gaucho-Musik geboten, zu der die Besucher auch das Tanzbein schwingen.

Drogen

Wie in den meisten Ländern der Welt zieht der Besitz und der Konsum von Drogen auch in Argentinien erhebliche Strafen nach sich. So sollte man auch nicht die in Peru und Bolivien beliebten und auf dem Altiplano überall erhältlichen Kokablätter oder den daraus produzierten Tee, ein probates Mittel gegen Höhenkrankheit, über die Grenze bringen.

Elektrizität

Die Netzspannung beträgt 220 Volt. Wegen der unterschiedlichen Steckvorrichtungen ist ein Multi-Adapter mit verschiedenen Polsystemen empfehlenswert.

Fotografieren

Bei den extremen Lichtverhältnissen in der Puna, den Hochanden und in Südpatagonien ist ein UV-Filter sehr nützlich. In den größeren Städten und in touristischen Zentren kann man von der Chip-Karte der Digitalkamera Abzüge machen lassen oder die Daten auf CD brennen. Filmmaterial für analoge Kameras, auch Schwarzweißfilme, bekommt man beispielsweise im Zentrum von Buenos Aires bei: Centro Mayorista Fotografia, Libertad 434, Erdgeschoss, Lokal 1, Nähe Obelisk, Tel. 011 43 82 49 59, www.centromayoristafoto. com.ar.

Besonders Indianer sollte man nicht gegen ihren Willen fotografieren, noch weniger mit der Kamera zu überlisten versuchen. Wo man ihnen etwas abkaufen kann, fällt es gewöhnlich nicht schwer, ihre Zustimmung zu einem Foto zu erhalten.

Frauen allein unterwegs

Auch in Argentinien hat der in ganz Südamerika verbreitete Machismo – eine Begleiterscheinung patriarchaler Gesellschaftsformen – seine Heimat. Zum übertriebenen Männlichkeitswahn, gepaart mit Narzissmus und Imponiergehabe, gehört auch das aus unserer Sicht despektierliche Verhalten gegenüber dem weiblichen Geschlecht. Die Anmache durch Pfeifen und anzügliche Bemerkungen ist offensichtlich Teil eines archaischen Balzrituals, an das sich die südamerikanischen Frauen längst gewöhnt haben und das sie

Knigge für Landausflügler

In der Provinz gehört es zum guten Ton des Autofahrers, nicht (wie in der Stadt) aus dem heruntergelassenen Fenster nach dem Weg zu fragen, sondern auszusteigen – in einsamen Gegenden auch, sich dabei mit einem ordentlichen Händedruck vorzustellen.

Beim Besuch einer Estancia muss man häufig Viehgatter *(tranqueras)* passieren, die danach unbedingt wieder zu schließen sind. Seine Ankunft auf einer Estancia zeigt man durch Hupen oder Händeklatschen (möglichst ohne auszusteigen, auch der Hunde wegen) an. Es ist Sitte, bis nachmittags vier Uhr (im Norden bis fünf Uhr) die Siesta zu respektieren. Folgt man einer persönlichen Einladung, dann sind ein paar Flaschen Wein als Geschenk immer willkommen. Gäste einer Estancia sollten sich (nach britischer Tradition) aller eigenhändigen Eingriffe am Kaminfeuer (Holz nachlegen usw.) und am Fleischgrill (Stücke umdrehen etc.) enthalten. Dem Dienstpersonal darf man ein angemessenes (bei Unsicherheit hinsichtlich der Höhe auch bei den Besitzern zu erfragendes) Trinkgeld zukommen lassen.

auch gelassen hinnehmen, sofern es nicht in derbe Grobheiten ausartet. Ignorieren ist das geeignete Mittel.

Mit Handgreiflichkeiten dagegen hat frau nicht zu rechnen, und es ist keineswegs so, dass sie ohne männliche Begleitung als Freiwild angesehen wird. Zum Machismo gehört andererseits aber auch ein zuvorkommendes Verhalten Frauen gegenüber. Es ist selbstverständlich, dass man ihnen die Tür aufhält oder einen Platz in Bus und Bahn anbietet. Berücksichtigt man diese kulturelle Besonderheit, hat man als Frau keine Schwierigkeiten, allein in Argentinien herumzureisen. In abgelegenen Gegenden jedoch ist es ratsam, abends nicht alleine unterwegs zu sein.

Handeln

Feilschen gehört vor allem auf den Märkten mit zum Geschäft. Die erzielbaren Nachlässe halten sich jedoch in recht engen Grenzen. Probieren sollte man es aber auf jeden Fall. Wer in Geschäften, die eine Bezahlung mit Kreditkarte akzeptieren, eine Begleichung der Rechnung in bar anbietet, erhält häufig einen Rabatt von bis zu 10 %.

Richtiges Verhalten

Wie in allen lateinamerikanischen Ländern besteht die ideale Verhaltensform in der Anpassung. Es gibt keine Kleiderordnung. Aber wenn eine Stadt nicht gerade am Meer liegt und eigene Strände hat, ist es im Zentrum unüblich, Shorts zu tragen. Kirchen in dezenter Kleidung – und möglichst nicht während des Gottesdienstes – zu besichtigen, gehört zu den selbstverständlichen Anstandsregeln.

Beim Betreten von Lokalen, Hotels oder Aufzügen gebührt Damen stets der Vortritt. In einem Café oder Restaurant gilt ein (auch nur von einer Person) besetzter Tisch als unantastbare Privatsphäre. Es wäre sehr unhöflich, auch nur zu fragen, ob man daran Platz nehmen darf. (Hingegen ist es erlaubt, im Bedarfsfall und nach Anfrage von einem anderen Tisch freie Stühle abzuziehen.)

An Bushaltestellen oder in anderen Stauzonen eine Warteschlange zu bilden gehört für die Argentinier zur Routine. Sich vorzudrängen gilt in jeder Situation als äußerst unelegant. Höflichkeit zu üben ist den Argentiniern ins Stammbuch geschrieben.

Zeit

Im Verhältnis zur argentinischen Ortszeit ist Mitteleuropa 4 Std., bei hiesiger Sommerzeit 5 Std. voraus.

Reisekasse und Reisebudget

Geld

Öffnungszeiten der Banken

Banken sind meist Mo–Fr 10–15 Uhr geöffnet. An einigen abgelegenen Reisezielen, z. B. in den Esteros del Iberá, gibt es weder Banken noch Geldautomaten, sodass man hier ausreichend Bargeld mit sich führen sollte.

Währung

Landeswährung ist der Argentinische Peso (ARS oder $), der in 100 Centavos unterteilt ist. Es gibt Banknoten zu 2, 5, 10, 20, 50 und 100 Pesos, Münzen zu 5, 10, 25 und 50 Centavos sowie zu 1 und 2 Pesos.

Alle Hotels sowie die besseren Restaurants und Geschäfte nehmen auch direkt US-Dollar als Zahlungsmittel an. Für die Provinzstädte gilt das aber nur eingeschränkt.

Wechselkurse

Der Kurs des Peso wird theoretisch frei notiert, aber mit starken Restriktionen für den Devisenankauf. Dies hat zur Entstehung eines weit verbreiteten – und relativ geduldeten – Schwarzmarkts geführt, auf dem der Dollar rund 25 % höher als auf dem offiziellen Markt gehandelt wird. Die Anordnung, nach der ausländische Touristen Dienstleistungen von Hotels und Reiseagenturen nur in Devisen bezahlen dürfen, wird nicht beachtet. Abzuraten ist vom informellen Tausch auf der Straße, lieber sollte man sich vom Hotelpersonal einen zuverlässigen Devisenhändler empfehlen lassen. Zum Rückkauf von Devisen zum offiziellen Kurs benötigen Touristen einen Beleg des offiziellen Peso-Ankaufs für mindestens dieselbe Geldmenge. Kurs im Mai 2014: 1 € = 11,01 $, 1 $ = 0,09 €; 1 CHF = 9 $, 1 $ = 0,11 CHF; 1 US$ = 8,03 $, 1 $ = 0,12 US$.

Zahlungsmittel im Land

Die landesweit gebräuchlichen Kreditkarten sind Master-/Eurocard und Visa, in zweiter Linie American Express und Diners Card. In jeder Stadt findet man Bankautomaten (cajeros automáticos) für Abhebungen mit den gängigen Kredit- und auch mit EC-Karten.

Achtung: Mit ausländischen Karten kann man maximal 1000 Pesos abheben (Kommission 48 Pesos). Tipp: Bei den Bankomaten der Citibank (die dem Anschein nach nur für Kunden bestimmten, nicht die ›normalen‹ der Banelco-Kette) in Buenos Aires bekommt man mit der EC-Karte 2000 Pesos!

Bei umfangreicherem Bargeldbedarf können Devisenbeträge in beliebiger Höhe an ein Kreditinstitut in Argentinien überwiesen werden (orden de pago). Der Transfer dauert ca. 3 Tage. Reiseschecks sind in Argentinien weniger gebräuchlich. Sie werden nur von Spitzenhotels als Zahlungsmittel angenommen und können nur bei wenigen Geldinstituten eingetauscht werden, z. B. in Buenos Aires beim Banco Piano, San Martín 345, und bei American Express, Arenales 707. Die Provision liegt jeweils bei ca. 6 %. Darüber hinaus können in San Carlos de Bariloche, San Martín de los Andes, Neuquén, Calafate, Ushuaia, Puerto Iguazú, San Salvador de Jujuy, Salta, San Miguel de Tucumán, Mar del Plata,

---

Sperrung von EC-und Kreditkarten bei Verlust oder Diebstahl*:

+49 116 116

oder +49 30 40 50 40 50
(* Gilt nur, wenn das ausstellende Geldinstitut angeschlossen ist, Übersicht: www.sperr-notruf.de)
Weitere Sperrnummern:
– MasterCard: +49 69 79 33 19 10
– VISA: +49 69 79 33 19 10
– American Express: +49 69 97 97 20 00
– Diners Club: +49 69 66 16 61 23
Bitte halten Sie Ihre Kreditkartennummer, Kontonummer und Bankleitzahl bereit!

La Plata, Bahía Blanca, Mendoza, Córdoba und Rosario Reiseschecks eingelöst werden.

In Buenos Aires findet man die meisten Wechselstuben in der Avenida Corrientes auf Höhe der Hausnummern 400–800 sowie in den Seitenstraßen San Martín und Sarmiento. Es wird keine Kommission genommen, sondern mit einem *spread* zwischen An- und Verkauf gehandelt, der beim Dollar um die 5–10 Centavos, beim Euro bei ca. 50 Centavos pro Deviseneinheit liegt.

Preisniveau

Der Überbewertung des Peso begegnete man 2013 sowie nochmals im Januar 2014 mit einer Abwertung von jeweils knapp 19 %. Dadurch wurden die Reisekosten für Touristen stark gesenkt. Allerdings liegt die Inflation 2014 bislang bei fast 40 %, was den Vorteil langsam wieder ausgleicht (Experten erwarten jedoch eine weitere Abwertung). Durch die hohe Inflation sind alle in diesem Führer genannten Preise nur Richtwerte. Soweit sie in Dollar angegeben werden, beziehen sie sich auf den offiziellen Devisenkurs.

Essen und Trinken: Für eine Mahlzeit in einem guten Restaurant zahlt man ab 10 € pro Person, Tellergerichte gibt es schon ab 4 €. Ein Kaffee kostet ca. 1,50 €, für ein Bier 2 €.

Unterkunft: Die Preise für eine Unterkunft sind außerhalb der Städte stark saisonabhängig. In Buenos Aires bekommt man ein Doppelzimmer in einem Mittelklassehotel bereits für etwa 40 € inkl. Frühstück. Auf dem Land kann in einem der Cottages bereits für ca. 10 € übernachtet werden.

Transport: Die Fahrt mit einem luxuriösen Nachtbus *(coche cama)* etwa von Buenos Aires nach Córdoba (ca. 700 km) kostet 35 €.

Eintrittsgebühren: Fast alle Nationalparks verlangen Eintritt. Die Höhe des Preises richtet sich nach der Bedeutung des Parks. Am tiefsten muss man für den Besuch der Península Valdés (130 $), den Lago Argentino (140 $) und die Wasserfälle von Iguazú (170 $) in die Tasche greifen. Der Eintritt in die Parks im Nordwesten ist frei.

Spartipps

Am billigsten reist man in Argentinien mit einem der – wenigen – Züge, allerdings sind die Fahrpläne sehr unzuverlässig und auch die sonstigen Dienstleistungen im Allgemeinen schlecht. Langstreckenbusse empfehlen sich als preiswerte Alternative zum Flugzeug; sie sind überaus pünktlich und bieten einen sehr guten Service. Wer mit Aerolíneas Argentinas ins Land kommt, kann auf Inlandsflügen desselben Unternehmens etwas Geld sparen (Infos: www.aerolineas.com.ar, s. S. 79).

Hostels und kleinere Hosterías sind nicht nur billiger als Sternehotels, sondern bei sorgfältiger Auswahl oft auch viel sympathischer. In Buenos Aires gibt es ein breites Angebot an möblierten Apartments, die an Touristen pro Tag, Woche oder Monat vermietet werden (ab ca. 40 US$ tgl., Infos unter www.alojargentina.com, www.4rentargentina.com).

Zum Essen offerieren die Parrillas (Grillrestaurants) fast durchweg sehr gutes Fleisch zu Preisen, die den meisten Europäern schier unglaublich erscheinen. Zu den billigeren Speisen gehören auch Pasta und Pizzas sowie *empanadas,* die zumeist gut zubereitet werden.

Mobilgespräche sind viel teurer als Telefonate von öffentlichen Kabinen *(locutorios).*

Trinkgeld

Es ist üblich, Hotelpersonal, Kellnern, Taxifahrern, Tankwarten usw. ein Trinkgeld zu geben. Kellner erhalten meist 10 % des Rechnungsbetrags, selbst ernannte Parkwächter 5–10 $, manchmal auch mehr, vor allem bei Events wie Fußballspielen oder Konzerten.

Reisezeit und Reiseausrüstung

Klima und Reisezeit

In diesem bunten Klimamosaik richtet sich die ideale Reisezeit nach Zielgebiet und Aktivität. Im Raum von Buenos Aires bieten Frühling (Okt./Nov.) und Herbst (März/April) die angenehmsten Aufenthaltsbedingungen; im Sommer addiert sich hier, wie in der ganzen Zwischenstromregion (Entre Ríos, Corrientes, Misiones) zur Hitze die hohe Luftfeuchtigkeit (durchschnittlich 70 %). Zur gleichen Zeit herrschen in Südpatagonien und Feuerland optimale Bedingungen. Die Trekking- und Bergsteigersaison reicht von November bis Februar. In der Puna hingegen fällt in diese Sommerperiode die Hauptregenzeit, während der manche Routen vorübergehend unpassierbar werden. So ist der Südwinter (Juni–Sept.) nicht nur die richtige Besuchszeit für Skilangläufer in Feuerland, sondern auch für Autosafaris im Nordwesten – mit Ausnahme der Andenpässe selbst.

Unter www.wetteronline.de findet man für viele Stationen in Argentinien die jeweils aktuellen Wetterinformationen.

Was sollte in den Koffer?

Die Zielregion bestimmt die Art der Ausrüstung. Feuerlandbesucher kleiden sich wie Norwegenfahrer, Andentouristen wie Alpinisten, Küstenurlauber packen die Badehose ein. Unterwegs ist der Habitus leger, in den guten Restaurants (besonders an Werktagen) und bei Veranstaltungen in den Großstädten aber recht formell.

Für ganz Südargentinien gilt, dass die Kleidung v. a. guten Windschutz bieten sollte, im Nordwesten muss sie auf die ausgeprägten Temperaturschwankungen zwischen Tag und Nacht abgestimmt sein. Vor starker Sonneneinstrahlung schützt man sich durch geeignete Kopfbedeckung und eine Creme mit hohem Lichtschutzfaktor. Immer gehört auch eine gute Sonnenbrille ins Reisegepäck. Fehlende Teile können in Argentinien in europäischer Qualität und zu vergleichbaren Preisen nachgekauft werden. Für das Schuhwerk gilt wie immer: Es sollte eingelaufen sein. Camper seien beim Zeltaufstellen daran erinnert, dass die Sonne mittags im Norden steht!

Klimadaten Buenos Aires

Klimadaten Ushuaia

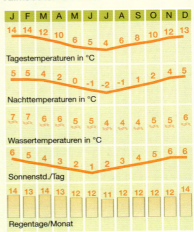

Gesundheit und Sicherheit

Gesundheit

Folgende Webseiten informieren ausführlich über gesundheitliche Aspekte bei Reisen nach Argentinien: **www.die-reisemedizin.de** und **www.fit-for-travel.de.**

Impfungen

Impfungen sind nur in Ausnahmefällen vorgeschrieben oder notwendig. Wer per Schiff über einen westafrikanischen Hafen einreist (s. S. 80), muss eine Gelbfieberimpfung vorweisen. Für Reisen in die Provinz Misiones wird eine Gelbfieberimpfung empfohlen. In den Nordprovinzen wurden Vorkommen von Denguefieber registriert, für das es keine Impfung gibt. Die Krankheit wird von der Moskitoart *Aedes aegypti* während der warmem Monate November bis Mai verbreitet.

Umgang mit großen Höhen

Die Höhenkrankheit, *puna* oder *soroche* genannt, ist eine nicht zu unterschätzende Gefahr, die lebensbedrohlich werden kann. Ursache ist die ungenügende Anpassung des Organismus an den mit zunehmender Höhe abnehmenden Sauerstoffgehalt. Bereits ab 2500 m können die typischen Symptome wie Kopfschmerz, verminderte Urinproduktion, Kurzatmigkeit und Schlafstörung auftreten. Verschwinden die Symptome am nächsten Tag nicht, muss man eine Ruhepause einlegen, werden sie schlimmer, hilft nur der Abstieg. Als Grundregel gilt, dass man in Höhen ab 3000 m pro Tag nicht mehr als 300 m aufsteigen sollte. Die Überquerung eines hohen Passes innerhalb eines Tages, z. B. auf der Fahrt von Purmamarca (2500 m) über den Paso de Jama (4800 m) nach San Pedro de Atacama in Chile (2443 m), ist dagegen recht gefahrlos, da der Körper mit einem gewissen *time lag* reagiert.

Um die Sauerstoffaufnahme des Blutes zu verbessern, hat sich das verschreibungspflichtige Medikament Diomax (Acetatsola-mide) bewährt, das man aber nur vor dem Schlafengehen einnehmen sollte. Auch der in den peruanischen und bolivianischen Anden erhältliche Kokatee hilft, aber Vorsicht: In Argentinien darf er zwar getrunken werden, der Ankauf von Kokablättern hingegen fällt unter das Delikt Drogenhandel.

Ärztliche Versorgung

Medizinische Hilfeleistungen entsprechen europäischem Standard. Das **Deutsche Krankenhaus** in Buenos Aires (Hospital Alemán, Av. Pueyrredón 1640, Tel. 011 48 27 70 00, www.hospitalaleman.com.ar) ist auf alle Notfälle eingestellt.

Touristen, deren Versicherung das Krankheits- und Unfallrisiko in Übersee nicht abdeckt, sollten vor Reiseantritt eine Auslandskrankenversicherung abschließen. Bei ambulanter Behandlung streckt man das Geld vor und bekommt es später von der Versicherung zurückerstattet. Bei stationärer Behandlung kann sich das Krankenhaus unmittelbar mit dem Versicherungsträger in Verbindung setzen und die Kostenabrechnung intern regeln.

Deutschsprachige, private Arztpraxen in Buenos Aires:

Dr. Alfredo May (Allgemeine und Innere Medizin), Av. Maipú 1179, 1° D, 1638 Vicente López, Tel. 011 47 95 91 32 u. 47 97 23 01, Mo/Mi, Fr 15–19 Uhr.

Dr. Fabián García (Allgemeine, Innere Medizin), Av. Santa Fe 302, Acassuso, Tel. 011 47 42 28 39 u. 15 57 71 19 82, Mo, Mi, Fr 14–20 Uhr.

Dra. Cristina Vollenweider de Landi (Allgemeinmedizin, Rheumatologie), Beruti 2895, Parterre A, Tel. 011 48 21 52 22 u. 48 27 00 98, Mo–Fr 14–18 Uhr.

Dra. Patricia Olejnik (Gynäkologie), Juncal 2431, 2° A, Tel. 011 48 26 61 76, Mo 16–18, Mi 14–16 Uhr; die Ärztin ist auch im Hospital Alemán (s. oben) tätig.

Dr. Federico Augspach (Hals, Nasen, Ohren), Suipacha 1049, Parterre B, Tel. 011 43 12 15 90, Mo, Di, Do, Fr 13.30–17.30 Uhr.

Buenos Aires bei Nacht – nicht gefährlicher als anderswo auf der Welt

Dr. Federico Rosenmeyer (Zahnarzt), Av. Santa Fe 2039, 3° 14, Martínez, Tel. 011 47 92 67 14. Optica Pförtner (Optik, Kontaktlinsen), Av. Pueyrredón 1706, Tel. 011 48 27 86 15, www.pfortner.com.

Apotheken

Die Apotheken *(farmacias)* führen alle gängigen Arzneimittel und sind z. T. routinemäßig 24 Stunden geöffnet. Wer in Deutschland auf Medikamente angewiesen ist, sollte den Beipackzettel mitnehmen, aus dem für die Apotheken der Wirkstoff ersichtlich ist.

Sicherheit

Kriminalität

In allen Zonen, in denen man sich normalerweise als Tourist bewegt, sind argentinische Städte im Vergleich mit anderen lateinamerikanischen Orten sicher. Überfälle auf Passanten sind selten. Man sollte aber als Fremder nachts nicht allzu einsame Straßen begehen, wenn Einheimische davon abraten. Tagsüber versuchen eher Trickdiebe einen Kunden beim Geldempfang in einer Bank zu beobachten, um ihn dann ein paar Straßen weiter durch Ablenkungsmanöver (Geburtstagsständchen oder zufälliges Beschmutzen der Kleidung etc.) zu überlisten; dabei arbeiten immer mehrere Betrüger zusammen. Es empfiehlt sich auch nicht, direkt nach dem Verlassen einer Wechselstube oder Bank ein ›zufällig‹ dort stehendes Taxi zu besteigen. Ganz allgemein heißt der Rat daher hier wie überall: größere Beträge im Hotelsafe lassen und im Übrigen Geld und Kreditkarten in einem Brustbeutel o. Ä. bei sich zu tragen. An Bahnhöfen und Busterminals sollte man sein Gepäck nie unbeaufsichtigt lassen. In voll besetzten Verkehrsmitteln ist überall mit Taschendieben zu rechnen.

Notrufnummern

Allgemein gilt die Notrufnummer **911**. Außerdem gibt es folgende Nummern: **Polizei:** 101, **Feuerwehr:** 100, **Ambulanz:** 107.

Kommunikation

Internet

Fast überall kann man sich Zugang zum Internet verschaffen – in den Städten meist in den Telefonbüros (locutorios), außerhalb von Ortschaften auch an größeren Tankstellen. Die Preise liegen bei ca. 0,80 €/Std.

In Cafés und Tankstellen in Buenos Aires und anderen Städten sowie in allen moderneren Hotels ist drahtloser Internetanschluss zu finden. Kostenloses WLAN kann man auch an zahlreichen Orten in Buenos Aires nutzen, u. a. auf diversen Plätzen sowie in Parks, Bus- und U-Bahn-Stationen, Bibliotheken, Krankenhäusern und Museen (www.buenos aires.gob.ar/modernización/wi-fi.gratis). In der Provinz San Luis ist das WLAN-Netz öffentlich zugänglich.

Telefonieren

Mit dem Boom der Mobiltelefone in Argentinien (45 Mio. für 40 Mio. Einwohner) sind die öffentlichen Fernsprecher weitgehend verschwunden. Dagegen findet man viele Telefonbüros (locutorios), die vor allem für Auslandsgespräche eine günstige Option sind – man bekommt eine Sprechzelle zugewiesen und kann über den elektronischen Gebührenzähler genau mitverfolgen, wie viel das Gespräch kostet.

Bei Gesprächen innerhalb Argentiniens wird dem Regionalcode eine 0 vorangesetzt (z. B. für Buenos Aires 011), bei Gesprächen vom Ausland nach Argentinien entfällt die 0. Vorwahlen: Deutschland 0049, Österreich 0043, Schweiz 0041, Argentinien 0054.

Besitzer von Handys mit Triband können ihr Mobiltelefon auch in Argentinien nutzen, allerdings sind die Roaminggebühren erheblich (ca. 2,50 €/Min.). Alternativ kann man vor Ort einen Chip mit einer lokalen Nummer und Prepaid-Konto kaufen und in sein eigenes Mobiltelefon einsetzen oder ein Handy kau-

fen (ab 40 €). Mobiltelefone können auch gemietet werden, z. B. bei Nolitel im internationalen Flughafen Ezeiza, www.nolitelgroup.com.ar, doch die Verbindungen sind teuer.

Die Nummern aller Mobiltelefone in Argentinien beginnen mit 15. Da sie aber an das jeweilige Stadtnetz gebunden sind, muss man bei Gesprächen von Stadt zu Stadt mmer die entsprechende Vorwahl voranstellen (z. B. 011 15 … für Anrufe innerhalb Argentiniens auf ein in Buenos Aires gemeldetes Mobiltelefon). Bei Anrufen vom Ausland auf argentinische Handys entfällt die Mobilvorwahl 15, dagegen muss zwischen der Landesvorwahl und der Mobilnummer eine 9 gewählt werden (z. B. 0054 9 11 … für Anrufe auf ein in Buenos Aires gemeldetes Handy).

Post und Kurierdienste

Postsendungen werden normalerweise wertgestempelt, man kann sie aber auch an besonderen Schaltern frankieren lassen. Frankierte Briefe sollte man sicherheitshalber – der ›Briefmarkenliebhaber‹ wegen – als Einschreiben (certificado) aufgeben. Die Laufzeit nach Mitteleuropa beträgt etwa eine Woche. Eine Postkarte bzw. ein Brief bis 20 g kosten 20 $. Für Eilsendungen besitzt die Post einen eigenen Kurierdienst. Internationale Kurierdienste wie DHL und Federal Express sind in Buenos Aires, Córdoba, Mar del Plata, Mendoza, Neuquén, Rosario und Salta vertreten.

Postämter haben sehr unterschiedliche Öffnungszeiten. Die meisten sind Mo–Fr 10–18 Uhr und Sa halbtags geöffnet. In Nordargentinien wird mittags meist eine längere Siesta eingelegt.

Fernsehen und Radio

Argentinien hat unzählige regionale und überregionale Fernsehstationen, von denen die meisten seichte Unterhaltung und natürlich Sportübertragungen bringen. In vielen Hotels werden über die größten Kabelkanäle auch CNN, BBC sowie Deutsche Welle (DW-TV) eingespeist, die abwechselnd in Deutsch und Spanisch auf Sendung geht.

Übers Radio ist die Deutsche Welle im Kurzwellenbereich zu empfangen, u. a. auf den Frequenzen 9430, 9545 und 15595 kHz. Unter den vielen argentinischen Radiosendern gibt es einen in Buenos Aires, der rund um die Uhr Tangomusik sendet (La 2x4 Tango auf 92,7 MHz), zwei andere spielen 24 Stunden klassische Musik (Nacional Clásica auf 96,7 MHz, Cultura Musical auf 104,9 MHz).

Zeitungen und Zeitschriften

Die großen argentinischen Tageszeitungen sind »Clarín« (www.clarin.com) und »La Nación« (www.lanacion.com.ar), beide mit einem – v. a. freitags – ausführlichen Veranstaltungskalender in der Beilage »Espectáculos«. »El Cronista« (www.elcronista.com) ist ein seriöses Wirtschaftsblatt, »Página/12« (www.pagina12.com.ar) eine regierungsnahe, linksalternative Zeitung. Absolut regierungstreu ist die jüngere »Tiempo Argentino«. Einen Einblick in das intellektuelle Leben Argentiniens bietet die samstags erscheinende Kulturbeilage der »Clarín« namens »Ñ«. Die Wochenzeitschrift »Noticias« (www.noticias.uol.com.ar) empfiehlt sich als Nachrichtenmagazin. Samstags erscheint das »Argentinische Tageblatt« (www.tageblatt.com.ar), eine Zeitung für deutschsprachige Mitbürger.

Deutschsprachige und internationale Presse erhält man in Buenos Aires am leichtesten an den Kiosken der Fußgängerzone Florida, der Avenidas Corrientes und Santa Fe und in den Stadtteilen Recoleta und Belgrano. Im übrigen Land findet man internationale und deutschsprachige Presse an einigen Kiosken in Córdoba, Mendoza und Bariloche.

An den Zeitungskiosken einträchtig vereint: Tagespresse, Magazine und Literatur

Sprachführer

Ausspracheregeln

Mit wenigen Ausnahmen wird Spanisch so ausgesprochen wie geschrieben, wobei es im argentinischen Spanisch einige Abweichungen zum Spanisch in Europa gibt.

Die **Betonung** liegt bei Wörtern, die auf Vokal, n oder s enden, auf der vorletzten Silbe, bei allen anderen auf der letzten Silbe. Liegt sie woanders, wird ein Akzent gesetzt (z. B. teléfono).

Konsonanten:

c	vor a, o, u wie k, z. B. casa;
	vor e, i wie deutsches s, z. B. cien
ch	wie tsch, z. B. chico
g	vor e, i wie deutsches ch, z. B. gente
h	wird nicht gesprochen
j	wie deutsches ch, z. B. jefe
ll	wie deutsches sch, z. B. llamo
ñ	wie gn bei Champagner, z. B. niña
qu	wie k, z. B. porque
v	wie deutsches w, z. B. vino
y	am Wortende wie i, z. B. hay; sonst
	wie deutsches sch, z. B. yo
z	wie deutsches s, z. B. azúcar

Allgemeines

Guten Morgen/Tag	buenos días
Guten Tag (ab 12 Uhr)	buenas tardes
Guten Abend	buenas noches
Auf Wiedersehen	adiós
Tschüs	chau
Entschuldigung	perdón
Hallo/grüß dich	hola/¿Qué tal?
Bitte	por favor
Danke	gracias
Keine Ursache	de nada
Ja/nein	sí/no
Wie bitte?	¿Perdón?

Unterwegs

Haltestelle	parada
Bus	ómnibus, colectivo
Auto	coche
Landstraße	ruta
Ausfahrt/-gang	salida
Parkplatz	estacionamiento
Tankstelle	estación de servicio
rechts	a la derecha
links	a la izquierda
geradeaus	derecho
Auskunft	información
Telefon	teléfono
Postamt	correo
Bahnhof	estación
Flughafen	aeropuerto
Stadtplan	mapa de la ciudad
alle Richtungen	todas las direcciones
Eingang	entrada
geöffnet	abierto/-a
geschlossen	cerrado/-a
Kirche	iglesia
Strand	playa
Brücke	puente

Zeit

Stunde	hora
Tag	día
Woche	semana
Monat	mes
Jahr	año
heute/gestern	hoy/ayer
morgen(s)	(por la) mañana
mittags	al mediodía
abends	a la noche
früh/spät	temprano/tarde
Montag	lunes
Dienstag	martes
Mittwoch	miércoles
Donnerstag	jueves
Freitag	viernes
Samstag	sábado
Sonntag	domingo

Notfall

Hilfe!	¡Socorro!, ¡Auxilio!
Polizei	policía
Arzt/Zahnarzt	médico/dentista
Apotheke	farmacia
Krankenhaus	hospital
Unfall	accidente

Schmerzen	dolores
Panne	avería

Übernachten

Einzelzimmer	habitación individual
Doppelzimmer	habitación doble
mit/ohne Bad	con/sin baño
Toilette	servicio
Dusche	ducha
mit Frühstück	con desayuno
Halbpension	media pensión
Vollpension	pensión completa
Gepäck	equipaje
Rechnung	cuenta

Einkaufen

Geschäft/Markt	tienda/mercado
Kreditkarte	tarjeta de crédito
Geld	dinero
Geldautomat	cajero (automático)
Bäckerei	panadería
Lebensmittel	víveres

teuer	caro/-a
billig	barato/-a
Größe	talla
bezahlen	pagar

Zahlen

1	uno	17	diecisiete
2	dos	18	dieciocho
3	tres	19	diecinueve
4	cuatro	20	veinte
5	cinco	21	veintiuno
6	seis	30	treinta
7	siete	40	cuarenta
8	ocho	50	cincuenta
9	nueve	60	sesenta
10	diez	70	setenta
11	once	80	ochenta
12	doce	90	noventa
13	trece	100	cien
14	catorce	150	ciento
15	quince		cincuenta
16	dieciséis	1000	mil

Die wichtigsten Sätze

Allgemeines

Sprechen Sie Deutsch/Englisch?	¿Habla Usted alemán/inglés?
Ich verstehe nicht.	No entiendo.
Ich spreche kein Spanisch.	No hablo español.
Ich heiße …	Me llamo …
Wie heißen Sie?	¿Cómo se llama?
Wie geht es Ihnen?	¿Cómo está Usted?
Danke, gut.	Muy bien, gracias.
Wie viel Uhr ist es?	¿Qué hora es?

Unterwegs

Wie komme ich zu/nach …?	¿Cómo se llega a …?
Wo ist …?	¿Dónde está …?
Könnten Sie mir bitte … zeigen?	¿Me podría enseñar …, por favor?
Ist hier frei?	¿Está libre?

Notfall

Können Sie mir bitte helfen?	¿Me podría ayudar, por favor?
Ich brauche einen Arzt.	Necesito un médico.
Hier tut es mir weh.	Me duele aqui.

Übernachten

Haben Sie ein freies Zimmer?	¿Hay una habitación libre?
Wie viel kostet das Zimmer pro Nacht?	¿Cuánto vale la habitación por día?
Ich habe ein Zimmer bestellt.	He reservado una habitación.

Einkaufen

Wie viel kostet …?	¿Cuánto vale …?
Ich brauche …	Necesito …
Wann öffnet …?	¿Cuándo abre …?

Raue Landschaften – und raue Pisten – erwarten Reisende in Argentiniens Nordwesten wie hier bei Purmamarca

Unterwegs in Argentinien

Knallbunt bemalte Häuser sind das Markenzeichen des Bonaerenser Hafenviertels La Boca

Kapitel 1
Buenos Aires und Umgebung

Rauchgeschwängerte Tangoclubs, edle Boutiquen, die besten Steaks der Welt, bunte Trödelmärkte – Buenos Aires hat von allem etwas und ist immer besuchenswert, weil es sich, obwohl regelmäßig von Krisen erschüttert, auch ständig in Aufbruchstimmung befindet. Zugleich findet man überall die Zeugnisse einer goldenen, längst vergangenen Epoche: die soliden Prachtbauten in der Avenida de Mayo, die eleganten Stadtvillen an der Avenida Alvear, die Schlösser auf den Estancias, aber auch die U-Bahn gehört dazu, Südamerikas erstes Transportsystem dieser Art.

Auf die Zukunft gerichtet ist der Blick der Metropole seit jeher, ausgelöst nicht zuletzt durch die Einwanderer aus Europa, die ihre Tatkraft im Gepäck hatten und naturgemäß nach vorn schauten – daran hat sich bis heute nichts geändert. Zwar schieben die Kartonsammler weiterhin ihre Karren durch die Straßen und in Fußgängerzonen sind bettelnde Kinder Teil der sozialen Landschaft, doch die ökonomischen Probleme konnten keineswegs die Kreativität der Porteños bremsen. So sucht eine junge Designer-Generation ihre Materialien im Zerfall der Illusion, im Recycling der Kartons oder in Geweben indianischer Tradition aus dem verarmten Norden des Landes. Und auch die umgebauten Hafenspeicher in Puerto Madero zeugen von einer Modernität der Stadt, in welcher der öffentliche Raum wieder seinen Platz erobert.

Auf einen Blick
Buenos Aires und Umgebung

Sehenswert

1 Buenos Aires: Millionenmetropole mit südländischem Flair und prunkvollen Bauten des frühen 20. Jh. (s. S. 106).

2 Tigre-Delta: Die labyrinthische Wasserwelt im Mündungsdelta des Río Paraná bietet zahlreiche Möglichkeiten zu beschaulichen Bootsausflügen (s. S. 144).

3 San Antonio de Areco: Ein Ausflug in die Vergangenheit – Kopfsteinpflaster, historische Häuser und traditionelles Handwerk erwarten den Besucher (s. S. 149).

Museo de Ciencias Naturales: Das Dino-Museum in La Plata beherbergt eine der bedeutendsten paläontologischen Sammlungen weltweit (s. S. 157).

Colonia del Sacramento: In der Altstadt dieses uruguayischen Orts haben sich nette Restaurants und Galerien eingerichtet (s. S. 158).

Schöne Routen

Die Avenida de Mayo entlang: Es lohnt sich, diese prächtige Straße entlangzuschlendern und den Blick immer wieder nach oben zu richten, um die 100-jährigen Fassaden zu bewundern. Sie erinnern an die Zeit, in der Argentinien immerhin die achtgrößte Wirtschaftsnation der Welt war (s. S. 117).

Von der Avenida Alvear über den Cementerio de la Recoleta zur Avenida Libertador: In diesen beiden Bonaerenser Boulevards und ihren Nebenstraßen reihen sich die Paläste der Estancieros aneinander – heute Sitz von Botschaften und Heimat von Luxushotels. Dazwischen liegt der Nobelfriedhof von Recoleta, auf dem die Mausoleen der Gutsbesitzer zu bewundern sind (s. S. 125).

Unsere Tipps

Licht und Schatten: Im Oktober und November blüht die Stadt richtiggehend auf – ein Blick auf die Bäume zeigt den Farbenbogen des südlichen Frühlings (s. S. 111).

Puerto Madero: Historische Segelschiffe und rostige Kräne bilden den nostalgischen Rahmen für schicke Lokale (s. S. 116).

Antiquitäten im antiken Viertel: In Buenos Aires' ursprünglichstem Stadtteil, San Telmo, kann man wunderbar nach alten Schätzen stöbern (s. S. 127).

Kaffeehauskultur: Zwischenmenschliche Begegnungen sind den Argentiniern heilig und finden ihr Szenenbild in den unzähligen Cafés der Stadt (s. S. 136 u. 137).

Fair trade: Kunsthandwerk und Textilien indianischer Tradition sind auch in Buenos Aires in fairem Handel zu erhalten (s. S. 138).

aktiv unterwegs

Die etwas andere Stadttour – 3 x Kunst und Architektur: Die Fundación Proa in La Boca, die Colección Fortabat in Puerto Madero und das MALBA in Palermo sind die Stationen einer Fahrt durch drei Stadtteile, die von diesen Museen in einzigartiger Weise reflektiert werden (s. S. 131).

Buenos Aires im Tango-Takt: Nicht im Touristenbus zur aufpolierten Tango-Show *for export,* sondern in die Milongas, wo (fast) jedermann tanzen darf (s. S. 140).

Mit Rad und Kanu durch die Stadt und das Tigre-Delta: Durch den Norden von Buenos Aires geht's per Fahrrad bis ans Ufer des Tigre-Deltas und von dort mit dem Kanu durch die dicht bewachsene Inselwelt (s. S. 147).

1 Buenos Aires ▶ 1, M/N 16

Argentiniens Metropole begeistert durch ihre fast mediterran anmutende Lebensart und ihre unbändige Vitalität. Im historischen Stadtkern konzentrieren sich die prachtvollen Bauten des 19. und frühen 20. Jh. in seltener Geschlossenheit, über San Telmo und die knallbunten Häuser von La Boca legen sich die Klänge des Tangos, im hippen und schicken Puerto Madero lässt es sich vorzüglich flanieren, in Palermo Viejo hervorragend shoppen und, und, und …

Das Dreizehn-Millionen-Monster

Könnte Jorge Newbery, der argentinische Flugpionier und Höhenweltrekordler (6225 m) von 1914, noch einmal auf die damalige Einmillionenstadt herunterschauen, dann erblickte er heute das größte Schachbrettmuster der Welt. Mit dem Rücken zum breitesten Fluss der Erde, dem Río de la Plata, hat sich das inzwischen über 12,8 Mio. Einwohner große **Buenos Aires** wie ein Wasser abweisender Ölfleck längs des Ufers und in die Pampa hinein ausgebreitet, ein quadratisches Raster von mehr als 100 000 Straßenblocks, gekrümmt nur an wenigen Stellen. Die Bundeshauptstadt an sich zählt zwar nur 2,9 Mio. Einwohner – innerhalb der Grenzen, die der Río de la Plata im Osten, der Riachuelo-Fluss im Süden und die Ringstraße General Paz im Norden und Westen setzen –, aber der Großraum Buenos Aires erstreckt sich noch viele Kilometer weiter landeinwärts. Zu den stadtgeografischen (angeblichen) Weltrekorden der Stadt gehören auch die 35 km lange Avenida Rivadavia, der erst bei Hausnummer 16 000 der Atem ausgeht, sowie die 140 m breite Verkehrsachse 9 de Julio, die das Wahrzeichen der Stadt, einen 67,5 m hohen Obelisken, in ihre Mitte nimmt.

Wer von Norden auf den ufernahen Regionalflughafen Aeroparque einschwebt, bekommt das Makrozentrum von Buenos Aires modellhaft unterbreitet: Hinter dem Geschlinge des Paraná-Deltas kriechen Landhäuser ins Grün, verdichten sich zu Villenkomplexen mit Bootshäfen, Turfs und Tennisplätzen (etwa 1500), dazwischen blinken, Smaragden gleich, 40 000 türkisfarbene Pools vor heckenumkränzten Chalets, deren mittägliche Rauchzeichen den nahenden *asado* ankündigen (80 000 Rinder wöchentlich werden für den Konsum in dieser Stadt geschlachtet).

Buenos Aires ist eine auf Schwemmsand gebaute Stadt, deren Hauptpostgebäude auf 2882 Betonpfeilern ruht, ein monumentales Ingenieurwerk, das der französische Architekt Norbert Maillart geleitet hat, ohne sein Heimatland zu verlassen. Viele andere sind nach Buenos Aires geströmt und haben die Stadt zu ihrer neuen Heimat gemacht. Allein rund 1 Mio. deutschstämmige Immigrantennachkommen mag es hier geben. 7 % der Bevölkerung sind Juden. Auf jede dritte Kirche kommt eine Synagoge. Es gibt ein Little Armenia, ein Chinatown, Korea- und Boliviatown. Buenos Aires ist die kosmopolitischste Stadt Lateinamerikas. Am stärksten haben sich Italiener unter die hispanisch-kreolische Stammbevölkerung gemischt. Sie waren es, die dem argentinischen Spanisch jene unvergleichliche Melodik verliehen, die das Palaver in Myriaden von Cafés, die Stimmen von Millionen selbst ernannten VIPs mit dem

Das Dreizehn-Millionen-Monster

letzten Handymodell und den Sprechgesang der populären Rundfunksender Radio 10 oder FM Tango, die der Taxifahrer auf Dauerempfang gestellt hat, zum Belcanto werden lassen.

Diese Megastadt vibriert, flirrt und tanzt wie eine farbige Libelle. Buenos Aires lebt fast rund um die Uhr. Die Porteños (die ›Hafenbewohner‹ genannten Einheimischen) lieben ihre Straßen, verunstaltet und geschmückt zugleich mit 150 000 Werbeflächen, Girlanden von Stromkabeln und durchsetzt mit 13 000 *quioscos* (oder *kioscos*) – die weit mehr sind als nur Kioske. Bis spät in die Nacht geöffnet, bieten sie Zeitschriften oder Blumen, Maskottchen, Süßigkeiten, Getränke, Zigaretten, Shampoos, Schulhefte und Batterien feil, machen Fotokopien, erteilen Auskunft und erlauben mit einem winzigen Kauf die Beschaffung von Kleingeld für den Bus. Bis in den letzten Vorort hinein sind *quioscos* nie mehr als drei Häuserblocks weit von der Wohnung entfernt. Ja, der Wert einer Straße, eines Platzes bestimmt sich nach der *quiosco*-Dichte. Sie sorgen dafür, dass die Stadt frei bleibt von Automaten – was sie zutiefst menschlich macht. Diesem Charakterzug verdankt sie freilich auch die Tatsache, dass ein großer Teil eben jener schmückenden Werbeflächen ungesetzlich ist, dass 10 % aller Bauten schwarz errichtet wurden, manche Taxis (von 40 000) ohne amtliche Genehmigung zirkulieren, zwei Drittel der polizeilichen Ordnungsstrafen nicht bezahlt werden, mehr als 50 000 illegale Zapfer an den Elektrokabeln hängen.

Das schillernde Monster Buenos Aires, in dem ein Drittel der Landesbevölkerung lebt, zeichnet für die Hälfte des nationalen Stromverbrauchs, aber auch für die Hälfte der Wertschöpfung verantwortlich. Auf nur je 20 Einwohner kommt ein Laden, denn es gibt zwar riesige Shoppingmalls mit Boutiquen, Banken und Restaurants, doch nicht die turnhallenartigen Etagenkaufhäuser deutschen oder französischen Stils. Bloß keine normativen Zwänge! Porteño und Porteña sind Individualisten, selektiv, spontan und nonchalant, zwar durchaus modebewusst, aber gleichzeitig polyform, wandlungsfähig, charmant und

Verlaufen ausgeschlossen – das übersichtliche Schachbrettmuster trägt Sorge

Buenos Aires

Einer der wichtigsten Umschlagplätze Südamerikas: der Hafen von Buenos Aires

manchmal etwas großspurig, dabei menschlich elegant – unübersehbar mediterran.

Fernsehen ist eine Institution, aber keine Droge. Es gibt 73 Kinokomplexe und fast ebenso viele Kunstgalerien, mehr als 100 Museen, über 200 Theatersäle und (besonders in der Avenida Corrientes) reihenweise Buchläden, die noch nach abendlichem Theater- oder Kinobesuch bis spät geöffnet sind. Diese Polis ist eine Stadt mit vielen Welten. Wäre sie nur eine Weltstadt, verwiese sie auf ihren Veranstaltungskalender. Buenos Aires aber bedeutet ständiges Happening.

»Was ist Buenos Aires?« fragt Jorge Luis Borges in einem seiner verrückten Heimatstadt gewidmeten Gedicht: »Dinge, die der Zeit gehören.« In zahlreichen Parks, an Rondellen und unter manch einem der 370 000 Straßenbäume sinnen Denkmäler einer aus Triumph und Vergessen gemachten Zeitgeschichte nach: Monumente für Don Quijote und die Drei Grazien, den Unsterblichen Großvater und die Opfer des Gelbfiebers, den unwiederbringlich verschwundenen Ureinwohner, die Generäle, die sowohl gegen die spanische Kolonialmacht als auch gegen die Ureinwohner kämpften, und das Dornier-Flugboot Plus Ultra, das 1926 als erstes Flugzeug die 10 000-km-Strecke von Südspanien zum La Plata überwand. Plus ultra ist bis heute auch das Sehnsuchtsziel dieser überschwänglichen und zugleich versonnen gestrigen Stadt geblieben, in der Umberto Eco, in einem Antiquariat der Avenida Corrientes stöbernd, aus einem zerfledderten Schmöker die Grundidee zum »Namen der Rose« empfing. Mit seiner Romanfigur des blinden Bibliothekars Jorge de Burgos hat er, wie er selbst sagte, Jorge Luis Borges ehren wollen.

Geschichte

Stadtplan auf Rinderhaut

Der erste Standort von Buenos Aires ist so unbestimmbar wie das Migrationsmuster seiner Delta-Inseln. Nur so viel verraten die Chroniken: dass es eine erhöhte Uferstelle in der

Geschichte

Nähe eines in den La Plata mündenden Flüsschens war, das den Schiffen der Spanier als Ankerplatz diente. Es könnte der Río Luján im Norden, aber auch der Riachuelo im Süden gewesen sein, wo später das Hafenviertel La Boca entstand. Gesichert ist nur die Erkenntnis, dass die 1536 an diesen Ufern landende Expedition Pedro de Mendozas unter einem ähnlichen Unstern stand wie das 20 Jahre zuvor gescheiterte Unternehmen des Juan Díaz de Solís, der von den Charrúa-Indianern getötet und verspeist wurde. Als Mendozas Versuch der Kolonisation unter den Brandpfeilen der Indianer in Flammen aufging, ließ der syphiliskranke Konquistador das Schiff La Magdalena kalfatern und segelte am 22. April 1537 nach Europa zurück. Er starb auf hoher See. Dennoch benannten die Seeleute, von gnädigen Winden und ruhiger See auf ihrem Weg zurück in die Heimat begleitet, den Platz der missglückten Landnahme nach ihrer Schutzpatronin Nuestra Señora del Buen Ayre (›Unsere Herrin der guten Lüfte‹).

Erst der zweite Siedlungsversuch im Jahr 1580 unter Juan de Garay war von Erfolg gekrönt. Getreu den Anweisungen Karls V. steckte er den Flächenplan von Buenos Aires ab, indem er das Gittermuster und seine Diagonalen von einer Rinderhautzeichnung maßstabgerecht auf die Landschaft übertrug. Bis heute steht das Rathausgebäude an jener Plaza (de Mayo), die der Gründervater, einen Baum der Gerechtigkeit pflanzend, vor über 400 Jahren zum Mittelpunkt bestimmte. Die Nachricht von der gelungenen Gründung sollte die Karavelle San Cristóbal de Buenaventura dem spanischen Hof überbringen, doch die Verheißung des Schiffsnamens erfüllte sich nicht. Piraten brachten den Segler vor der La-Plata-Mündung auf und leiteten damit eine jahrhundertelange Freibeuterei ein.

Als Beute erst richtig interessant wurde das von einer hochmütigen Hispanidad in Cuzco gegängelte Buenos Aires (damals noch ein unbedeutendes Anhängsel des Vizekönigtums Peru) mit der Einführung des Sklavenhandels, den die Portugiesen bereits im 17. Jh. begonnen hatten: Sie schleppten rund 20 000 Afrikaner ein. Der Menschenschmuggel ging einher mit einem regen Tauschhandel – 100 Rinderhäute für einen Sklaven – und einem Schmugglergeschäft ohnegleichen. Der eigentliche schwarze Boom setzte aber erst ein, nachdem die South Sea Company am Retiro-Platz – wo heute der britische Uhrturm steht – ihren Sklavenmarkt eröffnen durfte und die lebende Fracht in dort erbauten Schuppen ›zwischenlagerte‹. 18 000 Schwarze verhökerte die South Sea Company in Buenos Aires – vorwiegend für Hausarbeiten, denn Plantagen brasilianischen oder kubanischen Stils gab es keine –, bevor der Sklavenhandel 1813 verboten wurde.

So wuchs die 1776 zur Hauptstadt des Vizekönigtums La Plata erhobene Hafen um die Wende zum 19. Jh. rasch auf 100 000 Einwohner an und lockte – wie das schräg gegenüberliegende Montevideo – als strategischer Punkt in der zweitgrößten Flussmündung des Kontinents die allgegenwärtigen Engländer an. In etlichen militärischen Expeditionen versuchten sie den Spaniern den Kolonialbesitz streitig zu machen, mussten letztendlich jedoch unverrichteter Dinge abziehen.

Die Bezwingung der Engländer aus eigener Kraft, also ohne Hilfe des spanischen Mutterlandes, steigerte das Selbstbewusstsein der Hispanoamerikaner zu jenem Freiheitsbegehren, das zum auslösenden Moment der Unabhängigkeitsbewegung werden sollte. Insofern hat, paradoxerweise, die Kolonialmacht Großbritannien die Dekolonisierung Südamerikas gefördert. Den Norden befreite Bolívar, den Süden San Martín.

Schrittweise zum Paris der Südhalbkugel

Als Stadt, als urbaner Körper herausmodelliert hat sich Buenos Aires erst im 19. Jh. Bereits um 1870, als die Stadt 500 Häuserquader umfasste (und an den heutigen Avenidas Callao bzw. Entre Ríos endete), liefen jährlich 2000 Schiffe den Hafen an und brachten als Fracht und Ballast von Europa Pflaster-, Backsteine und Marmor mit. Schon um diese Zeit hatten sich, dem Vorbild mittelalterlicher toskanischer *contrade* folgend, Stadtrepubliken mit spezifischer Soziokultur herausge-

Buenos Aires

bildet. Patrizischer Kern der aufstrebenden Urbs war das im Süden gelegene San Telmo, wo 1871 die Geißel des Gelbfiebers 14 000 Einwohner (ein Zehntel der damaligen Bevölkerung) auslöschte und für die erste vehemente Binnenwanderung sorgte. Die besser gestellten Bürger flüchteten in den höher gelegenen Norden und setzten sich in Belgrano fest, damals eine Landgemeinde, heute ein integrierter Vorort.

Die Engländer bauten die argentinischen Eisenbahnen (die heute noch im Linksverkehr zirkulieren), richteten 1882 in Buenos Aires die erste Gefrierfleischfabrik ein und drückten der Stadt mit Vorort-Namengebungen wie Hurlingham und Temperley für alle Zeiten ihren Stempel auf. Sie lieferten sozusagen die Technik für die zur Wende vom 19. zum 20. Jh. auf die erste Million Einwohner anschwellende Stadt, während Franzosen, Italiener und Deutsche den ästhetischen Umbau in Angriff nahmen. Stets mit dem Blick auf die Großstädte der Alten Welt, erschien den Porteños nichts nachahmenswerter, als das Paris der Südhalbkugel zu werden. Die neue Schlachtordnung der französischen Boulevards machte in Buenos Aires wie in keiner anderen lateinamerikanischen Stadt Schule. Alle Bauformen, in denen sich noch die Kolonialzeit widerspiegelte, wurden abgeworfen wie ein lästiger Poncho.

Im Zentrum aber brach man breite Avenidas durch die Häuserschluchten und flankierte sie mit vorwiegend französisierter Prestigearchitektur. Aus dieser Zeit stammt auch die Sitte, jedes Haus wie ein Kunstwerk mit der Signatur seines Erbauers zu versehen. Im alten Zentrum von San Telmo findet man heute kaum noch ein Gebäude, dessen Bausubstanz vor das Jahr 1870 zurückreicht, und selbst das Geburtshaus der Stadt, der Cabildo, fiel dem eklektizistischen Fieber zum Opfer. Allerdings verdankt Buenos Aires seiner eitlen Baugesinnung an der Wende zum 20. Jh. auch einige Prachtstraßen, deren Fassaden sich mit den besten von Paris, Madrid oder Budapest messen dürfen. Zeitungspaläste wie der von »La Prensa« (1898), das Teatro Colón (1908), das Colegio Nacional de

Buenos Aires (1918) oder auch das Teatro Cervantes (1921) bezeugen bis heute, dass der großbürgerliche Repräsentationsstil des beginnenden 20. Jh. auch Ausdruck eines regen geistigen und kulturellen Engagements war. Im »La-Prensa«-Gebäude waren Clemenceau und Puccini zu Gast, im Colón sang Caruso, das Colegio Nacional hörte Einstein seine Relativitätstheorie vortragen. Buenos Aires avancierte zur fortschrittlichsten Metropole des Südkontinents.

Als habe der Gelbfieberschock von 1871 auf immer einen Quarantänestrich gezogen, ließ die Epidemie in Buenos Aires eine axiale Raumgliederung zurück, bei der die Avenida Rivadavia die große sozioökonomische Trennlinie bildet: der Norden der Stadt gepflegt, begütert und konsumfreudig, der Süden vernachlässigt, arm, ausgabenschwach. Ist dieses urbane Ungetüm überhaupt noch steuerbar? Nurmehr durch Zellteilung. In einem Genesis 2000 genannten Projekt wurden einige zu Megakommunen angeschwollene Vorortgemeinden auf kleinere Verwaltungseinheiten zurechtgestutzt. Die Stadt Buenos Aires selbst wurde 2011 im Rahmen der Dezentralisierung erstmalig in 15 *comunas* mit lokalen Behörden aufgeteilt. Tatsächlich hat Buenos Aires heute nicht einen, sondern viele Mittelpunkte. So wurde beispielsweise der alte Hafen mit 16 riesigen 100-jährigen Lagerhäusern einem aufwendigen Recycling unterworfen, aus dem Tausende von eleganten Apartments, Büroflächen für 45 000 Angestellte, Universitätseinrichtungen, rund 40 erstklassige Restaurants, mehrere Luxushotels und ein Yachthafen hervorgingen. Den Hang, in Wohntürme (mit bis zu 54 Stockwerken in Puerto Madero) zu ziehen, haben Psychologen mit dem argentinischen Fernweh begründet: Der pampasüchtige Stadtneurotiker will von der Höhe aus in die Weite schauen können. Doch gleichzeitig bietet sich – als bodennahes Gegenmuster – der Umzug in einen der weit über 200 Country Clubs an der grünen Peripherie an. In diesen parkartigen, umzäunten und bewachten Edelenklaven, meist früheres Estancia-Gelände, ist man schon halb auf dem Land.

Bicentenario: Anschluss ans neue Jahrtausend

Im Rahmen der Feiern zum 200. Jahrestag der Revolution gegen die spanische Kolonialherrschaft wurden in Buenos Aires 2010 einige groß angelegte Projekte initiiert. Um die Porteños endgültig mit der Küste zu versöhnen, will man die ehemalige Hauptpost in einen Kulturkomplex umwandeln und den gesamten Streifen unterhalb des Regierungsgebäudes (zwischen dem Finanzzentrum der City und Puerto Madero) wiederbeleben. Auch der seit der Gelbfieberepidemie von 1871 vernachlässigte Süden der Stadt soll gefördert werden. Der erste begünstigte Stadtteil wird Barracas sein, wo bereits mehrere Behörden der Stadtverwaltung angesiedelt wurden, darunter das bereits eingeweihte Design-Center CMD. Geplant ist auch eine Erweiterung des U-Bahn-Netzes in den Süden der Stadt, wo überdies ein Messegelände entstehen soll. Am Hafen soll eine Anlegestelle für Kreuzfahrtschiffe gebaut werden und am Flussufer ein neues Stadtsymbol als moderner Kontrapunkt zum traditionellen Obelisken entstehen.

Pläne und Realität liegen in Argentinien allerdings oft weit auseinander. Beispielsweise gab es in den letzten 15 Jahren diverse Projekte, die eine Belebung des 120 ha großen Parque Indoamericano am Südwestrand der Stadt zum Ziel hatten. Im Dezember 2010 jedoch zogen rund 1500 obdachlose Familien in den Park, um sich dort anzusiedeln, viele von ihnen Einwanderer aus Bolivien und Paraguay. Zusammenstöße mit der Polizei und mit ausländerfeindlichen Anwohnern hatten drei Tote und zahlreiche Verletzte zur Folge. Entwicklung und Unterentwicklung liegen in Buenos Aires nahe beieinander.

Tipp: Licht und Schatten

Das Stadtbild zeigt im Oktober und November sein freundlichstes Gesicht. Die Jacaranda-Bäume (*Jacaranda mimosifolia*) blühen lila und der kleinere Ceibo (*Erythrina crista-galli*) intensiv rot. Beiden werden überragt vom Lapacho (*Tabebula*) mit seinen rosa Blüten, während der Tipu-Baum (*Tipuana tipu*) noch das Gelb seiner Schmetterlingsblüten hinzufügt. Auf der zentralen Avenida 9 de Julio, der Avenida Libertador und dem großen Park in Palermo stehen einige der schönsten Exemplare der 425 000 Bäume der Stadt. Vor dem Teatro Colón, in Recoleta und auf der Avenida Alvear werfen gigantische Magnolien-, Gummi- und Ombú-Bäume ihre Schatten.

den, liegen die City (Bankenviertel), das Fußgängerkreuz Florida/Lavalle, Regierungsgebäude, Hauptpost, Oper, Stadthotels sowie die Kernstücke der großen Geschäftsstraßen Córdoba, Corrientes und Avenida de Mayo.

Als **Macrocentro** wird das Vieleck bezeichnet, das im Norden und Westen bis zu den Avenidas Pueyrredón und Jujuy, im Süden bis zur Calle Venezuela reicht. Die ca. 200 km^2 große, von 2,9 Mio. Menschen bewohnte Stadt Buenos Aires wird von der Ringstraße Avenida General Paz begrenzt, aber jenseits davon pflanzt sich die Bebauung nahtlos fort. Nur verwaltungsmäßig gehören die sich dort ausbreitenden Vororte zur Provinz; zusammen mit dem eigentlichen Stadtgebiet formen sie das Megagebilde Gran Buenos Aires, auf das man sich landesweit bezieht, wenn man einfach von Buenos Aires spricht.

Stadtzentrum

Citypläne: S. 112 u. 122

La City [1]

Mit einem Rundgang beginnt man am besten da, wo Buenos Aires begann: an der Plaza de Mayo. Um dort hinzugelangen, wird man fast immer **La City** durchqueren, ein etwa 30 Häu-

Orientierung

Grob genommen lässt sich das Stadtzentrum von Buenos Aires in zwei Bereiche unterteilen. Im **Microcentro,** dem Viereck zwischen Avenida Córdoba im Norden, Avenida 9 de Julio im Westen und Avenida de Mayo im Sü-

Buenos Aires – Zentrum

Sehenswert

1 La City
2 Banco de la Nación
3 Casa Rosada
4 Cabildo
5 Kathedrale
6 Edificio Libertador
7 Puerto Madero
8 Teatro Avenida
9 Palacio del Congreso
10 – 11 s. Cityplan S. 122
12 Teatro San Martín
13 Teatro Colón
14 Teatro Cervantes
15 Obelisk
16 – 18 s. Cityplan S. 122
19 Centro Naval
20 Galería Güemes
21 – 35 s. Cityplan S. 122
36 Iglesia de San Francisco
37 Museo de la Ciudad
38 Manzana de las Luces
39 Iglesia de Santo Domingo
40 Ingenieurhochschule
41 Landwirtschaftssekretariat
42 Monumento Canto al
   Trabajo
43 Mercado San Telmo
44 – 46 s. Cityplan S. 122

Übernachten

1 s. Cityplan S. 122
2 Castelar
3 Esplendor
4 Claridge
5 Gran Hotel Hispano
6 Marbella
7 Astoria
8 Estoril
9 – 13 s. Cityplan S. 122
14 Patios de San Telmo
15 s. Cityplan S. 122
16 Che Lagarto Youth Hostel

Fortsetzung s. S. 114

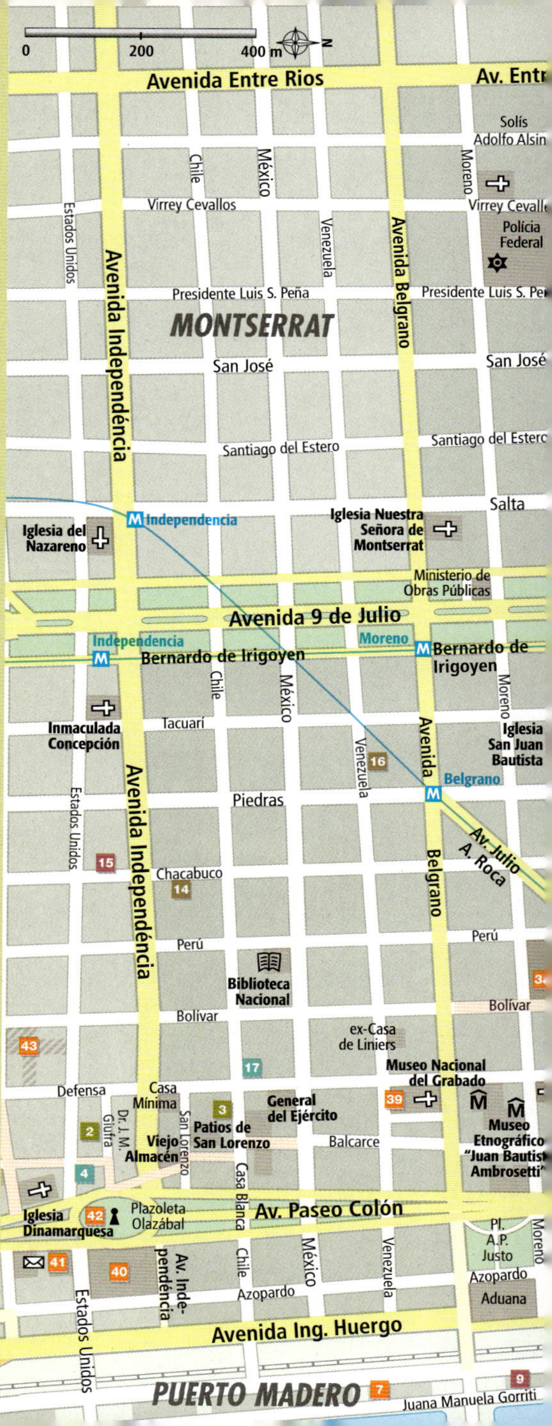

112

Map labels

0   200   400 m   N

Avenida Entre Rios   Av. Entr

Chile
México
Moreno
Solís
Adolfo Alsin

Estados Unidos
Virrey Cevallos
Venezuela
Avenida Belgrano
Virrey Cevalle
Policía
Federal

Avenida Independéncia
Presidente Luis S. Peña
Presidente Luis S. Pe

MONTSERRAT

San José
San José

Santiago del Estero
Santiago del Estero

Salta

M Independencia
Iglesia del Nazareno
Iglesia Nuestra
Señora de
Montserrat

Ministerio de
Obras Públicas

Avenida 9 de Julio

Independencia
Moreno
M Bernardo de Irigoyen
Bernardo de Irigoyen

Chile
México
Moreno
Avenida
Iglesia
San Juan
Bautista

Belgrano
M Belgrano

Inmaculada
Concepción
Tacuarí
Venezuela

Av. Julio
A. Roca

Avenida Independéncia
Estados Unidos
Piedras

Chacabuco
16

Belgrano

14

Perú
Perú

15

Biblioteca
Nacional
Bolívar

ex-Casa
de Liniers
Bolívar

Museo Nacional
del Grabado

43

Defensa
Casa
Mínima
General
del Ejército
39
Museo
Etnográfico
"Juan Bautista
Ambrosetti"

17
Balcarce

2
Dr. J. M.
Giuffra
San Lorenzo
Patios de
San Lorenzo
Viejo
Almacén
Casa Blanca

4

Iglesia
Dinamarquesa
42
Plazoleta
Olazábal
Av. Paseo Colón
Pl.
A.P.
Justo
Moreno

41
40
Av. Inde-
pendencia
Estados Unidos
Chile
México
Venezuela
Azopardo
Aduana

Avenida Ing. Huergo

PUERTO MADERO   7
Juana Manuela Gorriti
9

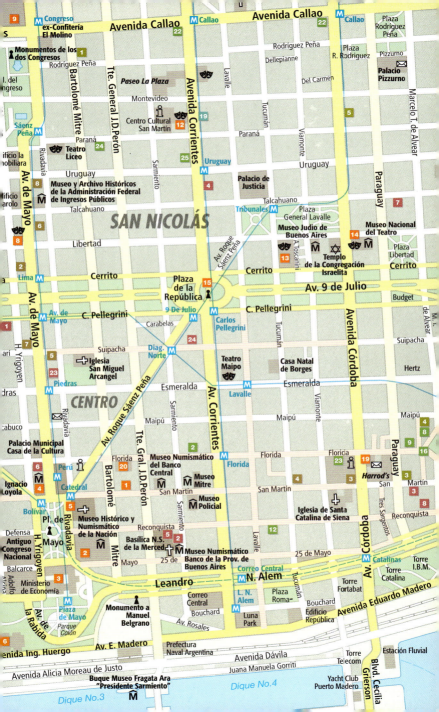

Buenos Aires – Zentrum

Essen & Trinken
1 Palacio Español
2 Broker Bar
3 Filo
4 Los Inmortales
5 La Reconquista
6 Vita
7 El Cuartito
8 Pekin
9 Chila
10 – 14 s. Cityplan S. 122
15 Casal de Catalunya
16 – 22 s. Cityplan S. 122
23 Café Tortoni
24 Confitería Ideal
25 s. Cityplan S. 122

Einkaufen
1 s. Cityplan S. 122
2 Librería El Ateneo II

3 – 4 s. Cityplan S. 122
5 Arte y Esperanza
6 – 7 s. Cityplan S. 122
8 Casa López
9 Galería del Cuero
10 – 11 s. Cityplan S. 122
12 Librería Henschel
13 – 15 s. Cityplan S. 122
16 Ruth Benzacar
17 – 21 s. Cityplan S. 122
22 Zival's
23 Musimundo
24 Club de Tango
25 El Quiosco del Tango

Abends & Nachts
1 – 3 s. Cityplan S. 122
4 Bar Sur
5 – 16 s. Cityplan S. 122
17 Bar Seddon

18 s. Cityplan S. 122
19 Centro Cultural de
   la Cooperación
20 – 21 s. Cityplan S. 122

Aktiv
1 Zigiotto Viajes
2 s. Cityplan S. 122
3 Bike-Tours
4 Urbanbilking
5 Martín Wullich
6 s. Cityplan S. 122

serblocks umfassendes, baumloses Straßengeviert, das sich zwischen der Fußgängerzone Florida und der 25 de Mayo erstreckt und eine der größten Konzentrationen an Banken in der südlichen Hemisphäre aufweist. Wichtigste Passierwege in diesem zu Schalterschluss von Geldtransportern verstopften Finanzviertel sind die drei parallel von Norden nach Süden verlaufenden Fußgängerstraßen 25 de Mayo, Reconquista und San Martín.

In diesem Hort des Midas hat auch das aus einer belgischen Getreidehandelsfirma hervorgegangene älteste argentinische Traditionsunternehmen, **Bunge y Born** (heute Bunge Argentina), seinen Sitz (25 de Mayo 501). Ebenfalls in der 25 de Mayo, aber mit dem Gesicht zur Avenida Leandro Alem, erhebt sich gegenüber der ehemaligen Hauptpost das neoklassizistische Monumentalgebäude der **Bolsa de Comercio** (Handelsbörse, 1916). Von den Bankpalästen seien hier nur einige der repräsentativsten Bauten genannt: der mächtige Block des **Banco Central** (Reconquista 266), der sich mit einer symmetrischen Fassade zur San Martín hin öffnet, der Betonbau des ehemaligen **Banco de Londres** von 1959 (heute Banco Hipo-

tecario, Reconquista 101) und der an die Dresdner Semper-Oper erinnernde Rundbau des **Banco de Boston** (heute ICBC, Roque Sáenz Peña, Ecke Florida). Wie es sich für das Bonaerenser Wall-Street-Viertel gehört, verstecken sich hier auch einige erlesene Schlemmerlokale, beispielsweise der mittägliche Banker-Treff **Broker Bar** 2 (s. S. 135) oder die diskrete Casa Roca (San Martín 579). Ebenfalls gut zu Mittag essen kann man im Restaurant El Claustro des Convento Santa Catalina de Siena (San Martín 709).

Seitdem die **Reconquista** eine Fußgängerzone ist, stellen hier zahlreiche Lokale ihre Tische aufs Kopfsteinpflaster. In der Nr. 269, gegenüber vom Banco Central, öffnet das **Convento Grande de San Román Nonato** tagsüber seine Tore, ein Kloster, dessen ruhiger Innenhof mit Restaurant und Antiquitätenhändlern sich für eine Pause anbietet.

Plaza de Mayo

Man nennt die schwülstigen Theaterbauten von Buenos Aires gerne die letzten Dinosaurier, doch an Schwergewichtigkeit kann es kein Gebäude mit dem die **Plaza de Mayo** flankierenden **Banco de la Nación** 2 (1952

Stadtzentrum

fertiggestellt) aufnehmen, dessen Gewölbelast man – die Saurier sind schließlich ausgestorben – besser an lebender Fauna messen sollte: So viel wie 20 000 Nilpferde wiegt die achteckige Kuppel (innen zu sehen), die mit ihrem Durchmesser von 50 m bei der Einweihung des Gebäudes 1955 zu den größten der Welt gehörte. Die heute aus über 10 000 Tresoren bestehenden Schatztruhen der Nationalbank waren 1861 schon einmal so leer, dass der damalige Finanzminister das Defizit aus eigener Tasche beglich – andernfalls hätte man auf das Regierungsgebäude, die **Casa Rosada** 3 (›Rosafarbenes Haus‹), eine Hypothek aufnehmen müssen. Der an der Stelle des ersten Forts von 1595 stehende, teilweise abgerissene, abgebrannte und zahlreiche Male umgebaute (und daher heute asymmetrische) Palast scheint in seinem Schicksal die ganze wechselvolle Geschichte Argentiniens widerzuspiegeln. Schließlich war die (nach dem Befreiungsmonat Mai des Jahres 1810 benannte) Plaza de Mayo Schauplatz aller Höhepunkte der nationalen Vergangenheit, die Unabhängigkeitserklärung – sie erfolgte in Tucumán – ausgenommen. Alle zwei Stunden kann vor der Casa Rosada der Wachwechsel beobachtet werden. Zum Regierungsgebäude gehören auch das **Museo del Bicentenario** mit Memorabilien der argentinischen Präsidenten sowie die Ruinen des **alten Zollgebäudes** (Aduana Taylor) und die 2010 restaurierte **Wandmalerei** »Ejercicio Plástico« des mexikanischen Muralisten David Alfaro Siqueiros (Museo del Bicentenario: Av. Paseo Colón 100, www.museobicentenario.gob.ar, Mi–So 11–18 Uhr, Eintrtt frei; Casa Rosada: Balcarce 50, Führungen Sa/So 10–18 Uhr, auch auf Englisch, Eintritt frei, Pass erforderlich).

Am anderen Ende der Plaza findet sich die erst gut 50 Jahre alte Version eines 1725 in klassischer Kolonialmanier begonnenen, aber seither häufig veränderten **Cabildo** 4 (Rathaus), in dessen kleinem **Museo del Cabildo y la Revolución** selbst die erste Druckerpresse von Buenos Aires eine Replik ist (Bolívar 65, www.cabildonacional.gob.ar, Mi–Fr 10.30–17, So 11.30–18 Uhr, 10 $).

An der Nordseite des Platzes steht die einem griechischen Tempel ähnelnde **Kathedrale** 5 von 1862, die vor dem Kubus einer hinter ihr aufragenden Großbank als Zwergbau erscheint. Die Kirche stellt die sechste Generation einer von vielen Mutationen betroffenen Domfamilie dar. Bemerkenswert sind nur die Mosaikarbeiten der Böden und der byzantinisch anmutenden Kuppel. Ein Mausoleum dient dem Nationalhelden San Martín als letzte Ruhestätte, allerdings extra muros, d. h. außerhalb der Mauern, denn er war Freimaurer. Noch ein anderer Name ist eng mit dieser Kathedrale verbunden: Jorge Bergoglio, der als Erzbischof von Buenos Aires hier seine Messen hielt, bevor er im März 2013 als Papst Franziskus nach Rom übersiedelte. Inzwischen gibt es von der Stadtregierung organisierte Führungen zu Orten in Buenos Aires, die mit dem derzeitigen Papst in Verbindung stehen – dazu gehören u. a. sein Elternhaus im Stadtteil Flores sowie ein Zeitungskiosk nahe der Kathedrale, wo Jorge Bergoglio jeden Sonntag seine Morgenlektüre abholte (www.turismo.buenosaires.gob.ar/es/article/circuito-papal, www.catedralbuenosaires.org.ar, Mo–Fr 9–19, Sa 9–19.30 Uhr, Führungen Mo–Sa 15.30 Uhr, keine Besichtigung während der Gottesdienste).

Die Südseite der von einem kleinen Obelisken, der **Pirámide de Mayo,** geschmückten Plaza flankieren eintönige Banken- und Regierungsbauten, deren äußerster, das Wirtschaftsministerium, den Paseo Colón berührt.

Parque Colón

Vom Paseo Colón überblickt man den weiten **Parque Colón,** links begrenzt von der châteauartigen, ehemaligen **Hauptpost,** rechts beherrscht vom Kolossalbau des **Edificio Libertador** 6 , Sitz der obersten Heeresleitung. Bis Mitte 2013 stand in dem Park ein von der italienischstämmigen Einwohnerschaft gestiftetes Kolumbusdenkmal, dem bald eine Statue der Befreiungsheldin Juana Azurduy folgen soll. Nach einer heftigen Kontroverse wurde dem ›Entdecker‹ ein neuer Standort zugewiesen: am Flussufer vor dem Inlandsflughafen – mit Blick in Richtung Spanien.

115

Buenos Aires

Tipp: Die Bonaerenser Skyline vom Wasser aus betrachten

Ein ganzer Corso gepflegter Terrassenrestaurants und -cafés in geschickt umgewidmeten Hafenspeichern säumen die Uferpromenade von **Puerto Madero** 7, das sich zum neuen – und vor allem teuren – In-Viertel von Buenos Aires entwickelt hat.

Lange Zeit hat Buenos Aires dem Río de la Plata den Rücken zugewendet. Die Immigranten, so die volkstümliche Interpretation, wollten nicht zurückblicken, sobald sie vom Schiff gestiegen waren, um die schmerzhaften Erinnerungen zu vergessen. Außerdem war das Hafengelände jahrzehntelang militärisches Sperrgebiet und nur eingeschränkt zu betreten. Dann, 1991, fand in einer alten, leer stehenden Lagerhalle eine Ausstellung junger Künstler statt, die den Anstoß zu einer Umgestaltung des Flussufers gab.

Zuerst entstanden Restaurants und Lofts in den Ziegelspeichern am Westufer, davor fanden die beiden historischen Segelschulschiffe **Sarmiento** (Dique 3) und **Uruguay** (Dique 1) eine neue Heimat. Später entdeckte man auch das östliche Ufer, an dem Projekte wie das Hotel Faena Universe, aber auch das 2008 eingeweihte Kunstmuseum **Colección Fortabat** auf sich aufmerksam machen (s. S. 131).

Überquert man die alten Drehbrücken oder die moderne, vom spanischen Stararchitekten Santiago Calatrava entworfene **Puente de la Mujer** nach Puerto Madero, kann man von diesem Kai aus eine bislang nur vom Schiff mögliche Aussicht auf die Skyline von Buenos Aires genießen – besonders beeindruckend ist der Anblick bei Sonnenuntergang.

Gateway zum hippen Vergnügungsviertel Puerto Madero: die Puente de la Mujer

Das dem Stadtgründer Garay gewidmete Denkmal (Leandro Alem, Ecke Rivadavia) stammt von dem deutschen Bildhauer Gustav Heinrich Eberlein (1847–1926), der mit der Marmorskulptur El Secreto (›Das Geheimnis‹) dem Teatro Colón (s. S. 120) seine vielleicht berühmteste Schöpfung hinterließ. Nur rund fünf Gehminuten sind es von hier auf die an-

Stadtzentrum

dere Seite der Hafendocks in das jüngste Stadtviertel von Buenos Aires, nach Puerto Madero (s. S. 116).

Untere Avenida de Mayo

An ihrer Westseite spreizt die Plaza de Mayo einen siebenarmigen Straßenfächer aus, dessen Hauptarme von der Diagonal Sur (= Av. Julio A. Roca), der Diagonal Norte (= Av. Roque Sáenz Peña) und der Avenida de Mayo gebildet werden. Nach französischen Boulevard-Vorbildern konzipiert, von vorwiegend italienischen Architekten gestaltet und schließlich von Spaniern bewohnt, stellte die **Avenida de Mayo** Anfang des 20. Jh. *die* Prachtstraße von Buenos Aires dar. Sie bildet zugleich die rund 1 km lange Verbindungsachse zwischen der Casa Rosada und dem Kongressgebäude. In der Zeit des architektonischen Rationalismus von, wie die Porteños sagen, Schuhkartons durchsetzt und jahrzehntelang vernachlässigt, feierte die Avenida ab 1990 ihre Wiederauferstehung. Im unteren Teil, bis zur Avenida 9 de Julio, sehenswert sind der **Palacio Municipal** (Nr. 525) sowie das sich anschließende ehemalige Gebäude der Zeitung »La Prensa«, heute auch Sitz der Stadtregierung, gegenüber die Jugendstilpassage **Roverano** (in der sich Papst Franziskus das Haar schneiden ließ) mit der U-Bahn-Station Perú von 1915 (Nr. 560), mehrere alte Hotelbauten auf Höhe der Hausnummern 800 und 900, vor allem aber Buenos Aires' berühmtestes Kaffeehaus, das **Tortoni 23**. Hier findet man auch eine kleine Lunfardo-Bibliothek (s. S. 132) und kann an manchen Abenden Tango- und Jazzkonzerte genießen.

Geht man eine Querstraße weiter eineinhalb Blocks nach links, so stößt man auf den von einer geschuppten Kupferkuppel gekrönten **Palacio Español 1**, im – leider nicht zu besichtigenden – Innern nicht weniger prächtig als ein toledisches Schloss. Das dazugehörige gepflegte Restaurant bietet sich zum Speisen an (s. S. 135).

Obere Avenida de Mayo

Wieder auf der Avenida de Mayo, erreicht man sogleich die **Avenida 9 de Julio,** die – laut der Porteños – breiteste Straße der Welt, die in einer Grünphase zu überqueren Fußgänger nur im Eilschritt schaffen. Man muss Fotos von früher gesehen haben, um sich vorstellen zu können, dass diese riesige Lichtschneise einmal so dicht bebaut war wie ihr Umfeld, bevor das Herzstück der Stadt 1937 in Häuserzeilenbreite niedergewalzt wurde, um eine Bonaerenser Park Avenue zu schaffen. 2013 wurde der Boulevard erneut umgebaut, um eine zentrale Bustrasse mit einem parallel verlaufenden Fußgängerweg einzurichten.

Beim Überqueren der 9 de Julio streift man eine hier gut platzierte moderne Don-Quijote-Plastik, denn sogleich beginnt nicht nur eine Häuserzeile mit (auch in den Seitenstraßen) zahlreichen spanischen Restaurants und Tascas, sondern an deren ersten Block beherrscht auf der Südseite das **Hotel Castelar 2**, das in den 1930er-Jahren, damals unter dem Namen Excelsior, Treffpunkt des Literatenzirkels Signo war, dem auch Federico García Lorca angehörte.

Unter der Hausnummer 1222 streckt das alte **Teatro Avenida 8** sein schmiedeeisern gefasstes Glasvordach über das Trottoir; 1994 feierte es (es war 1979 ausgebrannt) mit einer Zarzuela-Aufführung – und Plácido Domingo als Gast – sein Comeback.

Die beiden folgenden Häuserblocks prunken mit einigen schönen Hotelfassaden französischer Prägung, während das **Hotel Chile** (Ecke Santiago del Estero), dessen Holzturm leider abbrannte, stilreines Art Nouveau demonstriert. Genau gegenüber steht das alte **Hotel Majestic** von 1909 (heute Sitz des Finanzamt-Museums), das sich vor allem von innen anzusehen lohnt. Ausgerechnet von diesem spielerisch dekorierten Nobelhotel aus schmähte 1929 sein berühmter Gast Charles Eduard Jeanneret (Le Corbusier) Buenos Aires als die »unmenschlichste Stadt«, die er »je gesehen« habe. Der Betonbaukünstler stellte sich grandiose geglättete Formen vor: »zweihundert Meter hohe Wolkenkratzer mit hängenden Gärten, … pfeilergestützte Stadtautobahnen, die die Bäume dominieren, … eine neue Lyrik des Maschinenzeitalters«.

Buenos Aires

Wie muss er unter dem Anblick des gegenüberliegenden Palacio Barolo, einem italianisierten Bau von 1919, gelitten haben. Dieses enorme Bürogebäude (über 16 000 m^2) – ein Zwilling des Palacio Salvo, des Wahrzeichens von Montevideo – war einmal das höchste Haus der Stadt. Unter der Kuppel hängt ein Leuchter mit über 200 000 Kerzen. Im Parterre kann man sechs museale Aufzüge mit Stockwerkanzeige in Zifferblattform bewundern. Sie gehören zu den ältesten noch funktionierenden der insgesamt 100 000 Personenaufzüge von Buenos Aires, die Tag für Tag eine Strecke zurücklegen, die der Entfernung von der Erde zum Mond entspricht (Av. de Mayo 1370, www.palaciobarolotours.com.ar, Touren Mo, Do 16, 17, 18, 19 Uhr, auch auf Englisch, 110 $, Nachtführungen Do 20.30, Mi, Fr, Sa 20 Uhr, mit Imbiss, 155 $).

Mit dem Gebäude **La Inmobiliaria** verabschiedet sich die von Mansarden, Kuppeln und Statuen gekrönte Avenida de Mayo, bevor sie sich in der Plaza del Congreso verliert.

Plaza del Congreso und Umgebung

Die Westseite der drei Blocks langen **Plaza del Congreso** (mit einer von Rodin signierten Kopie seines Denkers) wird überragt vom neoklassizistischen Kuppelbau des **Palacio del Congreso** 9 (Kongressgebäude), das das Kapitol von Washington als Vorbild zitiert. Allerdings arbeiten die meisten der 8000 Angestellten heute in dem gegenüberliegenden Glaskubus in der Rivadavia, der sich an das Art-decó-Eckcafé, die **Confitería Del Molino** anschließt (seit 1997 geschlossen). Dass hier tatsächlich einmal eine Mühle stand, demonstriert ein Flügelrad an der Dachfassade. Wer auf der Rivadavia zehn Blocks weitergeht, gelangt zur **Plaza Miserere** 10, einem alten jüdischen, heute auch koreanischen Textilhandelsviertel.

Von der Plaza del Congreso zur Plaza San Martín

An der Plaza del Congreso beginnt die belebte **Avenida Callao,** die nacheinander die

drei großen Avenidas der Innenstadt – Corrientes, Córdoba und Santa Fe – kreuzt. Wer die elf Blocks bis zur Avenida Santa Fe durchläuft, wird dort auf eine der besten Ladenstraßen (v. a. für Bekleidungsartikel) von Buenos Aires stoßen. Auch die zuvor querende **Avenida Córdoba** lädt zum Schaufensterbummel ein. Unerlässlich für Kuriositätenjäger ist an diesem Kreuzweg ein Linksschwenk bis auf Höhe der Córdoba 1900. Hier sitzt, schön und farbig wie ein Porzellanelefant, das von 300 000 englischen Emaillekacheln (Royal Doulton) geschmückte und mit original französischem Schiefer gedeckte Wasserwerk, der **Palacio de las Aguas Cor-**

Stadtzentrum

Nomen est omen: Die Casa Rosada macht ihrem Namen alle Ehre, vor allem nachts

rientes 11, der wirklich fast nur Tanks enthält. Der 1894 von dem Schweden Karl Nyströmer gestaltete Bau ist die skurrilste architektonische Schöpfung von Buenos Aires – und nun auch Weltkulturdenkmal.

Nur vier Straßenblocks weiter, in der **Avenida Santa Fe** 1860, sollte man einen Blick in die **Librería El Ateneo I** 1 werfen, eine Buchhandlung, die einen Theaterraum zum Musentempel für Bibliophile werden ließ. Die britische Zeitung »The Guardian« kürte El Ateneo zum zweitschönsten Laden seiner Art weltweit, der nur hinter der Buchhandlung in der Dominikanerkirche von Maastricht zurückstehen muss.

Wer über den einstigen Broadway von Buenos Aires, die **Avenida Corrientes,** ins Microcentro zurückkehrt, wird nur noch durch einige Namen an die Glanzzeit der ›Straße, die nie schläft‹, erinnert. Dieser Abschnitt der Corrientes war lange Zeit die Kino- und Tangomeile der Stadt. Einige Lichtspielhäuser, Restaurants, Cafés, Konzertsalons und Buchläden haben die Hifi- und Fast-Food-Welle überlebt. Das **Teatro San Martín** 12 bietet Tanz, Theater, Film sowie Puppenspiel und dient als Hauptbühne für das Internationale Theaterfestival von Buenos Aires (FIBA, Nr. 1530, s. S. 141). Gegenüber steht der moderne Theaterkomplex **Centro Cultural de la**

119

Buenos Aires

Teatro Colón – die Scala Argentiniens

Thema

Wo heute Verdi, Beethoven oder Wagner zum Besten gegeben werden, beherrschen vor 150 Jahren die in dichten Qualm gehüllten Dampflokomotiven des Parkbahnhofs das Bild.

Doch Buenos Aires wollte ein neues Opernhaus, und deshalb musste der Bahnhof weiter an die Peripherie rücken. Geplant war, den Musentempel 1892, zur 400-Jahr-Feier der Entdeckung Amerikas, einzuweihen – deshalb auch der Name Colón, ›Kolumbus‹. Es kam anders, denn die Bauarbeiten nahmen nicht 30 Monate, sondern 18 Jahre in Anspruch. Der erste Architekt starb überraschend, sein engster Mitarbeiter übernahm die Bauleitung. Auch er fand wenig später den Tod – durch die Schüsse eines Eifersüchtigen. So konnte ab 1904, 14 Jahre nach Baubeginn, der Franzose Jules Dormal, Schöpfer des Regierungsgebäudes von La Plata, seine Vorstellung von einem Opernhaus umsetzen. Das Ergebnis war ein Stilmix aus deutscher, italienischer und französischer Renaissance. Doch die Qualität des Colón erfährt vor allem, wer einmal einer Vorstellung beiwohnen durfte. »Es ist schrecklich«, urteilte Luciano Pavarotti 1987, »die Akustik des Colón ist einfach perfekt.« Nicht nur er, auch zahlreiche andere Stars wussten dies zu schätzen – die Liste der Berühmtheiten reicht von Enrico Caruso über Maria Callas bis zu Plácido Domingo, von Wilhelm Furtwängler über Yehudi Menuhin und Arthur Rubinstein bis zu Leonard Bernstein. Toscanini ließ im Colón gerührt zweimal seinen Taktstock zurück und Rudolf Nurejew vermachte der Oper als Dank seine Ballettschuhe. Kostüme einiger historischer Opernaufführungen sind im Foyer ausgestellt.

Seit 100 Jahren eine kulturelle Institution in der Hauptstadt: das Teatro Colón

Stadtzentrum

Cooperación 19 (CCC, s. S. 141). Weiter straßenabwärts liegen dann als stadtbekannte Relikte das 1915 gegründete Pralinengeschäft **Lion D'Or** (Nr. 1469) und die Pizzeria **Los Inmortales** 4 (s. S. 136), Nachfolgerin des gleichnamigen Cafés der Tangogrößen von einst – nur noch Fotos erinnern an ›Die Unsterblichen‹.

Weiter führt der Weg durch die Seitenstraße Talcahuano zur **Plaza Lavalle,** deren Westseite der wuchtig-feierliche **Palacio de Justicia** von 1910 einnimmt, volkstümlich einfach Tribunales (›Gerichte‹) genannt. Schräg gegenüber steht das **Teatro Colón** 13, das 2010 zur 200. Jahresfeier der Mai-Revolution nach langer Renovierung wieder seine Pforten für Besucher öffnete (s. S. 120, Tucumán 1171, Tel. 011 43 78 71 27, www.teatrocolon.org.ar, Führungen, auch auf Englisch, tgl. 9–19 Uhr außer bei Aufführungen, 130 $).

Einige mächtige Gummibäume breiten ihr Blätterdach über der **Plaza Lavalle** aus. An der Ecke Córdoba und Libertad gelangt man zum neoplateresken **Teatro Cervantes** 14 aus dem Jahr 1921, dessen Renaissancefassade der 500 Jahre alten Universität von Alcalá de Henares, Cervantes Geburtsort, nachgebildet ist.

Wo immer man hier die 9 de Julio überquert, erblickt man den **Obelisken** 15, eines der Wahrzeichen von Buenos Aires. Der Weg führt weiter durch die untere Avenida Santa Fe, die sich zur Plaza San Martín hin öffnet.

Plaza San Martín

Der Reiz der **Plaza San Martín,** dieser Lichtung im Häuserwald, liegt in dem sanften Gefälle, mit dem die Grünfläche gewissermaßen über die Avenida del Libertador hinwegfließt und in das Gelände der **Estación Retiro** 16 übergeht. Wahrzeichen des Bahnhofsvorplatzes ist der frei stehende Backsteinturm **Torre de los Ingleses** (seit dem Falklandkrieg offiziell in Torre Monumental umgetauft), ein Geschenk der englischen Einwohner an die Stadt und in allen Teilen samt Uhr 1916 von der britischen Insel importiert.

Der den Platz beherrschende Bahnhof – einer der vielen Bahnhöfe, die die Engländer

um 1915 bauten – gehört zu den lebendigsten Zeugnissen der britischen Eisenbahnpionierzeit in Argentinien. Jenseits des Bahnhofs befindet sich das moderne Busterminal, Start und Ziel von täglich mehr als 2000 Überlandbussen.

Mitten in der Plaza San Martín liegt ein eingezäunter Treffpunkt der Hundefreunde, die sich hier allmorgendlich treffen, darunter die haupt- oder nebenberuflichen Hundeausführer, die man zuweilen mit einer ganzen Meute der Vierbeiner durch die Anlagen ziehen sieht. Nichts an der Plaza San Martín erinnert mehr an den einstigen Sklavenmarkt und späteren Stierkampfplatz. Seine anschaulichsten Zeugnisse hat Spanien in Form großer kastilischer Landschafts- und Städtebilder hinterlassen, die als Kachelwände die U-Bahnhöfe der Linie C schmücken und die man unterwegs sieht, wenn man in Retiro oder San Martín die *subte* in Richtung Constitución besteigt.

Ganz oben an der südwestlichen Ecke der Plaza San Martín, wo gleich um die Ecke (in der Maipú) jahrelang der Schriftsteller Jorge Luis Borges wohnte, schließen sich einige bemerkenswerte Bauwerke an: der bourbonische **Palacio Paz** 17, ehemaliges Privatpalais des Zeitungskönigs José C. Paz und heute Sitz des Círculo Militar und des Militärmuseums, der neugotische Palast der **Nationalparkverwaltung,** das barockisierte **Hotel Plaza** aus dem Jahr 1910 (an der Einmündung in die Fußgängerzone Florida) und das **Kavanagh-Hochhaus** 18, zur Zeit seiner Entstehung 1936 mit 120 m der höchste Betonbau weltweit.

Calles Florida und Lavalle

Von ihrer Einmündung in die Plaza San Martín aus defiliert man auf der Fußgängerstraße **Calle Florida** – der beliebtesten und belebtesten Bummelmeile – an einem Endlosband von Schaufenstern und Galerien entlang. Sehenswert ist das unter seinem Gewicht von Schmiedeeisen, Bronze, Marmor und Onyx förmlich stöhnende Gebäude des Marineclubs **Centro Naval** 19, in das man einen Blick werfen sollte (Florida, Ecke Córdoba). Gegenüber nehmen die **Galerías Pacífico,**

121

Übernachten

1. Sofitel
2. – 8. s. Cityplan S. 112
9. Faena Universe
10. Palacio Duhau Park Hyatt
11. Legado Mítico
12. Esplendor Palermo Soho
13. Palermo Viejo
14. s. Cityplan S. 112
15. Bonito Buenos Aires
16. s. Cityplan S. 112

Essen & Trinken

1. – 9. s. Cityplan S. 112
10. Oviedo
11. La Cabrera
12. Don Julio
13. Social Paraíso
14. Bio
15. s. Cityplan S. 112
16. Café San Juan
17. Lezama
18. Il Matterello
19. Don Carlos
20. El Obrero
21. Pura Tierra
22. Astor
23. – 24. s. Cityplan S. 112
25. La Biela

122

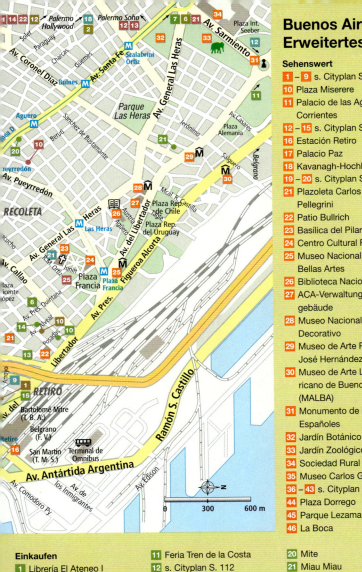

Buenos Aires – Erweitertes Zentrum

Sehenswert

- 1 – 9 s. Cityplan S. 112
- 10 Plaza Miserere
- 11 Palacio de las Aguas Corrientes
- 12 – 15 s. Cityplan S. 112
- 16 Estación Retiro
- 17 Palacio Paz
- 18 Kavanagh-Hochhaus
- 19 – 20 s. Cityplan S. 112
- 21 Plazoleta Carlos Pellegrini
- 22 Patio Bullrich
- 23 Basílica del Pilar
- 24 Centro Cultural Recoleta
- 25 Museo Nacional de Bellas Artes
- 26 Biblioteca Nacional
- 27 ACA-Verwaltungsgebäude
- 28 Museo Nacional de Arte Decorativo
- 29 Museo de Arte Popular José Hernández
- 30 Museo de Arte Latinoamericano de Buenos Aires (MALBA)
- 31 Monumento de los Españoles
- 32 Jardín Botánico
- 33 Jardín Zoológico
- 34 Sociedad Rural
- 35 Museo Carlos Gardel
- 36 – 43 s. Cityplan S. 112
- 44 Plaza Dorrego
- 45 Parque Lezama
- 46 La Boca

Einkaufen

- 1 Librería El Ateneo I
- 2 s. Cityplan S. 112
- 3 Victorio
- 4 Neotango
- 5 s. Cityplan S. 112
- 6 AM Artesanías
- 7 Spazio Sumampa
- 8 – 9 s. Cityplan S. 112
- 10 Rossi & Caruso
- 11 Feria Tren de la Costa
- 12 s. Cityplan S. 112
- 13 Zurbarán
- 14 Colección Alvear de Zurbarán
- 15 Vasari
- 16 s. Cityplan S. 112
- 17 Jorge Mara/La Ruche
- 18 RO
- 19 Sara García Uriburu
- 20 Mite
- 21 Miau Miau
- 22 – 25 s. Cityplan S. 112

Fortsetzung s. S. 124

123

Buenos Aires – Erweitertes Zentrum

Abends & Nachts

1. Centro Cultural Torquato Tasso
2. Usina del Arte
3. Bar de Roberto
4. s. Cityplan S. 112
5. Club Gricel
6. Club Sunderland
7. Club Sin Rumbo
8. La Catedral
9. Florería Atlántico
10. Congo
11. Doppelgänger
12. Mandarine
13. Niceto Club
14. Milion
15. Notorius
16. Gran Bar Danzón
17. s. Cityplan S. 112
18. Leitmotiv
19. s. Cityplan S. 112
20. Camarín de las Musas
21. Recoleta Mall

Aktiv

1. s. Cityplan S. 112
2. La Bicicleta Naranja
3. – 5. s. Cityplan S. 112
6. HeliTours

---

ein kunstvoll ausgestalteter Boutiquentempel par excellence, das ganze Häuserquadrat ein. Der noch im 19. Jh. nach dem Vorbild der Pariser und Mailänder Galerien konzipierte Prachtbau blieb lange Zeit unvollendet, verkam als Sitz der von Perón verstaatlichten Eisenbahnen, war in den 1980er-Jahren vom Abriss bedroht und wurde nach einer gründlichen Sanierung 1992 seiner heutigen Bestimmung übergeben.

Wo die Florida die Lavalle kreuzt, liegt immer noch das Epizentrum innerstädtischen Lebens, auch wenn die Florida nach Süden hin ein gewisses Qualitätsgefälle zeigt und der klassische Kino- und Restaurantpart der Lavalle – unter der Hausnummer 941 die Traditionsparrilla **La Estancia** – immer mehr vom Lärm neuer Spielhallen und Billigwarenläden erfüllt wird. Auf dem Pflaster sind die Namen und Gründungsjahre der alten Kinos eingraviert, die ihren Platz diesen weniger glamourösen Zwecken abtreten mussten. In einigen der großen Vorführsäle haben sich inzwischen Religionsgemeinschaften eingemietet.

Sehenswert ist in der Florida Nr. 460 das üppige Interieur der 1875 gegründeten **Sociedad Rural Argentina**. Ein Abstecher führt zu der Anfang des 20. Jh. für Generationen von Leckermäulern eingerichteten **Confitería Ideal** 24, eine heute etwas dekadente Jugendstil-Preziose unter den Kaffeehäusern, in der auch regelmäßig Tango getanzt wird (s. S. 137, 140).

Und weiter dreht sich, südlich der Corrientes, der Schaufensterreigen in der **Calle Florida**. Die altehrwürdige **Librería El Ateneo II** 2 mit ihren Säulen und der reich verzierten

Decke hat sich seit 100 Jahren kaum verändert (Nr. 340). Gegenüber sieht man die neoplatereske Fassade des ehemaligen Verlagsgebäudes der Zeitung »La Nación«, heute ein Einkaufszentrum. Und schließlich folgt eine der klassischen Ladenstraßen von Buenos Aires: die 1915 von dem Italiener Francesco Gianotti (Schöpfer der Confitería del Molino, s. S. 118) gestaltete **Galería Güemes** 20, die zur Parallelstraße San Martín durchläuft. Hier kaufte sich schon Aristoteles Onassis Anfang der 1920er-Jahre seine ersten – nach feiner britischer Art in Teewasser gegilbten – Hemden, als er, damals noch ein Azubi, in einem Zigarrengeschäft in der Talcahuano arbeitete (Florida 100).

Recoleta

Cityplan: S. 122

In keinem *barrio* (›Stadtteil‹) von Buenos Aires haben sich die widersprüchlichen urbanen Charakterzüge derart verdichtet wie in **Recoleta**. Viktorianische Club-Gediegenheit, französische Lebensart, Starhotelatmosphäre, das aufgekratzte Flair von Trottoircafés, aphrodisiakische Parfüm-, Schmuck- und Lederverlockungen, Gourmetgenüsse, Straßenclownerie, rituelles Sonnenbaden, Kunst als Provokation, Kirchenandacht und Friedhofspomp – das alles lebt hier auf wenigen Straßenquadraten zusammen. Der gleiche majestätische *gomero* (›Gummibaum‹), unter dem das Sarmiento meditierte, beschattet heute ein Liebespaar; auf dem gleichen Boden, über den die Barfüßermönche, die *recoletos*,

Recoleta

wandelten, klappern jetzt die Absätze langbeiniger *modelos*. La Recoleta ist immer in.

Dieses aristokratischste Viertel von Buenos Aires entstand auf einem Hügel von Fischerhütten und Abfallgruben, als die vor der Gelbfieberepidemie 1871 aus San Telmo und Barracas geflohene Bourgeoisie sich hier ihre Häuser baute. Namengebende Erstsiedler waren die Franziskanermönche des Recoleto-Ordens, die hier schon 1732 ihre Basílica del Pilar errichteten. Als sich der Orden 1822 auflöste, verwandelte sich der Klostergarten in einen Friedhof, und der Bürgermeister von Buenos Aires, Torcuato de Alvear, formte ein halbes Jahrhundert später das bis dahin planlos bebaute Gelände zum vornehmen Wohnviertel um.

Avenida Alvear

Heute nähert man sich durch eben jene nach dem Vater von Torcuato de Alvear benannte **Avenida Alvear** dem Recoleta-Zentrum, und zwar von der 9 de Julio in Höhe der Hausnummer 1300 aus. Gleich am Anfang nimmt der Prachtbau der französischen Botschaft den Blick gefangen, aber auch die folgenden (leider von seelenlosen Wohnblocks in die Zange genommenen), dem französischen Akademismus verpflichteten Gebäude lassen hier, an der dreieckigen **Plazoleta Carlos Pellegrini** 21, ein Stück Paris auferstehen. Vor allem das bourbonische Palais der brasilianischen Botschaft (gegenüber, in der Alvear 1345, der exklusive Jockey Club), der Sitz des Apostolischen Nuntius (Alvear 1605) und der alte Olmos-Palast (Alvear 1690), in dem heute das Kultursekretariat residiert, erheischen Aufmerksamkeit.

Als feinste Herberge von Buenos Aires darf das **Palacio Duhau Park Hyatt** 10 (s. S. 135) gelten. Würde man durch die (links) parallel laufende **Avenida Quintana** gehen, dann käme man an einer Reihe erlesener Modegeschäfte vorbei. Aber auch die rechte Begleitstraße, die **Calle Posadas,** spart nicht mit Luxus. Mit dem **Patio Bullrich** 22 befindet sich hier die vornehmste Ladengalerie von Buenos Aires, außerdem einige gute Café-Bars und das elegante Hotel Caesar Park.

Basílica del Pilar und Cementerio de la Recoleta

Mittelpunkt von Recoleta ist die **Basílica del Pilar** 23 mit ihrem glockenförmigen Turmaufsatz aus glasierten Kacheln, deren Glanz früher tagsüber den Buenos Aires ansteuernden Schiffen den Leuchtturm ersetzte. Das zugleich schmucke und doch schlichte Gotteshaus setzt im Innern seine barocke Formensprache fort. Sechs Seitenaltäre geleiten zum Hauptaltar, in dessen Verkleidung aus gehämmertem Silber das Relief einer inkaischen Sonne die Hand indianischer Künstler verrät.

Der sich links an die Kirche anlehnende **Cementerio de la Recoleta** mit seinen rund 7000 dicht an dicht stehenden Mausoleen ist eine nekrologische Schatzkammer. Namhafte Künstler schufen den teils allegorischen, teils lebensechten Figurenschmuck dieser 5,5 ha großen Totenstadt mit ihren etwa 4700 Gruften, in denen *la flor* von Buenos Aires begraben liegt, darunter Staatspräsidenten, Seehelden und – im Familiengrab der Duarte – Eva Perón (vor Raubgrabungen durch Panzerstahlplatten geschützt). Wer hier seine letzte Ruhe finden möchte, muss dafür tief in die Tasche greifen: Bis zu 250 000 US$ kann eine Gruft neben Evita kosten, zumindest wenn man nicht das Glück hat, eine solche bei Ebay zum absoluten Schnäppchenpreis von 25 000 US$ zu ersteigern.

Plaza Francia

Welcher Gegensatz offenbart sich auf der anderen, der rechten Seite der Kirche oder beim Sprung hinüber auf das Trottoir der Calle Junín. Hier das quicklebendige **Centro Cultural Recoleta** 24 mit Gemälde- und Fotoausstellungen, Film- und Theatervorführungen oder kleinen Konzerten (Junín 1930, www.centroculturalrecoleta.org, Di–Fr 14–21, Sa/So 12–21 Uhr), dort die Cafés De la Paix und La Biela und dann, Küche an guter Küche, einige renommierte Restaurants. An Wochenenden verwandelt sich die **Plaza Francia** in einen großen Freilichtzirkus von nebenberuflichen Possenreißern, Feuerschluckern und Seiltänzern, und den Rasen ziert ein langes

Buenos Aires

Band von Ständen, die ihr Tausenderlei an Kunstgewerbe feilbieten.

Um die Ecke der Plaza Francia, in der Vicente López 2050, befindet sich die edle **Recoleta Mall** `21` mit großer Buchhandlung, Kinosälen und mehreren Restaurants.

Avenida del Libertador

Folgt man der Schnur der Buden an der Plaza Francia zur Avenida del Libertador und überquert die Fahrbahn, kann man dort das **Museo Nacional de Bellas Artes** `25` besichtigen, in dem europäische Besucher gewöhnlich eher die im 1. Stock untergebrachten argentinischen Werke interessieren (www.mnba.org.ar, Di–Fr 12.30–19.30, Sa/So 9.30–19.30 Uhr, Eintritt frei).

Bei dem sich hinter dem Museum (jenseits der Avenida Figueroa Alcorta) erhebenden eindrucksvollen Säulenbau handelt es sich um das Gebäude der Rechtswissenschaftlichen Fakultät der Universität.

Zurück auf der Südwestseite der Libertador und in unregelmäßigen Abständen hübsche Denkmäler umrundend, gelangt man (zwischen Agüero und Austria) zum gewaltigen Betonklotz der 1992 eingeweihten **Biblioteca Nacional** `26` (Nationalbibliothek), die wie die Brücke eines Petroleumtankers das Parkgelände und das Denkmal für Eva Perón überragt (www.bn.gov.ar, Mo–Fr 9–21, Sa/So 12–19 Uhr).

Dieses Beispiel monströser Architektur wird zwei Straßen weiter in Form des **ACA-Verwaltungsgebäudes** `27`, dem Sitz des Argentinischen Automobilclubs, von konventionellem Rationalismus abgelöst. Den Blick ins Innere belohnen Oldtimer wie ein Cadillac von 1904 mit Holzkarosserie, ein Fiat Gran Turismo Cabriolet (Baujahr 1908) oder ein feuerroter Wanderer Phaeton aus dem Jahr 1911. Im Tourismusbüro des ACA im 3. Stock sind Karten der wichtigsten Reisegebiete Argentiniens zu bekommen (Av. Libertador 1850, www.aca.org.ar, Mo–Fr 10–17.30 Uhr).

An der nächsten Ecke präsentiert die Avenida Libertador ein prächtiges französisch-neoklassizistisches Gebäude, den **Palacio Errázuriz,** der heute die Heimat des **Museo**

Nacional de Arte Decorativo `28` ist. Zu sehen sind dem Petit Trianon von Versailles nachempfundene Salons und Speisezimmer mit erlesenen Möbeln, Porzellan, Silber- und Kristallarbeiten. Der Pavillon Trianon, als Café-Restaurant eingerichtet und mit Tischen im Freien, ist einer der lauschigsten Plätze dieser Großstadt und eignet sich hervorragend für eine erholsame Pause (www.mnad.org.ar, Di–So 14–19 Uhr, 15 $, Di Eintritt frei).

Palermo

Cityplan: S. 122

Nordwestlich an Recoleta angrenzend, folgt der Stadtteil **Palermo,** Buenos Aires grüne Lunge. Dass der ausgedehnte Distrikt früher fünfmal so viele Grünflächen hatte wie heute, kann man sich kaum vorstellen, denn noch immer umfasst der Parque Palermo riesige Grünflächen, Sportplätze, Teiche, Turfs und einen öffentlichen Golfplatz. Das gegenüber vom Museo Nacional de Arte Decorativo in viel Efeu gebettete Diplomatenviertel **Palermo Chico** bildet den Auftakt zu diesem Stadtteil, der mit Palermo Viejo außerdem einen der derzeit angesagtesten Szenetreffs der Stadt besitzt.

Avenida del Libertador

Spaziert man weiter die **Avenida del Libertador** entlang, so gelangt man zum **Museo de Arte Popular José Hernández** `29`, das ausgewählte Artefakte und Literatur der Gauchokultur zeigt (Libertador 2373, www.museohernandez.buenosaires.gob.ar, Mi–Fr 13–19, Sa/So 10–20 Uhr, 1 $, So frei).

Ein kleiner Schlenker nach rechts führt zum **Museo de Arte Latinoamericano de Buenos Aires,** kurz **MALBA** `30`. In dem Museum für Lateinamerikanische Kunst sind wechselnde Ausstellungen und Filmvorführungen zu sehen (s. S. 131).

Inmitten eines vom Verkehr umbrausten Straßenrondells an der Kreuzung Avenida del Libertador und Avenida Sarmiento ragt das imposanteste Denkmal von Buenos Aires auf: das **Monumento de los Españoles** `31`, ein

San Telmo

Geschenk der spanischen Porteños zur 100-Jahr-Feier der Unabhängigkeit. Die zentrale Plastik symbolisiert die Republik, die vier um sie gruppierten allegorischen Figuren verkörpern argentinische Großlandschaften: die Anden, den Chaco, den Río de la Plata und die Pampa. Die ersten vier Bronzegestalten, 1908 vom katalanischen Bildhauer Querol y Subirats geschaffen, versanken auf dem Transport nach Argentinien vor der brasilianischen Küste und mussten nachgearbeitet werden.

Rund um die Plaza Italia
Einen Abstecher lohnt auch der westliche, um die **Plaza Italia** gefächerte Teil des Stadtbezirks Palermo. Dort liegen der **Jardín Botánico** 32 (tgl. 8–18 Uhr, Eintritt frei) und der **Jardín Zoológico** 33, von dem Borges sagte, er »rieche nach Tiger«. Zur Geschichte dieses Tiergartens gehört, dass Karl Hagenbeck dem Initiator Carlos Pellegrini (Staatspräsident und Gründer der Nationalbank wie des Jockey Club) das erste Bestiarium aus Hamburg lieferte. Damals kostete ein Tiger weniger als ein kastilischer Esel (tgl. 10–18 Uhr, 75 $, Kinder bis 12 J. frei).

Heute kommt der markanteste Tiergeruch zeitweise von der gegenüberliegenden **Sociedad Rural** 34, auf deren Gelände jährlich im August die von 2 Mio. Besuchern frequentierte Landwirtschaftsausstellung La Rural stattfindet. Ein prämierter Aberdeen-Angus-Stier kann es hier auf 70 000 US$ bringen. Der Estanciero Luis María Firpo soll in den 1960er-Jahren einen seiner 17 Champion-Stiere für 1 Mio. US$ verkauft haben.

Palermo Viejo
Jenseits der die Plaza Italia tangierenden Avenida Santa Fe träumt der dritte und historischste Teil von Palermo, **Palermo Viejo** (›Alt-Palermo‹) den Zeiten nach, als hier noch die Hufe von Kutschpferden auf dem Kopfsteinpflaster klapperten. Dieser Teil von Buenos Aires hat sich in seinem Kern am ehesten den Charakter einer Altstadt bewahrt, in der aber gleichzeitig eine ungeheuer dynamische Entwicklung vonstatten ging. Ein Großteil der alten Wohnungen und Ladenlokale wurde von jungen Modedesignern, Künstlern und Küchenchefs gemietet, um ihre Produkte ans Publikum zu bringen.

Palermo Viejo teilt sich heute in **Palermo Soho** um die Plaza Cortázar (Honduras, Ecke Borges) mit vielen Designerläden und Cafés, aber auch Restaurants, und das vor allem nachts auflebende **Palermo Hollywood** mit unzähligen Restaurants und Bars um den Gebäudekomplex des Fernseh- und Radiosenders América sowie in den Straßen Honduras und Bonpland. Palermo Viejo ist auch, insbesondere um die Plaza Güemes, die Bonaerenser Hochburg der Psychoanalyse und wird deshalb gerne Villa Freud genannt.

San Telmo

Citypläne: S. 112 u. 122
Als der deutsche Schriftsteller und Abenteuerreisende Friedrich Gerstäcker (1816–72) erstaunt von den in Argentinien berittenen Bettlern – mit Fleischfladen und Geldbeutel am Sattel – berichtete, besaß auch noch der Ärmste ein Pferd, um am Fluss seine Ledersäcke mit (damals noch trinkbarem) Wasser zu füllen oder sich in einer der 500 *pulperías* (die übrigens auch die Straßenlampen mit Fu-

Tipp: Fest für Augen und Gaumen

Ein eigenes kleines Paradies hat sich die neue Generation der Modedesigner und Küchenchefs in **Palermo Viejo** geschaffen. Doch mit dem Einzug der großen Modemarken in diesem Viertel sind einige unabhängige Designer bereits ins benachbarte **Villa Crespo** oder nach **San Telmo** ausgewichen, wo sich im selben Zug die gastronomische Szene erneuert hat. Die Avantgarde zieht inzwischen noch weiter in den Süden, und zwar nach **Barracas.** Vorreiter waren Künstler, die ihre Ateliers in verlassenen Fabriken und Werkstätten einrichteten oder gleich die Außenwände als Leinwand nahmen – die Calle Lanin z. B. ist eine Kunstgalerie im Freien.

Buenos Aires

Überall in Buenos Aires geben Straßenmusikanten ihr Können zum Besten

sel zu versorgen hatten) mit Schnaps einzudecken. Aus dieser Zeit hat der die Stadtrepubliken La Boca (›Der Mund‹, d. h. die Mündung des Flüsschens Riachuelo) und **San Telmo** bildende Gründungskern von Buenos Aires nicht mehr als Chroniken und Nostalgie in die Gegenwart retten können.

Calle Defensa und Umgebung

Ins südlich des Zentrums gelegene Stadtviertel San Telmo gelangt man von der Plaza de Mayo aus gut zu Fuß, wenn man die von der Platzmitte aus abgehende **Calle Defensa** zur Leitlinie bestimmt. Bereits an der Ecke Defensa und Alsina überrascht die **Iglesia de San Francisco** 36 (mit Kloster) als wohl feierlichster Sakralbau der Stadt, auch wenn die Restaurierung des 1730 begonnenen, 1966 ausgebrannten Komplexes nicht ganz stilgetreu verlief. Echt hingegen ist die schräg gegenüberliegende **Farmacia La Estrella** von 1834 mit ihren Krankheit, Heilung und Gesundheit symbolisierenden Deckenfresken und den aus italienischem Nussbaumholz geschnitzten Arzneimittelschränken. Das benachbarte **Museo de la Ciudad** 37 (Stadtmuseum) hat sich mittlerweile auf mehrere Gebäude der Altstadt erweitert, um das Leben der Porteños während der letzten 300 Jahre zu porträtieren (Defensa 219/213, Perú 412, www.museos.buenosaires.gob.ar/ciudad. htm, Mo–Fr 11–19, Sa/So 10–20 Uhr, 2 $, Mo u. Mi Eintritt frei).

An der Ecke Alsina und Bolívar blieb als vermutlich ältestes überlebendes Bauwerk von Buenos Aires die im Jahr 1670 begonnene **Iglesia de San Ignacio** des Jesuitenordens erhalten. Sie schmiegt sich in das **Manzana de las Luces** 38 (›Straßenblock der leuchtenden Ideen‹) genannte kolonialzeitlich-akademische Geviert zwischen den Straßen Alsina, Bolívar, Moreno und Perú, dessen eindrucksvollstes Gebäude, das **Colegio Nacional de Buenos Aires** an der Bolívar-Seite, allerdings erst 1908–1918 von dem französischen Architekten Maillart (der auch den Justizpalast schuf) eingefügt wurde. Dieses Quadrat war der erste Sitz der Universität von Buenos Aires und hier begann auch 1779 die erste Druckerpresse zu arbeiten.

San Telmo

An der Ecke Defensa und Belgrano memoriert die **Iglesia de Santo Domingo** 39 (mit Kloster) aus der Mitte des 18. Jh. auf ihre Weise die Straßenkämpfe zur Zeit der englischen Invasionen (1806/07): Der Kirchturm zeigt noch die Einschüsse der Verteidiger und vier verschlissene Union Jacks hinter dem Reliquienschrein der Virgen del Rosario bilden den patriotischen Teil des Kirchenschatzes. Die ganze Calle Defensa – der Name sagt es – bezeichnet die damalige erfolgreiche Verteidigungslinie der Criollos.

Die nächsten historischen Bauten liegen zwei Blocks weiter am Paseo Colón: der kraftstrotzende Säulenbau der **Ingenieurhochschule** 40 und die beiden im deutschen Renaissancestil konzipierten Verwaltungsgebäude des **Landwirtschaftssekretariats** 41 (Agricultura y Ganadería). Davor steht das sehenswerte **Monumento Canto al Trabajo** 42 (›Huldigung an die Arbeit‹), eine 1907 von Rogelio Yrurtia in Paris geschaffene Vierzehn-Figuren-Gruppe, die in gemeinsamer Anstrengung einen Felsblock zieht.

Der Weg nach San Telmo führt jedoch zurück zur Calle Defensa, am anschaulichsten durch die von Hausruinen gesäumte **Pasaje San Lorenzo,** wo das – mit 2,50 m Breite – kleinste Haus von Buenos Aires steht (San Lorenzo 380). In dieser schmalsten *casa chorizo* (›Wursthaus‹, seiner Form wegen so genannt) wohnten nach der Sklavenbefreiung einige Schwarze. Die archetypische *casa chorizo* (die ihr 1000-jähriges Vorbild in Andalusien hat und auch das Straßenbild des alten San Telmo prägte) ist am Eingang jedoch genau 8,66 m breit und 40 m tief. Ein bis zum Ende durchgehender Korridor verbindet die hintereinander gestaffelten Zimmer, im vorderen Drittel durch einen Patio für die Familie unterbrochen und mit einem zweiten Patio für Gesinde und Hühnerstall abschließend. Die meisten dieser Schmalhäuser sind im heutigen Baukonglomerat von San Telmo untergegangen, wenngleich sich in der **Calle Carlos Calvo** einige schöne Patios, wie der des Restaurants Antigua Tasca de Cuchilleros (›Alte Kneipe der Messerwetzer‹) in der Hausnummer 319, erhalten haben

(www.antiguatasca.com.ar). In dieser Straße mauserten sich noch mehrere andere Hausrelikte zu netten Esslokalen und in der Hausnummer 257 erhebt sich die 1931 gebaute Dänische Kirche, einer der drei skandinavischen Tempel in San Telmo.

Sehenswert ist auch der 100-jährige Gusseisenkäfig des **Mercado San Telmo** 43, hinter dem man endlich das Herz von San Telmo, die Plaza Dorrego, erreicht.

Plaza Dorrego 44

Werktags spielen auf der **Plaza Dorrego** in den Cafés oder auf den Bänken unter uralten Bäumen Pensionäre Schach, an den Wochenenden aber (Hauptbetrieb Sonntag spätvormittags) schlägt auf diesem Platz der malerischste Flohmarkt von Südamerika seine Stände auf. In den umliegenden Antiquitätengeschäften gibt es zwar nicht mehr Original-Automobile der 20er-Jahre zu kaufen, aber immer noch die ausgefallensten Sammlerstücke, von der Specksteinbadewanne bis zur lebensgroßen Wahrsagerin, die mit erhobenem Finger der Melodie einer Schellackplatte lauscht. Tango wird hier auf der gleichen Straße getanzt, über die man früher in Ketten die Sträflinge führte, auf dass sie streunende Hunde erwürgten. Das alte Gefängnis, heute zum **Museo Penitenciario** umgewandelt, kann besichtigt werden (Humberto I. Nr. 378, Tel. 011 43 61 09 17 int. 107, Do–So 14–18, Eintritt frei).

Gleich links daneben ragt die herrliche doppeltürmige **Iglesia de San Pedro Telmo** (auch Basílica de Nuestra Señora de Belén genannt) über den Magnolienbäumen auf. Die 1734 von den Jesuiten begonnene Kirche erfuhr 1931 eine leicht neobarocke Verschönerungsoperation. Eine echte *casa chorizo* (wenn auch hier untypischerweise zweistöckig) gibt es in Form der Ladengalerie **Pasaje de la Defensa** (Defensa 1179) zu sehen.

Parque Lezama 45

An der Überführung der Hochstraße Autopista 25 de Mayo ist der malerische Teil von San Telmo zu Ende. Der drei Blocks weiter liegende **Parque Lezama,** heute stark he-

Buenos Aires

runtergekommen, umschloss einmal die schönste *quinta* (›Landhaus‹) von Buenos Aires. Sie gehörte dem 18 Mio. Goldpeso schweren Waffenhändler José Gregorio Lezama, der zugleich Kriegsgewinnler, Mäzen und erster Naturschützer von Buenos Aires war. Unter den Bäumen dieses Parks lässt Ernesto Sábato die Handlung seines vierteiligen Romanwerks »Sobre Héroes y Tumbas« (›Über Helden und Gräber‹) beginnen. Die Nordseite des Platzes (Calle Brasil) flankiert der spektakuläre Bau der russisch-orthodoxen **Dreieinigkeitskirche,** das sympathische **Restaurant Lezama** 17 (s. S. 136) und die traditionelle **Bar Británico** (Brasil, Ecke Defensa, www.barbritanico.com.ar). Im alten Quinta-Gebäude auf der Defensa-Seite folgt nach dem Tangolokal **Torquato Tasso** 1 (s. S. 140) das weitläufige **Museo Histórico Nacional,** das in 32 Sälen rund 40 000 Exponate zeigt – etwas für Regentage (Defensa 1600, www.cultura.gob.ar/museos/museo-historico-nacional, Mi–So 11–18 Uhr, 5 $).

La Boca

Cityplan: S. 122
Vom Parque Lezama die 15 Blocks bis nach **La Boca** 46 durchzulaufen lohnt sich nicht. Man steigt in ein Taxi oder den Bus 152 (am Paseo Colón), der auch in umgekehrter Richtung über den Retiro bis Olivos fährt.

Museo Quinquela Martín

Mehr als das, was man heute in La Boca noch sieht – die gewaltige Eisenbrücke von 1914, Schiffe und Wracks im total verdreckten Riachuelo und den kurzen, von bunten Wellblechhäusern eingerahmten Caminito (›Wegchen‹) – erzählen Chroniken, Tangotexte und die im **Museo Quinquela Martín** gezeigten Bilder über dieses alte Hafenviertel (Uferstraße Pedro de Mendoza 1835, Di–Fr 10–18, Sa/So 11–18 Uhr, 10 $). Seine Gründer, Genueser Immigranten, riefen es 1882 zur Unabhängigen Republik La Boca aus. An der Plaza de Mayo verfolgte man mit Argwohn den Wildwuchs dieser im Schatten der Schlachthöfe wuchernden Pfahlbau- und Wellblechsiedlung, in der ein unverständlicher Dialekt gesprochen und der (damals noch verpönte) Tango getanzt wurde. Alles war spontan in dieser Boca: der Lunfardo mit seinen Gossen-Neologismen, die polychrome Musik der ersten Bandoneons, die Hauskonstruktionen und ihr anarchistischer Anstrich – mit den Resten von Schiffsfarben nämlich.

Caminito

Fast nur dieses Kunterbunte, heute auf den **Caminito** als kleines Schaustück für Touristen konzentriert, hat sich von der vielfarbigen Welt der ehemaligen Stadtrepublik erhalten, aus der einmal der allererste sozialistische Abgeordnete Südamerikas hervorging. Den besten Überblick über die bunte Wellblechlandschaft gewinnt man von der Terrasse der Kunstgalerie **Fundación Proa** (s. S. 131). An den Wochenenden belebt sich der Caminito mit Straßenmalern und Tangokapellen.

La Bombonera

Unweit des Caminito liegt die berühmte *bombonera* (›Pralinenschachtel‹), das von abenteuerlich steilen Tribünen für 65 000 kletterfreudige Zuschauer gerahmte Fußballstadion der Boca Juniors, in dessen Lärmhurrikanen die Gastvereine das Fürchten lernen können. Übrigens: Auch Diego Maradona trägt das gelb-blaue Boca-Trikot, heute allerdings nurmehr in seiner Ehrenloge im Stadion. Und was inspirierte zu den Vereinsfarben? Natürlich, wie es sich für diesen Hafen gehört, ein Schiffsschornstein – ein schwedischer also. Am konsequentesten aber blieb der berühmteste aller Boca-Maler, Benito Quinquela Martín (1890–1977), der lokalen Farbenmanie treu, als er sich in einem selbst gestrichenen bunten Sarg von der ehrenwerten Freiwilligen Feuerwehr der Boca zu Grabe tragen ließ.

Infos

Touristeninformationen: Florida, Ecke Diagonal Roque Sáenz Peña, Microcentro, Mo–Fr 11–17, Sa/So 9–18 Uhr; Florida, Ecke M. T. de Alvear, Retiro, Mo–Fr 11–18, Sa/So 10–18

La Boca

aktiv unterwegs

Die etwas andere Stadttour – 3 x Kunst und Architektur

Tour-Infos

Start: Fundación Proa, La Boca (s. S. 130)
Länge: 11 km
Dauer: Tagesausflug
Transport: per Bus (10 $, mit SUBE-Card 5 $)
Öffnungszeiten u. Kosten: Proa Di–So 11–19 Uhr, 15 $, Stud. 10 $; Fortabat Di–So 12–21 Uhr, 35 $, Stud./Kinder 20 $, Mi 20 $, Stud./Kinder frei; Malba Do–Mo, Fei 12–20, Mi bis 21 Uhr, 45 $, Stud. 23 $, Mi 23 $, Stud. frei; Frühstück ca. 80 $, Mittagessen ca. 95 $, Kaffee und Kuchen ca. 50 $

Hinweise: Die besten Tage für die Museentour sind Do u. Fr. Mi ist der Eintritt zwar ermäßigt, dafür herrscht großer Publikumsandrang. Mo bleiben die Fundación Proa und die Colección Fortabat geschlossen, Di das MALBA. Sa/So sind die Museen und v. a. deren Restaurants überfüllt.

Einen Tag lang durch La Boca, Puerto Madero und Palermo streifen – drei Stadtteile, die drei Epochen und drei Lebensstile verkörpern. Anstatt jedoch den konventionellen Touristenwegen zu folgen, bietet der Besuch verschiedener Museen gleich zwei Perspektiven: Während die Ausstellungen viel über das Land und seine Kultur aussagen, genießt man durch die Fenster zugleich einen Blick über die jeweiligen Viertel. Hinzu kommt der gastronomische Moment, denn es wartet jeweils ein renommiertes Restaurant.

Die **Fundación Proa** (Av. Pedro de Mendoza 1929, www.proa.org, s. S. 130) in **La Boca** 46 ist das Museum mit dem modernsten Ausstellungskonzept in Buenos Aires. In dem Haus italienischer Bautradition aus dem 19. Jh. standen zuletzt Themen wie die Beziehung der Künstler in Buenos Aires zur New Yorker Kunstszene der 1960er-Jahre, der italienische Futurismus und die fast unbekannte Kultur der Pampa-Indianer im Mittelpunkt.

Zur permanenten Ausstellung muss man die Sicht auf die bunten Wellblechkonstruktionen von La Boca und den Río Riachuelo zählen, dessen Mündung *(boca)* dem Stadtteil seinen Namen gab. Ab 11 Uhr öffnet die Cafetería (Tipp: Mangosaft und Parmaschinken), von deren Terrasse man die Haltestelle der violetten *colectivos* (Stadtbusse) der Linie 152 sieht. Sie fahren vom Arbeiterviertel bis fast ins modernste und teuerste Revier von Buenos Aires, nach **Puerto Madero** 7 (s. S. 116). Nach der Fahrt um die Casa Rosada (s. S. 115) steigt man an der Ecke Avenida Alem 700, Avenida Córdoba aus und geht über die Dockbrücke zum Museum **Colección Fortabat** (Olga Cossettini 141, Dique 4, www.coleccionfortabat.org.ar). Die ehemalige Zementkönigin Amalia Fortabat ließ das Gebäude 2008 errichten, um ihre Kunstsammlung auszustellen. »Census at Betlehem« von Brueghel d. Ä. und Turners »Juliet and her Nurse« zählen zu den Meisterwerken, neben Gemälden von Chagall, Dalí, Warhol und den Argentiniern Emilio Pettoruti, Antonio Berni, Fernando Fader und Xul Solar. Das Restaurant Croque Madame verführt zum Mittagessen. Ein Spaziergang über die Docklandschaft ermöglicht eine sonst nur vom Schiff aus mögliche Ansicht auf die Skyline von Buenos Aires.

Über die Puente de la Mujer erreicht man wieder die Avenida Alem. Von hier fährt der Colectivo 130 nach Palermo zum **Museo de Arte Latinoamericano de Buenos Aires,** kurz **MALBA** 30 (Av. Figueroa Alcorta 3415, www.malba.org.ar, s. S. 126) mit seiner herausragenden Sammlung lateinamerikanischer Kunst, darunter Werke von Diego Rivera, Frida Kahlo, Wilfredo Lam, Fernando Botero und Roberto Matta. Beim anschließenden Kaffee und Kuchen in der Cafetería genießt man einen ersten Ausblick auf die Parklandschaft in Palermo.

Buenos Aires

Macanudo – Lunfardo in Buenos Aires

Eine wie ein Poesiealbum liebevoll angelegte Verbrecherkladde war die erste illustrierte Dokumentation zu einem Sprachkult, der bis heute das Signum der argentinischen Hauptstadt trägt. Der Autor, ein gewisser José Álvarez (er legte sich später das mönchische Pseudonym Fray Mocho zu) aus Buenos Aires, war nicht nur Gefängniswärter, sondern erschloss sich auch eine fremde, abstruse, ebenso verderbte wie auf sonderbare Weise faszinierende Welt.

Noch bevor José Álvarez seine Erfahrungen in den »Memoiren eines Gefängniswärters« niederlegte, hatte er im Jahr 1887 jenes akribisch zusammengestellte wie reißerisch betitelte Werk vorgestellt: »Leben der berühmten Gauner von Buenos Aires und ihre Ganoventricks«. Das Buch enthielt Fotografien der Steckbrief-Zelebritäten, deren ausführliche Lebensbeschreibungen – um nicht zu sagen: Offenbarungen – sowie alle ihre Tricks und Schliche.

Der Zerberus Álvarez entlockte seinen Konfidenten nicht nur ihre Geschäftsgeheimnisse, er hörte, notierte und lexigrafierte auch ihre besondere Sprache. Das waren zur Zeit der großen italienischen Einwanderungswellen im ausklingenden 19. Jh. Sizilianer, Neapolitaner und Piemontesen. Vor allem aber Genuesen sorgten dafür, dass 1890 von der halben Million Einwohner der großen Kapitale des Südens, Buenos Aires, mehr als ein Viertel Italiener waren. Diese Relation änderte sich bis zum Ersten Weltkrieg nicht. Die Immigranten brachten die Bezeichnung *lunfardo* mit ins Land, deren Bedeutung – ›Ganove‹ – sich bald semantisch zu dem verschob, was sie heute benennt: einen mehr als 10 000 Begriffe umfassenden Sprachschatz, den man als argentinisches Argot bezeichnen könnte. Diese saloppe, parodierende, pikareske Lingua franca hat sich allerdings inzwi-

schen in einem Maße verbreitet und vor allem vertikalisiert, dass man von einer eigenen Sprachebene nicht mehr reden kann. Haben sich typische Knast-Wendungen (wie *tigrero*, ›Latrinenputzer‹ – wegen der tigerartigen Färbung von Exkrementen) nur im Rotwelsch der Haftanstalten erhalten können, so sind Worte wie *macanudo* (›prima‹, ›toll‹) oder *boliche* (›Bude‹) längst zu etablierten Argentinismen geworden.

Das hybride, Cocoliche genannte Italo-Hispanisch, das jahrzehntelang in den Einwandervierteln gesprochen wurde, ist unauffällig und langsam in die Umgangssprache diffundiert. Schon wegen dieser Breitenwirkung war das Lunfardo kein Italienisch für Übeltäter, noch hätten die im Gaunermilieu entstandenen ersten Lunfardismen, die den esoterischen Wortbedarf einer kriminellen Fachsprache abdeckten (*angelito*: ›Engelchen‹, ›einfältiges Opfer‹; *punga*: ›Taschendiebstahl‹; *escracho*: ›Lotteriegewinn-Trick‹), das ständig sich umformende, neue Vokabeln einfügende und manche alte abwerfende Misch-Idiom von heute hervorbringen können.

Der Hauptanteil an der Wortschöpfung – Substantive, Adjektive und Verben (das grammatikalische Gerüst blieb dem kastilischen Spanisch vorbehalten) – geht auf das Konto der Immigranten. Dazu gehörte auch, ab 1910 etwa, eine Garde in Frankreich re-

Argentinisches Argot

Thema

krutierter Kurtisanen, die ihre Gallizismen einbrachten (z. B. *miché:* ›Galan‹; *yigoló:* ›Gigolo‹). Über Brasilien strömten lusitanische und afrikanische Sprachelemente wie *cachimbo* (›Tabakspfeife‹) ein. Und noch zuvor hatte die sich nach dem Ende der Feldzüge gegen die Indianer auflösende Welt der Gauchos ihren Beitrag geleistet (z. B. mit dem Quechua-Wort *china,* ›Gefährtin‹). Andere Ausdrücke wie das unverwüstliche argentinische *che* (›Hallo‹, ›He‹) kommen noch aus dem tiefsten Spanisch; die Anrede *che* lässt sich schon bei Quevedo nachweisen.

Wie bei allen Sprachkörpern haben bewegende, bedeutungsverschiebende, sinnerweiternde oder -einschränkende, auf- oder abwertende Elemente die Morphologie des Lunfardo mitgestaltet. Aber zuviel Etymologie schadet vielleicht der Wahrheitsfindung.

Die Sprachforschung, sagt der spanische Philosoph Unamuno, hat ebenso viele oder sogar mehr Legenden entstehen lassen wie sie zu zerstören suchte. Deshalb sollte man hier aufhören. Der Argentinier bestellt sich heute *chinchulines con yapa* (eine besonders große Portion gefüllter Kalbsdärme) und weiß nicht, dass er damit wie ein Bergindianer spricht (›*chinchulín*‹ entstand aus *chunchulli* und *yapa* bedeutet im Quechua soviel wie ›Zugabe‹).

À propos: Es gibt auch neue Lunfardismen, die wiederum überwiegend aus dem Gefängniswortschatz stammen, z. B. *aplicar mafia:* ›jdn. einschüchtern‹, *llantas:* ›Turnschuhe‹, *vaca rallada:* ›Milchpulver‹, *engomar:* ›einschließen‹. Das sogenannte Tumbero wird insbesondere über Musikgruppen wie Pibes Chorros und Damas Gratis verbreitet.

Früher Treff zwielichtiger Gestalten, heute sehr schrill: das alte Hafenviertel La Boca

133

Buenos Aires

Tipp: Boca gegen River

Wenige Völker erleben Fußball wie die Argentinier. Die besten Spieler werden heutzutage bereits als Jugendliche von den reichen europäischen Ligen engagiert, weshalb die lokalen Teams nicht mehr glänzen wie zu Maradonas Zeiten. Die Fans lassen es sich aber nicht nehmen, jedes Spiel wie ein Finale anzufeuern. Im Boca- oder River-Stadion, am besten beim Derby Boca gegen River, sind die Fans mindestens so aktiv wie die Spieler. Paukenschläger und Trompeter begleiten den massiven Chor, der nur aus dem Takt fällt, um den Schiedsrichter zu beschimpfen. Wer nicht von Kennern begleitet wird, sollte im Stadion Abstand zu den *barrasbravas,* den lokalen Hooligans, wahren und eine der teureren Karten kaufen (200–600 $, www.bocajuniors.com. ar, www.riverplate.com). Man kann auch an einer Tour teilnehmen – Abholung im Hotel, Sonderplätze, englischsprachige Guides und absolute Sicherheit garantiert (buchbar beispielsweise unter www.bocaexperience.com zum Preis von 200–600 US$). Das Themenhotel Boca, das dem gleichnamigen Fußballverein gehört, organisiert auch Spiel- und Trainingsbesuche, Autogramme etc. (Hotel Boca, Tacuarí 243, www.hotelbocajuniors. com, DZ 190 US$).

Uhr; Quintana 596, Recoleta, Mo–Fr 11–18, Sa/So 9–18 Uhr; Juana Gorriti 200, Dock 4, Kran 8, Puerto Madero, Mo–Fr 11–18, Sa/So 9–18 Uhr (auch Infos über Uruguay); im Busterminal, Av. Antártida Argentina, Ecke Av. Ramos Mejía, Local 83, Mo–Fr 7.30–14.30, Sa/So 7.30–9.30 Uhr; im Flughafen Ezeiza, tgl. 10–17 Uhr; im Flughafen Aeroparque Jorge Newbery, tgl. 10–17 Uhr; Ente de Turismo de Buenos Aires (ENTUR), Balcarce 360, 2. Stock, Tel. 011 41 14 57 91, 080 09 99 28 38, Mo–Fr 10–18 Uhr, www.turismo. buenosaires.gob.ar.

Übernachten

Trotz der Erweiterung der Hotelkapazitäten kann es saisonbedingt zu Engpässen kommen, weswegen man rechtzeitig reservieren sollte. Bei Barzahlung oder Mehrfachübernachtungen können Rabatte erzielt werden. Für längere Aufenthalte empfiehlt sich ein Apartment (ab 40 US$/Tag, 160 US$/Woche bzw. 500 US$/Monat), z. B. über **For Rent Argentina,** Tel. 011 48 22 59 12, www.4rent argentina.com; **Alojargentina,** Tel. 011 52 19 06 06, www.alojargentina.com; **Soho-Point,** www.soho-point.com.ar. Am günstigsten (ab 70 $ p. P. im Schlafsaal) sind Übernachtungen in einem der Hostels, die verschiedenen Organisationen angehören: **Buenos Aires Hostels,** www.ba-h.com.ar (auch B & Bs und Apartments); **Hostelling International,** Tel. 011 45 11 87 23, www.hostels.org.ar.

… im Zentrum:

Art déco ▶ Sofitel ∎1∎: Arroyo 841, Tel. 011 41 31 00 00, 0800 444 70 00, www.sofitel. com. Der 20-stöckige Art-déco-Tower war 1929 das höchste Gebäude der Stadt und bedeutete den Aufbruch zur Moderne der lokalen Architektur. Der Reeder Mihanovich wollte von den oberen Stockwerken aus seine Schiffe sehen, die den Passagiertransport nach Uruguay monopolisierten. Das 2002 zum Hotel umfunktionierte Gebäude gewann mehrere Preise. DZ 405 US$.

Spanische Tradition ▶ Castelar ∎2∎: Av. de Mayo 1152, Tel. 011 43 83 50 00, www.caste larhotel.com.ar. Gebäude von 1926, ein Hauch von altem Grand Hotel, Cafetería, Restaurant. DZ 105 US$.

Aus Designerhand ▶ Esplendor ∎3∎: San Martín 780, Tel. 011 52 17 57 00, www.esplen dorbuenosaires.com. Vom argentinischen Designer Martin Churba ausgestattete Zimmer in einem schönen historischen Hotelgebäude. DZ 102 US$.

English style ▶ Claridge ∎4∎: Tucumán 535, Tel. 011 43 14 20 20, www.claridge.com.ar. Britisch distinguiert und mit viel Tradition. DZ 99 US$.

Mit Patio ▶ Gran Hotel Hispano ∎5∎: Av. de Mayo 861, Tel. 011 43 45 20 20, www.hhispa

Adressen

no.com.ar. Ein spanischer Innenhof verbindet die Zimmer im bescheidenen, aber sauberen und gut gelegenen Hotel. DZ 490 $.

Preiswert ▶ Marbella `6`**:** Av. de Mayo 1261, Tel. 011 43 83 85 66, www.hotelmarbella. com.ar. Zentral, dennoch ruhig, sehr beliebt, deutschsprachige Mitarbeiter. DZ 440 $.

Nahe dem Café Tortoni ▶ Astoria `7`**:** Av. de Mayo 916, Tel. 011 43 34 90 61–65. Besser als seine 2-Sterne-Kategorie. DZ 400 $.

Hostel mit Terrasse ▶ Estoril `8`**:** Av. de Mayo 1385, Tel. 011 43 82 90 73, www.hostelestoril.com.ar. Junges Ambiente in 100-jährigem Haus. Schlafsaal 17 US$ p. P., DZ 31 US$.

… in Puerto Madero:

Extravagant ▶ Faena Universe `9`**:** Martha Salotti 445, Dique 2, Tel. 011 40 10 90 00, www.faenahotelanduniverse.com. In einem Getreidespeicher des alten Hafens hat der Designer Philippe Starck ein extravagantes Projekt realisiert, das die argentinische Nostalgie nach der Belle Époque der reichen *estancieros* widerspiegelt. Auf der Westseite gute Aussicht auf die Stadt. DZ 531 US$.

… in Recoleta:

Estanciero-Palast ▶ Palacio Duhau Park Hyatt `10`**:** Av. Alvear 1661, Tel. 011 51 71 12 34, http://buenosaires.park.hyatt.com. Das im Stil des französischen Klassizismus gebaute *hôtel particulier* der Patrizierfamilie Duhau wurde 2006 mit einem neuen Hotelbau durch eine unterirdische Kunstgalerie verbunden. Modern-elegante Zimmer, mehrere Restaurants. DZ 653 US$.

… in Palermo:

Boutiquehotel ▶ Legado Mítico `11`**:** Gurruchaga 1848, Tel. 011 48 33 13 00, www.legadomitico.com. Elegantes Hotel mit 11 Zimmern, die den Namen großer argentinischer Persönlichkeiten tragen, z. B. die Tangolegende Carlos Gardel oder der Revolutionär Ernesto ›Che‹ Guevara. 302 US$.

Gute, ruhige Lage ▶ Esplendor Palermo Soho `12`**:** Guatemala 4931, Tel. 011 52 17 57 99, www.esplendorpalermosoho.com. Modern, schlicht, elegant. DZ 130 US$.

Bed & Breakfast ▶ Palermo Viejo `13`**:** Niceto Vega 4629, Tel. 011 47 73 60 12, www.

palermoviejobb.com. Designer-Recycling einer kleinen Fabrik. DZ 85 US$.

… in San Telmo:

Alt & neu ▶ Patios de San Telmo `14`**:** Chacabuco 752, Tel. 011 43 07 04 80, www.patiosdesantelmo.com.ar. Zeitgenössisches Styling in einem 150 Jahre alten Gebäude. DZ 96 US$.

Art nouveau ▶ Bonito Buenos Aires `15`**:** Av. Juan de Garay 458, Tel. 011 43 62 84 51, www.bonitobuenosaires.com. Sieben von Künstlern gestaltete Zimmer. DZ 120 US$.

Jugendherberge ▶ Che Lagarto Youth Hostel `16`**:** Venezuela 857, Tel. 011 43 43 48 45, www.chelagarto.com. Treffpunkt junger Reisender. Schlafsaal ab 10 US$ p. P., DZ 46 US$.

Essen & Trinken

Buenos Aires ist immer noch, aber nicht mehr nur die Stadt der besten Steaks. Das Angebot ist vielfältig und ständiger Veränderung unterworfen. Jährlich schließen um die 1000 Lokale, ebenso viele werden eröffnet. In einigen Stadtvierteln konzentrieren sich kulinarische Ausrichtungen, z. B. am Kai von **Puerto Madero** Grillrestaurants und internationale Küche, um die obere **Avenida de Mayo** Lokale mit spanischem Einschlag, in **Palermo** Feinschmeckerrestaurants. Viele Lokale, auch die ganz guten, bieten mittags ein günstiges *menú* an, das Vorspeise, Hauptgang, Nachtisch, ein Getränk und mitunter auch Kaffee einschließt. Manche Restaurants haben am Sonntagabend oder am Montag geschlossen. Eine Übersicht über das immense Angebot bieten die Webseiten http://guia.planetajoy.com, www.guiaoleo.com.ar, www.restorando.com, http://viaresto.com.

… im Zentrum:

Spanisch ▶ Palacio Español `1`**:** Bernardo de Irigoyen 180, Tel. 011 43 34 48 76, www.palacioespanol.com.ar. Speisen in spanisch-maurischem Ambiente, Spezialität Meeresfrüchte, z. B. *pulpo a la gallega.* 270 $.

Viele Biersorten ▶ Broker Bar `2`**:** Sarmiento 342, Tel. 011 43 42 99 70, Mo–Fr nur bis 17.30 Uhr. Klassische Küche in ruhigem Ambiente, nachmittags Pub. 170 $.

135

Buenos Aires

Moderne Pizzeria ▶ Filo 3: San Martín 975, Tel. 011 43 11 03 12, www.filo-ristorante.com. Italienisches Lokal mit DJs und vielen jugendlichen Gästen. 130 $.

Altehrwürdige Pizzeria ▶ Los Inmortales 4: Av. Corrientes 1369, Tel. 011 43 73 53 03, www.losinmortales.com. Buenos Aires ist vermutlich die Stadt mit der weltweit größten Anzahl an Pizzerien und Los Inmortales ist eine der ältesten und renommiertesten davon, hier genoss angeblich bereits der Tangosänger Carlos Gardel seine Pizza Napolitana. 120 $.

Kloster-Patio ▶ La Reconquista 5: Reconquista 269, nur mittags. Im Innenhof des Convento Grande de San Ramón Nonato lässt es sich in herrlicher Stille speisen. 110 $.

Oase ▶ Vita 6: Hipólito Yrigoyen 583. Mitten im Zementchaos ein erfrischendes Ambiente sowie feine vegetarische Küche. Keine Kreditkarten. 80 $.

Volkstümliche Pizzeria ▶ El Cuartito 7: Talcahuano 937, Tel. 011 48 16 17 58. Leckere Pizza in einer der populärsten Gaststätten. Keine Kreditkarten. 80 $.

Preiswert ▶ Pekin 8: M. T. de Alvear 430. Eines der besten der zahlreichen Lokale, die Essen nach Gewicht anbieten. Gemüse aller Art und warme Speisen chinesischer Küche. 40 $/kg. Keine Kreditkarten.

Tipp: Cafés

Die Cafés von Buenos Aires sind wahre Kultorte, Stätten der Begegnung, die den Alltag prägen. Bereits 73 von ihnen wurden zu historischen Monumenten, Bares Notables, ernannt (www.turismo.buenosaires.gob.ar, Link ›Bares notables‹). Ob verabredet oder spontan, kaum ein Tag vergeht ohne den Besuch eines Cafés, wo dann die letzten Fußballspiele, die Politik und das Privatleben analysiert werden. Und zwar zum *cortado* (kleiner Kaffee, mit etwas Milch ›geschnitten‹), einer *lágrima* (eine ›Träne‹ Kaffee in einer Tasse heißer Milch), einem *café solo* oder *expresso*. Die meisten Cafés bieten auch Menüs oder einfache Speisen an.

... in Puerto Madero:

Mit Blick auf die Docklandschaft ▶ Chila 9: Alicia Moreau de Justo 1160, Tel. 011 43 43 60 67, www.chilaweb.com.ar. Gilt bei vielen als das beste Restaurant in Buenos Aires. Soledad Nardelli zaubert Kreationen der modernen argentinischen Küche. 550 $.

... in Recoleta:

Fisch ▶ Oviedo 10: Berutti 2602, Ecke Ecuador, Tel. 011 48 21 37 41, www.oviedoresto.com.ar. Fisch und Meeresfrüchte auf spanische Art in einem Haus aus dem 19. Jh. Von den beiden renommiertesten Restaurantführern in Buenos Aires als eines der besten Lokale ausgezeichnet. 280 $.

... in Palermo:

Grillfleisch ▶ La Cabrera 11: Cabrera 5127, Tel. 011 45 55 32 42, www.parrillalacabrera.com.ar. Eine der besten Parrillas der Stadt. 350 $. **Don Julio 12:** Guatemala 4691, Tel. 011 48 31 95 64. Aufmerksame Bedienung, ausgezeichnetes Fleisch, gekonnte Zubereitung am Grill. 300 $.

Einfach und solide ▶ Social Paraíso 13: Honduras 5182, Tel. 011 48 31 45 56. Inmitten der In-Restaurants im sogenannten Buenos Aires Soho hat dieses Lokal seine Schlichtheit bewahrt und serviert solide Mittelmeerküche. 150 $.

Veggie ▶ Bio 14: Humboldt 2192, Tel. 011 47 74 38 80, www.biorestaurant.com.ar. Quinoa-Risotto und Seitan-Curry sind die Stargerichte des Vorreiters vegetarischer Kost in Buenos Aires. Auch Speisen für Veganer und Rohkostler. 130 $.

... in San Telmo:

Mittelmeerküche ▶ Casal de Catalunya 15: Chacabuco 863, Tel. 011 43 07 09 12. Mittelmeerküche im Haus der Katalonen, das auch einen Theatersaal beherbergt. Im Foyer Weintheke mit Tapas. 190 $.

Bistro ▶ Café San Juan 16: Av. San Juan 450, Tel. 011 43 00 11 12. Kleines Lokal mit Blick in die Küche, in der frische Zutaten schmackhaft zubereitet werden. 190 $.

Porteño-Küche ▶ Lezama 17: Brasil 359, Tel. 011 43 61 01 14. Lokale Küche, großzügige Portionen, preiswert, freundliches Ambiente, viele Fußball- und Tangofans. 110 $.

Adressen

Nicht nur Kaffeehaus, sondern auch historisches Monument: das Café Tortoni

... in La Boca:
Nach alten Rezepten ▶ Il Matterello 18:
Martín Rodríguez 517, Tel. 011 43 07 05 29. Frische Pasta von den Stagnaros, die einst aus Genua und Modena einwanderten. 200 $.
Fußballkneipe ▶ Don Carlos 19: Brandsen 699, Ecke Del Valle Ibarlucea, Tel. 011 43 62 24 33. Ein festes Menü gibt es nicht, Don Carlos bietet wechselnde Tagesgerichte an und stellt die Rechnung je nach Appetit der Gäste auf. Fußballer des nahen Stadions und Künstler zählen zu den Stammgästen. 200 $.
Wie eine Arbeiterkneipe ▶ El Obrero 20: Caffarena 64, Tel. 011 43 62 99 12, www.bodegonelobrero.com.ar. Frittierte Tintenfischringe *(rabas)*, hausgemachte Pasta oder Fleisch am Grill im Ambiente einer *bodegón*, d. h. der typischen Kneipe eines Arbeiterviertels. 140 $.
... andere Stadtviertel:
Mit Lehmofen ▶ Pura Tierra 21: 3 de Febrero 1167, Belgrano, Tel. 011 48 99 20 07, www.puratierra.com.ar. Zutaten und Kochtraditionen wie zu Zeiten der Inka, aber zeitgenössische Zubereitung. 300 $.

Neu ▶ Astor 22: Ciudad de la Paz 353, Belgrano, Tel. 011 45 54 08 02, www.astorbistro.com. Empfehlenswertes Degustationsmenü, an der Theke kann man Chef Antonio Soriano bei der Zubereitung beobachten. 250 $.
Cafés
Belle Époque ▶ Tortoni 23: Av. de Mayo 825, Zentrum, Tel. 011 43 42 43 28, www.cafetortoni.com.ar. Das berühmteste Café von Buenos Aires, regelmäßig Tango- und Jazzveranstaltungen.
Jugendstil ▶ Confitería Ideal 24: Suipacha 380, Zentrum, Tel. 011 43 28 77 50, www.confiteriaideal.com. Klassische Konditorei, in der nachmittags und abends auch Tango getanzt wird (s. S. 140). 1996 Drehort von Szenen für den Film »Evita«.
Wie in Paris ▶ La Biela 25: Av. Quintana 596, Recoleta, Tel. 011 48 04 04 49, www.labiela.com. Großes Trottoircafé für Flaneure und Tagträumer.

Einkaufen
Bücher ▶ Librería Ateneo I 1: s. S. 119.
Librería Ateneo II 2: s. S. 124.

Buenos Aires

Tangoschuhe ▶ **Victorio** `3`: Montiel 2619, Mataderos, Tel. 011 46 86 65 05, www.victoriotangoshoes.com.ar. **Neotango** `4`: Sarmiento 1938, Tel. 011 49 51 86 94, www.neotangoshoes.com.

Kunsthandwerk ▶ **Arte y Esperanza** `5`: Balcarce 234 (auch Suipacha 892), Tel. 011 47 07 06 13, www.arteyesperanza.com.ar, Mo–Fr 9–18 Uhr. Indianisches Kunsthandwerk aus Leder, Holz, Wolle und Bast, Keramik aus allen Landesteilen etc. **AM Artesanías** `6`: Rodriguez Peña 1771, Zentrum, Tel. 011 48 15 78 41, http://am-artesanias.relacionarse.com, Mo–Fr 10–13, 15–20, Sa 10–13 Uhr. Lederartikel, Ponchos, Sattelzeug, Silberarbeiten, Mate-Gefäße etc. der Gaucho-Kultur, teilweise sehr edle und teure Objekte aus Alpacasilber, kombiniert mit Edelhölzern, Halbedelsteinen und Knochen. **Spazio Sumampa** `7`: Arévalo 2976, Tel. 011 47 72 69 30, www.spaziosumampa.com.ar, Mo, Mi 10–14, Di, Do 14–18 Uhr (Termin vereinbaren). Moderne Designer aus Buenos Aires und traditionelle Weberinnen in Salta haben sich zu einem Projekt zusammengeschlossen, das Fair trade und Avantgarde vereint.

Lederwaren ▶ **Casa López** `8`: M. T. de Alvear 640 u. 658, Plaza San Martín, Zentrum, www.casalopez.com.ar. Seit 1943 eines der renommiertesten – und auch teuersten – Ledergeschäfte der Stadt. **Galería del Cuero** `9`: Florida 940, Microcentro. **Rossi & Caruso** `10`: Posadas 1387, Zentrum (auch Galerías Pacífico, s. S. 121, und Recoleta Mall, s. S. 126), www.rossicaruso.com.

Antiquitätenmärkte ▶ **Plaza Dorrego** `44`: Defensa, Ecke Humberto, San Telmo, So, auch zahlreiche Läden in den Straßen um die Plaza. **Feria del Anticuario** `11`: im Bahnhof Barrancas auf der Strecke des Tren de la Costa nach Tigre, Sa/So 10–19 Uhr.

Buchantiquariate ▶ **Librería Henschel** `12`: Reconquista 533, 1. St., Microcentro, www.buchhenschel.com.ar. Auch auf Dt. und Engl. Mehrere weitere Antiquariate befinden sich im Untergeschoss der Florida 835.

Kunstgalerien ▶ **Zurbarán** `13`: Cerrito 1522, Zentrum, und **Colección Alvear de Zurbarán** `14`: Av. Alvear 1658, Recoleta, www.zurbarangaleria.com.ar. Insgesamt um die 5000 Gemälde argentinischer und anderer lateinamerikanischer Künstler, die bedeutendsten Galeristen Südamerikas. **Vasari** `15`: Esmeralda 1357, Tel. 011 43 27 06 64, www.galeriavasari.com.ar, Mo–Fr 11–20 Uhr.

Musik ▶ **Zival's** `22`: Callao, Ecke Corrientes, Zentrum (auch Serrano 1445, Palermo), www.zivals.com. Volkstümliche Musik, z. B. Gitar-

Tipp: Kunst im Kommen

Wer einen Blick auf die künstlerische Avantgarde in Argentinien werfen will, kann sich in einem halben Dutzend Galerien rund um die Avenida Santa Fe ein Bild machen. Führend ist **Ruth Benzacar** `16`, die die argentinische Kunst auf die Art Basel und die ARCO Madrid gebracht hat (Florida 1000, Tel. 011 43 13 84 80, www.ruthbenzacar.com, Mo–Fr 11.30–20 Uhr). **Jorge Mara/La Ruche** `17` fördert neue Künstler und stellt die bereits Anerkannten in thematischen Ausstellungen aus (Paraná 1133, Tel. 011 48 13 05 52, www.jorgemaralaruche.com.ar, Mo–Fr 11–13.30, 15–19.30, Sa 11–13.30 Uhr). **RO** `18` hat sich einen Namen mit der Ausstellung der Werke des Malers Carlos Alonso gemacht (Paraná 1158, Tel. 011 48 15 64 67, www.roart.com.ar, Mo–Fr 12–20 Uhr). Knapp zwei Straßenblocks entfernt, ist die Galerie **Sara García Uriburu** `19` seit 30 Jahren ein Muss für den Kontakt zwischen dem Publikum und jungen Künstlern sowie Vorreitern der Avantgarde, beispielsweise Fermín Eguía (Uruguay 1223, Erdgeschoss, Departamento 5, Tel. 011 48 13 01 48, www.saragarciauriburu.com.ar). Das *under*, z. B. Fernanda Laguna, kommt an die Oberfläche in **Mite** `20` (Av. Santa Fe 2729, 1. St., Local 30, Tel. 011 48 22 94 33, www.mitegaleria.com.ar, Di–Fr 14–20 Uhr) und in der Galerie **Miau Miau** `21` (Bulnes 2705, Tel. 011 20 55 49 44, www.miaumiauestudio.com, Mo–Fr 13–19 Uhr).

Adressen

ren-Rezitale, Chamamé, Puna-Musik. **Musimundo 23**: Florida 313 (auch Av. Corrientes 1753 und Recoleta Mall, s. S. 126), www.musimundo.com.

Tango-Souvenirs ▶ **Club de Tango 24**: Paraná 123, 5. Stock, Tür 114, Zentrum, Tel. 011 43 72 72 51, www.clubdetango.com.ar. **El Quiosco del Tango 25**: Corrientes 1512, Ecke Paraná, Zentrum.

Abends & Nachts

Die großen **Discos** befinden sich allesamt in der Nähe des Flusses (Av. Costanera Norte, an beiden Enden des Stadtflughafens). In Retiro (Calles Reconquista und San Martín 700/1000) liegt eine Reihe von **Irish Pubs, Bars** und kleineren **Discos**, die von der Happy Hour nach Büroschluss bis spät in die Nacht geöffnet haben. Richtig voll wird es in allen Lokalen meist erst gegen Mitternacht.

Tangolokale ▶ **1** – **8**: s. S. 140.

Tapas & Blumen ▶ **Florería Atlántico 9**: Arroyo 872, Zentrum, Tel. 011 4313 60 93, www.floreriaatlantico.com.ar. Zwei der besten Bartender der Stadt bieten Drinks und Tapas im Keller eines Blumengeschäfts, in dem auch Vinyl-Schallplatten verkauft werden.

Mit Garten ▶ **Congo 10**: Honduras 5329, Palermo, Tel. 011 48 33 58 57, http://.barcongo.com.ar. Bar mit elektronischer und Dance-Musik, DJs, keine Disco, etwas ruhiger im Garten mit Kerzenlicht.

Beste Drinks ▶ **Doppelgänger 11**: Juan de Garay 500, San Telmo, Tel. 011 43 00 02 01, www.doppelganger.com.ar. Beliebter Bartender in ruhigem Ambiente.

Disco am Fluss ▶ **Mandarine 12**: Av. Costanera Norte, Ecke Sarmiento, Palermo, Tel. 011 48 05 62 62, www.puntacarrasco.com.ar. Große Disco mit Terrasse zum Fluss.

Gute Musik ▶ **Niceto Club 13**: Niceto Vega 5510, Palermo, Tel. 011 47 79 93 96, www.nicetoclub.com, Do–Sa abends. Rock, Reggae und elektronische Musik, Shows und Disco.

Treppe zum Garten ▶ **Milion 14**: Paraná 1048, Retiro, Tel. 011 48 15 99 25, www.milion.com.ar. Herrenhaus von 1900, drinnen Musik, im Garten Tapas.

Jazz ▶ **Notorius 15**: Av. Callao 966, Recoleta, Tel. 011 48 13 68 88, www.notorius.com.ar. Live-Jazz, kleiner Garten.

Weinbar ▶ **Gran Bar Danzón 16**: Libertad 1161, Retiro, Tel. 011 48 11 11 08, www.granbardanzon.com.ar. Manchmal Jazz-Bands.

Tango allerorten, natürlich auch in Form neckischer Souvenirs

Buenos Aires

aktiv unterwegs

Buenos Aires im Tango-Takt

Tour-Infos

Tango-Musik: Centro Cultural Torquato Tasso [1] , Defensa 1575, San Telmo, Tel. 011 43 07 65 06, www.torquatotasso.com.ar; **Bar Usina del Arte** [2] , Pedro de Mendoza 501, La Boca, www.usinadelarte.org; **Bar de Roberto** [3] , Bulnes 331, Almagro, Tel. 011 48 62 04 15, www.barderoberto.com.ar.

Tango-Shows: Bar Sur [4] , Estados Unidos 299, San Telmo, Tel. 011 43 62 60 86, www.bar-sur.com.ar, nur Show 400 $, mit Abendessen 600 $; **Piazzolla Tango** [20] , Florida 165, Galería Güemes, Zentrum, Tel. 011 43 44 82 00, Dinner mit Show 700 $.

Milongas: Club Gricel [5] , La Rioja 1180, San Cristóbal, Tel. 011 49 57 7157, www.clubgriceltango.com.ar; **Club Sunderland** [6] , Lugones 3161, Villa Urquiza, Tel. 011 45 41 97 76; **Club Sin Rumbo** [7] , Tamborini 6157, Villa Urquiza, Tel. 011 45 74 09 72, http://sinrumbotango.com.ar; **Confitería Ideal** [24] , s. S. 137 (Eintritt 40 $, Tanzstunde 20 $); **La Catedral** [8] , Sarmiento 4006, Tel. 011 15 53 25 16 30, www.lacatedralclub.com (Eintritt 50 $, Tanzstunde 50 $).

Tangoschuhe: Victorio [3] , s. S. 138; **Neotango** [4] , s. S. 138.

Wichtige Hinweise: Man kann auch ohne Tangoschuhe auskommen, aber Turnschuhe sind in den meisten Milongas verpönt, auch für Nicht-Tänzer. Gute Infos über die Tangoszene liefert www.tangocity.com.

Die Musik und der Tanz, die Buenos Aires berühmt machten, feiern eine unglaubliche Renaissance. Tangoshows, -clubs und -tanzschulen sprießen nur so aus dem Boden. Kaum ein Besucher in Buenos Aires, dem nicht der Besuch einer Tangoshow angeboten wird. Dabei gelangt man oft in Lokale mit bis zu 1000 Zuschauern, wo zu den kompliziertesten *firuletes,* den Fantasieschritten der

Tänzer, ein Abendessen serviert wird – Kostenpunkt um 200 US$ p. P. Für nur 40 $ Eintritt plus den Ausgaben für ein Glas Wein oder Bier kommt man hingegen in den Milongas, den Tanzclubs, in den Genuss, die Bewegungen der Tangotänzer zu studieren. Oder man wagt selbst die ersten Schritte. Richtig Spaß macht das erst, wenn man zuvor in ein gutes Paar Tangoschuhe investiert. Auch ein Besuch des **Museo Carlos Gardel** [35] , dem berühmten gleichnamigen Tangosänger gewidmet, eignet sich zur Vorbereitung (Jean Jaurés 735, Abasto, www.museocasacarlosgardel.buenosaires.gob.ar, Mi–Mo 11–18 Uhr, 1 $, Mi frei). Die perfekte Einstimmung aber ist es, wenn man eine so anerkannte Musikerin wie Susana Rinaldi im **Centro Cultural Torquato Tasso** oder die mehr oder weniger spontan auftretenden Sänger in der **Bar de Roberto** erlebt und eine oder mehrere Tanzstunden nimmt, die in den Milongas angeboten werden.

Die **Tanzstunden** findet meist am frühen Abend statt, vor der *milonga* an sich. Bis spät in die Nacht hinein tanzen dann elegant gekleidete Tangoliebhaber aller Altersgruppen gegen den Uhrzeigersinn. Häufig fordern ältere Herren, die die Kunst des Tangos beherrschen, junge Damen zum Tanz auf, deren Partner zum Mithalten noch etliche Runden üben müssten. Aber auch Tänzer mit geringer Erfahrung wagen sich aufs Parkett.

Das Ambiente der 1940er-Jahre findet sich im **Club Gricel** oder in der leicht dekadenten **Confitería Ideal.** In der Sporthalle des **Club Sunderland,** fast am Rand der Stadt, treffen sich lokale Tanzgrößen mit japanischen Touristen und New Yorker Tango-Fans. Ein paar Blocks weiter tanzen die Paare im **Club Sin Rumbo** vor einem Tango-Altar. Die bizarrste Tangogesellschaft jedoch versammelt sich in **La Catedral,** einer ehemaligen Mehlscheune über einer Autowerkstatt.

Adressen

Für Bohemiens ▶ **Bar Seddon** **17**: Defensa 695, San Telmo, Tel. 011 43 42 37 00. Juan Seddon verlegte vor 30 Jahren die Bestände seines Antiquariats in eine Bar, die Stammlokal für Journalisten wurde. Abends Jazz und Blues.

Trendy ▶ **Leitmotiv** **18**: Cabrera 5956, Palermo, Tel. 011 47 77. Terrasse, Drinks und Wein an einer der coolsten Ecken in Palermo.

Theater ▶ **Teatro Colón** **13**: Tucumán 1181, Zentrum, Tel. 011 43 78 71 00, www.teatrocolon.org.ar. Oper, Ballett, Konzerte. **Teatro General San Martín** **12**: Corrientes 1530, Zentrum, Tel. 0800 333 52 54 u. 011 43 71 01 11, http://complejoteatral.gob.ar. Bedeutendste Bühne der Stadt, Programm im Stil deutscher Stadttheater. **Centro Cultural de la Cooperación** **19**: Corrientes 1543, Zentrum, Tel. 011 50 77 80 00, www.centrocultural.coop. Moderner Komplex, hier feierten bereits viele unbekannte Künstler ihren Durchbruch. **Teatro Nacional Cervantes** **14**: Libertad 815, Zentrum, Tel. 011 48 16 42 24, www.teatrocervantes.gov.ar. Das Nationaltheater, im Stil des spanischen Barocks erbaut, inszeniert argentinische Klassiker. **Camarín de las Musas 20**: Mario Bravo 960, Zentrum, Tel. 011 48 62 06 55, www.elcamarindelasmusas.com.ar. Bühne für die Avantgarde.

Kinos ▶ **Recoleta Mall** **21**: Vicente López 2050, Recoleta, www.recoletamall.com.ar. Einer von vielen großen Kinokomplexen, untergebracht in einem Einkaufszentrum (s. S. 126).

Aktiv

Stadttouren ▶ Am Infokiosk an der Ecke Florida, Diagonal Norte (Roque Saenz Peña) startet der **Bus Turístico,** ein oben offener Doppeldecker, der in zwölf Stadtteilen hält. Mit einem Tages- (170 $) oder 2-Tages-Ticket (230 $) kann man jederzeit aus- und einsteigen. Die Sehenswürdigkeiten werden in verschiedenen Sprachen, auch auf Dt., erklärt. Abfahrt 9–17.30 alle 20 Min, www.buenosairesbus.com. Die Stadtverwaltung organisiert kostenlose Führungen zu Fuß, Tel. 011 41 14 57 91, www.turismo.buenosaires.gob.ar (Link ›Visitas guiadas‹), und bietet Audiotexte für Stadttouren auf eigene Faust (auch auf Engl., über MP3 zu speichern, www.bue.gob.ar/audioguia, oder Handyanruf an *8283). Gute thematische Führungen organisiert **Zigiotto Viajes** **1**, B. Mitre 1711, 3. Stock, Tel. 011 43 71 05 93, www.zigiottoviajes.com.ar.

Radverleih und -touren ▶ **La Bicicleta Naranja** **2**: Pje. Giuffra 308, San Telmo, und Nicaragua 4825, Palermo, Tel. 011 43 62 11 04, www.labicicletanaranja.com.ar. Erkundungen mit dem Fahrrad auf eigene Faust (1. Tag 125 $/Rad, folgende Tage 75 S) oder mit Führung. **Bike-Tours** **3**: Lan & Kramer Travel Service, San Martín 910, piso 6º, Retiro, und Chile 374, San Telmo, Tel. 011 43 11 51 99, www.biketours.com.ar. Stadttouren per Rad, z. B. San Telmo–Hafen–La Boca, Recoleta–Palermo, Tigre–San Isidro, mit spanisch- und englischsprachigen Guides (Treffpunkt an der Plaza San Martín tgl. 9.30 u. 14 Uhr, Touren 40/45 US$, Radverleih 1. Tag 20 US$/Rad, folgende Tage jeweils 10 US$). **Urbanbiking** **4**: Maipú 971, Zentrum, Tel. 011 43 14 23 25, www.urbanbiking.com. U. a. abendliche Trips durch Recoleta, San Telmo und Puerto Madero; Startpunkt am Torre de los Ingleses vor dem Hauptbahnhof Retiro (Touren 55 US$, Radverleih 250 $/Tag).

Hubschrauberrundflüge ▶ **Martín Wullich** **5**: Paraguay 1574, 4º piso F, Tel. 011 48 15 00 01, www.martinwullich.com/piloto. **Heli-Tours** **6**: Bartolomé Cruz 2360, Olivos, Tel. 011 47 97 99 27, www.patagoniachopper.com.ar. Flüge über die Stadt und entlang der Küste bis Tigre (ab 140 US$).

Termine

Feria de Mataderos (Jan./Febr. Sa 18–24, März–Dez. So 11–20 Uhr): Traditionelles Fest am großen Viehmarkt, dem Mercado de Hacuenda, in Mataderos am östlichen Stadtrand. Musik, Spiele, Kunsthandwerk, Grillfleisch etc. (Av. Lisandro de la Torre u. Av. De los Corrales, www.feriademataderos.com.ar). **Buenos Aires Fashion** (Ende Febr./Anfang Aug.): Modeschauen mit den Kreationen der jungen argentinischen Designergeneration (www.bafweek.com.ar).

Polo-Turniere: (März u. Nov.): Die besten Polo-Spieler der Welt in der Copa República

Buenos Aires

Argentina (März) und im Campeonato Argentino Abierto (Nov.) in Palermo.

Nuestros Caballos (Ende März): Größte Pferdemesse in ganz Lateinamerika, Reit- und Dressurvorstellungen (www.nuestroscaballos.com.ar).

Lollapalooza (Anfang April): Das legendäre Rockfestival findet seit 2014 auch in Buenos Aires statt (www.lollapaloozaar.com).

Festival Internacional de Cine Independiente (Anfang April): Spiel- und Kurzfilme unabhängiger Regisseure aus rund 50 Ländern (www.bafici.gov.ar).

Feria Internacional del Libro (Ende April): Buchmesse (www.el-libro.org.ar).

Exposición de Ganadería y Agricultura (Ende Juli): Traditionelle Agrarmesse, allgemein bekannt als La Rural, bei der Plaza Italia (www.exposicionrural.com.ar).

Festival Buenos Aires Tango und Campeonato Mundial de Tango (Aug.): Fast 100 Konzerte und Shows, Tanzkurse für Anfänger und Profis, Ausstellungen und Führungen durch die Tangobars der Stadt. Anschließend die Weltmeisterschaft im Tangotanzen in den traditionellen Tangoclubs (www.festivales.buenosaires.gob.ar).

Pepsimusic (Sept.): 10-tägiger Konzert-Marathon mit den bedeutendsten argentinischen Rockbands und internationalen Stars (www.pepsimusic.com.ar).

Festival Internacional de Buenos Aires (Sept./Okt., alle 2 Jahre: 2015): Theater und moderner Tanz, aber auch Musik und audiovisuelle Darbietungen nationaler und internationaler Ensembles in rund einem Dutzend verschiedener Theater, teilweise auch auf der Straße oder öffentlichen Plätzen. Die Eintrittskarten sind ziemlich preiswert, müssen aber rechtzeitig bestellt werden (www.festivales.buenosaires.gob.ar).

Noche de los Museos (Nov.): ›Nacht der Museen‹ mit Teilnahme von über 100 Museen der Stadt. Eintritt und Beförderung frei (www.lanochedelosmuseos.gob.ar).

Im Oktober/November findet eine Reihe von Openair-Konzerten statt: **Creamfields Buenos Aires** (www.creamfieldsba.com.ar) und **Personal Fest** (www.personalfest.com.ar).

Verkehr

Flüge: Es gibt zwei Flughäfen: den Aeropuerto Internacional Ministro Pistarini, kurz Aeropuerto Ezeiza, 35 km südwestlich, Autopista Ricchieri, Km 33,5, und den überwiegend für Inlandsflüge zuständigen Aeroparque Jorge Newbery wenige Kilometer nördlich des Stadtzentrums, Av. Rafael Obligado (Costanera Norte) s/n, beide Tel. 011 54 80 61 11 (automatische Auskunft), www.aa2000.com.ar. Zu beiden Flughäfen besteht ein Bus-Zubringerdienst. Nähere Infos s. S. 79. Vom Inlandsflughafen Verbindungen in alle Landesteile sowie ins uruguayische Montevideo (etwa 25 x tgl.), nach Chile und Brasilien mit Aerolíneas Argentinas, BQB, LAN, TAM und Gol.

Züge: Es gibt vier Bahnhöfe. Von der Estación Retiro, Av. Libertador, Ecke Av. Ramos Mejía, starten die Nahverkehrszüge nach Tigre und in andere nördliche Vororte sowie die Fernzüge nach Rosario. Von der Estación Federico Lacroze, Av. Federico Lacroze, Ecke Av. Corrientes, fahren Züge nach Misiones, von der Estación Once, Av. Pueyrredón, Ecke B. Mitre, in die westlichen Vororte und von der Estación Constitución, Av. Brasil, Ecke Av. 9 de Julio, www.ugofe.com.ar, in den Süden nach La Plata und Mar del Plata. Mehrere Fernstrecken sind auf unbestimmte Zeit stillgelegt worden, nachdem einige schwere Unfälle 2012/13 den maroden Zustand des Bahnnetzes offenlegten. Der Staat übernahm den Bahnbetrieb, die Modernisierungspläne schreiten aber nur langsam voran. Auskunft für alle Bahnlinien unter Tel. 0800 333 38 22, www.ugoms.com.ar.

Busse: Das Busterminal Retiro, Av. Antártida Argentina, Ecke Av. Ramos Mejía, Tel. 011 43 10 07 00, www.tebasa.com.ar, liegt östlich des gleichnamigen Bahnhofs. Rund um die Uhr starten Busse in alle Ecken Argentiniens sowie in die Nachbarländer. Die Schalter der Unternehmen befinden sich im 1. Stock.

Schiffe: Vom Terminal Dársena Norte am Nordende des Viertels Puerto Madero laufen die Katamarane nach Uruguay aus (s. S. 159).

Auto: Aufgrund des guten öffentlichen Verkehrsnetzes und der preiswerten Taxis lohnt es sich kaum, sich dem chaotischen Fahrstil der

Adressen

1732 eingeweiht und seit 1942 historisches Nationaldenkmal: die Basílica del Pilar

Porteños auszusetzen. Die Internationalen Mietwagenfirmen sind auch in Buenos Aires vertreten, u. a. Avis, Cerrito 1535, Tel. 011 43 26 55 42, www.avis.com.ar; Hertz, Paraguay 1138, Tel. 011 48 16 80 01, www.milletrentacar.com.ar; Sixt, Cerrito 1314, Tel. 011 43 28 80 20, http://ar.sixt.com.

Fortbewegung in der Stadt

Busse: Das engmaschige Busnetz besteht aus 144 Linien, die sich durch ihre Nummern und ihre Farben unterscheiden. Die Fahrpläne der *colectivos* sind nur teilweise an den Haltestellen notiert – entweder man fragt sich durch oder kauft an einem Zeitungskiosk die Guía T, den besten Transportmittelführer der Stadt. Fahrkarten kosten ab 5 $ (für die ersten 6 km) und sind am Automaten im Bus (nur Münzen, aber keine 2-$-Münzen!) erhältlich. Wesentlich billiger (ab 2,50 $) ist die Fahrt mit der Magnetkarte SUBE, die in Kiosken und U-Bahn-Stationen aufgeladen werden kann und in allen Buslinien, in der U-Bahn sowie in den Zuglinien akzeptiert wird. Gegen Vorlage des Reisepasses ist sie auch für Touristen erhältlich, z. B. in Postämtern, in der San Martín 921 (Retiro) und in der Sucre 2430 (Belgrano). Die Routen werden im Allgemeinen 24 Std. bedient, nachts allerdings in größeren Zeitabständen.

U-Bahn: Die *subte* wurde bereits 1913 gegründet und war damit die erste in Südamerika. Derzeit gibt es die sechs Linien A, B, C, D, E und H. Alle außer der Linie C (Querverbindung zwischen den Bahnhöfen Retiro und Constitución) und H verlaufen radial vom Zentrum in verschiedene Richtungen zum Stadtrand. Weitere zwei Linien (G und I) sind in Planung. Fahrkarten kosten 5 $ (mit SUBE 4,50 $) und sind erhältlich in den Bahnhöfen. Die letzten Züge fahren um 22.30 Uhr.

Taxis: In rauen Mengen gibt es die offiziellen schwarz-gelben Taxis, die relativ billig sind (11 $ Grundgebühr, 1,10 $ alle 200 m, 22–6 Uhr 20 % Nachtzulage). Aus Sicherheitsgründen empfiehlt es sich, Radiotaxis oder Remises zu rufen (über das Hotel oder Restaurant); es gibt viele Unternehmen, zuverlässig sind u. a. Pídalo, Tel. 011 49 56 12 00, und Premium, Tel. 011 52 38 00 00.

Die Umgebung von Buenos Aires

Mag die Millionenmetropole noch so attraktiv sein, die Bewohner zieht es immer wieder hinaus in die Natur. Im Tigre-Delta mit seinem Gewirr aus Wasserarmen kann man sie in fast ursprünglicher Form erleben, auf einer Estancia am Lagerfeuer mit dem Matebecher in der Hand für ein paar Stunden in die traditionelle Gaucho-Kultur eintauchen.

Tigre-Delta ▶ 1, M/N 15

Karte: S. 148

Wer die nördlichen Vororte von Buenos Aires nicht gesehen hat, kennt die Stadt nicht. Die Millionenmetropole fließt gleichsam nach Norden, am Ufer eines Flusses entlang, der seine Mündung Jahr für Jahr um 90 m weiter in den Atlantik vorschiebt. Weder das Delta des Mississippi noch das des Amazonas baut so fleißig an seiner Versandung wie das des 4500 km langen Paraná. Die Hafenstadt Buenos Aires wird eines Tages eine Binnenmetropole sein. Schon heute ist das von unzähligen Neben- und Querflüssen, Kanälen und Seitenarmen durchzogene Tigre-Delta halb so groß wie die Niederlande. Auf den solcherart entstandenen Inseln leben 10 000 Menschen – soziokulturell wohlweislich unterteilt in *isleños* (hier geborene Insulaner) und *isleros* (asphaltflüchtige Stadtbewohner). Die eingefleischten Delta-Siedler erzeugen

Bootsanleger, nicht Garagen, sind in den Kanälen des Tigre-Deltas gefragt

Tigre-Delta

Holz, Weidengeflecht und Obst, das auf dem Großmarkt in Tigre verkauft wird. Sie leben in der am weitesten entfernten sogenannten Dritten Region (Tercera Sección) des Mündungsgebiets und sind, wie sie sagen, ›nur mit Hilfe eines Anthropologen‹ auffindbar. Die anderen, die dem ›Kontinent‹ Entflohenen, wohnen in der Primera Sección in Ferienhäusern, die so verschieden sind wie eine Gartenlaube und ein Wasserschloss.

Gemeinsam ist diesem Amphibienreich, dass es keine Straßen gibt, die Fahrzeuge also keine Räder haben. Die rund 30 schwimmenden Krämerläden, die durch das Labyrinth schippern, um seine Bewohner zu versorgen, führen von der Seife bis zur Zeitung, vom Frischfleisch bis zur Babywindel alles, was dem leiblichen Wohle dient. Für die Seelsorge verantwortlich ist ein flusswandernder Priester. Die grüne Hölle könnte erlöst werden – von der Wasserverschmutzung nämlich –, meinen die meisten, wenn man sie zum Nationalpark erklärte.

Dieser durch Sümpfe, zerfallene Häuser und Wracks mystifizierte Dschungel ist Heimat vieler erfundener und wahrer Geschichten. So hat sich in dem – heute geschlossenen – Inselhotel El Tropezón der große Dichter Leopoldo Lugones das Leben genommen.

Anfahrt ins Delta

Zum **Tigre-Delta** (seiner lehmbraunen Fluten wegen ›Tiger‹, was im argentinischen Spanisch auch ›Puma‹ bedeuten kann, genannt) und dem gleichnamigen Ort gelangt man von Buenos Aires aus per Zug, Bus oder Auto (s. S. 142). Im Bus zockelt man, vorwiegend auf Hauptstraßen ohne erfrischende Ausblicke, durch die nördlichen Vororte. Angenehmer lässt sich die Strecke im Zug bewältigen, insbesondere mit dem **Tren de la Costa,** der buchstäblich ›anschaulichsten‹ Version einer Tigre-Anfahrt, weil sie einen Eindruck von der Costanera Norte, dem nördlichen Flussufer mit seinen an der *barranca* (›Uferböschung‹) gelegenen Siedlungszonen vermittelt. Hier offenbart sich ein völlig anderes Buenos Aires als das mitteleuropäische der Innenstadt: ein Kalifornien des Südens mit fantasievollen

Hinweis für Wassernixen

Nicht überall im Tigre-Delta ist die Wasserqualität zum Baden geeignet. Gewarnt wird insbesondere auch vor den tückischen Ufern, die oft nach 1 m Schlammgrund unversehens in die Tiefe abgleiten. Meiden sollte man den Kontakt mit dem Flussboden, da dort Bretter mit Nägeln liegen können, Überreste alter Anlegestege, die in dem lehmbraunen Wasser praktisch unsichtbar sind.

Bauten wie in Big Sur oder Villen, die ebenso im suburbanen San Diego stehen könnten.

Die größte Freiheit der Anfahrt genießen Autofahrer, die sich schon auf der Höhe von Palermo über die **Costanera** mit dem imposanten Molenbau des Club de Pescadores (Anglerclub) und den Parrilla-Restaurants bewegen können, um dann, der Avenida del Libertador durch Martínez, San Isidro und San Fernando folgend, auf kurzen seitlichen Abwegen diese gepflegten Villenvororte zu erkunden.

Tigre und Umgebung

Der zweite und wichtigere Teil des Ausflugs beginnt im Vorort **Tigre** **1** an der **Estación Fluvial,** von wo aus die Linienboote rund 20 verschiedene Routen abfahren. Die beiden Hauptstrecken führen durch die Ríos Capitán und Sarmiento bzw. die Ríos Luján und Caraguatá (oder Carapachay) zum Paraná de las Palmas, einem Delta-Arm des Paraná (Fahrtdauer ca. 75 Min.). Die Boote halten an jedem dem Bootsführer beim Einsteigen angegebenen Steg. Im Delta locken Touristenhotels, Zeltplätze und Restaurants, auch das **Museo Sarmiento** ist einen Besuch wert. Dabei handelt es sich um das bescheidene Wochenend-Holzhaus des ehemaligen Präsidenten Domingo Faustino Sarmiento, das er sich 1855 auf einer Insel errichten ließ und das heute zum Schutz in einem gläsernen Käfig steckt (Río Sarmiento und Arroyo Reyes, Mi– So 10–18 Uhr, Eintritt frei).

Für den Landbummler bietet der nette Ort Tigre die Möglichkeit, den alten **Puerto de**

Die Umgebung von Buenos Aires

Frutos (›Obsthafen‹) zu besuchen, heute ein Einkaufszentrum unter freiem Himmel, oder am Ufer gegenüber der Estación Fluvial entlangzuschlendern. Dabei stößt man immer wieder auf das sonderbare Verkehrsschild ›Querende Ruderboote‹ – hier werden Holzboote von einem Dutzend Rudervereine (mit zum Teil fürstlichen Clubgebäuden wie dem des Club Cannottieri Italiani oder des Club de Regatas la Marina) über Schienen ins Wasser gerollt, so auch die Boote des 1890 von deutschen Einwanderern gegründeten Rudervereins Teutonia (www.rvteutonia.org).

Auf dieser Uferseite starten auch die Passagierboote zur pittoresken, dem Delta vorgelagerten **Isla Martín García** **2**, einem einst beliebten Verbannungsort für politische Gefangene, Perón auch zum Beispiel. Heute ist das verkehrsfreie Eiland, auf dem nur wenige Menschen leben, ein dicht bewaldetes Naturidyll (auf der Ostseite striktes Reservat) und Vogelparadies.

Wer am Ufer der Estación Fluvial weiterläuft, wird zunächst auf das mit klassischen Schiffsmodellen, Seestücken und anderen Exponaten, darunter Relikte aus dem Falklandkrieg, ausgestattete **Museo Naval** treffen (Paseo Victorica 602, Tel. 011 47 49 06 08, Mo–Fr 8.30–18, Sa/So 10–18.30 Uhr, 3 $). Sodann folgt die gepflegte, von Parrillas, Pubs und Cafés gesäumte **Promenade Victorica,** die am Ende mit dem verspielten Palast (1906) des **Tigre Club** aufwartet. In seinen Hallen, wo einst die Stimme von Caruso ertönte, wird heute die wertvolle Sammlung argentinischer Künstler des **Museo de Arte Tigre** (MAT) ausgestellt (P. Victorica 972, Tel. 011 45 12 40 94, www.mat.gov.ar, Mi–Fr 9–19, Sa/So 12–19 Uhr, 20 $). An den stillen Wassern des Tigre-Deltas sind nicht wenige ins Schwärmen und Meditieren geraten. Der deutschstämmige Schriftsteller Roberto Arlt (1900–42) ließ hier seine Asche ausstreuen.

Infos

Ente Municipal de Turismo: in der Estación Fluvial, Tel. 011 45 12 44 97/98, www.vivitigre. gov.ar, tgl. 8–18 Uhr. Karten, Infos über Unterkünfte, Bootsverbindungen etc. Einige Hotels und Restaurants unterhalten in der Estación Fluvial überdies eigene Infobüros.

Übernachten

Bungalows ► La Becasina: Km 57,6 des Paraná Las Palmas (90 Min. Bootsfahrt mit Sturla), Tel. 011 43 28 26 87, www.labecasina.com. Die Lodge erstreckt sich über ca. 1 km entlang der beiden Ufer des Arroyo Cañas. 2 Tage/1 Nacht 5590 $ im Bungalow für 2 Pers. inkl. Bootstransfer, VP und Aktivitäten.

Öko-Spa ► Amarran Sancho: Arroyo Espera 288, Tel. 011 47 28 31 43, www.amarransancho.com.ar. Bootsfahrten, Birdwatching, Spa und Yoga auf 7,5 ha großem Lodgegelände. 2 Tage/1 Nacht ab 900 $ p. P. in DZ inkl. VP und Transfer.

Auf einsamer Insel ► Hostería Martín García: Isla Martín García (ca. 3 Std. Bootsfahrt mit Cacciola Viajes, s. S. 149). Ordentliche Unterkunft, auch Cabañas. 2 Tage/1 Nacht 821 $ p. P. in DZ inkl. VP und Inseltransfer.

Parkhotel ► Atelier: Río Capitán (80 Min. Bootsfahrt mit Interisleña), Tel. 011 47 28 07 90, www.hosteriaatelier.com.ar. Hübsche Bungalowanlage mit Pool und empfehlenswertem Restaurant. DZ 1400 $ inkl. VP.

Naturverbunden ► Laura Hotel & Resort: am Paraná de las Palmas (ca. 90 Min. Bootsfahrt mit Delta Argentino), Tel. 011 47 28 26 00 u. 47 28 49 74, www.riohotellaura.com.ar; Reservierungen auch im Büro in Tigre, Estación Fluvial. Großes Touristenhotel von 1907, Terrassen mit Blick auf den Fluss, Park, Parrilla, ganzjährig geöffnet. DZ 1300 $ inkl. HP.

Deutschsprachig ► Alpenhaus: Arroyo Rama Negra (ca. 60 Min. Bootsfahrt mit Interisleña), Tel. 011 47 28 04 22, www.alpenhaus.com.ar. Schmuckes Haus mit wohnlichen Zimmern, Pool mit Jacuzzi, Kanu- und Wandertouren. DZ 1100 $.

Unter Kolibris ► Los Pecanes: Arroyo Felicaria abajo (ca. 90 Min. mit Interisleña), Tel. 011 47 28 19 32, www.hosterialospecanes. com. Unterkunft mit nur 4 Zimmern in einem UNESCO-Biosphärenreservat mit reicher Flora und Fauna. DZ 615 $.

Einfach ► Don Gobbi, Arroyo Pajarito (ca. 15 Min. Bootsfahrt ab Canal San Fernando,

Tigre-Delta

aktiv unterwegs

Mit Rad und Kanu durch die Stadt und das Tigre-Delta

Tour-Infos

Start: Estación Retiro
Länge: per Rad ca. 35 km einfach
Dauer: Tagesausflug
Radverleih: s. S. 141
Bootsverleih: Delta en Kayak, Paseo Victoria 50, Tigre, Tel. 011 15 24 71 50 50, 15 40 75 99 75, www.deltaenkayak.com.ar; Río León, Paseo Victoria 520, Tigre, Tel. 011 15 56 18 23 23, www.rlkayaks.com; El Dorado Kayak, Gaviotas s/n, Tigre, Tel. 011 15 65 03 69 61, 40 39 58 58, www.eldoradokayak.com.
Kosten: 80–130 US$
Karte: www.mejorenbici.gob.ar
Wichtige Hinweise: Buenos Aires verfügt über ein zunehmend größer werdendes Netz an Fahrradwegen *(ciclovías),* die u. a. vom Stadtzentrum über die Palermo-Parks nach Norden führen. Von der Stadtgrenze an der Avenida General Paz bis Tigre muss man dann auf normalen Straßen radeln, wobei man – soweit möglich – auf Nebenstraßen ausweichen sollte. Alternativ kann man auch auf die Bahn umsteigen (www.ugoms.com.ar, s. S. 142), die spezielle Fahrradabteile *(furgón)* hat. Als Startpunkt der Radtour eignet sich praktisch jeder Bahnhof bis Tigre.

Intensive Einblicke in verschiedene Stadtviertel erlebt man auf einer Radtour vom Zentrum durch den Norden von Buenos Aires nach Tigre. Im Folgenden eine der vielen möglichen Strecken ab der **Estación Retiro:** die Avenida del Libertador entlang, auf der Höhe von **Recoleta** links eine Schleife über

die Avenida Alvear bis zur Libertad und wieder links runter auf die Avenida del Libertador. Dann nordwärts, jetzt vorbei an Recoleta, auf die Avenida Figueroa Alcorta in die Parks von **Palermo,** wo sich verschiedene kleine Wege zu Weiterfahrt anbieten (s. S. 126). Danach auf die Avenida La Pampa, am **Flughafen** vorbei an den Fluss und links auf die Avenida Costanera, die in den Campus der **Universität** führt. Am **River-Plate-Stadion** vorbei erreicht man die reichen nördlichen Vororte: **Vicente López, Olivos, La Lucila, Martínez, Acassuso, San Isidro** – immer größer und luxuriöser werden die Wohnungen zwischen der Avenida Libertador und der parallel verlaufenden Küste.

Erst in **San Fernando** und **Tigre** (s. S. 145) macht die Umgebung wieder einen etwas bescheideneren Eindruck. Dafür ist hier das ganze Leben aufs Wasser ausgerichtet und mann muss vom Fahrrad aufs Boot umsteigen. Am intensivsten erlebt man das Tigre-Delta, wenn man ohne das störende Geknatter der Schiffsmotoren in einem Kajak unterwegs ist und durch die kleinen Kanäle des Deltas gleitet, denn auch hier gibt es so etwas wie Haupt- und Nebenstraßen. In Letzteren hat man keine Wellen der großen Passagierboote zu fürchten und ist der üppigen Natur ganz nah. Besonders eindrücklich ist eine solche Tour nachts, wenn auch fast alle menschlichen Geräusche erstorben sind – mehrere Veranstalter haben entsprechende Touren im Angebot. Bei Urbanbiking (s. S. 141) kann man auch eine kombinierte Fahrrad-/Kajaktour buchen.

Guardería Poseidón, RN 197, Río Luján), Tel. 011 15 59 25 80 39, www.dongobbi.com.ar. DZ 330 $ bzw. 245 $ p. P. inkl. VP.
Camping ▶ Insgesamt gibt es im Delta fünf Campingplätze, darunter der **Parque Lyfe,** Tel. 011 47 28 00 73, und **El Galeón de Oro,**

Tel. 011 47 28 47 74, www.elgaleondeoro. com.ar, beide am Río Sarmiento. 85 $ p. P.

Essen & Trinken

Deck auf Wasser ▶ **Gato Blanco:** Río Capitán, Tel. 011 47 28 03 90, www.gato-blan

147

Buenos Aires – Umgebung

co.com. Das beste Restaurant im Delta, eigener Hafen, schöne Veranden, gute Fischspeisen, regelrecht berühmt aber sind die großen Steaks. Mo–Fr stdl., Sa/So alle 30 Min. Bootsverbindung ab Estación Fluvial (dort gibt es auch einen Infostand). 200 $.

Auf Festland ▶ Boulevard Sáenz Peña: Bv. Sáenz Peña 1400, Puerto de Frutos, Tel. 011 51 97 47 76, www.boulevardsaenzpena.com.ar, So–Di geschl., Mi nur mittags. Kunst, Antiquitäten und Pop-Vintage-Bazar, alles findet seinen Platz in dem ruhigen Lokal, das auch eine gute Küche bietet. 180 $.

Pasta & Parilla ▶ El Hornero: am Arroyo Abra Vieja, bei Muelle Santa Rosa aussteigen, Tel. 011 47 28 03 25, www.elhornerodelta.com.ar. Gutes Essen unter Bäumen direkt am Kanal. 140 $.

Verkehr

Züge: Tigre besitzt zwei Bahnhöfe und zwei Verbindungen nach Buenos Aires: den ›normalen‹ Zug mit Ziel Estación Retiro (Abfahrt ab Estación Tigre, Ruta Acceso Tigre, Ecke Av. Cazón, www.uoms.com.ar, ca. 55 Min., 3,75 $) sowie den Tren de la Costa mit Ziel Estación Maipú, Av. Maipú, Olivos (Abfahrt ab Estación Delta, Vivanco, Ecke Montes de Oca, beim Freizeitpark Parque de la Costa, www.sosfe.gob.ar, ca. 30 Min., 20 $). Beide Bahnhöfe liegen nur wenige Gehminuten von der Estación Fluvial entfernt.

San Antonio de Areco und Umgebung

Busse: Regelmäßige Verbindungen von/nach Buenos Aires mit der Buslinie Nr. 60. Abfahrt in Tigre an der Estación Fluvial, Av. Mitre, oder am Paseo Victoria, Ankunft in der Avenida Callao oder in der Avenida Corrientes.
Boote: Den Liniendienst im Delta übernehmen die 70 Passagiere fassenden *lanchas colectivo* (›Wasseromnibusse‹). Es gibt 20 feste Strecken. In der Regel verkehren die Boote tgl. 7–19 Uhr, Fahrkarten (ab 30 $) werden am Tigre-Kai oder direkt an Bord gelöst. Abfahrt fast aller Boote ist die Estación Fluvial. Bootsunternehmen: Interisleña, Tel. 011 47 49 09 00 (z. B. Río Sarmiento–Río Capitán–Paraná de las Palmas); Jilguero, Tel. 011 47 49 09 87 (Río Luján–Río Caraguatá bzw. Carapachay–Río de los Nogales–Paraná de las Palmas–Canal Gobernador Arias); Delta Argentino, Tel. 011 47 31 12 36, www.lineasdelta.com.ar (ähnliches Angebot); Cacciola, Lavalle 520, am Muelle Internacional gegenüber der Estación Fluvial, Tel. 011 47 49 09 31, www.cacciolaviajes.com (zur Isla Martín García – Abfahrt Di, Do, Sa u. So 9 Uhr, Rückfahrt 17 Uhr, 196 $ hin und zurück – und zum uruguayischen Hafenort Carmelo – Abfahrt tgl. 8.30, 16.30 Uhr, 486 $, mit Weiterfahrt im Bus bis Montevideo 601 $; Reservierung auch über das Büro in Buenos Aires, Florida 520, 1. St., Oficina 113, Tel. 011 43 94 55 20).
Wassertaxis: Die *lancha taxis* empfehlen sich v. a. für Gruppenfahrten (max. 15 Pers.). Der Preis wird wie bei den ›Landtaxis‹ nach Entfernung und Wartezeit berechnet.

San Antonio de Areco und Umgebung ▶ 1, M 15

Karte: links

»Vamos al campo!«, »Fahren wir aufs Land!« – diese Aufforderung kommt den Porteños leicht über die Lippen, denn da, wo vor 150 Jahren noch eine halbkreisförmige Kette von *fortines* die ›Zivilisationsgrenze‹ anzeigte, liegen heute nicht mehr als ein bis zwei Autostunden entfernte Landstädtchen, zwischen die (auch Gäste aufnehmende) *granjas* und Estancias eingestreut sind.

Das 115 km nordwestlich von Buenos Aires über die RN 8 zu erreichende **San Antonio de Areco** (23 000 Einw.) stellt das wohl attraktivste Ziel für einen stadtnahen Landausflug dar. An einigen seiner Kopfsteinpflasterstraßen reihen sich noch die Fassaden aus dem 19. Jh. auf. Auch das Handwerk der *talabarteros,* der Sattler und Gürtler, sowie der Silberschmiede, deren berühmtester Juan José Draghi ist, wird hier weiter gepflegt. Draghi und seinen Söhnen Patricio und Mariano kann man im **Museo Nacional y Taller Abierto de Platería Gauchesca** bei der Arbeit zuschauen (Lavalle 387, Tel. 02326 45 42 19, www.draghiplaterosorfebres.com, tgl. 10–12.30, 15.30–19 Uhr, 25 $, auch Gasthof, s. S. 152).

Im **Museo Las Lilas de Areco** kann man das pittoreske Werk des Malers Florencio Molina Campos (1891–1959) betrachten, dessen freundliche Satire des Gaucholebens auf den Kalendern der Firma Alpargatas zu den populärsten Bildern in Argentinien gehören (Moreno 279, Tel. 02326 45 64 25, www.museolaslilas.org, Do–So 10–18 Uhr, 50 $).

Am westlichen Ortsrand zeigt das **Museo Gauchesco y Parque Criollo Ricardo Güiraldes,** benannt nach dem Autor des zur Weltliteratur zählenden Romans »Don Segundo Sombra« (›Das Buch vom Gaucho Sombra‹), auf fast 90 ha schöne Gebrauchs- und Ziergegenstände der Gauchokultur. Auch das 150 Jahre alte Museumsgebäude selbst ist interessant, mächtig wie eine Festung, um den damals häufigen Angriffen der Indianer standzuhalten. Nach einer schweren Überschwemmung konnten allerdings erst vier der neun Museumssäle wieder geöffnet werden. Auf demselben Gelände befindet sich auch La Blanqueada, eine schön rekonstruierte *pulpería,* ein ländliches Wirtshaus mit Proviantladen (Calle R. Güiraldes, Tel. 02326 45 58 39, www.museoguiraldes.com.ar, Mi–Mo 11–18 Uhr, Eintritt frei). Der Schriftsteller Ricardo Güiraldes hat auf dem Friedhof von San Antonio de Areco seine letzte Ruhe gefunden.

Nur wenige Kilometer weiter verströmt die **Estancia El Ombú de Areco** ihren verträumten Charme von 1890 und gleich dahinter

149

Die Umgebung von Buenos Aires

Von der Schutzhütte zum Tudor-kastell – Estancias in der Pampa

»In der unendlichen Weite, die es nicht erlaubt, den Punkt zu bestimmen, wo die Welt zu Ende ist und wo der Himmel anfängt«, wie es der Journalist, Erzieher, Wirtschaftspionier und Staatsmann Domingo Faustino Sarmiento ausdrückte, begann die Viehzucht in Argentinien. Die ersten Rinder kamen im Gepäck der spanischen Eroberer. Nachdem sie sich in der Pampa zu großen Herden vermehrt hatten, gerieten sie zunächst den Indianern, später dann den Gauchos ins Lasso.

Aus dieser Zeit stammt auch der Begriff *estancia*, der eigentlich so viel wie Verweilstelle, Aufenthaltsort oder Bleibe bedeutet. Im Zusammenhang mit der Rinderzucht bezeichnete er den Punkt, wo man einen Kratzpfahl aus Hartholz in den Boden rammte, den die Pamparinder in der baumlosen Weite ganz von selbst aufsuchten, um sich das Fell zu reiben. Was lag näher für den *estanciero*, als sich neben diesem *rascadero* eine Schlafstatt mit einer Feuerstelle einzurichten – eine aus dem raren Holz zusammengezimmerte Hütte mit Rinderhäuten als ›Schwingtüren‹.

Mit der Zeit wurden aus diesen einfachsten Behausungen regelrechte Gebäude, die man ausschmückte und gleichzeitig zu kleinen Festungen ausbaute – durch Forts, Wachtürme und Zinnen. Die Schutzmaßnahmen galten den Indianerüberfällen, aber auch den britischen und portugiesischen Flusspiraten, die der spanischen Krone das Land streitig machten. Die *estancieros* fingen ihre Schiffe ab, indem sie selbst geschmiedete, von Pontons getragene Ketten über die Wasserläufe spannten. Von den ersten Estancias, die im Umkreis von Buenos Aires entstanden, wurden die meisten an einem Fluss angelegt, da man so in unmittelbarer Nachbarschaft die Tiere tränken konnte. Charakteristisch war ihr rechteckiger Grundriss mit dem Standardmaß von 0,5 x 1,5 Leguas (1785 ha) – bei der äußerst extensiven Weidewirtschaft der damaligen Zeit gerade ausreichend für 1000 Rinder. Die Tiere lieferten nicht nur Fleisch und Felle, mit ihrem Blut wurde auch der Mörtel eingefärbt, der den Herrenhäusern bis heute das typische Rosa verleiht.

Mit dem wachsenden Wohlstand ihrer Eigentümer verwandelten sich die befestigten Wohnsitze zunächst in romantische, efeuumrankte Burgen mit Gräben und Zugbrücken – ein Trend, der sich wieder änderte, als in der zweiten Hälfte des 19. Jh. das Sicherheitsbedürfnis der *estanciero*-Familien nachließ und ab 1860 der Stacheldraht die Befestigungssysteme ersetzte. Da man nicht mehr in erster Linie wehrhaft bauen musste, konnten ästhetische Gesichtspunkte in den Vordergrund treten.

Immer mehr folgten die Bauformen argentinischer Estancias dem jeweiligen europäischen Zeitgeschmack und, je nach Herkunft und Neigung ihrer *dueños* (›Besitzer‹), architektonischen Vorbildern im andalusischen, toskanischen, normannischen oder provenzalischen Landhausstil. Manche dieser Gutshäuser erinnern an Provinzbahnhöfe, andere an Tudorkastelle oder maurische Schlösser. Angeregt durch die Lektüre von Sir Walter Scotts Romanen, insbesondere von »Das gefährliche Schloss«, ließen die Eigentümer der Estancia La Independencia die El Castillo ge-

150

Geschichte der Estancias

nannte Replik eines schottischen Kastells zwischen Palmen entstehen. Taubenhäuser und Fasanerien, Pergolen, Loggien, Brunnen, Grotten und Kapellen umgaben die Herrenhäuser, die als Orte der Zerstreuung oder der Einkehr, als Verstecke für Verschwörungen oder als Treffpunkt für heimliche Liebschaften dienten. Die vornehmen Familien von Buenos Aires und Montevideo schickten ihre rebellischen Kinder zur Zähmung auf die Estancias, während sie selbst mitsamt Dienerschaft nach Europa reisten, um den Winter im sommerlichen Paris zu verbringen. Oder sie schifften sich, manchmal mit 50 Pferden an Bord, nach England ein, wo sie sich bei den Kutschenrennen von Hampton Court mit den Morgans und Vanderbilts maßen.

Bei San Antonio de Areco in der Nähe von Buenos Aires führt eine Allee zur ehrwürdigsten aller La-Plata-Estancias: La Porteña (s. S. 152). Hier entstand das berühmte Pampa-Epos vom Gaucho »Don Segundo Sombra«, eine Verherrlichung des Landlebens, geschrieben von dem Adligen Ricardo Güiraldes, der selbst alles andere als ein Gaucho war. Sein rastloses Gemüt trieb ihn durch ganz Europa, berauscht von den Werken der europäischen Literatur, von Flaubert, Zola, Mallarmé, Dickens, Schopenhauer, Nietzsche oder Dostojewski. »Mein Kopf verschlingt Bücher wie der Magen eines Straußes Pampagras«, sagte er, ehe er in die Heimat zurückkehrte und den unsterblichen Gaucho Sombra (›Schatten‹) schuf. »Unbeweglich betrachtete ich jene aus Pferd und Reiter gebildete Silhouette, die sich am leuchtenden Horizont abzeichnete. Es schien mir, als hätte ich ein Gespenst gesehen.«

Die Zufahrt verspricht, was das Herrenhaus hält – Estancia La Porteña

Die Umgebung von Buenos Aires

versteckt sich das fast 200 Jahre alte toskanische Gutshaus der **Estancia La Bamba** zwischen mächtigen Bäumen.

Infos

Dirección de Turismo: Zerboni, Ecke Arellano, Tel. 02326 45 31 65, www.sanantoniodeareco.com/direccion-de-turismo.

Übernachten

... in San Antonio de Areco:

Beim Silberschmied ▶ **Paradores Draghi:** Matheu 380, Tel. 02326 45 55 83, www.paradoresdraghi.com.ar. Kleines Hotel im Haus der Silberschmiedefamilie Draghi (s. S. 149). DZ 600 $.

Gaucho-B-&-B ▶ **La Antigua Casona:** Segundo Sombra 495, Tel. 02325 15 41 60 30, www.antiguacasona.com. B & B in typischem Altstadthaus, schöner Innenhof. DZ 600 $.

... außerhalb:

Altes Landgut ▶ **Estancia El Ombú de Areco:** von San Antonio de Areco auf der RN 41 ca. 5 km nordwärts, dann am Aero Club rechts auf RP 31 und noch 5,8 km in Richtung Zárate, Tel. 02326 49 20 80 u. 011 47 37 04 36, www.estanciaelombu.com. Malerischer *casco* von 1880, 9 Zimmer, Pool, Ausritte und Kutschfahrten über die 300 ha große Estancia (auch für Tagesbesucher), deutschsprachige Eigentümerin. DZ 205 US$ p. P. inkl. VP u. Ausflüge.

Auf Don Segundos Spuren ▶ **Estancia La Porteña:** von San Antonio de Areco auf der RN 41 ca. 3 km nordwärts, dann rechts ab noch 4 km, Tel. 011 15 56 26 73 47, www.laporteniadeareco.com. Die traditionsreichste aller Estancias (s. S. 150) bietet Unterkunft und ein Tagesprogramm. Ab 800 $ p. P inkl. VP u. Aktivitäten.

Mit großem Garten ▶ **Posada de la Plaza:** Alvear 480, Tel. 02326 45 29 55, www.posadadelaplaza.com. 11 Zimmer in 100-jährigem Haus mit Patio. Keine Kreditkarten. DZ 730 $.

Essen & Trinken

... in San Antonio de Areco:

Im Gaucho-Stil ▶ **Almacén de Ramos Generales:** Zapiola 143, Tel. 02326 45 63 76, www.ramosgeneralesareco.com.ar. *Empanadas,* Asado und Ente gehören zu den Spezialitäten. 200 $.

Beliebter Treffpunkt ▶ **Boliche Bessonart:** Zapiola, Ecke Segundo Sombra, Tel. 0325 15 65 56 00. Noch mehr als in den beiden Restaurants an der Plaza (El Tokio und La Esquina de Merti) treffen sich in diesem Lokal viele Stammgäste zu Wein und *picada* (Käse, Wurst und Oliven). 90 $.

San Antonio de Areco und Umgebung

Nur 100 km, aber doch Lichtjahre von Buenos Aires entfernt: der *campo*

Einkaufen

Lederwaren ▶ **Camilio Fiore:** Av. Vieytes 632, San Antonio de Areco, Tel. 02326 45 28 04. Von Sätteln über Riemen bis hin zu Reitstiefeln ist hier alles zu bekommen.
Silberschmiede ▶ **Martín und Miguel Rigacci:** Belgrano 381, Tel. 02326 45 60 49. **Miguel Bannon:** Arellano 266, beide San Antonio de Areco, Tel. 02325 15 65 63 97. Kunstvolle Silberarbeiten, z. B. Sporen.

Termine

Atada de Areco (2. Märzwoche): Geschicklichkeitswettbewerbe, Kutschenmarathon etc.
Día de la Tradición (Anfang Nov.): Gauchofest, bei dem das Landleben alljährlich seinen folkloristischen Höhepunkt feiert.

Verkehr

Busse: Regelmäßige Verbindungen mit Chevallier, Tel. 011 40 00 52 55, und Pullman Ge-

Die Umgebung von Buenos Aires

neral Belgrano, Tel. 011 43 15 65 22, www.gralbelgrano.com.ar, nach Buenos Aires (2 Std., 73 $).

Luján ► 1, M 15/16

Karte: S. 148
Weithin sichtbare Landmarke der Pilgerstadt **Luján 3** (70 000 Einw.) rund 70 km westlich von Buenos Aires sind die beiden über 100 m hohen Spitztürme der neogotischen **Basílica de Nuestra Señora de Luján,** in denen sich 15 Glocken verbergen. Nicht weniger als 25 Kapellennischen und eine Krypta erwarten die täglich – auch manchmal zu Pferd – hier eintreffenden Pilger. Zu einem Schauspiel von großer Bekenntniskraft steigert sich die Szene am ersten Oktoberwochenende, wenn Hunderttausende von Bußfertigen sich in und um die Kirche drängen.

Das **Museo Colonial e Histórico Enrique Udaondo** zeigt in seinem sehr hübschen Komplex von Kolonialgebäuden eine Auswahl von historischen Zeugnissen, Waffen, Indianer- und Gauchogerät. Im selben Gebäude beherbergt das **Museo del Transporte** klassische Kutschen, Argentiniens erste Lokomotive namens La Porteña und das Dornier-Flugboot Plus Ultra, das im Jahr 1926 als erster Flugapparat den Luftsprung von Europa nach Südamerika schaffte (beide: Torrezuri 917, Tel. 02323 42 02 45, Mi–Fr 12–16.30, Sa/So 10–17.30 Uhr, 5 $).

Infos
Dirección de Turismo: San Martín 550, Tel. 02323 42 70 82, www.lujan.tur.ar. Infos über Luján und Umgebung.

Übernachten
Sportlich ► **Resort de Campo & Polo:** RP 6, ca. 12 km nördlich (von Buenos Aires aus vor Luján auf die RP 6 rechts abbiegen), Tel. 02323 49 66 69, www.poloresort.com. Hotelanlage mit 32 Zimmern, Reitgelegenheit auf 60 ha, im Angebot sind Polounterricht, Ballonflüge und zahlreiche andere Sportaktivitäten. DZ ab 250 US$.

Essen & Trinken
Gesegnete Mahlzeit ► **L'Eau Vive:** Constitución 2112, Luján, Tel. 02323 42 17 74, Di–Sa 12–14.15, 20.30–22, Sa/So 12–14.15 Uhr. Das von afrikanischen Nonnen betriebene Lokal erfordert am Wochenende eine Reservierung, ausgezeichnetes französisches Menü. 150 $.

Im Bierhimmel ► **Notre Dame Luján:** San Martín 57, Tel. 02323 15 51 42 46, www.notredamelujan.com, Do–So abends. Über 50 Biersorten aus aller Welt zu regionaler Blutwurst und Käse. 120 $.

Verkehr
Züge: Verbindungen zur Estación Once in Buenos Aires, Umsteigen in Moreno (2 Std., 3,50 $). Bahnhof: Av. España, Ecke Lorenzo Casey, Tel. 0800 222 87 36, www.sofse.gob.ar.
Busse: Über 20 Unternehmen fahren nach Buenos Aires zum Terminal Retiro sowie in Städte im Norden und Westen des Landes. Busterminal: Av. Nuestra Señora de Luján 600, Tel. 02323 42 11 36 u. 42 00 44.

Lobos und Umgebung
► 1, M 16

Karte: S. 148
Eine ›Milchstraße‹ blendend schöner Estancias zieht sich südwestlich von Buenos Aires um den Ort **Lobos 4** (36 000 Einw.). Das Herrenhaus der **Estancia La Candelaria** eifert einem Loire-Schloss nach, die **Estancia Santa Rita** dem Kanon einer barocken Missionskirche (s. unten): Von den hohen Fenstern der Salons aus geht der Blick auf blühende Parklandschaften und einen 40 ha großen Wald mit 100-jährigen Bäumen.

Infos
Departamento de Turismo: Av. Alem 149, Tel. 02227 42 22 75, www.lobos.gov.ar.

Übernachten
Landschloss I ► **Estancia Santa Rita:** ca. 30 km südwestlich (RN 205 Richtung Sala-

La Plata

dillo, nach 2 km rechts auf RN 41, nach 7 km links auf Erdweg und 18 km über Carboni bis zur Estancia-Einfahrt, ausgeschildert), Tel. 02227 49 50 26, www.santa-rita.com.ar, Reservierungen in Buenos Aires, Av. Callao 1541, Erdgeschoss, Tel. 011 48 13 90 34. 1795 gegründet, heute in den Händen der deutschstämmigen Familie Nüdemberg. DZ 110 US$ p. P. inkl. VP u. Aktivitäten.

Landschloss II ▶ Estancia La Candelaria: 15 km südwestlich von Lobos (bei Km 114,5 von der RN 205 rechts abbiegen), Tel. 02227 49 41 32, www.estanciacandelaria.com. Malerischer *casco* von 1840, Gästebungalow im spanischen Stil, vom Franzosen Carlos Thays entworfener Park mit 240 Baumarten. 2 Tage/ 1 Nacht im DZ 2000 $ (Schloss)/1630 $ (Bungalow) p. P. inkl. VP u. Aktivitäten.

Verkehr

Züge: Verbindungen zur Estación Once in Buenos Aires, Umsteigen in Merlo (tgl., 2,5 Std., 5,10 $). Bahnhof: Hiriart, Ecke Alem (gegenüber vom Busterminal), Tel. 0800 222 87 36, www.sofse.gob.ar.

Busse: Stdl. Verbindungen nach Buenos Aires (Estación Once und Estación Constitución) mit Expreso 88 La Lobera, Tel. 02227 42 44 09, sowie nach La Plata mit Rápido Argentino und LobosBus, Tel. 02227 43 13 46, www.lobosbus.com.ar. Busterminal: Hiriart, Ecke Alem.

La Plata ▶ 1, N 16

Karte: S. 148

Keine andere Stadt Südamerikas ist zugleich so spontan und doch plangetreu entstanden wie **La Plata** 5. Als die Feldzüge gegen die Indianer beendet, die Caudillos ermordet und die seit 1810 aufgeflammten Revolutionen und Konterrevolutionen erloschen waren, gehörte zur Identitätsfindung der argentinischen Republik auch die Erklärung von Buenos Aires zur Bundeshauptstadt. Die gleichnamige Provinz blieb so ohne Hauptstadt. Also bestimmte man einen neuen Standort, entwarf ein 5 x 5 km^2 großes Planquadrat mit Straßen,

Avenidas, Diagonalen, Parks und Plätzen, definierte die öffentlichen Gebäude und veranstaltete eine internationale Ausschreibung. In der Rekordzeit von weniger als fünf Monaten reisten (per Schiffspost) 27 Architektenentwürfe aus zehn Ländern an. Das war 1882. Dann begann der Aufbau – rund um die Uhr. Zwei Jahre später zogen die ersten Behörden ein. Unter diesen Bedingungen musste in La Plata ein geradezu klassisches Repertoire von eklektizistischen Bauformen entstehen. Und als sie im Lichte der neuen Straßenbeleuchtung 1884 debütierten, war La Plata die erste elektrifizierte Stadt Südamerikas.

Orientierung

Der Stadtplan scheint einem Computerprogramm zu entstammen: Ein auf der Spitze (Süden) stehendes Quadrat von 36 x 36 Häuserblocks ist unterteilt in 36 kleine Quadrate von jeweils sechs Blocks, die durch 30 m breite Avenidas voneinander getrennt sind. Über dieses Quadratnetz legten die Planer ein Gitter von Diagonalen und ›Diagonälchen‹, das, ungeachtet der Durchnummerierung der Straßen, dem Ortsfremden das Gefühl geben kann, er irre durch ein Kreuzworträtsel. Da ist es tröstlich, alle sechs Quader auf einen der 30 Parks oder Plätze der inzwischen mit 650 000 Einwohnern über dieses Grundmuster hinausgewachsenen Stadt zu stoßen.

Ein zweites Buenos Aires ist La Plata nicht geworden, aber die heutige Provinzmetropole der Provinz Buenos Aires (der mit der zahlenmäßig größten Bevölkerung Argentiniens) – gelassener, luftiger, verkehrsberuhigter als ihre große Schwester – ist (vor allem ihres naturwissenschaftlichen Museums wegen) einen Tagesbesuch wert. Nur 60 km trennen den großen Bonaerenser Obelisken von dem kleinen am Regierungspalast von La Plata.

Rundgang durch die Stadt

Ein Stadtbesuch beginnt idealerweise am Kreuzungspunkt aller Sichtachsen – dort steht, gleich einem erwählten Bauklotz aus einem Spielzeugkasten, die **Kathedrale.** Der neogotische Kirchenbau zitiert gleich meh-

155

Die Umgebung von Buenos Aires

Lichtblicke auf dem spärlichen Grün der Plaza Moreno

rere europäische Vorbilder: Der Kölner Dom und die Kathedrale von Amiens standen Pate, die in feurigen Farben funkelnden Buntglasfenster stellen Repliken derer von Chartres dar, die Stirnrosette zitiert Notre Dame. Schlank streben die Sandsteinpfeiler himmelwärts, als wollten sie den 14 000 Gläubigen Platz machen, die in diese Kirche hineinpassen. Dass ihr Sichtmauerwerk nie verkleidet wurde und dass sie, allein stehend, über die Riesenfläche der nur seitlich begrünten **Plaza Moreno** hinweg stark mit der Renaissancefront des **Palacio Municipal** kontrastiert, betont ihre Eigenwilligkeit noch mehr.

Der noble Gemeindesitz wird von zwei Verwaltungstürmen *(torres)* in die Mitte genommen, die aussehen wie überdimensionale Lautsprecherboxen. Er ist, ebenso wie der mit ihm durch die Platanenalleen 51 und 53 (und einige schöne Konstruktionen aus der Zeit um 1900) verbundene **Palacio de la Legislatura,** eine Schöpfung deutscher Architekten. In der Formensprache des Letzteren verschmelzen neoklassizistische, französi-

sche und italienische Elemente miteinander, während das gegenüberliegende Regierungsgebäude eine grundsätzlich französische Signatur mit flämischen Akzenten trägt.

Einen Blick werfen kann man noch auf (und in) das Gebäude der **Pasaje Dardo Rocha** an der Nordwestseite der Plaza. Dieser 1887 ursprünglich als Bahnhof konzipierte Bau dient heute als Kulturzentrum mit dem **Museo de Arte Contemporáneo Latinoamericano,** kurz MACLA (Di–Fr 10–20, Sa/So 16–21 Uhr, www.macla.com.ar, Eintritt frei), dem **Museo de Bellas Artes** mit einer Kollektion regionaler Gemälde (Di–Fr 10–20, Sa/So 16–21 Uhr, Eintritt frei), und was einmal ein Bahnhofsrestaurant hätte werden sollen, ist jetzt eine Café-Bar mit Tischen auf dem Bürgersteig (Calle 50, zwischen Calles 6 und 7, Tel. 0221 427 18 43).

Vier Blocks von der Plaza entfernt, gegenüber dem Paseo del Bosque, versteckt sich in der Häuserzeile ein architektonisches Unikat: die **Casa Museo Curutchet** – das einzige von Le Corbusier entworfene Privathaus in Amerika (Av. 53 Nr. 320, zwischen Calles 1 und 2, Tel. 0221 482 26 31, www.capba.org. ar/curutchet/museo.htm, Di–Do 10–14.30 Uhr, 40 $).

La Platas Gartenstadtkonzeption verkörpert der **Paseo del Bosque** besser als jede andere Grünfläche. Sein Kerngebäude mit dem **Museo de Ciencias Naturales** bildet die Hauptattraktion der Provinzmetropole. Verdient schon der verwegene Gebäudeschmuck – Plastiken von Säbelzahntigern, thematische Wandfresken und inkaische Friese – dieses römisch-griechischen Ausstellungstempels Aufmerksamkeit, so haben seine auf 16 000 m^2 untergebrachten botanischen, zoologischen, anthropologischen und paläontologischen Sammlungen Weltruf. Zu den wertvollsten seiner über 2,5 Mio. Stücke gehören die fossilen Riesenfaultiere der südlichen Pampa. Skelettteile des größten bisher gefundenen Exemplars wurden in La Plata selbst ausgegraben: 2 t muss dieser panzertragende Glyptodont einmal gewogen haben (Tel. 0221 425 91 61 u. 425 96 38, www. fcnym.unlp.edu.ar/abamuse.html, Di–So 10–18 Uhr, 6 $).

Einige Kilometer nördlich von La Plata befindet sich auf einem 53 ha großen Gelände die Kinderstadt **República de los Niños**, in der die Institutionen des demokratischen Staates in märchenhaften Zügen dargestellt werden (Camino General Belgrano, Ecke Calle 501, Gonnet, Tel. 0221 484 14 09, www. republica.laplata.gov.ar, tgl. 10–18 Uhr, 10 $, Kinder bis 7 Jahre frei).

Infos

Dirección de Turismo: Palacio Campodónico, Diagonal 79, Ecke 56, Tel. 0221 422 90 94, www.laplata.gov.ar/turismo/, Mo–Fr 9–17 Uhr; Pasaje Dardo Rocha, Calle 50, zwischen Calles 6 und 7, tgl. 10–20 Uhr.

Übernachten

Aus den Gründerjahren ▶ **Benevento:** Calle 2 Nr. 645, Ecke Diagonal 80 u. Calle 45, Tel. 0221 423 77 21, www.hotelbenevento.com. ar. Historisches Gebäude, gut erhalten, modern ausgestattet. DZ 500 $.

Minimalistisch ▶ **Apart Via 51:** Calle 51 Nr. 1162, zwischen 18 u. 19, Tel. 0221 453 57 30, www.apartvia51.com.ar. Neues Hotel in La Plata, auf der Hauptachse mit hellen, gut ausgestatteten Apartments. DZ 500 $ mit Fahrradverleih.

Hostel ▶ **Hestel:** Calle 59 Nr. 741, zwischen 9 u. 10, Tel. 0221 424 26 39, www.hostelhes tel.com. Freundlich und farbenfroh, nur drei Blocks vom Hauptplatz entfernt, freier Internetzugang. DZ 250 $, im Schlafsaal 65 $ p. P.

Essen & Trinken

Die besten Parrillas liegen entlang der Straße Buenos Aires–La Plata im Parque Centenario.

Italienisch ▶ **Ostaria valtellinese:** Calle 47 Nr. 987. Pasta und Meeresfrüchte in bester Zubereitung. 150 $.

Baskische Speisen ▶ **Centro Basko:** Calle 14 Nr. 1245, Ecke Calle 58, Tel. 0221 410 85 43. Viele Fischgerichte. 150 $.

Beliebter Treff ▶ **Cervecería Modelo:** Calle 54 Nr. 496, Ecke Calle 5, Tel. 0221 421 13 21. Ein Klassiker – Bier und Imbiss. 120 $.

Einfach ▶ **La Aguada:** Calle 50 Nr. 631, Tel. 0221 483 31 63. Speisen aller Art, Stammlokal vieler Platenser. 120 $.

Verkehr

Züge: Von der Estación La Plata, Av. 1, Ecke 44, Tel. 0221 423 25 75, www.ugofe.com.ar, regelmäßige Verbindungen zur Estación Constitución in Buenos Aires (2,10 $).

Busse: Stdl. mit dem Unternehmen Río de la Plata vom Busterminal, Calle 4, Ecke Calle 42, nach Buenos Aires zum Terminal Retiro (9 $) sowie in andere Landesteile.

Ausflug nach Uruguay
▶ 1, N 15

Karte: S. 148

Bleibt man bei dem Bild, das dem braunen Tigre den Namen gab, dann ist es von Buenos Aires aus nur ein Pumasprung ans andere, ans uruguayische Ufer. Zahlreiche Flüge bauen täglich eine Luftbrücke und rund zehnmal am Tag flitzen Tragflügelboote oder

Die Umgebung von Buenos Aires

komfortable Katamarane über das ›Süße Meer‹ in den kleinen Pufferstaat zwischen Argentinien und Brasilien. Allein wegen der Fährfahrt lohnend ist ein Besuch des Kolonialstädtchens **Colonia del Sacramento** [6] (22 000 Einw.), das man im Rahmen eines langen Tagesausflugs von Buenos Aires aus erkunden kann.

In Colonia kämpften Spanier und Portugiesen um die Grenze ihrer Kolonialimperien, der Ort gehörte wechselweise dem einen und dem anderen an. Aus dieser Zeit erhalten hat sich das – inzwischen restaurierte – historische Zentrum mit seinen hübschen Adobehäusern und dem Kopfsteinpflaster. In einem der ältesten Gebäude, heute Sitz des **Museo Portugués**, werden Zeugnisse des portugiesischen Einflusses (17./18. Jh.) am Río de la Plata ausgestellt (Manuel de Lobo 180, Plaza Mayor). Mit den Portugiesen kamen auch die Kacheln; Hunderte davon zeigt das **Museo del Azulejo** (Misiones de los Tapes 104).

Der 34 m hohe **Leuchtturm** an der breiten, mit Kanonen bestückten Stadtmauer entlang der Calle San Francisco bietet freie Sicht auf die Umgebung. Noch weiter, bei gutem Wetter sogar bis zur argentinischen Küste, sieht man von dem 75 m hohen Turm im **Parque Anchorena,** der die Sommerresidenz des uruguayischen Präsidenten umgibt und Besuchern offensteht (Ruta 21, Km 199, Tel. 00598 (0)452 215 10, Do–So um 10 und 14 Uhr, 30 Pesos Uruguayos).

Infos
Información Turística: General Flores, Ecke Rivera, Colonia, Tel. 00598 (0)452 261 41, www.coloniaturismo.com. Allgemeine Infos über Uruguay findet man unter www.turismo.gub.uy und www.uruguaynatural.com.

Übernachten
… in Colonia:
Kolonialstil ▶ **Posada Plaza Mayor:** Calle del Comercio 111, Tel. 00598 (0)452 231 93, www.posadaplazamayor.com. Hübsches Gebäude mit spanischem Patio. DZ 135 US$.
Am Flussufer ▶ **Costa Colonia Riverside:** Rambla Costanera, Ecke Torres García, Tel. 00598 (0)452 230 97, www.costacolonia.com. Modernes Boutiquehotel 1,5 km nördlich vom historischen Viertel. Tipp: Zimmer mit Blick auf den Fluss wählen. Ab 110 US$.

Essen & Trinken
… in Colonia:
An der Plaza ▶ **Pulpería de los Faroles:** Misiones de los Tapes 101, Tel. 00598 (0)452 302 71. Nettes Lokal, oft überfüllt. 30 US$.
Lokale Produkte ▶ **El Buen Suspiro:** De los Suspiros 90, Tel. 00598 (0)452 261 60, www.buensuspiro.com. Hier gibt's eine große

Ausflug nach Uruguay

Ein Ausflug ins – renovierte – Mittelalter: Colonia del Sacramento

Käse- und Weinauswahl, feine Suppen und Lasagne. 20 US$.
Im Kulturzentrum ▶ Güear: Odriozola 359, Tel. 00598 (0)99 52 42 17, www.guear.com, Mi u. So nur mittags, Mo geschl. Musik, Bücher, Designartikel zu Bruschettas & Tacos. 15 US$.

Verkehr

Schiffe: Die Reedereien Buquebus und Colonia Express verbinden Buenos Aires und Colonia mit schnellen Großkatamaranen (1 Std.) und mit der Fähre Eladia Isabel (3 Std.) bis zu 10 x tgl. Teilweise werden auch Autos transportiert. Alle Schiffe starten in Buenos Aires vom Terminal Dársena Norte am Nordende des Hafenviertels Puerto Madero, Av. Córdoba 879, Tel. 011 43 16 65 00, und kommen in Colonia im Puerto Franco, Av. Franklin Delano Roosevelt, Ecke Manuel de Lobo, an.
Busse: Vom Busterminal im Fährhafen bestehen direkte Busverbindungen nach Montevideo (2,5 Std.) und Punta del Este (4 Std.).
Mietwagen: Autoverleiher am Fährhafen in Colonia, z. B. Budget, Tel. 00598 (0)452 298 41, und Avis, im Busterminal, Tel. 00598 (0)452 298 42.

Wendig und verhältnismäßig klein sind die argentinischen *caballos criollos*, die Arbeitspferde der Gauchos

Kapitel 2
Die Pampa und ihr Hinterland

Kein anderer Landschaftsraum Amerikas – außer dem Wilden Westen – ist so mystifiziert worden wie die Pampa. Freiheit, Ungebundenheit, Ritterlichkeit, Herausforderung – alles Synonyme für eine Weite, die nach einem Dichterwort »dem schmerzlich ergriffenen Gemüt den Frieden wiedergibt«. Grasfluren bis zum Horizont, Rinderherden, Estancias, Spießbratenfeuer, lassoschwingende Gauchos auf Criollo-Pferden und darüber ein Himmel, der die Erde flachdrückt, das sind die Komponenten der Genrebilder, die – auf der Leinwand oder in der Vorstellung – die Pampa wiedergeben. Wer sich auf solche Stereotypen in Reinform festlegt, wird die Postkartenmotive mitunter etwas herausfiltern müssen. Die Pampa-Realität besteht heute auch aus Getreidesilos, Landmaschinen, Reifenlagern, Autowracks und Hochspannungsmasten, Estancias sind oft moderne Aktiengesellschaften und die Bewässerung der Felder wird mit dem Laptop errechnet. Dennoch hat dieser Landschaftsraum kaum etwas von seiner Suggestionskraft eingebüßt. Wer die Straßen verlässt, wird hinter einer *tranquera,* dem Viehgatter, vielleicht entdecken, dass der Isolator für den stromführenden Draht aus einer *taba* besteht, einem Kniegelenkknochen; man wird das Aroma der Eukalyptushaine durch die Nase einziehen und man wird den Ruf des Pampa-Schreivogels *teru-teru* oder das Dengeln der Windräder noch im Ohr haben, wenn das Autoradio schon den Soundtrack aller Tage abspielt.

Auf einen Blick
Die Pampa und ihr Hinterland

Sehenswert

Museo Juan Manuel Fangio: Für Autofreaks ein Muss ist das Museum des ehemaligen Rennfahrers in Balcarce, das an die 50 Automodelle zeigt, darunter einen Daimler von 1886, das erste Automobil der Welt (s. S. 170).

4 Córdoba: Argentiniens zweitgrößte Stadt, während der Kolonialzeit das bedeutendste spanische Zentrum Südamerikas nach Lima, lockt mit prächtigen Bauten und einem lebendigen Kultur- und Nachtleben (s. S. 198).

Villa Tulumba: Die Künstler der Jesuiten waren zumeist Indianer, darunter Guaraní, die das Tabernakel der Kirche von Villa Tulumba schufen, einst das Schmuckstück von Córdobas Kathedrale (s. S. 203).

Parque Arqueológico y Natural Cerro Colorado: Rund 30 000 Felszeichnungen haben die Comechingones und Sanavironas vor Ankunft der Spanier hier hinterlassen (s. S. 203).

Schöne Routen

Von Buenos Aires nach Santa Rosa: Ein Gefühl für die Unendlichkeit der Pampa vermittelt vor allem die von Buenos Aires nach Santa Rosa verlaufende RN 5 (s. S. 184).

Route der Jesuiten-Estancias: Von Córdoba aus nordwärts geht es auf der RN 9 vorbei an fünf Landgütern aus dem 17. Jh., mit denen die Jesuiten die Universität und die Kirche in der heutigen Provinzhauptstadt finanzierten (s. S. 202).

Unsere Tipps

Punta Rasa: Millionen von Zugvögeln legen auf der Landspitze eine Pause ein (s. S. 164).

Gute Aussicht: Insgesamt 63 Leuchttürme zieren die argentinische Küste, mehrere davon in der Provinz Buenos Aires (s. S. 166).

Sierra de las Quijadas: Wo heute Kondore segeln, zog vor 100 Mio. Jahren ein fliegendes Reptil seine Kreise, das belegen die Funde in diesem Gebirgszug (s. S. 190).

Grüner Onyx: Die Werkstätten von La Toma verführen zum Shopping (s. S. 191).

Hochkarätiges Folklorefestival: Auf dem Festival in Cosquín wurde vor fast 50 Jahren Mercedes Sosa entdeckt (s. S. 197).

aktiv unterwegs

Tierbeobachtung in der Reserva Natural Parque Luro: Einst ein Indianergebiet, dann ein Jagdrevier europäischer Aristokraten und heute eine Schutzzone mit tollen Möglichkeiten zur Beobachtung von Guanakos, Hirschen, Wildschweinen und sogar Pumas, denen man mit etwas Glück beim abendlichen Wassertrinken auflauern kann (s. S. 185).

Per Pferd durch die Sierra de los Comechingones: Ein ein- bis zweitägiger Ausritt führt von Merlo mitten hinein in diesen einsamen Gebirgszug, der mit einem Wasserfall, einem verlassenen Minenort und zauberhaften Landschaften aufwartet (s. S. 192).

Küste zwischen Buenos Aires und Bahía Blanca

Argentiniens Badeküste, die Atlántida Argentina, zieht sich in einem mehr als 600 km langen Bogen weit südlich von Buenos Aires am Meer entlang. Mal reihen sich die *balnearios*, die Strandorte, dicht aneinander, mal verlieren sie sich, nur über Stichstraßen erreichbar, in den Dünen einsamer Strände.

Manche Orte der Strandküste sind bis heute mehr improvisierte als geplante Streusiedlungen geblieben, andere haben sich zu Igeln aus Hochhäusern verdichtet und wieder andere präsentieren sich als gepflegte Villenstädte. Dieser Vielgestalt entspricht die außerordentlich gemischte Besucherschar von über 10 Mio. Menschen jährlich, von denen zwar weitaus die meisten in der Hochsaison (Jan./Febr.) kommen, immer mehr jedoch die Reize – und billigeren Preise – der Vor- und Nachsaison zu entdecken bereit sind. Zu diesem Ausgleich tragen auch Naturreservate, die vielen Campingplätze, außersaisonale Angelwettbewerbe und eine vom Brasilstrom gemäßigte Wassertemperatur (im Sommer max. 25 °C, im Winter mind. 8 °C) bei.

Die Küste nördlich von Mar del Plata

Bahía Samborombón ► 1, O 17

Von Buenos Aires aus gelangt man relativ zügig über die gut ausgebaute RN 2 ins 400 km entfernte Mar del Plata; wer die nördlicheren Strandorte ab San Clemente del Tuyú zum Ziel hat, zweigt schon in Dolores auf die RP 11 ab. Reisende mit Sinn für Einsamkeit und einem etwas größeren Zeitbudget sollten ab La Plata auf der RP 36 oder RP 11 durch die Pampa um die **Bahía Samborombón** fahren. Die Landschaft hier ist so ursprünglich, dass man meinen könnte, die menschliche Besiedlung der Gegend habe eben erst begonnen.

Cabo San Antonio ► 1, O 17/18

Die eigentliche Badeküste beginnt am Südhorn der Bahía Samborombón, dem **Cabo San Antonio** oder **Punta Rasa,** wo die Geografen die Grenze für das Mündungsdelta des Río de la Plata ziehen. Tatsächlich aber lässt das lehmbraune Flusswasser erst etwa auf Höhe von Pinamar das Meer sein atlantisches Grün zurückgewinnen. Am Cabo San Antonio steht der nördlichste von den 20 ca. 100-jährigen Leuchttürmen, die die Küste Argentiniens bis heute bewachen (s. S. 166). Zu Füßen dieses 63 m hohen Stahlgerüsts liegen in einem 31 ha großen Park die **Termas Marinas,** ein Thermalbad, dessen salze- und mineralienhaltiges Wasser mit 43 °C an die Oberfläche gepumpt wird (Tel. 02252 42 30 00, www.termasmarinas.com.ar, tgl. Jan./Febr. 10–20, März 10–19, April–Dez. 10–18 Uhr, Erw. 130 $, Kinder 3–10 Jahre 90 $).

Um die Thermalbäder erstreckt sich die **Reserva Natural Punta Rasa** (www.punta rasa.com.ar), wie die gesamte Marschlandschaft um die Bahía Samborombón ein Rastplatz für Millionen von Zugvögeln. Die gefährdete Fluss-Seeschwalbe *(Sterna hirundo),* Wasserläufer, Schnepfen, Kiebitze und Regenpfeifer ziehen zwischen Oktober und November aus Kalifornien und Alaska, aber auch aus Nordeuropa via Azoren nach Punta Rasa, wo sie sich bis März/April für den Rückflug erholen. Eine zweite Vogelschar aus dem extremen Süden überwintert in dem milderen Pampa-Klima zwischen April und September. Schwärme von mitunter 30 000 dieser gefie-

164

Die Küste nördlich von Mar del Plata

derten Gäste malen wechselnde Flugmuster an den Himmel. Unter den ständigen Bewohnern dieser wilden Landschaft befinden sich mehrere Möwenarten – darunter die *gaviota cangrejera* oder *Larus atlanticus,* die Taschenkrebse ganz verschlingt – sowie Flamingos, Graufüchse und Wasserschweine.

San Clemente del Tuyú und Umgebung ► 1, O 18

Etwa 7 km südlich liegt **San Clemente del Tuyú,** der nördlichste einer sich 100 km an der Küste entlangziehenden Kette von Orten, die unter der Verwaltungsbezeichnung **Partido de la Costa** zusammengefasst sind: Las Toninas, Costa Chica, Santa Teresita, Mar del Tuyú (mit der zentralen Touristenbetreuung für diesen Küstenabschnitt), Costa del Este, Aguas Verdes, La Lucila, San Bernardo, Mar de Ajó, Nueva Atlantis, Pinar del Sol, Costa Esmeralda und Punta Médanos.

Am Nordrand von San Clemente lohnt das Ozeanarium **Mundo Marino** einen Besuch. Auf den ersten Blick meint man in einer Kopie von Disneyland gelandet zu sein, selbst dressierte Orkas fehlen nicht. Aber alle Tiere in dem 40 ha großen Park wurden aus Lebensgefahr gerettet (z. B. erdölverschmierte Pinguine) und werden nach ihrer Genesung größtenteils wieder auf ein Leben in der freien Natur vorbereitet. Besonders interessant ist die Bootsfahrt durch die Marschlandschaft, in der Milliarden Krebse leben (Av. Décima 157, Tel. 02252 43 03 00, www.mundomarino.com.ar, Jan./Febr. tgl. 10–20, Dez./März tgl. 10–18, Nov. Mi–So 10–18, April–Okt. meist nur Fr–So 10–18 Uhr, Erw. 189 $, Kinder 3–10 Jahre 126 $).

Ein paar Kilometer westlich von San Clemente in Richtung General Lavalle führt eine Abzweigung zum **Parque Nacional Campos del Tuyú,** der auf 3040 ha die typische Fauna und Flora der Golfküste beherbergt, u. a. den gefährdeten Pampa-Hirsch *(Ozotoceros bezoarticus celer).* Im 19. Jh. wurden Unmengen von Hirschleder exportiert, heute leben nur noch rund 2000 der kleinen Tiere, knapp die Hälfte davon in diesem Nationalpark. Um die Brücke über den Canal 2 an der RP 11 führt ein gut ausgeschilderter Pfad, der die Beobachtung zahlreicher Arten ermöglicht (Parkverwaltung: Mitre 160, General Lavalle, Tel. 02252 40 10 85, www.parquesnacionales.gov.ar).

Infos

Oficina de Turismo: Calle 2, Ecke Calle 63, Tel. 02252 43 07 18, www.sanclementedeltuyu.com.ar, www.portaldelacosta.com.ar/san clemente.htm.

Übernachten

Am Meer ► **Hotel Fontainebleau:** Calle 3 Nr. 2294, Ecke Av. Costanera, Tel. 02252 42 11 87, www.fontainebleau.com.ar. Renovierte Zimmer mit Blick aufs Meer, Pool, Restaurant. DZ 740 $.

Solide und freundlich ► **Hotel Morales:** Calle 1 Nr. 1856, Tel. 02252 43 03 57, www.hotelmorales.com.ar. Nur 100 m vom Strand entfernt, mit Swimmingpool, WLAN, Snackbar. DZ 620 $.

Essen & Trinken

Asado ► **La Parrillita:** Calle 1 Nr. 2178, Tel. 02252 63 00. Bestes Fleisch vom Grill. 130 $.

Regionale Küche ► **La Querencia:** Calle 1 Nr. 2453, Tel. 02252 42 30 81. Fisch, Paella, Grillfleisch. 120 $.

Fisch nach Gewicht ► **Los Mugu:** Av. 11 Nr. 240, Tel. 02252 42 11 48. Familienbetrieb am Fischerhafen, Tipp: geräucherte oder gegrillte Meeräsche. 120 $.

Verkehr

Busse: Zahlreiche Verbindungen tgl. vom Busterminal, Av. Naval, Ecke San Martín, nach Buenos Aires (Terminal Retiro).

San Bernardo und Mar de Ajó ► 1, O 18

Über **Mar del Tuyú** erreicht man **San Bernardo,** die hübscheste und modernste unter diesen unprätentiösen, dennoch jährlich 3 Mio. Gäste anziehenden Ortschaften. Das – zumindest während der Sommersaison – sehr aktive Nachtleben zieht vor allem jüngere Gäste an.

Küste zwischen Buenos Aires und Bahía Blanca

Tipp: Gute Aussicht garantiert

Die 4725 km lange Atlantikküste Argentiniens wird von 63 Leuchttürmen bewacht. Der allererste war der 1884 auf der Isla de los Estados errichtete **Faro San Juan de Salvamento,** viel bekannter als »Leuchtturm am Ende der Welt«, so nannte ihn Jules Verne in seinem 1905 erschienenen gleichnamigen Roman.

Dem Faro San Juan folgten bis 1921 rund 20 weitere Leuchttürme, von denen die meisten – und die höchsten – in der Provinz Buenos Aires zu finden sind. Für die Schifffahrt haben die Leuchttürme weitgehend an Wert verloren, dafür bieten sie Landratten heute fantastische Aussichtsplattformen und auch in architektonischer Hinsicht sind interessante Exemplare dabei.

Kein anderer als M. Gustave Eiffel konstruierte die höchsten Türme, die in Einzelteilen von Frankreich verschifft und vor Ort wieder zusammengebaut wurden, beispielsweise den 59 m hohen **Faro Punta Médanos** (1891) südlich von Mar de Ajó, den 63 m hohen **Faro San Antonio** (1892) südlich von Bahía Blanca und den 67 m hohen **Faro Recalada** (1906), Südamerikas höchsten Leuchtturm, bei Monte Hermoso – jede der 293 Stufen ist die Mühe wert. Nicht minder sehenswert sind die 1921 gebauten Backstein-Leuchttürme **Faro Querandí** (56 m) bei Villa Gesell, **Faro Quequén** (34 m) bei Necochea und **Claromecó** (54 m) beim gleichnamigen Strandort.

Der südliche Nachbarort **Mar de Ajó** feiert jährlich im November sein Corvina-Rubia-Angelfest, bei dem der frische Fang auf dem Grill zubereitet und kostenlos verteilt wird. Im Übrigen bieten Fischlokale, je nach Jahreszeit, *corvina rubia* (Adlerfisch), *brótola* (brasilianischer Gabeldorsch) und die kleinen, silbernen *cornalitos* (diese als Pfannengericht) an. Bei Ebbe sind mehrere Schiffwracks zu sehen, darunter der deutsche Dreimaster Margarethe, der im Jahr 1880 auf seiner Fahrt nach Chile genau vor der heutigen Avenida San Martín unterging. Am Südende der Stadt bietet der **Faro Punta Médanos** (s. oben) einen tollen Blick auf die flache Küstenlandschaft.

Infos

Secretaría de Turismo Mar del Tuyú: Av. Costanera 8001 u. Av. 79, Ecke Calle 13, Mar del Tuyú, Tel. 02246 43 30 96 u. 43 43 41. Infos über Mar del Tuyú und Umgebung.

Übernachten

... in San Bernardo:

Sterne am Strand ▶ South Beach: Costanera 3557, Tel. 02257 46 25 91, www.south-beach.com.ar. Vier-Sterne-Hotel direkt am Meer, Pool, Restaurant. DZ 800 $.

... in Mar de Ajó:

Familienbetrieb ▶ Hostería Mar de Ajó: Costanera Norte, Ecke Juan Manuel de Rosas, Tel. 02257 42 00 23, www.hosteriamardeajo.com.ar. Am Meer, mit eigenen Strandzelten. DZ 715 $.

Camping ▶ Municipal: Francisco de las Carreras 800, Tel. 02257 42 01 04. Direkt am Strand. 75 $ p. P.

Essen & Trinken

... in San Bernardo:

Parrilla ▶ El Quincho: Catamarca, Ecke Esquiú, Tel. 02257 46 67 00. Gutes Grillfleisch, aber auch Pasta und Fisch in angenehmem Ambiente. 150 $.

Traditionell ▶ Yovanna: Machado 335, Tel. 02257 46 16 05. In diesem einfachen, traditionellen Restaurant gibt es gute Pasta und Fisch. 120 $.

... in Mar de Ajó:

Klassiker im Ort ▶ El Viejo Molino: Avellaneda 194, Tel. 02257 42 01 94. Meeresfrüchte und Pasta. 130 $.

Termine

Semana de Santos Vega (Anfang März): Folklore, Gaucho-Reitkunst. In General Lavalle (auf RP 11).

Die Küste nördlich von Mar del Plata

Fiesta de la Corvina Rubia (3. Wochenende im Nov.): In Mar de Ajó (s. S. 166).

Pinamar und Umgebung
▶ 1, O 19

Die flachen, hellbraunen Sandstrände setzen sich nach Süden fort, wo jetzt lang gezogene, von Waldinseln besetzte Dünen den Charakter der Landschaft bestimmen. Der Name des Ortes **Cariló,** der zusammen mit **Valeria del Mar** und **Ostende** zur Großgemeinde **Pinamar** gehört, verrät es: *cariló,* eine indianische Bezeichnung, bedeutet ›grüne Düne‹.

Von den größeren Seebädern Argentiniens ist das baumreiche Pinamar das schmuckste. Nicht selten werden hier Hotelzimmer zwei Jahre im Voraus gebucht. Pinamar verdankt seinen Taufnamen dem 22 km langen, mehr als 3 km breiten Pinienwaldgürtel, der sich am Atlantik entlangzieht. Dass in dem erst 1943 von dem Unternehmer Jorge Bunge gegründeten, heute 10 000 Einwohner zählenden Ort überhaupt Hochhäuser entstanden sind, bedauert man mittlerweile. Ein neuer Bebauungsplan sorgt dafür, dass nur noch in wenigen Kernzonen maximal dreigeschossige Häuser entstehen, ansonsten gilt die Regel: ein Chalet pro Grundstück, unabhängig von dessen Größe.

Noch in dieser Waldgemeinde manifestiert sich der typisch argentinische Hang zur Individualität: Jede Gemarkung bis hin zum exklusiven, von Schranken bewachten Cariló, dessen vereinzelte Villen sich zwischen den Bäumen verstecken, bewahrt ihre Eigenheit. Ältestes Schaustück ist das von nostalgischen Belgiern im Jahr 1913 erbaute **Viejo Hotel Ostende** im gleichnamigen Ortsteil von Pinamar. Hier verbrachte der Franzose Antoine de St. Exupéry zwei Sommer und Adolfo Bioy Casares und Silvina Ocampo diente das Etablissement als Schauplatz eines Romans. Heute findet im Hotel im Dezember ein Schriftstellertreffen und im März ein internationales Künstlertreffen statt.

Infos

Secretaría de Turismo: Av. Shaw 18, 3 Blocks vom Strand entfernt, Pinamar, Tel. 02254 49 16 80/81, www.pinamar.gov.ar u. www.pinamarturismo.com.ar, Jan./Febr. tgl. 8–22, März–Dez. Mo–Sa 8–20, So 10–18 Uhr; Boyero, Ecke Castaño, Cariló, Tel. 02254 54 07 73, Jan./Febr. 8–22, März–Dez. Do–Di 10–17 Uhr.

Übernachten

… in Pinamar:

Nobel ▶ **Playas Hotel:** Av. Bunge 250, Tel. 02254 48 22 36, www.playashotel.com.ar. Traditionelles Hotel in der Hauptstraße, mit Pool und gutem Restaurant (Ceviche). DZ ab 900 $ inkl. Golf.

Familiär & ruhig ▶ **Berlin:** Rivadavia 326, Tel. 02254 48 23 20, www.hotelberlinpinamar. com.ar. Familienbetrieb deutscher Einwanderer. DZ 190 $.

Camping ▶ **Quimey Lemú:** RP 11 Km 392,7, 200 m nördlich der Ortseinfahrt aus Richtung Mar de Ajó, Tel. 02254 48 49 49, www.quimeylemu.com.ar. Auf 5 ha großem, bewaldetem Gelände; Bungalows, Restaurant, ca. 2 km zum Strand. Camping 50 $ p. P. plus 50 $/Zelt, Bungalows für 2 Pers. 290 $.

… in Ostende:

Für Kunstfreunde ▶ **Viejo Hotel Ostende:** Biarritz, Ecke Cairo, Tel. 02254 48 60 81, 011 43 26 64 61 u. 011 43 27 10 93, www.hotel ostende.com.ar, geöffnet vom 10.12. bis 10.3. Traditionelles Hotel in der Hauptstraße, Treffpunkt von Künstlern und Schriftstellern. Pool, WLAN. DZ ab 1100 $ inkl. HP und Strandzelt.

… in Cariló:

Apart-Hotel ▶ **La Galería:** Jacarandá, Ecke Albatros, Tel. 02254 47 06 68, www.apartho tellagaleria.com.ar. Bungalows mit Frühstück, WLAN, Pool, Spa. DZ ab 153 US$.

Im Strandwald ▶ **Hostería Cariló:** Avutarda, Ecke Jacarandá, Tel. 02254 57 07 04, www.hosteriacarilo.com.ar. Mit Pool, Spa. 3 Nächte ab 4200 $ im DZ.

Essen & Trinken

… in Pinamar:

Am Meer, aus dem Meer ▶ **La Gamba:** Av. del Mar, Ecke De las Gaviotas, Tel. 02254 48 50 20, www.tante.com.ar/lagamba. Strandrestaurant, Fisch und Meeresfrüchte. 240 $.

Küste zwischen Buenos Aires und Bahía Blanca

Gulasch und Fondue ▶ Tante: De las Artes 35, Tel. 02254 49 49 49, www.tante.com.ar, April–Nov. Di/Mi geschl. Traditionelles Restaurant mit mitteleuropäischer Küche, Zweigstelle in Cariló, Divisadero 1470. 220 $.

Fischer-Ambiente ▶ Cantina Tulumei: Av. Bunge 64, Tel. 02254 48 86 96, www.tulumei.com.ar. Frischer Fisch und gute Zubereitung haben hier Vorrang vor feiner Ausstattung. 150 $.

Parrilla ▶ La Carreta: De las Artes 153, Tel. 02254 48 49 50. Fleisch am Spieß. 150 $.

Vereinsheim ▶ Club Italiano: Eneas 275, Tel. 02254 48 45 55. Pasta. 120 $.

... in Cariló:

Hotelrestaurant ▶ Tiramisú: Avutarda, Ecke Jacarandá, in der Hostería Cariló, Tel. 02254 57 07 04, www.hosteriacarilo.com.ar. Angenehmes Ambiente, Sitzplätze im Freien, gute Küche. 250 $.

Abends & Nachts

... in Pinamar:

Casinos ▶ Casino Del Bosque: Júpiter, Ecke Av. Bunge, Tel. 02254 40 61 74. **Casino Pinamar:** RP 11 Km 399, Tel. 02254 48 64 27.

Megadisco ▶ Ku-Alma-Archie: Av. Quintana, Ecke Corso, Tel. 02254 48 00 00. Riesiger Komplex für rund 3400 Tänzer – Ku: elektronische Musik; Alma: Rock, Dance und Latino-Hits; Archie: Cumbia und brasilianische Rhythmen.

Livemusik ▶ La Iguana Bar: Av. Libertador 27/45, 1. Stock, Tel. 02254 48 13 34. Während der Saison ab Mitternacht Party bis zum Sonnenaufgang.

Fiesta ▶ UFO Point: Av. del Mar, Ecke Tobías, am Strand, Tel. 02254 48 85 11. Sushi, Drinks und die Musik der bekanntesten DJs.

Drinks und Tapas ▶ Blue Bar: Av. Bunge, Ecke Del Buen Orden, Tel. 02254 40 58 99. Tequila, Sushi und Pizza, aber auch Wein, Fisch und Fleisch.

Aktiv

Reiten ▶ Estancia Dos Montes: RP 11 Km 400, Ausfahrt Cariló, Tel. 02254 48 00 45 u. 02267 15 52 32 57. Ausritte am Strand, Touren im Pferdewagen, Dressurreiten und Polo-

spielen auf der Estancia der Familie Guerrero, der Gründer von Cariló.

Dünensafari ▶ Turismo Aventura Wenner: Av. Bunge 64, Pinamar, Tel. 02254 48 79 51 u. 02267 15 67 68 35. Ausflüge mit dem Geländewagen zu den größeren Dünen, wo man prähistorische Muscheln findet und auf den Sandhängen surfen kann.

Verkehr

Züge: Der Zugverkehr nach Buenos Aires wurde 2011 im Rahmen des kritischen Zustands der Bahn vorläufig eingestellt.

Busse: Das Busterminal Pinamar, Av. Bunge, Ecke Intermédanos, Tel. 02254 40 35 00, wird von zahlreichen Unternehmen angesteuert.

Villa Gesell und Umgebung
▶ 1, O 19

Der nächste größere Küstenort, das 21 km entfernte **Villa Gesell,** trägt den Namen seines Schweizer Gründers. Als Carlos Idaho Gesell 1931 an diesen damals noch einsamen Gestaden einen 100 km langen Strandstreifen erwarb und übermütig ein verschlungenes Wegenetz in den Sand malte, hätte er sich nicht träumen lassen, dass die schlangenförmigen Straßen in der heute ca. 31 000 Einwohner zählenden Stadt eher verkehrsbehindernd wirken. 1,5 Mio. vorwiegend jugendliche, von zahlreichen Bowlingsälen, Kartingbahnen, Diskotheken und Pubs angezogene Sommergäste überfluten jedes Jahr den Ort, wo Don Carlos einst Pinien und Akazien pflanzte, um die Wanderdünen zu befestigen.

Nur 4 km südlich von Villa Gesell befinden sich nebeneinander die Strandorte **Mar de las Pampas** und **Mar Azul.** Sie vermitteln sogar im Sommer noch eine gewisse Ruhe, die in den größeren Orten längst verloren gegangen ist. 20 km weiter südlich führt eine nur für Geländewagen passierbare Piste über die Sanddünen zum 56 m hohen **Faro Querandí** (s. S. 166).

Gut 100 km sind es noch von Villa Gesell bis nach Mar del Plata (s. S. 171), dem touristischen Zentrum an diesem Küstenabschnitt. Auf dem Weg durch die Sandhügellandschaft passiert man die malerische **Laguna Mar**

Die Küste nördlich von Mar del Plata

Villa Gesell – keine Schönheit, aber Strand- und Urlaubsfeeling allenthalben

Chiquita mit ihren in den Mulden versteckten Bungalows und schattigen Campingplätzen.

Infos
Secretaría de Turismo: Büro Nord, Camino de los Pioneros 1921, Villa Gesell, Tel. 02255 45 72 55 u. 45 85 96, www.gesell.gov.ar, tgl. im Winter 8–20, im Sommer 8–22 Uhr; Büro Zentrum, Av. 3 Nr. 820 (im Busterminal), Tel. 02255 47 80 42, im Winter 8–20, im Sommer 5–24 Uhr; Büro Mar de las Pampas, Mercedes Sosa, Ecke El Lucero, Tel. 02255 45 28 23, im Winter 8–20, im Sommer 8–22 Uhr.

Übernachten
... in Villa Gesell:
Ruhig ▶ **Playa Hotel:** Alameda 205, Ecke Paseo 303, Tel. 02255 45 45 70, www.playahotelgesell.com.ar. Ältestes Hotel im Ort, etwas abseits vom turbulenten Zentrum, 7 angenehme Zimmer. DZ 570 $.
Am Meer ▶ **Hotel Atlántico:** Costanera und Paseo 105, Tel. 02255 46 22 53, www.atlanticohotel.com.ar. Das erste Hotel am Meer in Villa Gesell, im alten Stil und doch modern. DZ 330 $.
Mit Patio ▶ **Residencial Viya:** Av. Cinco Nr. 582, zw. Calles 105 u. 106, Tel. 02255 46 27 57, www.gesell.gov.com.ar/viya. Sympathischer Familienbetrieb, 500 m vom Strand. Ab 120 $ p. P.
Camping ▶ **Monte Bubi:** Paseo 168, zwischen Av. 3 und dem Strand, am Südende des Ortes, Tel. 02255 47 07 32, www.montebubi.com.ar. Gute Infrastruktur auf 5 ha Waldgelände am Strand. 96 $ p. P. **Mar Dorado:** Av. 3, Ecke Paseo 170, Tel. 02255 47 09 63, www.mardorado.com.ar. Neben Camping Monte Bubi, ähnliches Angebot. 96 $ p. P.

Essen & Trinken
... in Villa Gesell:
Familienbetrieb ▶ **Olivia:** Paseo 110 Nr. 334, zwischen Calles 3 und 4, Tel. 02255 46 76 12. Ausgezeichnete Mittelmeerküche, angenehmes Ambiente. 180 $.

Küste zwischen Buenos Aires und Bahía Blanca

Bei Antonia ► **La Casa de Antonia:** Calle 303, Ecke Bv. Norte, Tel. 02255 45 86 66, März–Nov. nur Fr–So. Fondue, hausgemachte Pasta. Auch Teehaus. 170 $.

Waldhaus ► **El Viejo Hobbit:** Av. 8 Nr. 1165, zwischen Calles 111 und 112, Tel. 02255 46 58 51, www.gesell.com.ar/hobbit/. Käseplatten, Fondue und Bier. 120 $.

Parrilla ► **El Estribo:** Av. 3, Ecke Paseo 109, Tel. 02255 46 02 34, www.gesell.com.ar/elestribo. Das beste Grillrestaurant im Ort. 120 $.

Abends & Nachts
... in Villa Gesell:
Disco ► **Pueblo Límite:** Av. Buenos Aires 2600, an der nördlichen Zufahrtsstraße ab RP 11, www.pueblolimite.com. Für bis zu 10 000 Personen, drei Tanzsäle und vier Restaurants.

Jazz zum Dinner ► **Sutton 212:** Paseo 105 Nr. 212, Ecke Av. 2, Tel. 02255 46 06 74, www.sutton212.com.ar. Restaurant und Bar, DJ-Musik, Terrasse.

U-30 ► **Le Brique:** Av. 3, zw. Av. Buenos Aires u. Paseo 102. Disco.

Pub-Bar ► **El Chauen:** Paseo 104, zw. Avenidas 3 u. 4. V. a. elektronische Musik.

Traditionspub ► **La Vieja Jirafa:** Av. 3, zw. Paseo 102 u. Paseo 103. Seit 1961 Teil der lokalen Rock-'n'-roll-Szene.

Aktiv
Touren ► Um die Plaza Carlos Gesell, Av. 3, Ecke Paseo 111, bieten verschiedene Agenturen Touren in Geländewagen zum Faro Querandí an, u. a. **El Último Querandí,** Tel. 02255 46 89 89.

Verkehr
Flüge: Der Flughafen, Tel. 02255 45 73 01, liegt 3 km südlich von Villa Gesell an der RP

Tipp: Gaucho mit Silberpfeil

Als kleines Kontrastprogramm zum Strandleben empfiehlt sich ein Ausflug ins 60 km westlich von Mar del Plata gelegene **Balcarce** mit dem Automobilmuseum des unvergesslichen fünffachen Weltmeisters Juan Manuel Fangio. Er steuere nicht mit den Händen, sondern mit dem Körper, sagten Beobachter 1940, als der junge Mann aus dem Kartoffeldorf Balcarce auf einem frisierten Chevrolet gerade das 9445 km lange Marathonrennen durch Nordargentinien, Bolivien und Peru gewonnen hatte. Seine gekurvten Beine, meinten sie, erlaubten ihm, sich wie eine Spreizfeder ins Gehäuse des Autos zu klemmen und so die Karosserie wie eine zweite Haut zu empfinden. Damit hatte der Mann mit den Gauchobeinen (obwohl nur mit den Pferdestärken von Motoren vertraut) seinen Spitznamen weg: Chueco (›Reiterbein‹).

Mit 37 Jahren unterschrieb er seinen ersten Vertrag als Berufsrennfahrer bei Alfa Romeo, zwei Jahre später (1951) gewann er die Automobilweltmeisterschaft mit der gleichen Marke. Die nächsten Trophäen gingen an seinen hoch geachteten, in einem dramatischen

Rennen tödlich verunglückten Freund Alberto Ascari. 1954 und 1955 siegte Fangio mit dem legendären Mercedes-Silberpfeil. 1956 kletterte Chueco in einen Ferrari, 1957 in einen Maserati – und wurde wieder beide Male Champion. Fast 50 Jahre lang war Fangio mit seinen fünf WM-Titeln in der Formel 1 Rekord-Weltmeister (erst 2003 gelang es Michael Schumacher, ihn von seinem Thron zu stürzen). Mit 47 Jahren zog sich Chueco von den heißen *fierros,* wie die Argentinier die schnellen Autos nennen, zurück. Der Ex-Champion starb Mitte 1995.

Das von ihm geschaffene **Museo Juan Manuel Fangio** in Balcarce, seinem Geburtsort, zeigt – vom ersten Automobil der Welt, einem Daimler von 1886, über den Blitzen-Benz von 1909 (der 15 Jahre lang den Geschwindigkeitsweltrekord hielt) bis zum Mercedes-Silberpfeil – 46 ausgewählte Modelle aus aller Welt und wird jährlich von rund 80 000 Besuchern angeschaut (Dardo Rocha, Ecke Mitre, Tel. 02266 42 55 40, www.museofangio.com, 2.1.–28.2. tgl. 10–19 Uhr, 16.3.–31.12. tgl. 10–17 Uhr, 65 $).

11. Während der Sommersaison tgl. mit Sol nach Buenos Aires.
Busse: Vom Busterminal, Av. 3, Ecke Paseo 140, Tel. 02255 47 72 53, gibt es gute Verbindungen entlang der Küste und nach Buenos Aires.

Mar del Plata ▶ 1, N/O 19/20

Mar del Plata (650 000 Einw.) ist der Klunker unter den Perlen der Atlántida Argentina. Der wenig nördlich davon noch flach geschwungene Meeressaum wölbt sich hier zur Steilküste auf und lässt die bis an den Rand gerückte Rote Stadt am Meer (so genannt wegen ihrer zahlreichen Backsteinbauten, allen voran das gewaltige Spielkasino) wie eine der Brandung trotzende Festung erscheinen. Im Hochsommer, wenn eineinhalb Millionen Menschen in Mar del Plata wohnen, gleichen die dem Häusermeer vorgelagerten Strände mit ihren Batterien von Badekabinen einer brodelnden Masse. Doch Argentinier, die diese Art der Entspannung suchen, genießen den Betrieb. Ein schönes Wrack ziert die dramatische Kulisse, wenn man vom Norden kommt. Zwischen der Hochhausarchitektur zelebriert immer noch Alt-England mit schönen Fachwerkhäusern anglo-argentinischen Landhausstil. Das nobelste Beispiel ist das über dem Meer thronende Gebäude des **Club de Golf** an der Playa Grande (Aristóbulo del Valle 3940).

Über der Playa Grande sonnen sich die Residenzen der Wohlhabenden. Die 1912 in Einzelteilen aus England verschiffte **Villa Ocampo** aus Holz und Eisen erinnert an die 1920er- und 1930er-Jahre, als Mar del Plata noch keine Touristenhochburg war. In der Sommerresidenz der Schriftstellerin Victoria Ocampo (1890–1979), heute zum **Museo Cultural Villa Victoria Ocampo** umfunktioniert, waren unter anderen Rabindranath Tagore, Igor Stravinsky, Virginia Woolf, T. S. Eliot und Graham Greene zu Gast. Heute finden hier regelmäßig kulturelle Veranstaltungen statt, aber allein ein Blick in das bezaubernde Haus und den Garten sind den Besuch wert

(Matheu 1851, Tel. 0223 492 21 93, tgl. 10–13, 17–23 Uhr, 12 $).

Mit einer spektakulären Pop-Art-Ausstellung wurde Anfang 2014 das 7000 m² große **Museo de Arte Contemporáneo (MAR)** eingeweiht (Av. Camet, Ecke López de Gomara, Do–Di 17–23 Uhr, Eintritt frei).

Parks, Alleen und die – wie könnte sie anders heißen – **Plaza San Martín** lockern die mit Geschäften, Galerien, Restaurants und Bars gefüllte Innenstadt auf. Permanenter Anziehungspunkt mit oft 25 000 Besuchern täglich ist Argentiniens größtes Spielkasino. Mar del Platas malerischster Winkel bleibt sein **Fischerhafen** mit den rot und gelb angestrichenen Holzkuttern. Seehunde kommen bis an die Kaimauer heran, um sich zwischen den vertäuten Schiffen einen Brocken zu schnappen. Das Südende von Mar del Plata bildet der 35,5 m hohe **Faro Punta Mogotes** (1890).

Infos
Ente Municipal de Turismo (EMTUR): Bulevar Marítimo Peralta Ramos 2270, Rambla Edificio Casino, Local 51, Tel. 0223 495 17 77, www.turismomardelplata.gov.ar. Viele Infos über Mar del Plata und Umgebung.

Übernachten
Als größter Badeort an der argentinischen Küste besitzt Mar del Plata ein überwältigendes Übernachtungsangebot – die Stadt verfügt über rund 740 Hotels, von denen die meisten das ganze Jahr über geöffnet sind. Von den insgesamt acht Campingplätzen der Stadt sind die Strandplätze an der RN 11 (Küstenstraße nach Süden) am empfehlenswertesten.

Stylisch ▶ NH Gran Hotel Provincial: Av. Peralta Ramos 2502, Tel. 0223 499 59 00, www.granhotelprovincial.net. Das renovierte Traditionshotel liegt direkt am Strand. Spa, Pool, Restaurant. DZ 1700 $.

Haus im Tudor-Stil ▶ Hotel Calash: Falucho 1355, Tel. 0223 451 61 15, www.calash mdp.com.ar. Einfache, helle Räume, ruhig gelegen und doch in Strandnähe, ca. 500 m vom Busterminal. DZ ab 570 $.

Küste zwischen Buenos Aires und Bahía Blanca

Am Leuchtturm ▶ **Ayres Sur:** Guernica 66, Tel. 0223 467 33 46, http://ayressur.blogspot.de, nur Dez.–April. Abseits vom Rummel am Südende der Stadt. Einfach, aber modern. Tipp: Zimmer mit Balkon zum Meer. DZ 450 $.

Hostel ▶ **Yanquetruz:** 9 de Julio 3634, Tel. 0223 473 80 98, www.yanquetruz.com.ar. Hostelling International angeschlossen. DZ 225 $, im Schlafsaal 140 $.

Camping ▶ **Autocamping Del Faro:** Paseo Costanero Sur Presidente Illia 800, Tel. 0223 467 11 68, www.autocampingdelfaro.com.ar. Ca. 800 m vom Leuchtturm Punta Mogotes entfernt, gute Infrastruktur, Pool, 300 m vom Strand. Bungalow für 4 Pers. 600 $, Zelt für 2 Pers. 150 $. **Los Horneros:** Paseo Costanero Sur Presidente Illia 18, Chapadmalal (20 km südlich von Mar del Plata, Abzweigung von

Im Hafen von Mar del Plata vergisst man die Halbmillionenstadt im Hintergrund

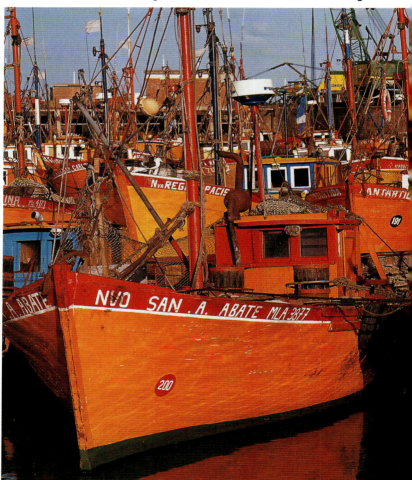

Mar del Plata

der RN 11 bei Km 545, dann 800 m landeinwärts), Tel. 0223 469 92 60, www.camping loshorneros.com. 15 km vom Leuchtturm, gute Infrastruktur mit Restaurant, Tennisplatz, Pool. 80 $ p. P.

Essen & Trinken
Fisch & Wein ▶ **Sarasanegro:** San Martín 3458, Tel. 0223 473 08 08, www.sarasanegro.

com.ar. Ausgezeichnete Fischspeisen, ausgesuchte Weine. Degustationsmenü 220 $.
Wie auf einem Schiff ▶ **Virazón:** Centro Comercial del Puerto, Local 7, Tel. 0223 480 16 32. Bestes Lokal im Fischereihafen, Tipp: Schwarzhecht *(merluza negra).* 180 $.
Frischester Fisch ▶ **Viento en Popa:** Av. Martínez de Hoz 257. Sehr gute Fischspeisen in leider etwas nüchternem Ambiente, Reservierung nötig. 180 $.
Grill ▶ **Parrilla Perales:** San Lorenzo, Ecke Dorrego, Tel. 0223 472 69 71, nur abends. Hier gibt es bestes Fleisch, u. a. preisgekrönte Spanferkel. 140 $.
Italienisch ▶ **Di Rocco:** San Luis 2691, Tel. 0223 494 90 78. Ausgezeichnete Pasta. 75 $.
Parrillas ▶ **Dena Ona:** Córdoba 3026, Tel. 0223 495 93 26, www.denaona.com.ar. Gute Grillgerichte, u. a. Spanferkel. 150 $. **Pehuén:** Bernardo de Irigoyen 3666, Tel. 0223 486 39 60. Gutes *bife de chorizo*. 150 $.
Im Fischerclub ▶ **Espigón de Pescadores:** Escollera Club de Pescadores, Bv. Marítimo Peralta Ramos 1700, Tel. 0223 493 17 13. Schöne Lage ›im Meer‹ auf der Mole des Fischerclubs. 140 $.
Hausgemachte Pasta ▶ **Nonna Rafaella:** Alberti 2583, Tel. 0223 493 58 61. Fisch, Pasta und Pizza und andere Gerichte im gemütlichen Ambiente eines alten Hauses. 140 $.
Großes Biersortiment ▶ **Barley:** Hipólito Yrigoyen 3102, Tel. 0223 493 58 33, www.barleyresto.com.ar. Snacks, Fischspeisen und junges Publikum. 150 $.
Nette Ecke ▶ **La Fontanella:** Rawson 2302, Tel. 0223 494 05 33, www.lafontanellamdp.com.ar, nur abends. Hausgemachte Pasta, Fisch und Pizza. 130 $.
Hausbrauerei ▶ **Antares:** Córdoba 3025, Tel. 0223 492 44 55. Hausgebrautes Bier, Pizza, Käse- und Aufschnittplatten. 100 $.

Abends & Nachts
Megadisco ▶ **Sobremonte:** Av. Constitución 6690, Tel. 0223 479 26 00, www.sobremonte.com.ar. Zwei Dancefloors, exklusiver, von internationalen DJs beschallter Saal mit Terrasse und Pool, Latino Danzabar, zwei Restaurants.

Küste zwischen Buenos Aires und Bahía Blanca

Casino ▶ Casino Central: Bv. Marítimo Peralta Ramos 2148, Playa Bristol, Tel. 0223 495 70 11, www.loteria.gba.gov.ar, tgl. 16–3, Sa/So bis 4 bzw. 5 Uhr (Jan.–März). Auf rund 7000 m² 60 Roulettetische, Black Jack etc.
Drinks & food ▶ Willow Beach Irish Bar: Roca u. Strand, Complejo La Normandina, Playa Grande, Tel. 0223 15 683 04 06.

Termine

Festival Internacional de Cine (Anfang Nov.): Einziges Filmfestival der Klasse A in Lateinamerika, seit 1954 von Stars wie Gina Lollobrigida, François Truffaut, Maria Callas, Andrzej Wajda, Anthony Perkins und Hanna Schygulla besucht.

Verkehr

Flüge: Aeropuerto Astor Piazzolla, Autovía 2 Km 380, Camet, Tel. 0223 478 04 44. Aerolíneas Argentinas/Austral und Sol fliegen tgl. nach Buenos Aires. Lade verbindet mit patagonischen Flughäfen.
Züge: Vom Bahnhof, Av. Luro 4500, Tel. 0223 475 60 76, www.ferrobaires.gba.gov.ar, fahren 4 x wöchentlich Züge nach Buenos Aires zum Bahnhof Constitución (170/200/210 $).
Busse: Rund 35 Linien verbinden Mar del Plata mit Buenos Aires und anderen Städten. Terminal: Alberti 1600, Tel. 0223 451 54 06.

Die Küste südlich von Mar del Plata

Miramar ▶ 1, N 20

Südwestlich der Felsenhalbinsel von Mar del Plata bietet sich entlang dem Hochufer zum 53 km entfernten Miramar eine von einsamen Stränden gesäumte Küste dar. Der dichte Pelz des unter Naturschutz stehenden Buschwaldes löst sich in eine gefällige Parklandschaft auf, ehe eine an irische Buchten erinnernde nackte grüne Steilküste das hoch aufragende **Miramar** noch kontrastreicher erscheinen lässt. Zwei Monate Hochsaison (Jan./Febr.), dann wird, pünktlich am 28. Februar, das (Bade-)Handtuch geworfen. Eine saubere, im Sommer angenehme (nur rund 200 000 Be-

sucher), im Winter sterile Stadt, in der nichts mehr daran erinnert, dass sie schon vor über 100 Jahren (1891) gegründet wurde.

Übernachten

Camping ▶ Las Brusquitas: Paseo Costanero Sur Presidente Illia 28, 4 km östlich von Miramar, Abzweigung von der RN 11 aus Mar del Plata kommend bei Km 556,5, Tel. 02291 49 30 40, www.campinglasbrusquitas.com, nur Jan./Febr. 400 m vom Strand entfernt, gepflegt, mit Restaurant. Bungalows 450 $, Camping 55 $ p. P.

Necochea ▶ 1, M 20

Das nächste größere Seebad, **Necochea,** zugleich ein wichtiger Getreideausfuhrhafen, erreicht man von Mar del Plata aus über die in einigem Abstand der Küste folgende RP 88, riesige Weideflächen, Weizen- und Sonnenblumenfelder durchkreuzend, nach 100 km. Necocheas Strand ist 25 km lang, die Brandung eindrucksvoll. Mitunter lässt der den Sand hochtreibende Wind an den ufernahen Straßen kleine Dünen entstehen.

Das Zentrum der Corniche bildet ein kurzer, gepflegter Strandstreifen vor der Hochhauskulisse. Necochea wird vor allem von Familien besucht und ist frei von modischen Eitelkeiten. Als Ausgleich zum Meer hat sich die Gemeinde mit dem 400 ha großen, nach Eukalyptus duftenden **Parque Miguel Lillo** beschenkt. Nördlich der Stadt, auf der anderen Seite des Flusses, erhebt sich der **Faro Quequén,** ein 34 m hoher Leuchtturm (s. S. 166). Wer sich über die DK-Schilder an manchen Autos wundert – das 65 000-Einwohner-Städtchen an der Mündung des Río Quequén besitzt eine ansehnliche dänische Kolonie.

Infos

Ente Necochea de Turismo: Küstenstraße Av. 2, Ecke Av. 79, Tel. 02262 43 83 33, www.necochea.tur.ar, im Sommer Mo–Sa 8.30–21, So 9–19 Uhr, im Winter unbestimmt.

Übernachten

Modern ▶ Hotel Ñikén: Calle 87 Nr. 335, Tel. 02262 43 23 23, www.hotelniken.com.ar.

Die Küste südlich von Mar del Plata

Mit Pool, Spa und Restaurant, oft von Fußballteams zum Strandtraining in der Vorsaison besucht. DZ 890 $.

Am Park ▶ Hostería del Bosque: Calle 89 Nr. 350, Tel. 02262 42 00 02, www.hosteriadelbosque.com.ar. Am Parque Miguel Lillo im ehemaligen Sommerhaus einer angeblichen Nichte des letzten russischen Zars, das Gebäude wurde im Stil des französischen Baskenlands errichtet. DZ 560 $.

Camping ▶ Río Quequén: Calle 22, Ecke Calle 49, Tel. 02262 42 80 68 u. 42 15 62, www.cabaniasrioquequen.com.ar. Am Ufer des Río Quequén, gute Infrastruktur, Restaurant, Bungalows. Zelt und 2 Pers. 150 $, Bungalows für 2 Pers. 800 $.

Essen & Trinken

Fleisch ▶ Parrilla Don José: Calle 81 Nr. 273, zw. Calles 4 und 6, Tel. 02262 43 56 32. Bestes Grillfleisch. 140 $.

Fisch ▶ Taberna Española: Calle 89 Nr. 360 und Calle 83, Ecke Calle 8, Tel. 02262 52 51 26 u. 52 05 39. Fisch, Meeresfrüchte. 130 $.

Pasta ▶ La Casona de Rocco: Calle 8 Nr. 3996, Ecke Calle 81, Tel. 02262 43 12 12. Pasta und Grillfleisch. 130 $.

Aktiv

Angeln ▶ Necochea ist ein Paradies für Angler. **Clubs:** Asociación Necochense de Pesca con Mosca, Tel. 02262 43 01 47; Neopesca Club, Tel. 02262 42 67 95. **Boote:** Ciudad de Nápoles, Tel. 02262 42 86 01; A esta sí la esperaba, Tel. 02262 43 13 48; Lancha Universal, Tel. 02262 42 62 72; Capitán Maco, Tel. 02262 43 19 71; Tagesausflug ca. 550 $.

Verkehr

Busse: Plusmar, La Estrella, El Rápido del Sud, Vía Bariloche und Andesmar fahren täglich nach Mar del Plata, Buenos Aires und in andere Städte. Busterminal: Jesuita Cardiel, Ecke 58, Tel. 02262 42 24 70.

Monte Hermoso und Pehuen-Có
▶ 1, K 21

Der nächste – und letzte – erschlossene lange Strandabschnitt der argentinischen Seebäderküste bei **Monte Hermoso** liegt rund 250 km westlich von Necochea und verdankt seiner Abgeschiedenheit einen Ruf von Understatement und exzentrischem Charme. Vielleicht ist es das, was sogar manchen Australier hierher lockt. Dass der zerstückelte Ort mit seinen 8500 Einwohnern sich zu keinem Bebauungskodex entschließen konnte, hat der Ästhetik seiner Wasserfront leider geschadet. Erst weiter draußen versöhnen Dünen und Pinien, und hier auch manches hübsche Chalet, mit der wilden Bauerei.

Vor 100 Jahren, als hier noch kein Baum stand (die Bezeichnung _Monte_ im Ortsnamen steht für ›Wald‹, nicht für ›Berg‹), kaufte der vom Militärdienst in seiner Heimat geflohene Franzose Esteban Dufaur 4000 ha Sandwüste und kämpfte, Bäume pflanzend, mit donquichottischer Unerschrockenheit gegen die Windmühlen dieser offenen Küste an, um die Wanderdünen zu bändigen. Aus dem Treibgut des 1907 hier im Sturm gesunkenen nordamerikanischen Frachters Lucinda Sutton baute man das erste Hotel, ganz aus Holz – wie auch die später aus der Kistenholzverpackung von Landmaschinen bestehende erste Kirche.

Ein Bauwerk ganz anderer Natur ist der **Faro Recalada** auf halbem Weg zur 4 km östlich gelegenen Playa Sauce Grande, mit 67 m Südamerikas höchster Leuchtturm in Gerüstbauweise (s. S. 166). Von oben sieht man – ein seltenes Doppelschauspiel – die Sonne über dem Meer sowohl auf- als auch untergehen (im Sommer tgl. 8–20, im Winter Fr–So 8–18 Uhr, 2 $ inkl. Besuch des kleinen Marinemuseums).

Das Wasser an der breiten **Playa Sauce Grande** ist dank der geografischen Gegebenheiten rund 5 °C wärmer als in nördlicheren Badeorten, was viele Touristen, aber leider auch viele Quallen anzieht. An diesem Strand, an dem von Reiter oder Buggies bis zum 25 km entfernten Pehuen-Có (s. S. 176) entlangtrollen, war es, wo Charles Darwin den Fossilienreichtum dieser Gestade entdeckte. Einen Eindruck davon vermitteln die Ausstellungsstücke in Monte Hermosos **Museo Municipal de Ciencias Naturales,** das

Küste zwischen Buenos Aires und Bahía Blanca

darüber hinaus Aquarien mit interessanten Quallenarten zeigt (Av. Faro Recalada 243, Tel. 0291 48 26 01, tgl. im Sommer 18–1 Uhr, im Winter 15–21 Uhr, 7 $). 5 km westlich des Orts legte man übrigens menschliche Fußspuren frei (eine von wenigen Fundstellen weltweit), denen ein Alter von 7000 Jahren bescheinigt wurde. Führungen dorthin starten im Museum.

Reisende, die es noch uriger haben wollen, werden sich in einer bewaldeten Dünenmulde der nächsten Strandsiedlung **Pehuen-Có** einnisten, wo es bislang kaum Hotels, aber bereits acht Campingflächen gibt. Von Monte Hermoso ist es eigentlich ein Katzensprung in diesen Ort (25 km Luftlinie), der aber nur über den Umweg via RN 3 zu erreichen ist und damit rund 100 km entfernt liegt.

Infos

Secretaría de Turismo: Av. Faro Recalada, Ecke Pedro de Mendoza, Monte Hermoso, Tel. 02921 48 11 23 u. 48 10 47, www.monte hermoso.gov.ar, im Sommer tgl. 8–24, im Winter tgl. 8–20 Uhr.

Información Turística: Ortseinfahrt, Pehuen-Có, Tel. 02921 49 71 78, im Sommer tgl. 8–20 Uhr; Plaza Belgrano, Mo–Fr 9–14, 15–18 Uhr, www.pehuenco.com.ar, www.muncrosales. gov.ar, www.visitapehuenco.com.ar.

Übernachten

… in Monte Hermoso:

Mit Terrasse ▶ **Hotel Nauta:** Dufaur 635, Tel. 02921 48 10 83, www.nautahotel.com.ar. Pool, Tennisplatz. DZ 590 $.

In Strandnähe ▶ **Hotel Ameghino:** Valle Encantado 60, Tel. 02921 48 10 98, http://monte hermoso.porinternet.com.ar (Link ›Hoteles‹). Sauberes, kleines Familienhotel. DZ 450 $.

Camping ▶ **Americano:** ca. 5 km westlich des Orts in den Dünen, Tel. 02921 48 11 49, www.campingamericano.com.ar. Sehr gut ausgestatteter Zeltplatz mit Restaurant, Pool, Internet. Zelt für 4 Pers. 290 $, Bungalows für 4 Pers. 930 $.

… in Pehuen-Có:

Landhotel am Strand ▶ **Hotel Cumelcan:** Av. San Martín, Ecke Costanera, Tel. 02921 49 70 48, www.cumelcanhotel.com.ar. Am Meer, mit Restaurant. DZ 460 $.

Camping ▶ **Bosque Encantado:** Av. Trolón, am westlichen Ortsende, Tel. 02921 154 37 42 17, www.campingpehuen-co.com.ar. 55 $ p. P., Zelt 20 $.

Essen & Trinken

… in Monte Hermoso:

In der Fußgängerzone ▶ **Cervecería Alemana:** Av. Argentina 129, Ecke Peatonal Dorrego, Tel. 02921 48 21 22. Gepflegtes Lokal mit internationaler Küche und *mariscos* (Meeresfrüchte). 160 $.

Hotelrestaurant ▶ **Marfil:** Valle Encantado 91, Tel. 02921 48 10 05. Pasta, Fisch. 140 $.

Im Fischerclub ▶ **Club de Pesca:** Río Negro, Ecke Costanera, Tel. 02921 48 10 25, nur abends und im Winter nur Sa/So geöffnet. Fisch und Meeresfrüchte. 140 $.

… in Pehuen-Có:

Marisquería ▶ **Belvedere:** Huanglen 372, Tel. 02921 49 71 14. Fisch, Paella. 130 $.

Verkehr

Busse: Langstreckenbusse von La Estrella, Andesmar und Plusmar halten an Monte Hermosos Busterminal an der Zufahrtsstraße von der RP 78, zwischen den Calles Illia und Balbín, Tel. 02921 48 18 91.

Bahía Blanca ▶ 1, J 20

In Form einer ›weißen‹ Bucht hatte sich den neapolitanischen und griechischen Fischern die salzverkrustete Küste dargeboten, als sie sich im 19. Jh. als erste Siedler hier niederließen. Aber bald schon erkannte man die verkehrsstrategische Vorzugslage von **Bahía Blanca** und baute den Standort zum Eisenbahnknotenpunkt und Getreideumschlagplatz aus. Im Hafenviertel von Ingeniero White erinnern alte Wellblechhäuser an die Zeit, als hier noch nicht der größte petrochemische Komplex Argentiniens stand. Mittlerweile ist Bahía Blanca, neuerdings auch mit seinen Ölmühlen, eine multifunktionale Metropole und die bedeutendste Stadt im mitt-

Bahía Blanca

Einsamkeit am Strand: Auch das gibt es an der viel besuchten Badeküste

leren Süden. Ihre Urbanität im Zentrum ist lebhafter, als es die 300 000 Einwohner vermuten lassen.

Rund um die schmucke **Plaza Rivadavia** verströmen einige historische Gebäude – Rathaus, Theater, Banco de la Nación und das Verlagshaus der Tageszeitung »La Nueva Provincia« – einen Hauch von Belle Époque. Zugleich erinnert der lang gestreckte Bau der bald 100-jährigen Konsumgenossenschaft der Arbeiter in der Calle Belgrano 45 (nach wie vor als Allerweltsladen betrieben) an die zutiefst proletarische Tradition dieser Hafenstadt. Der immense Einfluss der britischen Bahngesellschaften Anfang des 20. Jh. zeigt sich in zahlreichen Wohngebäuden, vor allem im nordöstlichen Stadtteil **Villa Harding Green** und in der Calle Brickman im Arbeiterviertel **Barrio Inglés.** In der gleichen Straße liegt auch der fast 120 Jahre alte **Mercado Victoria,** auf dem früher Leder, Wolle und andere Waren gehandelt wurden. Wer Interesse an der lokalen Geschichte hat, sollte das **Museo del Puerto** im ehemaligen Zollgebäude des Puerto Ingeniero White, einem der beiden Stadthäfen, aufsuchen (Guillermo Torres 4180, Ecke Cárrega, Tel. 0291 457 30 06, Mo–Fr 8–12, Sa/So 15.30–19.30 Uhr, Eintritt frei).

Infos
Oficina de Turismo: Alsina 370, Tel. 0291 459 40 08, Mo–Fr 8.30–19, Sa 9–19 Uhr.

Übernachten
Modern ▶ **Land Plaza:** Saavedra 41, Tel. 0291 459 90 00, www.landplaza.com.ar. 108 Zimmer in zentraler Lage, mit Restaurant, Pool und Garage. 785 $.

Klassisch ▶ **Argos:** España 149, Tel. 0291 455 04 04, www.hotelargos.com. Ruhiges Hotel der gehobenen Mittelklasse, klimatisiert, mit Restaurant und Garage. DZ 695 $.

Schöner Bau ▶ **Muñiz:** O'Higgins 23, Tel. 0291 456 00 60, www.hotelmuniz.com. Gepflegtes historisches Haus nahe der Plaza mit WLAN und Café-Restaurant im italienischen

Küste zwischen Buenos Aires und Bahía Blanca

Stil, bestes Preis-Leistungs-Verhältnis. DZ 550 $.
Camping ► **Municipal:** Balneario Maldonado, im Süden der Stadt, RN 3 Km 695, jenseits des Camino Parque Sesquicentenario, Tel. 0291 455 16 14. Ordentliche Infrastruktur, mit Schatten, 16.3.–14.12. kostenlos, sonst 5 $ p. P., 6 $/Zelt, 2 $/Auto.

Essen & Trinken

Bistro ► **Vicentica:** Fuerte Argentino 245, Tel. 0291 542 26 53. Gutes Fleisch aus dem Lehmofen. 200 $.
Italienisch ► **Pavarotti:** Belgrano 272, Tel. 0291 450 07 00. Hübsche Trattoria in ehemaligem älterem Privathaus, internationale Speisen. 180 $.
Im Hafen ► **Cantina Royal:** Av. Torres 4133, Puerto Ingeniero White, Tel. 0291 457 03 48. Gegenüber vom Museo del Puerto, einfache aber populäre Hafenkantine, frische Fischgerichte. 120 $.

Aktiv

Angeln ► **La Rotonda:** Daniel Vicente, Tel. 02921 49 71 07 u. 0291 156 44 73 60. Sowohl am Ufer als auch auf dem Fischerboot.
Stadttouren ► Organisation durch das Tourismusbüro (s. S. 177).

Verkehr

Flüge: Vom Aeropuerto Comandante Espora, RN 3 Norte Km 675, Tel. 0291 486 03 12, 2–3 x tgl. Verbindungen mit Aerolíneas Argentinas und Sol (über Mar del Plata) nach Buenos Aires. Sol fliegt auch über Trelew nach Ushuahia und Esquel.
Züge: Vom Bahnhof, General Cerri 750, Tel. 0291 452 11 68, www.ferrobaires.gba.gov.ar, 5 x wöchentl. nach Buenos Aires zur Estación Constitución (12 Std., 95/120/170 $).
Busse: Verbindungen in alle Landesteile mit El Rápido (Mar del Plata), El Valle und Vía Bariloche (Bariloche, Buenos Aires), Don Otto und El Cóndor (Comodoro Rivadavia, Buenos Aires), Expreso Caraza und Centenario (Neuquén, Buenos Aires), TAC (Río Gallegos, Mendoza, Córdoba, Buenos Aires), Central Argentino (Caleta Olivia, Rosario, Santa Fe,

Paraná, Córdoba). Busterminal: Brown 1700, Tel. 0291 481 96 15.

Sierra de la Ventana

► **1, J 19/20**

Als kleines Kontrastprogramm zum Strandleben empfiehlt sich eine Tagestour von Bahía Blanca in die **Sierra de la Ventana** (›Sierra des Fensters‹). Auf der RN 33 geht es 70 km nach Norden bis zur RP 76 bei **Tornquist**, und bereits wenige Kilometer östlich fährt man mitten durch diesen Gebirgszug, der nach einer 8 m hohen, 5 m breiten und 10 m tiefen fensterartigen Felsöffnung benannt wurde. Der anstrengende Aufstieg zu diesem auf rund 1100 m gelegenen Naturdenkmal dauert ungefähr drei Stunden, wird aber mit einer fantastischen Weitsicht belohnt. In der von Bächen, einem künstlichen See, Pinien- und Eukalyptuswäldern umgebenen Bergregion lässt sich jedoch nicht nur hervorragend wandern, sondern auch klettern, radfahren und reiten. Allerdings sollte man wissen, dass diese Höhenzüge durchzivilisiert sind und nichts Aufregendes zu bieten haben. Als touristische Zentren dienen die beiden kleinen Ferienorte **Sierra de la Ventana** sowie das rund 18 km nördlich gelegene **Villa Ventana.**

Infos

Oficina de Turismo: Villa Ventana, am Dorfeingang, Tel. 0291 491 00 95; Sierra de la Ventana, Tel. 0291 491 53 03; www.sierradelaventana.org.

Übernachten

Traditionshaus ► **Grand Hotel Sierra de la Ventana:** Av. San Martín 73, Tel. 0291 491 54 26, www.grandhotelsierradelaventana.com. Renoviertes Traditionshotel, vor 110 Jahren vom deutschen Ortsgründer Dietrich Meyer errichtet. Mit Pool und Restaurant. DZ 620 $.
Am Berghang ► **El Mirador:** RP 76 Km 226, Tel. 0291 494 13 38, www.comarcaturistica.com.ar/elmirador. 4 Bungalows am Fuß des Cerro Ventana, Pool, Restaurant. DZ 540/650/820 $, Bungalows für 4 Pers. 1020 $.

Sierra de la Ventana

Camping ▶ **Campamento Base:** RP 76 Km 224, Tel. 0291 494 09 99, www.comarcaturistica.com.ar/campamentobase. Am Fuß des Cerro Ventana, mit Gemeinschaftsraum, Küche etc. Camping 40 $ p. P., Zelt u. Auto je einmalig 10 $, im Schlafsaal 75 $ p. P.

Essen & Trinken
… in Villa Ventana:
Wild ▶ **Sher:** Güemes, zwischen San Martín u. Fortín Mercedes, Tel. 0291 491 50 55. Forelle und Wildschwein. Wintergarten mit Blick auf die Berge. 150 $.
Resto & Pub ▶ **Sherwood:** Tacuarita, Ecke Belisario, Tel. 0291 491 02 29, www.sierrasdelaventana.com.ar (Link ›Gastronomia‹). Pasta, und Fleisch, abends Pub. 140 $.
… Sierra de la Ventana:
Für Gourmets ▶ **Sol y Luna:** San Martín 628, Tel. 0291 491 53 16. Feine Fleisch-, Pasta- und Fischgerichte mit regionalen Zutaten. 150 $.

Grillfleisch ▶ **Rali Hue:** Av. San Martín 307, Tel. 0291 491 52 20. Gute Parrilla. 130 $.

Aktiv
Reiten ▶ **Del Belisario:** Belisario, Ecke Gorrión, Villa Ventana, Tel. 0291 491 00 32, www.cabalgatasbelisario.com.ar. Ausritte unterschiedlicher Länge in die Bergregion.
Bergsteigen & Trekking ▶ **Vertientes Aventura:** Av. San Martín 193, Ecke Iguazú, Sierra de la Ventana, Tel. 0291 491 53 35. Auch Mountainbiking und Canopy.

Verkehr
Züge: Von Bahía Blanca u. Buenos Aires 2 x wöchentlich nach Sierra de la Ventana, Av. Roca, Ecke San Martín, Tel. 0291 491 51 64, www.ferrobaires.gba.gov.ar.
Busse: Von Bahía Blanca und Buenos Aires fährt das Unternehmen La Estrella nach Sierra de la Ventana. Busterminal: Av. San Martín, Ecke Namuncurá, Tel. 0291 491 50 91.

Pferdeland Argentinien – überall gibt es die nötigen Transportmittel für Reittouren

Die Pampa

Zwischen den Anden im Westen und dem Atlantik im Osten erstreckt sich die unendliche Weite der Pampa, Argentiniens geografisches und landwirtschaftliches Herzstück, das für Touristen jedoch nur wenig zu bieten hat. Im Süden bildet Bahía Blanca das Tor zur patagonischen Küste, und Santa Rosa, die Hauptstadt der Provinz La Pampa, liegt auf der Strecke von Buenos Aires in die patagonischen Anden.

Pampa – gestern und heute

Das Wappen der Provinz **La Pampa** erzählt in wenigen Symbolen und Farben die Geschichte dieser traditionsreichsten Region Argentiniens. Zentrale Figur ist ein Indianer zu Pferd. Der Wurfspieß, den er in den Händen hält, sowie zwei hinter dem Wappenschild gekreuzte Lanzen sind das Emblem der Tapferkeit der Ureinwohner. Der stämmige Baum darüber, ein Caldén, ist bis heute das unübersehbare Wahrzeichen der pampinen Weiten (nicht der Ombú, wie auch viele Argentinier irrtümlicherweise meinen). Er steht vor dem Blau des Himmels: Farbe der Loyalität, Gerechtigkeit und Ausdauer. Das Grün des Feldes suggeriert Gedeihen, Hoffnung und Gastfreundschaft. Fruchtbarkeit und die Ertragskraft der Agrarprovinz drücken die den Schild umkränzenden Ähren aus. Über den oberen Rand lugen die Augen einer aufgehenden Sonne, die Morgenstimmung einer sich immer neuen Horizonten zuwendenden Bevölkerung verkündend.

Schnell lassen sich die heraldischen Symbole in Fakten umbuchstabieren. Die Pampa war das Reich der Tehuelche-Indianer, die als nomadisierende Jäger den Guanako- und Straußenherden folgten, bis sie der Wüstenfeldherr Roca 1879 dezimierte. Die frühesten, bei Casa de Piedra ausgegrabenen Zeugnisse der Indianerkultur sind 8000 Jahre alt.

Schon bald füllten sich die Weiten der Grassteppen mit Rindern, die die Spanier Ende des 16. Jh. von Paraguay aus ins Land gebracht hatten. Vor dem halbwilden Hornvieh, das in Herden mit bis 30 000 Tieren lebte, bewiesen die Reisenden der damaligen Zeit mehr Respekt als vor Indianerpfeilen. 1780 schätzte man die Anzahl der Pamparinder auf 40 Mio. Der Wert der Tiere bestand allerdings einzig in ihrer Haut, bevor man 1785 begann, das Fleisch einzupökeln. Auf Wagen mit 3 m hohen Rädern wurde das Salz dafür von den Lagunen herangekarrt. Die Pampa ist das Salzkammergut Argentiniens: Rund 600 Mio. Tonnen sollen die Reserven betragen – das reicht, beim heutigen Abbaurhythmus, für die nächsten 1000 Jahre.

Anders verhält sich die Situation beim Waldbestand. Der Caldén, einer der zähesten Bäume, die die Natur je hervorbrachte, bildete im 19. Jh. noch komplette Wälder, ehe diese während der beiden Weltkriege, als Argentinien keine englische Kohle mehr erhielt, in den Lokomotiven der bis ins Herz der Pampa vorgedrungenen Eisenbahnen verheizt wurden. Man schätzt die abgeholzte Fläche auf 10 000 km². Bis um 1900 war in dieser Region eine der größten Getreidekammern der Welt entstanden. Heute beträgt die Soja-, Sonnenblumen-, Weizen- und Maisernte über 3 Mio. t jährlich. Die den Indianern abgerungenen Weiten wurden zu Argentiniens Pionierland schlechthin. In ein so-

Pampa – gestern und heute

Caldén – Wahrzeichen der Pampa

ziales und kulturelles Vakuum hineinstoßend, fast ohne Vorbilder und nahezu bar staatlicher Hilfe, kolonisierten Wolgadeutsche (s. S. 182), Neapolitaner, Andalusier, Libanesen, Ukrainer, Texaner, Franzosen – und später auch Mennoniten (die bis heute so abgeschieden leben, dass nur wenige etwas von einem Fußballspieler namens Messi gehört haben) – die humus- und kieselsäurereichen Böden.

»Die Pampa hat sich selbst erschaffen«, wird man später stolz und bescheiden zugleich erklären. 90 % der Anbaufläche Argentiniens liegt in diesem agrarischen Kerngebiet, das neben Weizen auch Gerste, Roggen, Mais, Soja und Sonnenblumen liefert. Von »unerschöpflichen Gebärden der Fülle und Gewährung« schrieb der Pampa-Reisende Ortega y Gasset. »Kühe, Kühe, nichts als Kühe«, hatte sich der spätere Staatspräsident Sarmiento noch 1856 gewundert, als er durch die Pampa streifte und darüber nachsann, wie man den Tieren Schatten spenden und die Erde vor Winderosion schützen könne. Er führte die ersten Eukalyptussamen aus Australien ein, ließ sie unter den *estancieros* verteilen – und heute gibt es in Argentinien keinen Baum, der die offene Landschaft mehr verwandelt hätte als dieser schnellwüchsige Exot.

Importiert wurden aus Europa, gewissermaßen zum Spaß, auch einige Hasen, die sich in ihrer neuen Heimat allerdings so wohl fühlten, dass das Dekret Nr. 4863 von 1907 die Langohren zur »nationalen Plage« erklären musste. Von den 300 000 Hasen, die (ohne Schonzeit) jährlich allein in der Provinz La Pampa erlegt werden, wird die Hälfte nach Deutschland exportiert. Und auch das heute in Argentinien überall anzutreffende Wildschwein verbreitete sich von der Pampa aus, nachdem es einigen der zum Jagdvergnügen importierten Tiere gelungen war, aus dem eingezäunten Revier des Parque Luro (s. S. 185) auszubrechen. Bis heute gibt es Gauchos, die das Erlegen der Beute mit der Hand für die einzig waidgerechte Art halten. Von drei Hunden begleitet, gehen sie auf einem Criollo-Pferd auf Saujagd. Jorge Luis Borges hat das in einer seiner Erzählungen so ge-

Die Pampa

Goldene Ähren – Wolgadeutsche in der Pampa

Als Schulmeister Däning 1878 auf seiner Überfahrt nach Brasilien steuerbord eine weiße Stadt auftauchen sah, rief er seine Schutzbefohlenen an Deck und erklärte, die Küste von Brasilien sei in Sicht. Rio de Janeiro könnten sie nicht anlaufen, hatte ihm der Kapitän erklärt, dort herrsche Gelbfieber. Deshalb steuere das Schiff nun einen südlicheren Hafen an. Was weder Däning noch sonst jemand an Bord wusste: Die weiße Stadt lag nicht an der Küste Brasiliens. Es war Montevideo.

Das Schiff pflügte durch die La-Plata-Mündung. Nach 28-tägiger Überfahrt färbte sich das Wasser zum ersten Mal braun, der heiße Wind trug den Geruch von Sumpfwald übers Deck. So hatten sich die, die aus der Kälte kamen – und in ihrer kosakenhaften Kleidung schon wie rechte Gauchos aussahen –, auch immer Brasilien vorgestellt. Noch als sie den Schuppen der Einwandererbehörde in Buenos Aires betraten, glaubten sie, in Brasilien zu sein: die ersten nach Argentinien kommenden Wolgadeutschen.

Zu jener Zeit versuchten die beiden großen Reedereien Norddeutscher Lloyd Bremen und Hamburg-Amerika-Linie, sich gegenseitig Passagiere abzuluchsen, und da Auswandererkontingente eine besonders hohe Belegung garantierten, gab man ihnen a priori 10 % Rabatt. Aber auch in den Immigrantenländern selbst war man erpicht auf neue Kolonisten. Sogenannte Einwanderungsagenten erhielten Pro-Kopf-Provisionen – ein Relikt des Sklavenhandels – und trafen, wie könnte es anders sein, mit den Kapitänen der Schiffe ihre bezahlten Abmachungen. Da die Dampfer der Reedereien aber unterschiedliche Zielhäfen hatten, bugsierte so mancher Kapitän seine Auswanderer-Fracht – und sei es unter Zuhilfenahme von Seuchen-Menetekeln – auch mal dahin, wo sie eigentlich nicht hin sollte und wollte.

Nun hatten die Wolgadeutschen eine so unendlich vage Vorstellung von diesem Papageienkontinent, dass es ihnen letztlich egal war, wo sie landeten. Immigrierenden Gringos ist Schlimmeres widerfahren. Manch einer kaufte von der Landkarte weg Terrain, das sich – wie in Corrientes – dann als Sumpf erwies; andere erwarben im Chaco Wald mit kostbaren Edelhölzern, die nur über den Fluss abzutransportieren waren, aber als die Stämme in den Strom glitten, gingen sie unter: Ihr spezifisches Gewicht war höher als das von Wasser. Insofern durfte der Trick, mit dem die deutschen Neusiedler in die Pampa gelockt wurden, als vergleichsweise harmlos gelten. Sie waren Getreidebauern, wünschten sich fruchtbare Erde und die Freiheit, die sie im Laufe von zwei Jahrhunderten zweimal – erst in Deutschland, dann in Russland – verloren hatten. Bereits 30 Jahre später exportierte die Pampa-Region, wo (nach Spaniern und Italienern) die Wolgadeutschen die drittgrößte Einwanderergruppe bildeten, 400 000 t Weizen. *Acá estamos en la gloria,* sagen sie heute: »Hier geht es uns gold.« Die Goldene Ähre, als Abzeichen verliehen, wurde zur begehrtesten Trophäe für Produktionserfolge im argentinischen Weizengürtel.

Dass Wolgadeutsche mitunter noch mit einem hessisch-rheinisch-sächsisch-schwäbischen Mischakzent sprechen (aber in der

Einwanderer

Thema

Regel nicht mehr deutsch schreiben können), hängt mit ihrer nomadenhaften Geschichte zusammen. Gebeutelt vom Siebenjährigen Krieg (1756–63), folgten sie der Einladung der deutschstämmigen Katharina II. an die Wolga, wo sie im Rahmen der neurussischen Besiedlungspolitik prosperierende Mustergemeinden aufbauten. Zu ihren Privilegien gehörten ungehinderte Religionsausübung, Steuerfreiheit und Befreiung vom Militärdienst. Dieser Sonderstatus änderte sich erst um 1870 unter Alexander II., als auch die Wolgadeutschen in russische Uniformen schlüpfen sollten. Zur Einberufung der ersten Rekruten läuteten die Kirchenglocken Sturm und die nächste Generation bereitete die Flucht aus Russland vor. Von da an sah man die Wolgadeutschen in Eisenbahnwaggons deutschen Häfen und einer ›besseren Welt‹ entgegenreisen. Die ersten Gruppen trafen in Nordamerika ein, von da aus verbreitete sich der lockende Ruf des gerade vom ›marodierenden Indio‹ befreiten Südkontinents. Land war dort billig zu haben, denn nach den genoziden Wüstenfeldzügen (s. S. 39) bekamen verdiente Militärs bis zu 300 000 ha geschenkt und verhökerten diese portionsweise weiter.

Die ersten Wolgadeutschen Argentiniens siedelten in Entre Ríos. In der südlichen Pampa bildeten sich ihre Gemeinden traubenartig um die – aus Geldmangel – in der Steppe stecken gebliebenen Gleisspitzen der Eisenbahnen herum. Dörfer wie Winifreda (die erste Gründung), Alpachiri oder Guatraché zeichnen in ihren Grundrissen noch heute die 50 m breite Hauptstraße und die sich anlagernden 28 110-m^2-Parzellen der Pionierzeit nach. Ein Blick ins Telefonbuch unter ›Sch‹, und da sind sie schon, die deutschen Namen: Schmidt, Schoenfeld, Schroeder, Schulz – woraus die kreolische Form ›Xul‹ entstand. Denn ungleich den Deutsch-Chilenen haben sich die Deutsch-Argentinier – bei aller Wahrung von Traditionen und Tugenden – lautlos in ihre neue Heimat integriert. Nach der letzten Erhebung leben rund 800 000 Nachfahren von Wolgadeutschen in Argentinien, davon über die Hälfte in der Pampa. Sie laben sich noch immer an Dürrkreppeln und Leberworscht, pflegen Volkstänze und Musik.

Dank der Einwanderer ist die Pampa eine der großen Getreidekammern der Welt

183

Die Pampa

schildert: »Den linken Arm vom Poncho geschützt, grub die Rechte das Messer in den Wanst des Tieres.« So einfach ist das!

Nach der Erfindung des Stacheldrahts zog man Zäune um die Estancias. Als Erster markierte der Nordamerikaner Richard Newton 1845 seine Weidegründe bei Chascomús mit Eisendraht und der Dichter Larreta klagte: »Ein Draht, ein Draht wird der Lyrik der Erde ein Ende machen!« Aber noch immer gibt es Gegenden in der westlichen (trockenen) Pampa, wo der Boden so billig ist, dass man ihn nicht in Hektar, sondern in Quadrat-Leguas (ca. 2500 ha) misst – eine Quadrat-Legua entspricht hier einer *unidad económica,* einer ›bewirtschaftbaren Flächeneinheit‹ – und wo die Investition in einen Drahtzaun aufwendiger wäre als der Landerwerb. Wenn in der feuchten Pampa 1 ha Weide ein Rind ernährt, dann sind es hier mehr als 30 ha, die pro Kopf benötigt werden.

Von Buenos Aires nach Santa Rosa ► 1, N 16–G 18

Auf fast geradliniger Strecke (RN 5 über Luján, Chivilcoy, Trenque Lauquen) spult man die 620 ebenen Kilometer nach Santa Rosa ab – eine lockere Tagesreise im Auto. Bei Mercedes bleiben die letzten Kernobstplantagen zurück, um endlosen Sonnenblumenfeldern, ständig wachsenden Sojapflanzungen, Viehweiden und Lagunen Platz zu machen. Den Eindruck, von der Landschaft aufgesogen zu werden, verstärkt die totale Abwesenheit von Dörfern. Die Fernstraße durchläuft nach Mercedes keine einzige geschlossene Ortschaft; alle Siedlungskomplexe liegen seitlich der Trasse. So kann die Pampa ihre ganze Weite vermitteln. Und wie bei einem Endlosfilm, dessen Bildfolgen man schon kennt, wandern die immer gleichen Motive vorbei: Felder und Koppeln, Windräder und Viehtränken, Eukalyptushaine und blaugelbe Mooraugen, in denen sich der Himmel spiegelt. Bis unweit von Santa Rosa Segelflieger neben den Raubvögeln am Himmel auftauchen. Sie nutzen die Thermik über den Getreidefeldern und künden an, dass der Weizengürtel der Pampa erreicht ist. Und da sind sie auch schon, die mächtigen Caldén-Bäume, unter denen das Vieh Schutz vor der Sonne sucht, wenn es nicht gerade bis zum Bauch im Wasser einer Lagune stehen kann.

Santa Rosa ► 1, G 18

Rund 115 000 Einwohner – ein Drittel der gesamten Provinzbevölkerung – leben in dem adretten Städtchen **Santa Rosa**. Vorbei sind die Zeiten, da man die Straßen mit frischem Unkraut bestreute und sich das Galoppieren verbat, um die Staubbildung zu verhindern. Aber noch immer geht es in dem ebenso gepflegten wie ereignislosen Musterort so ruhig zu, dass es keiner Fußgängerzone bedarf. Ja, man sieht kaum einen Polizisten und von Banküberfällen hat man nie gehört. Wohin sollten Räuber auch fliehen aus dieser in lineare Fernstraßen mündenden Stadt, abriegelbar an jeder Stelle?

Infos

Dirección Provincial de Turismo: Av. Luro, Ecke San Martín, gegenüber vom Busterminal, Tel. 02954 42 50 60 u. 42 44 04, www.turismolapampa.gov.ar, www.santarosa.gov.ar/turismo.htm, Mo–Fr 7–13.30, 16–20 bzw. im Sommer 17–21, Sa/So 10–13 Uhr.

Übernachten

Im Landhausstil ► **La Campiña Club Hotel:** RN 5 Km 604, an der östlichen Ausfallstraße, Tel. 02954 45 68 00, www.lacampina.com. Pool, Sportplatz, Restaurant. DZ 895 $.

Parkhotel ► **Piedras Blancas:** RN 5 Km 602,5, Tel. 02954 43 26 04, www.posadapiedrasblancas.com. Elf moderne, helle Zimmer mit Blick auf großen Park, Pool. DZ 815 $.

Kupferfassade ► **Hotel Cuprum:** Av. Spinetto 1116, Ecke Carlos Gardel (1,5 km vom Zentrum, an der Einfahrt zur RN 35), Tel. 02954 45 68 00, www.hotelcuprum.com.ar. Terrasse mit guter Sicht über die Stadt, WLAN. Die billigeren Zimmer sind etwas eng. DZ 615 $, Suite 760 $.

aktiv unterwegs

Tierbeobachtung in der Reserva Natural Parque Luro

Tour-Infos

Adresse, Preise etc.: RN 35 Km 292, Tel. 02954 49 90 00, www.parqueluro.gov.ar, tgl. 9–19 Uhr, Park 4 $, Schloss 8 $, geführte Nachttour zur Tierbeobachtung ca. 25 $.
Unterkunft: im Park, Tel. 02954 15 51 90 86 u. 15 59 06 06, Zelten 50 $ p. P., Bungalows für 2 Pers. 350 $ inkl. Frühstück.
Transport: Von Santa Rosa fahren Kleinbusse zum Parque Luro, z. B. Boero, Tel. 02954 43 97 98 (50 $), und Miguel Bus, Tel. 02954 15 66 73 23 u. 15 51 50 50 (54 $). Auch die Fernbusse von Dumascat, Tel. 02954 42 59 76, halten vor dem Park.

Knapp 35 km südlich von Santa Rosa (RN 35) erstreckt sich in der Halbwüste der westlichen Pampa, am Ufer der Laguna del Potrillo Gaucho, die **Reserva Natural Parque Luro** die mit ihrer Flora und Fauna den Übergang von der Pampa nach Patagonien widerspiegelt und sich hervorragend dazu eignet, die lokale Tierwelt aus nächster Nähe zu beobachten. Das 7600 ha große Schutzgebiet beheimatet u. a. Flamingos, Guanakos, Hirsche, Strauße sowie einige Pumas und bildet eine Art halbwilden Naturpark, der von mehreren Lehrpfaden durchzogen ist.

Aber auch menschliche Spuren finden sich in dem Park. Das französische Herrenhaus, kurz **El Castillo** (›Das Schloss‹) genannt, erzählt noch von der Zeit (1910–15), als das pampine ›Sankt Hubertus‹ von schießfreudigen Millionären, Politikern und Aristokraten aus aller Welt besucht wurde. Damals galt der – zu jener Zeit 20 000 ha große – Wildpark als größtes privates Jagdrevier der Erde. Der Einfall, hier auch Karpatenhirsche und europäische Wildschweine auszusetzen, war dem Eigentümer, Dr. Pedro Olegario Luro, Anfang des 20. Jh. gekommen, als es darum ging, seinen illustren Gästen eine schöne Trophäe zu verschaffen. Er ließ sogar eigens eine Eisenbahnlinie anlegen, um seine Gäste von der Küste herbeizutransportieren. Doch mit dem Ersten Weltkrieg blieben die finanzkräftigen Jagdfreunde aus Europa aus und Luro musste sein Anwesen schuldenüberladen an die Hypothekenbank abgeben. Hirsche und Wildschweine traten die Zäune nieder und vermehrten sich – man schätzt ihren Bestand heute auf rund 10 000 Stück.

Von den ca. 160 Vogelarten, darunter viele Zugvögel, können je nach Jahreszeit etwa 40 auf einer Birdwatchingtour erspäht werden. Im März und April bieten brunftige Hirsche ein spannendes Spektakel, während man sich im November an den blühenden Pflanzen erfreuen kann. Das ganze Jahr über kann man – mit etwas Glück und aus gebührendem Abstand – die Pumas beim Gang zum Wasserloch beobachten. Über die besten Aussichtspunkte informieren die Aufseher am Parkeingang im Centro de Interpretación Ecológica, wo auch geführte Touren angeboten werden.

Nüchtern ▶ Residencial Santa Rosa: Yrigoyen 696, Ecke Urquiza, Tel. 02954 42 38 68. Ordentliches Haus nahe dem Busterminal. DZ 225 $.
Camping ▶ Club de Caza Mapú Vey Puudú: Av. Presidente Perón, Ecke Paloma Torcaza, etwa 6 km außerhalb in Richtung Toay, Tel. 02954 15 52 23 21, www.clubdecaza.org.ar. Äußerst gepflegter Zeltplatz des Jagdclubs unter alten Caldén-Bäumen, sehr gute Infrastruktur, Pool, Freigehege. Erste Nacht 50 $, folgende Nächte 35 $ p. P.

Essen & Trinken

Pampa-Iren ▶ Camelot: Pueyrredón 25, Tel. 02954 43 55 66, nur Mi–Sa abends. Fisch, Pasta, Fleisch, danach ein Bier im Irish Pub. 120 $.

Die Pampa

Tenedor libre ▶ **Los Caldenes:** Av. Santiago Marzo 385, Tel. 02954 42 94 49, www.parrillaloscaldenes.com.ar. Beste Parrilla in Santa Rosa. Fleisch und Beilagen so viel man will für 120 $, Nachtisch, Pommes und Getränke werden zusätzlich berechnet. **Rancho La Ruta:** Av. Luro, Ecke Alem, Tel. 02954 42 39 91. 120 $ ohne Nachtisch und Getränke.

Einkaufen

Leder etc. ▶ **Mercado Artesanal:** San Martín, Ecke Luro, Mo–Fr 7–22, Sa/So 9–13, 16–20 Uhr. Textilien, Lederwaren und andere Handwerksprodukte lokaler Tradition.

Verkehr

Flüge: 1 x wöchentl. mit Aerolíneas Argentinas nach Buenos Aires und Viedma. Flughafen: RN 35 Km 330, Tel. 02954 43 44 90.
Busse: Mehrere Buslinien (Expreso Alberino, Nueva Chevallier, Andesmar, TAC, El Rápido, La Estrella etc.) verbinden Santa Rosa mit Buenos Aires und den patagonischen Anden. Busterminal: Av. Luro, Ecke Corrientes, Plaza San Martín, Tel. 02954 42 29 52 u. 42 22 49.

Parque Nacional Lihué Calel ▶ 1, F 20

Wer sich von Santa Rosa aus auf die patagonischen Anden zubewegt, wird den Ort über die genau nach Süden laufende RN 35 verlassen. Auf dieser Strecke wellt sich die Landschaft, füllt die Niederungen mit Salzlagunen aus und breitet ausgedehnte Caldén-Wälder über die Hügelkämme hin. Nach ca. 68 km zweigt Richtung Westen die RN 152 ab, die – erst noch von Waldweiden, im Sommer von gelb blühenden Chilladora-Büschen und schließlich nur noch von Dornstrauchsteppe begleitet – 220 km später den **Parque Nacional Lihué Calel** streift. Das 32 000 ha große Reservat wird beherrscht von einer felsigen Erhebung (590 m), die ihrer runden, geschlungenen Formen wegen von den Tehuelche-Indianern *lihue calel* (›Eingeweide‹) genannt wurde. Die ältesten menschlichen Spuren, geometrische und komplizierte symbolische Höhlenzeichnungen, heute stark in Mitleidenschaft gezogen, sind mehr als 2000 Jahre alt.

Das von gelben und roten Flechten überzogene Felsmassiv war auch der Hort des letzten berühmten Kaziken Namuncurá. Heute ist der von einem Waldsaum eingefasste Höhenzug, an dem sich die karge Feuchtigkeit über der Steppe abregnet (ca. 400 mm pro Jahr), eine Lebensinsel für viele Halbwüstentiere (u. a. Guanakos, Strauße, Füchse, Pumas, Gürteltiere und Echsen), die in den kühlen Nischen Zuflucht suchen. Das von einem Parkaufseher gehütete Reservat wird jährlich von etwa 7000 die Einsamkeit liebenden Touristen besucht (RN 152 Km 147, Tel. 02952 43 65 95 u. 43 26 39, www.parquesnacionales.gob.ar, Eintritt frei).

Parque Nacional Lihué Calel

Wenn die Stimmung passt, zaubert die Pampa magische Momente

Folgt man der RN 152 noch 285 Kilometer nach Südwesten, wird die Provinzhauptstadt Neuquén erreicht, das ›Vorzimmer‹ der südlichen Andenregion (s. S. 315).

Übernachten

Estancia ▶ A Puro Campo: RN 152 Km 40, Tel. 02952 43 24 26, www.hotelapurocampo.com. Auf halbem Weg von Santa Rosa nach Lihué Calel, 11 km westl. von General Acha. Landgut mit Restaurant und Pool, man kann hier auch reiten. DZ 500 $.

Am Stausee ▶ Hotel Casa de Piedra: Calle 1, Ecke Calle 8, Tel. 0298 447 10 34, www.hotelcasadepiedra.com. Gut ausgestattetes Hotel im jungen, gleichnamigen Ort am Río Colorado, auf dem Weg nach Neuquén und Bariloche, ca. 140 km westlich von Lihué Calel. DZ 480 $.

Apartments ▶ Residencial Juanita: RN 152, von Santa Rosa aus nach der Brücke am Ortseingang Puelches (35 km westlich vom Nationalpark), Tel. 02952 49 01 02. Apartments für 2 Pers. 200 $, Bungalow 250 $.

Camping ▶ Parque Nacional Lihué Calel: Schattiger Zeltplatz am Parkeingang, ordentliche Infrastruktur, kostenlos, aber Registrierung beim Parkwächter erforderlich.

Verkehr

Busse: Von Santa Rosa zum Park mit Boero, Tel. 02954 43 97 98 (130 $); Miguel Bus, Tel. 02954 15 66 73 23 (140 $). Von Puelches fahren zwei Taxis nach Lihué Calel.

Sierras Pampeanas

Den nordwestlichen Rand der Pampa markiert eine Reihe von Gebirgszügen, die für Einheimische und ausländische Besucher von unterschiedlicher Attraktivität sind. Während die hitzegeplagten Flachlandbewohner im Sommer gerne in das trockene, frische Höhenklima dieser Bergregion fliehen, streift der Fernreisende diese Gegend meist nur am Rande.

Erdgeschichtlich sind die Sierras Pampeanas mit 500 Mio. Jahren weit älter als die Anden, vor deren Ostflanke sie die Präkordilleren offenbar mit aufzubauen halfen. Das geschah, so nimmt man an, zunächst durch eine gewaltige Erosion jener Gebirgsstöcke und anschließend durch den Transport der Erosionsmassen nach Westen – eine mutmaßliche Folge von Bewegungen der Erdkruste. Was blieb, waren kristalline Blöcke, auf denen der Wind Sand- und Kalkanwehungen ablagerte. Der dann nacheinander von der Prä- und von der Hauptkordillere ausgehende Druck nach Osten stauchte die in tischflache Ebenen eingelagerten Blöcke an ihren Westrändern, was ihr heutiges Profil erklärt: Ihre Ostabdachung verläuft bezeichnenderweise sanfter als der Abfall nach Westen.

Einige der Sierras Pampeanas klinken sich wie von selbst in die in diesem Band beschriebenen Routen ein. Andere – wie die Folgenden – liegen entweder direkt an der (Durchfahrts-)Strecke zu Hauptzielen oder bieten sich unterwegs als Ergänzungen in Form eines Abstechers an.

San Luis und Umgebung

Karte: rechts

San Luis ▶ 1, E 14

900 km westlich von Buenos Aires liegt am Rand der unendlichen Pampa-Ebene **San Luis** 1, die Hauptstadt der gleichnamigen Provinz. Der rührige 170 000-Einwohner-Ort, dessen Bevölkerung dank der prosperierenden Textil-, Metall- und Lebensmittelindustrie in den letzten zehn Jahren um 40 % zunahm, verlor seine Gründungsurkunde und rätselt deshalb ebenso an seiner Entstehung herum wie der Wanderer am Ursprung der Felsentempel der Aguada-Senke, der am Bajo de Véliz in den Schiefer eingepressten Pflanzenfossilien oder der grünen Onyxadern von Santa Isabel. Das Städtchen hat seine wenigen um die propere Plaza gescharten älteren Gebäude – den Kuppelbau der innen in byzantinischer Manier gestalteten Kathedrale und zwei ehrwürdige Gymnasien – schnell vorgezeigt, eignet sich jedoch als Basis für die Erkundung zweier Gebirgszüge, die scheitelförmig auf die Stadt zulaufen: die Sierra de las Quijadas (s. S. 190) und die Sierra de San Luis (s. S. 191).

Infos

Touristeninformation: Av. Illia, Ecke Junín, Tel. 0266 442 34 79, www.turismo.sanluis. gov.ar, tgl. 8–14 Uhr.

Übernachten

… in San Luis:

Mit Blick auf die Sierra ▶ Vista Suites: Av. Presidente Illia 526, Tel. 0266 444 61 23, www.vistasuites.com.ar. Modernes Hotel, große Zimmer, Spa, Pool und gutes Restaurant. DZ 830 $.

Sierras Pampeanas

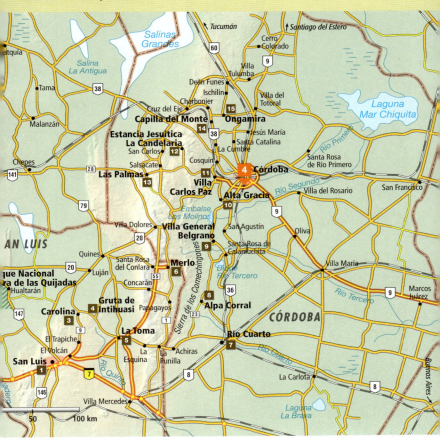

An der Plaza ▶ Hotel Regidor: San Martín 848, Tel. 0266 442 47 56, www.hotelregidor sanluis.com.ar. Zentral, gepflegt, Pool. DZ 680 $.
Im Landhausstil ▶ Hotel Dos Venados: República del Líbano, Ecke Perón, Tel. 0266 442 23 12, www.hoteldosvenados.com. Großzügige Unterkunft in schönem parkartigem Gelände mit Pool, internationale Küche. DZ 550 $.
Junges Publikum ▶ San Luis Hostel: Falucho 646, Tel. 0266 442 41 88. Zentral, in einem sympathischen Haus, Hostelling International angeschlossen. Im Schlafsaal 90 $ p. P. inkl. Frühstück, DZ 320 $.

... außerhalb:
Am See ▶ Hotel Potrero de Funes: RP 18 Km 16, Tel. 0266 444 00 38, www.hotelpo trero.sanluis.gov.ar. Großes 4-Sterne-Hotel 16 km nordöstlich der Stadt am Ufer des Lago Potrero de Funes; Pool und Sauna sowie drahtloser Internetanschluss. Das Restaurant tischt regionale und internationale Küche auf. DZ ab 700 $.

Essen & Trinken
... in San Luis:
Parrilla ▶ Los Robles: 9 de Julio 754, Tel. 0266 443 67 67. Beliebtes Grill-Restaurant, auch Fisch und Pasta. 180 $.

Sierras Pampeanas

Einst Versteck für Outlaws: die größtenteils unzugängliche Sierra de las Quijadas

... **Potrero de Funes:**
Talsicht ▶ **El Mirador:** Circuito del Lago, Ecke Las Higueras, Potrero de Funes, Tel. 0266 449 53 62, www.elmiradordepotrero.com.ar. Gute Parrilla, Pasta. Mo–Sa mittags Touristenmenü für 60 $, à la carte 120 $.

Verkehr

Flüge: 6 x wöchentlich verbinden Aerolíneas Argentinas Buenos Aires mit dem Flughafen in San Luis, 2 x davon via Mendoza), Tel. 0266 442 24 27.
Busse: Über ein Dutzend Buslinien fahren von San Luis nach Buenos Aires, Córdoba und in viele andere Städte des Landes. Terminal: Av. España 990, Tel. 0266 442 40 21.

Sierra de las Quijadas
▶ **1, D 13/14**

Über ein Buschwaldplateau, in dem mehr Ziegen als Menschen zu Hause sind, erreicht man 110 km nordwestlich von San Luis bei **Hualtarán** die 6 km lange Zufahrt in das rote Schollengebirge der **Sierra de las Quijadas** (›Sierra der Kieferknochen‹). Der makabre Name, der sich aus hier verscharrten Kinnladen von Rindern erklärt, geht auf die Zeit zurück, als diese nur von Jarilla-Sträuchern und

San Luis und Umgebung

gegraben, 1993 Fußabdrücke von Sauriern entdeckt (Tel. 0266 444 51 41, www.parques nacionales.gov.ar, 80 $, kostenloser Zeltplatz mit guter Infrastruktur 7 km vom Eingang).

Übernachten

In prähistorischer Landschaft ▶ La Aguada: RN 20 Km 395,5, Tel. 0266 465 02 45 u. 011 15 52 47 40 49, www.laaguada.com. Landhotel auf einem kleinen Bergplateau; Bungalows, Pool, Restaurant, Trekking- und Reittouren zu den prähistorischen Spuren im Nationalpark. 250 US$ p. P. inkl. VP u. Ausflüge (2 Nächte 375 US$, 3 Nächte 500 US$).

Sierra de San Luis ▶ 1, E 13/14

Im Nordosten der Provinzhauptstadt dehnt sich die **Sierra de San Luis** aus. Sie ist von zahlreichen Flüsschen, Wasserfällen und Felsentümpeln belebt und daher, obwohl – oder weil – es in den Ortschaften kaum eine touristische Infrastruktur gibt, ein ideales Gebiet zum wilden Zelten. Von San Luis aus erschließt man sich das bis zu 2000 m hohe Massiv über die panoramareiche Strecke El Volcán–El Trapiche–Carolina (RP 9, 93 km, asphaltiert, bis El Trapiche Autobahn). Ab **Carolina** 3, einem ehemaligen, 1793 gegründeten Goldgräbernest auf 1600 m, windet sich die RP 10 durch eine Landschaft, deren *rolling hills* und Felssteinmauern zeitweise an Wales erinnern. Riesige Basaltformationen leiten zu den 15 km entfernten Lavahöhlen hin, deren berühmteste die **Gruta de Intihuasi** 4 (auf Quechua: ›Sonnenhaus‹) ist. In den von vulkanischen Eruptionen modellierten Wohnhöhlen fand man 8000 Jahre alte Projektile. An aufgelassenen Edelmetallgruben und der Onyx-Fundstätte von Santa Isabel vorbei erreicht man nach 55 weiteren, teilweise holprigen Kilometern den Ort **La Toma** 5. Zahlreiche Werkstätten in der Avenida Mármol Onix laden dazu ein, bei der Bearbeitung des lokalen grünen Onyx zuzusehen.

Von La Toma sind es rund 80 km über die gut ausgebaute RP 20 zurück nach San Luis. Man kann sich natürlich auch in nordöstlicher Richtung auf den Weg nach Córdoba (s. S. 198) machen, wahlweise auf der RN 148

Trockengras besiedelte Bergwüste das Versteck von räuberischen Gauchos war, die sich, als Outlaws der Pampa, auf der Flucht vor der Justiz befanden. Die Sandsteinkaskaden der Aguada-Senke lassen sich von Felsnasen aus bewundern, zu denen Fußpfade führen (bestes Fotografierlicht vor Sonnenuntergang). Guanakos, Graufüchse, Pekaris und Pumas haben hier ihre Fluchtburgen. Vor allem aber ist dieses 1991 zum **Parque Nacional Sierra de las Quijadas** 2 erklärte Gebiet eine paläontologische Schatzkammer. 1970 wurden versteinerte Knochen eines fliegenden Reptils *(Pterodaustro)* aus-

Sierras Pampeanas

aktiv unterwegs

Per Pferd durch die Sierra de los Comechingones

Tour-Infos
Start: Merlo
Dauer: 1–2 Tage
Beste Zeit: März–April und Aug.–Nov.
Anbieter: MerloTour-Guides, Graciela Vega, Piedra Blanca Arriba, Agüita Rosa, am Nordostrand von Merlo, Tel. 02656 47 76 62 (Tagesritt nach Cerro Áspero 1200 $); Claudio Alaniz, San Luis 2010, Merlo, Tel. 02656 47 63 10 u. 0266 15 466 48 02, www.guiasdemerlo.com.ar (2-tägiger Ritt nach Cerro Áspero 1330 $, Tagesausflug zur Kondor-Beobachtung 700 $, im Geländewagen nach Cerro Áspero oder zum verlassenen Dorf San Virgilio 680 $); Tony Yváñez, Torres Tour, Av. del Sol 400 u. Busterminal, Local 18–19, Merlo, Tel. 02656 47 40 71 u. 0266 15 474 71 85 (per Jeep bis Puesto Albornoz, von dort zu Fuß oder per Pferd weiter in die Berge bis Salto del Tigre oder Cerro Áspero, 300 $).

Die wildromantische **Sierra de los Comechingones** ist wie geschaffen für eine Erkundung vom Pferderücken aus. Der klassische Startpunkt von mehreren Unternehmen, die eine solche Tour anbieten, ist **Merlo** (s. S. 193). Von hier aus kann man über schmale Pfade mitten in die herrliche Gebirgslandschaft bis auf den rund 2200 m hohen Berggrat reiten, der die natürliche Grenze zwischen den beiden Provinzen San Luis und Córdoba bildet.

Eine erste Pause wird meist im **Puesto Tono Albornoz** eingelegt, das über eine Piste auch per Geländewagen erreichbar ist. Die weitere, auch bei Wanderern beliebte Strecke führt dann zum **Salto del Tigre,** einem 40 m hohen Wasserfall, dessen Pool ein großes natürliches Schwimmbad bildet. Weiter geht es um große Felsblöcke und zuweilen im Schatten der *molles, talas* und *chañares,* der typischen Bäume der Region, bis in den heute verlassenen Ort **Cerro Áspero,** auch Pueblo Escondido (›Verstecktes Dorf‹) genannt. Hier lebten zwischen 1920 und 1969 um die 300 Minenarbeiter, die Wolframerze abbauten. Der Rohstoff wurde erst von einem deutschen Unternehmen für Lampen-Glühfäden verwertet, später von Briten und während des Zweiten Weltkriegs von den USA für die Waffenindustrie aufgekauft. Eine Hängebrücke führt über den kleinen Fluss, der durch das Dorf mäandert. Stellung hält hier nurmehr Carlos Cerra, der in seiner einfachen Raststätte warme Speisen, hausgemachtes Bier und sogar Matratzen zum Übernachten anbietet (Schlafsack mitnehmen). Steigt man jedoch rechtzeitig wieder in den Sattel, ist man abends wieder in Merlo.

durch das Valle de Conlara, weiter ostwärts auf der parallel verlaufenden RP 1, die an den westlichen Ausläufern der Sierra de los Comechingones entlangführt (s. oben), oder über Río Cuarto entlang der Ostflanke des Gebirges (RN 36, s. S. 194).

Übernachten
... in Carolina:
Berghostel ▶ **El Rincón de Oro:** Tel. 0266 15 457 18 43. Jugendherberge mit Raum für 56 Gäste. 50 $ p. P., DZ 150 $.

Sierras de Córdoba

Karte: S. 189
Die Sierra de San Luis leitet im Norden beinahe bruchlos in die bis zu 2900 m hohen **Sierras de Córdoba** über – und zwar sowohl geomorphologisch als auch pflanzengeografisch. Hier wie dort fühlen sich in der halbtrockenen Mittelgebirgsluft aromatische Kräuter besonders wohl. So sind diese Höhenzüge nicht nur reich an *yuyos* (›Wildkräuter‹), wie die Indianer (und heute auch die Argentinier) sie

Sierras de Córdoba

nennen, sondern hier werden Heilpflanzen und essenzenreiche Gewächse für Küche und Bad inzwischen auch kultiviert: Rosmarin, Oregano und Lavendel. In der näheren Umgebung des kleinen Ortes Villa Berna (s. S. 195) z. B. befinden sich Felder des deutschen Naturkosmetik-Unternehmens Weleda.

Die Bergregion ist mit einem relativ dichten Straßennetz überzogen. Dennoch gibt es zwei in Nord-Süd-Richtung verlaufende Hauptachsen, die die schönsten Ortschaften miteinander verknüpfen: die RP 1 über Merlo sowie die RN 36 über Río Cuarto.

Von La Toma nach Merlo
▶ 1, F 13/14

Über **La Esquina** erreicht man **La Punilla,** wo die nordwärts bis Merlo (93 km) asphaltierte RP 1 abzweigt. Die Straße folgt der Westflanke der sich zu einem zunehmend höheren Kamm aufbauenden **Sierra de Comechingones,** die den Spitznamen der einst hier siedelnden Indianer adoptierte – von den Spaniern ihres ungewöhnlichen Habitus wegen (sie trugen, gleich ihnen, Bärte!) bestaunt, erhielten die Indianer gleichwohl die despektierliche Gattungsbezeichnung *comechingones* (etwa ›Spatzenfresser‹).

Bereits bei **Papagayos** kündigen ausgedehnte Wälder von – für diese Breiten ungewöhnlichen – Caranday-Palmen die besondere Biosphäre an, die **Merlo** 6 zu dem Ruf verhalf, das drittbeste Mikroklima der Welt zu besitzen. Der großflächig aufgelockerte Luftkurort zieht sich zwischen 800 und 1200 m Höhe an den Waldhängen hoch. Weiter nach Norden Fahrende gewinnen von hier aus über **Santa Rosa de Conlara** und **Villa Dolores** den Anschluss an **Villa Carlos Paz** (s. S. 196) ca. 40 km westlich der Stadt Córdoba.

Infos
… in Papagayos:
Oficina de Turismo: RP 1, Av. Comechingones 350, Tel. 02656 48 14 67, www.papagayos.gov.ar, tgl. 9–20 Uhr.
… in Merlo:
Secretaría de Turismo: Av. del Sol, Ecke Av. de los Deportes, im Sommer tgl. 9–24, im Winter tgl. 9–13, 18–21 Uhr; Mercau, Ecke Perón, am Hauptplatz, im Sommer 8–23, im Winter 8–20 Uhr, Tel. 02656 47 60 78; www.villademerlo.gov.ar.

Übernachten
… in Papagayos:
Berghotel ▶ **Los Leños:** Av. Comechingones 555, Tel. 02656 48 18 12, www.facebook.com/hosteriapapagayosloslenios. Pool, Restaurant, Ausflüge etc. DZ 350 $.

Unter Palmen ▶ **Hostería Caranday:** Los Aguaribayes s/n, Tel. 02656 48 18 64, www.papagayos.gov.ar/dondedormir.html. Am Palmenwald. Regionale Gerichte. Nachtausflüge auf den Cerro Caranday. DZ 350 $.

… in Merlo:
Über dem Durchschnitt ▶ **Howard Johnson Hotel & Casino Merlo:** RP 1 Km 1,3, Tel. 02656 47 36 00, www.hjmerlo.com.ar. Flacher, der Landschaft angepasster Bau, Restaurant, Pool, Spielsäle. DZ 1200 $.

Landhotel ▶ **Posada Los Antiguos:** Barro Azul 363, Tel. 02656 47 74 67, www.posadalosantiguos.com.ar. Elegantes Landhaus auf 1100 m, 3 km vom Ortszentrum. Pool, Restaurant, Park. DZ 795 $.

Auf 3 ha großem Parkgelände ▶ **Hotel Piedra Blanca:** Av. de los Incas 3000, Piedra Blanca, Tel. 02656 47 96 61, www.hotelpiedrablanca.com.ar. Am Nordrand der Stadt zu Füßen der Berge, Pool, Restaurant, WLAN. DZ 550 $.

Am Berghang ▶ **Altos del Rincón:** Av. de los Césares 2977, Tel. 02656 47 51 73, www.grupoclima.com. Im östlichen Vorort Rincón del Este, mit Pool. DZ 500 $.

Basis für Reitausflüge ▶ **Hotel San Luis:** San Luis 2010, Rincón del Este, Tel. 02656 47 53 06, www.hotelslmerlo.com. Am nordöstlichen Stadtrand, Restaurant mit vegetarischer Ausrichtung, Pool und baumreicher Park, mit den Bergen im Hintergrund. Idealer Ausgangspunkt für Reitausflüge. DZ 350 $.

Camping ▶ **Cerro de Oro:** Av. Pepe Mercau, Ecke Urquiza, ca. 3 km südöstlich vom Zentrum, Tel. 02656 47 74 96, www.campingmerlo.com.ar. Gute Infrastruktur, Pool. 70 $/Zelt, 50 $ p. P.

Sierras Pampeanas

Essen & Trinken
… in Papagayos:

Spanferkel ▶ Doña Pabla: RP 1 Km 44, Tel. 02656 42 17 77. Parrilla, Tipp: Spanferkel aus dem Lehmofen (nur Dez.–März). 130 $.

… in Merlo:

Mit Panoramasicht ▶ Mirador Cabeza de Indio: Pasos Malos, 7 km nordwestlich, Tel. 02656 47 71 51. Parrilla auf 1350 m; Zicklein, auf Pflugscheiben gebratenes *asado* (Grillfleisch), *locro, humita* etc. 200 $.

Regionale Spezialitäten ▶ El Establo: Av. del Sol 450, Tel. 02656 47 53 52. Hier gibt's ein ausgezeichnetes Zicklein vom Grill. 160 $.

Gauchokneipe ▶ Pulpería de los Urquiza: Perón, Ecke Mercau, am Hauptplatz, Tel. 02656 47 01 18. Einfache regionale Küche in fast musealem Ambiente. 140 $.

Verkehr
Busse: Vom Terminal an der Südeinfahrt der RP 1 mit Chevallier, Andesmar etc. nach San Luis, Mendoza, Córdoba und Buenos Aires.

Río Cuarto und Alpa Corral
▶ 1, G 14 u. F 13

Ausgangspunkt für die Route entlang der Ostflanke ist **Río Cuarto** **7** (›Vierter Fluss‹), mit 156 000 Einwohnern der zweitgrößte Ort der Provinz Córdoba. Die quirlige Stadt besitzt eine malerische Kathedrale an der Plaza und ein erstaunlich lebendiges Nachtleben, lohnt aber ansonsten keinen längeren Aufenthalt.

Wer von hier den kürzeren Weg in die Provinzhauptstadt Córdoba wählt, stößt über die RN 36 durch die Savanne östlich der Sierra de los Comechingones nach Norden vor. Schöner ist die Fahrt über die gebirgsnähere Schotterstraße RP 23, die eine erste Annäherung an die Berglandschaft ermöglicht. Nach 50 km erreicht man mit **Alpa Corral** **8** das Wochenenddomizil der Einwohner von Río Cuarto, einen ruhigen Ort in wunderbarer Landschaft, wo es sich gut entspannen lässt.

Übernachten
… in Alpa Corral:

Auf einer Anhöhe ▶ Portal del Tala: auf dem Weg zur Hängebrücke, Tel. 0358 488 83 20, www.portaldeltala.com.ar. Bungalows mit schönem Ausblick, 3 ha großer Park mit Lamas. 2 Pers. 560 $, 4 Pers. 800 $.

Im Dorf ▶ Posada Ayelén: Av. Carlos de Glymes s/n, Tel. 0358 488 80 29. Einfache, saubere Gaststätte mit Terrasse. DZ 300 $.

Essen & Trinken
… in Alpa Corral:

Spanisch ▶ La Tasca del Risueño Jabalí: Los Plátanos s/n, Tel. 0358 15 402 15 48. Fisch und Meeresfrüchte in Paellas und Cazuelas. 140 $.

Italienisch ▶ La Trattoria di Luigi: Av. D' Glimes, Tel. 0358 488 82 26, nur abends. Auf der Holzterrasse genießt man Pizza, hausgemachte Pasta und Bier und kann dabei wunderbar das Leben auf der Dorfstraße beobachten. 120 $.

Villa General Belgrano und Umgebung **▶ 1, F/G 13**

Am **Dique Río Tercero** (›Stausee Dritter Fluss‹) trifft die RP 23 (über die E 61 und E 63) wieder auf die Hauptstraße RN 36. Das touristische Freizeitangebot an dem Gewässer führt bereits musterhaft vor, was die weitere Strecke charakterisieren wird: Landhäuser, Ferienhotels, Erholungsheime, Sportanlagen, Campingplätze und Bootshäfen. Auch die Vegetation ist hier bereits weitgehend vom Menschen verändert worden. Weiden, Pferdekoppeln, Zypressen, Eukalyptus- und Pinienwäldchen umgeben die mit einem dichten Hotelangebot aufwartenden Ortschaften, die sich von nun an die Hand reichen.

In **Santa Rosa de Calamuchita,** 18 km nördlich des Sees, zweigt eine 30 km lange Seitenroute Richtung Westen nach **Yacanto de Calamuchita** ab, wo es eine der hübschen Landkapellen (17. Jh.) zu sehen gibt, für die die Cordobeser Berge bekannt sind.

Nächstes Dorf an der Hauptstrecke ist das schmucke **Villa General Belgrano** **9** (6000 Einw.), dessen Reklameschilder – Hotel Bremen oder Alpendorf – und die Ankündigung eines Oktoberfestes auf deutschstämmige Bewohner verweisen. Hier war im Zweiten Weltkrieg die Besatzung der Graf Spee inter-

Sierras de Córdoba

Früh übt sich: Mate kennt keine Altersgrenzen und gehört auch bei den zumeist deutschstämmigen Bewohnern von Villa General Belgrano zum täglichen Leben

niert, nachdem sie das Schiff im Dezember des Jahres 1939 selbst versenkt hatte.

Etwas weniger touristisch ist das Nachbardorf **Villa Berna** mit seinen knapp 100 Einwohnern. Von hier führt ein Abstecher in die Berglandschaft bis **La Cumbrecita,** das dem Bild einer Postkarte aus den Alpen entspricht. Deutsche und Schweizer Einwanderer haben dem Ort ihren Stempel aufgedrückt und einen touristischen Anziehungspunkt geschaffen (Jan./Febr. überlaufen). Am Dorfende lädt der natürliche Pool eines Wasserfalls zum Bad.

Übernachten
… in Villa General Belgrano:
Am Ortsrand ▶ **Cabañas de Santiago:** Av. Belgrano s/n, Tel. 03546 46 43 71 u. 15 40 80 18, www.cabdesantiagovgb.com.ar. Bungalows 1,5 km südöstlich vom Dorf, ruhig mit Blick auf die Sierra und Pool. DZ 700 $.
… in Villa Berna:
Bungalows ▶ **Pueblo Nirvana:** Margarita Kellenberg, Ecke Los Pinos, Tel. 03546 48 70 17, www.pueblonirvana.com.ar. In 20 ha großem Park, Pool, Restaurant. DZ ab 900 $.

Panoramablick ▶ **La Domanda:** RP 5, 3 km nördlich, Tel. 03546 46 20 70, www.ladomanda.com.ar. In einem 20 ha großen Park, Pool, gutes Restaurant. 480 $ p. P. inkl. HP.

Essen & Trinken
… in Santa Rosa de Calamuchita:
Gauchostil ▶ **La Pulpería de los Ferreyra:** Libertad 578, Tel. 03546 42 17 69, www.lapulperiaferreyra.com.ar, Jan./Febr. nur abends. Lokale Küche. 140 $.

Alta Gracia   ▶ 1, G 12
Zurück auf der Hauptstraße, kommt wieder ein Stausee, der **Dique Los Molinos,** bevor das einst aus einer Jesuiten-Estancia hervorgegangene sympathische Städtchen **Alta Gracia** 10 (47 000 Einw.) auftaucht. Hier verbrachte Ernesto ›Che‹ Guevara einen Teil seiner Kindheit, um in dem trockenen Klima sein Asthmaleiden auszukurieren. Das ehemalige Wohnhaus der Familie, die eigens für ihren Sohn hierhergezogen war, trägt heute den Namen **Museo Che Guevara** und zeigt Memorabilia aus dem Leben des Revolutionärs

195

Sierras Pampeanas

(Avellaneda 501, Stadtteil Carlos Pellegrini, Tel. 03547 42 85 79, tgl. 9–19.30 Uhr, 75 $).

Als **Museo Manuel de Falla** fungiert die ehemalige Wohnung des spanischen Komponisten Manuel de Falla, der die letzten Jahre bis zu seinem Tod 1946 in Alta Gracia lebte (Av. Pellegrini 1001, Tel. 03547 42 92 92, tgl. 9–19.30 Uhr, 20 $).

Hauptattraktion der Stadt ist aber die Jesuiten-Estancia, die dem Orden vom ursprünglichen Besitzer vermacht worden war. Die Residenz beherbergt heute das **Museo Histórico Casa del Virrey Liniers,** benannt nach dem letzten spanischen Vizekönig von Río de la Plata, der die Estancia 1810 – fast ein halbes Jahrhundert nach der Ausweisung der Jesuiten – kaufte und dort Zuflucht suchte, bevor er im August desselben Jahres von revolutionären Truppen erschossen wurde (Padre Viera 41, Plaza Manuel Solares, Tel. 03547 42 87 34, www.museoliniers.org.ar, im Sommer Di–Fr 9–20, Sa/So 9.30–20, im Winter Di–Fr 9–13, 15–19, Sa/So 9.30–12.30, 15.30–18.30 Uhr, 15 $, Mi kostenlos).

Neben der Residenz steht eine hübsche **Barockkirche** aus dem 18. Jh. und auf der anderen Seite der Avenida Tajamar liegt der gleichnamige kleine **Stausee,** der das Wasserreservoir der Patres bildete und die Energie für ihre Mühle lieferte.

Infos
Oficina de Turismo Alta Gracia: Padre Viera, Ecke Calle del Molino, Tel. 03547 42 81 28 u. 08 10-555 25 82, www.altagracia.gov. ar, tgl. im Sommer 7–22, im Winter 9–17 Uhr.

Übernachten
Golfen mit Füchsen ▶ **Potrerillo de Larreta:** Camino a Los Paredones Km 4,5, Tel. 03547 43 90 33, www.potrerillodelarreta. com. Resort in altehrwürdiger Estancia mit einem Golfplatz voller Füchse. DZ 920 $.

Elegant ▶ **Solares del Alto:** Bv. Pellegrini 797, Ecke Eva Perón, Tel. 03547 42 90 42, www.gruposolares.com.ar. Mit Restaurant, Pool, Spa, Sportsbar. DZ 710 $.

B & B ▶ **279:** José Giorello 279, Tel. 03547 42 41 77 u. 15 45 94 93, www.279altagracia. com. Zwei saubere Zimmer und Patio in einer 100-jährigen, gut restaurierten und zentral gelegenen Wohnung. DZ 85 US$.

Essen & Trinken
Für Gourmets ▶ **El Bistró del Alquimista:** Arzobispo Castellanos 351, Tel. 0351 15 43 12, Mo geschl. Gute Küche, gute Bedienung, gutes Ambiente, mit Patio. 180 $.

Neokoloniales Haus ▶ **Morena:** Sarmiento 413, Tel. 03547 42 63 65, Mo geschl. Zeitgenössische argentinische Küche. 160 $.

Verkehr
Busse: Chevallier und General Urquiza verbinden täglich mit Buenos Aires, Sarmiento, Calamuchita und La Serranita mit Córdoba (36 km). Busterminal an der Plaza América.

Über Villa Carlos Paz nach Capilla del Monte ▶ 1, G 11/12
Weiter in Richtung Norden konzentriert sich beim dritten künstlichen Gewässer, dem **Lago San Roque,** das Freizeitangebot auf alles, was man der nahen (36 km) Provinzhauptstadt Córdoba schuldig ist: **Villa Carlos Paz** **11** (81 000 Einw.) heißt dieser Klassiker unter den argentinischen Inlandszielen.

Ein lohnender Abstecher führt von hier über die RP 28 Richtung Westen. Nach 51 km zweigt rechts ein Weg ab, der nach weiteren 25 km auf die **Estancia Jesuítica La Candelaria** **12** stößt. Diese abgelegenste Estancia der Jesuiten liegt inmitten der Sierra und war der Viehzucht gewidmet, v. a. Maulesel, die man für den Handelsverkehr mit Alto Perú, dem heutigen Bolivien, einsetzte. Residenz und Kirche wurden im Stil einer Festung gebaut, um Angriffen der Indianer Stand zu halten (Tel. 0351 433 34 25, Mi–So 10–18 Uhr, 5 $). Wer von hier aus noch ein wenig weiter nach Westen ausspäht und auf der RP 28 bis in die **Pampa de Pocho** vordringt, kann weitere Kapellen (darunter auch stilfremd restaurierte) finden. Eine der ältesten (1645) und schönsten steht im Weiler **Las Palmas** **13**, ca. 115 km westlich von Villa Carlos Paz.

Die Hauptstrecke, im Osten stets von der **Sierra Chica** begleitet, läuft von Villa Carlos

Sierras de Córdoba

Paz nun auf der RN 38 über **Cosquín** und **La Cumbre** weiter nach Norden und man erlebt dabei die zunehmende Rückkehr der Landschaft zur Ursprünglichkeit. Dichter Naturwald brandet gegen die Bergwände an und geht im Herbst in einem Glutteppich von Farben auf. Bei **Capilla del Monte** 14 mischen sich bereits Palmen unter den knorrigen Wald, der allmählich ausdünnt und den ersten Kakteen Platz macht: Die nahen Salare kündigen sich an.

Wer nach La Rioja möchte, wird seine Fahrt über **Cruz del Eje** und die RN 38, wer Tucumán ansteuert, über **Deán Funes** und die RN 60 fortsetzen. In beiden Fällen passiert man an Schmalstellen die ausgedehnten **Salinas Grandes,** die größten der zentralargentinischen Salztonebenen.

Aktiv

Gleitschirmfliegen ▶ **Aeroatelier:** Aeroclub La Cumbre, RN 38 Km 67, Tel. 03548 45 25 44, www.aeroatelier.com. Unter der Leitung des Schweizer Testpiloten und ehemaligen Gleitflug-Weltmeisters Andy Hediger.

Ongamira und Ischilín ▶ 1, G 11

8 km nördlich von Capilla del Monte zweigt kurz vor **Charbonier** die RP 17 nach Osten ab – eine schöne Alternative für die Fahrt nach Deán Funes. An der Straßenkreuzung werden feine Körbe und anderes Kunsthandwerk aus Palmfasern, Batist und Leinen verkauft. Nach 7 km dann tauchen bei Quebrada de la Luna die rötlichen bizarren Steinformationen von **Los Terrones** auf. Ein Fußpfad (ca. 2 St.) und eine kurze Autorundfahrt führen durch die monumentale Sandsteinlandschaft (www.losterrones.com, 14 $).

Etwa 9 km weiter liegt der kleine Ort **Ongamira** 15, bekannt wegen der **Grutas de Ongamira,** von deren prähistorischen Wandmalereien allerdings nur noch wenig zu sehen ist (8 $). Dafür genießt man im umgebenden **Parque Natural Ongamira** eine wunderbare Sicht auf die von Kondoren umkreisten Cerros Pajarillo, Áspero und Colchiqui (5 $).

Ein paar Kilometer westlich von Ongamira zweigt in nördlicher Richtung eine Schotter-

Tipp: Hochkarätiges Folklorefestival

Jährlich in der letzten Januarwoche findet in Cosquín das **Festival Nacional de Folklore** statt, Argentiniens größtes Folklorefestival. Vor bis zu 10 000 Zuschauern spielen namhafte Musiker der neuen Generation. Mercedes Sosa wurde übrigens 1967 auf diesem Festival entdeckt. Infos: www.visitecosquin.com.ar, www.infocosquin.com.ar.

straße nach Deán Funes ab. Auf der Strecke passiert man die **Casa Fernando Fader,** das Landhaus des deutschstämmigen, in Frankreich geborenen und in Argentinien aufgewachsenen Malers und Ingenieurs Fernando Fader (1882–1935). Der an Tuberkulose leidende Künstler zog 1916 wegen der gesunden Luft in die Provinz Córdoba und lebte bis zu seinem Tod in dieser Region, die vielen seiner – stark von Monet beeinflussten – Bilder als Motiv diente (Tel. 03521 42 20 44, Do–So 12–17 Uhr, 5 $, Mi Eintritt frei).

Nur 7 km weiter liegt das idyllische **Ischilín.** Lange Zeit war das 1640 gegründete Dorf mehr oder weniger verlassen, bis sich im Jahr 2000 Fernando Faders Enkel des Ortes annahm und es gründlich restaurierte. Heute gruppieren sich um die zentrale Plaza ein paar hübsche Gebäude, unter anderem eine 300 Jahre alte Jesuitenkapelle mit einem 700 Jahre alten Johannisbrotbaum davor.

Übernachten
... in Ongamira:

Pferde-Lodge ▶ **Estancia Dos Lunas:** Tel. 011 50 32 34 10, www.doslunas.com.ar. 100-jähriges, liebevoll restauriertes Herrenhaus, Pool, Reiten, Wandern, Angeln, Birdwatching etc. DZ 300 US$ p. P. inkl. VP und Aktivitäten. **Landhotel** ▶ **Estancia Ongamira:** RP 17, Km 20, Valle de Ongamira, Tel. 03525 44 50 60, www.ongamira.com. Altes Landgut auf 500 ha, organischer Früchte- und Gemüseanbau, Ausritte, Birdwatching, Breitband-Internet. DZ 600 $, mit HP 800 $.

197

Córdoba und Umgebung

Bereits in der Kolonialepoche ein vitaler Knotenpunkt auf dem Handelsweg zwischen Alto Perú (dem heutigen Bolivien) und dem atlantischen Hafen in Buenos Aires, hat sich Córdoba seine Lebendigkeit bis heute bewahrt. Die Universitätsstadt verfügt nicht nur über die besterhaltene Kolonialarchitektur des Landes, sondern auch über ein reges kulturelles Leben – bei Tag und bei Nacht.

4 Córdoba ▶ 1, G 12

Cityplan: S. 201; **Karte:** S. 202
So weit zogen sich die Ebenen, die Trockenwälder und die salzigen Böden südlich der subtropischen Dschungel hin, dass der von Norden mit seinem Expeditionsheer heranreitende Adelantado Jerónimo Luis de Cabrera jeden neu erkundeten Fluss – es sollten fünf werden – mit einer Ordnungszahl versah. Am ersten, dem Río Primero (so heißt er noch heute), gründete er 1573 (also bevor das zerstörte Buenos Aires in seiner zweiten Version entstand) die Stadt **Córdoba**. Ihres andalusischen Vorbildes gedenkt die heute 1,3 Mio. Einwohner zählende Metropole mit einigen prächtigen Kolonialbauten, wenngleich das Gros des architektonischen Erbes jener Zeit im urbanistischen Sturm und Drang zu Beginn des 20. Jh. unterging.

Bürgerfleiß und Ordnungssinn, Kulturschaffen und Sozialengagement verschmolzen in Córdoba miteinander, seit der Geist der jesuitischen Estancias des 17. Jh. in die Stadt wehte. Nicht zuletzt seiner bereits 1613 gegründeten Universität wegen, einer der ersten des Kontinents, durfte sich Córdoba La Docta (›Die Gelehrte‹) nennen. Vor allem der von den Idealen der Französischen Revolution inspirierte Gregorio Funes, Rektor der Universität und erster Historiker Argentiniens, förderte zu Anfang des 19. Jh. die liberale Gesinnung, deren frühe Früchte eine kritische Presse – »El Investigador« (›Der Auskundschafter‹) und »El Montonero« (›Der Partisan‹) – und deren bleibender Ausdruck der bekanntermaßen trocken-sarkastische Humor der Cordobeser ist.

Im Mai 1969 kam es in der stark industrialisierten Stadt (vor allem Automobil-, Flugzeug- und Waggonbau) zu dem als Cordobazo in die argentinische Geschichte eingegangenen Arbeiter- und Studentenaufstand, dessen blutige Niederschlagung wenigstens 14 Menschenleben forderte. Fatalerweise zieht das Elend unaufhörlich Menschen aus notleidenden Landregionen am Rand der Großstadt, wo heute bereits 180 000 Menschen ein ärmliches Dasein führen.

Rund um die Plaza San Martín

Der Stadtbesucher hat es leicht. Alles Besichtigenswerte liegt im Abstand von drei Häuserblocks um die zentrale **Plaza San Martín** **1**. Ihre Westseite wird beherrscht von der massigen **Kathedrale** **2**, von dem Lokaldichter Luis Roberto Altamira einst als steinerne Blume besungen. Was dieser schon 1683 begonnene dreischiffige Dom an floralem Außendekor aufweist, verdankt er den vielen Händen, die sich im Laufe seiner 100-jährigen Baugeschichte an ihm versuchten. Erst im 19. Jh. kam dann die opulente, in Gold, Grün, Granat und Beige ausgelegte neobarocke Innenausschmückung hinzu. Der

198

Córdoba

dennoch zwingende Gesamteindruck dieses Bauwerks bezieht seine Wirkung vor allem aus der für Argentinien ungewöhnlichen – eher für Mexiko typischen – Alleinlage der Kirche (sogar vom angrenzenden Cabildo durch ein Sträßchen getrennt). In die Gestaltung der Kuppel brachten indianische Handwerker ihre eigenen Formideen ein. Unter dem erhöhten Atrium schwächen sich die reichen Zutaten dann zu einem klassizistischen Portikus ab. Die Apsis ziert ein Silberaltar.

An dem geometrischen Langbau des sich rechts anschließenden **Cabildo** 3 – dessen Bauzeit noch länger dauerte (1607–1786) – fällt die nur eingeschossige Arkadenreihe auf. Im Innern des Rathauses informiert das **Museo de la Ciudad** über die Stadtgeschichte (Tel. 0351 433 27 58, Mo–Fr 10–13.30, Sa/So 9.30–13, 15–19 Uhr, Eintritt frei).

Schräg gegenüber, an der Santa-Fe-Seite der Plaza, steht das Relikt der **Capilla del Obispo Mercadillo** 4 (fertiggestellt 1691) mit seiner schlichten Kolonialfassade und dem schmiedeeisernen Balkongitter.

Vom portugiesischen Kolonialbarock inspiriert ist das Portal des **Convento de Santa Teresa** 5, das eine Kapelle von 1770 beherbergt. Das im Klaustrum untergebrachte **Museo de Arte Religioso Juan de Tejeda** birgt den Kirchenschatz der Kathedrale (Independencia 122, Ecke 27 de Abril, nur im Sommer Do/Fr 9–13 Uhr).

Manzana Jesuítica 6

Nur zwei Häuserreihen südlich des Convento de Santa Teresa, an der Ecke Caseros und Obispo Trejo y Sanabría, zeugt die **Manzana Jesuítica** (›Jesuitenblock‹) von dem immensen Einfluss der Jesuiten im 17. Jh. Drei Gebäude ragen besonders heraus: Die Natursteinbau der 1674 vollendeten **Iglesia de la Compañía de Jesús** mit ihrer maurisch stilisierten Fassade, die **Capilla Doméstica** (›Hauskapelle‹) der Jesuiten, das Rektorat der **Universidad Nacional de Córdoba** und das neokoloniale **Colegio de Montserrat** aus dem 20. Jh. mit – etwas vernachlässigtem – Patio sowie reich bestückter Bibliothek und

Flanieren unter den kolonialen Arkaden des Cabildo

Córdoba

Sehenswert
1 Plaza San Martín
2 Kathedrale
3 Cabildo
4 Capilla del Obispo
  Mercadillo
5 Convento de Santa Teresa
6 Manzana Jesuítica
7 Casa del Virrey Sobremonte
8 Capilla San Roque
9 Parque Sarmiento

Übernachten
1 NH Panorama
2 Felipe II
3 Sussex
4 Córdoba Backpackers
5 Córdoba Hostel
6 Baluch Backpackers Hostel
7 Córdoba 4 Beds

Essen & Trinken
1 San Honorato
2 Alcorta Carnes y Vinos
3 La Mamma
4 Jacinto Bistró
5 Faustino
6 Il Gatto
7 La Nieta e' la Pancha

Pinakothek. Die kunstvolle und seltene Dachkonstruktion der Kirche – die über 10 m langen Zedernbalken mussten aus Misiones herbeigeschafft werden – hat die Form eines umgedrehten Schiffsrumpfes (Tel. 0351 433 20 75, Führungen auf Engl. Mo–Sa 10 u. 17 im Winter, 18 Uhr im Sommer, auf Sp. 11 u. 15 im Winter, 17 Uhr im Sommer, 10 $).

Casa del Virrey Sobremonte und Capilla San Roque

Am sehenswertesten in Córdoba ist zweifellos die zwei Häuserblocks östlich der Plaza gelegene **Casa del Virrey Sobremonte** 7 aus der Mitte des 18. Jh. Von außen an seinem anmutigen Kolonialbalkon erkennbar, birgt das vielräumige Patio-Haus im Innern das reich ausgestattete **Museo Histórico Colonial** mit Möbeln aus der Kolonialzeit, wertvollen Keramiken und Musikinstrumenten, daunter eine Kammerorgel der Jesuiten (Rosario de Santa Fe 218, Ecke Ituzangó, Tel. 0351 433 16 61, Mo–Fr 9.30–14.30 Uhr, 15 $).

Schmuckstück der nahen **Capilla San Roque** 8 ist die im 17. Jh. von Indianern geschnitzte Kanzel (Obispo Salguero 84, Ecke San Jerónimo, Tel. 0351 428 58 56, Mo–Fr 8–12 Uhr).

Geht man die Obispo Salguero Richtung Süden, erreicht man den herrlichen **Parque Sarmiento** 9 mit seinen Museen und Rosengärten. In der größten Parkanlage der Stadt befindet sich u. a. der prunkvolle **Palacio Ferreyra** vom Anfang des 20. Jh., in dem das **Museo Superior de Bellas Artes Evita** untergebracht ist, ein sehenswertes Kunst-

museum (Av. Yrigoyen 511, Tel. 0351 434 36 36, Di–So 10–20 Uhr, 15 $, Mi Eintritt frei).

Infos

Centros de Información Turística: im Cabildo, Independencia, Ecke Pasaje Santa Catalina, Tel. 0351 434 12 00, www.cordobaturismo.gov.ar, www.cordoba.gov.ar, tgl. 8–20 Uhr (Auskunft über Provinz und Stadt); im Busterminal, Bv. Perón 380, Tel. 0351 433 19 87, tgl. 7–21 Uhr (Auskunft über die Provinz); im Flughafen, Tel. 0351 434 83 90, tgl. 8–20 Uhr (Auskunft über die Provinz); im Einkaufszentrum Patio Olmos Shopping, Bv. San Juan, Ecke Vélez Sársfield, Tel. 0351 570 41 00, tgl. 10–22 Uhr (Auskunft über die Stadt). Unter der Tel. 0351 526 26 06 können Audio-Infos, auch auf Engl., zu einzelnen Sehenswürdigkeiten abgerufen werden (z. B. Kathedrale Durchwahl 7, Manzana Jesuítica 5).

Übernachten

Modern-elegant ▶ NH Panorama 1: Alvear 251, Tel. 0351 410 39 00, www.nh-hotels.com. Eines der führenden Innenstadthotels, großzügige Räumlichkeiten, klimatisiert, Pool, Garage. DZ ab 102 US$.

Zentral ▶ Felipe II 2: San Jerónimo 279, Tel. 0351 425 55 00, www.hotelfelipe.com.ar. Nüchtern-modern, Garage (40 $). DZ 563 $.

Am Hauptplatz ▶ Sussex 3: San Jerónimo 125, Tel. 0351 422 90 70/75, www.hotelsussexcba.com.ar. Beliebtes Traditionshotel an der Plaza, von den oberen Zimmern genießt man eine gute Sicht über die Stadt; klimatisiert, Garage. DZ 490 $.

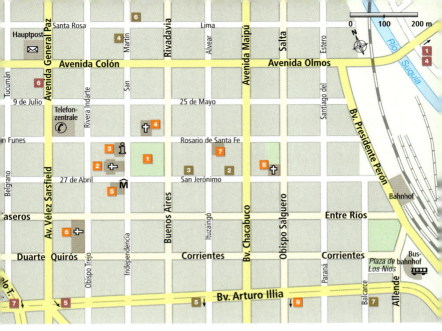

Hostels ▶ Córdoba Backpackers 4: San Martín 414, Tel. 0351 422 05 93, www.cordobabackpackers.com.ar. Nur 400 m abseits der Plaza San Martín, Terrasse, Bar, drahtloser Internetanschluss. DZ 200 $, im Schlafsaal 60 $ p. P. **Córdoba Hostel 5:** Ituzaingó 1070, Tel. 0351 468 73 59, www.cordobahostel.com.ar. Gut gelegen mit Blick auf den Parque Sarmiento im Süden des Zentrums, Terrasse. Im Schlafsaal 80 $ bzw. 70 $ für HI-Mitglieder), DZ 320/285 $. **Baluch Backpackers Hostel 6:** San Martín 336, Tel. 0351 422 39 77, www.baluchbackpackers.com. Zentral gelegen, mit Terrasse und WLAN. Im 6er-Schlafraum 90 $ p. P., DZ 250 $. **Córdoba 4 Beds Hostel 7:** Balcarce 485, Tel. 0351 424 02 31, www.cordoba4beds.com.ar und www.peperinahostel.com.ar. Nur 200 m vom Busterminal entfernt, beliebter Treffpunkt junger Reisender mit Livemusik, Events, Grillabenden etc. Im Schlafsaal 40 $, DZ 120 $.

Essen & Trinken

Guter Weinkeller ▶ San Honorato 1: Pringles, Ecke 25 de Mayo, Barrio General Paz, Tel. 0351 453 52 52, www.sanhonorato.com.ar, Mo abends geschlossen. Mittelmeerküche in einer ehemaligen Bäckerei von 1915, stilgerecht rustikal eingerichtet. 220 $.

Fleisch und Wein ▶ Alcorta Carnes y Vinos 2: Av. Figueroa Alcorta (La Cañada) 330, Ecke Santa Rosa, Tel. 0351 424 74 52, www.alcortacarnes.com.ar. Ausgezeichnetes Grillfleisch. 220 $.

Spaghetti und Ravioli ▶ La Mamma 3: Av. Figueroa Alcorta 270, Ecke Santa Rosa, Tel. 0351 421 91 91, www.lamammarestaurante.com.ar. Córdobas bestes Pasta-Restaurant. 200 $.

Regionale Küche, exquisit zubereitet ▶ Jacinto Bistró 4: Jacinto Ríos 126, Barrio General Paz, Tel. 0351 452 55 25. In einem fast 100-jährigen Haus. 180 $.

Historisch ▶ Novecento 3: Deán Funes 33, Plaza San Martín, im Innenhof des Cabildo (Rathaus), Tel. 0351 423 06 60, Mo–Fr mittags. Argentinisches Fleisch, kombiniert mit Zutaten vom Mittelmeer und aus dem Orient. 160 $.

Im Park ▶ Faustino 5: Av. del Dante s/n, im Parque Sarmiento, Tel. 0351 460 18 53. Gute Parrilla. 150 $.

Route der Jesuiten-Estancias

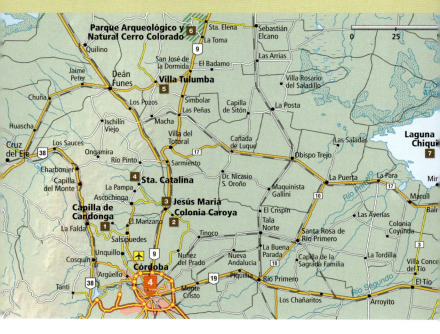

Trattoria ▶ Il Gatto 6: General Paz 120, Tel. 0351 426 12 72; Av. Colón 628, Tel. 0351 426 12 71; Av. Rafael Núñez 3856, Tel. 0351 482 77 80; www.ilgatto.com. Auf Pasta und Pizza spezialisierte Restaurantkette, günstiges Preis-Leistungs-Verhältnis. 140 $.

Schöne Terrasse ▶ La Nieta'e la Pancha 7: Belgrano 783, Tel. 0351 463 39 17, im Sommer nur abends. Regionale Küche, z. B. Zicklein mit *crema de peperina* (Pfefferminzsoße). 120 $.

Verkehr

Flüge: Vom Aeropuerto Internacional Córdoba, RP 53, 11 km nördlich in Pajas Blancas, Tel. 0351 475 08 75 und 475 08 71, bestehen gute Verbindungen in alle Landesteile und benachbarte Länder, u. a. mit Aerolíneas Argentinas/Austral nach Mendoza, Buenos Aires, Santa Cruz de la Sierra, México und Miami, mit Andes nach Salta und Iguazú, mit Sol nach Rosario, Tucumán und Mendoza, mit Gol nach Porto Alegre, São Paulo und Rio de Janeiro, mit LAN nach Santiago de Chile, Lima und Buenos Aires sowie mit Copa nach Panama.

Züge: Die Bahnstrecke zwischen Buenos Aires, Rosario, Córdoba und Tucumán soll 2014 instand gesetzt werden. Bis Anfang 2015 fahren die Züge daher nur 2 x wöchentl. und nur sehr langsam (30 Std. für 650 km). Die Fahrkarten sind entsprechend billig (30/50/90 $, im Schlafwagen 300 $ für 2 Pers.). Infos: Ferrocentral, Tel. 0351 426 35 65.

Busse: Rund 70 verschiedene Buslinien verbinden Córdoba mit Buenos Aires, den Städten im Nordwesten und anderen Regionen Argentiniens. Busterminal: Bv. Presidente Perón 300, Tel. 0351 434 16 92, www.terminalcordoba.com.

RN 9 Richtung Santiago del Estero ▶ 1, G 10/11

Karte: oben

Die RN 9 nach Santiago del Estero, die Córdoba in nördlicher Richtung verlässt, wird

RN 9 Richtung Santiago del Estero

von einem halben Dutzend kolonialzeitlicher Kapellen, Poststationen und Überresten jesuitischer Estancias gesäumt – nicht umsonst trägt sie auch den Namen **Route der Jesuiten-Estancias.**

Capilla de Candonga 1

Erste Station entlang der Strecke ist der Ort **Candonga** mit der **Estancia Santa Gertrudis,** von der jedoch nur die **Capilla de Candonga** (1730) im Original erhalten blieb. Doch die herrliche Kapelle lohnt den Abstecher, stellt sie doch eines der gelungensten architektonischen Werke der Patres dar.

Um dorthin zu gelangen, biegt man 31 km nördlich von Córdoba bei General Paz von der RN 9 gen Westen ab und erreicht nach ca. 30 km Schotterstraße über Pozo del Tigre und El Manzano sein Ziel.

Estancia Caroya

44 km von Córdoba entfernt steht in **Colonia Caroya** 2 mit der gut erhaltenen **Estancia Caroya** die erste von den Jesuiten gegründete Estancia aus dem Jahr 1616. Besichtigt werden können die Residenz mit Kapelle, die Mühle sowie Reste des alten Bewässerungssystems, das – so sagt man – die allerersten auf argentinischem Boden gepflanzten Weinreben mit Nass versorgte (Tel. 03525 42 67 01, Di–Fr 9–19, Sa/So 9–12, 17–20 Uhr, 5 $).

Estancia Jesús María

Nur wenige Kilometer weiter nördlich liegt das Landstädtchen **Jesús María** 3, an dessen Nordrand 1618 das zweite Jesuiten-Landgut, die **Estancia Jesús María,** gegründet wurde. Hier beschäftigte man sich intensiv mit der Weinproduktion. Von der Anlage erhalten blieben die Kirche, ein seltsamer, frei stehender Glockenturm sowie die zweistöckige Residenz, die heute dem **Museo Nacional Jesuítico Jesús María** als Heimat dient. Allein das Gebäude mit seiner typischen dreiseitigen Galerie um den zentralen Platz ist sehenswert (Tel. 03525 42 01 26, im Sommer Mo–Fr 8–19, Sa/So 10–12, 15–19, im Winter Mo–Fr 8–19, Sa/So 10–12, 14–18 Uhr, 10 $, Di kostenlos).

Estancia Santa Catalina

Um das größte und eindrucksvollste Jesuiten-Anwesen, die **Estancia Santa Catalina,** zu besuchen, muss man sich wieder etwas weiter von der RN 9 entfernen: Von Jesús María geht es zunächst etwa 7 km auf der E 66 nach Nordwesten Richtung **Ascochinga** und dann auf einem Erdweg (ausgeschildert) rund 13 km nach Norden, bis man unerwartet auf den kleinen Ort **Santa Catalina** 4 und diese einsame Estancia stößt. Lohn für die Mühe der Anfahrt ist eine besonders kostbare Kirche aus dem 18. Jh. im Stil des mitteleuropäischen Barocks (Tel. 03525 42 16 00, www.santacatalina.info, Di–So im Sommer 10–13, 15–19, im Winter 10–13, 14–18 Uhr, 10 $).

Villa Tulumba 5

Zurück auf der RN 9, zweigt etwa 70 km nördlich von Jesús María in **San José de la Dormida** eine Straße Richtung Westen ins noch 22 km entfernte **Villa Tulumba** ab. In der dortigen Kirche (1882) befindet sich ein wunderschöner Altaraufsatz mit polychromem Tabernakel, ein Schnitzwerk der Guaraní-Indianer von Misiones, das früher die Kathedrale von Córdoba schmückte, aber von einem mit den Jesuiten verfeindeten Bischof in das Provinzdorf verbannt wurde.

Parque Arqueológico y Natural Cerro Colorado 6

Fast am Weg, nur etwa 10 km westlich von **Santa Elena** und der RN 9, finden sich im **Parque Arqueológico y Natural Cerro Colorado** rund 30 000 präkolumbische Fels-

---

Tipp: Eldorado für Wasservögel

Ein vor allem für den Inlandstourismus bedeutender Anziehungspunkt Córdobas liegt ca. 170 km nordöstlich der Stadt: die von drei Flüssen gespeiste, 1850 km² große, salzhaltige **Laguna Mar Chiquita** 7. Um die 245 Vogelarten sind hier zu Hause, für Besucher gibt es eine gute touristische Infrastruktur.

Córdoba und Umgebung

zeichnungen. Die unter überhängenden Sandsteindächern auf 121 Fundorte verteilten Kunstwerke wurden vorwiegend mit roten, weißen und schwarzen Erdpigmenten ausgeführt.

Infos
... in Jesús María:
Oficina de Turismo: Almafuerte 450, Tel. 03525 44 37 73, www.jesusmaria.gov.ar.

Übernachten
... in Candonga:
Harmonie ▶ **Posada Las Perdices:** 400 m westlich der Jesuitenkapelle Candonga, Tel. 03543 49 39 99 u. 0351 15 572 80 42, www.posadalasperdices.com.ar. Öko-Hotel und Restaurant mit eigenem Obst- und Gemüsegarten, ein Klavier lädt zum Spielen ein, in einem harmonisch in die Natur integrierten Bau. DZ 960 $, 1110 $ inkl. HP, 1210 $ p. P. inkl. VP u. Reiten.

... in La Falda (ca. 50 km westlich von Candonga)**:**
Parkhotel ▶ **Ca'Montana:** Calle Veneto, Ecke Monsanto, Villa Santa Rosa, Tel. 03548 42 33 37, www.camontana.com.ar. Landhaus auf einer Anhöhe außerhalb des Orts, mit Pool, Restaurant, großem Park und Blick auf die Berglandschaft. DZ 750 $.

... in Santa Catalina:
Charmant ▶ **Estancia El Colibrí:** RP 17, 7 km südlich von Santa Catalina, Tel. 03525 46 58 88, www.estanciaelcolibri.com. Eine französische Hotelier-Familie betreibt diese herrliche Estancia in unmittelbarer Nähe zur Jesuiten-Estancia Santa Catalina, 170 ha großes Gelände, Pool, Spa, Restaurant, Reiten, Polo, Trekking, Mountainbike. DZ 3630 $ inkl. VP u. Aktivitäten.
Elegant ▶ **Posada Camino Real:** 10 km nordwestlich von Santa Catalina, Tel. 03544 49 89 60 u. 0351 15 552 52 15, www.posadacaminorealweb.com.ar. Landhotel mit Pool,

> **Tipp: Noch mehr Jesuiten-Estancias**
>
> Wer Gefallen an den Bauten der Jesuiten gefunden hat, kann in der Provinz Córdoba noch mehr Beispiele aus dieser Epoche besichtigen: die **Estancia Alta Gracia** im gleichnamigen Ort (s. S. 195) und die nahegelegene **Estancia Jesuítica La Candelaria** (s. S. 196).

RN 9 Richtung Santiago del Estero

Ein kostbarer Schatz im Umland von Córdoba: die Jesuitenkirche Santa Catalina

Restaurant, Polo, Golf. DZ 1100 $ inkl. HP u. Reitausflüge.
Im Sklavenhaus ► **La Ranchería:** an der Kirche Santa Catalina, Tel. 03525 42 85 37 u. 15 43 15 58, www.posadalarancheria.com.ar. Unterkunft und Restaurant (90 $) in der ehemaligen Sklavenunterkunft der Jesuiten-Estancia Santa Catalina. DZ 600 $.

Termine
Festival Nacional de Doma y Folklore (2. Januarwoche): Reiter aus Argentinien und den Nachbarländern nehmen an den Rodeowettbewerben im Anfiteatro José Hernández in Jesús María teil, bei denen es darum geht, sich 8 bis 15 Sekunden auf ungezähmten Pferden zu halten. Infos: www.festival.org.ar.

Wie Fahnen zeigen viele Bäume Patagoniens die Richtung des Windes an

Kapitel 3
Patagonische Küste und Tierra del Fuego

Ein schier endloser Himmel, über den Wolkenfetzen jagen, eine Küste, gegen die der Südatlantik brandet, vom Wind gepeitschtes Weidegras, so weit das Auge reicht – diese drei Grundelemente sind es, die der Südküste Argentiniens ihr unverwechselbares Gesicht verleihen, ihren melancholischen Reiz, aber auch ihre ungezähmte Wildheit ausmachen. Gut 3000 km bis nach Feuerland hinunter zieht sich diese raue Landschaft, die immer wieder die Nähe der Antarktis spüren lässt, vor allem im Bereich der berüchtigten Brüllenden Vierziger, jener Westwindzone südlich des 40. Breitengrads, in der die Stürme um den Erdball rasen, ohne von den Landmassen der Kontinente aufgehalten zu werden.

Den Reisenden locken vor allem die Weite sowie die einzigartige Tierwelt, die entlang der Küste seit Jahrtausenden ihre Heimat hat. In Sichtweite der Península Valdés ziehen Wale vorbei, auf den Kiesstränden dösen See-Elefanten und brüten die Magellan-Pinguine. Nicht minder gesellig geht es in La Lobería zu, wo sich eine riesige Kolonie von Seehunden und Pelzrobben niedergelassen hat. Sie sind die Lieblingsspeise der Orcas, der Killerwale, die ihre Leiber bei der Jagd bis auf den Strand werfen, um dann mit der Beute in Sekundenbruchteilen wieder in der Tiefe zu verschwinden. Die Küste Patagoniens zu bereisen, bedeutet, die Natur hautnah zu erfahren, ein Erlebnis, das auf unserem Planeten in dieser Form leider immer seltener wird.

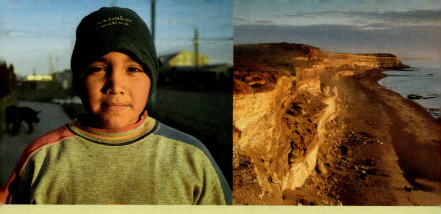

Auf einen Blick
Patagonische Küste und Tierra del Fuego

Sehenswert

5 **Península Valdés:** Auf Wale, See-Elefanten, Robben und Pinguine trifft man auf dieser von der UNESCO zum Welterbe erklärten Halbinsel (s. S. 214).

Geoparque Paleontológico Bryn Gwyn: Wie ein offenes Buch präsentiert die Erde ihre Entwicklungsgeschichte in diesem Schutzgebiet bei Trelew (s. S. 221).

Bosques Petrificados Sarmiento und Jaramillo: Auf den ersten Blick sind die Splitter und Baumstümpfe nicht von Holz zu unterscheiden, und doch sind es die versteinerten Reste zweier 70 bis 150 Mio. Jahre alter Wälder (s. S. 225).

6 **Tierra del Fuego:** Das Ende des südamerikanischen Kontinents, das Tor zur Antarktis, verzaubert mit Gletschern, Seen und Märchenwäldern (s. S. 236).

Schöne Routen

Von Rawson nach Camarones: Besonders schön ist die Fahrt auf der RP 1 entlang der Küste mit einem Abstecher zur Pinguinkolonie von Punta Tombo (s. S. 223).

Auf der RP 18 ins Herz von Tierra del Fuego: Die Fahrt auf der RP 18, einer Alternative zur geteerten RN 3, ist zwar staubig, führt aber tief nach Feuerland hinein zum herrlichen Lago Yehuin. Die Buchenwälder um den See scheinen mit ihren Bartflechten und Moosen einer Märchenwelt anzugehören (s. S. 253).

Unsere Tipps

Reserva Natural Cabo Dos Bahías: Anders als auf der viel besuchten Península Valdés und der Kolonie von Punta Tombo kann man das Familienleben der Pinguine hier nahezu ungestört beobachten (s. S. 223).

Globetrottertreffen: Zwischen Weihnachten und Neujahr treffen sich bei Ushuaia die Globedriver zum Erfahrungsaustauch (s. S. 244).

Abenteuerlicher Segeltörn: Nichts für zarte Mägen, aber ein besonderes Erlebnis ist die Fahrt mit einer Jacht zum berüchtigten Kap Hoorn, wo man am Leuchtturm sogar einen Besucherstempel erhält – sofern das Wetter die Landung zulässt (s. S. 248).

Estancia Harberton: 1886 ließ sich das Missionarspaar Bridges am Beagle-Kanal nieder und noch heute wird Feuerlands erste Estancia von den Nachfahren der Gründerfamilie geführt (s. S. 249).

aktiv unterwegs

Wanderparadies Feuerland: Im Sommer wie im Winter bietet die südlichste Region Argentiniens zahlreiche Ausgangspunkte für Trekkingausflüge (s. S. 246).

Die patagonische Küste

Gut 2000 km lang ist der Weg von der nördlichen Grenze Patagoniens bis zum südlichen Ende an der Magellanstraße. Zu einem Erlebnis wird die lange Fahrt auf der RN 3 durch Abstecher zu Tierparadiesen am Atlantik und zu versteinerten Wäldern im Landesinnern. Auf einigen Querverbindungen kann man der Eintönigkeit der Steppe entfliehen und direkt die spektakulären südlichen Anden im Westen ansteuern.

Wie die Spitze eines nach unten gerichteten Indianerpfeils weist das keilförmige Patagonien auf den Südpol. Sein argentinischer Teil wird im Westen von Zinnen und Vulkankegeln der Kordillere, im Osten von einer 4000 km langen Steilküste begrenzt, die vom Gezeitenstrom des Südatlantiks modelliert wurde. Dazwischen liegt das patagonische Tafelland, eine breite Trockenzone, deren Strauch- und Grassteppe die Heimat von 9,5 Mio. Schafen ist – beinahe dem Fünffachen der Einwohnerzahl. Vom Siedlungsraum Zentralargentiniens grenzt der mächtige Río Colorado Patagonien im Norden ab. Vier andere von den Anden zum Meer wandernde Flüsse haben den patagonischen Festlandprovinzen ihre Namen geliehen: Río Negro, Neuquén, Chubut und Santa Cruz. Die Magellanstraße, die Südamerikas größte Insel, Tierra del Fuego, vom Kontinent trennt, schließt Patagonien im Süden ab.

Blick in die Geschichte

Auf großem Fuß – die Indianer

Fernão de Magalhães und seine Gefolgsleute müssen sich wie Gulliver auf seiner Reise nach Brobdingnag vorgekommen sein, als ihnen die ersten patagonischen Indianer unter die Augen kamen. Von Antonio Pigafetta, dem Chronisten des portugiesischen Seefahrers, stammt ihre früheste Beschreibung:

»… so groß, dass unsere Köpfe kaum bis zu ihrer Taille reichten …, schön von Gestalt …, die breiten Gesichter mit roter Farbe bemalt …, das Haar weiß gepudert.« Am meisten aber zeigten sich die angehenden ersten Weltumsegler von den Trittspuren beeindruckt, die die Großfüßler im Sand hinterließen. So tauchte in Pigafettas italienischer Niederschrift zum ersten Mal die Bezeichnung *patagoni* auf, die dieser Region des Südkontinents ihren Namen geben sollte. Spätere Manuskripte spannen die Berichte ins Legendenhafte fort. Von »fleischernen Türmen« war da gar die Rede und Kartografen wie der Italiener Gastaldi (1554) zeichneten das Neuland bereits als *Terra gigantum* oder *Patagonum* in ihre Werke ein.

Tatsächlich handelte es sich bei diesen Indianern um Halbnomaden, die um 10 000 v. Chr. in diese Breiten gelangt waren. Ihren Namen Tehuelche (aus *chewel* = wild, tapfer, und *che* = Leute) erhielten sie von den Mapuche-Indianern. Die nach der Radiokarbonmethode am weitesten (12 600 Jahre) zurückdatierbaren Skelette von Ureinwohnern wurden in den 1950er-Jahren in den Höhlen der Estancia Los Toldos (Provinz Santa Cruz) gefunden. Die Tehuelche, deren tatsächliche Größe Wissenschaftler später auf glaubhafte 1,80 m bemaßen, lebten hauptsächlich von der Guanakojagd. Das den ersten Europäern unbekannte Tier hatte Pigafetta so beschrieben: »Kopf und Ohren wie ein Maulesel, Kör-

Blick in die Geschichte

per eines Kamels, Hirschläufe und Pferdeschwanz.« Das Guanako war den Tehuelche Existenzbasis. Sie aßen das Fleisch und fertigten aus Haut und Fell Zelte, Bekleidung und Schuhwerk.

Anfang des 18. Jh. drangen die Mapuche vom heutigen Chile aus auf die Ostseite der Anden vor und erzwangen, als kulturell überlegene Volksgruppe, die Vorherrschaft. Dem Blutzoll folgte die Blutsverwandtschaft: Große Teile der Tehuelche-Stämme, soweit sie nicht später in den Vernichtungskampagnen der Weißen untergingen, wurden von den zahlenmäßig dominierenden Mapuche (Araukaner) absorbiert.

Die Wüstenfeldzüge

Die meisten Kontakte mit den weißen Entdeckern entwickelten sich, vornehmlich auf der Basis des Tauschhandels, friedlich. Erst als die Schafzuchtgebiete sich nach Süden verlagerten, um in der fruchtbareren Pampa im Norden Rinderherden und Getreideanbau Platz zu machen, kam es zu offenen Kämpfen. Dabei schreckten die Tehuelche nicht davor zurück, die Schafe in die um die Farmhäuser gezogenen Schutzgräben zu treiben, bis diese sich füllten, um dann über diese lebende Brücke ihre Angriffe zu reiten. Die *estancieros* setzten Ohr- und Kopfprämien aus. Aber erst der zweite, bis zum Río Negro vorgetragene Wüstenfeldzug (s. S. 39) verbürgte das Erreichen des Ziels: Indianer durch Schafe zu ersetzen. Bei dieser Menschenjagd wurden prinzipiell keine Gefangenen gemacht. Der Genozid endete 1885 mit der friedlichen Unterwerfung des berühmten Kaziken Sayhueque von Neuquén. Die eroberten Landstriche (400 000 km^2) wurden als Belohnung unter den Haudegen des Expeditionsheeres verteilt, die, ohne eigenes Interesse an solch verpflichtendem Besitz, die Latifundien an Spekulanten verhökerten.

Der letzte Tehuelche-Kazike starb, so eine Zeitungsmeldung vom 25. November 1965, an Unterkühlung im Rohbau des Sozialministeriums. Die letzten 11 000 Tehuelche leben verstreut in patagonischen Städten oder in den *reservas indígenas* (Eingeborenenreservate) von El Chalía und Loma Redonda, in Chubut. Mapuche hingegen gibt es noch über 114 000 im argentinischen Teil Patagoniens (in Chile das Zehnfache). Allerdings hat auch bei ihnen die Überformung durch moderne Lebensweisen und Sachzwänge deutlich eine kulturelle Rückentwicklung zur Folge.

Zunehmend geraten die von fast reiner Subsistenzwirtschaft lebenden Gemeinschaften der Reservate (jeweils zwischen 100 und 2000 Menschen) in Konflikt mit einer sich verändernden Umwelt. Ihr Besitz reicht heute kaum noch zu einer wirtschaftlich rentablen Schaf- oder Ziegenhaltung aus und der in die Städte abwandernden Jugend fehlt meist die nötige Ausbildung, um dort beruflich Erfolg zu haben: 80 % der Kinder beenden nicht einmal die Grundschule, weil sie vorzeitig zur Feldarbeit herangezogen werden, und 38 % der erwachsenen Reservatsbewohner sind Analphabeten. Als Ende 1990 im Zuge des Staudammprojekts Piedra del Aguila (Provinz Río Negro) 1400 ha des zum Reservat Pilquiniyeu del Limay gehörenden Geländes überflutet werden mussten, nahm die Sterblichkeit unter den umgesiedelten Mapuche rapide zu. Noch immer also hat die Selbstbezeichnung der Indianer (*mapuche* = Erdmenschen) ihre Bedeutung nicht verloren.

Frühe Forschungsreisen

Der 1533 nach Spanien gelangte Schatz des Atahualpa schürte die Fantasie eroberungssüchtiger Abenteurer aus der Alten Welt. Jahrzehntelang war die patagonische Küste das Ziel englischer Piraten holländischer und später französischer Bukaniere, während die Spanier das Riesengebiet durch Befestigungsanlagen an strategischen Flussmündungen zu schützen versuchten. Ein wahres Potpourri vielsprachiger Ortsnamen zeugt von dieser Zeit wechselhafter Besitzansprüche. Dann folgte die Periode ernst zu nehmender Forschungsreisen, für die Namen wie James Cook und Charles Darwin bürgen. Doch die wahren Heldenepen wurden von jenen weniger bekannten Expeditionsleitern geschrieben, die sich oft Tausende von Kilometern weit ins Hinterland wagten.

Die patagonische Küste

Bis in die zweite Hälfte des 18. Jh. hinein hatte sich das landeskundliche Wissen fast nur auf die Reisebeschreibungen des englischen Jesuiten Thomas Falkner von 1774 gestützt. Die farbigsten Berichte allerdings verdanken wir dem Anglo-Argentinier George Chaworth Musters, der ein Jahr lang unter Tehuelche-Stämmen lebte und als Marco Polo von Patagonien 2750 km auf dem Landweg zurücklegte. Zehn Jahre lang bereiste auch der Mendoziner Carlos María Moyano den Südzipfel des Kontinents, bevor er – schon als 29-Jähriger Gouverneur des damaligen Territorio Nacional de Santa Cruz – das erste verlässliche Kartenwerk Patagoniens erstellte. Kaum mehr als 100 Jahre ist das her. Und noch immer gibt es Stellen, auf die noch nie ein Mensch seinen Fuß gesetzt hat.

Vom Río Colorado zur Península Valdés

Fortín Mercedes ▶ 1, J 21

Patagonien beginnt am **Río Colorado,** rund 120 km südlich der letzten großen Stadt, Bahía Blanca (s. S. 176). An dem ›Grenzfluss‹ zeigt der **Fortín Mercedes,** mit welch brüchigen Lehm- und Holzfestungen sich die Spanier einst gegen die Indianer zu schützen versuchten. Die vom Bonaerenser Gouverneur Juan Manuel de Rosas 1833 angelegte Bastion markiert zugleich die nach dem ersten Wüstenfeldzug entlang des Río Colorado gezogene Südgrenze der befriedeten Landstriche.

Der Fluss ist rotbraun, wie der Name verspricht. In diesem landschaftlichen Übergangsraum verdunkelt sich die Erde, dafür beginnt der Himmel immer mehr zu leuchten. Das Gelb der Sonnenblumen- und Getreidefelder ist dem Schwarzgrün der wilden *mata negra* gewichen, die von nun an weitgehend das Vegetationsbild bestimmen wird.

Carmen de Patagones und Viedma ▶ 1, H/J 23

156 km südlich des Río Colorado erreicht man mit **Carmen de Patagones** (ca. 20 000 Einw.) die erste patagonische Stadt. Erste auch im historischen Sinn, denn hier ließen galizische Spanier 1779 Patagoniens erste feste Siedlung entstehen. Sie verteidigte sich erfolgreich gegen eine brasilianische Invasion (1827), wovon ein Denkmal auf dem **Cerro de la Caballada** kündet. Doch vor den sturzflutartigen Überschwemmungen des Río Negro (die letzte 2010) mussten sich die Bewohner – und ihr Ort – schon 1899 auf den Hügel flüchten. Unweit der kleinen **Plaza 7 de Marzo** lassen sich noch einige Bauwerke aus der Kolonialzeit entdecken: u. a. die **Torre del Fuerte,** zunächst Wach-, dann Glockenturm der ersten Kapelle (hinter der Kathedrale); das zum Museum umfunktionierte Lehmziegelhaus **La Carlota** der Stadtgründer (Bynon, Ecke Biagetti); der **Rancho de Rial** aus dem Jahr 1820, ebenfalls ein Lehmhaus (Mitre 94); die **Bar El Puerto,** ein typisches Hafenlokal der Jahre um 1900 (J. J. Biedma) sowie das weiße Eckhaus des **Banco de la Provincia** (1830), in dem das **Museo Histórico Regional Emma Nozzi** die Ortsgeschichte dokumentiert (J. J. Biedma 64, Tel. 02920 46 27 29, Mo–Fr 10–12, 15–17, Sa 17–19 Uhr, Eintritt frei).

Über zwei Flussbrücken ist Carmen de Patagones mit dem mehr als doppelt so großen Zwillingsort **Viedma** (53 000 Einw.) verbunden, heute die Hauptstadt der Provinz Río Negro. Nach einem Gesetz von 1986 sollte Viedma einmal Landeshauptstadt werden, aber dieser Dezentralisierungstraum wurde mit dem nächsten Regierungswechsel archiviert. In den grüngelben, von Uferbäumen beschatteten (und sauberen) Fluten des Río Negro wird nicht nur jährlich Anfang Januar die längste Kanuregatta der Welt (410 km) ausgetragen, sondern er bewässert an seinem Oberlauf auch eine der größten Obstanbauflächen (allein über 3 Mio. Apfel- und Birnbäume) Südamerikas. Von einem solch vitaminreichen Arkadien hatte der Stadtgründer Francisco de Viedma, dessen skorbutgeplagter Mannschaft Zähne und Haare ausfielen, nur träumen können.

Ein angenehmer Spaziergang führt an der von schmucken Villen gesäumten **Costanera,**

Vom Río Colorado zur Península Valdés

Mate trinken – auch bei Mapuche-Indianern tägliches Ritual

der Uferstraße entlang. Als Mittelpunkt des historischen Zentrums der Stadt fungiert die **Plaza Alsina** mit der Kathedrale. Viedma ist kein Reiseziel, aber als Zwischenstation eine gastliche Oase.

Infos
Dirección de Turismo: Mitre 84, Carmen de Patagones, Tel. 02920 46 48 19, www.patagones.gov.ar, Mo–Fr 7–19, Dez.–März auch Sa/So 10–13, 18–21 Uhr; Uferstraße Av. Francisco de Viedma 51, Viedma, Tel. 02920 42 71 71, www.viedma.gov.ar, Mo–Fr 8–20, Sa/So 11–19 Uhr.

Übernachten
... in Viedma:

Am Flussufer ▶ **Austral:** Villarino 292, Tel. 02920 42 26 15, www.hotelesaustral.com. Größtes Hotel am Platz, etwas nüchtern, gepflegt, gutes Restaurant. DZ 80 US$.
Zentral ▶ **Nijar:** Mitre 490, Tel. 02920 42 28 33, www.hotelnijar.com. Freundliches 3-Sterne-Hotel. DZ 510 $.

Hostel ▶ **Viedma:** Guido 482, Ecke Rivadavia, Tel. 02920 43 07 71, www.hostelviedma.com.ar. Gute Lage, sauber, WLAN. Im Schlafsaal 150 $ p. P., DZ 260 $.

Essen & Trinken
... in Viedma:

Mit Terrasse am Fluss ▶ **Sal y Fuego:** Villarino 55, Tel. 02920 43 12 59. Geräucherte und gegrillte Garnelen, *cazuela de mariscos* in modernem Restaurant. 180 $.
Bistro ▶ **Diogenes:** Sor Vallese 359, Tel. 02920 62 52 27. Degustationsmenü mit Erklärungen des Kochs, ausgesuchter Weinkeller, nur mit Reservierung. 180 $.
Blick über den Fluss ▶ **Achavil:** Villarino 207, Tel. 02920 42 93 71. Fisch, Fleisch und Pasta sowie eine herrliche Sicht – v. a. bei Nacht – über den Fluss auf Carmen de Patagones. 160 $.
Grill ▶ **La Fonda del Cachorro:** Mitre, Ecke Güemes, Tel. 02920 43 52 40 u. 15 61 04 47. Fleisch und Pizza in viel besuchtem Restaurant. 150 $.

Die patagonische Küste

Verkehr

Flüge: 3 x wöchentlich mit Aerolíneas Argentinas nach Buenos Aires. Lade fliegt Mar del Plata, Buenos Aires, Bariloche und El Calafate an. Flughafen: RP 51, ca. 7 km südöstlich, Tel. 02920 42 32 76 u. 42 20 05.

Züge: Der Bahnverkehr zwischen Carmen de Patagones und Buenos Aires sowie zwischen Viedma und Bariloche wurde aufgrund des schlechten Zustands des Bahnnetzes 2012 eingestellt. Eine direkte Zugverbindung von Buenos Aires über Viedma nach Bariloche ist in Planung.

Busse: Patagónica, Don Otto, Ceferino, Centenario etc. verbinden mit Buenos Aires und patagonischen Städten, u. a. Puerto Madryn, Ushuaia und Bariloche. Busterminal: Guido 1680, Tel. 02920 42 68 50, www.terminalpatagonia.com.ar.

El Cóndor und La Lobería
▶ 1, H/J 23

Über die asphaltierte RP 1 erreicht man ca. 30 km südlich von Viedma das Seebad **El Cóndor** und nach weiteren 33 km bei Punta Bermeja den Ort **La Lobería** mit einer der größten Robbenkolonien Nordpatagoniens. Zu sehen sind die – je nach Jahreszeit 600 bis 3000 – Tiere von Laufstegen an der Riffkante aus. Die aus Sand- und Tonschichten aufgebaute Steilküste ist nur an vereinzelten Stellen von Korridoren durchfurcht, die den Zugang zur Strandplatte erlauben. (Warnung: Wer auf ihr entlangwandert, muss die Gezeiten kennen, andernfalls besteht die Gefahr, dass die Flut den Rückweg abschneidet.)

Übernachten

Camping ▶ U.P.C.N. Quinto Puray: Calle 59, Ecke Calle 40, El Cóndor, Tel. 02920 15 55 05 80, nur Dez.–März. In Leuchtturmnähe, einfache Infrastruktur, relativ windgeschützt, schattig, 45 $ p. P., 30 $/Zelt, 30 $/Auto.

Weiter nach San Antonio Oeste
▶ 1, G/H 23

Die Küstenstraße RP 1 (ab La Lobería gut befahrbare Schotterdecke) bildet für Reisende auf Südkurs eine reizvolle Alternative zur RN 3. Diese Ruta de los Acantilados (›Steilwandroute‹) genannte Strecke berührt die Orte **Bahía Creek** und **Punta Mejillón** (freies wildromantisches Zelten möglich, Wasser mitbringen) und schließt ungefähr 40 km vor San Antonio Oeste (nicht zu verwechseln mit dem gegenüberliegenden San Antonio Este) wieder an die RN 3 an.

Das windgepeitschte **San Antonio Oeste,** öder Hafen und Eisenbahnstation, ist keinen Besuch wert. Wenig mehr als 10 km entfernt liegt Patagoniens größtes Seebad **Las Grutas,** eine von zügelloser Bauweise gekennzeichnete Boomtown, die im Sommer total überfüllt, im Winter aber eine Geisterstadt ist.

Essen & Trinken

... in Las Grutas:

Meeresfrüchte ▶ Aladdin: Av. Río Negro 607, Tel. 02934 49 72 66, www.marisqueria aladdin.com.ar. Königskrabben, Paella. 180 $.

5 Península Valdés

Am dichtesten und artenreichsten konzentriert ist die patagonische Meeresfauna auf dem mittleren, in der Provinz Chubut liegenden Küstenabschnitt, insbesondere die **Península Valdés.** Hier lassen sich die Kolonien der Seevögel, Meeressäuger und Pinguine sowie von der Stadt Puerto Madryn aus erschließen. Der Ort gehört zu einem 130 Jahre zurückgehenden walisischen Siedlungsnetz, das auch Trelew, Rawson und Gaiman weiter südlich (s. S. 221) einschließt. Waliser Bergleute und Bauern schifften sich 1865 auf dem Liverpooler Segler Mimosa ein und landeten nach zwei Monaten an der Mündung des Río Chubut – unwissentlich mitten im Südwinter. Wie man in diesen rauen Breiten überlebt und dem Boden Erträge abringt, lernten sie von den Tehuelche, die am Rand der jungen Kolonie ihre Zelte aufschlugen und mit den Walisern einvernehmlich zusammenlebten. Die Indianer führten den erstaunten Briten auch die Spezialitäten ihrer Wildküche vor: in Asche geröstete Guanako-Blutwurst und Straußenbrust, in der Lederhülle mit heißen Steinen gegart.

Península Valdés

Puerto Madryn ▶ 3, G 25

Das am Fuß der 130 m hohen Meseta am Ufer des Golfo Nuevo liegende **Puerto Madryn** (80 000 Einw.) ist Standort einer Aluminiumanlage sowie zugleich Seebad und Mekka des argentinischen Tauchsports. Das vorgelagerte Riff gilt als das beste Revier an der patagonischen Küste. Hotels, Restaurants und Reiseagenturen säumen die gepflegte Uferpromenade an einem von wärmeren Strömungen gespeisten Meer, das die Lufttemperaturen im Winter nicht unter 5 °C sinken lässt. Als große tierreiche Region ist Puerto Madryn die Península Valdés vorgelagert. Vor oder nach dem Besuch der Halbinsel lohnt sich ein Besuch im **Ecocentro Mar Patagonia,** in dem das gesamte Ökosystem der Gegend dargestellt wird (Julio Verne 3784, Tel. 0280 445 74 70, www.ecocentro.org.ar, Jan./Febr. Mi–Mo 10–13, 17–21, April–Juni Mi–So 15–19, März u. Juli–Sept. Mi–Mo 15–19, Okt.–Dez. Mi–Mo 15–20 Uhr, 1.–19. April geschlossen, 70 $).

Infos

Secretaría de Turismo: Uferstraße Av. Roca 223 sowie im Busterminal und im Flughafen, Tel. 0280 445 60 67, www.madryn.gov.ar/turismo, tgl. 7–21 Uhr.
Administración Península Valdés: 25 de Mayo 130, 1. St., Tel. 0280 445 04 89, www.peninsulavaldes.org.ar.

Übernachten

Großzügiger Bau ▶ **Territorio:** Bv. Brown 3251, am Südende der Stadt, Tel. 0280 447 0050, www.hotelterritorio.com.ar. Das Spitzenhotel in Puerto Madryn, alle Zimmer mit Sicht aufs Meer, Spa, gutes Restaurant. DZ 1125 $.
Gute Sicht aufs Meer ▶ **Dazzler:** Bv. Brown 637, Tel. 0280 447 57 58, www.dazzlerpuertomadryn.com. Neu, minimalistisch, mit Restaurant, direkt an der Küste. DZ ab 96 US$, mit Meerblick ab 125 US$.
Stadt und Strand ▶ **Bahía Nueva:** Av. Roca 67, Tel. 0280 445 16 77, www.bahianueva.com.ar. Zentrales, angenehmes Hotel am Strand. DZ 650 $.

Apartments ▶ **AB Alojamientos:** Vesta 85 u. Bv. Brown 1803, Tel. 280 445 60 44, www.puertomadrynalojamiento.com. Moderne und gut ausgestattene Apartments, Mindestaufenthalt 4 Tage. Ab 650 $/Tag.
Ruhig ▶ **Hostería Solar de la Costa:** Bv. Brown 2057, Tel. 0280 445 88 22, www.solardelacosta.com.ar. Freundliches Haus im Süden der Stadt am Meer. DZ 630 $.
Am Hafen ▶ **Muelle Viejo:** Yrigoyen, Ecke Roca, Tel. 0280 447 12 84, www.muelleviejo.com. Saubere Hostería, nettes Personal. DZ 485 $.
Hostel ▶ **La Tosca:** Sarmiento 437, Tel. 0280 445 61 33, www.latoscahostel.com. Zentral, mit kleinem Garten. Im Schlafsaal 100 $ p. P., DZ 440 $ inkl. Frühstück.
Camping ▶ **ACA:** Camino al Indio, 3,5 km außerhalb am Südende der Bucht, Tel. 0280 445 29 52. Gepflegt, Laden und Mini-Restaurant, ganzjährig geöffnet. 2 Pers. 120 $.

Essen & Trinken

Genuss für Augen und Gaumen ▶ **Cheers Patagonia:** Belgrano 323, Tel. 0280 445 22 49, Mo geschlossen. Die spektakuläre visuelle Darstellung von Natur und Geschichte Patagoniens bildet den Rahmen für ausgezeichnete lokale Speisen, auch Meeresfrüchte. 250 $.
Baskische Küche ▶ **La Taska Beltza:** 9 de Julio 461, Tel. 0280 447 40 03, nur abends. Exzellentes Fischrestaurant. 170 $.
Fischkantine ▶ **Cantina El Náutico:** Av. Roca 790, Tel. 0280 447 14 04, www.cantinaelnautico.com. Meeresfrüchte in einem der Klassiker der Stadt. 160 $.

Aktiv

Tauchen ▶ **Scuba Duba:** Bv. Brown 893, Tel. 0280 445 26 99, www.scubaduba.com.ar. **Lobo Larsen:** Av. Roca 885, Tel. 0280 447 02 77, www.lobolarsen.com (auch Schwimmen mit Seehunden, ab 850 $).
Seekajaktouren ▶ **Huellas y Costas:** Bv. Brown 1900, Tel. 0280 447 01 43 u. 15 463 78 26, www.huellasycostas.com. Die stillen Gewässer im Golfo San José und im Golfo Nuevo sind ein ausgezeichnetes Revier für

215

Die patagonische Küste

Tipp: Tierkalender

Seelöwen (Mähnenrobben): Mitte Dez.–Febr.; Orcas: Sept.–April; Glattwale: Mai–Nov.; See-Elefanten: Juli–Nov.; Magellan-Pinguine: Aug.–März; Delfine: Sept–April; Wale: Juni–Nov.; Vögel, Gürteltiere, Guanakos sowie andere Landtiere sieht man das ganze Jahr hindurch.

Kajaktouren entlang der Küste, sowohl für Anfänger als auch für Experten. Seehunde, Delfine und Seevögel begleiten die Boote, auch Wale tauchen in unmittelbarer Nähe auf.

Verkehr

Flüge: Andes, Tel. 0280 445 23 55 u. 445 33 77, www.andesonline.com, fliegt 3 x wöchentlich nach Buenos Aires. Flughafen: RN 3 Acceso Norte, Tel. 0280 445 19 09. Andere Airlines fliegen den größeren Flughafen in Trelew an (s. S. 223).

Busse: Tgl. Verbindungen nach Buenos Aires, Mar del Plata, Bahía Blanca, Rosario, Clorinda, Córdoba, Mendoza, Salta, Jujuy, Neuquén, Bariloche, Río Gallegos, Comodoro Rivadavia sowie 1–2 x wöchentlich nach Esquel und Catamarca. Mar y Valle fährt tgl. 1–3 x nach Puerto Pirámides. Busterminal: Dr. Ávila s/n, Ecke Independencia, Tel. 0280 445 17 80, www.terminalmadryn.com.

Erkundung der Halbinsel
▶ 3, G/H 24/25

Das touristische Zentrum der Península Valdés, **Puerto Pirámides,** erreicht man nach 76 km auf einer nördlich von Puerto Madryn von der RN 3 abzweigenden Asphaltstraße (RP 2). Bereits auf dem Isthmus führt ein 5 km langer Abzweig zur **Reserva Natural Isla de los Pájaros** (›Vogelinsel‹), wo Zehntausende von Seevögeln nisten.

Ganze Kolonien von Seehunden, See-Elefanten und Pinguinen findet man an der knapp 90 km langen Ostküste (gute Schotterstraße) zwischen **Punta Norte** und **Punta Delgada.** Sowohl in der **Reserva Nacional Punta Norte** (www.pnor.org) als auch am Beobachtungsposten **Punta Cantor** (etwa auf halber Wegstrecke) lassen sich die Tiere betrachten, wobei man sich in Punta Cantor und Punta Delgada den bis zu 6 m langen See-Elefanten (Bullen können 4 t wiegen) auf wenige Meter nähern kann. Vor allem an der Punta Norte lassen sich Orcas beobachten. Valdés ist überdies das einzige Habitat der Welt, wo Rüsselrobben – bis zu 20 000 Tiere schätzt man den örtlichen Bestand – an einer kontinentalen Küste zu Hause sind; alle anderen Kolonien befinden sich auf südatlantischen oder pazifischen Inseln. Hauptattraktion der Halbinsel sind jedoch die von Juni bis November alljährlich wiederkehrenden Wale, die sich in der Bucht von Puerto Pirámides

Península Valdés

paaren und dort auch ihre Jungen zur Welt bringen.

Neben den größeren, relativ guten Schotterstraßen gibt es auf der Península Valdés ein Netz kleinerer Wege, die die rund 40 Estancias auf der Halbinsel verbinden. Entlang aller Strecken wird man immer wieder Guanakoherden und den straußenähnlichen *ñandús* begegnen. *Maras,* die großen Pampahasen, hoppeln über die Straße und unter dem Steppengras verstecken sich die Gürteltiere und die Nester der *martinetas* (Perlsteißhühner). Allerorten kann man Meeresfossilien finden. So viel Naturreichtum wirkt natürlich als Besuchermagnet: 2013 wurden auf der Península Valdés 275 000 Touristen gezählt, darunter 42 000 Ausländer. Um dem größten Ansturm zu entgehen, sollte man seine Unterkünfte in der Nähe cer Tierkolonien suchen (s. S. 220) und – sofern möglich – zwischen April und August anreisen, wenn rund fünf Mal weniger Besucher als zwischen Oktober und Februar anwesend sind (Eintritt 130 $).

Infos

Informes Turísticos: Primera Bajada al Mar, Puerto Pirámides, Tel. 0280 449 50 48, www.puertopiramides.gov.ar, im Sommer 9–21, im Winter 9–17 Uhr. Infos über Flora und Fauna, Unterkünfte, Restaurants, Aktivitäten etc.

Treffpunkt für Tierfreunde und Robben: die Strände der wilden Península Valdés

Die patagonische Küste

Wal-Treff in Valdés

Lange bevor es das Yellow Submarine zu Weltruhm brachte, dichtete sich der Engländer Evan Jones einen Vers auf die gelben Rücken zurecht, die er im Traum aus dem Meer auftauchen sah. Man schrieb das Jahr 1865 und Jones war mit 155 anderen aus der Heimat geflohenen Walisern auf der Mimosa zu den Gestaden Patagoniens unterwegs. Das im Schlaf gesichtete goldene Gelb erschien den Pionieren wie eine Glücksverheißung.

Als sie im Golfo Nuevo (beim heutigen Puerto Madryn) landeten, schimmerte da zwar kein Edelmetall, doch das gelbe Öl eines gestrandeten Wals. Es lieferte den Kolonisten den ersten Brennstoff für ihre Lampen.

Der ›Neue Golf‹ ist die jahrtausendealte Wiege des Südlichen Glattwals *(Eubalaena australis).* Jahr für Jahr im Winter (ab Juni etwa) suchen die 30 bis 40 t schweren Tiere die ruhigen Gewässer südlich der Península Valdés auf, um sich zu paaren und ihre Jungen zur Welt zu bringen. Die etwa 12 m langen männlichen Wale kommen jedes Jahr hierher, die 13 bis 16 m großen Kühe im Drei-Jahres-Turnus: Das Waljunge – immer nur eines – wird zwölf Monate lang ausgetragen, schlüpft bereits mit einer Länge von 5,50 m aus dem Mutterleib und wird ein Jahr lang gesäugt. Am dichtesten ist der Golf im Oktober und November von Walen bevölkert. Spätestens im Dezember schwimmen die Meeressäuger, den Krill-Schwärmen folgend, in den offenen Südatlantik hinaus, vermutlich in die Zone um den Südgeorgien-Archipel.

Ihre englische Bezeichnung *right whale* – im argentinischen Spanisch *ballena franca* (etwa ›Freiwild-Wal‹) – verdankt die Spezies dem Umstand, dass sie für die zunächst von offenen Booten aus operierenden Harpunenwerfer leicht zu erbeuten war – wegen ihrer Langsamkeit und aufgrund der Tatsache,

dass auch die erlegten Exemplare weiter an der Oberfläche schwammen. In andere Wale musste man Luft pumpen, um sie schwimmend zu halten.

Ein ausgewachsenes Tier lieferte bis zu 20 000 l Öl. Aber menschlicher Erfindungsgeist gewann der Beute noch andere Vorzüge ab: Aus den 2,50 m langen, vom Gaumen herabhängenden Hornplatten dieses Wals, den sogenannten Barten, ließen sich Regenschirmgestelle, Korsettstangen und Bespannungen für Tennisschläger fabrizieren, ganz abgesehen von den Walpenissen, aus denen noble Golfsäcke gefertigt wurden.

Die erste Walfangexpedition in den Südatlantik startete 1725 vom schottischen Hafen Dundee aus. Ab Mitte des 18. Jh. wurden die Fanggründe zwischen Kap Hoorn, dem Falkland-Archipel und der Península Valdés zum Routinejagdgebiet für die *ballena franca*. Engländer, Skandinavier und Nordamerikaner waren hier besonders aktiv. Noch im 20. Jh. wurden rund 1 Mio. Wale geschlachtet. Von ursprünglich 100 000 Glattwalen ging die Population auf knapp 3000 Tiere zurück. Ihr weltweit wichtigster Treffpunkt ist der Golfo Nuevo. Erst seit 1984 sind alle in argentinischen Hoheitsgewässern auftauchenden Glattwale geschützt. Die vor allem auf französische Initiative hin 1994 entstandene Schutzzone südlich des 40. Breitengrades ist

Glattwale

Thema

für die Meeressäuger ein – weitgehend – sicheres Refugium. Nicht mehr die Menschen, sondern die Seemöwen stellen für die Wale die größte Gefahr dar: Mit ihren Schnäbeln verursachen sie vor allem bei Jungtieren teils lebensgefährliche Wunden.

Unterdessen spüren Walforscher weiter den Fährten von Moby Dick nach: Dass die *ballena franca* weiße Flecken hat, verdankt sie den *piojos*, hornartigen Überformungen der schwarzen Haut, auf der sich Krustentiere aller Art ansiedeln. Die von Wal zu Wal unterschiedlichen Fleckmuster sind die ›Fingerabdrücke‹ des Glattwals. Sie erleichtern die Beobachtung von Wanderbewegungen wesentlich. Am faszinierendsten jedoch erscheinen den Wissenschaftlern die sich – identisch – wiederholenden Gesänge, Unterwassersignale, die 15 bis 60 Minuten dauern können.

Rund 130 000 Touristen jährlich richten inzwischen Augen und Kameras auf die vernarbten Buckel vor Puerto Pirámides. Höhepunkt dabei ist natürlich, eine aus dem Wasser ragende Schwanzflosse ins Visier zu bekommen. Für eine solche Pose ist es meist notwendig, den Wal zum Abtauchen zu zwingen. Um den Touristen eindrucksvolle Bilder zu ermöglichen, haben sich die Bootsführer immer häufiger den Tieren störend genähert, was 1994 eine Protestwelle auslöste. Ein Gesetz verbietet daher jetzt die Verfolgung von Muttertieren mit ihren Jungen. Außerdem ist die Umkreisung der Wale, der Geschwindigkeitswechsel, das Laufenlassen der Motoren nach erfolgter Annäherung sowie das Auslaufen von Booten verboten, die mit weniger als 70 % ihrer Kapazität besetzt sind.

Allein schon die Schwanzflosse der Glattwale ist ein beeindruckender Anblick

Die patagonische Küste

Übernachten

... in Puerto Pirámides:

Schickes Strandhotel ▶ Las Restingas: Primera Bajada al Mar, Tel. 0280 449 51 01, www.lasrestingas.com. Mit Spa und Restaurant am Meer. DZ 168–271 US$.

Öko-Hotel ▶ Del Nómade: Av. de las Ballenas s/n, Tel. 0280 449 50 44, www.ecohosteria.com.ar. 8 Doppelzimmer, vier davon mit eigener Terrasse. DZ ab 880 $.

Bungalows ▶ El Cristal, Segunda Bajada al Mar, Tel. 0280 449 50 33 , www.cabanaselcristal.com.ar. Zentral gelegen im Ort. 4 Pers. ca. 700 $.

Mit Panoramarestaurant ▶ Motel ACA: Av. Roca s/n, über dem Bootshafen, Tel. 0280 449 50 04, www.motelacapiramides.com. Gut geführte, renovierte Anlage. DZ 670 $.

Camping ▶ Municipal: zwischen Primera und Segunda Bajada al Mar, Tel. 02965 49 50 48. Direkt am Strand. Achtung: Der Wind vom Meer fegt den Sand gegen die Zelte. 80 $ p. P. **Punta Pardelas:** etwa 10 km Richtung Punta Delgada (ausgeschildert). Ebenfalls direkt am Strand, sandige Zufahrt und keine Versorgung, einziger kostenloser Platz auf der Halbinsel.

... an der Punta Delgada:

In ungestörter Natur ▶ Estancia Rincón Chico: an der Südostspitze der Halbinsel, von der RP 2 kurz vor Punta Delgada rechts ab, Reservierungen Bv. Brown 1783, Puerto Madryn, Tel. 0280 447 17 33, www.rinconchico.com.ar. 5 km vom Lieblingsstrand der See-Elefanten, Organisation von Trekking und Radtouren, 15. Sept.–Osterwoche, keine Bezahlung per Kreditkarte. DZ 376 US$ p. P. inkl. VP und Ausflüge.

Am Leuchtturm ▶ Hotel Faro Punta Delgada: im Leuchtturmkomplex von Punta Delgada, Tel. 0280 445 84 44 u. 15 440 63 04, www.puntadelgada.com, Mai/Juni geschlossen. Einfache, lichte Zimmer, Restaurant, bevorzugter Standort von (Hobby-)Wissenschaftlern, die die bis zu 3,5 t schweren See-Elefanten am Strand studieren. DZ März, April, Juli, Aug. 213/257/307, Sept.–Febr. 308/451/551 US$ inkl. Frühstück/HP/VP und Ausflüge.

Essen & Trinken

... in Puerto Pirámides:

Großes Weinsortiment ▶ The Paradise Pub: Av. de las Ballenas s/n, am oberen Ortsende, Tel. 0280 449 50 30. Fisch, Meeresfrüchte, auch vegetarische Speisen, herrliche Sicht auf die Bucht. 200 $.

Ungezwungen ▶ La Estación: Av. de las Ballenas s/n, Tel. 0280 449 50 47. Hausgemachte Pasta, nettes Ambiente, am späten Abend beste Bar im Ort. 130 $.

Rustikal ▶ El Refugio: Av. de las Ballenas s/n, Tel. 0280 3449 50 31, www.elrefugiopiramides.com.ar. Gute Meeresfrüchte. 130 $.

Aktiv

Walbeobachtung ▶ Punta Ballena: Jorge Schmid, Primera Bajada al Mar, Puerto Pirámides, Tel. 0280 449 51 12. **Peke Sosa:** Segunda Bajada al Mar, Tel. 0280 449 50 10 (alle ab 180 $). Touren Mitte Juni–Mitte Nov.

Tauchen ▶ Goos: Segunda Bajada al Mar, Puerto Pirámides, Tel. 0280 449 59 61, www.goosballenas.com.ar.

Kajaktouren ▶ Patagonia Explorers: Av. de las Ballenas s/n, Puerto Pirámides, Tel. 0280 15 434 06 19, www.patagoniaexplorers.com (3-stündige Tour mit Tierbeobachtung 70 US$, 3-tägige Tour 980 US$).

Radtouren ▶ Tracción a Sangre: Mario Gadda, Av. de las Ballenas s/n (Bar La Estación), Puerto Pirámides, Tel. 0280 449 50 47, www.traccion-asangre.com.ar.

Motorradtouren ▶ Flydrive Argentina: Av. Las Heras 2570, of. 5 A, Buenos Aires, Tel. 011 48 07 49 05, www.flydriveargentina.com.

Angeln ▶ Raúl Díaz: Playa Larralde, Tel. 0280 449 08 12 u. 15 451 51 96 (300 $ p. P.). Lachs, *mero* (Zackenbarsch), im Sommer manchmal auch Hai.

Von Puerto Madryn bis Comodoro Rivadavia

Von Puerto Madryn führt die RN 3 fast schnurgerade nach Südwesten, meist etliche Kilometer entfernt vom Meer durch das flache, von Weideland geprägte Landesinnere.

Von Puerto Madryn bis Comodoro Rivadavia

Tipp: Spaziergang durch die Erdgeschichte

Keine Erdzeittafel wäre imstande, die letzten 40 Mio. Jahre patagonischer Erdgeschichte so wiederzugeben wie die Schichtstufen der 150 m hohen Sandsteinfelsen am Río Chubut. Im **Geoparque Paleontológico Bryn Gwyn** bei Gaiman führt ein Lehrpfad an den Wänden entlang wie an einem aufgeschlagenen Bilderbuch. Die oberste Schicht, der Epoche der letzten 10 000 Jahre entsprechend, erzählt von der Ausschürfung des Tals nach der endgültigen Auffaltung der Kordillere. Das nächste Stratum, die *rodados tehuelches,* rundgeschliffenes Geröll vulkanischen Ursprungs, verweist auf eine bis zu 100 000 Jahre zurückliegende Zeit. Dann folgen die Millionensprünge, die die terrestrische (seit ca. 9 Mio. Jahren), die maritime (vor 28–9 Mio. Jahren) und davor wiederum die terrestrische Vergangenheit dokumentieren.

Reiche Fossilienfunde, von Haifischzähnen bis zu 38 Mio. Jahre alten Wespennestern, von Pinguinwirbeln bis zum Ameisenbär aus dem unteren Tertiär, geben Aufschluss über die Evolution am Südende des amerikanischen Kontinents. Eine Reihe komplett ausgegrabener versteinerter Knochengerüste ist in pyramidenförmigen Glaskästen ausgestellt. Genau das macht den Reiz dieser Entdeckungen unter freiem Himmel aus: die Zeugen der Vergangenheit an Ort und Stelle auf sich wirken zu lassen.

Dreistündige geführte Exkursionen – davon eine gute Stunde zu Fuß über den Lehrpfad – werden nach Voranmeldung vom Paläontologischen Museum in Trelew organisiert (s. unten, auch auf Deutsch oder Englisch). Man kann den Park aber auch auf eigene Faust besuchen (tgl. 10–18 Uhr, 20 $).

Erst nach rund 400 km trifft die Straße in der Hafenstadt Comodoro Rivadavia wieder auf die Küste.

Trelew und Umgebung
▶ 3, F/G 26

Keinem Gründungsauftrag der spanischen Krone, sondern der Initiative des Walisers Lewis Jones verdankt der nach ihm benannte Ort (*tre* = Dorf, *lew* = Kurzform von Lewis) **Trelew** (99 000 Einw.) seine Entstehung an der Gleisspitze einer 1886 zur Küste hin gebauten Eisenbahnstrecke. Um den alten Bahnhof scharten sich die ersten Gebäude, von denen einige noch erhalten sind: das **Teatro Español** (Plaza Independencia), der **Banco de la Nación** mit Uhrtürmchen (Av. Fontana, Ecke 25 de Mayo) und das **Hotel Touring Club** mit Langtheke und Kaffeemaschine von 1920 (Av. Fontana 240).

Sehenswert sind auch zwei Museen: zum einen das liebevoll zusammengestellte **Museo Regional Pueblo de Luis** im alten Bahnhofsgebäude (Av. Fontana, Ecke 9 de Julio, Mo–Fr 8–20, Sa/So 14–20 Uhr), vor allem aber das international bedeutende **Museo**

Paleontológico Egidio Feruglio, das über 300 Mio. Jahre patagonische Erdgeschichte berichtet und eine gute Vorbereitung für den Besuch der versteinerten Wälder von Sarmiento und Jaramillo (s. S. 225) ist. Zu den besonderen Exponaten gehören das weltweit besterhaltene (versteinerte) Saurierei sowie bald auch die Knochen von mindestens sieben Dinosauriern, die größer als alle bislang bekannten Tiere sein sollen – dieser sensationelle Fund wurde erst 2014 gemacht. Das Museum organisiert auch Führungen durch den Geoparque Paleontológico Bryn Gwyn (s. oben) im Tal des Río Chubut (Av. Fontana 140, www.mef.org.ar, Sept.–März tgl. 9–19, April–Aug. Mo–Fr 10–18, Sa/So 10–19 Uhr, 60 $).

Das geschäftige Trelew darf als die heimliche Hauptstadt Chubuts gelten, auch wenn die Provinz offiziell vom 15 km östlich gelegenen **Rawson** verwaltet wird. Dort hat jedoch allenfalls der winzige Hafen mit seinen beiden Fischkantinen einen Rest von Atmosphäre.

Das kleine **Gaiman** 17 km westlich von Trelew lohnt nur einen Stopp, wenn man in einem traditionellen Teehaus auf ein Stündchen nach *Old England* entführt werden und die

Die patagonische Küste

walisische schwarze Torte kosten möchte. Viel interessanter ist ein Besuch im 8 km westlich gelegenen Geoparque Paleontológico Bryn Gwyn (s. S. 221).

Infos
Dirección de Turismo: Mitre 387, Trelew, Tel. 0280 442 01 39, www.trelewpatagonia.gov.ar, Mo–Fr 8–20, Sa/So 9–13, 15–20 Uhr. Touristeninfos auch am Flughafen und im Busbahnhof, Mo–Fr 8.30–20.30, Sa/So 8–20 Uhr.

Übernachten
... in Trelew:
Funktioneller Kastenbau ▶ Libertador: Rivadavia 31, Tel. 0280 442 02 20, www.hotellibertadortw.com. Von den führenden Hotels das in Stil und Service angenehmste, ruhige Lage, Restaurant. DZ 1020 $.
Passabel für Zwischenstation ▶ Galicia: 9 de Julio 214, Tel. 0280 443 38 03, www.hotelgalicia.com.ar. Einfaches, ordentliches Touristenhotel. DZ 540 $.
Historisch ▶ Touring Club: Av. Fontana 240, Tel. 0280 443 39 97/98, www.touringpatagonia.com. Unter Denkmalschutz stehendes Belle-Époque-Gebäude, großes Restaurant, etwas für Nostalgiker. DZ 450 $.
Freundliches Familienmanagement ▶ Residencial Rivadavia: Rivadavia 55, Tel. 0280 443 44 72. Besonders ruhig, sehr gutes Preis-Leistungs-Verhältnis. DZ 330 $.

Essen & Trinken
... in Trelew:
Pasta ▶ Miguel Angel Trattoria: Av. Fontana 246, Tel. 0280 443 04 03. Gute italienische Küche in der Fußgängerzone. 170 $.
In 100 Jahre alter Mühle ▶ El Viejo Molino Patagónico: Gales 250, Tel. 0280 442 80 19. Hervorragender Lammbraten. 160 $.
In walisischem Einwandererhaus ▶ Sugar: 25 de Mayo 247, Tel. 0280 443 59 78. An der Plaza Independencia. Serviert werden u. a. hausgemachte Pasta sowie patagonisches Lamm am Grillfeuer. 160 $.
Universitätsmensa ▶ Comedor Universitario Luis Yllana: 9 de Julio, Ecke Fontana, gegenüber vom Museo Regional, 10–22 Uhr, Sa mittags, 1.1.–15.2. geschlossen.

Sie stellen sich an der Punta Tombo in Pose: die Magellan-Pinguine

Von Puerto Madryn bis Comodoro Rivadavia

Verkehr

Flüge: Aerolíneas Argentinas verbindet bis 4 x tgl. mit Buenos Aires, mehrfach mit Weiterflug nach Ushuaia, Bariloche und Calafate. LADE fliegt Comodoro Rivadavia und von dort aus andere patagonische Städte an. Sol unterhält Verbindungen nach Comodoro Rivadavia, Río Gallegos, Esquel sowie über Bahía Blanca nach Buenos Aires. Flughafen: RN 3, 6 km nordöstlich, Tel. 0280 443 34 43.

Busse: TAC, El Cóndor, Don Otto, Andesmar, Central Argentino etc. bieten Verbindungen entlang der Küste bis Buenos Aires und Ushuaia sowie mit Mendoza und vielen anderen Provinzhauptstädten. Busterminal: Urquiza 150, Tel. 0280 442 01 21.

Punta Tombo und Reserva Natural Cabo Dos Bahías

▶ 3, F/G 27/28

Für die Weiterfahrt ab Trelew bzw. Rawson Richtung Süden sollte man der RN 3 den Rücken kehren und auf die reizvolle – zumeist geschotterte, aber gut befahrbare – ›Küstenstraße‹ RP 1 ausweichen, die durch mehrere große Estancias führt. Entlang der Strecke locken auch zwei weitere Tierparadiese.

Von Oktober bis März ist die *pinguinera* von **Punta Tombo** (www.puntatombo.com), 110 km südlich von Trelew mit über 1 Mio. Tiere die größte unter den zugänglichen Pinguinkolonien der Welt. Die bis 800 m vom Wasser entfernten 250 000 Nisthöhlen haben die Uferlandschaft mit einem Lochmuster überzogen. Durch Zäune begrenzte Pfade leiten die zeitweise in Massen auftretenden Besucher bis ans Meer. Der Besuch kann auch über Reiseagenturen in Trelew gebucht werden (Eintritt 78 $). Wer die hochinteressanten Verhaltensweisen der Magellan-Pinguine mit etwas mehr Ruhe beobachten will, findet dazu in der Reserva Natural Cabo Dos Bahías (s. rechts) eine bessere Gelegenheit.

Von Punta Tombo führt die RP 1 über das fast nur aus Ruinen bestehende **Cabo Raso** (schöner Strand, Zelten möglich, Wasser mitbringen) in den 160 km entfernten Zwerghafen **Camarones**. Ein Hafentürmchen mit Kreuz erinnert hier an das Jahr 1535, als der von Spanien ausgesandte Kosmograf Simón de Alcazaba das Profil dieser herben Küste auskundschaftete, die bis heute gehütetes Kleinod einiger Individualisten geblieben ist. Camarones (›Garnelen‹) selbst macht seinem Namen alle Ehre: Hier (und in Puerto Deseado) werden Argentiniens beste Krevetten aus dem Meer gezogen.

Von Camarones aus findet man über eine 72 km lange Asphaltstraße (RP 30) zurück zur RN 3 und ist von da aus, die Pampa de Salamanca durchquerend, nach 190 km in Comodoro Rivadavia. Zuvor allerdings lohnt sich ein Abstecher in die 30 km südöstlich gelegene **Reserva Natural Cabo Dos Bahías** mit ihren rund 13 000 Pinguinhöhlen. Die Kolonie ist aufgrund der nach wie vor ziemlich schlechten Piste und der im Vergleich zu Trelew einfachen Infrastruktur in Camarones weit weniger besucht als Punta Tombo. Dafür kann man die Tiere hier besser beobachten und fotografieren und auch die sonst scheuen Guanakos fühlen sich im Reservat sicher (Eintritt 45 $).

Infos

Centro de Información: Belgrano, Ecke Estomba, Camarones, Tel. 0297 496 30 13, www.camarones.gov.ar, Mo–Fr 8–19, Sa/So 9–19 Uhr.

Übernachten

… bei der Punta Tombo:

Schafe und Pinguine ▶ **Estancia La Antonieta:** Dos Pozos, RP 1 Km 234, Tel. 02965 15 20 99 00 und 011 15 63 65 03 18 (Guido Pepa Morelli), www.laantonieta.com. 8 Zimmer auf 11 000 ha großer Schafzucht-Estancia am Meer. Trekking, Ausritte am einsamen Küstenstreifen etc. Keine Kreditkarten. DZ 1670 $ inkl. VP und Ausflüge.

… in Camarones:

Einziges Hotel im Ort ▶ **Indalo Inn:** Roca, Ecke Sarmiento, an der Plaza, Tel. 0297 496 30 04 u. 496 30 67, www.indaloinn.com.ar. Auch Bungalows, mit Restaurant. DZ 650 $.

Bungalows ▶ **Cabañas Bahía del Ensueño:** 9 de Julio, Ecke Belgrano, Tel. 0297 496 30 07, www.bahiadelensuenio.com.ar. Einfa-

Die patagonische Küste

ches Residencial, Mehrbettzimmer und Bungalows direkt am Meer. Im Hostel 120 $ p. P., Bungalows für 5 Pers. 600 $.

Camping ▶ Camarones: Tomás Espora s/n, in der Hafenbucht, Tel. 0297 15 414 85 24, 15 405 66 76. Ruhige Lage, teilweise mit Baumschatten, einfache Infrastruktur, sympathisch, ganzjährig geöffnet. 30 $ p. P.

… in der Reserva Natural:

Camping ▶ Náutico: am Anlegeplatz für die Segelboote in der Caleta Sara, Tel. 0297 455 01 73. Sehr schöner Platz, gute Infrastruktur, mit Restaurant (150 $). Betten in Trailer 150 $ p. P., Camping 50 $ p. P.

Comodoro Rivadavia

▶ 3, E 29

Das zu Füßen des staubigen Chenque-Hügels – früher Tehuelche-Friedhof und geheiligte Stätte der Ureinwohner – am tiefblauen Golfo San Jorge liegende **Comodoro Rivadavia** (173 000 Einw.) hat mit der tektonisch stark bewegten Vergangenheit Patagoniens auf die ›ersprießlichste‹ Weise zu tun. Als der deutsche Geologe Josef Fuchs hier nach Trinkwasser bohrte, stieß er am denkwürdigen 13. Dezember 1907 – der Tag bestimmte das Datum des Nationalen Petroleumfestes – auf eine jener immensen unterirdischen Lagerstätten, wo sich Muschel- und Algenbänke im Laufe von Jahrmillionen in Speichergesteine für Erdöl verwandelt hatten. Tatsächlich waren Patagoniens küstennahe Regionen rund 20 Mio. Jahre, die vorandine Pampa etwa 10 Mio. Jahre lang Meeresboden. Am Fuß der Kordillere, an der Grenze zu Chile bei Los Antiguos, soll ein petrifizierter Wal gefunden worden sein. Noch in 4000 m Höhe finden sich versteinerte Austernbänke. Bei nicht wenigen der im Bereich von Comodoro Rivadavia bis in 5000 m Tiefe reichenden Bohrungen förderte man Proben zutage, die mithalfen, eine mehr als 100 Mio. Jahre umfassende geophysikalische Entwicklung zu rekonstruieren.

Das progressive, unaufdringlich moderne Comodoro Rivadavia ist mit den anderswo Pferdeköpfe, hier aber Schwarze Schwäne genannten Förderpumpen groß geworden, die überall in der Landschaft stehen. Trinkwasser aber muss immer noch über eine mehr als 150 km lange Rohrleitung vom Lago Musters herangeführt werden. Der saubere, doch touristisch unergiebige Hafenort hat sich, etwas verlegen, das Allerweltsprädikat Stadt des Windes, mit dem Seebad **Rada Tilly** nur 15 km weiter südlich allerdings auch eine attraktive Freizeitkolonie zugelegt.

Exponate aus der Geschichte der patagonischen Erdölförderung sind im **Museo del Petróleo** zu sehen (San Lorenzo 520, 3 km nördlich nahe RN 3, Tel. 0297 455 95 58, Di–Fr 9–17, Sa/So 15–18, 10 $).

Unter freiem Himmel zeigt auch das **Museo Paleontológico de Astra** Artefakte der Erdölindustrie – von der hölzernen Förderpumpe von 1915 bis zum Fischschwanzbohrkopf –, wird seinem Namen aber durch zahlreiche paläontologische Ausstellungsstücke gerecht (RN 3, 20 km nördlich, Sa/So 15–18 Uhr).

Infos

Dirección de Turismo: Rivadavia, Ecke Pellegrini, Tel. 0297 406 04 31, www.comodoro turismo.gob.ar.

Übernachten

Comodoro Rivadavia ist keine schöne, aber durch die Erdölindustrie wohlhabende Stadt. Das hat auch die Hotelpreise nach oben getrieben: kein ganz idealer Ort zum Übernachten also.

… in Comodoro Rivadavia:

Vier-Sterne-Tower ▶ Lucania Palazzo: Moreno 676, Tel. 0297 449 93 00, www.lucania-palazzo.com. Das feinste Hotel der Stadt, Sauna, Restaurant. DZ 1215 $.

Boutiquehotel ▶ Wam: Av. Hipólito Yrigoyen 2195, Tel. 0297 406 80 20, www.wamho tel.com.ar. Modernstes Haus am Ort, im Süden der Stadt. Pool, Restaurant. DZ 1050 $.

Am Strand ▶ Hotel Playa: Warnes 660, Barrio Mosconi, Tel. 0297 455 10 11, www. hotelplaya-comodoro.com. Ruhiges Haus nördlich vom Zentrum, Restaurant. 90 US$.

Bosques Petrificados Sarmiento und Jaramillo

Komfortabel ▶ Comodoro Hotel: 9 de Julio 770, Tel. 0297 447 23 00, www.comodorohotel.com.ar. Zentral, modern, Cafetería-Bar. DZ ab 550 $.

Zentral ▶ Residencial Comodoro: España 919, Tel. 0297 446 25 82. Die beste Herberge ihrer Kategorie. DZ 480 $.

Mit Wintergarten ▶ Hospedaje Cari-Hue: Belgrano 563, Tel. 0297 447 29 46. Weitere empfehlenswerte Hospedaje, zentral gelegen. DZ 450 $, ohne Frühstück.

Mit Gemeinschaftsküche ▶ Hospedaje 25 de Mayo: 25 de Mayo 989, Tel. 0297 447 23 50. Sauber und preiswert. DZ 410 $, ohne Frühstück.

… in Rada Tilly:

Camping ▶ Municipal Rada Tilly: Av. Fragata Argentina, Ecke Av. Moyano, Tel. 0297 445 26 89, www.radatilly.com.ar/turismo-camping.html, April–Aug. geschlossen. Im Nordteil der Bucht etwas landeinwärts gelegen. Relativ windgeschützte Zeltplätze, teils mit Baumschatten, in sauberer Anlage; Grillstellen. 40 $ p. P.

Essen & Trinken

… in Comodoro Rivadavia:

Retro-Style ▶ Patagonia: im Hotel Lucania Palazzo (s. S. 224). Gourmet-Küche, Tipp: Meeresfrüchte, patagonisches Lamm. 220 $.

Kolonialhaus ▶ Puerto Cangrejo: Av. Costanera 1051, Tel. 0297 444 45 90. Meeresfrüchte, Hummer, Fisch. 200 $.

Fleisch & Fisch ▶ La Tradición: Mitre 675, Tel. 0297 446 58 00, www.latradicioncatering.com.ar, So geschlossen. Bestes Lokal der Innenstadt, Grillfleisch, Fischgerichte, aufmerksame Bedienung. 160 $.

Verkehr

Flüge: Aerolíneas Argentinas/Austral verbindet mit Buenos Aires und Neuquén, LAN mit Buenos Aires sowie Sol und LADE mit Río Gallegos, El Calafate, Neuquén und Bariloche. Flughafen: Camino Vecinal Mariano González Km 9 (nördlich), Tel. 0297 454 81 90.

Busse: Zahlreiche Busunternehmen bieten Verbindungen entlang der Küste bis Buenos Aires und Ushuaia sowie mit Córdoba, Mendoza und anderen Provinzhauptstädten an. Don Otto, Tramat und TAC fahren ca. 10 x tgl. nach Sarmiento (Startpunkt für den Bosque Petrificado de Sarmiento, s. unten). Busterminal: Pellegrini 730, Tel. 0297 446 73 05.

Bosques Petrificados Sarmiento und Jaramillo

▶ 3, D 29 u. E 31

Comodoro Rivadavia ist der Ausgangspunkt für den Besuch von zwei der beeindruckendsten Zeugnisse der patagonischen Urzeit: den versteinerten Wäldern **Bosque Petrificado de Sarmiento** (ehemals José Ormechea) und **Bosque Petrificado de Jaramillo,** der 2009 zum Nationalpark erklärt wurde. Als habe eine Riesenhand eine Streichholzschachtel ausgeleert, liegen hier versteinerte Baumstämme und ihre Splitterstücke in der Landschaft verstreut. Ihre Geschichte reicht zurück in eine Zeit, in der das argentinische Patagonien noch keine Steppe, sondern eine von Araukarienwäldern bestandene Landschaft war. Im Laufe von 65 bis 150 Mio. Jahren verwandelten sich die einst in 20 m hohen Ablagerungen vulkanischer Ascheregen erstickten Baumriesen in steinerne Säulen, die, vom Wind gefällt, den Resten verfallener Tempel gleichen. Der Prozess der Petrifizierung vollzog sich durch das ins Holz eindringende Regenwasser. Beim Durchsickern der Asche lud es sich mit Siliziumsalzen auf, die es ins Zellgewebe transportierte, um die dort verfallende pflanzliche Substanz zu ersetzen. Bei diesem osmotischen Wunderwerk der Mineralisierung wurde nicht nur Zelle für Zelle nachgebaut, sondern auch die Morphologie der Stämme als Ganzes erhalten: Einige Exemplare sind bis zu 35 m lang, andere haben einen Durchmesser von fast 3 m, manche wiegen 100 t. Die warmen, leuchtenden Farben dieser steinernen Koniferen zeichnen exakt die Struktur des Holzes nach. Ihre Altersbestimmung erlauben die radioaktiven Isotope einiger in ihnen erhaltener Minerale.

Welcher der beiden großen versteinerten Wälder ist eindrucksvoller? Eine Frage für

Die patagonische Küste

Naturfotografen. Der von Sarmiento (180 km westlich von Comodoro Rivadavia, über die RN 26 und RP 20 nach Sarmiento, dann geschotterte Stichstraße nach Süden) verbirgt sich im roten und ockerfarbenen Schichtgebirge des Abigarrado; der von Jaramillo breitet sich auf der offenen Meseta aus (290 km südlich von Comodoro Rivadavia; RN 3 über Caleta Olivia, den kleinen Knotenpunkt Fitz Roy und dann 90 km weiter südlich über die geschotterte RP 49 ca. 50 km nach Westen). Beide Naturmonumente – mit den größten fossilen Bäumen der Welt – gehören zu den Meisterwerken der patagonischen Schöpfungsgeschichte (Eintritt Sarmiento 45 $, Jaramillo frei).

Verkehr
Mehrmals tgl. Verbindungen mit Bussen von Comodoro Rivadavia nach Sarmiento; hier kann man beim Reisebüro Santa Teresita, Roca, Ecke Uruguay, Tel. 0297 489 32 38, einen Ausflug zum Bosque Petrificado de Sarmiento buchen. In Comodoro Rivadavia organisiert die Reiseagentur Aonikenk, Rawson 1190, Tel. 0297 446 67 68 u. 446 13 63, www.aonikenk.com.ar, Tagesausflüge zum Bosque Petrificado de Sarmiento (1000 $ p. P. bei mind. 3 Teilnehmern) sowie Touren, im Rahmen derer man u. a. den Bosque Petrificado de Jaramillo besucht.

Von Comodoro Rivadavia nach Río Gallegos

Weltumsegler und Eroberer, Piraten und Kartografen, Kolonisten und Handelsschiffer suchten jahrhundertelang die patagonische Küste nach Schlupfwinkeln ab, wo sie ihre Karavellen bei Ebbe trockenfallen lassen, kalfatern und sich selbst auf die Trinkwassersuche machen konnten. Namen wie Port Desire (Puerto Deseado), San Julián und Santa Cruz sind Legende geworden. Diese sporadischen Naturhäfen, auch heute noch Küstenflecken mit nur wenigen Tausend Einwohnern, liegen immer noch abseits der eingefahrenen Fährten des Massentourismus.

Puerto Deseado ▶ 3, F/G 31
Von Norden kommend, steuert man Puerto Deseado über die RN 3 an, die südlich von Rada Tilly vom Mesetarand absteigt und auf ca. 50 km bis **Caleta Olivia** das wie grüne Glasschmelze daliegende Meer begleitet. Aber noch auf der Höhe lohnt es sich, ein paar der versteinerten Muscheln einzusammeln, die hier massenweise herumliegen: Sie sind mindestens 9 Mio. Jahre alt.

14 km südlich von **Fitz Roy** zweigt die asphaltierte RP 281 als 126 km langer Zubringer nach Puerto Deseado ab. Der gleich-

Von Comodoro Rivadavia nach Río Gallegos

Zeugnis der patagonischen Urzeit: der Bosque Petrificado de Sarmiento

namige Fluss verläuft in der Meseta streckenweise unterirdisch, versiegte aber im Mündungsgebiet schon vor 12 000 Jahren. Das stattdessen eindringende Meerwasser füllte das Bett bis 40 km stromaufwärts, machte also aus dem Río eine Ría, vergleichbar den fjordähnlichen Küsteneinschnitten gleichen Namens im nordspanischen Galizien. In dieses naturgeschaffene Schutzgebiet schwemmt der ausgeprägte Tidenhub ein reiches Angebot an Meeresgetier. So haben sich in dieser Ría nicht nur Pinguine, sondern auch andere Vertreter einer vielfältigen Avifauna angesiedelt: Möwen, antarktische Tauben, Austernfischer, vor allem aber – eine weltweit einmalige Koexistenz – fünf Spezies von Kormoranen.

Seinen Namen erhielt der Naturhafen **Puerto Deseado** von dem englischen Freibeuter Thomas Cavendish, der hier 1586 mit seinem Schiff Desire (›Deseado‹) vor Anker ging. Doch erst im 19. Jh. erforschten Darwin und dann Moreno die gesamte Ría; 1884 ließen sich die ersten Kolonisten nieder. Eine 1909 gebaute (und 1978 stillgelegte) Eisenbahnlinie bis Las Heras diente dem Transport von

Die patagonische Küste

Wolle und Häuten zur Küste. Die Regierung hat die Wiederbelebung der Strecke angekündigt, aber die Pläne wurden bislang nicht umgesetzt.

Das nette 20 000-Einwohner-Städtchen, ein buntes Gemisch aus alten Wellblechhäusern und neuen Zweckbauten, lebt heute vorwiegend vom Garnelenfang im Golfo San Jorge. Einen Hafen der Sehnsucht stellt Puerto Deseado also auch für *marisco*-Liebhaber dar. Wer die ca. 90 km zum **Cabo Blanco** nicht scheut, findet am Kliff ein einsames Tierparadies mit Kormoranfelsen und – zur Schutzzone erklärt – auf vorgelagerten Klippen die einzige noch intakte kontinentale Pelzrobbenkolonie Südamerikas.

Infos

Dirección Municipal de Turismo: San Martín 1525, Puerto Deseado, Tel. 0297 487 02 20, www.puertodeseado.tur.ar, tgl. 8–20 Uhr.

Übernachten

... in Puerto Deseado:

Bungalows ▶ **Las Nubes:** Florentino Ameghino 1351, Tel. 0297 15 403 26 77, caba naslasnubes@gmail.com. Gut ausgestattete Bungalows unterschiedlicher Größe. Für 2 Pers. 620 $, für 4 Pers. 740 $.

Hotel & Estancia ▶ **Isla Chaffers:** San Martín, Ecke Moreno, Tel. 0297 487 22 46, www.hotelislachaffers.com.ar. Erstes Hotel am Platz, schöne Cafetería, Tagesausflüge zur hoteleigenen Estancia El Pajonal. DZ 450 $.

Motel am Meer ▶ **Los Acantilados:** España 1611, Ecke Pueyrredón, Tel. 0297 487 21 67, www.hotelosacantilados.com.ar. Am Hochufer, Restaurant. DZ 370 $ bzw. mit Meerblick 560 $.

Camping ▶ **Municipal:** Av. Lotufo, Tel. 0297 15 466 38 15. Am Ufer, klein, ruhig, gepflegt, Baum- und Windschatten. 20 $ p. P., 30 $/ Zelt.

Essen & Trinken

... in Puerto Deseado:

Fisch ▶ **Puerto Cristal:** España 1698, Tel. 0297 487 03 87, Mi mittags geschlossen. Fisch und Meeresfrüchte. 300 $.

Parrilla ▶ **El Refugio de la Ría:** 12 de Octubre, Ecke 15 de Julio, Tel. 0297 487 23 17. Fleisch vom Grill. 150 $.

Pasta ▶ **Club Deseado Juniors:** 12 de Octubre 858, Tel. 0297 15 473 62 05. Hausgemachte Pasta. 120 $.

Aktiv

Bootstouren ▶ **Turismo Aventura Los Vikingos:** Estrada 1275, Tel. 0297 487 00 20, www.losvikingos.com.ar. Zu Kormoranfelsen und Pinguininseln (Sept.–März, 2,5 Std./ 300 $ p. P., Tagesausflug/600 $ p. P.).

Verkehr

Busse: La Unión, Tel. 0297 487 01 88, verbindet mit Caleta Olivia, Comodoro Rivadavia und Sportman, Tel. 0297 487 00 13, mit El Calafate, Río Gallegos und San Julián. Busterminal: Rosa de Wilson, Ecke Sargento Cabral.

Weiter nach San Julián

▶ 3, E 33

Zum nächsten historischen Hafen, dem knapp 300 km weiter südlich gelegenen San Julián, sollte man sich über die abwechslungsreichere RP 1201 (ehemals RP 47) bewegen, die erst bei der **Estancia El Salado** in die RN 3 mündet. Und wieder begegnet man hier der patagonischen Weite mit ihrem endlosen Himmel. »Warum, frage ich mich, nimmt dieses spröde Land meinen Geist so gefangen?« schrieb Charles Darwin in sein Reisetagebuch. »Wieso beeindruckt mich eine ebenere, grünere, fruchtbarere und dem Menschen nützliche Pampa nicht gleichermaßen? ... Es muss wohl an diesem Horizont liegen, der die Vorstellungskräfte beflügelt.«

Die Strauch- und Polstergrassteppe, die vielen als monotone Vegetationsdecke erscheinen mag, entpuppt sich bei näherem Hinschauen als ein multiples Mosaik von spezialisierten Pflanzen, die man in diesem kalttrockenen Klima als Überlebenskünstler bezeichnen muss. Die gedrungenen Wuchsformen mit ihren tentakelartigen, wasserspeichernden Wurzeln sind Muster ökologischer Anpassung. *Mata negra, mata laguna,*

Von Comodoro Rivadavia nach Río Gallegos

mata guanaco – populäre Namen für komplizierte Gebilde, deren wertvollstes den Indianern der *molle*-Busch war: Aus seinem biegsamen Holz stellten sie ihre Bögen her.

Besonders schön ist diese Fahrt im Südsommer, wenn überall die violetten Blüten des wilden Thymians und die gelben Halbkugeln der Goldknöpfe leuchten. Nicht zu Reden von den Aromen dieser Pflanzen, die man in einer Teebüchse einfangen möchte.

In **San Julián** aber riecht es wieder nach Tang und Meer. Doch die weitgeschwungene Bucht ohne Flussmündung, wo schon Magellan einst Schutz suchte, ist kein Dorado für Fische. So wird denn auch der alljährliche Wettbewerb des Hai-Angelns (1. Januarwoche) 35 km weiter südlich an der offenen Küste in Playa de los Instalados bei El Rincón ausgetragen. Das Städtchen San Julián (9000 Einw.) selbst lebt vorwiegend von den Gold- und Silberminen bei Cerro Vanguardia und Manantial Espejo, die im letzten Jahrzehnt zahlreiche Arbeitsplätze schufen.

Die Bucht kann auf berühmte Namen und Schicksale verweisen: Auf der Insel Banco Justicia (›Hinrichtungs-Sandbank‹) ließ Francis Drake 1578 seinen aufmüpfigen Freund Thomas Doughty auf dem gleichen Schafott köpfen, das schon Magellan für die Vierteilung zweier Meuterer hatte zimmern lassen – bevor er an dieser Stelle die erste heilige Messe auf dem Südkontinent lesen ließ. Ein fantasievoller Nachbau von Magellans Flaggschiff Victoria, ausstaffiert mit lebensecht wirkenden Figuren, ziert heute den Strand am Ende der Hauptstraße San Martín. Wie das Schiff tatsächlich ausgesehen hat, weiß allerdings niemand so genau.

An der grottenreichen Steilküste nördlich von San Julián laden wilde Strände (starke Brandung) beim 18 km entfernten Cabo Curioso und bei Playa La Mina (dazwischen Robbenkolonie) zum Baden bzw. Fischen ein.

Infos

Dirección de Turismo: Av. San Martín 500 und im Busterminal, Tel. 02962 45 20 09, www.sanjulian.gov.ar, Mo–Fr 7–22, Sa/So 9–21 Uhr.

Übernachten

Beste Unterkunft im Ort ▶ Hotel Bahía: Av. San Martín 1075, Tel. 02962 45 40 28, www.hotelbahiasanjulian.com.ar. Große, gut eingerichtete Zimmer. DZ 580 $.

Freundlich ▶ La Casa de Ketty: Av. Piedrabuena 596, Tel. 02966 15 52 60 38. www.facebook.com/HosteriaLaCasaDeKettySan Julian. Familiäres Ambiente in fein eingerichteter Hostería. DZ 460 $.

Camping ▶ Municipal: Hernando de Magallanes 650, an der Bucht, 400 m vom Ortszentrum, Tel. 02962 45 45 06. Baumhecken als Sonnen- und Windschutz, sauber, der bestgeführte Campingplatz an der patagonischen Küste mit einem sehr zuvorkommenden Management. 25 $ p. P., 50 $/Auto.

Essen & Trinken

Restaurant der Estancieros ▶ La Rural: Ameghino 811, Tel. 02962 45 40 66, Di geschlossen. Hier gibt es die besten Meeresfrüchte im Ort. 170 $.

Mit Sicht auf die Bucht ▶ Naos: Nueve de Julio, Ecke Mitre, Tel. 02962 45 27 14. Regionale Küche, hausgemachte Pasta. 160 $.

Aktiv

Bootsausflüge ▶ Excursiones Pinocho: Av. Costanera, Ecke Mitre, Tel. 02962 45 46 00, 02966 15 50 00 23, www.pinochoexcursiones.com.ar. Zu den Inseln Banco Cormorán und Banco Justicia – Anfang Dezember legen Pinguine und Kormorane in der Bucht ihre Eier, auch junge Delfine schwimmen zu dieser Jahreszeit um die Schlauchboote.

Verkehr

Busse: Verbindungen u. a. nach Buenos Aires, Bariloche, Mendoza, Córdoba, Jujuy, Puerto Deseado, Comodoro Rivadavia und Río Gallegos. Busterminal: Av. San Martín 1570, Tel. 02962 45 20 72.

Estancia La María ▶ 3, D 32

Knapp 160 km nordwestlich von San Julián liegt inmitten der patagonischen Meseta die **Estancia La María.** Ein Abstecher lohnt sich, denn in 87 äußerst sehenswerten Höhlen der

Die patagonische Küste

Umgebung finden sich 12 600 Jahre alte Tehuelche-Malereien. Zwischen Oktober und März werden Touren dorthin und zu einem kleinen versteinerten Wald angeboten (zu Fuß oder im Geländewagen, 42–53 US$). Die ökologisch engagierten Eigentümer sind kundige Führer und nehmen auch gerne Übernachtungsgäste auf. Man erreicht die Estancia, indem man auf der RP 25 ca. 75 km in Richtung Gobernador Gregores fährt und dann rechts auf die RP 77 abzweigt (Tel. 02962 45 23 28 u. 45 46 17, www.arqueologialamaria.com.ar, DZ 70 US$, Camping 3 US$ p. P., 3 US$/Zelt, Frühstück 3 US$ p. P., Mahlzeiten 22 US$).

Comandante Luis Piedrabuena und Umgebung ▶ 3, D/E 34

Von San Julián auf der RN 3 weiter nach Süden fahrend, erhascht man einen kurzen Blick auf die gewaltige Senke des **Gran Bajo de San Julián** (westlich der Straße), passiert später den Río Chico und erreicht nach gut 120 km die Oase **Comandante Luis Piedrabuena** am Ufer des Río Santa Cruz. Der nette Ort (5000 Einw.) bietet keine Attraktionen, aber bessere Übernachtungsmöglichkeiten als das 30 km weiter Richtung Meer liegende **Puerto Santa Cruz,** dessen nur aus einer öden Mole bestehender Hafen in Wirklichkeit die vorgeschobene Punta Quilla ist. Der Ortsname Santa Cruz (gleichlautend für die ganze Provinz) erinnert an den Missionseifer der spanischen Eroberer, deren erste besitzergreifende Zeichen in die Erde gerammte Kreuze waren. In dem durch Einheitshäuser monoton gestalteten Puerto Santa Cruz sind nur noch wenige Relikte einer jüngeren Vergangenheit zu finden, etwa der Banco de la Nación (9 de Julio, Ecke Moreno) oder die Bar Español (San Martín, Ecke Sarmiento).

33 km südlich von Piedrabuena führt eine Stichstraße von der RN 3 in den **Parque Nacional Monte León** (Camping und Cafeteria). Hauptattraktion ist die Isla Monte León mit ihrer Pinguinkolonie und weiten Stränden. Der Park ist nur von November bis Ende April zugänglich, da die Straße mitten durch Estancia-Gelände führt und das Gatter im restlichen Jahr geschlossen ist (Parkverwaltung Belgrano, Ecke 9 de Julio, Puerto Santa Cruz, Tel. 02962 49 91 84, www.pnmonteleon.com.ar, Eintritt frei).

Infos

Secretaría de Turismo: Av. Gregorio Ibáñez 157, Comandante Luis Piedrabuena, Tel. 02966 15 57 30 65, www.piedrabuena.gov.ar, Mo–Fr 8–20, Sa/So 8–18 Uhr.
Centro de Información Turística: Av. Piedrabuena 531, Puerto Santa Cruz, Tel. 02962 49 87 00, www.facebook.com/turismopuerto santacruz, tgl. im Winter 9–20, im Sommer 8–22 Uhr.

Übernachten

… in Comandante Luis Piedrabuena:
Motel ▶ **Sur Atlantic Oil:** RN 3 Km 2404, kurz vor der Abzweigung in den Ort, Tel. 02962 49 70 54. Mittelklassiges Motel, Cafetería, Tankstelle. DZ 420 $ ohne Frühstück.
Sauber & nett ▶ **El Álamo:** Lavalle 8, Ecke España, Tel. 02962 49 72 49. Hostería mit Cafetería, ruhige, geräumige Zimmer. DZ 380 $.
Camping ▶ **Municipal:** auf der Flussinsel Pavón, Tel. 02966 15 55 73 87, www.isla pavon.blogspot.com. Idyllisch, mit schönem Baumbestand, auch Vermietung von Cabañas, kleiner Laden, Lamm am Spieß auf Bestellung, Flussexkursionen. 100 $/Zelt, Bungalows für 4 Pers. 280 $.
… in Puerto Santa Cruz:
Apartments ▶ **Kawo Apart Hotel:** Frank Lewis 293, Tel. 02962 49 80 37, www.kawo aparthotel.com. Gut ausgestattet, mit Küche. Für 2 Pers. ab 590 $, für 4 Pers. 870 $.
Am Ufer ▶ **Hostería Municipal:** 25 de Mayo 638, Tel. 02962 49 82 02. Schöne Lage, kleines Restaurant. DZ 300 $.
… im Parque Nacional Monte León:
English style ▶ **Hostería Monte León:** RN 3 Km 2399, Tel. 011 46 21 47 80, www.monte leon-patagonia.com/hosteria_ml.html. Restaurierte ehemalige Wohnung des Estancia-Verwalters, im Stil englischer Landhäuser. Bibliothek, kleines Museum, regionale Küche. DZ 390 US$ inkl. HP.
Camping ▶ Von der RN 3 bei Km 2405,5 abfahren und 20 km auf der RP 63 ostwärts.

Río Gallegos und Umgebung

Melancholie liegt in den Straßen der südlichsten kontinentalen Stadt, Río Gallegos

Gute Infrastruktur auf 3 ha an der Küste. Nähere Auskünfte bei der Parkverwaltung.

Essen & Trinken
... in Comandante Luis Piedrabuena:
Pasta ▶ **Casa Vecchia:** Cobañas 98, Ecke Menéndez, Tel. 02962 49 70 20, So geschl. Gute Küche in renoviertem Haus. 130 $.
... in Puerto Santa Cruz:
Feine Fischgerichte ▶ **La Ría:** in der Hostería Municipal (s. links). U. a. *róbalo*. 140 $.

Río Gallegos und Umgebung
Río Gallegos ▶ 3, D 36
Wo der 300 km lange ›Fluss der Galizier‹ (Río Gallegos) ins Meer mündet, hat die südlichste kontinentale Stadt Argentiniens, eben **Río Gallegos** (100 000 Einw.), ihr schachbrettartiges Muster ausgebreitet. Dem Meer selbst verdankt sie ihre Geburt, denn als vor über 15 Mio. Jahren der Atlantik bis zu den Anden reichte, entstanden jene Algensümpfe, deren Ablagerungen sich bei Río Turbio im Quellgebiet des Río Gallegos zu 500 Mio. Tonnen Steinkohle verdichteten. So baute man zu deren Transport eine dem Flusslauf folgende Eisenbahnlinie zur Küste und der Kohlehafen Río Gallegos entstand.

Dass der Ort keine »graue Stadt am Meer« wie Theodor Storms Husum ist, beweist das Farbenspiel der bunten Wellblechdächer, das neuerdings auch traditionswahrende Villenbauten wieder fortführen. Im ältesten Haus der Stadt ist das kleine **Museo de los Pioneros** (›Pioniermuseum‹) mit seinen Raritäten eingerichtet (El Cano, Ecke Alberdi, tgl. 10–19 Uhr, Eintritt frei). Gerettet wurde auch der historische Balkon im Zentrum, von dem aus 1899 der damalige Präsident Julio Roca die *estancieros* aufrief, in Argentinien zu investieren (Piedra Buena 50). Die restaurierte **Casa España** von 1927 beherbergt jetzt neben einem Ausstellungssaal ein Geschäft der eleganten Textilienmarke Cardón. In der alten **Post** indessen erinnern die hölzernen Stehpulte an die Zeit, als ein Pilot namens Antoine de Saint-Exupéry (»Nachtflug«) hier für die

Die patagonische Küste

Aeroposta del Sur die schwierigste Flugroute der Welt eröffnete.

Noch immer bläst der Wind, der gefürchtete *pampero,* mit 7–8 m/Sek. (Jahresdurchschnitt). In Pico Truncado und anderen Orten treibt er bereits die Propeller von Windkraftwerken an. Von der Kohle allein lebt die Stadt schon lange nicht mehr, seit die reichen Petroleum- und Erdgasfelder entdeckt wurden. Was es für Río Gallegos bedeutet, gleichzeitig Dienstleistungszentrum für die Estancias von Santa Cruz zu sein, machen überraschende Entdeckungen deutlich: Reisende Händler und Schafscherer bringen jährlich um die 30 000 Fuchsfelle hierher, die vor Ort versteigert werden. Der Fuchs ist in dieser Gegend kein Fabeltier, sondern, neben dem Puma, der gefährlichste Feind der Schafherden. Über Raubtiere und Jäger aus anderen Zeiten kann man sich im **Museo Regional** informieren, zu dessen Sammlung u. a. Saurierknochen und Werkzeug der Indianer gehört (Ramón y Cajal 51, Tel. 02966 42 64 27, Mo–Fr 10–17, Sa/So 12–19 Uhr).

Für die Weiterfahrt von Río Gallegos gibt es vier Möglichkeiten: auf der asphaltierten RP 5 direkt nach El Calafate am Fuß der Anden (s. S. 269), auf der RN 40 nach Puerto Natales (s. S. 274), auf der chilenischen 255 nach Punta Arenas oder auf der Ruta 257 durch Chile und über die Magellanstraße nach Feuerland (s. S. 236 und 256).

Infos

Dirección de Turismo: Av. Néstor Kirchner 1587, Ecke Córdoba, Tel. 02966 43 69 20, www.turismo.riogallegos.gov.ar, Mo–Fr 8–18 Uhr; Av. San Martín, Ecke Néstor Kirchner, Tel. 02966 42 23 65, im Sommer tgl. 8–14, 16–20 Uhr. Infos über die Stadt.

Subsecretaría de Turismo: Av. Néstor Kirchner 863, Tel. 02966 43 74 47, www.epatagonia.gov.ar. Infos über die Provinz Santa Cruz.

Übernachten

Modern und funktionell ▶ Hotel Patagonia: Fagnano 54, Tel. 02966 44 49 69, www.hotel-patagonia.com. 4-Sterne-Hotel. Health Club und Restaurant. DZ 1020 $.

Zentral ▶ Aire de Patagonia: Vélez Sarsfield 58, Tel. 02966 44 49 50, www.hotelaire patagonia.com.ar. Modern, große Zimmer. DZ 600 $.

Gutes Hotel mit guter Bar ▶ Costa Río: San Martín 673, Tel. 02966 42 34 12. Zentral an der Plaza, schöne Cafetería-Bar im englischen Stil, Restaurant. DZ 390 $.

Familienmanagement ▶ Nevada: Zapiola 480, Ecke Entre Ríos, Tel. 02966 42 59 90. Einfach, ruhig, Parkplatz, gutes Preis-Leistungs-Verhältnis. DZ 330 $ ohne Frühstück.

Preiswert ▶ Oviedo: Libertad 746, Tel. 02966 42 01 18, www.hoteloviedo.com.ar. Einfache, propere Zimmer. DZ 290 $.

Essen & Trinken

Hotelrestaurant ▶ Puro Sur: Fagnano 54, im Hotel Patagonia (s. links). Elegant, patagonische Haute Cuisine. 200 $.

Vom Grill ▶ Roco: Av. Néstor Kirchner 1157, Tel. 02966 42 02 03. Parrilla mit gutem *lomo* (Filet) und Salat. 190 $.

Clubhaus ▶ British Club: Av. Néstor Kirchner 935, Tel. 02966 43 26 68, www.british club.com.ar. Patagonisches Lamm in britischer Küchentradition, im traditionellen Clubhaus der englischen Einwanderer und deren Nachfahren. 170 $.

Lamm & Pizza ▶ Don Bartolo: Sarmiento 124, Tel. 02966 42 72 97. Pizza und patagonisches Lamm. 120 $.

Aktiv

Baden ▶ Im sauberen Fluss oder am Meer in Punta Loyola (35 km östlich).

Verkehr

Flüge: Auf der Nord-Süd-Achse Buenos Aires–Ushuaia bildet Río Gallegos ein wichtiges Zwischenglied und wird daher in beiden Richtungen mehrmals täglich von Aerolíneas Argentinas/Austral, LAN, Sol und LADE angeflogen. Auch mit El Calafate, Comodoro Rivadavia und Trelew bestehen tägliche Flugverbindungen. Flughafen: RN 3, 8 km westlich, Tel. 02966 44 23 40.

Busse: Verbindungen in nördlich gelegene Städte, nach El Calafate (direkt vom Flughafen) sowie nach Ushuaia in Feuerland (via Punta Arenas/Chile). Busterminal: RN 3, Ecke Charlotte Fairchild, Tel. 02966 44 25 85.

Estancia El Cóndor ▶ 3, E 36

100 000 Schafe weiden auf der 2200 km^2 großen **Estancia El Cóndor,** die man auf dem Weg zum 130 km entfernten Cabo Vírgenes (s. unten) passiert. Mit blitzweißen Wohngebäuden, Schule, Werkstätten, Scherschuppen und Remisen bildet die Estancia ein eigenes Dorf. Diese Farm, die 500 000 kg Wolle jährlich produziert, entstand 1883, als britisches, durch die Argentina Southern kanalisiertes Kapital – von Strohmännern, die das englische Königshaus vertraten, sagt man – sich in Latifundien verwandelte. Die Muster-Estancia El Cóndor war eines der wenigen Landgüter, das sich aus den tragischen Geschehnissen von 1922/23 heraushalten konnte. Damals streikten in ganz Südpatagonien peones (›Landarbeiter‹), weil sie bis zu zehn Monate lang statt Lohn uneinlösbare Gutscheine erhalten hatten. Die Regierung setzte Militär ein und es kam zu Massenerschießungen – eine Analogie zu den Vorgängen in chilenischen Salpeterlagern. Der hispanoamerikanische Dichter Rubén Darío hat das Drama in seinem Werk »La Amargura de la Patagonia« (›Die Bitternis Patagoniens‹) literarisch verarbeitet. Im März 1995 wurde die Estancia El Cóndor übrigens für 8 Mio. US-Dollar an die Firma Benetton verkauft.

Cabo Vírgenes ▶ 3, E 36/37

Von El Condór führt die Piste nahe der chilenischen Grenze Richtung Südosten. Nach ca. 40 km passiert man die **Estancia Monte Dinero** und erreicht kurz darauf das **Cabo Vírgenes** (›Kap der Jungfrauen‹), wo zwischen September und April rund 140 000 Magellan-Pinguine nisten. In die Wasserstraße gleichen Namens winkt ein Leuchtturm ein. Auf einem verwilderten Friedhof befinden sich die 100 Jahre alten Gräber dalmatinischer Goldwäscher, dahinter die Ruinen der ersten spanischen Niederlassung von 1584, Nombre de Jesús, und drüben, über der Wasserlinie, ein ferner Streifen: Feuerland.

Río Gallegos und Umgebung

Übernachten

Riesige Schaffarm ▶ **Estancia Monte Dinero:** RP 1, 120 km südlich von Río Gallegos, Tel. 02966 15 41 23 53, www.montedinero. com.ar, www.facebook.com/EstanciaMonte DineroLodge. Das südlichste Landgut auf dem amerikanischen Kontinent, Schaffarm auf 26 000 ha, in der die Gauchos auf Motorrädern – aber immer noch von Schäferhunden begleitet – die 14 000 Tiere zusammentreiben. Unterbringung im 100-jährigen Estancia-Gebäude, kleines Museum. 770 $ p. P. inkl. HP und Aktivitäten.

Essen & Trinken

Am letzten Leuchtturm ▶ **Al Fin y al Cabo:** 12 km von der Estancia Monte Dinero (s. oben) entfernt. Teehaus in britischer Tradition am Leuchtturm von Cabo Vírgenes.

Weiter nach Tierra del Fuego ▶ 3, D 36/37

Um Ushuaia auf Feuerland zu erreichen, muss man mit der Fähre die Magellanstraße überqueren und ein Stück durch chilenisches Territorium fahren. Kurz vor dem Grenzübergang **Monte Aymond,** etwa 70 km südlich von Río Gallegos, passiert man die **Laguna Azul** (›Blaue Lagune‹), den malerischen tiefblauen Kratersee eines erloschenen Vulkans. Von der Grenze führt die chilenische Ruta 255 fast unmittelbar am Fährhafen von **Punta Delgada** vorbei, von wo die Schiffe nach Embarcadero Bahía Azul bei Puerto Espora pendeln (s. S. 256). Viele Besucher nutzen auch die Gelegenheit zu einem Abstecher nach **Punta Arenas** in Chile, der wichtigsten Hafenstadt an der Magellanstraße.

Verkehr

Fähren: Punta Delgada–Embarcadero Bahía Azul/Puerto Espora (Nov.–März tgl. 7–1 Uhr, April–Okt. 8.30–23.45 Uhr, ca. alle 30 Min., 20 Min., 3 US$/p. P., 27 US$/Auto; Punta Arenas–Porvenir (Di–So, 2,5 Std., 11 US$/p. P., 71 US$/Auto). Beide Verbindungen werden betrieben von der Transbordadora Austral Broom, www.tabsa.cl. Die Fahrtdauer ist sehr wetterabhängig.

Die patagonische Küste

Die Straße der Tränen

Die Magellanstraße, einzige natürliche Durchbruchstelle eines mehr als 15 000 km langen Kontinents, wird nicht nur von Seezeichen begleitet, sondern auch von den Spuren einer Geschichte, die dramatischer und faszinierender ist als die aller anderen Meerengen der Welt. Fallböen und Untiefen, Hungerhäfen und Indianerfriedhöfe, verlassene Goldminen, Pinguinparadiese und über 1000 Wracks begleiten die Wasserstraße auf ihrem 600 km langen Weg vom Atlantik zum Pazifik.

Mit der Entdeckung dieser Ost-West-Passage durch Fernão de Magalhães im November 1520 begann ein Stück Weltgeschichte. Der portugiesische, in spanischen Diensten stehende Seefahrer war von Karl V. ausgesandt worden, die fremden Küsten nach einer Durchfahrt zu der von Marco Polo beschriebenen Tartarei des Groß-Khans abzusuchen, die schon das eigentliche Ziel von Kolumbus gewesen war. Im Jahr der Entdeckung Amerikas (1492) hatte Spanien mit der Rückeroberung Granadas die fast 800 Jahre während moslemische Fremdherrschaft endgültig abgeschüttelt und war, erfüllt von religiösem Glauben, zu neuen Ufern aufgebrochen. Bei einem so groß angelegten Unternehmen wie der Christianisierung der Neuen Welt, so glaubte man, müsse der Schöpfungsplan gewiss auch eine Wasserstraße für die Spanier vorgesehen haben.

Magellans italienischem Bordchronisten Pigafetta verdanken wir historische Einzelheiten der mit fünf Schiffen angetretenen Erkundungsreise: Zwei zögerliche Kapitäne degradiert der Portugiese schon unterwegs; die Rädelsführer einer Meuterei – die ausgezehrte Besatzung hatte in der Bucht von San Julián überwintern wollen – lässt er enthaupten und die viergeteilten Körper aufspießen. Mit Spiegeln und Glasperlen angelockte Indianer werden überrumpelt und gefangen ge-

nommen, um sie später dem spanischen Hof vorführen zu können (sie sterben unterwegs in ihren Fußschellen), unbequeme Begleiter, unter ihnen ein Priester, setzt der Generalkapitän auf Nimmerwiedersehen in Patagonien ab. Er verliert ein Schiff im Sturm, segelt unbeirrt weiter und sichtet am Sankt-Ursula-Tag eine Landzunge, die er zu Ehren der Heiligen Cabo de las (Once mil) Vírgenes, ›Kap der (11 000) Jungfrauen‹, nennt – die Einfahrt der Passage. Magellan überwältigen die Tränen.

An den in den Boden gerammten Holzkreuzen, wo Magellan 1520 die erste heilige Messe hatte lesen lassen, rauschten nun die britischen Freibeuter, allen voran Francis Drake, höhnisch vorbei. Seinen von den Spaniern erbeuteten Sombrero schenkte er übermütig den Indianern. Dann steuerte er 1578 in der fantastischen Zeit von nur 16 Tagen in den Pazifik. Die bravouröse Segelei der Briten versetzte die spanische Admiralität in solche Aufregung, dass sie eine Riesenflotte von 23 Schiffen an das Kap expedierte. Zu den über 3000 Menschen, die in der bislang aufwendigsten Aktion übers Meer fahren, gehörten diesmal auch Frauen und Kinder. Sie segelten unter dem schwärzesten aller Sterne: Vier Schiffe mit 800 Personen kenterten im Sturm, 600 Opfer forderte eine Epidemie, mit schließlich acht Schiffen erreichte Sarmiento de Gamboa, der Leiter, die Meerenge.

Magellanstraße

Thema

Gamboa, eigentlich Dozent an der Sankt-Markus-Universität von Lima, hatte (u. a. der Verwicklung in einen Mord bezichtigt), dreimal vor dem Inquisitionsgericht gestanden. Vor dem Schicksal, im Büßergewand an den Schandpfahl gestellt zu werden, retteten ihn nur die Seeräubereien des Francis Drake, den zu bekämpfen er vom König in die Magellanstraße entsandt wurde. Am Cabo Vírgenes gründete er die Kolonie Nombre de Jesús, an der Küste der Halbinsel Brunswick die Niederlassung Rey Felipe. Eine unbeschreibliche Odyssee, bei der auch die Restflotte aufgerieben wurde, verschlug Gamboa nach Bahía, in britische und französische Kerker und erst zwölf Jahre später wieder nach Spanien. Seine Bittbriefe an den König – es ging um Hilfe für die zurückgelassenen Kolonisten – blieben unbeantwortet. Als der englische Seeräuber Cavendish den Unglücksort Rey Felipe anlief, fand er nur noch Skelette – eines davon am Galgen baumelnd. Der letzte Überlebende von Nombre de Jesús starb auf dem britischen Piratenschiff Delight of Bristol, das selbst mit nur noch sechs Seeleuten als halbes Geisterschiff seinen Heimathafen erreichte. »Für das, was ich erduldete, darf ich mich Märtyrer nennen« steht heute auf einem allen Verschollenen gewidmeten Gedenkstein an der Magellanstraße.

Gefährliches Gewässer: Die 670 km lange Magellanstraße ist von Wracks gesäumt

6 | Tierra del Fuego

Feuerland, der Zipfel Südamerikas im Schatten des berüchtigten Kap Hoorn, kurzum das Ende der bewohnten Welt, gehört zu jenen Zielen, die allein durch ihre Koordinaten Globetrotter anlocken. Aber Feuerland bietet mehr als nur imaginäre Punkte auf der Landkarte: eine wilde subarktische Landschaft, einsame Estancias, windzerzauste Wälder, Gletscher, Seen und ein Gewirr von Kanälen.

Geschichte und Geografie

Rauch am Horizont

Wer sah den Rauch zuerst: Magellan im Oktober 1520 oder die Seeleute der von dem portugiesischen Gewürzhändler Cristovão de Haro ausgesandten Flotte, von der der deutsche Astronom Johannes Schöner schon fünf Jahre zuvor berichtete, sie habe die südlichste Region des Kontinents umsegelt? Der offizielle Ruhm, den heute argentinischen Teil Feuerlands entdeckt zu haben, fiel Francisco de Hoces zu, dessen Karavelle San Lesmes 1526 in einem Sturm bis auf 55 Grad südlicher Breite gedrückt wurde – »ans Ende der Welt«, wie der Kapitän ins Logbuch schrieb. Der Rauch – kein Feuer –, von dem die ersten Seefahrer berichteten, wehte aus dem leeseitigen Loch der aus Zweigen, Gras und Robbenhaut errichteten Eingeborenenhütten, deren zweite, dem Wind zugewandte Öffnung als Eingang diente. So lautete die ursprüngliche Bezeichnung von *finis terrae* denn auch Tierra del Humo (›Rauchland‹), nicht Feuerland.

Frühe Bewohner

Die vor rund 10 000 Jahren auf den feuerländischen Archipel gelangten Menschen gehörten vier soziokulturell sehr verschiedenen Volksstämmen an. Den Norden und das Zentrum der Isla Grande beherrschten die Ona (Selk'nam) als Guanakos und Strauße jagen-

de Landbewohner (die letzte Ona-Frau starb 1999); die Haush (Algenesser) bevölkerten den Südosten der Großen Insel; die Alacaluf nomadisierten als Seejäger im westlichen (heute chilenischen), die Yamaná (Yahgan) im östlichen (heute argentinischen) Teil Feuerlands und im Beagle-Kanal.

Dass ausgerechnet diese Wasserstraße den Namen von Charles Darwins berühmtem Entdeckerschiff trägt (die Galionsfigur war ein Beagle, ein Spürhund), gehört zu den vielen Ironien der Weltgeschichte. Der junge britische Wissenschaftler hatte die in Baumrindenbooten durch die Feuerlandkanäle paddelnden Yamaná als die »gemeinsten und elendsten Kreaturen« klassifiziert, die ihm je zu Gesicht gekommen seien. Er äffte auch ihre Sprache nach, deren metaphorischen Reichtum sein Landsmann Thomas Bridges später in einem Wörterbuch zusammenfasste, das heute zu den Schätzen der Sprachwissenschaft gehört (s. S. 251).

Entstehung der Großen Insel

Ein Blick auf die geografische Gestalt Südamerikas lässt erkennen, dass die südlichste Spitze des Subkontinents zur Seite gebogen ist. Diese Deformierung geht auf eine jahrmillionenalte langsame Drehbewegung zurück, deren Auslöser die plattentektonische Dynamik auf dem Grund des Pazifiks ist. Dort schiebt sich – mit einer Geschwindigkeit von etwa 9 cm pro Jahr – die Nazca-Platte auf die

236

Geschichte und Geografie

südamerikanische Westküste zu, gleitet unter die Kontinentalmasse und hebt sie manchmal heftig (Erdbeben), ansonsten behutsam (langsame Andenauffaltung) an. Dem Druck der 100 km dicken Nazca-Tafel setzt die südamerikanische Kontinentalmasse (auf der Frontlinie Ecuador–Peru–Chile) mehr Widerstand entgegen als Feuerlands ›Große Insel‹ mit ihren Satelliten. Deshalb driftet der ganze bereits vom Festland gelockerte Archipel nach Osten, wird in einigen Millionen Jahren eine gesonderte Inselgruppe im Südatlantik darstellen und dann abtauchen. Vorgezeichnet hat diesen Verlauf bereits die Andenkette, die sich grundsätzlich in Nord-Süd-Richtung orientiert, sich auf Feuerland aber (als Darwin-Kordillere) querlegt, mit der gebirgigen Halbinsel Mitre als letztem Ausläufer ins Meer taucht und nur sporadisch in Form der felsigen Isla de los Estados, Südgeorgiens und der Süd-Shetlands noch einmal die Zacken ihres Kamms zeigt. Dieser Laune der Geologie verdankt übrigens auch die feuerländische Hauptstadt Ushuaia ihre Besonderheit, Argentiniens einzige transandine Stadt zu sein, denn die Grenzlinie zum Nachbarn Chile bestimmt ansonsten der Verlauf der höchsten Gipfel bzw. die Wasserscheide.

Vom Festland gelöst hat sich Feuerland, als zum Ende der letzten Eiszeit eine Kette von Binnenseen zu dem gewundenen Wasserweg verschmolz, der 10 000 Jahre später den Namen **Magellanstraße** erhalten sollte (s. S. 234). Alles, was südlich dieser Durchfahrt zum Pazifik liegt, heißt heute Tierra del Fuego (›Feuerland‹), bis hinunter zur Felsnadel des Kap Hoorn. Beherrschender Teil dieses Inselreiches ist die etwa der Größe Irlands entsprechende **Isla Grande** (›Große Insel‹), die im Süden vom Ufer des Beagle-Kanals gesäumt wird. Durch sie verläuft die mit dem Lineal gezogene, vom äußersten Zipfel des patagonischen Festlandes (Cabo Dungeness) beinahe lotrecht abfallende Grenzlinie zu Chile. Beinahe, weil zur Zeit der Demarkierung die Geografie Feuerlands noch so wenig erkundet war, dass mit dem ersten Schnitt am Kartentisch zwei – durch die Bahía San Sebastián voneinander getrennte – Landstücke für Argentinien entstanden.

Von Leuchttürmen beschützt: der Beagle-Kanal, hier Les Eclaireurs

237

Tierra del Fuego

Erst Jahre später hat man, die Scheitellinie weiter nach Westen rückend, diesen Fehler korrigiert, der zugleich die ins Leere greifende Vision der neuen weißen Herren erkennen ließ. Denn Feuerland als Territorium hat nach seiner Entdeckung dreieinhalb Jahrhunderte lang niemanden interessiert – bis man die ersten Schafe von den Falkland Islands herüberholte. Aber auch dann noch erschien nur wichtig, wie viele Tiere der Boden ernährte, nicht die besetzte Fläche in Hektar. Bis heute misst man die Größe der 60 feuerländischen Estancias an der Anzahl der dort weidenden Schafe: Die Rentabilitätsgrenze liegt bei 8000 Exemplaren; bis zu 70 000 Tiere bevölkern die größten Farmen. Im trockenen Norden der Isla Grande, wo sich die patagonische Steppe als einzige Vegetationsform fortsetzt, weiden insgesamt 520 000 Schafe, die jährlich 2300 t Wolle liefern.

Flora und Fauna

Erst weiter im Süden lockert sich die karge Meseta auf, überzieht sich mit Busch- und Bauminseln und blickt aus dunkelgrünen Teichen und Seen zu einem Himmel auf, durch

Ushuaia

den nur ganz selten ein Blitz zuckt. Feuerland kennt keine Gewitter. Ein Fünftel seiner Fläche ist Moor- und Sumpfgelände, überaus reich an Moosen und Flechten und Habitat von rund 200 (der insgesamt fast 1000 in Argentinien beheimateten) Vogelarten, wobei die Spannweite vom Kolibri bis zum Albatros reicht. Auch Kondore findet man hier, sie haben ihre Horste in den gebirgigen Waldregionen im Süden. Dass hier über 1000 m hohe Berge fast unmittelbar ans Meer stoßen, ist ein für die argentinischen Naturräume ungewöhnlicher Effekt.

Ushuaia ► 3, E 39

Karte: links

›Die Bucht, die das Land bis zum Westen durchdringt‹ – das bedeutet **Ushuaia 1** in der Sprache der Yamaná. Der heutige Beagle-Kanal hat mit seinen zahlreichen Klippen und Inselchen die Navigation häufig auch noch bei der Ausfahrt nach Osten genarrt. 1930 rammte das Kreuzfahrtschiff Monte Cervantes die Felsen beim Leuchtturm Les Eclaireurs und sorgte damit für den berühmtesten modernen Schiffbruch auf der Südhalbkugel. Die 1148 geborgenen Passagiere entsprachen damals der Einwohnerzahl von ganz Ushuaia, welches wiederum fast ausschließlich von der Betreibung eines mit einigen Hundert Rückfallverbrechern besetzten Zuchthauses lebte. Wenige Jahre zuvor hatte ein anderes Spektakel hier Aufsehen erregt: Der deutsche Pilot Günther Plüschow (»Silberkondor über Feuerland«) – sein Name lebt noch in einer Straßenbezeichnung Ushuaias fort – landete mit seinem Wasserflugzeug auf dem ruppigen Beagle-Kanal und brachte die erste Luftpost ans Ende der Welt.

Stadt durfte sich Ushuaia – eine Mischung aus Alpendorf und Fjordsiedlung – schon nennen, bevor sich seine Bevölkerung in den letzten 20 Jahren auf 57 000 Einwohner verdoppelte. So quirlig wie auf der von Hotels, Cafés, Galerien und Läden gesäumten Hauptstraße Ushuaias geht es in den Fußgängerzonen mancher Metropolen nicht zu.

Hat der Ort versäumt, das Reykjavik der Südhalbkugel zu bleiben, das er einmal war? Vergleiche zum kunterbunten Davos ziehen sich an, wo es heute auch nicht mehr aussieht wie zu Zeiten des »Zauberbergs«.

Ein historisches Gerüst von rund zwei Dutzend in die modernen Fassaden eingestreuten Vintage-Häusern aus Holz und Wellblech hat in Ushuaia immerhin überlebt. Dazu gehören die kleine **Biblioteca Popular** (San Martín, Ecke Juana Fadul), die **Casa de Pioneros** (San Martín 857) sowie die Privathäuser Delqui 656 und Maipú 93, Ecke Antártida. Elemente dieser Pionierarchitektur, von der Veranda bis zur Giebelverzierung, werden heute wieder von den puppenhausartigen Villen zitiert. Ein großer Teil der Besiedlung jedoch ist reiner Wildwuchs, und die Bezeichnung Spontanbauweise verkehrt sich ins Sarkastische, wenn die Gemeinde illegale Landnehmer spontan zum Umzug auffordert – weshalb manche dieser improvisierten Gebilde bereits auf Rollen stehen. Dass die ausgefranste Peripherie der Stadt heute eher Schmelzwasserflüssen als einem geordneten Straßennetz zu folgen scheint, liegt an dem teils unkontrollierten Zustrom an Menschen, der schneller war als die Zeichenstifte: erst die Fördermaßnahmen zur Industrieansiedlung (Elektronik) und dann der Tourismus mit seinen rund 400 000 Besuchern pro Saison – allein 300-mal legen im Sommer Kreuzfahrtschiffe hier an. Nun auch im Winter die Hotelbetten zu füllen, das ist die derzeitige, mit Hilfe von Langlaufloipen und Hundeschlittenrennen angegangene Strategie. Im nahen **Valle de los Huskies** werden die einzigen Polarhunde Südamerikas gezüchtet.

Als Ushuaias Hunde nur zur Gefangenenaufsicht dienten, bauten 360 in gelb-blau-gestreifte Wollanzüge gemummelte Ganoven ihre eigene Strafanstalt, heute zum **Museo Marítimo y Presidio de Ushuaia** umgewandelt. Der 1911 bezogene Presidio, eine monumentale Schreckenskammer, beherbergte so ungleiche Insassen wie (rückfällige) Hühnerdiebe, Anarchisten und Mörder, die ihre Opfer geviertelt hatten und – ihrer Fertigkeit wegen? – der Gefängnismetzgerei zugeteilt

Tierra del Fuego

wurden. Zum Transport der Häftlinge in die Steinbrüche diente eine Eisenbahn, deren beide Lokomotivführer als frühere Wechselstubenbesitzer betuchte Kunden ermordet und unter den Dielen verscharrt hatten (Yaganes, Ecke Gobernador Paz, www.museomaritimo.com, tgl. 10–20 Uhr, 110 $ inkl. Führung auf Spanisch oder Englisch).

Im **Museo del Fin del Mundo,** dem ›Museum am Ende der Welt‹, findet man solcherlei Horrorgeschichten illustrativ aufgearbeitet. Zu den Exponaten gehören aber auch zahlreiche andere Zeugnisse von Ushuaias origineller Vergangenheit (Maipú 173, Ecke Rivadavia, Tel. 09201 42 18 63, im Sommer 9–20, im Winter 12–19 Uhr).

So friedlich präsentiert sich Ushuaia nur selten, meist tobt ein starker Wind

Ushuaia

Vielleicht hat die Vergangenheit dazu beigetragen, auch hinsichtlich der Zukunft Einfallsreichtum zu beweisen: Die an der Uferstraße, gegenüber dem ACA-Hotel eingemauerte **Cápsula del Tiempo** birgt in Lasertechnik aufgezeichnete Fernsehdokumentationen von 1992, die den Menschen des Jahres 2492 – vorher darf dieses Video-Sesam nicht geöffnet werden – ein Bild unserer heutigen Zeit vermitteln sollen.

Dass in 500 Jahren auch die Antarktis unversehrt der Nachwelt übergeben werden kann – Ushuaia fungiert als Brückenkopf zum Sechsten Kontinent – ist die Hoffnung aller Feuerlandbewohner. Ihren Bewahrungseifer bewiesen sie 1995 durch eine Protestaktion,

Tierra del Fuego

Der sechste Kontinent

So groß ist die Last der Anden, dass sie die starre Kontinentalplatte Südamerikas zum Kippen bringt: Millimeterweise hebt sich die Ostküste aus dem Meer. Befreite man jedoch die Antarktis vom Druck ihres Eispanzers, dann stiege die darunterliegende Landscholle gleich einer Boje 500 m senkrecht auf. Der Sechste Kontinent ist, anders als die nur aus einer schwimmenden Eisdecke bestehende Arktis, ein fest verankerter Erdteil, ein umfangreicher zumal – größer als Australien.

Als ein russischer Eisbrecher bis zum Nordpol vordrang, konnte man das im driftenden Meereis ständig neu zu ortende Ziel keinem Fahrgast zeigen. Am Südpol hingegen markiert eine Stange die Nabe der Erdachse und sie ist jährlich nur um jene 2 m zu versetzen, die die Eiskruste (und mit ihr die Amundsen-Scott-Station) in Richtung Ross-Meer wandert. Die 1956 von den USA aufgebaute Basis trägt die Namen der beiden Pioniere, die 1911/12 als Erste den Pol erreichten. Dokumentiert hat der Sieger des Wettlaufs, der Norweger Roald Amundsen, sein in nur 97 Tagen bewältigtes Abenteuer in dem Buch »Die Eroberung des Südpols«. Von dem Engländer Robert Falcon Scott, der auf dem Rückweg ein Lebensmitteldepot im Schneesturm verfehlte und mit seinen Gefährten erfror, sind nur Tagebucheinträge überliefert.

An Südpolbezwingern hat es bis in die jüngste Zeit nicht gefehlt. Zum 100. Jubiläum des Wettlaufs starteten rund 20 Expeditionen auf den Spuren von Amundsen und Scott, manche mit Ausrüstung wie zu Zeiten der Pioniere. 2012 legte die Britin Felicity Aston 1750 km auf Skiern zurück und gelangte als erste Frau im Alleingang zum Südpol. Als bislang jüngster Pol-Trekker erreichte der 16-Jährige Lewis Clarke 2014 die Amundsen-Scott-Station. Einen Monat zuvor war Prinz Harry erschöpft und mit Vollbart am Südpol

angelangt. Rekorde scheinen der Antarktis in die Wiege gelegt zu sein. Sie selbst wartet mit monströsen Einmaligkeiten auf: Ihre durchschnittlich über 2 km dicke Eiskappe birgt fast 80 % der vergletscherten Süßwasserreserven der Erde – zehnmal soviel wie Grönland. Dabei fällt in dieser Eiswüste so wenig Niederschlag wie in der Sahara.

Der Sechste Kontinent – einst subtropische Region des Superkontinents Gondwanaland bis vor ca. 150 Mio. Jahren, bevor dieser in die Riesenschollen Australien, Indien, Afrika, Südamerika und die Antarktis zerbrach – gilt heute als der bedeutendste Fossilientresor unseres Planeten. Ja, der Schlüssel zu Geheimnissen wie dem Ablauf des Urknalls, der die Erde gebar, könnte in der Antarktis verborgen liegen. Astrophysiker finden am Südpol ideale Bedingungen zur Strahlenmessung. Tiefenbohrungen fördern Eisschichten zutage, die die Zusammensetzung der Atmosphäre vor Zehntausenden von Jahren erkennen lassen. Doch mindestens ebenso viele Fragen hat die Wissenschaft der Natur zu stellen. Welche Frostschutzeigenschaften besitzt das Blut von Tieren, das bei −30 °C noch flüssig bleibt? Oder: Wie wirkt sich das Ozonloch auf die antarktische Fauna aus? Die erhöhte UV-Strahlung scheint das zur Photosynthese unentbehrliche Chlorophyll des Phytoplanktons zu schä-

Antarktis

Thema

digen. Das gefährdet das Wachstum des Krills, der die Basis der antarktischen Nahrungskette bildet. 35 Arten von Pinguinen und Seevögeln, sechs Robbenspezies, Bartenwale und über 100 verschiedene Fische hängen von dem Angebot an Krillsuppe ab.

Wissenschaftliche Neugier, aber auch der nationale Ehrgeiz, in diesem letzten übernationalen Reservat der Erde präsent zu sein, haben hier 24 Nationen mehr als 50 Basen errichten lassen. Da aber nur 2 % der antarktischen Oberfläche zeitweise eisfrei bleiben, sind paradoxerweise ganze Landstriche des einsamsten Kontinents der Erde übervölkert. Auf der King-George-Insel drängen sich neun, auf der antarktischen Halbinsel 13 Stationen aneinander; im größten Stützpunkt, der US-amerikanischen McMurdo-Station am Ross-Meer, finden sich im Südsommer mitunter 1200 Menschen zugleich ein.

Vom Waschsalon bis zur Videobibliothek, von Bars bis zur Tankstelle sind solche Enklaven mit allem modernen Zubehör ausgestattet. Vorratstanks, Batterielager, Schneemobile, Hubschrauberlandeplätze umgeben sie – und Sperrmüll, Altöllachen und Abfallgruben. Wer hier aufräumte, waren nicht die Verantwortlichen selbst, sondern die Aktivisten von Greenpeace, die 1987 begannen, die Basen abzukämmen und Missstände anzuprangern. Nicht von ungefähr errichteten sie ihre eigene Station nur 24 km vom größten Antarktisverschmutzer McMurdo entfernt.

Wie hoch der Preis zur Erringung wissenschaftlicher Erkenntnisse sein darf, das ist vor allem dann die Frage, wenn sich der Erkundungsdrang nicht auf die Naturforschung, sondern auf das unterm Eis verborgene Rohstoffpotenzial richtet: Erdöl und Erdgas, strategische Metalle, Uran. Unter dem Transarktischen Gebirge soll sich ein 1500 km langer Kohleflöz, der größte der Erde, hinziehen. Der Antarktisvertrag von 1961 verpflichtet die etwa 30 Signaturstaaten, sich auf dem Sechsten Kontinent aller militärischen Präsenz zu enthalten und wissenschaftliche Erkenntnisse – sowie die Basen selbst – allen anderen Partnern zugänglich zu machen. Erst 1991 jedoch wurde die heikle Rohstofffrage in dem Sinn geregelt, dass bis 2040 jede Ausbeutung unterbleiben muss. Skeptiker unter den Umweltschützern wie der inzwischen verstorbene Ozeanologe Jacques-Yves Cousteau sehen in der Vereinbarung nur einen Aufschub, keinen Willen zum definitiven Verzicht. Bereits 1988 unternahmen einige Staaten einen ersten Anlauf, um die wirtschaftliche Ausbeutung der weißen Schatzkammer zu regeln. Es gibt Anzeichen für eine baldige neue internationale Debatte über dieses Thema.

Ushuaia ist ein beliebter Startpunkt für Antarktisreisen, 2012/13 haben 35 000 Reisende ihre Tour zum vereisten Kontinent in Feuerland begonnen. Zwischen Oktober und März fahren dort so viele Luxusliner entlang, dass die Palmer-Halbinsel inzwischen den Beinamen Antarktische Riviera erhielt. Ob es sich lohnt, für rund 5000 Dollar an diesem Korso teilzunehmen, möge sich jeder selbst überlegen. Gleichermaßen schöne Eisberge nimmt man auch am Upsala-Gletscher (s. S. 276) ins Visier und Pinguine lassen sich an der patagonischen Küste viel besser fotografieren. Der Besuch der Basen ähnelt einer Barackenbesichtigung und lohnt nur wegen der Trophäe des Sonderstempels. Es gibt auch bereits dauerhaftere Zeugnisse der Touristen: In die Felsen der Elefanteninsel sind Ich-war-hier-Graffitti eingraviert. Sie werden länger halten als die weggeworfenen Apfelbutzen, die, mit etwas Glück, bereits in einem halben Jahrhundert verfault sein könnten.

Tierra del Fuego

mit Hilfe derer eine Modifizierung des sogenannten Waldgesetzes erreicht wurde: Es dürfen keine Edelhölzer mehr (wie es weiterhin in Chile geschieht) zu Spänen für die Papierindustrie verschnitzelt werden. Anlass war ein Vorhaben der nordamerikanischen Trillium Corporation, nördlich des Lago Fagnano 35 000 ha Lenga-Wald umzulegen.

Infos
Instituto Fueguino de Turismo: Av. Maipú 505, Tel. 02901 42 14 23, www.tierradelfuego.org.ar.
Secretaría Municipal de Turismo: San Martín 674, Tel. 02901 43 20 01, www.turismoushuaia.com, Mo–Fr 8–22, Sa/So 9–20 Uhr.
Intendencia Parque Nacional Tierra del Fuego: San Martín 1395, Tel. 02901 42 13 15, www.parquesnacionales.gob.ar.

Übernachten
... in Ushuaia:
Das Preisniveau liegt allgemein hoch, am teuersten sind in der Regel die Zimmer mit Blick auf den Beagle-Kanal. Im lokalen Winter senken viele Hotels ihre Preise. Trotz stark gestiegener Bettenzahl kommt es in der Hochsaison (Nov.–Febr.) zu Engpässen.
Gute Sicht auf den Beagle-Kanal ▶ Ushuaia: Laserre 933, Tel. 02901 42 30 51 und 43 06 71, www.ushuaiahotel.com.ar. Gepflegtes Hotel mit sportlicher Note, Halbhöhenlage. DZ 1120 $.
An der Hauptstraße ▶ De Los Andes: San Martín 753, Tel. 02901 42 14 60, www.delosandeshotel.com.ar. Zentral, neu renoviert, freundlich, Zimmer zur Straße etwas laut. DZ 790 $.

Familienpension ▶ Linares: Deloqui 1522, Tel. 02901 42 35 94, www.hosterialinares.com.ar. Gepflegte Familienpension, oberhalb der Bucht gelegen. DZ 750–845 $.
Freundlich ▶ Hostal Malvinas: Deloqui 615, Tel. 02901 42 26 26, 43 57 64, www.hostalmalvinas.net. Freundliches Familienmanagement. DZ 730 $.
Preiswert ▶ Hostal Río Ona: Magallanes 196, Tel. 02901 42 13 27, www.rio-ona.com.ar. Zentral. DZ 510 $ inkl. Frühstück.

Tipp: Globetrottertreffen
Alljährlich zwischen Weihnachten und Neujahr ist der **Camping Municipal** (s. S. 246) bei Ushuaia Treffpunkt der motorisierten Globetrotter. Bei Bier, Wein und Steaks werden bis tief in die Nacht Erfahrungen ausgetauscht, Erlebnisse zum Besten gegeben und neue Reisepläne geschmiedet.

Ushuaia

Kunden in Badebekleidung sind am Strandkiosk bei Ushuaia eher Mangelware

Stilvoll ▶ Hostel Antárctica: Antártida Argentina 270, Tel. 02901 43 57 74, www.antarcticahostel.com. Freundlich und zentral. DZ 390 $, Schlafsaal 140 $ p. P. inkl. Frühstück.
Hostelling International ▶ Torre al Sur: Gobernador Paz 1437, Tel. 02901 43 07 45, www.torrealsur.com.ar. Proper, gemütlich zentral. Im Schlafsaal 80 $ p. P. inkl. Frühstück.
... außerhalb:
Im Wald ▶ Finisterris Lodge Relax: Monte Susana, Ladera Este (Osthang), 7,5 km westlich von Ushuaia, Tel. 02901 15 61 61 25, www.finisterrislodge.com. Lodge auf 17 ha Park- und Waldgelände mit Bungalows, Spa und Sauna. DZ 8500 $.
Internationale Spitzenklasse ▶ Las Hayas: Av. Luis Martial Km 3, ca. 2,5 km nördlich, Tel. 02901 43 07 10, www.lashayashotel.com. An der Straße zum Gletscher, französischer Château-Stil, Panoramalage, Pool, Jacuzzi, Sauna, Haute-Cuisine-Restaurant. DZ 2200 $.

Tierra del Fuego

aktiv unterwegs

Wanderparadies Feuerland

Tour-Infos

Infos und geführte Touren: Club Andino Ushuaia, Fadul 50, Tel. 02901 42 23 35, www.clubandinoushuaia.com.ar, Mo–Fr 9.30–12.30, 16–20 Uhr; Aventura y Naturaleza, Tel. 02901 42 47 81, www.ushuaiaactiva.com.ar; Compañía de Guías, San Martín 628, Tel. 02901 43 77 53, www.companiadeguias.tur.ar. Eine Tagestour durch den Nationalpark kostet um die 80 US$ p. P.

Wintersportzentren: an der RN 3 zwischen Ushuaia und Tolhuin liegen u. a. Altos del Valle (Km 18), Solar del Bosque (Km 19), Nunatak (Km 20), Tierra Mayor (Km 21), Llanos del Castor (Km 24), Valle Hermoso (Km 24,5), Las Cotorras (Km 25), Cerro Castor (Km 27), Haruwen (Km 36).

Im **Parque Nacional Tierra del Fuego** gibt es mehrere Wanderwege, von denen die meisten kurz und sehr leicht zu bewältigen sind. Vielleicht am reizvollsten ist die **Senda Pampa Alta** (5 km) – über die Zeltplätze von Bahía Ensenada und Río Pipo geht es 2,5 km nach oben zur Pampa Alta, von wo man eine herrliche Aussicht über den Beagle-Kanal genießt. Sehr kurz, aber nicht minder schön ist der knapp 1 km lange **Paseo a la Laguna Negra,** ein von vielen Chinesischen Laternen begleiteter Lehrpfad zur gleichnamigen Lagune, einem durch die Torfbildung verdunkelten Wasserspiegel. Der **Paseo de la Isla** (3 km) führt an den Flüssen Lapataia und Ovando entlang zu einer Insel voller Kormorane. An der Küste der Buchten Ensenada und Lapataia entlang zieht sich die **Senda Costera** (8 km, mittlere Schwierigkeit) und parallel des Ufers des Lago Roca verläuft die ca. 10 km lange **Senda Hito XXIV.** Am anspruchsvollsten ist die steile **Senda Cerro Guanaco** auf den 970 m hohen Cerro Guanaco (8 km, ca. 4 Std.), der ebenfalls eine wunderbare Aussicht bietet.

Auch rund um Ushuaia bietet sich eine Vielzahl von Möglichkeiten, die Landschaft zu Fuß zu erkunden – vom kurzen Spaziergang durch das **Valle de los Huskies** (1 Std.) über die einfache Wanderung zur **Laguna Perdida** (9 Std.) und die Besteigung des **Cerro Bonete** (6 Std., ohne Schwierigkeit) bis zu den relativ schwierigen Touren zur **Laguna de los Témpanos** (9 Std.) und über den Paso Beban zum **Lago Fagnano** in die feuerländischen Anden (3–4 Tage). Die meisten Trekkingpfade in Feuerland sind auch im Winter zugänglich, in manchen Fällen sogar für Langlauf geeignet. Gleichermaßen werden von einigen Wintersportzentren im Sommer Trekkingausflüge organisiert.

Landhaus ▶ **Hostería Tierra de Leyendas:** Tierra de los Vientos 2448, Barrio Tierra de Leyendas, 4 km westlich, Tel. 02901 44 65 65, www.tierradeleyendas.com.ar. Gemütliche Unterkunft, Restaurant mit regionaler Küche, Bibliothek, WLAN. DZ 198–240 US$.

Gepflegt ▶ **Refugio Tolkeyen:** Del Tolkeyen 2145, 5 km südwestlich am Cementerio Parque (Friedhof), Tel. 02901 44 53 15/17, www.tolkeyenhotel.com. Schöne Lage am Beagle-Kanal, ruhig, gutes Panoramarestaurant (s. S. 248). DZ 145 US$.

Camping ▶ **Municipal:** ca. 8 km westlich an der Straße zum Nationalpark Tierra del Fuego. Kostenloser Zeltplatz am Ufer des Río Pipo, schönes Bergpanorama, etwas Windschutz durch einzelne Bäume und Büsche, überdachte Feuerstellen. **Kawi Yoppen:** RN 3 Km 3030, ca. 10 km nordöstlich von Ushuaia am Monte Olivia, Tel. 02964 43 51 35, www.kawiyoppen.com.ar. Gute Infrastruktur, bei schlechtem Wetter kann man in einem Unterstand Schutz suchen. Ausgangspunkt für Trekkingtouren. 3 US$ p. P.

Ushuaia

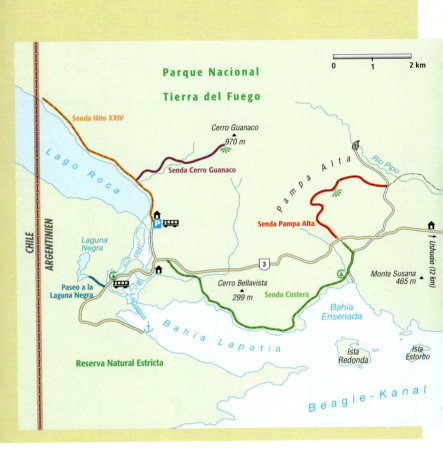

Essen & Trinken

Feuerländische Spezialitäten sind am Holzfeuer gegrilltes Lamm (cordero fueguino) und Königskrabbe (centolla).

... in Ushuaia:

First Class ▶ **Kaupé:** Roca 470, Tel. 02901 42 27 04. Das beste Restaurant in Ushuaia und eines der besten in Argentinien – geboten werden eine großartige Sicht auf die Stadt und den Beagle-Kanal, eine gute Weinkarte und köstliches Essen, Tipp: Königskrabbe oder Schwarzhecht (merluza negra). 600 $.

Viel Tradition ▶ **Volver:** Maipú 37, Tel. 02901 42 39 77. Originell-musealer Rahmen, etwas für Nostalgiker. 380 $.

Gute Küche und guter Ausblick ▶ **Maria Lola Restó:** Deloqui 1048, Tel. 02901 42 11 85, www.marialolaresto.com.ar. Das preiswerteste der Top-Five-Restaurants in Ushuaia, die eine hervorragende Küche mit einem ebensolchen Blick auf die Bucht vereinen. 280 $.

Königskrabben ▶ **Tía Elvira:** Maipú 349, Tel. 02901 42 47 25, Mo–Sa. Gemütliches Lokal, gute centolla. 65 US$.

247

Tierra del Fuego

... außerhalb:

Herrlicher Panoramablick ▶ Chez Manu: Av. Luis Martial 2135, Tel. 02901 43 22 53. Unterhalb des Hotel del Glaciar, französische Küche mit lokalen Zutaten. 450 $.

Hotelrestaurant ▶ Quincho Tolkeyen: im gleichnamigen Hotel (s. S. 246), im Winter nur So. Sehr gutes Lamm und anderes Grillfleisch. 240 $.

Abends & Nachts

Hausgemachtes Bier ▶ Bodegón Fueguino: San Martín 859, Tel. 02901 43 19 72. Bei jungen Leuten beliebtes Lokal.

Irisch ▶ Dublin Irish Bar: 9 de Julio 168, Tel. 02901 43 07 44. Das südlichste Irish Pub der Welt. Bier und Musik.

Aktiv

Zahlreiche örtliche Veranstalter bieten ihre Dienste an, beispielsweise **Rundflüge** oder **Ausflüge** zum Glaciar Martial (7 km, im Sommer Ausgangspunkt für Schluchtwanderung, im Winter Skipiste), in den Parque Nacional Tierra del Fuego (12 km), zur Estancia Harberton (90 km) etc.

Wandern ▶ s. S. 246

Bootstouren ▶ Am Muelle Turístico in der Av. Maipú starten Ausflüge zu Robben-, Pinguin- und Kormoraninseln, zum chilenischen Südufer des Beagle-Kanals nach Puerto Williams, zum Leuchtturm Les Eclaireurs, zur Estancia Harberton, in den Parque Nacional Tierra del Fuego etc. (je nach Route ca. 3–11 Std., ab 335 $, z. B. mit **Patagonia Adventura Explorer,** Tel. 02901 15 46 58 42, www.patagoniaadvent.com.ar). Im Angebot sind Törns zum Kap Hoorn, in die Antarktis, zu den Falkland Islands und Südgeorgien, z. B. mit dem erfahrenen holländischen Skipper **Henk Boersma** und der 16-m-Yacht Sarah W. Vorwerk (P. O. Box 61, 9410 Ushuaia, Tel. 02901 15 41 33 94, www.sarahvorwerk.net; keine Segelerfahrung erforderlich, Segelkleidung wird gestellt). Auch **Alejandro Mono Da Milano** (Tel. 011 15 51 48 64 63, www.magodelsur.com.ar) segelt das Kap Hoorn, die Feuerland-Gletscher und die Isla de los Estados (300 US$/Tag) sowie South Georgia

und die Antarktis (350 US$/Tag) an. Unter Führung der Deutschen Monika Schillat fährt das ehemalige Forschungsschiff Ushuaia regelmäßig in die Antarktis (ab 4720 US$). Infos und Buchung: **Antarpply Expeditions,** Gobernador Paz 633, 1°, Tel. 02901 43 36 36, www.antarpply.com.

Termine

Gala del Fin del Mundo (April): Internationales Musikfestival (www.festivaldeushuaia.com).

Marcha Blanca (um den 17. Aug.): Langlaufrennen (www.marchablanca.com).

Verkehr

Flüge: Im Sommer mit Aerolíneas Argentinas/Austral, Tel. 02901 43 72 65, bis zu 7 x tgl. nach Buenos Aires (direkt oder mit Zwischenstopps in Río Gallegos, El Calafate und/oder Trelew), mit LAN bis zu 14 x wöchentl. nach Buenos Aires und 2 x wöchentl. nach El Calafate, mit Sol 3 x wöchentl. LADE, Tel. 02901 42 11 23, www.lade.com.ar, verbindet mit Río Grande, Comodoro Rivadavia, Río Gallegos, Trelew und Buenos Aires. Flughafen: Península Ushuaia, 4 km südlich.

Züge: Auf einer von Häftlingen angelegten Trasse fährt der historische Tren del Fin del Mundo bis in den Parque Nacional Tierra del Fuego (3 x tgl., 290/480 $). Bahnhof: Estación del Fin del Mundo, RN 3 Km 3042, Tel. 02901 43 16 00, www.trendelfindelmundo.com.ar.

Busse: Mehrmals wöchentlich von Ushuaia über Punta Arenas/Chile (9 Std.) nach Río Gallegos (13 Std.), dem nächstgelegenen argentinischen Bezugsort auf dem Festland. Im Regionalverkehr mindestens 5 x tgl. nach Río Grande sowie von der Küstenstraße Maipú regelmäßig in den Parque Nacional Tierra del Fuego (Lago Roca, Bahía Lapataia) und zum 7 km entfernten Glaciar Martial.

Parque Nacional Tierra del Fuego ▶ 3, E 39

Karte: S. 238

Wer nicht schon vom Fuß des über Ushuaia hängenden **Glaciar Martial** (7 km Schotterstraße zum Hotel del Glaciar und weiter zum Sessellift, Liftbetrieb tgl. 9.30–17.30 Uhr, 45 $) das Breitwandpanorama des Beagle-Kanals mit seinen Inseln genoss, der sollte dies von einem der Aussichtspunkte des **Parque Nacional Tierra del Fuego** 2 aus tun. Das ca. 63 000 ha große Naturreservat 12 km westlich von Ushuaia kann nicht mit der spektakulären Bergkulisse der chilenischen Torres del Paine aufwarten, birgt aber dennoch (kleine) Wunder wie die 3 cm große Fleisch fressende *Drosera uniflora,* die zum Ausgleich ihres Stickstoffhaushalts Insekten vertilgt.

Rund 25 km Erdstraßen und 10 km Wanderwege führen durch dieses Wald- und Lagunengebiet. In der Parklandschaft am Río Pipo (mit einem der fünf idyllischen Zeltplätze des Nationalparks) hört man das Gletscherwasser über die rollenden Steine plätschern, in der Bahía Lapataia die Wellen des Meeres an Argentiniens südlichstes Ufer schlagen. »Fin Ruta 3, Buenos Aires 3063 km, Alaska 17 848 km«, verkündet feierlich ein Schild.

Große Teile des Parks sind als *reserva estricta* ausgewiesen und für Besucher nicht zugänglich. Diesbezügliche Verbotsschilder sollte man unbedingt respektieren, es werden strenge Kontrollen durchgeführt (Nationalparkverwaltung s. S. 244, 8–18 Uhr, Okt.–April, 110 $).

Übernachten
Camping ▶ **Lago Roca:** am Lago Roca, ca. 21 km westlich von Ushuaia, Tel. 02901 43 33 13, www.confiterialagoroca.com.ar. Mit Restaurant. Schlafsaal 80 $ p. P., Zelten 40 $ p. P.

Aktiv
Wandern ▶ s. S. 246

Am Beagle-Kanal entlang

Karte: S. 238
Auf einer (streckenweise holprigen) Fahrt lässt sich die Wasserstraße bis zur Estancia Puerto Rancho (ab Ushuaia hin und zurück 250 km) in einem Tag erkunden. Die Route führt zunächst 40 km über die RN 3 nach Osten und

zweigt dann, jetzt als Schotterpiste RP 32 (ehemals J), von der nach Río Grande führenden Hauptstraße ab.

Estancia Harberton ▶ 3, F 39
Der zur Estancia Harberton (etwa 85 km ab Ushuaia) führende Weg wurde 1913 – ein seltener Fall von interdisziplinärer Verbundenheit – gemeinsam von Sträflingen und Aufsehern gebaut. Dunkler Wald, gewöhnlich tief hängende Wolken und bleigrünes Wasser verleihen der Landschaft den Ernst eines altenglischen Seestückes. In dieser weltabgeschiedenen Stimmung stellte Thomas Bridges (1842–98), anglikanischer Missionar und erster weißer Siedler Feuerlands, mit der Geduld einer Auster sein 32 000 Begriffe umfassendes Wörterbuch der Yahgan-Sprache zusammen (s. S. 251). Er hatte sich 1886 mit seiner Frau, nach deren Heimatort die **Estancia Harberton** 3 benannt wurde, an der Mündung des Lashifashaj in den Beagle-Kanal niedergelassen. Heute setzen seine Nachkommen, die Familie Goodall, das Werk des Farmers und Literaten fort. Die Estancia kann besichtigt werden, desgleichen das von Natalie P. Goodall eingerichtete **Museo Acatushún,** das sich der Meeresfauna widmet (www.acatushun.com, 60 $).

Übernachten
B & B ▶ **Estancia Harberton:** Tel. 02901 42 27 42, www.estanciaharberton.com. B & B in der ehemaligen Schäferbaracke der Estancia, Bibliothek, Restaurant, nur Nov.–März; auf dem Farmgelände gibt es außerdem 3 kostenlose idyllische Zeltplätze (ohne Infrastruktur, Anmeldepflicht). DZ 370 US$ inkl. HP.

Verkehr
Busse: 1 x tgl. Busverbindung (Piratur) ab Ushuaia (hin 9 Uhr, zurück gegen 15 Uhr). Reisebüros in Ushuaia bieten auch Tagesausflüge mit dem Boot an.

Weiter zum *Finis terrae*
▶ 3, G 39
Mal Felsabstürze, mal flache Strände und Matten mit Pferden und Schafen streifend,

Tierra del Fuego

setzt sich der Fahrweg über die **Estancia Moat** 4 hinaus fort. Man kommt an herrlichen Lenga-Wäldern mit bis zu 500 Jahre alten Baumriesen vorbei, und mancher dunkle Teich, den ein Gewirr von bleichen Stämmen wie nach einem Windbruch überlagert, zeigt die Fleißarbeit der Biber an. Diese oft 30 kg schweren Wasserbautechniker nagen bis zu 40 cm dicke Stämme durch und zimmern mit Hilfe ihres Ruderschwanzes aus Holz, Lehm und Steinen ihr imposantes Habitat. Nichts Amüsanteres, als sie zu beobachten: Wächter melden jede Beschädigung des Dammes (er wird sofort repariert) und schlagen – mit dem Schwanz aufs Wasser klatschend – Alarm, sobald Gefahr droht. Außerhalb der Wälder haben die häufigen Südstürme einzeln stehende Bäume zu sogenannten Windfahnen deformiert, gebeugte Kreaturen, deren nach oben gebürstete Äste manchmal einer Hochfrisur ähneln.

In Ufernähe zu findende *concheras* – ringförmige, heute von Erde bedeckte Muschelschalenhaufen – erinnern an die rund 3000 Yamaná, die als Seejäger einmal den Beagle-Kanal bevölkerten und deren Hauptnahrung aus Schalentieren (man findet hier 130 Arten) bestand. Der gelegentliche Fund eines gestrandeten Wals bedeutete damals natürlich ein Fest – auch für den fettbedürftigen Körper, denn diese abgehärteten Menschen machten ihre Rindenkanus an Tangteppichen fest und schwammen im eiskalten Wasser nackt an Land.

Heute sieht man des Öfteren violette Algengespinste im Wasser wabern und erfährt durch Warnschilder, dass diese *marea roja* (›Algenpest‹) Muscheln mit einem für den Menschen fatalen Gift anreichern kann. Deshalb sollte man keinesfalls selbst gesammelte Muscheln essen (auch nicht gekocht oder gebraten). In Restaurants servierte Muschelgerichte hingegen können bedenkenlos verzehrt werden; alle verarbeiteten Schalentiere haben die Lebensmittelkontrolle passiert.

Längst ist man an den weit draußen liegenden Inselchen mit den Robben-, Pinguin- und Königskormoran-Kolonien vorbei (mit dem Schiff von Ushuaia aus zu besuchen), wenn sich die großen Inseln Picton und Nueva ins Blickfeld schieben. Ihrethalben und der benachbarten Insel Lennox wegen wäre es 1978 beinahe zum Krieg zwischen Argentinien und Chile gekommen; ein britischer Schiedsspruch konzedierte die Eilande dem westlichen Nachbarland.

Hinter der **Estancia Puerto Rancho** gelangt man zur **Marinepräfektur Moat** 5 und hat damit – der Fahrweg ist zu Ende – das *finis terrae* der eigenen Mobilität erreicht.

Isla de los Estados ▶ 3, H 39

Karte: S. 238

Die durch die Le-Maire-Straße von Feuerland getrennte **Isla de los Estados** 6, 1616 von den Holländern Schouten und Le Maire entdeckt, präsentiert sich als steil aus dem Meer ragendes, von vielen Fjorden eingeschnittenes Waldgebirge. Der die Insel einhüllende Kranz aus Nebel und Wolken scheint den Schatz ihrer Mythen hüten zu wollen. Jahrhundertelang steuerten die Yamaná mit ihren Baumrindenbooten die Insel an, Jules Verne hat den dortigen »Leuchtturm am Ende der Welt« unsterblich gemacht und der verwegene argentinische Pionier Don Luis Piedrabuena barg hier Kohorten von Schiffbrüchigen, die nach der Umrundung von Kap Hoorn auf die Klippen getrieben wurden. Er setzte auch die – später verwilderten – Ziegen aus, die als Proviant für die Gestrandeten dienten und deren Nachkommen bis heute hier leben. Die inseleigene Fauna besteht indessen v. a. aus Seevögeln und Robben.

Von Ushuaia nach Río Grande ▶ 3, E 39–F 38

Karte: S. 238

Lagos Escondido und Fagnano

Erster Blickfang auf der rund 220 km langen Fahrt (RN 3) von Ushuaia nach Río Grande sind die in Rot-, Grün- und Gelbtönen schwelgenden Torfmoore, die die RN 3 im **Valle**

Wörterbuch der Yaghan-Sprache

Von der Küchenschublade
ins Britische Museum   Thema

Mit der Entdeckung des kalifornischen Goldes wurde Kap Hoorn ab 1848 zur verkehrsreichsten Ecke der Welt. Den langen Zacken Südamerikas zu umfahren erwies sich als zeitsparender als alle anderen Alternativen.

Am klippenreichen Beagle-Kanal hingegen rauschten die Segelschiffe lieber vorbei. Dort saß Reverend Thomas Bridges und wartete zehn Monate auf ein Schiff, das ihm neues Papier bringen würde. Ständig schrieb er seine Deutungen der Yahgan-Sprache um. Das Idiom der indianischen Wassernomaden, seiner unsteten Nachbarn, schien so uferlos zu sein wie die Feuerlandkanäle im Nebel.

Die mit Bildern und Assoziationen aufgeladene Sprache hatte der britische Missionar, Forscher und Kolonist schon mit 13 Jahren zu erlernen begonnen. Damals, 1856, begleitete er seinen Adoptivvater zum ersten Mal auf einer Reise durch den von Yamaná (Yahgan) befahrenen Beagle-Kanal. Mit 21 Jahren bereits beherrschte er das Vokabular so gut, dass er sich nicht nur mit den Eingeborenen unterhalten, sondern auch in überzeugender Rede ihre Hilfe und Freundschaft gewinnen konnte. Die erste Landverbindung seiner Estancia Harberton zur Außenwelt schufen die Indianer der Missionarsfamilie.

Das mit englischer Untertreibung Wörterbuch genannte Kompendium sollte Thomas Bridges' Lebenswerk werden. Es begann mit der Erfindung einer eigenen Lautschrift (das Yahgan kennt allein 13 Vokale) und endete mit dem inhaltlichen Ausschöpfen des Ausdrucksschatzes. Flink erfanden die Indianer nämlich auch neue Begriffe. Kaum waren die ersten Ordensschwestern in ihrer schwarzweißen Tracht in Feuerland eingetroffen, hatten sie auch schon ihren Spitznamen weg: Pinguininnen.

Thomas Bridges' Manuskripte umfassten 32 430 Begriffe, als er starb. Dreimal gingen die Handschriften verloren und ebenso oft wurden sie wiedergefunden. Zunächst gelangten sie in die Hände eines Betrügers namens Frederick Cook, den Bruce Chatwin (»In Patagonien«) als mythomanischen Reisenden bezeichnete und der versuchte, die Arbeit als seine eigene darzustellen. Seine letzte Odyssee erlebte das Opus dann in Deutschland, wo es in einer Küchenschublade den Zweiten Weltkrieg überstand. Heute wird das wertvolle Werk im Britischen Museum in London aufbewahrt.

Linguistisches Charakteristikum des Yahgan ist die Dominanz der Verben, die durch Vorsilben ihre Bedeutung erweitern und vertiefen können. Ein Beispiel: Das Verb beißen kann in unserer Sprache durch eine Reihe von Präfixen spezifiziert werden, wie abbeißen, anbeißen, durchbeißen, zubeißen, zerbeißen usw. Die im Yahgan verfügbaren Vorsilben vermitteln jedoch noch Bedeutungsinhalte, die in unserer Sprache nur durch Umschreibungen auszudrücken sind, etwa: ›zart in etwas hineinbeißen‹, ›etwas zum Zwecke des Verteilens in gleichmäßige Stücke zerbeißen‹ etc. Darüber hinaus verarbeitet das Yahgan auch abstrakte Assoziationen. Für ›denken unter einer richtigen Annahme‹ und ›mit falschen Vorstellungen denken‹ existieren zwei verschiedene Verben. Gewiss traf auf Charles Darwin die zweite Version zu, als er sich über die Sprache der ›Wilden‹ lustig machte (s. S. 236).

Tierra del Fuego

Tipp: Eldorado für Sportangler

Südargentinien, v. a. Tierra del Fuego, stehen bei der internationalen Fliegenfischergemeinde ganz oben auf der Liste der begehrenswerten Ziele – wo sonst kann man in solch urwüchsiger Landschaft solche Kapitalfänge machen. Die wichtigsten Reviere in Feuerland verteilen sich auf drei Gewässersysteme.

Im Bereich des **Río Grande** und seinen Nebenflüssen **Río Menéndez** und **Río Mac Lennan** werden Meerforellen gefischt. Organisierte Trips bieten im Ort Río Grande sieben Agenturen, z. B. Shelk'man Viajes, Av. Belgrano 1122, Tel. 02964 42 61 80, und Estancias Fagueguinas, Rivadavia 754, Tel. 02964 42 36 18. Auch von der Estancia San José, RP 8 (ehemals B), 82 km westlich von Río Grande, Tel. 02901 42 16 34, kann man dieses Angelrevier erreichen.

Meerforellen fängt man auch im **Río Irigoyen** und im **Río Malengüena** im Südosten der Insel. Der beste Standort für dieses Revier ist die Far End Lodge, Estancia María Luisa, Tel. 011 52 73 56 91–93, www.farendrivers.com). Andere Lodges wie die Villa María auf der Estancia Menéndez, wo die Forellen vor 30 Jahren in Feuerland eingeführt wurden, kann man über Fly Fishing buchen: Paraguay 647, 8. St., Oficina 31, Buenos Aires, Tel. 011 43 11 12 22, www.flyfishingcaribe.com. Einwöchige Angeltouren auf Estanzien kosten 4000–7000 US$ p. P. im DZ inkl. VP und Transfer.

Im **Lago Fagnano** und seinen Zuflüssen **Río Indio** und **Río Claro** macht man vom Boot aus Jagd auf Süßwasserfische. Entsprechende Trips organisiert z. B. Khami, Tel. 02964 15 56 60 45, www.cabaniaskhami.com.ar (Bungalows für 4–6 Pers. am Lago Fagnano 2000 $/2 Tage).

Die Angellizenz für die Provinz Tierra del Fuego kostet 180 $/Tag, 540 $/Woche, 720 $/Saison. Für folgende Gewässer fallen Zusatzkosten an: Ríos Grande und Menéndez (450/900/1500 $), Ríos Ewan, San Pablo und Irigoyen sowie Lago Fagnano (150/450/900 $). Allgemeine Infos zum Sportangeln in Feuerland findet man z. B. auf der Webseite www.abenteuer-angeln.de.

Angelparadies Tierra del Fuego – aber wer frisst wen?

Tierra Mayor quert. Das wie der Beagle-Kanal von den Gletschern der letzten Eiszeit ausgehobelte Tal bestimmt den Lauf des kleinen Río Lashifashaj. Im Winter verwandelt sich das Gelände in ein weißes Paradies und ist das Dorado der Skilangläufer.

Bereits kurz nach der Abzweigung zur Estancia Harberton (s. S. 249) schmiegt sich in die Nordfalten der **Sierra Alvear** der tiefblaue **Lago Escondido** **7** (›Versteckter See‹), eines der malerischsten Gewässer der Isla Grande. Jüngste und älteste Zeugnisse feuerländischer Entwicklungsgeschichte liegen hier nur 60 km voneinander entfernt: Die aus Meeressedimenten aufgebaute Sierra Alvear erhob sich als ältestes Gebirge von Tierra del Fuego schon vor 150 Mio. Jahren; die Laguna Kosobo sackte 1949 bei einem Erdbeben so weit ab, dass sie zu einer Bucht des **Lago Fagnano** **8** wurde. Das am Ostzipfel des Sees ausgebreitete **Tolhuin** (›Herz‹ von Feuerland) wurde von den Eingeborenen einmal so genannt, bevor ein anarchistischer Wirrwarr von Baracken und *casillas* (improvisierten Wohnungen) den Waldflecken in ein Remake der späten Goldgräberzeit verwandelte. Am Lago Fagnano gleitet der Blick über die fast 1000 m hohen Sierren am Nordufer des 100 km langen Sees, den Argentinien sich mit Chile teilt.

Infos
Oficina de Turismo: Av. de los Shleknam 80, Tolhuin, Tel. 02901 49 23 80 u. 49 20 47, www.tolhuinturismo.com.ar.

Übernachten
… am Lago Fagnano:
Bungalows am See ► **Cabañas Khami:** an der Ostspitze des Sees, Tel. 02964 15 61 12 43, www.cabaniaskhami.com.ar. Bungalows für 4–6 Pers. 2000 $/2 Tage.
Toller Seeblick ► **Kaikén:** RN 3 Km 2958, an der Ostspitze des Sees, Tel. 02901 49 23 72, www.hosteriakaiken.com.ar. Hostería am Hochufer, Restaurant, Bar, beliebter Stopp auf halbem Weg zwischen Ushuaia und Río Grande. DZ ab 710 $, Bungalows für 2 Pers. 530 $.

Von Ushuaia nach Río Grande

Camping ► **Hain del Lago Khami:** an der Ostspitze des Sees, Tel. 02964 15 60 36 06. Mit Infrastruktur. 50 $ p. P.
… in Tolhuin:
Umgeben von Wald ► **Hostería Rutalsur:** RN 3 Km 2954, Tel. 02901 49 22 78, www.rutalsur.com.ar. Vor dem Südeingang des Orts. DZ 580 $.

Essen & Trinken
Lamm am Spieß ► **Las Cotorras:** RN 3, ca. 26 km hinter Ushuaia in großer Wintersportanlage im Valle Tierra Mayor, Tel. 02901 49 93 00, nur mittags. Stark von Busgesellschaften frequentiert, im Angebot sind auch Trekkingausflüge, Biber- und Birdwatching etc. 180 $ ohne Getränke.
Familienbetrieb ► **La Posada de los Ramírez:** Av. De los Shelknam 411, Tolhuin, 02901 49 23 82, www.posadadelosramirez.com.ar. Forellen, Pasta und Lammfleisch. Auch Unterkunft (Bungalows für 6 Pers. 900 $, 5 km vom Ort entfernt). 130 $.

Aktiv
Trekking und Wintersport ► **Nunatak:** RN 3, Valle Tierra Mayor, ca. 20 km hinter Ushuaia an der Flussbrücke, Tel. 02901 43 03 29, www.nunatakadventure.com. Trekkingausflüge zur Laguna Esmeralda und zum Glaciar Ojo del Albino, im Winter Langlaufzentrum. Infos s. auch S. 246.

Lago Yehuin
Gut 100 km sind es noch auf direktem Weg (RN 3) von Tolhuin nach Río Grande, eine Strecke, die wenig zu bieten hat, seit sich selbst der Abstecher an die Küste zum **Cabo San Pablo** nicht mehr lohnt, weil die dortige Hostería vernachlässigt ist und es aufgrund der hohen Besucherzahlen mit der Ruhe vorbei ist. Auch deshalb bietet eine Schleife durchs Hinterland eine sehr empfehlenswerte Alternative zur RN 3.

24 km nördlich von Tolhuin zweigt die erste der weiter nördlich wie Nebenflüsse von einem Hauptstrom in die wilden Waldregionen Feuerlands führenden Straßen ab, die einst mit Buchstaben bezeichnet wurden, jetzt aber

Tierra del Fuego

als nummerierte Rutas Provinciales identifiziert werden. Die RP 18 (ehemals H) geleitet geradewegs ins wirkliche Herz von Tierra del Fuego, dem **Lago Yehuin** 9, der mit seinen Uferwäldern einen erheblichen Anteil des ca. 620 000 ha großen Waldbestandes von Südfeuerland ausmacht. Drei Südbuchenarten *(Nothofagus)* bestimmen das Vegetationsbild: die laubwerfenden Lenga (330 000 ha) und Ñire (200 000 ha) sowie der immergrüne Coihue (90 000 ha). Was diese Wälder so verzaubert erscheinen lässt, sind die lichtgrünen Flechten, die als *barba de viejo* (›Altmännerbart‹) von den Ästen baumeln. So feinfühlig sind diese (für die Bäume nicht schädlichen) Gewebe, dass sie als Erste eingingen, wäre die Luft hier nicht absolut rein. Auch die Chinesische Laternen genannten nestartigen Bälle (Halbschmarotzer der Gattung *Myzodendrum*), die das Geäst mit gelben und roten Farbtupfern füllen, tragen zur märchenhaften Erscheinung der Laubwälder bei.

Zu den Charakteristika vieler Feuerlandbäume gehören schließlich die knotenartigen Wucherungen, mit denen die Baumzellen auf die champignonförmigen Rindenpilze (Parasiten der Art *Cyttaria darwini*) reagieren und die als polierte Holzplastiken beliebte Dekorationsstücke und Souvenirartikel abgeben. Die Pilze selbst, *chao-chao* oder *pan de indio* (›Indianerbrot‹) genannt, wurden von den Eingeborenen verzehrt. Diese lebten keineswegs nur von Guanakofleisch, wie man lange annahm, sondern reicherten ihre Kost mit 43 verschiedenen Pflanzen an.

Guanakos erlegten die Ona mit Pfeil und Bogen, und zwar in der Weise, dass das mit einer Steinspitze versehene und durch Radialfiederung gesteuerte Geschoss rektal in den Körper eindrang und durch die Weichteile hindurch die auf gleicher Höhe liegende Herzgegend traf. Dieser Schusskanal war der einzige, der verbürgte, dass die Pfeilspitze an keinem Knochen abprallte. Heute dürfen die Kameltiere nur nach bestandswahrenden Quoten auf den Estancias geschossen werden. Am Lago Yehuin wissen sie sich sicher. Und da sie neugierig sind, kann man ihnen hier, wie erstaunt guckenden Rehen, auf einem Waldweg begegnen. Dazu bietet sich die beste Gelegenheit vom ehemaligen **Parador Yawen** aus (*yawen* bedeutet in der Sprache der Ona gleichermaßen ›Gehölz‹ wie auch ›Geborgenheit‹ oder ›Hort‹). Von der oberhalb eines aufgelassenen Sägewerks liegenden Hostería (ausgeschildert) aus kann man auch Biberdämme erkunden, wo die Nager nachmittags bei der Arbeit zu beobachten sind. Hauptattraktion bilden jedoch die Kondore, die sich gerne auf der Felskuppe des nahen **Cerro Shenolsh** (700 m) niederlassen. Und sollte man die Könige der Anden einmal nicht sehen – der majestätische Rundblick bis zum Lago Fagnano hinüber, dessen Blau zwischen der Sierra de Beauvoir und der Sierra de las Pinturas aufleuchtet, ist alleine den Ausflug wert. Dass man von den Höhen aus auch unerforschte Regionen, noch nicht erklommene Gipfel und namenlose Gletscher erspäht, die alle ihrer Entdeckung harren, macht wohl den seltsam magnetischen Reiz Feuerlands aus.

Vom Lago Yehuin führt die verkehrsarme RP 9 (ehemals F) zurück zur RN 3 und nach Río Grande.

Übernachten

Camping ▶ Kostenloser Zeltplatz hinter dem ehemaligen Parador Yawen, ohne Infrastruktur, in der Hochsaison oft von Schulklassen frequentiert. Außerdem viele wunderschöne Zeltplätze im Feuerlandwald.

Río Grande und Umgebung ▶ 3, F 38

Karte: S. 238

Zentrum aller Pionierunternehmen in Feuerland war das Mündungsgebiet des Río Grande, Feuerlands größtem Fluss. Hier hatten die imposantesten Estancias mit Millionen von Schafen ihren Sitz, hier unterhielten Don Boscos Salesianer die bedeutendste Mission, hier erlebte die Region ihren Goldrausch, ihr Petroleum- und Erdgasfieber, den Elektronikboom der 1980er-Jahre (Gerätemontage) und hier finden sich heute internationale Spezia-

Río Grande und Umgebung

listen unter den Fliegenfischern ein: Der Río Grande gilt als der weltweit beste Fanggrund für Meerforellen (s. S. 252).

In seinem Mündungsdelta liegt der Ort **Río Grande** 10 (69 000 Einw.), vor 30 Jahren noch ein nach Tang und Wollfett riechendes 6000-Seelen-Nest. Inzwischen hat eine Welle neuer Aktivitäten der rasch gewachsenen Stadt modernere Züge verliehen. Río Grande ist nicht schön, aber mit seinen breiten Avenidas und Blumenrabatten eine angenehme Zwischenstation.

Zeugnisse der Vergangenheit werden im **Museo Municipal Virginia Choquintel** ausgestellt (Alberdi 555, Tel. 02964 43 06 47, Mo–Fr 9–17, Sa 15–19 Uhr, Eintritt frei). Ein Besuch der 18 km westlich von Río Grande gelegenen **Estancia María Behety** führt – von der Bibliotheksvilla bis zum bahnhofsartigen Scherschuppen – modellhaft Wohlstand und Souveränität der alten Landgüter vor Augen (RP 5, ehemals C, Km 17, Tel. 02964 43 03 45, 42 62 36 u. 011 43 31 50 61, www.maribety.com).

11 km nördlich von Río Grande trifft man auf den Komplex der **Salesianerstation** mit dem ersten katholischen Missionshaus von Feuerland (1896), einer schmucken Holzkirche (1898) sowie einem kleinen Friedhof, auf dem Mönche, Indianer und Argentiniens Flugpionier Jorge Newbery in Eintracht nebeneinander begraben liegen. Heute gilt die Mission als eine der führenden Landwirtschaftsschulen im südlichen Argentinien. In der angeschlossenen Teestube gibt es herrlichen Käse aus eigener Produktion. Hauptanziehungspunkt aber ist das im Seitenflügel des Haupthauses untergebrachte **Museo Monseñor José Fagnano,** präsentiert es doch die umfangreichste archäologische, paläontologische und ethnologische Sammlung von Feuerland (RN 3, Di–Fr 10–16.30, Sa 14–17.30 Uhr, 20 $).

Infos

Instituto Fueguino de Turismo: Espora 533, Tel. 02964 42 28 87, www.tierradelfuego.org.ar.

Dirección Municipal de Turismo: Plaza Almirante Brown, Rosales 350, Tel. 02964 43 13 24, www.riogrande.gov.ar, Mo–Fr 9–17, Sa/So 14–20, im Winter Mo–Fr 9–17 Uhr.

Feuerlands erste katholische Mission: die Salesianerstation bei Río Grande

Tierra del Fuego

Übernachten

Elegant ▶ Grande Hotel: Federico Eche-laine 251, Tel. 02964 43 65 00, www.grande hotel.com.ar. Auf dem Weg zum Flughafen; 5-Sterne-Hotel mit allen Annehmlichkeiten und feinem Restaurant. DZ 1062 $.

Zentral ▶ Posada Don Fiori: Av. Elcano 507, Tel. 02964 42 46 81, www.posadadon fiori.com.ar. Modern, helle Zimmer, WLAN. DZ 823 $.

Komfortabel ▶ Posada de los Sauces: El Cano 839, Tel. 02964 43 08 68, www.laposa dadelossauces.com.ar. Gediegener Rahmen, Restaurant, Pub. DZ 750 $.

Essen & Trinken

Hotelrestaurant ▶ Comedor de May: In der Posada de los Sauces, Tel. 02964 43 28 95. Fisch und Meeresfrüchte. 170 $.

Klassiker ▶ Leymi: 25 de Mayo 1335, Tel. 02964 42 16 83. Argentinische Küche, Par-rilla, *empanadas,* Fr *puchero,* Sa *locro.* 110 $.

Verkehr

Flüge: Aerolíneas Argentinas verbindet tgl. mit Buenos Aires, LADE, Laserre 447, Tel. 02964 42 29 68, mit Río Gallegos und Us-huaia. Flughafen: RN 3, Acceso Aeropuerto, im Südwesten der Stadt, Tel. 02964 42 06 99. **Busse:** Tgl. mehrfach nach Ushuaia und Río Gallegos (über Puerto Espora), mehrmals wö-chentlich über Porvenir ins chilenische Punta Arenas (nicht bei starkem Seegang). Busun-ternehmen: Tecni-Austral (Punta Arenas, Río Gallegos, Ushuaia, Tel. 02964 42 69 53), Transporte Pacheco (Punta Arenas, Tel. 02964 42 56 11), Líder (Ushuaia, Tel. 02964 42 00 03), Transporte Montiel (Ushuaia, Tel. 02964 42 09 97). Busterminal: Alte. Brown, Ecke Obligado.

Von Río Grande zur Magellanstraße

▶ 3, F 38–D 37

Karte: S. 238
Ca. 100 km nördlich von Río Grande schei-den sich am Grenzposten San Sebastián die Wege. Links führen die Ruta Paso Fronterizo (ehemals I) und die chilenische Ruta 257 zum noch 140 km entfernten **Porvenir** an der Ma-gellanstraße, von wo die Fähren nach Punta Arenas übersetzen; diese Route nehmen auch alle öffentlichen Busse. Rechter Hand geht es auf – zumeist geschotterter – Piste nach **Puerto Espora** und von dort per Fähre über die Primera Angostura nach Punta Del-gada (s. S. 233).

Kurz vor der Grenze nach Chile streift man die menschenleere **Bahía San Sebastián 11,** ein Vogelparadies, das im Jahr 1991 zum ge-schützten Reservat erklärt wurde. Weiter draußen im Schelf ruhen die wirtschaftlichen Ressourcen dieser abweisenden Region: Erdgas – von San Sebastián aus läuft eine Rohrleitung direkt bis Buenos Aires. Die kleine Provinz Tierra del Fuego besitzt *on* und *off shore* rund 10 % der insgesamt 440 Billionen m^3 bestätigter Gasreserven in Ar-gentinien.

Ein nicht minder wertvoller Bodenschatz ließ die schnabelförmige **Península El Pá-ramo,** die am nördlichen Ende in die Bahía San Sebastián hineinragt, Geschichte schrei-ben. Der kultivierte Abenteurer Julius Popper, ein kosmopolitischer rumänischer Jude mit Zukunftsvisionen (die beabsichtigte Grün-dung der utopischen Stadt Atlanta gehörte dazu) ließ hier um das Jahr 1900 ein Heer von 100 Kroaten nach Gold graben. Konnte man ihm glauben, wenn er angab, damals 600 kg des gelben Metalls erbeutet zu haben? Er-wiesen ist, dass er eigene Münzen aus rei-nem Gold prägte und private Briefmarken druckte. Erwiesen ist aber auch, dass er seine aus 20 Haudegen bestehende, in un-garische Fantasieuniformen gekleidete Leib-wache mit Remington-Gewehren auf India-nerjagd gehen ließ. Das dokumentieren Fo-tos, auf denen man erschossene Ona wie erlegtes Wild zu Füßen seiner Husaren im Gras liegen sieht.

Verkehr

Fähren: Die Magellanstraße kann an zwei Punkten per Fähre gekreuzt werden. Infos zu den einzelnen Verbindungen s. S. 233.

Falkland Islands (Islas Malvinas)

Wahrhaft das Ende der Welt. Verlassene, kaum besuchte Inseln im Süd-atlantik, bewohnt von nur wenigen Menschen, vielen Schafen und ei-ner einzigartigen Tierwelt, die all jenen, die den mühsamen Weg auf sich nehmen, mit bleibenden Eindrücken belohnt und vergessen lässt, dass in dieser Weltregion unlängst ein sinnloser Krieg tobte.

Rund 500 km nordöstlich der Spitze Feuer-lands liegt der aus zwei Hauptinseln – **East Falkland** (Isla Soledad) und **West Falkland** (Isla Gran Malvina) – sowie rund 400 Streuin-seln bestehende Archipel, der nach einem UN-Beschluss gleichermaßen **Falkland Is-lands** wie **Islas Malvinas** genannt wird. Die unter Großbritanniens Hoheit stehenden In-seln werden von Argentinien beansprucht.

Von oben betrachtet wirkt der Archipel wie der Tintenschmetterling eines Rorschach-tests. Für diesen Eindruck sorgen der die Hauptinseln trennende, 20 km breite Sund und die ausgefranste Küste, insgesamt ca. 25 000 km lang. Dabei entspricht die gesam-te Landmasse der Falkland Islands nur etwa der Nordirlands oder Schleswig-Holsteins.

Die beim Auseinanderdriften der Konti-nente Amerika, Afrika und Antarktis als Rest-splitter von Gondwanaland liegen gebliebene Inselgruppe verweist mit ihren eiszeitlichen Blockströmen (*stone runs* – aus der Luft be-sonders gut zu sehen) auf die letzte Phase ih-rer Genese. Mit dem **Mount Usborne** in East und dem **Mount Adam** in West Falkland, beide etwa 700 m hoch, erreichen die Inseln ihre höchsten Ausformungen. Der größte Teil der Landschaft ist flach. Bestimmende Ele-mente sind die Quarzfelsen und die von Heide und Tussockgras überzogenen, 9000 Jahre alten Moore, die bis vor wenigen Jah-ren auch das Brennmaterial für die rund ums Jahr geheizten Häuser lieferten. Heute wer-den nur noch rund 15 Wohnungen auf diese mühevolle Art gewärmt. Aus Torf war sogar die erste Inselkirche gebaut. Der stetige Wind (meist Stärke 6) hat keine Wälder entstehen lassen. Für die baumlosen Fluren entschädi-gen jedoch 43 Grasarten, die allgegenwärtige *Diddle-Dee*-Beere (›Kronsbeere‹) mit ihren leuchtend roten Früchten sowie ein Heer von Wildblumen, von der Mandelblüte bis zum Falkland-Lavendel.

600 000 Schafe, 350 000 wild lebende Ma-gellangänse *(upland geese)* und rund 4300 Einwohner (davon 1700 Soldaten und Zivil-personal der Militärgarnison in Mount Plea-sant) bevölkern diese abgelegene Region, wo das Wetter so oft wechselt, dass die Satelli-tenprognose alle zehn Minuten erfolgt. Selbst im Sommer (Nov.–März) klettert das Thermo-meter nur selten auf 20 °C. Dennoch regis-triert man jährlich mehr Sonnenstunden als in Liverpool. Bezaubernd schöne Strände laden zum Baden ein – bei Wassertemperaturen von maximal 11 °C allerdings nur ein Vergnü-gen für Hartgesottene. So sind die Haupt-attraktionen der Inseln Naturbeobachtung, Tierfotografie und Wandern. See-Elefanten und Königspinguine bewohnen die Küsten. Auf Steeple Jason nisten 160 000 Albatrosse. Es gibt 4000 Seelöwen – aber das ist nur der hundertste Teil des Bestandes von 1925. Die Falkland Islands gehörten einmal zu den schlimmsten Totschläger-Stützpunkten der *sealers* und *whalers:* Über 2 Mio. Pinguine wurden hier erschlagen. Damals versuchten einige Bastler sogar, die Brenner der Leucht-türme auf Pinguinöl umzustellen. Heute schützen die Kelper – so werden die Bewoh-

ner nach dem Kelp, den gelbbraunen Algen, genannt – ihre Inselfauna, zu der auch 145 Vogelarten gehören.

Geschichte

Wer diesen weltentrückten Archipel entdeckt hat, darüber gehen die Meinungen auseinander. Nach spanischen Chroniken könnte es der Mann im Ausguck der Incógnita gewesen sein, die 1540 von Sevilla auslief – eine von den Argentiniern genährte Theorie. Nach britischer Meinung kommt der Ruhm dem Piraten John Davis (1592) zu, doch dessen »gewisse Inseln« müssten nach den Logbuchangaben viel weiter westlich liegen. So haben sich neutrale Historiker auf den Holländer Sebalt de Weert als den verlässlichsten Entdecker (1600) geeinigt. Aber erst 90 Jahre später setzte der erste Europäer seinen Fuß an Land: der Engländer John Strong, der den Sund nach dem Ersten Lord der Admiralität – Viscount Falkland – benannte. Im gleichen Jahrzehnt belegten französische Seeleute die Inseln mit einer Namensversion ihres Heimathafens Saint-Malo: Iles Malouines, was die Spanier zu Malvinas umwandelten.

Tatsächlich kolonisiert wurden die Inseln von den Franzosen, bevor diese sie an die Spanier verkauften. Unterdessen hatten sich aber auch die Engländer dort festgesetzt. Sie gaben 1774 ihren Stützpunkt auf – nicht jedoch ihre Ansprüche. Fortan verwalteten 20 spanische und (nach der Entkolonisierung Südamerikas) als berechtigte Erben acht argentinische Gouverneure den Archipel – bis 1833 eine britische Expeditionsflotte zurückkehrte. Ihr Kommandeur ließ die argentinische Flagge einholen, sauber zusammenfalten und dem amtierenden Gouverneur Pinedo überreichen, während am Mast die Union Jack hochging. Zur Rache für diesen Streich kam es erst 1982: Über Radio ließen die argentinischen Invasoren den britischen Gou-

Falkland Islands: Britisch durch und durch – nicht nur Sprache und Lebensart, auch die Gesichtszüge

verneur Rex Hunt seiner Bevölkerung mitteilen: »Good evening, I have an important announcement to make ...« (s. S. 262).

Acht Generationen von Kelpern gibt es, und doch sind nur zwei Drittel der gegenwärtigen Bevölkerung auf den Inseln geboren. 150 Jahre lang wollblind gewesen zu sein, das wirft man sich heute vor. Alles war auf die Schafzucht abgestellt. Von außerordentlich fischreichen Gewässern umgeben, besaß die Kolonie bis vor wenigen Jahren nicht einmal ein eigenes Fangboot. Der unterseeische Schatz wird jedoch seit 1987 auf andere Weise gehoben: Fanglizenzen für Tintenfisch – 150 000 t pro Jahr –, vergeben an 200 meist taiwanesische, südkoreanische und japanische Schiffe, brachten dem Fiskus einst 20 bis 25 Mio. Pfund pro Fangsaison ein und deckten die Hälfte der Staatsausgaben. In den letzten Jahren jedoch sanken die Lizenzabgaben auf 12 bis 15 Mio. Pfund, wahrscheinlich infolge von Überfischung. Die Hoheitszone um den Archipel hat man auf 150 Meilen ausgedehnt.

Port Stanley ► 4, N 35

Die farbenprächtige Haupt-›Stadt‹, an einer fast geschlossenen Bucht gelegen, ist **Port Stanley** mit seinen fast 2100 ständigen Einwohnern. Der sich am Uferhang hochziehende Ort wirkt wie eine von Hand gefügte Puppenhaussiedlung. Kein ganz so falscher Eindruck, denn die zwei Holzkirchen **St. Mary's** (Ross Rd., neben der Polizeistation) und der pfefferminzgrün-weiß bemalte **Tabernacle** gleich um die Ecke in der Barrack Street kamen Ende des 19. Jh. in Baukastenform aus England angereist. Mit den Kontrastfarben der Wellblechdächer und Holzwände wetteifert ein Meer von Garten- und Verandablumen.

Im **Cartmell Cottage,** einem 1849 aus England importierten Haus in der Pioneer Row, wird das Leben der Farmer nachgezeichnet. Gegen eine Leihgebühr von 5 £ erhält man außerdem den Schlüssel eines sieben Meilen östlich von Port Stanley gelegenen Leuchtturms am **Cape Pembroke,** von

Falkland Islands (Islas Malvinas)

dessen Spitze sich eine gute Sicht auf die Inselküste bietet.

Die Eintrittskarte für das Cartmell Cottage gilt auch für den Besuch des **Falkland Islands Museum.** Hier kann man das 100-jährige Symphonion des Globe Hotel alte Weisen von Leipziger Lochplatten spielen hören, einen Blick auf die Naturkunde der Inseln werfen und Zeugnisse des Krieges mit Argentinien sehen (Hoalfast Rd., Tel. 00500 274 28, www.falklands-museum.com, Mo–Fr 9.30–16, Sa/So 14–16 Uhr, 3 £).

Der Weg vom Cartmell Cottage zum Falkland Islands Museum führt vorbei am **Liberation Monument** für die Gefallenen von 1982, am ehemaligen **Gouvernment House** und am **Battle Memorial,** der Gedenkstätte, die an die Seeschlacht von 1914 erinnert: Damals wurde das deutsche Geschwader des Grafen von Spee in diesen Gewässern von den Engländern besiegt. Mit Schiffen und deren Schicksalen hatten die Inseln schon immer zu tun. Vor Eröffnung des Panamakanals 1914 waren sie der erste Schlupfwinkel für die das Kap Hoorn umrundenden Klipper. Aber viele Windjammer jagte der Sturm auch auf die Strände des Insellabyrinths. Etwa 300 Wracks säumen die Küste. So ersetzt in Port Stanley bis heute der (malerische) Wrackspaziergang die Stadtrundfahrt.

Infos

Falkland Islands Tourist Board: Public Jetty, Tel. 00500 222 15, www.falklandislands. com, im Sommer Mo–Fr 10–17, Sa 9–17, So 10–16, im Winter Do–So 11–14.30 Uhr.

Übernachten

Cottage-Gemütlichkeit ▶ Malvina House: 3 Ross Rd., Tel. 00500 213 55, www.malvina househotel.com. Um 1880 erbaut, Sauna, Restaurant und Bar. DZ 148 £.

Mit Sicht zur Bucht ▶ The Waterfront Hotel: 36 Ross Rd., Tel. 00500 214 62, www.wa terfronthotel.co.fk. Traditionelles Haus, unter Wahrung des Stils gut renoviert. DZ 105 £.

Feines B&B ▶ Lafone Guest House: Ross Rd., Tel. 00500 228 91, arlette@horizon.co.fk. Mit Panoramasicht auf den Hafen. DZ 100 £.

Mit Gartenzwergen ▶ Kay's B&B: 14 Jury St., Tel. 00500 210 71, kay@horizon.co.fk. Unterkunft in einem Haus von 1840, Zelten im Garten möglich. DZ 80 £, mit VP 96 £.

Preiswert ▶ Shorty's Motel: West Hillside, Snake Hill, Tel. 00500 528 55, www.shortys-diner.com. Mit Schnellimbiss. DZ 68 £.

Zimmer in Familienhaus ▶ Sue Binnie's Homestay: 3 Brandon St., Tel. 00500 210 51. Einfaches B & B. 20 £ p. P.

Camping ▶ In Port Stanley gibt es keinen Zeltplatz; außerhalb (alles Privatbesitz) kann man mit Erlaubnis der Farmer zelten.

Essen & Trinken

Hotelrestaurant ▶ Malvina House: im Hotel gleichen Namens (s. links). Die Küche des britischen Empire – von asiatischen Gerichten bis zu Lamm. 25 £.

Hamburger & Co. ▶ Shorty's Diner: im gleichnamigen Motel (s. oben). Hamburger, Pasta, Currygerichte, Fish & Chips etc. 17 £.

Traditionsreich ▶ The Bread Shop Woodbine Cafe: 29 Fitzroy Rd., Tel. 00500 210 02. Typisch britischer Fish-&-Chips-Shop. 14 £.

Einkaufen

Souvenirs ▶ The Capstan Gift Shop: Ross Rd., ca. 200 m westlich vom Visitor Centre. Wollprodukte, Bücher etc. **Harbour View Gift Shop:** 34 Ross Rd. Mitbringsel rund um den Pinguin. **The Falklands Wool Centre:** John St. Alles aus Schafswolle.

Abends & Nachts

Mit Biergarten ▶ The Globe Tavern: Crozier Pl., Ecke Philomel St., Tel. 00500 227 03. Gutes Getränkesortiment, Treffpunkt für TV-Übertragungen der Sportereignisse.

Ältestes Pub der Inseln ▶ Rose Hotel: 1 Brisbane Rd., Tel. 00500 210 67. Pub von 1860.

Auch gut zum Essen ▶ The Victory Bar: Philomel St., Tel. 00500 211 99, www.victory bar.com. Typisches Pub, serviert köstliches Curry-Hühnchen.

Jugendtreff ▶ Deano's Bar: 40 John's St., Ecke Dean St., Tel. 00500 212 96 u. 532 96. Bier und Drinks zu europäischen Fußball-Derbys im Fernsehen.

Aktiv

Ausflüge ▶ Falkland Islands Holidays: Tel. 00500 226 22, www.falklandislandsholidays. com. **International Tour & Travel:** 1 Dean St., Tel. 00500 220 41, www.falklandstravel.com.

Verkehr

Flüge: Keine Verbindungen ab Buenos Aires. Mit LAN 1 x wöchentl. von Punta Arenas (Chile) nach Port Stanley, Zwischenstopp 1 x monatl. in Río Gallegos (800–900 US$). Lokale Flüge des Falkland Islands Government Air Service (FIGAS) nur auf Anfrage; Infos: Tel. 00500 272 19, reservations@figas.gov.fk.

Restliche Inselwelt

▶ 4, K–N 35/36

Wer gleich von Port Stanley aus eine Landpartie unternehmen möchte, vertraut sich am besten einem (durch eine Agentur vermittelten) Fahrer an – er weiß, wie man über die 9000 Jahre alten Torfmoore steuert, aus denen das Inselreich zu 85 % besteht. In einem Tagesausflug erreicht man beispielsweise **Volunteer Point** und die nahen Kolonien von See-Elefanten und Königspinguinen.

Zu entfernteren Zielen fliegt der feuerrote Islander, eine Propellermaschine der FIGAS (Falkland Islands Government Air Service), die auch die Postsäcke über den Farmen abwirft. Auf dem nur 905 ha großen **Sea Lion Island** erwartet den Besucher eine vielfältige Flora und Fauna (70 blühende Pflanzen- und 47 Vogelarten). Sie reicht von Sturmvögeln, Seetauchern, Krickenten, Nachtreihern, Magellan-Pinguinen und Königskormoranen, die auf der Felswand im südwestlichen Rockhopper Point nisten, bis zu Orcas (Killerwalen) und See-Elefanten. Im Sommer spielen etwa 560 See-Elefantenbabys vor allem auf den nordöstlichen Stränden der Insel.

Ein anderes wildes *Outbound*-Ziel ist **Pebble Island** im Norden, wo 1925 – mittels eines 32-Volt-Generators, der von einem an einen Pfosten montierten Flugzeugpropeller angetrieben wurde – das erste Amateurradio der Falklands quäkte. Heute schnattern hier

Tipp: Inselgeld

Landeswährungen auf den Falkland Islands sind Falkland- und britische Pfund. Argentinische Pesos sind konfliktbeladen. US-Dollar und Euro werden nur von Hotels und einzelnen Geschäften angenommen. Mit Kreditkarten hingegen kann man bei den meisten Dienstleistern bezahlen. Am besten ist es, mit britischer Währung anzureisen, doch die einzige Bank tauscht sowohl Euro und Schweizer Franken als auch Reiseschecks. Es gibt keine Bankautomaten.

Wildenten und Schwarzhalsschwäne, vor allem aber ist das 40 km lange Eiland Habitat von Esels-, Goldschopf- und Felsenpinguinen *(Rockhoppers)*.

New Island, die zum Naturpark erklärte westlichste Inselgruppe, wartet mit Pelzrobben und wiederum drei Pinguinarten auf; Besucher werden von den Parkwächtern geführt (Infos unter www.falklandswildlife.com).

In **Port Howard** (50 Einw., 45 000 Schafe) und **San Carlos** genießt man das Landleben der *wily Bennies* (›schlaue Benjamine‹), wie die Engländer die Kelper gerne nennen, angelt dicke Meeräschen im Warrah- oder Chartres-Fluss und wärmt sich nach einem *bimble* (›Spaziergang‹) am Kaminfeuer.

Übernachten

... auf Sea Lion Island:

Im Naturschutzgebiet ▶ Sea Lion Lodge: Tel. 00500 320 04, www.sealionisland.com. Perfekte Basis zur Beobachtung des Naturlebens. DZ 160 £ (Nov.–Febr.) p. P. inkl. VP.

... auf Pebble Island:

Geschichte und Natur ▶ Pebble Island Lodge: Tel. 00500 410 93, www.pebblelodge.com. Farmhaus von 1928, Ausflüge zu Pinguin-Brutstätten u. Kriegsschauplätzen (60 £ p. P. inkl. Mahlzeit). DZ 99 £ p. P. inkl. VP.

... in Port Howard:

Altes Farmhaus ▶ Port Howard Lodge: Tel. 00500 421 87, porthowardlodge@cwimail.fk. Mit gutem Restaurant, DZ 90 £. p. P. inkl. VP.

Falkland Islands (Islas Malvinas)

Der Krieg der 74 Tage und seine Folgen

Als viele für die Falklands bestimmte Briefe noch in Auchtermuchtie (Schottland) landeten, weil das Nachbardorf Falkland hieß, und so mancher britische Postbeamte noch nie etwas von den subpolaren Besitzungen Ihrer Königlichen Majestät gehört hatte, galten die Inseln nur als der Schafstall der Nation. Auf 1000 Schnucken kamen zwei Menschen, und nicht wenige von ihnen waren Gauchos, die man als Viehhüter vom argentinischen Festland geholt hatte.

Ihre Künste im Reiten und Fleischgrillen und die zur Gitarre gesungenen *payadas* brachten Farbe in das eintönige Landleben. Ortsnamen wie Rincón Grande, San Carlos und Rodeo Mountains künden bis heute von den hispano-argentinischen Wurzeln.

Doch die angeblichen Gauchos, die einige Inselbewohner in den Nächten vor Weihnachten 1966 nördlich von Port Stanley spanisch sprechen hörten, waren in Wirklichkeit Seeleute. Ein Dutzend Männer vom argentinischen U-Boot Santiago del Estero hatte nämlich das Ufer erklommen, um das Gelände zu erkunden. 15 Jahre später, am 15. Dezember 1981, wurde Juan José Lombardo mit der Invasionsplanung beauftragt.

Diesmal konnte es keine Sinnestäuschung sein: Die argentinische Flotte näherte sich am 1. April 1982 den Inseln. Um 20 Uhr jenes Tages wies der Gouverneur den Leuchtturmwärter Basil Biggs an, das Feuer des Pembroke Lighthouse zu löschen. »Gegen 2 Uhr morgens sahen wir sie kommen – blaue Lichter und dunkle Schiffssilhouetten«, erzählte Biggs später. »Bis zum Morgen waren die Seeleute so durchgefroren, dass ich ihnen Kaffee zu trinken gab.« Aber die Falkländer hassten diesen Überfall und Gouverneur Hunt rief: »Einem verdammten Argie werde ich mich nicht ergeben.« Doch um 10 Uhr morgens erklärte er jeden Widerstand für sinnlos.

Kein Inselbewohner war bei der Invasion ums Leben gekommen. Argentinische Schiffe füllten die York Bay und Hornissenschwärme von Hubschraubern ließen sich auf dem Flugplatz nieder. Ein Einheimischer – mit einer weißen Spitzengardine am Besenstiel – und ein Argentinier – mit einem weißen Plastikbeutel auf einem Stock – gingen aufeinander zu und vereinbarten im Gouverneurssitz mit Rex Hunt die Übergabe der Inseln. Mehr als alles andere schockierte die Kelper, dass die argentinischen Spähwagen alle falsch fuhren: Auf den Falklands herrscht Linksverkehr.

Das Interesse der Briten, die ferne Kolonie zu halten, muss vor der Invasion ebenso gering gewesen sein wie die Bereitschaft der argentinischen Regierung, den Souveränitätskonflikt auf dem Verhandlungsweg zu lösen. Wer bei den Gesprächen zwischen Foreign Office und der Casa Rosada damals vor der Tür blieb, waren die Kelper selbst. Noch am 26. März 1982 hatte das Lokalblatt »Penguin News« gemunkt: »Warum diese Geheimniskrämerei? Sowohl das argentinische als auch das englische Volk sind über den Inhalt [der Verhandlungen] orientiert. Uns selbst aber lässt die Regierung im Unklaren.«

Nach der gewaltsamen Besetzung freilich stand das Prestige der Schutzmacht auf dem Spiel. Und gleichzeitig sah sich die innenpolitisch geschwächte konservative Regierung

Falklandkrieg

Thema

Thatcher versucht, durch einen Akt der Entschlossenheit Profil – und die nächsten Wahlen – zu gewinnen. Lady T, wie sie heute auf den Falklands genannt wird, entsandte, mit logistischer Unterstützung der USA, ihre Task Force in den Südatlantik.

Am 1. Mai um 4.30 Uhr morgens erbebten die Holzhäuser von Puerto Argentino (der Name, den die Invasoren Port Stanley gegeben hatten). Die Engländer waren da und Tausende Tonnen Sprengstoff gingen auf den Flughafen nieder. Es folgten erbitterte Luft- und Landkämpfe. In Goose Green allein blieben nach 14-stündigem Kampf 267 Tote zurück. Die schwersten Verluste gab es jedoch auf See. Fassungslos sahen Augenzeugen, wie eine einzige Exocet-Rakete einen modernen britischen Lenkwaffenkreuzer auf den Grund des Meeres schicken konnte. Am gleichen Tag, als die Sheffield versank, ging auch das argentinische Kriegsschiff General Belgrano (und mit ihm 323 Seeleute) unter – außerhalb der von den Engländern gezogenen Grenze der Konfliktzone. Den Elitetruppen der Task Force waren die argentinischen Landstreitkräfte nicht gewachsen. Am 14. Juni 1982 ergaben sich 4000 demoralisierte Argies. Die Verlustbilanz beider Seiten: 907 Tote, 125 Flugzeuge, 10 Schiffe.

Inzwischen blättert die Tarnfarbe von den zurückgebliebenen Geschützen ab und über die 30 000 (durch deutliche Sperren markierten) Landminen ist neues Gras gewachsen. Die kleine örtliche Defense Force sucht Freiwillige mit einem guten Schuss Humor. Argentinier und Engländer reden wieder miteinander. Die Kelper selbst aber fühlen sich souveräner als je zuvor. In 150 Jahren hatte Großbritannien die Falklands nicht so verwöhnt. »We have it good«, sagen die Inselbewohner heute, betrachten ihre neuen Straßen, die für 13 Mio. Pfund erbaute Schule und ihr jährliches Pro-Kopf-Einkommen, mit ca. 60 000 US$ unter den Top Ten der Welt.

Ihrer Kampfeslust (nicht zuletzt) im Falklandkrieg verdankt Margaret Thatcher den Beinamen Eiserne Lady – und so manches Erinnerungsstück auf den Inseln

Weniger die Höhen als das unberechenbare Wetter machen die patagonischen Anden zur Herausforderung für jeden Bergsteiger

Kapitel 4
Die patagonischen Anden

Von den Gipfeln der südlichen Andenkordillere führen Gletscher in riesige Seen, an deren Ufern prähistorische Alercen- und Araukarienwälder oder Ausläufer des Valdivianischen Regenwalds wachsen. Auf der unendlich langen Fahrt entlang der Süd-Nord-Achse – optimalerweise der legendären Ruta 40 folgend – durchkreuzt man aber auch weite Steppenlandschaften, in denen außer Schaf-, Rinder- und Vikunjaherden kaum ein Lebewesen anzutreffen ist. Im tiefen Süden verlieren sich die Weiler und Estancias geradezu in der Landschaft. Überall aber haben sich Touristenzentren gebildet, die von Jahr zu Jahr schneller wachsen – Patagonien ist in.

Dreh- und Angelpunkte im nördlichen Teil sind San Carlos de Bariloche (im Parque Nacional Nahuel Huapi), San Martín de los Andes (Basis für eine Erkundung des Parque Nacional Lanín), El Bolsón (in Nachbarschaft zum Parque Nacional Lago Puelo) und Esquel (am Rand des Parque Nacional Los Alerces), im Süden El Calafate (Ausgangspunkt für den Parque Nacional Los Glaciares mit dem spektakulären Perito-Moreno-Gletscher) und das erst 25 Jahre alte El Chaltén am Fuß des Fitz-Roy-Massivs. Wachstum hin, Infrastruktur her, zwar erlebt man teils auch in Patagonien schon einen gehörigen Rummel, dafür ist das Reisen einfacher geworden und noch gibt es kaum einen Ort, wo es nicht möglich wäre, für sich ganz alleine in Kontakt mit der überwältigenden Natur zu kommen.

Auf einen Blick
Die patagonischen Anden

Sehenswert

7 Parque Nacional Los Glaciares: 60 m hoch ragt die Eismauer des Glaciar Perito Moreno aus dem Lago Argentino, aber das ist nur eine der Attraktionen des ›Gletschernationalparks‹, der zu den bedeutendsten Sehenswürdigkeiten in ganz Argentinien zählt (s. S. 275).

Cuevas de las Manos: Etwa 9000 Jahre alt sind die Felsmalereien in diesen Höhlen, Argentiniens bedeutendste Fundstätte dieser Art, die von der UNESCO zum Welterbe erklärt wurde (s. S. 283 u. 286).

8 Parque Nacional Los Alerces: Sie gelten als die ältesten erhaltenen Lebewesen der Welt, die bis zu 4000 Jahre alten Alercen, Verwandte der nordamerikanischen Sequoias. Zu ihrem Schutz wurde 1937 dieser Nationalpark gegründet, der vom Massenrummel bislang verschont blieb (s. S. 291).

Schöne Routen

Carretera Austral: Über 500 mehr oder weniger trostlose Kilometer liegen zwischen den Highlights der Provinzen Santa Cruz und Chubut. Eine abwechslungsreiche Alternative bietet die chilenische Carretera Austral (s. S. 285).

Camino de los Siete Lagos: Von San Carlos de Bariloche nach San Martín de los Andes führt der ca. 200 km lange ›Weg der Sieben Seen‹ durch die Argentinische Schweiz, eine Postkartenlandschaft mit ursprünglichen Wäldern und tiefblauen Gewässern (s. S. 305).

Von Chos Malal zum Volcán Domuyo: Ab Chos Malal westwärts führen Schotterstraßen durch die karge nordpatagonische Hochebene in die Oase von Huinganco, den von fast 100 Vogelarten bevölkerten Südbuchenwald um die Lagunas de Epulafquen und zum Volcán Domuyo, an dessen Fuß man Argentiniens einzige Geysire bewundern kann (s. S. 316).

Unsere Tipps

Neuer Trend in alter Tradition: Die Zeit der patagonischen Pioniere lassen in El Calafate die Hotels Patagonia Rebelde, La Estepa und Cauquenes de Nimez sowie das Restaurant La Zaina wieder aufleben (s. S. 271 u. 272).

Patagonien-Express: Fahrt mit einer alten Dampflok durch die Weiten der Steppe von Esquel bis El Maitén (s. S. 289).

Regenwald am Gletschersee: Dank des milden Klimas am Lago Puelo und am Lago Lácar kann man hier den Valdivianischen Regenwald erleben, den man sonst nur in Chile zu Gesicht bekommt (s. S. 295 u. 306).

Mirador Bandurrias: Von diesem Aussichtspunkt bei San Martín de los Andes genießt man einen herrlichen Blick auf Stadt und See (s. S. 306).

aktiv unterwegs

Gletschertour auf dem Glaciar Perito Moreno: Trekking auf dem Eis des Perito-Moreno-Gletschers, der in allen Weiß- und Blau-Nuancen leuchtet (s. S. 277).

Wellblech mit Charme – Estancias in Südpatagonien: Das patagonische Landleben lernt kennen, wer mindestens eine Nacht auf einer der einsamen Estancias übernachtet, z. B. auf der Estancia Helsingfors am Lago Viedma, dessen idyllische Landschaft zu Fuß, mit dem Pferd oder im Schlauchboot erkundet werden kann (s. S. 278).

(Lama-)Trekking am Fitz Roy: Von El Chaltén führen zahlreiche Wanderwege ins Fitz-Roy-Massiv. Um sich bei mehrtägigen Touren den Weg zu erleichtern, kann man Lamas als Lasttiere anheuern (s. S. 280).

Provinz Santa Cruz

Der äußerste Süden Patagoniens birgt zugleich die imposantesten Sehenswürdigkeiten: riesige Seen, in die zahlreiche Gletscher kalben, das Trekkerparadies um das Fitz-Roy-Massiv bei El Chaltén und die Höhlenmalereien in der Cueva de las Manos. Als Unterkünfte empfehlen sich die Estancias, wo man in absoluter Einsamkeit die Landschaft genießen und Einblick in das Leben der frühen Pioniere erhalten kann.

Als ihre Wirbelsäule bezeichnen die ansonsten mit Höhenzügen nicht verwöhnten Bewohner Patagoniens das Kettengebirge, dessen Gipfellinie die Grenze zu Chile bestimmt. In den Bandscheiben freilich knistert und kracht es, seit sich vor ca. 100 bis 54 Mio. Jahren in der Oberkreidezeit das Meer zurückzog und seinen Boden als ostpatagonische Meseta zurückließ. Mehr als in irgendeinem anderen Teil des 7500 km langen Andenkamms sind hier im Süden die Auffaltungen gekrümmt verlaufen. So sorgen ungewöhnliche Quertalbildungen dafür, dass Wasserscheide und Kammlinie oft nicht identisch sind – Ursache ehemaliger Grenzkonflikte mit Chile, denn östlich des Firstes entspringende Flüsse fließen zum Teil nach Westen, also in den Pazifik. Andere Launen der Gebirgsbildung haben Ketten von Seen entstehen lassen, die einer in den andern entwässern, oder unzugängliche Hochgebirgstäler und gleitende Gletscherfelder, die eine klare Grenzziehung unmöglich machen.

Der auf der Grenze liegende, zwischen Argentinien und Chile lange disputierte Lago del Desierto nördlich von El Chaltén wurde erst Ende 1994 von einem internationalen Expertengremium Argentinien zugesprochen. Einen Jahrhundertstreit um den endgültigen Grenzverlauf über den Hielos Continentales genannten hochandinen Eispanzer, der – ca. 400 km lang und bis zu 90 km breit – fast 50 große Gletscher speist, konnten die beiden Länder im Juni 1999 beilegen. Diese nach der Antarktis und Grönland drittgrößte Eismaschine der Welt in Nord-Süd-Richtung zu überwinden gelang erstmals im Südsommer 1998/99 einer chilenischen Expedition. Und nicht nur dieses unergründliche patagonische Eisfeld reckt, dehnt und krümmt sich, die Anden selbst sind auch noch nicht zur Ruhe gekommen: Millimeterweise wachsen sie, unter dem Druck der tektonischen Platten im Pazifik, nach oben und nach Osten, machen auch stellenweise einmal Jahressprünge von 1 m oder schleudern ungeduldig ihr gefesseltes Potenzial in die Luft: Der chilenische Vulkan Hudson überschüttete die argentinische Meseta 1991 mit 3 Mrd. Tonnen Asche und war einer der Gründe dafür, dass vielerorts die Schafzucht aufgegeben und Estancias in touristische Unternehmen umgewandelt wurden. In Los Antiguos erzählt man, dass ein paar Jahre nach dem Vulkanausbruch die Kirschen viel größer wuchsen, weil die Asche mit ihren Mineralien den Boden fruchtbarer gemacht hatte.

Die schleifenden Gletscher malen die Landschaft mit mineralischen Farben aus – ein ins Riesenhafte vergrößerter Vorgang des Anreibens von Erdpigmenten, wie sie die Tehuelche vor 10 000 Jahren zur Dekoration ihrer Höhlen benutzten. Gigantischen Schneepflügen gleich schmirgeln die Eisströme den Felsgrund ab und schleppen dessen farbige Einlagerungen (u. a. Grünerde, Chromoxid)

El Calafate

Hauptverkehrsachse entlang der Anden: die legendäre, fast 5000 km lange Ruta 40

als Gletschertrübe in die Seen, wo die Pigmentpartikelchen den Andengewässern jenes milchige Kolorit verleihen, das den Eindruck erweckt, es habe jemand Farbe in die Seen gegossen. Ein gutes Beispiel für unterschiedliche Abtönungen bietet sich im Nationalpark Perito Moreno auf der schmalen, den Lago Azara vom Lago Belgrano trennenden Landbrücke: hier ein intensives Hellblau, dort ein sattes Malachitgrün.

Am Ostdach der Kordillere verläuft wie eine verbogene Rinne die RN 40, eine noch immer im Ruf der Abenteuerstrecke stehende Schotter-, Erd- und Staubpiste, die nur teilweise asphaltiert ist. Wer diese Ruta Cuarenta wählt, wird stets eine Portion Bewunderung und Erlebnisneid ernten. Die allein in ihrem patagonischen Teil rund 2500 km lange Piste verbindet so viele Gletscher, Gipfel, Vulkankegel, vor allem aber grün und blau leuchtende Seen miteinander wie keine andere Straße der Welt. Wer sie befährt, wird mehr Guanakos, Straußen und Füchsen als Menschen begegnen. Sie einen Verkehrsweg zu nennen wäre irreführend. Auch heute noch erschließt diese Piste ein entlegenes Gebiet und dient der Anbindung kleiner stichroutenartiger *caminos*, die in die Anden führen, dort in einer Gebirgsfalte auslaufen, an einer Estancia enden oder, eine Schleife bildend, wieder an die Hauptroute anschließen.

El Calafate ▶ 3, B 34/35

Karte: S. 270

Welthauptstadt der Gletscher, so nennt man den in den letzten 15 Jahren von rund 6400 auf über 20 000 Einwohner angewachsenen Touristenort **El Calafate** [1] am **Lago Argentino**. Erst 1873 wurde der gewaltige Gletschersee entdeckt, der den Río Santa Cruz speist. Die Expeditionsteilnehmer, die flussaufwärts von der Atlantikküste aus die Quelle suchten, waren schon im Begriff, ihre endlose Flusswanderung abzubrechen, als sie die windgepeitschten Wellen nachts ans Seeufer schlagen hörten. Ein in den Boden gerammtes Ruder mit der argentinischen Flagge und eine in einer Flasche hinterlassene Botschaft waren die Signale zur späteren Besiedlung. Auf den stolzen Namen Lago Argentino taufte

Provinz Santa Cruz

der Patagonien-Pionier Francisco Moreno das türkisfarbene Gewässer, das zweimal so groß ist wie der Bodensee.

Den Namen des Forschungsreisenden erhielt der Gletscher, der El Calafate berühmt machte: der mächtige Glaciar Perito Moreno (s. S. 276). Bei der Namengebung des Ortes wiederum stand die Berberitze (el calafate) Pate. Aus der Beere gewinnen die Einheimischen Marmeladen und Desserts, und wer als Fremder die Frucht kostet – so der Volksmund –, wird wiederkommen. Die jährliche Besucherzahl von 500 000 Touristen, darunter so mancher Wiederholer, scheint das Orakel des 7700-Betten-Ortes zu bestätigen. Das schon von seinem Gepräge her ganz auf Fremdenverkehr ausgerichtete Calafate liegt, pappelumsäumt, vor der Kulisse imposanter Felsen auf der flachen Uferplatte des Lago Argentino. Die Spuren seiner abenteuerlichen Lokalgeschichte, von den prähistorischen Eiszeiten über die Tehuelche-Indianer bis zu den weißen Pionieren und den gewaltsam beendeten Streiks der Landarbeiter um 1920 sind vielerorts zu entdecken, eine Übersicht bekommt man im **Centro de Interpretación Histórica** (Almirante Brown, Ecke Guido Bonarelli, tgl. 10–20 Uhr). Ansonsten bietet der Ort selbst wenig Interessantes, sondern dient vor allem als angenehme Basis für die Erkundung der hochkarätigen Sehenswürdigkeiten in der Umgebung – und für viele Patagonienreisende auch als Startpunkt für einen Abstecher ins nahe Chile nach Puerto Natales und in das Wanderparadies im Parque Nacional Torres del Paine (s. S. 274).

Infos

Secretaría de Turismo: Rosales, Ecke Av. Libertador und im Busterminal, Roca 1004, Tel. 02902 49 10 90 u. 49 14 66, www.elcalafate. tur.ar, www.calafate.com, tgl. 8–20 Uhr.

Übernachten

... in El Calafate:

Der rasch wachsende Ort verfügt inzwischen über ca. 155 Unterkünfte, dennoch kommt es in der Hochsaison (Nov.–März) mitunter zu Engpässen.

El Calafate

Parkhotel ▶ **Los Álamos:** Guatti, Ecke Bustillo, Tel. 02902 49 11 44, www.posadalos alamos.com. Lodgeartig, zentral, ruhig, gemütliches Interieur, Spa, Golf, beheizter Pool, Haute-Cuisine-Restaurant. DZ 325 US$.

Seeblick ▶ **Mirador del Lago:** Av. Libertador 2047, Tel. 02902 49 32 13, www.mirador dellago.com. Etwas außerhalb, gemütlich-rustikal, Sauna, schönes Panoramarestaurant mit feiner Küche. DZ 180 US$.

Schöner Holzbau ▶ **Lar Aike:** Av. Libertador 2681, Tel. 02902 49 32 35, www.hotellar aike.com.ar, Mai–Sept. geschl. Etwas außerhalb, ansprechende Zimmer mit Bad, Panoramarestaurant, familiär. DZ 130 US$.

Far South ▶ **Posada Patagonia Rebelde:** José Haro 442, Ecke Jean Mermoz, Tel. 02902 49 44 95, www.patagoniarebelde. com. Im Stil eines patagonischen Bahnhofs vom Anfang des 20. Jh. auf einem Hügel über dem Stadtzentrum erbaut, Tapas-Bar, drahtloser Internetanschluss. DZ 121 US$.

Stylish ▶ **Design Suites:** Calle 598 Nr. 190, Tel. 02902 49 45 25, www.designsuites.com. Direkt am Seeufer, mit Restaurant und Pool. DZ 110–180 US$.

Steppenhotel ▶ **Hostería La Estepa:** Av. del Libertador 5310, Tel. 02902 49 35 51, www.hosterialaestepa.net. Mit Blick auf die Weite der Steppe um den Lago Argentino; großzügige, helle Räume in einem Gebäude im Stil der englischen Siedler um 1900, gutes Restaurant und Weinkeller. DZ 100 US$.

Gute Mittelklasse ▶ **Bahía Redonda:** Calle Nr. 15, Tel. 02902 49 17 43, www.hotelbahiare donda.com.ar, 1. Juni–31. Aug. geschl. See- und Bergblick, Restaurant. DZ 780 $.

Weite Sicht ▶ **Cerro Calafate:** Villa Parque Los Glaciares, in Hochlage vor der Ortseinfahrt, Tel. 02902 49 23 91/92, www.hjcalafa te.com.ar. Howard-Johnson-Hotel mit Blick über Ort und See, gemütlich, Panoramarestaurant, Spa, etwas abseits vom Zentrum. DZ ab 726 $.

Am Stadtrand ▶ **Hostería Cauquenes de Nimez**: Calle 303 Nr. 79, Tel. 02902 49 23 06, www.cauquenesdenimez.com.ar, Mai–Aug. geschl. Gastfreundliche Lodge am Naturpark der Laguna Nimez, von Bergsteigern geführt,

die gerne bei der Ausflugsplanung helfen und am Nachmittag ihre Gäste zu einem Tee mit Muffins einladen. DZ 690 $ inkl. Leihfahrrad.

Hostels ▶ **Hostel Glaciar Libertador:** Av. Libertador 587, Tel. 02902 49 17 92, www. glaciar.com, April–Mai geschl. Nicht weit vom Zentrum, Hostelling International angeschlossen, freundliches Gebäude, drahtloser Internetanschluss, keine Kreditkarten. In Gemeinschaftszimmern 17/20 US$ p. P., im DZ 63/ 84 US$. **América del Sur:** Calle Puerto Deseado 153 (an der Ortseinfahrt unmittelbar vor der Brücke in die Straße Coronel Rosales abbiegen), Tel. 02902 49 35 25, www.america hostel.com.ar. Schönes Hostal für Rucksacktouristen in einem Holzbau, Seeblick, drahtloser Internetanschluss. Im 4er-Zimmer 130 $ p. P., DZ 390–500 $.

Camping ▶ **Los Dos Pinos:** 9 de Julio 358, Tel. 02902 49 12 71, www.losdospinos.com. Nur 350 m von der Hauptstraße entfernt, gute Infrastruktur, auch Bungalows und Hostel. Zelten 50 $ p. P., im 6er-Zimmer 100 $ p. P. **El Ovejero:** José Pantin 64, Tel. 02902 49 34 22, www.campingelovejero.com.ar. Am Ortseingang unterhalb der Flussbrücke. Zentraler Standort für Exkursionen in alle Richtungen, dichter Baumbestand, gute Infrastruktur, mit Restaurant und Hostel. Zelten 60 $ p. P., Auto 30 $, im Hostel 95 $ p. P. inkl. Frühstück.

... außerhalb:

Estancia ▶ **Eolo Lodge:** RP 11 Km 23, Tel. 02902 49 20 42, 011 47 00 00 75, www.eolo. com.ar, 21. April–20. Sept. geschl. Modernes Landhotel im traditionellen Estancia-Stil, am Fuß des Cerro Frías. Pool, Trekking, Beobachtung von Fauna, Flora und Nachthimmel, Gespräche über Indianerkulturen, Bibliothek. DZ 880 US$ inkl. VP, Transfer u. Aktivitäten.

Essen & Trinken

... in El Calafate:

Parilla ▶ **La Tablita:** Coronel Rosales 28, an der Brücke (Ortseinfahrt), Tel. 02902 49 10 65. Bestes Grillrestaurant im Ort, oft voll. 220 $.

Gourmetküche ▶ **Casimiro Biguá:** Av. Libertador 963, Tel. 02902 49 25 90, www.casi mirobigua.com. Feine Mittelmeerküche und Wine Bar. 210 $.

Provinz Santa Cruz

Ein großartiges Panorama liegt dem zu Füßen, der in der Hostería Mirador del Paine an der Laguna Verde im Parque Nacional Torres del Paine absteigt

Nach Gauchotradition ▶ **Isabel:** Gob. Moyano, Ecke 25 de Mayo, Tel. 02902 48 90 00. Auf Pflugscheiben zubereitete und servierte Speisen. 200 $.

Lammbraten ▶ **Mi Viejo:** Av. Libertador 1113, Tel. 02902 49 16 91. Grillfleisch auf regionale Art. 180 $.

Coole Gauchokantine ▶ **La Zaina:** Gobernador Gregores 1057, Tel. 02902 49 67 89, So geschlossen. Lokal im Stil der patagonischen Landkantinen, auch Tische im Freien, abends werden auch Lammbraten und Pasta serviert, gutes Bier- und Weinsortiment, sehr freundliches Ambiente. 150 $.

Gesund und lecker ▶ **Pura Vida:** Av. Libertador 1876, Tel. 02902 49 33 56, nur abends, Mi geschl. Pasta, *carbonada,* auch vegetarische Küche. 130 $.

Guter Service ▶ **Mirabile:** Av. Libertador 1329, Tel. 02902 49 23 30. Hausgemachte Pasta. 130 $.

Einkaufen

Kunsthandwerk ▶ **Pueblo Indio:** Av. Libertador, Ecke 9 de Julio. Kunst und Design im indianischen Stil. **Feria Artesanal:** an der Treppe von der Av. Libertador zum Busterminal. Silber, Textilien etc.

Kleidung ▶ **Vellón Negro:** Av. Libertador 1440. Wolle und Leder nach traditionellem patagonischen Stil verarbeitet.

Abends & Nachts

Livemusik ▶ **La Toldería:** Av. Libertador 1177, Tel. 02902 49 14 43. Beliebter Treff in Calafate – Pizza, Bier, Pisco etc.

El Calafate

com. Tagesausflüge im Geländewagen, z. B. nach India Dormida, Barrancas de Anita und Balcón de El Calafate.

Reiten ▶ Gustavo Holzmann: Av. Libertador 4315, Tel. 02902 49 32 78 u. 02902 15 63 21 81. Der lokale Endurance-Champion organisiert Ausritte unterschiedlicher Länge durch die patagonische Landschaft. **Cabalgatas del Glaciar:** Tel. 02902 49 54 47, Av. Libertador 1080, www.cabalgatasdelglaciar.com. Reittouren bis zur chilenischen Grenze.

Mountainbiken & Kajakfahren ▶ Viva Patagonia: Av. Libertador 1037, Tel. 2902 49 10 33/34, www.vivapatagonia.com. Mit dem Kajak am Upsala-Gletscher entlangpaddeln (1780 $) oder 20 km den Río de las Vueltas flussabwärts fahren (660 $), mit dem Mountainbike die Laguna Escondida umrunden (380 $).

Angeln ▶ Calafate Fishing: Av. Libertador 1826, Tel. 02902 49 65 45, www.calafatefishing.com. In den Flüssen Santa Cruz, Rico, Bote, Barrancoso, De las Vueltas und Diablo sowie in den Seen Argentino, Roca, Strobel und Del Desierto kann man Forellen mit einem Gewicht bis zu 8 kg fischen (Tagestouren 1800 $ p. P., Begleitpersonen 900 $, Halbtagestouren 1050/500 $).

Disco ▶ La Bamba: Cañadón Seco 42, Tel. 02902 49 24 44, www.labamba-sur.com.ar.
Chill-out ▶ Melmac Bar: Walter Roll 50, Tel. 02902 49 43 93. Musik und Tanz auf einem Hügel über El Calafate.

Aktiv

Organisierte Touren ▶ Cerro Frías: Av. Libertador 1857, Tel. 02902 49 28 08, www.cerrofrias.com. Per Pferd, zu Fuß oder im Geländewagen auf den 1030 m hohen Cerro Frías, von dessen Gipfel aus man die beste Panoramasicht auf den Lago Argentino, den Lago Roca und die umgebenden Gebirge und Steppenlandschaft genießt (495 $ inkl. Asado auf der Estancia Alice). **Calafate Mountain Park:** Av. Libertador 1029, Tel. 02902 49 10 34, www.calafatemountainpark.

Verkehr

Flüge: Der Flughafen von El Calafate, Tel. 02902 49 12 20 u. 49 12 30, ist die Drehscheibe für das argentinische Südpatagonien mit in der Hochsaison rund ein Dutzend Flügen tgl. nach Buenos Aires (auch direkt zum internationalen Flughafen Ezeiza), Bariloche, Neuquén, Ushuaia und Río Gallegos. Airlines: Aerolíneas Argentinas/Austral, LAN und LADE.

Busse: Vom Busterminal, Av. Roca 1000, Verbindungen nach Río Gallegos, El Chaltén, Bariloche und Puerto Natales/Chile. Chaltén Travel, Tel. 02902 49 22 12, www.chaltentravel.com, und Caltur, Tel. 02902 49 18 42, www.caltur.com.ar, sind zwei der zahlreichen Unternehmen vor Ort, die einen Transport zu Zielen in der näheren Umgebung (Glaciar Perito Moreno, Camping Lago Roca, El Chaltén etc.) anbieten.

Provinz Santa Cruz

Abstecher nach Chile
▶ 3, A/B 35/36

Karte: S. 270
Der Blick über die Grenze ins benachbarte Chile lohnt. Kaum ein anderer Abschnitt der Anden, außer vielleicht das Fitz-Roy-Massiv, kann es mit dem **Parque Nacional Torres del Paine** 2 ungefähr 110 km nördlich von Puerto Natales aufnehmen. Der 2400 km² große Nationalpark, von der UNESCO zum Biosphärenreservat erklärt, trägt seinen Namen ›Türme von Paine‹ nicht von ungefähr. Senkrecht ragen die Granitspitzen bis über 2000 m in die Höhe und bieten – zumindest wenn einmal keine Wolken den Blick verstellen – eines der spektakulärsten Postkartenmotive in ganz Südpatagonien. Die einzigartige Landschaft ist das Ergebnis vulkanischer Aktivitäten und tektonischer Verschiebungen. Vor ungefähr 12 Mio. Jahren begann das Granitgestein der Tiefe die aufliegende Kreideschicht anzuheben, die ein urzeitliches Meer abgelagert hatte. Die Kräfte der Erosion haben dann die bizarren Torres herausmodelliert, von denen einige noch heute Hüte aus Kalkstein tragen. Ein Teil des Gebirgsmassivs ist von Eismassen bedeckt, darunter der **Glaciar Grey,** der in den gleichnamigen See kalbt und als einer der eindrucksvollsten Gletscher Patagoniens gilt.

In den Nationalpark zieht es jedoch nicht nur Reisende, die sich mit dem traumhaften Blick auf die Berge begnügen. Für Bergsteiger bedeuten die Felsnadeln eine extreme Herausforderung und Wanderer finden ein Netz von 250 km markierter Wege unterschiedlicher Schwierigkeit. Am beliebtesten und spektakulärsten ist die fünf- bis achttägige Rundwanderung **El Circuito,** für die man ein Zelt dabeihaben muss. Auf der am häufigsten begangenen Route, dem sogenannten **W** (3–5 Tage), kann man hingegen in Refugios unterkommen. Immer allerdings ist eine sehr gute Ausrüstung erforderlich, denn das Wetter kann innerhalb weniger Stunden umschlagen und plötzlich von Sommer zu Winter wechseln.

Infos
Conaf Parkverwaltung: an der Laguna Amarga, Laguna Azul und am Lago Sarmien-

Das Warten am Glaciar Perito Moreno lohnt: Regelmäßig stürzen haushohe Eisberge mit lautem Getöse in den Lago Argentino

Parque Nacional Los Glaciares

to, Tel. 0056 (0)61 24 78 45, www.conaf.cl, tgl. 8.30–20 Uhr, der Parkeintritt kostet 32,50 US$ (Okt.–Apr.) bzw. 18 US$ (Mai–Sept.). Infos: www.torresdelpaine.com.

Übernachten

Luxus am See ▶ Explora: am Lago Pehoé, Tel. 0056 (0)2 395 28 00/01 (Reservierungen), www.explora.com. Sehr schön gelegene Luxusherberge. 4-Nächte-Programm im DZ 3000 US$ p. P. inkl. VP, tägliche Ausflüge und Transfer ab Punta Arenas.

Zu Füßen der Torres ▶ Hostería Las Torres: 7 km westlich der Laguna Amarga, Tel. 0056 (0)61 36 36 36, www.lastorres.com. Beliebte und gepflegte Unterkunft. 4-Tage/3-Nächte-Programm ab 1440 US$ p. P. inkl. VP und tägliche Ausflüge.

Estancia ▶ Hostería Mirador del Payne: Laguna Verde, Tel. 0056 (0)61 22 87 12, www.miradordelpayne.com. 32 Zimmer auf der Estancia Lazo, Mahlzeiten kosten um 30 US$. DZ 290 US$.

Hostel ▶ Posada Río Serrano: im südlichen Parkabschnitt, Tel. 0056 (0)61 222 31 58, www.hotelrioserrano.cl. Ehemalige Estancia, gemütlich-rustikal, neu renoviert. DZ 270 US$.

Campingplätze und Refugios ▶ An der W-Route liegen acht Refugios, die über Agenturen in Puerto Natales reserviert werden können (ca. 90 US$ p. P. inkl. VP im Mehrbettzimmer). Für 10 US$ p. P. kann man dort auch sein Zelt aufschlagen (auch Zeltverleih). Die übrigen Campingplätze im Park werden von der Conaf verwaltet und sind kostenlos.

Verkehr

Busse: 2 x tgl. von Puerto Natales zum Parkeingang bei der Laguna Amarga (Mitte Nov.–Mitte April, 2,5 Std.) und zur Parkverwaltung (ca. 4 Std.).

7 Parque Nacional Los Glaciares

Karte: S. 270

Die kleinen Attraktionen im Nahbereich von **El Calafate** – einige 4000 Jahre alte Höhlenmalereien in den Cuevas del Gualicho (leider stark beschädigt) sowie die Laguna Nimez mit

Provinz Santa Cruz

ihren 60 Vogelarten, darunter allein 20 Entenspezies – verblassen geradezu neben den Naturschauspielen, die rund 80 km westlich des Orts im 6000 km² großen **Parque Nacional Los Glaciares** (›Gletschernationalpark‹) den Besucher erwarten. Insgesamt 14 vom Patagonischen Eisfeld genährte Hauptgletscher schürfen nach Osten und kalben in argentinische Seen am Fuß der Anden (Eintritt 130 $).

Einen interessanten Vorgeschmack auf dem Weg zum Glaciar Perito Moreno bietet das 2011 eingeweihte Gletschermuseum **Glaciarium** (RP 11, 6 km von El Calafate, Tel. 02902 49 79 12, www.glaciarium.com, Sept.–April 9–20, Mai–Aug. 11–19 Uhr, Transfer vom Tourismussekretariat tgl. 10–18 Uhr, 140 $, Kinder 6–12 Jahre 80 $).

Glaciares Upsala, Spegazzini und Perito Moreno ▶ 3, A 34/35

Vom Bootsanleger Punta Bandera, ca. 47 km westlich von Calafate, pirschen sich Katamarane an die **Glaciares Upsala und Spegazzini** heran. Mit 6 bis 7 km Frontbreite am Gletschertor, mit einer 60 km langen Zunge und 600 km² Fläche – fünfmal so groß wie der Aletsch, der mächtigste Alpengletscher – ist der Upsala Südamerikas Weißer Riese. Am meisten bewunderte Darsteller auf diesen Trips sind jedoch die vorbeidriftenden, bald silbern, bald kobaltblau schimmernden *témpanos* (›Eisberge‹), die als 70 m hohe Türme von der Vorderkante des Upsala abbrechen und nun von Wasser und Wind zu monumentalen Kunstwerken modelliert werden.

Die Aussichtsplattformen und Laufstege, die dem dynamischsten Eiswunder, dem **Glaciar Perito Moreno** ▌3▐, direkt gegenüberliegen, erreicht man auf dem Landweg. Seine 4 bis 5 km breite, lamellenförmig gerändelte Zunge schiebt der Gletscher mit nicht weniger als 40 cm pro Tag in den Lago Argentino vor. Dabei stürzen hochhausgroße Eisnadeln unter urweltlichem Getöse in den smaragdgrünen See, ertrinken in einer kochenden Gischtwolke und schwimmen als soeben geborene Eisberge taumelnd davon. Höhepunkt des Gletschererlebnisses ist eine Wanderung auf den Randzacken des Eisfelds

(s. S. 277) mit seinen wie von innen beleuchteten tiefblauen Kavernen. Und oft krönen sogar einige über dem Nachbargipfel kreisende Kondore diesen Ausflug.

Nahrungszuwachs und Ablationsverlust halten sich beim Moreno-Gletscher die Waage und doch wächst das Zungenende auf die gegenüberliegende Península Magallanes zu. Dabei riegelt das Eis den die Halbinsel umschlingenden Südarm des Lago Argentino – gebildet vom Brazo Rico und vom Canal de los Témpanos – zuweilen ab. Hinter dieser gläsernen Staumauer steigt der von seinen Zuflüssen gespeiste Brazo Rico um 20 bis 25 m an, bis der Wasserdruck so stark wird, dass der Eisdamm bricht. Der von Tausenden von Menschen beobachtete und von Radio und Fernsehen verfolgte Kataklysmus gehört zu den spektakulärsten Naturschauspielen unseres Planeten. Allerdings ereignet sich das Spektakel in sehr unregelmäßigen Zeitabständen: Manchmal vergehen fünf bis sechs Jahre, dann wieder nur einige Monate – die letzten beiden Durchbrüche fanden im März 2012 und im Januar 2013 statt.

Infos

Administración de Parques Nacionales: Av. Libertador 1302, El Calafate, Tel. 02902 49 10 05, www.parquesnacionales.gob.ar.

Übernachten

Nur per Boot erreichbar ▶ **Estancia Cristina:** Reservierungen über Av. Libertador 1033, El Calafate, Tel. 02902 49 11 33, www.estanciacristina.com, Sept.–April. Estancia ohne Straßenzugang nahe dem Glaciar Upsala mit vielen Aktivitäten, u. a. Reiten, Wandern und Geländewagentouren. Allein die Anreise per Boot an den im Wasser treibenden Eisbergen vorbei lohnt den Besuch. Tagesausflug (300 $ P. P.), Paket 2 Tage/1 Nacht in DZ 720 US$ p. P. inkl. VP und Aktivitäten.

Historische Estancia ▶ **Estancia Nibepo Aike:** 56 km südwestlich von Calafate an der RP 15, Tel. 02902 49 27 97 u. 011 52 72 03 41, www.nibepoaike.com.ar. 10 gemütliche DZ in einem *casco* von 1921, bezaubernde Lage, lauschiger Garten, Trekking, Reiten,

276

Parque Nacional Los Glaciares

aktiv unterwegs

Gletschertour auf dem Glaciar Perito Moreno

Tour-Infos

Start: Puerto de las Sombras am Lago Argentino (Transfer von El Calafate 130 $)
Dauer: 7 Std., davon 4 Std. auf Eis (Kurzversion 4 Std., davon 2 Std. auf Eis)
Kosten: 1070 $ (kurze Tour 670 $)
Buchung: Hielo y Aventura, Av. Libertador 935, El Calafate, Tel. 02902 49 22 05, www.hieloyaventura.com; ist der einzige Anbieter.
Schwierigkeitsgrad: für die lange Tour, an der Personen zwischen 18 und 50 Jahren teilnehmen dürfen, sollte man alleine aufgrund der Dauer etwas Kondition mitbringen; die kürzere Tour ist als relativ einfach einzustufen und eignet sich für Teilnehmer zwischen 10 und 65 Jahren.
Beste Jahreszeit: Sept.–April

Vom Puerto de las Sombras am Nordufer des Brazo Rico schippert man über den Lago Argentino an das Südwestufer, wo sich die 5 km breite Gletscherwand des **Glaciar Perito Moreno** rund 60 m über den Wasserspiegel erhebt. Sobald man wieder Land unter den Füßen hat, geht es durch Wald auf die Moräne des Gletschers. Am südlichen Gletscherrand entlang führt der Weg in rund einer Stunde zu einem spektakulären Aussichtspunkt. Hier werden die Steigeisen untergeschnallt und man wandert zur Gletschermitte. Durch die Gletscherbewegung von bis zu 2,5 m täglich haben sich unzählige Spalten und Kluften gebildet, die überwunden werden müssen. An gotische Kathedralen erinnern die Eistürme, sogenannte Séracs, in denen sich das Sonnenlicht bricht – von glänzendem Weiß bis zu intensivem Blau reicht die Farbpalette. Bevor man den Gletscher wieder verlässt, wird ein Whisky mit natürlichen Eiswürfeln angeboten. Auf dem Rückweg sollte man vor Betreten des Walds unbedingt noch einen Blick zurück auf das Naturwunder werfen: Durch die grünen Wipfel blitzt das weiße Eisfeld, dahinter erheben sich dunkel die Berge der südlichen Anden und rechts davon glänzt der blaue Wasserspiegel des Lago Argentino.

Angeln. Tagesausflug 655 $ inkl. Transfer von El Calafate und Mahlzeit, DZ 440 US$ inkl. Transfer und VP.
Camping ► **Lago Roca:** am gleichnamigen See, 50 km von El Calafate an der RP 15, Tel. 02902 49 95 00, www.losglaciares.com/campinglagoroca, 1. Mai–15. Okt. geschl. Gute Infrastruktur und Restaurant, in außerordentlich schöner Lage. 80 $ p. P.

Verkehr

Informationen zum Transport in den Park siehe El Calafate, S. 273.

Von El Calafate nach El Chaltén
► 3, B 35–A 33

Um den nördlichen Teil des Parque Nacional Los Glaciares mit dem Fitz-Roy-Massiv zu besuchen, muss man von El Calafate zunächst 32 km Richtung Osten und dann auf der RN 40 dem Lauf des reißenden Río Leona nach Norden folgen. Zu beiden Seiten der Straße breitet die sandfarbene Meseta noch einmal ihren Formenschatz aus, bevor man nach rund 110 km am **Hotel La Leona** den Fluss quert. Hier zweigt links eine Piste zur Estancia Helsingfors (s. S. 278) ab.

Wer El Chaltén anvisiert, folgt der RN 40 noch gut 20 km und biegt dann in die RP 23 Richtung Westen ab. Die rund 90 km lange, das Nordufer des **Lago Viedma** begleitende Straße ist vor allem deshalb so aufregend, weil sie auf einen dolomitenartigen Zinnengarten von majestätischer Schönheit zuläuft. Berge über Berge türmen sich auf – aber auch Wolkenberge, die am trügerisch blauen

Provinz Santa Cruz

aktiv unterwegs

Wellblech mit Charme – Estancias in Südpatagonien

Tour-Infos

Dauer: 1–2 Tage

Beste Jahreszeit: Nov.–April

Kosten: 100–300 US$/Tag (meist inkl. Transfer ab El Calafate, VP und Aktivitäten)

Reservierung: Estancia Helsingfors, Tel. 02966 15 67 57 53 u. 011 52 77 01 95, www. helsingfors.com.ar. Weitere Estancias s. S. 279, 283, 284 u. 285 sowie Estancias de Santa Cruz, Reconquista 642, Oficina 417, Buenos Aires, Tel. 011 52 37 40 43, www.estanciasdesantacruz.com, Mo–Fr 10–18 Uhr (16 patagonische Estancias).

Als es in der patagonischen Steppe nur Treibholz und Guanakofelle als Baustoffe gab, kamen – eine frühe Form des Versandhandels – ganze Leuchttürme, Brücken und Häuser als fertige *kits* aus England. Die angelieferten Teile, nummeriert wie die Knochen eines seltenen Fossils, wurden an Ort und Stelle, vom Backsteinkamin bis zum Messingschloss, wieder zusammengesetzt. Wichtigste Elemente der frühen Fertighausarchitektur waren Holz und Wellblech, ohne dass dabei auf ornamentale Effekte verzichtet wurde. Die alten *cascos* (Kerngebäude) patagonischer Estancias haben ihren Charme bis heute bewahrt und viele nehmen zahlende Gäste auf. Mit ihren dem Abenteuer- und Erlebnistourismus geöffneten Estancias hat sich die Provinz Santa Cruz einen besonderen Ruf er-

worben. Zahlreiche Etablissements bieten heute eine breite Palette unterschiedlicher Aktivitäten: Trekking, Reiten, Angeln, Wildwasserfahren, Tierfotografie, Besuch archäologischer Fundstätten und nicht zuletzt das Kosten typisch regionaler Gerichte oder – einfach Ausspannen. Und wie beim Urlaub auf dem Bauernhof dürfen sich die Besucher auch oft nach Belieben ins Tagewerk der Farm einschalten.

Eine dieser besuchenswerten Farmen ist die abgelegene **Estancia Helsingfors** 4 am Südufer des Lago Viedma (beim Hotel La Leona von der RN 40 abbiegen, s. unten). Bereits die Fahrt dorthin ist betörend schön: links steile Schichtfelsen und Cañadones, in denen Pumas zu Hause sind, rechts der See und die blauen Stalagmiten des Fitz-Roy-Massivs, zu beiden Seiten wilde Vicunjaherden. Nach 87 km endet die Straße am 1917 von finnischen Einwanderern erbauten Estancia-Gebäude, das umringt von Sequoia-Bäumen als einsamer Vorposten am Westende des Lago Viedma steht. Auf Ausritten gelangt man bis zum Gletscher der Laguna Azul, mit dem Schlauchboot lassen sich die Gletscher Viedma – der breiteste in Argentinien – und Moyano sowie die Laguna del Morro erreichen, die sich zum Forellenangeln eignet. Hier kann man manchmal *huemules* beobachten, die fast ausgestorbenen, äußerst menschenscheuen Andenrehe. Auf der Estancia wird eine exzellente Küche geboten.

Himmel ihre Verhüllungsspiele treiben, ehe man die Kamera zur Hand hat. Die gigantischen Felstürme stehen Luftströmungen im Weg wie Brückenpfeiler einem Fluss. Stimme der Tehuelche nennen die Einheimischen den Wind gerne, doch in diesem Berglabyrinth heulen mitunter Furien. Autos ›schwimmen‹ auf der Straße, und Camper tun gut daran, ihre Zelte fest zu verankern.

Übernachten

Altes Gasthaus ► **Hotel La Leona:** RN 40, 110 km nördlich von El Calafate, Tel. 011 52 73 36 46, www.hoteldecampolaleona.com.ar. Neu renoviertes Landhotel von 1894, in dem schon Butch Cassidy und Sundance Kid logierten (s. S. 294); Zimmer auch auf der Estancia La Estela ca. 3 km Richtung See (DZ 170 US$). Touren zu einem versteinerten

278

Parque Nacional Los Glaciares

Wald, Rafting und patagonisches Lamm. DZ 90 US$, Camping 15 US$ p. P.

El Chaltén ▶ 3, A 33

Zu Füßen des Fitz-Roy-Massivs, eines der erhabensten Bergwunder der argentinischen Anden, liegt die 1500-Einwohner-Siedlung **El Chaltén 5**. Sie bildet den nördlichsten Außenposten des Parque Nacional Los Glaciares und darf sich guten Gewissens Trekkingmetropole nennen. Das vorgezeichnete, rund 70 km lange Netz von hier beginnenden Pfaden bietet Möglichkeiten zur Erkundung der der wald- und lagunenreichen Gebirgswelt. Auch die ehrgeizigsten Bergsteiger der Welt schlagen hier Jahr für Jahr ihr Basislager auf. Der Südsporn des **Fitz Roy,** 3375 m hoch, wurde erst im Jahr 1952 durch die Franzosen Guido Magnone und Lionel Terray bezwungen. Den schlanken Granitobelisken **Cerro Torre** (3128 m), dessen Westwand fast ständig in Eis gehüllt ist und dessen einfachste Gipfelroute die Note extrem schwierig trägt, eroberten 1959 der Österreicher Toni Egger und der Italiener Cesare Maestri.

Wie El Calafate dient auch das – erst 1985 gegründete und rasch wachsende – El Chaltén nurmehr als Ausgangspunkt für die Erschließung der Umgebung und hat außer einer passablen Infrastruktur nichts zu bieten.

Infos

Centro de Informes El Chaltén: Av. Perito Moreno 28, im Busterminal, Tel. 02962 49 33 70, www.elchalten.gov.ar (mit Trekkingkarte). **Centro de Visitantes Parque Nacional Los Glaciares:** am Ortseingang, Tel. 02962 49 30 04, tgl. 8–19 Uhr.

Übernachten

Feines Panoramahotel ▶ Los Cerros: am Westende des Orts, Tel. 02962 49 31 82 u. 011 52 77 82 00, www.loscerrosdelchalten. com. Das beste Hotel des Orts liegt auf einem Hügel mit weitem Blick, Restaurant. DZ 3200 $ inkl. Parkeintritt.

Estancia ▶ Estancia La Quinta: 2 km vor El Chaltén auf der linken Seite, Tel. 02962 29 30 12, www.estancialaquinta.com.ar, Mai–Okt.

geschl. Seit 100 Jahren unter Führung der Familie Halvorsen, Gästehaus, gutes Restaurant, Bergführer. DZ 170 US$.

Schöne Lodge ▶ El Puma: Lionel Terray 212, Tel. 02962 49 30 95, www.hosteriaelpuma.com.ar. Großzügige Zimmer, feines Restaurant. DZ 1100 $.

Gut für Busreisende ▶ Fitz Roy Inn: Av. San Martín 520, Tel. 02962 49 30 62, www.hosteriafitzroyinn.com.ar, im Winter geschl. 30 Zimmer, Restaurant, Sonderpreise vom Busunternehmen Cal Tur. DZ 400 $.

B & B ▶ Patagonia Travellers Hostel: Av. San Martín 493, Tel. 02962 49 30 19. Bar, Kochgelegenheit, Fahrräder. DZ 360–460 $.

Hotel, Hostel & Camping ▶ Hotel Lago del Desierto: Lago del Desierto 137, Tel. 02962 49 30 10 u. 49 32 45, www.hotellagodeldesierto.blogspot.com, Anfang Okt.–Mitte April. Mit Restaurant. DZ 200 $, Bungalow für 6 Pers. 700 $, Schlafsaal 80 $ p. P., Zelten 70 $ p. P.

Camping ▶ Madsen: 2 km außerhalb am Start des Wanderwegs zur Laguna Torre. Kostenloser Zeltplatz am Flussufer, ohne Infrastruktur. Weitere kostenlose und zumeist romantische Zeltplätze ohne Infrastruktur (Feuer machen verboten!) findet man entlang der Trekkingpfade, u. a. **Campamento Poencenot,** auf dem Weg zur **Laguna Los Tres,** sowie am Ufer der **Laguna Torre, Laguna Capri** und **Laguna Toro.**

Essen & Trinken

Eines der besten im Ort ▶ Ruca Mahuida: Lionel Terray 104, Tel. 02962 49 30 18. Tipp: Rehragout. 220 $.

Forellenpasta ▶ Estepa: Cerro Solo, Ecke Rojo, Tel. 02962 49 30 69, Mo geschl. Hausgemachte Pasta, auch Vegetarisches. 180 $.

Tipp: Bares in El Chaltén

In El Chaltén gibt es keine Bank und nur einen Geldautomaten im Busterminal, die wenigsten Hotels und Restaurants (auch nicht die einzige Tankstelle) akzeptieren Kreditkarten als Zahlungsmittel. Besucher sollten daher ausreichend Bargeld mit sich führen.

Provinz Santa Cruz

aktiv unterwegs

(Lama-)Trekking am Fitz Roy

Tour-Infos
Dauer: 1–8 Tage
Beste Jahreszeit: Okt.–April
Infos: Nationalparkbüro, s. S. 279
Geführte Touren: Fitz Roy Expediciones, San Martín 56, El Chaltén, Tel. 02962 49 31 78, www.fitzroyexpediciones.com.ar
Schwierigkeitsgrad: einfach bis sehr anspruchsvoll
Buchtipp: Trekking en Chaltén & Lago del Desierto von Miguel Ángel Alonso – detaillierte Beschreibung von 19 Trekkingwegen; das Buch ist in allen Buchhandlungen in El Chaltén erhältlich.

Weit hat gefehlt, wer denkt, nur ausgefuchsten Bergsteigern sei es vorbehalten, das Fitz-Roy-Massiv von Angesicht zu Angesicht zu erleben. Schon auf einer Tagestour zur Laguna Torre, zur Laguna Capri oder weiter zum Río Blanco und zur Laguna de los Tres kommt man den von Schründen und Eis- wülsten strotzenden Dolmen erstaunlich nahe. Von El Chaltén führen zahlreiche gut ausgeschilderte und meist auch relativ leicht begehbare Trekkingpfade in das Gebirgsmassiv. Einige der schönsten Wege starten von der etwas außerhalb des Orts gelegenen Hostería El Pilar, vielleicht die angenehmste Unterkunft in El Chaltén (s. S. 281). Das erforderliche Kartenmaterial und Auskünfte über Zeltplätze im Park bekommt man im Nationalparkbüro (s. S. 279).

Wer lieber eine geführte Tour unternehmen möchte, wendet sich am besten an das erfahrene Unternehmen Fitz Roy Expediciones, die verschiedene Wanderungen unterschiedlicher Länge und Schwierigkeit im Angebot haben, beispielsweise zum Cerro Torre oder zum kontinentalen Eisfeld. Hit der Agentur ist Lama-Trekking (für Pferde ist der Zutritt zum Nationalpark verboten) – die Tiere übernehmen den Gepäcktransport in die Zeltlager und sind auf ihren Samtpfoten dabei äußerst umweltfreundlich unterwegs.

Bistro ▶ Fuegia: Av. San Martín 342, Tel. 02962 49 32 43. Gefüllter Lammbraten, Forelle etc. in nettem Lokal. 160 $.
Rustikal ▶ La Tapera: Antonio Rojo, Ecke Cabo García, Tel. 02962 49 31 95. Cooles Restaurant mit Bar. 160 $.
Großes Biersortiment ▶ La Cervecería: Av. San Martín 564, Tel. 02962 49 31 09. Pizza und Bier, aber auch Lammbraten, Pasta und gute Gemüsespeisen. 140 $.

Termine
Fiesta Nacional del Trekking (1. Märzwochenende). Treffpunkt für Wanderfreaks.

Verkehr
Busse: Tgl. Verbindungen vom Busterminal, Av. Perito Moreno 28, mit Chaltén Travel, Cal Tur und Taqsa nach El Calafate (220 km) so- wie mehrmals wöchentlich nach Perito Moreno und San Carlos de Bariloche.

Lago del Desierto ▶ 3, A 33
Eine überwältigende Nordansicht bieten die neun Hauptgipfel des Fitz-Roy-Massivs dem Betrachter, der sich auf den Weg zum **Lago del Desierto** 6 macht. Die dem Lauf des Río de las Vueltas folgende, gut 30 km lange RP 23 (auch für normale Autos passierbar), stößt, Gebirgsbäche und Hängegletscher hinter sich lassend, an das von dichtem Naturwald umdunkelte Gewässer, dessen eigenartiger Namen ›Wüstenlagune‹ wohl nur seiner langen Orientierungslosigkeit zuzuschreiben ist: Erst 1994 wurde die 530 km² große Lagunenzone, lange umstrittenes Grenzgebiet der beiden Südandenstaaten, endgültig Argentinien zugesprochen.

Von El Chaltén nach Perito Moreno

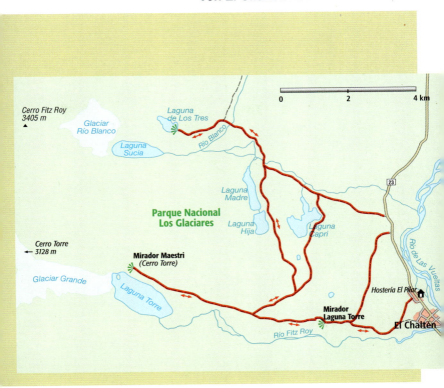

Übernachten

Pionierhaus ▶ **Hostería El Pilar:** RP 23 Km 17, auf dem Weg zum Lago del Desierto, Tel. 02962 49 30 02, www.hosteriaelpilar.com.ar, April–Okt. geschl. Im Stil der alten Pionierhäuser, 10 Zimmer, toller Blick auf den Fitz Roy, ideale Basis für die Wandertour zur Laguna de los Tres, Restaurant (Abendessen 180 $), keine Kreditkarten. DZ 720 $.

Von El Chaltén nach Perito Moreno

Karte: S. 270

Estancia La Maipú ▶ 3, A 33

Zum dritten großen, dem patagonischen Kontinentaleis vorgelagerten Smaragdspiegel, dem **Lago San Martín,** gelangt man vom Knotenpunkt **Tres Lagos** aus (Tankstelle) auf dem ca. 110 km langen Weg über die RP 31 und RP 33 zur bezaubernden **Estancia La Maipú** 7, zu der das älteste, als winziges Museum hergerichtete Pionierhaus der Region gehört.

Übernachten

Camping ▶ **Comisión de Fomento Tres Lagos:** Presidente Aramburu, Ecke Fausto Ballina, Tres Lagos, Tel. 02962 49 50 31. Warmwasser und Strom, sonst nur rudimentäre Infrastruktur.

Estancia La Angostura und Gobernador Gregores ▶ 3, C 32

Nach Tres Lagos zurückgekehrt, kommt der nach Norden Reisende auf der RN 40 am

281

Provinz Santa Cruz

Riesige Flächen Weideland benötigen die Estancias, damit ihr Vieh auf dem kargen Boden ausreichend Nahrung findet

fischreichen **Lago Cardiel** vorbei zu einer Wegkreuzung, an der links die alte Trasse der RN 40, jetzt RP 29, zur **Estancia La Angostura** 8 abzweigt. Die oasenhafte Farm bietet sich auf diesem einsamsten Streckenabschnitt zwischen Calafate und Perito Moreno als bester Übernachtungsplatz an. Geradeaus erreicht die neue RN 40 nach 57 km den 7000-Einwohner-Ort **Gobernador Gregores**, der über einfache Unterkünfte und einen Zeltplatz verfügt.

Übernachten

... in Gobernador Gregores:

Hosterías ► **Lago Cardiel:** Paradelo 395, Tel. 02962 49 14 88 u. 02966 15 58 39 80. WLAN, Restaurant. DZ 380 $. **Cañadón León:** Roca 397, Tel. 02962 49 10 82. 16 Zimmer, WLAN, Transport u. a. zum Nationalpark Perito Moreno, Restaurant. DZ 400 $.

Camping ► **Nuestra Señora del Valle:** Roca, Ecke Chile, Tel. 002962 49 12 28 u. 49 12 59. Kostenlos, mit Warmwasser.

Von El Chaltén nach Perito Moreno

Parque Nacional Perito Moreno
▶ 3, A/B 32

Das nächste lohnende Ziel ist der **Parque Nacional Perito Moreno** 9 mit der **Estancia La Oriental.** Eine ungefähr 90 km lange Stichstraße, die RP 37 (Abzweigung von der RN 40 ca. 6 km nördlich vom Hotel Las Horquetas, das – Vorsicht – kein Hotel ist), führt zum 1150 km² großen, vom elektrischen Blau seiner acht Seen beleuchteten Reservat, in dem Pumas, Füchse, Wildkatzen, Andenhirsche, Papageien, Adler und vor allem Kondore (in der Felswand direkt gegenüber der Estancia) zu Hause sind. Sieben der vom monumentalen Amphitheater der Bergketten umschlossenen Seen entwässern ineinander und dann zum Pazifik. Das Gestein birgt Höhlen, Tehuelche-Malereien (am Cerro Casa de Piedra) und über 50 Mio. Jahre alte Fossilien von Bäumen und Meerestieren. Ewig schneegekrönter König der Region ist der **Monte San Lorenzo,** mit 3706 m die höchste Erhebung der argentinischen Südkordillere und begehrte Trophäe vieler Andinisten.

Übernachten

Schöne Gebirgslage ▶ **Estancia La Oriental:** RP 37, Tel. 02962 45 21 96 u. 011 41 52 69 01, Reservierungen auch unter Tel. 011 52 37 40 43, www.estanciasdesantacruz.com/La Oriental/laoriental_e.htm, Okt.–März. 7 Zimmer oberhalb des Lago Belgrano, gute Küche (23 US$ mittags, 45 US$ abends), Minibus für Exkursionen. DZ 175 US$.

… bei Gobernador Gregores:
Familiär ▶ **Estancia La Angostura:** RP 29 Km 91,5 oder RN 40 Km 2352,5 (ausgeschildert), ca. 180 km nördlich von Tres Lagos, Tel. 02962 49 15 01 u. 011 52 37 40 43, www.estancialaangostura.com.ar, nur 15. Okt.–Ostern. Eine familiäre Oase 4 km westlich der RN 40, Unterkunft für max. 23 Pers., leckere Hausmannskost (230 $ ohne Getränke), Birdwatching, Flamingolagune, Adlerhorste. DZ 880 $.

Lago Posadas und Cuevas de las Manos ▶ 3, A–C 31

Wieder auf der RN 40, stößt man ca. 100 km weiter nördlich auf den Knotenpunkt **Bajo Caracoles,** einen Weiler mit 90 Einwohnern, einer Tankstelle (ohne Gewähr) und einer einfachen Unterkunft. Hier zweigt die 72 km lange RP 39 zum **Lago Posadas** 10 und zum **Lago Pueyrredón** ab. Für Reisende mit eigenem Fahrzeug, die auf der Weiterfahrt gen Norden sind, bietet sich hier ein lohnender Schlenker durch Chile an (s. S. 285).

Argentiniens reichste Fundstätte von Felsmalereien, die **Cuevas de las Manos** 11

Provinz Santa Cruz

(›Höhlen der Hände‹) in der Schlucht des Río Pinturas, erreicht man von Bajo Caracoles auf einer rund 45 km langen Stichstraße. Leider mussten die von vandalisierenden Graffitti-Enthusiasten und Andenkenjägern teilweise beschädigten Felsbilder inzwischen durch engmaschige Sperrgitter geschützt werden (s. S. 286, www.cuevadelasmanos. org, tgl. 9–19 Uhr, Führungen alle 1–2 Std., 80 $).

Übernachten

... am Lago Pueyrredón:

Estancia von 1920 ▶ Estancia Suyai: ca. 25 km hinter dem Ort Lago Posadas (in Karten auch Hipólito Yrigoyen) über die Landbrücke zwischen den beiden Seen Posadas und Pueyrredón, 9 km weiter am Westufer bis zur chilenischen Grenze, Tel. 02963 49 02 42, www.suyaipatagonia.com.ar. Zur Zeit ihrer Gründung Knotenpunkt des regionalen Wollhandels mit Chile. Windsurfen, Trekking, Ausritte, Mountainbiken, Fischen etc. Mahlzeiten 180 $ (ohne Getränke), Zelten 50 $ p. P., DZ 550 $.

Camping ▶ El Tío: gleich nach der Landbrücke, Tel. 02963 49 02 41, www.eltiocamping.com.ar. Direkt am See, Warmwasser, kein Strom auf dem Zeltplatz. Bungalow für 2 Pers. 1100 $, Zelten 50 $ p. P.

... am Lago Posadas:

Mit Bungalows ▶ La Posada del Posadas: RP 39, Lago Posadas, Tel. 02963 49 02 05, www.delposadas.com.ar. Landhotel, Restaurant, archäologische Ausflüge zum Cerro de los Indios, ganzjährig geöffnet. DZ 550 $.

Freundlich ▶ Río Tarde: Las lengas 415, Tel. 02963 49 02 66 u. 011 52 37 40 43, www.riotarde.com.ar, nur Sept.–April. Freundliches Haus im Ort, 7 km vom Seeufer, 7 Zimmer, Kulturzentrum und Aussichtsturm. DZ 550 $.

Perito Moreno und Los Antiguos ▶ 3, B 30

Eine 64 km lange Asphaltstraße verbindet das Dienstleistungszentrum **Perito Moreno** [12] mit dem am **Lago Buenos Aires** vor sich hinträumenden Städtchen **Los Antiguos** [13]. Seine Lage an dem wärmespeichernden See

hat dem Ort nicht nur ein gesegnetes Mikroklima für den Obstanbau (vorwiegend Kirschen), sondern auch alten Menschen – daher der Name Los Antiguos – bekömmliche Temperaturen beschert. Diese milde Ecke am zweitgrößten Wasserspiegel Südamerikas war das Seniorenheim der Tehuelche.

Von Perito Moreno führt eine der wichtigsten Querachsen Patagoniens, die asphaltierte RP 43, zur Atlantikküste (ca. 310 km bis Caleta Olivia, 390 km bis Comodoro Rivadavia). Wer das nächste große Highlight im Norden, den Parque Nacional Los Alerces (s. S. 291) zum Ziel hat, sollte die spannendere Strecke durch Chile wählen (s. S. 285).

Infos

Dirección de Turismo: Av. San Martín 2005, Ecke Gendarmería Nacional, Perito Moreno, Tel. 02963 43 27 32, www.peritomoreno.tur. ar, tgl. im Winter 8–20, im Sommer 7–23 Uhr. **Dirección de Turismo:** Lago Buenos Aires 59, Los Antiguos, Tel. 02963 49 12 61, www. losantiguos.tur.ar, tgl. im Winter 8–20, im Sommer 8–24 Uhr.

Übernachten

... in Perito Moreno:

Am Seeufer ▶ Hostería Antigua Patagonia: RP 43, Acceso Este, Tel. 02963 49 10 38, www.antiguapatagonia.com.ar. Am Lago Buenos Aires, mit Sauna. DZ 832 $.

Preiswert ▶ Posada del Caminante: Rivadavia 937, Tel. 02963 43 22 04. Drei sehr gepflegte Zimmer mit Bad, besser und preiswerter als ein Hotel. DZ 500 $.

Camping ▶ Municipal: Mariano Moreno, Ecke Paseo Julio A. Roca, ca. 50 m von der Hauptstraße entfernt, Tel. 02963 43 21 30. Baumschatten, Windschutz, saubere Toiletten, warme Duschen, Bungalows. 10 $ p. P., 20 $/Zelt, Bungalow für 4 Pers. 300 $.

... außerhalb:

Landhotel ▶ Refugio de Rocas: Chacra 127, Parcela 10, 2 km von Los Antiguos, Tel. 0297 15 401 07 87, www.refugioderocas.com. Sechs Zimmer in rustikalem Landhotel inmitten von Kirschplantagen an der Mündung des Río Los Antiguos. Mit Spa und Restau-

Von El Chaltén nach Perito Moreno

Tipp: Die chilenische Carretera Austral

Von Bajo Caracoles muss der RN-40-Tourist nahezu 500 vergleichsweise ereignislose Kilometer nach Norden zurücklegen, um die nächste große Attraktion der Strecke, den Parque Nacional Los Alerces (s. S. 291), zu erleben. Da bietet sich die in jeder Hinsicht naheliegende Alternative an, eine Schnupperschleife durch Chile zu ziehen, die der malerischen Carretera Austral ›Landstraße des Südens‹ folgt. Drei Optionen sind möglich: von Bajo Caracoles aus (direkt oder über den Ort Lago Posadas) in die RP 41 einzufädeln, die am Paso Rodolfo Roballos die Grenze passiert und rund 80 km weiter, unweit Cochrane, auf die Carretera Austral stößt; oder aber weiter nördlich von Perito Moreno aus über Los Antiguos die Grenze anzusteuern und von Chile Chico entweder mit der Fähre nach Puerto Ingeniero Ibáñez (im Sommer tgl.) überzusetzen oder entlang dem Südufer des Lago Buenos Aires (in Chile: Lago Carrera) nach rund 110 km ab Chile Chico hinter

Puerto Guadal auf die Carretera Austral zu treffen. Die erste Variante hält überraschende Panoramen auf Berge und Schluchten bereit (wenige Kilometer vor der Grenze ist der kleine Río Ghío zu durchfahren; notfalls leistet der Verwalter der benachbarten Estancia mit seinem Jeep Schlepphilfe); die zweite empfiehlt sich für Touristen ohne eigenes Fahrzeug und die dritte bietet vom Hochufer aus grandiose Blicke über den See und die Andenkulisse.

Man sollte die Carretera Austral nicht schon wieder bei Balmaceda (langweilige Steppenlandschaft) verlassen, sondern über Coihaique bis zum Weiler Villa Santa Lucía weiterfahren (ca. 330 km ab Coihaique) und ihr dann am schönen Lago Yelcho und am Río Futaleufú entlang bis zur Grenze (60 km) folgen. Von da aus ist es nur noch ein Pumasprung bis zum Parque Nacional Los Alerces. Entlang der Strecke gibt es zahlreiche Campingplätze und Unterkünfte.

---

rant, Trekking-, Bike- und Reitausflüge. DZ 820 $.

In der Nähe der Höhlenmalereien ▶ Estancia Cueva de las Manos: Auf der RN 40, auf halbem Weg zwischen Bajo Caracoles und Perito Moreno (ausgeschildert), Tel. 02963 43 22 07 u. 0297 15 623 88 11, www.cuevadelasmanos.net, nur Okt.–April. Zu den Höhlenmalereien, die sich auf dem Gelände der Estancia befinden, geht es zu Pferd. 9 Zimmer, 1 Bungalow und 2 Schlafsäle für je 18 Pers., Mahlzeiten 180 $ ohne Getränke. DZ 690 $, im Schlafsaal 180 $ p. P., Bungalow für 6 Pers. 1150 $.

… in Los Antiguos:

Komfortabel ▶ Hotel Los Antiguos Cerezos: Av. 11 de Julio 850, Tel. 02963 49 11 32. Verfügt auch über ein Restaurant. DZ 450 $.

Essen & Trinken

… in Perito Moreno:

Preiswert ▶ Kimey: 9 de Julio 1453, Tel. 02963 43 24 84. Pasta, gutes Fleisch. 120 $.

Aktiv

Auf eigene Faust ▶ Monte Zeballos: Nur im Sommer und nur mit einem 4WD kann man die einsame Route vom Lago Buenos Aires auf den 1500 m hohen Monte Zeballos befahren (128 km). Genaue Wegbeschreibung auf www.losantiguos.tur.ar.

Touren ▶ Las Loicas Transporte de Turismo y Aventura: Las Lengas, Ecke Cóndor Andino, Los Antiguos, Tel. 02963 49 02 72, www.lasloicas.com. Zu Fuß, per Pferd oder Geländewagen in den Parque Nacional Perito Moreno und zum Cerro San Lorenzo.

Verkehr

Busse: Tgl. von Perito Moreno nach Los Antiguos, Comodoro Rivadavia und El Calafate. Von Los Antiguos mehrmals tgl. mit den chilenischen Unternehmen Acotrans und Transfer Patagonia über die Grenze (10 km) nach Chile Chico; von dort mit Transportes Ales, Tel. 0056 (0)67 41 17 39, zur Carretera Austral und nach Cochrane.

Provinz Santa Cruz

Höhlenmalereien am Río Pinturas

Vor über 9000 Jahren ging das Feuer in den Höhlen aus. Einen Eindruck von seiner wärmenden Kraft vermitteln heute noch die Wandmalereien: Rote, gelbe, ockerfarbene Abbilder von Menschen, Tieren, Symbolen – vor allem Händen, 829 an der Zahl – leuchten uns entgegen, wenn wir unter einem der gewaltigen Felsdächer in der Schlucht des Río Pinturas stehen.

In 90 m Tiefe der glitzernde Faden des Flusses, in schwindelnder Höhe die kaskadenartige Steilkante des Cañadón, dazwischen eine kilometerlange Kette von Grotten, bis zu 24 m tief und geschmückt mit kultischen Zeichen, über deren Bedeutung man bis heute rätselt. Wer waren die Urheber dieser farbigen Zeichen? Wie sind diese grazilen Hände zu erklären? Warum wurden sie mit anekdotischen Darstellungen wie Jagdszenen in Zusammenhang gebracht? Welche Aussage liegt Positiv- oder Negativabdrücken zugrunde? Und vor allem: Wieso bilden nur 36 Konturen rechte, alle anderen linke Hände ab? Fragen über Fragen. Die **Cuevas de las Manos,** die ›Höhlen der Hände‹, schweigen.

Unfähig, den mystischen Gehalt der Felsbilder zu entschlüsseln, hat sich die Wissenschaft an die Substanzanalyse gemacht. Die für die Farbgebung verantwortlichen Mineralien, jeweils mit Gips oder Tonerde kombiniert, decken eine breite Skala von Pastelltönen ab. Im dominierenden Rot-Gelb-Segment lieferten die Eisenoxide Hämatit und Magnetit die Stufen vom Vermeil über Hellrot bis zum Ocker, Natrongesteine die Gelbtöne; als Weißpigment dienten Illite; Schwarz ergaben Manganerz oder Holzkohle. Der Gips wurde, um ihn abbindungsfähig zu machen, erhitzt, eine Technik, zu der es bisher nur eine – von Archäologen 1977 im Maghreb entdeckte – Parallele geben soll. Zum Anteigen

der Farbsubstanzen wurden vermutlich auch Knochenmark und Fett von Tieren verwandt. Vor allem der Tatsache, dass die Zeichnungen in den Kuppeln der Höhlen über einen so langen Zeitraum ihre ursprüngliche Leuchtkraft bewahrten, verdankt die Fundstätte das Prädikat, die Sixtinische Kapelle der prähistorischen Kunst Patagoniens zu sein.

Angesichts ihrer Bedeutung konnten die Felsmalereien vom Río Pinturas sowie der benachbarten Cueva Grande am Nebenfluss Arroyo Feo, des Alero (›Felsdach‹) Charcamata und einem Dutzend anderer Verstecke nicht den üblichen Klassifizierungsversuchen entgehen. Nachfolgend die geläufigste Einteilung:

Primitive Epoche (7370–5430 v. Chr.): Vorherrschend sind figurenreiche Jagdszenen mit bis zu zwölf Menschen und Dutzenden von Guanakos. Punkte lassen sich als Flugspuren von Schleuderkugeln deuten. Die begleitenden Negativabdrücke von Händen wurden durch Auflegen der Hand auf den Fels und Aufblasen (mittels eines Röhrchens) der Pigmentpräparation erzielt. Dabei zeichnete die Farbe die Silhouette der Hand nach. Die Palette reicht von Gelb über die verschiedensten Rottönungen bis zu Schwarz.

Mittlere Epoche (5430–1430 v. Chr.): Im Gegensatz zur Primitiven Epoche mit ihrem dynamischen Bildaufbau erstarren die Darstellungen nun zu statischen Einzelbildern – be-

Cueva de las Manos

Thema

wegungslose Guanakos mit dicken Bäuchen und Streichholzbeinen, stilisierte anthropomorphe und biomorphe Figuren, Schlangenlinien und Rosetten. Zahlreiche Hände und Weiß als dominierende Farbe kennzeichnen diesen Abschnitt.

Späte Epoche (1430 v. Chr.–1000 n. Chr.): Bei weiter eingeschränkter Motivwahl treten zunehmend schematisierte, geometrische Elemente auf, z. B. Zickzacklinien oder aneinander stoßende Dreiecke, Strichmännchen, aber auch viele Hände in Weiß auf rotem Grund. Ein leuchtendes Rot ist der bestimmende Farbton.

Anders als die anderen Bildmotive scheinen die Hände eine Botschaft vermitteln zu wollen. »Hat die überwältigende Anzahl linker Hände etwas mit der Herzseite des Menschen zu tun?«, fragen sich die Anthropologen. Vom besten aller Tehuelche-Kenner, dem Forscher George Chaworth Musters, der auf seinen Recherchen jahrelang mit den Indianern Patagonien erkundete (»At home with the Patagonians«), wissen wir, dass der vorherrschende Charakterzug seiner Weggefährten sich in der Liebe zu ihren Frauen und Kindern und dem Glauben an die Existenz eines guten Geistes manifestierte.

Bis heute gibt die Deutung der Zeichnungen in den ›Höhlen der Hände‹ Rätsel auf

Provinz Chubut

Die Provinz Chubut ist zweigeteilt: im Süden endlose, eintönige Steppe, nur unterbrochen von den beiden Andenseen Fontana und Vintter, im Norden das gut erschlossene, aber noch nicht überlaufene Gewässernetz des Parque Nacional Los Alerces mit seinem uralten Baumbestand und der Regenwald um den Lago Puelo im gleichnamigen Nationalpark bei El Bolsón. Die Lust auf Abenteuer und das Bedürfnis nach Natureinsamkeit werden in dieser Region gleichermaßen befriedigt.

Esquel ▶ 3, A 26

Karte: S. 290

Die freundliche, 1906 von walisischen Siedlern gegründete Kreisstadt **Esquel** 1, in den letzten Jahren rasch auf 32 000 Einwohner angewachsen, ist ein guter Ausgangspunkt für Ausflüge in die Umgebung, vor allem in den Parque Nacional Los Alerces (s. S. 291). Die Kleinstadt hat sich einem naturnahen Tourismus und einer sauberen Umwelt verschrieben. Unter anderem wurde 1991 die geplante unterirdische Einlagerung von 3000 Atommüllbehältern in der Nachbarregion Gastre abgewendet. Die einzige erlaubte Verschmutzung ist nostalgischer Art und entstammt den alten Dampflokomotiven, die den geliebten Patagonien-Express 400 km über die Meseta ziehen (s. S. 289).

Infos

Secretaría de Turismo: Av. Alvear, Ecke Sarmiento, Tel. 02945 45 19 27, www.esquel.gov. ar, tgl. im Winter 8–22, im Sommer 7–23 Uhr.

Übernachten

Schöne Lage ▶ **Hostería Canela:** Los Notros 1440, Villa Ayelén, Tel. 02945 45 38 90, www.canelaesquel.com. B & B mit großen, lichten Zimmern. DZ 790 $.

Funktionell ▶ **Tehuelche:** 9 de Julio 831, Ecke Belgrano, Tel. 02945 45 24 20/21, www.

cadenarayentray.com.ar. Modern-funktionell, aber nicht öde, Bar und Restaurant. DZ 621 $.

Zentral ▶ **Sol del Sur:** 9 de Julio 1086, Ecke Sarmiento, Tel. 02945 45 21 89, www.hsoldel sur.com.ar. Gediegen, gute Mittelklasse, empfehlenswertes Restaurant. DZ 470 $.

Freundlich ▶ **Hostería Angelina:** Av. Alvear 758, Tel. 02945 45 27 63, www.hosteriaange lina.com.ar. Familiär, zentral gelegen, bestes Preis-Leistungs-Verhältnis. DZ ab 450 $.

Waliser B & B ▶ **Hostería La Chacra:** RN 259 Km 5, vor dem Südeingang vor Esquel, Tel. 02945 45 28 02, www.lachacrapatagonia. com. In der Waliser Tradition, die die Gründerjahre von Esquel prägte. DZ 400 $.

Cabañas ▶ Die empfehlenswertesten der vielen Blockhausanlagen sind **Pucón Antú,** Chacabuco 1800, Tel. 02945 45 40 53 (5 Pers. 500 $); **Villa Azul,** RP 259 Richtung Trevelín, Tel. 02945 45 36 38 u. 45 02 41, www.caba nasvillaazul.com.ar (2 Pers. 320 $).

Camping ▶ **La Colina:** Darwin 1400, Ecke Humphreys, auf einem Hügel am Stadtrand, Tel. 02945 45 52 64, www.lacolinaesquel. com.ar. Camping auf 4 ha, auch Hostel. DZ 250 $, im Schlafsaal 120 $ p. P., Zelten 40 $ p. P., 35 $/Auto (einmalig).

Essen & Trinken

Regionale Küche ▶ **La Bodeguita de Cumbres:** Ameghino 1683, Tel. 02945 45 51 00, www.cumbresblancas.com.ar. Hotelres-

Tipp: Der Alte Patagonien-Express

Beeindruckender könnte sich die Weite Patagoniens nicht offenbaren als angesichts der nur 75 cm breiten Spur, die, unauffällig wie die Rillen eines Handkarrens, zwischen den Grasbüscheln die Meseta durchläuft. Gleich einer Modelleisenbahn zuckelt der *trencito*, das ›Zügelchen‹, pfeifend über das Schmalspurgleis, das Esquel einst mit dem 402 km entfernten Ingeniero Jacobacci verband. Von 1935 bis 1992 zogen die 1922 gebauten Baldwin- und Henschel-Lokomotiven ihre Waggons durch die Steppe. Transportiert wurden Lebendvieh, Wolle, Holz, Obst und Passagiere. Der furiose Wind sorgte schon mal für eine Entgleisung, der Schnee für einen Nasenstüber oder eine wandelnde Kuh für einen Zusammenstoß. So anstrengend war diese Fahrt, dass die betagten Maschinen – deren Ersatzteile heute im Ausbesserungswerk in El Maitén handgefertigt werden müssen – pro Streckenkilometer an die 100 l Wasser verprusteten. Findige Ingenieure (und gewitzte Schienenlieferanten) erleichterten den fast 45 t schweren Dampfloks die Schweißarbeit, indem sie die Trasse über einen Zickzackkurs von 640 steigungsmindernden Kurven führten.

Heute werden nur noch zwei Teilstrecken befahren: 20 km zwischen Esquel und der Mapuche-Siedlung Nahuel Pan sowie 55 km zwischen Desvío Thomae und El Maitén, der Grenzstation zwischen den Provinzen Chubut und Río Negro. Wer die Fahrt in einem der ofenbeheizten Holzwaggons des **Viejo Expreso Patagónico** unternimmt, darf sich wie die Pioniere fühlen, die ihre ersten Häuser aus Eisenbahnschwellen erbauten.

Infos: Abfahrt am Bahnhof in Esquel, Roggero, Ecke Brun, Tel. 02945 45 08 82, www.patagoniaexpress.com/el_trochita.htm, (Jan./Febr. Mo–Sa, März Di–Sa, April–Dez. nur Sa, 250 $).

Liebevoll auch La Trochita, ›die kleine Spur‹, genannt: der Viejo Expreso Patagónico

Provinz Chubut

Pizza ▶ **Patagonia Winds:** General Roca 445, Tel. 02945 15 46 99 37, Di–So abends. Hier bekommt man gute Pizza und gute Empanadas. 150 $.

Aktiv
Rafting ▶ **Frontera Sur:** Av. Alvear, Ecke Sarmiento, Tel. 02945 45 05 05, www.fronterasur.net. Touren auf dem Río Corcovado ca. 96 km südlich von Esquel.

Verkehr
Züge: Viejo Expreso Patagónico (s. S. 289).
Flüge: 4 x wöchentlich mit Aerolíneas Argentinas nach Buenos Aires. Flughafen: RN 40, 21 km östlich, Tel. 02945 45 13 54.
Busse: Tgl. mit Vía Bariloche über El Bolsón und Bariloche nach Buenos Aires (22 Std.). Nach Chile (via Trevelín) fährt Transportes Jacobson. Mar y Valle verbindet mit Puerto Madryn und Andesmar mit Mendoza.

Südliche Provinz Chubut
▶ 3, A/B 27/28

Karte: links

Wer seinen Weg von Esquel zu den Highlights im Süden fortsetzen möchte, hat auf dem gut 500 km langen Routenabschnitt der RN 40 nach Perito Moreno in der Nachbarprovinz Santa Cruz eine Durststrecke zu bewältigen. Gelegentliche Abstecher zu Seen am Fuße der Anden, die vom Tourismus fast noch unentdeckt sind, vermögen mit der langen Fahrt zu versöhnen. (Man kann diesen Abschnitt auch ganz umgehen und auf die landschaftlich zauberhafte Carretera Austral nach Chile ausweichen, s. S. 285.)

Die erste Gelegenheit dazu bietet sich etwa 160 km südlich von Esquel bzw. 17 km vor **Gobernador Costa** (Tankstelle), wo eine 90 km lange Piste in das ausgedehnte Lagunengebiet südlich des **Lago General Vintter** vorstößt. Allerdings ist dieser Abstecher im Wesentlichen nur für Angler interessant. Unter den von eins bis fünf nummerierten Lagunen ist die von Südbuchenwald eingefasste **Laguna No. 4** die reizvollste. Ein nördlicher

taurant mit guter Küche – Geräuchertes, Forellen, Lammbraten, ausgewähltes Weinsortiment. 220 $.

Fusionküche ▶ **El Mirador:** Los Cipreses 1195, Villa Ayelén, Tel. 02945 15 69 90 56, www.restaurantelmirador.com.ar. Erstklassige Speisen mit regionalen Zutaten. 220 $.

Abzweig zum Lago Vintter dringt bis zu den **Lagunas del Engaño** vor. Ausgangsbasis ist jeweils der Weiler **Río Pico** **2**.

Ein zweiter, rund 60 km langer Seitenweg führt 140 km hinter Gobernador Costa von **Alto Río Senguer** (mit Tankstelle) zum **Lago Fontana** **3**. Den lichtblauen See umrunden zwei Uferstraßen, von denen die nördliche Naturwald bis zum Lago La Plata durchläuft. Wieder zurück in Alto Río Senguer und auf der RN 40, sind es noch gut 200 km über **Río Mayo** (Tankstelle) nach Perito Moreno (s. S. 284).

Infos

Dirección de Turismo: Aguado 46, Gobernador Costa, Tel. 02945 49 10 04, www.guia patagonia.net/GOBERNADORmunicipio.html.
Secretaría de Turismo: Plaza San Martín, Río Pico, Tel. 02945 49 21 14, www.guia patagonia.net/riopico.html, Mai–Okt. 10–17, Nov.–April 9–21 Uhr.
Información Turística: Av. San Martín, Ecke Juan de la Piedra, Alto Río Senguer, Tel. 02945 49 71 43, www.riosenguer.gov.ar, im Sommer tgl. 8–22 Uhr.

Übernachten

… in Gobernador Costa:
Einfach ▶ Hostería Doña Rosa: Av. Roca, an der Ortseinfahrt, Tel. 02945 49 10 97, ganzjährig geöffnet, Restaurant. DZ 340 $.
Camping ▶ Municipal: Av. 2 de Abril, Ecke Los Suecos, Tel. 02945 49 10 03. Mit Infrastruktur. Bungalow für 4 Pers. 400 $, Zelten 20 $ p. P., 80 $/Zelt.
… in Río Pico:
Bungalows ▶ Cabañas La Bahía: Laguna No. 1, Tel. 02945 15 68 67 26, www.riopico labahia.com, nur Nov.–März. Bungalow für 4 Pers. 550 $.
Großes Sportangebot ▶ Hotel Los Lupinos: RP 19, auf dem Weg zum Lago Vintter, Tel. 02945 15 46 73 11, www.loslupinoshotel.com.ar, nur Nov.–Mai. Inmitten eines 14 ha großen Parks, 22 Zimmer, Restaurant (180 $). Trekking, Reiten, Angeln. DZ 420 $.
Camping ▶ Municipal: Laguna No. 3, nur Nov.–Mai. Warmwasser, Strom, 20 $ p. P., 100 $/Zelt, Bungalow für 4 Pers. 400 $.

… am Lago General Vintter:
Camping & Cabañas ▶ Nikita: RP 44, am Südufer, Tel. 0294 15 460 17 01 u. 011 49 82 99 56, nur Nov.–April. Warmwasser, Essplatz, Bungalows, deutschsprachige Eigentümer. Zelten 70 $ p. P., Bungalow 250 $ p. P. bzw. für 4 Pers. 900 $.
… in Alto Río Senguer:
Freundlich ▶ Betty Jay: Av. San Martín s/n, Tel. 02945 49 71 87. Einfach, Restaurant, Internet, ganzjährig geöffnet. DZ 400 $.
Bei Lkw-Fahrern beliebt ▶ La Tradición: Ameghino s/n, Tel. 02945 49 70 52 u. 15 69 95 41. Ebenfalls sehr einfache Unterkunft, mit Restaurant (auf Anfrage gibt es Lammbraten). DZ 250 $.
… in Río Mayo:
Traditionshaus ▶ Viejo Covadonga: Av. San Martín 573, Tel. 02903 42 00 20. Altes Hotel mit vielen Relikten aus den goldenen Jahren der Schafzucht, im Restaurant gibt es echtes Lamm-Asado auf patagonische Art. DZ 440 $, Zelten erlaubt.

Essen & Trinken

… in Río Pico:
Preiswert ▶ La Casona del Tío: San Martín s/n, Tel. 02945 49 21 63. Fisch, Pasta und Parrilla. 120 $.

8 Parque Nacional Los Alerces ▶ 3, A 26

Karte: links

Zu Esquels Füßen liegen die dem Raunen der ältesten erhaltenen Lebewesen – 4000 Jahre alten Alercen – nachhorchenden Wälder, Seen und Gletscher des **Parque Nacional Los Alerces.** In Unkenntnis dieses Zypressengewächses benannten es die ersten Spanier nach dem nächstähnlichen Nadelbaum, der Lärche *(alerce, Fitzroya cupressoides).* Das über 2600 km² große Reservat, noch ohne den Weltruf eines touristischen Muss, vereint in sich die Merkmale der schönsten Alpengewässer – mit einem großen Unterschied: Es gibt so gut wie keine Uferbebauung sowie weniger als ein Hundertstel der

Provinz Chubut

Smaragdfarbene Seen, uralter Baumbestand und (bisher) kaum Touristen machen den Parque Nacional Los Alerces zu einem der Highlights der patagonischen Anden

Besucher, die an vergleichbaren mitteleuropäischen Seen zu finden sind.

Auf direktem Weg gelangt man in den Nationalpark auf einer – von Esquel aus – 42 km langen Asphaltstraße. Man kann aber auch einen kleinen Umweg über das Städtchen **Trevelín** 4 (*tre* = Dorf, *velín* = Mühle) machen, wie Esquel eine walisische Gründung. Sehenswert ist hier die erste Getreidemühle der Provinz Chubut von 1922, in der heute das **Museo Regional Molino Andes** untergebracht ist (Molino Viejo 448, Tel. 02945 48 05 45, Mo–Fr 11–20, Sa/So 14–18.30 Uhr,

60 $). Von Trevelín aus werden auch Besichtigungen des Kraftwerks am **Embalse Amutui Quimei** im südlichen Parkteil organisiert.

Das am Südufer des **Lago Futalaufquen** liegende Interpretationszentrum unterrichtet über die kleinen und großen Ausflugsziele im Nationalpark: vom Spaziergang zum Wasserfall **Cinco Saltos** (3 Std.) bis zum Trekking an den **Lago Krüger** (2 Tage), vom Aufstieg auf den **Cerro Alto El Dedal** (8 Std.) bis zum Bootstrip an den **Alerzal** (Alercenwald) zwischen dem Nordarm des Lago Menéndez und dem Lago Cisne. Der ›Methusalem‹ un-

Parque Nacional Los Alerces

ufernah die Arrayanes (Myrten) und Coihues; darüber Colihue-Rohrstauden, erst mit Ñires, dann mit Lengas vermischt; schließlich nur noch zu Krüppelholz deformierte Lengas, die sich weiter oben zwischen Büschelgras und den die Felsen einspinnenden Flechten verlieren. Erstes Fahrtziel der von Süden Kommenden ist das hinter **Puerto Limonao** (Mole, organisierte Angeltouren) am Westufer des Lago Futalaufquen liegende Blockhauskastell der Hostería Futalaufquen (Straßenende). Ein Schwenk zurück um das Südufer führt am Ostrand des Sees, seinem Nordarm und dem Río Arrayanes entlang bis zur Hängebrücke am **Lago Verde,** nach deren Überquerung man über einen 1 km langen Waldpfad zum Bootsanleger **Puerto Chucao** gelangt. Von Ferne zeigt der Cerro Tordecillas sein weißes Gletscherantlitz, während im Spätsommer im Vordergrund die roten Früchte von Tausenden von Hagebuttensträuchern, einer eingeschleppten Plage, in der Sonne leuchten.

Weiter geht die Fahrt am Río, dann am **Lago Rivadavia** entlang, bis man etwa 70 km nach Villa Futalaufquen den Ort **Cholila** 5 (Tankstelle) erreicht, das nördliche Eingangstor zum Nationalpark und einst das Räubernest der Butch-Cassidy-Bande (s. S. 294). Deren Unterschlupf, eine alte Holzhütte, steht nördlich von Cholila in El Blanco an der RP 71. Mithilfe eines 100 000-Dollar-Kredits der Interamerikanischen Entwicklungsbank sollte der Ort in ein Museum umgewandelt werden, doch Besitzstreitigkeiten haben das Projekt vorerst auf Eis gelegt. Einige Belege aus dem Lebens des Gauner-Trios sind im **Museo Leleque** auf der gleichnamigen Estancia zu sehen (▶ 3, A/B 25, RN 40 Km 1440, Do–Di 11–17 Uhr).

ter den hier zu bewundernden Alercen ist 2600 Jahre alt, 57 m hoch und hat einen Stammdurchmesser von 2,20 m. Die fast doppelt so alten, seit 4000 Jahren am Ufer des Südarms heimischen Alercen sind vor jeder touristischen Invasion geschützt; nur noch drei andere Alercenwälder (einer davon bei Puerto Montt in Chile) gibt es auf der Welt.

Aber selbst ›Autowanderer‹ kommen beim Durchstreifen dieses Naturparadieses auf ihre Kosten. Die verschiedenen Vegetationsgürtel der Bergwälder liefern ein lebendiges Beispiel für Nischensuche und natürliche Zonierung:

Infos

Intendencia Parque Nacional Los Alerces: in Villa Futalaufquen, Tel. 02945 47 10 15 u. 47 10 20 int. 23, www.parquesnacionales.gob.ar, tgl. im Sommer 8–21, im Winter 9–16 Uhr. Bergbesteigungen und Trekkingvorhaben hier registrieren! Parkeintritt 65 $.

Área de Turismo: Cholila, Tel. 02945 49 80 40, www.turismocholila.gov.ar, Mo–Fr 8–14 Uhr.

293

Provinz Chubut

Gruppenbild mit Dame   Thema

Dass die endlose Weite Patagoniens den besten Schutz vor Verfolgern bot, wussten vor allem Banditen zu schätzen – auf der Flucht vor dem Arm des Gesetzes. Zwei holländischen Seeleuten, die die Bank von San Julián ausgeraubt und auf einem Motorrad mit Beiwagen das Weite gesucht hatten, wurden die schwer einzuschätzenden Entfernungen allerdings zum Verhängnis: Ihnen ging das Benzin aus.

Ihre nordamerikanischen Vorbilder von 1905 wären, was viel sicherer war, auf Pferden davongeritten. Das Reiten hatten Robert Leroy und Harry Longabaugh als Cowboys in ihrer Heimat Utah gelernt, bevor die Polizei sie dort als Viehdiebe verfolgte. Vielleicht war das ein Fehler, denn nun wurden sie zu Bank- und Eisenbahnräubern, und zwar so erfolgreich, dass sich Autoren von ihren Gangsterstückchen anregen ließen und sie selbst sich die Künstlernamen Butch Cassidy und Sundance Kid zulegten. Mit dem Ruf ihrer Reitfertigkeit wetteiferten die Legenden von ihrer Treffsicherheit. Zielansprachen hatten sie im Galopp geübt. Mit der aus dem Holzfutteral gezogenen Parabellum ließen sie an den Telegrafenstangen die Isolatoren zerplatzen, ehe ihnen, später in Patagonien, sogar das Durchschießen der Drähte gelang. Doch noch geschickter soll Etta Place, die Dritte im *wild bunch,* mit ihrer Kanone umgegangen sein. Dafür hat der Gouverneur von Chubut sich persönlich verbürgt. Als ahnungsloser Gast des charmanten Trios überzeugte er sich in Cholila seinerzeit von der Feuerkraft der Räuberbraut. Aber wie waren die drei an dieses Ende der Welt gekommen?

Als heiß verfolgte Spitzenkunden der Detektei Pinkerton landeten die Gangster ihren letzten heimatlichen Coup in Form eines Kassensturzes bei der First National Bank von Winnemucca in Nevada. Beim Direktor der Kreditanstalt bedankten sie sich nach dem Überfall mit einem Gruppenfoto für die fette Beute. Eigentlich hatten sie sich nur das Fahrgeld für eine Schiffsreise nach Buenos Aires besorgen wollen, aber nun reichte es sogar zum Kauf einer hübschen Latifundie in Patagonien.

Im verschlafenen Cholila eröffneten die Gringos einen Krämerladen und übten an der Theke soziale Gerechtigkeit. Ihre spendablen Gesten gegenüber dem Landvolk behielten sie auch noch bei, als ihre Ertragskraft schwächer und die Versuchung zu gewaltsamer Refinanzierung wieder größer wurde. Nach einem Bankraub in Río Gallegos nahm ihr Ruf Robin-Hood-artige Züge an. Niemand – außer einem gelegentlich entführten *estanciero* – hat sich je über die kriminelle *ménage à trois* beklagt, in der (bei Überfällen) verkleidete dritte Mann Etta war.

Natürlich musste Hollywood einen solchen Stoff verarbeiten, auch wenn dabei manchmal das Webmuster verrutschte. Doch wer kennt die Wahrheit? Spätere Zeugen wollen die von der Polizei abgetrennten Köpfe der Banditen in Argentinien gesehen haben. Andere schwören darauf, die Verwandlungskünstler hätten Ersatzleichen besorgt, um höchstamtlich zu sterben und an anderer Stelle wieder aufzutauchen. Noch nach 1920 behaupteten Beobachter, Etta, Butch oder Sundance Kid in Alaska, Bolivien, Mexiko beziehungsweise in jenem Wilden Westen wiedergesehen zu haben, wo sie herkamen.

Übernachten

Landhotel ▶ Hostería Futalaufquen: bei Puerto Limonao, Tel. 02945 47 10 08, www.hosteriafutalaufquen.com, Mai–Aug. geschl. Internationale Spitzenklasse, englische Bar, Hausbibliothek, Panoramarestaurant (280 $), Bungalows am Ufer. DZ 1040–1250 $.

Im Bungalowstil ▶ Cume Hue: am Nordarm des Sees, Tel. 02945 15 50 08 71, http://cumehue.patagoniaexpress.com. DZ 880 $ inkl. HP.

Am Hochufer ▶ Quimé-Quipan: am Ostufer des Lago Futalaufquen, Tel. 02945 47 10 21 u. 45 02 16, http://quimequipan.patagonia express.com. Saubere Hostería, Nov.–April nur Bungalows (5 Pers. 965 $). DZ 685 $.

Motel ▶ Pucón Pai: RP 71, ca. 8 km nördlich von Villa Futalaufquen am Ostufer, Tel. 02945 47 10 10. Freundliches Familienmanagement. DZ 360 $ ohne Frühstück.

Camping ▶ Anfang 2014 wurden alle rund 20 Campingplätze des Nationalparks auf unbestimmte Zeit geschlossen. Die Blütenbildung des Colihue-Bambus, die nur rund alle 70 Jahre stattfindet, hat zur Vermehrung der Langschwanzmäuse geführt, die sich von deren Samen ernähren. Die Nager sind Überträger des gefährlichen Hantavirus.

Essen & Trinken

Organisch ▶ Ruca Kitai: Villa Lago Rivadavia, am Südufer des Sees in der Hostería gleichen Namens, Tel. 02945 15 69 03 33, www.rucakitai.com.ar. Fisch und Fleisch aus der Region mit Bio-Gemüse. 200 $.

Einkaufen

In Villa Futalaufquen gibt es eine Tankstelle und ein Lebensmittelgeschäft.

Aktiv

Bootstouren ▶ Ausflüge auf dem Lago Futalaufquen ab Puerto Limonao (320 $, nur im Sommer). Während der Blütezeit des Colihue-Bambus kein Ausstieg beim Alerzal.

Verkehr

Busse: Transportes Esquel, Tel. 02945 45 35 29, und Transportes Jacobsen, Tel. 02945 45

46 76, fahren im Sommer 3 x tgl. (im Winter 3 x wöchentlich) auf der RP 71 von Esquel über Cholila bis Lago Puelo (70 $).

Parque Nacional Lago Puelo ▶ 3, A 25

Karte: S. 290

Nur Touristen mit wenig Zeit vernachlässigen die Route durch den Nationalpark Los Alerces, um über die schnellere Asphaltstrecke in den **Parque Nacional Lago Puelo** zu eilen. Unterwegs passiert man die Zypressenwälder bei **Epuyén** 6 (Tankstelle) am gleichnamigen See. Das von Binsenufern gerahmte Gewässer erinnert an Landschaften von Lovis Corinth und beschwört, je nach Wetterlage, düstere Fantasien herauf. 1922 suchte eine Expedition des Zoos von Buenos Aires den unheimlichen Teich nach einem schwimmenden Saurier ab, dessen Vorbild das Ungeheuer von Loch Ness gewesen sein soll. Doch die bis heute größten Wasserbewohner sind Salmoniden geblieben, die einige Uferbewohner köstlich zu räuchern verstehen.

Über eine große Spitzkehre rund 50 km weiter im Norden fällt man unterhalb des Ortes **Lago Puelo** (Tankstelle) den Zypressen- und Coihuewäldern des **Parque Nacional Lago Puelo** 7 in den Rücken. Die biologische Besonderheit dieses nur knapp 240 km^2 großen Reservats – des kleinsten der patagonischen Anden – rührt von seiner geografischen Lage her: Einem ansonsten typisch chilenischen Vegetationstypus, dem Valdivianischen Regenwald, gelingt hier, auf nur 200 m Höhe, von den Ufern des (chilenischen) Lago Inferior aus die Transgression nach Osten. Das türkisfarbene Kolloid des Lago Puelo spenden fünf Gletscherbäche, die sich von den umliegenden Bergketten herunterstürzen. In diesem geschützten Kessel erlaubt es ein ungewöhnlich mildes Mikroklima im Südsommer an einigen Stellen sogar zu baden (Wassertemperatur 18 bis 19 °C). Zu den raren Spezies der örtlichen Fauna gehören der *huemul* (Südlicher Andenhirsch) und der *pudú* (Zwerghirsch). Sechs Pfade erschließen die

Provinz Chubut

Waldlandschaft bis nach Chile hinein (detaillierte Infos bei der Touristeninformation in Lago Puelo, Parkeintritt 25 $).

Infos
Dirección de Turismo: RP 16, am Ortseingang von Lago Puelo, Tel. 02944 49 95 91, www.lagopuelo.gov.ar, im Sommer 9–21, im Winter 9–19 Uhr.

Übernachten
... in Lago Puelo:
Zwischen Ort und See ▶ **Hostería Enebros:** RP 16 Km 12, rechter Hand auf dem Weg zum See, Tel. 02944 49 94 13 u. 0294 15 460 31 03. DZ 450 $.
Am Río Azul ▶ **Hostal del Lago Puelo:** RP 16, nahe Parkeingang, Tel. 02944 49 91 99, www.hostaldellagopuelo.com.ar. DZ 260 $.
Camping ▶ **La Pasarela:** am Río Azul, 1 km vom Ort, Tel. 02944 49 90 61, www.lpuelo.com.ar. Mit WLAN, Hostel. Zelten 60 $ p. P., im Schlafsaal 80 $ p. P. **Delta del Azul:** im Nationalpark, Tel. 0294 15 420 16 64, www.deltadelazul.com.ar, nur Sept.–Mai. Ohne Infrastruktur, aber mit Café. 50 $ p. P. **Del Lago:** im Park, Tel. 0294 15 431 40 20, nur Dez.–März. Mit Infrastruktur. 60 $ p. P.

El Bolsón ▶ 3, A 25

Karte: S. 290

Das Klimabecken, in dem alle Sorten von Obst gedeihen, schließt als Hauptort das bereits in der nördlich angrenzenden Provinz Río Negro gelegene **El Bolsón** 8 ein. Der stark zergliederte Ort, einst Refugium stadtflüchtiger Hippies, lässt kaum vermuten, dass hier 25 000 Einwohner leben. Inzwischen haben sich die Marihuanakulturen in Kräuterfluren verwandelt, geblieben ist das Ortsmotto: »Die Erde ist unser Boden, die Berge sind unsere Wände, der Himmel ist unser Dach.« Im Schutz des an das Karwendelgebirge erinnernden Piltriquitrón-Massivs (›das in den Wolken Hängende‹ in der Sprache der Mapuche) gedeiht nicht nur Argentiniens Hopfen trefflich, die herrliche Landschaftsszenerie inspirierte auch Maler und Dichter und zieht viele Anhänger eines alternativen Lebens an.

Reizvolle Trekkingpfade führen von El Bolsón aus ins, auch per Auto erreichbare, **Valle del Azul,** auf den 2284 m hohen **Piltriquitrón,** durch Naturwald zur **Cascada Escondida** und zum **Lago Tricolor.** Der auf 2000 m liegende See erhielt seinen Namen aufgrund der zugleich blauen, bläulich-violetten und grünen Einfärbungen. (Tipp: El Bolsón ist für nach Norden Reisende der letzte Ort, in dem es Benzin zum reduzierten Preis gibt.)

Infos
Secretaría de Turismo: an der Plaza, Tel. 02944 49 26 04, www.elbolson.gov.ar, tgl. im Sommer 8–23, im Winter 9–20 Uhr.

El Bolsón

Herbstzeit, Beerenzeit – es gibt so viele davon, dass mit dem Verkauf so mancher seine magere Haushaltskasse aufbessert

Übernachten
... in El Bolsón:
Nettes Privathaus ▶ **La Posada de Hamelín:** Granollers 2179, Tel. 02944 49 20 30, www.posadadehamelin.com.ar. Ruhig, zentral, 4 Zimmer mit Bad, deutschsprachiges Personal. DZ 520 $.
Chaletartig ▶ **Amancay:** San Martín 3207, Ecke Hernández, Tel. 02944 49 22 22, www.hotelamancaybolson.com.ar. Touristenhotel im Zentrum mit Restaurant. DZ 480 $.
... außerhalb:
Deutschsprachig ▶ **Hostería Steiner:** Av. San Martín 670, 2 km südlich, Tel. 02944 49 22 24. Haus mit langer Familientradition, paradiesische Lage, alter Baumbestand, Pool, gute Küche. DZ 350 $.

Camping ▶ **Río Azul:** am gleichnamigen Fluss, 6 km südwestlich, Tel. 0294 15 429 32 85. Dies ist der schönste der insgesamt 14 Zeltplätze in der näheren Umgebung von El Bolsón, erreichbar über die Brücke des Río Quemquemtreu. 50 $ p. P.

Essen & Trinken
Regionale Küche ▶ **A Punto:** Islas Malvinas 2895, Ecke Roca, Tel. 0294 448 37 38. Patagonisches Lamm und Forelle, auch gutes Wein- und Biersortiment. 200 $.
Fisch und Eis ▶ **Jauja:** San Martín 2867, Tel. 02944 49 24 48. Breite Speisenpalette, z. B. Forelle, Reh. Auch Konditorei. 180 $.
Resto-Bar ▶ **Opíparo:** Av. San Martín 2524, Tel. 02944 48 39 50. Mit Imbiss. 160 $.

Die Argentinische Schweiz

Um San Carlos de Bariloche und den Lago Nahuel Huapi entstand seinerzeit Patagoniens erstes Touristenzentrum. Die Nationalparks Nahuel Huapi und Lanín bieten herrliche Landschaftsbilder, eine gute Infrastruktur und Gelegenheit zu zahlreichen Aktivitäten – ein Outdoorparadies par excellence.

San Carlos de Bariloche

► 1, A 24

Karte: S. 300

Die im Herzen des **Parque Nacional Nahuel Huapi** am Südufer des gleichnamigen Sees liegende Stadt **San Carlos de Bariloche** **1** ist in den letzten 40 Jahren auf das Vierfache ihrer Größe angewachsen und beherbergt heute 113 000 Einwohner. Seinen alpenländischen Charakter verdankt der auf einer glazialen Endmoräne thronende Ort dem langjährigen Nationalparkpräsidenten Ezequiel Bustillo, der das nordpatagonische Seengebiet in eine Argentinische Schweiz verwandelt sehen wollte. Die Bezeichnung und Grundzüge dieses Ebenbildes haben sich bis heute erhalten, nicht aber die helvetische Akribie, mit der Bariloches Stadtplanung einst begann. 1940 errichtete man aus grünen Toba-Quadern – tertiärem Gestein aus der Zeit, als Patagonien noch vom Meer bedeckt war – einen Musterbau, das **Centro Cívico** (›Bürgerzentrum‹), wo heute Gemeindeverwaltung, Touristeninformation, Post, Polizei, Biblio-thek sowie das hervorragende **Museo de la Patagonia** untergebracht sind, das einen Abriss der Geschichte Patagoniens mit dem Schwerpunkt Indianerkulturen zeigt (www.museodelapatagonia.nahuelhuapi.gov. ar, Di–Fr 10–12.30, 14–19, Mo/Sa 10–17 Uhr, Eintritt frei, Spende erbeten).

Doch allzu rasches Wachstum und der massive Zuzug Ortsfremder, die auf schnellen Gewinn aus waren, wirkten dem ursprünglich geplanten einheitlichen Stadtbild entgegen. Einige wenige Beispiele für den Baustil der Gründungszeit blieben erhalten, so der Sitz des Club Andino, das Eckgebäude der Aerolíneas Argentinas oder das Giebelhaus an der Ecke Mitre und Rolando.

Gründer von Bariloche war der deutschstämmige Carlos Wiederhold, dem der Ortsname den Vorspann San Carlos verdankt. (Wiederhold war kein ›Heiliger‹, vielmehr verwechselte ein Ausländer die Anrede Don mit San – und dabei blieb es.) Das Wort Bariloche selbst entstand aus der spanischen Verballhornung der indianischen Bezeichnung *vuriloche* für den nahen Andenpass.

Heute besuchen knapp 1 Mio. Touristen jährlich die bedeutendste Kordillerenstadt, viele jedoch nur auf dem Weg in das reizvolle, von dichtem Bergwald bestandene Hinterland. In den zwei Nationalparks Nahuel Huapi und Lanín (s. S. 309) verstecken sich über 50 Seen und Lagunen, die durch Wasserläufe mit einer Länge von mehreren Tausend Kilometern verbunden sind. Bariloche selbst ging mit seinem heute bis weit nach Westen bebauten Seeufer nicht sehr pfleglich um. Bezeichnenderweise wurde hier die erste Asphaltstraße Patagoniens angelegt. Im Ort selbst locken Sportboutiquen, Pralinengeschäfte (es gibt ein Dutzend Schokoladenhersteller) und Feinkostläden (Wildfruchtmarmeladen, Forellen-, Hirsch- und Wildschweingeräuchertes) zum ausgiebigen Einkauf.

San Carlos de Bariloche

Infos

Centro Cívico: Tel. 02944 42 98 50, www.bariloche.gov.ar/turismo, www.barilochepatagonia.info, tgl. 9–21 Uhr.
Club Andino: 20 de Febrero 30, Tel. 02944 52 79 66, www.clubandino.org. Infos über Wander- und Bergtouren.

Übernachten

Die Hotelpreise schwanken deutlich innerhalb des Jahres. Hochsaison- und damit die teuersten Monate sind Juli sowie Jan./Febr. Zimmer mit Blick auf den See sind meistens etwas teurer.

Große Zimmer ▶ Edelweiss: San Martín 202, Tel. 02944 44 55 00, www.edelweiss.com.ar. Internationale Kategorie, modernelegant, Pool, Sauna, Piano- und Weinbar, gepflegtes Restaurant. DZ 195 US$.

Freundlich ▶ Tirol: Libertad 175, Tel. 02944 42 61 52, www.hoteltirol.com.ar. Zentral, aber ruhig, mit Seeblick, von der deutschsprachigen Eigentümerin geführt. DZ 855 $.

Zentral ▶ Concorde: Libertad 131, neben dem Centro Cívico, Tel. 02944 42 45 00, www.hotelconcorde.com.ar. Beliebtes Mittelklassehotel mit Sicht auf den See. DZ 800 $.

Preiswert ▶ Aitue: Rolando 145, Tel. 02944 42 20 64, www.hosteriaaitue.com.ar. Familiengeführtes kleines Hotel, ruhig, in Seenähe, Autoeinstellmöglichkeit. DZ 650 $.

Hostel ▶ Achalay: Morales 564, 3 Blocks vom Centro Cívico, Tel. 02944 52 25 56, www.hostelachalay.com.ar. Mit zum Garten hin offener Frühstücksterrasse. Im Schlafsaal 130 $ p. P., DZ 350 $.

Camping ▶ Alle Plätze liegen außerhalb des Stadtzentrums (s. S. 301).

Essen & Trinken

Parrilla ▶ El Boliche de Alberto: Villegas 347, Tel. 02944 46 22 85. Das beste Grillfleisch von ganz Patagonien. 220 $.

Aus Wald und Fluss ▶ Jauja: Elflein 148, Tel. 02944 42 29 52, www.restaurantejauja.com.ar. Helles Lokal mit breiter Speisenpalette, u. a. Wild und Forelle. 180 $.

Im Gauchostil ▶ La Salamandra Pulpería: Av. Bustillo 5818, am Westende der Stadt, Tel. 02944 44 15 68. Gutes Grillfleisch und gute *empanadas*. 180 $.

Geräuchertes & Co. ▶ Ahumadores Familia Weiss: Almirante O'Connor 401, Tel. 02944 43 57 89, www.restauranteweiss.com.ar. Gemütlicher Rahmen, beliebtes Lokal, v. a. Forellen, Wild. 180 $.

Abends & Nachts

Mikrobrauerei ▶ Blest Microcervecería: Bustillo Km 11,6, Tel. 02944 46 10 26, www.cervezablest.com.ar. Ausgezeichnete hausgemachte Biere.

Irish Pub ▶ Pilgrim: Palacios 167, Tel. 02944 42 16 86. Auch hausgemachtes Bier, nettes Ambiente.

Aktiv

Outdoor-Aktivitäten ▶ Bariloche ist das Outdoorparadies Argentiniens und entsprechend vielfältig präsentiert sich das Angebot, beispielsweise Rafting und Kajakfahren auf den Ríos Manso und Limay, Reiten, Ballon- und Gleitschirmfliegen, Mountainbiken und Angeln. Zahlreiche Veranstalter bieten ihre Dienste an.

Verkehr

Flüge: Aerolíneas Argentinas/Austral und LAN fliegen tgl. mehrfach nach Buenos Aires, außerdem gibt es Verbindungen mit Aerolíneas Argentinas nach Calafate sowie im Sommer nach Córdoba. Sol fliegt über Esquel nach Trelew, Comodoro Rivadavia und Río Gallegos, LADE bedient 3 x wöchentlich die Route Buenos Aires, Mar del Plata, Bariloche, Calafate, Ushuaia. Flughafen: RN 40, ca. 14 km östlich, Tel. 02944 42 61 62.

Züge: Der Zugverkehr von Bariloche nach Viedma an die Küste wurde aufgrund des schlechten Zustands des Bahnnetzes Ende 2013 bis auf Weiteres völlig eingestellt.

Busse: Tgl. u. a. nach Buenos Aires, Córdoba, Mendoza, Neuquén, El Bolsón, San Martín de los Andes, Puerto Madryn. Busterminal: Av. 12 de Octubre, Tel. 02944 43 00 56. Die lokalen Linien Nr. 10, 20 und 21 pendeln vom Terminal ins 3 km entfernte Zentrum. In der Sommersaison gibt es außerdem einen

Argentinische Schweiz

Bus vom Centro Andino in Bariloche nach Pampa Linda am Fuß des Cerro Tronador (hin 9 Uhr, zurück 17 Uhr).

Sehenswertes in der Umgebung ▶ 1, A 24

Karte: links

Isla Huemul

Ein halbtägiger Schiffsausflug führt zur **Isla Huemul** (ab Pavillon unterhalb des Centro Cívico) im Lago Nahuel Huapi. Die unter Denkmal- und Naturschutz stehende Insel mit dem Grab des Kaziken Güemul ist heute allerdings eher ein makabres Kuriosum. Fabrik- und Laborruinen zeugen von der Zeit des österreichischen Physikers Dr. Richter, der hier zwischen 1949 und 1952 im Auftrag Peróns Atomversuche durchführte. Nachdem sich eine 1951 bekanntgegebene ›kontrollierte Kernfusion‹ als Flop herausstellte, wurde das windige Projekt abgebrochen.

Circuito Chico

Um die Nahziele an Land kennenzulernen, sollte man eine Rundfahrt über den **Circuito Chico** (›Kleine Schleife‹) westlich von Bariloche unternehmen, an dem sich zahlreiche Sehenswürdigkeiten aneinanderreihen.

Einen ersten Stopp lohnt die Talstation der Gondelbahn, mit der man auf den **Cerro Otto** (mit Drehrestaurant, s. S. 304) gelangt, Bariloches Hausberg sowie Start und Ziel mehrerer Kurzwanderungen. Etwas weiter geleitet eine Abzweigung zum **Cerro Catedral,** wo sich im Winter 32 Lifte bewegen: Südamerikas größter Skizirkus. Als schönste Berghütte lockt hier das **Refugio Emilio Frey** (für 40 Personen, ganzjährig geöffnet), beliebte Basis für Klettertouren.

Noch etwas weiter entlang der Hauptstraße, am **Puerto Pañuelo** (Km 25), dümpelt eine Flotte von Katamaranen und Ausflugsbooten, die Touristen über den See transportieren – am häufigsten auf die **Isla Victoria** zum **Bosque de Arrayanes** (›Myrtenwald‹), an dessen Cabaña de Walt Disney man sich gerne vorstellt, hier sei dem Schöpfer des Bambis die Idee zu dem Film gekommen.

Stolzestes Zeugnis des Willens, aus dieser Gegend eine »planetarische Berühmtheit« (Bustillo) zu machen, ist das 16 000 m² große **Hotel Llao Llao** 2 hoch über dem See, der Dinosaurier unter den Andenresorts. So hatte sich der *perito* (›Sachverständige‹) Francisco Pascasio Moreno, Wegbereiter der argentinischen Naturschutzbewegung, die Entwicklung wohl kaum vorgestellt, als er zu Beginn des 20. Jh. 75 km² Urwald am Westzipfel des Lago Nahuel Huapi zum Kerngebiet dieses Reservats – eines der ersten der Welt – bestimmte. Moreno ruht heute in einem Mausoleum auf der **Isla Centinela** im Lago Nahuel Huapi. Das dem später erweiterten Nationalpark abgerungene Gemeindeland Bariloches umfasst inzwischen 200 km² – mehr als das Stadtgebiet von Buenos Aires.

Am Ende der Kleinen Schleife liegt etwas südlich des Seeufers die **Colonia Suiza** (›Schweizer Kolonie‹), mit ihren urigen Teestuben zugleich Startpunkt für Bergwanderungen zum **Cerro López** (Refugio für 100 Personen, Bar, Restaurant, 15. Dez.–15. April) und zum **Refugio Italia** (für 60 Personen).

Übernachten

Art Hotel ▶ El Casco: Uferstraße Bustillo Km 11,5, Tel. 02944 46 31 31, www.hotelcasco.com. Das 1970 vom deutschen Baron Alfred von Ellrichshausen gegründete Luxushotel wurde vom argentinischen Kunsthändler Ignacio Gutiérrez Zaldívar übernommen und renoviert. Über 500 wertvolle Kunstwerke, eines der feinsten Restaurants in Patagonien mit über 600 Weinsorten und ein fabelhafter Seeblick sorgen für ein zwar teures, aber unvergessliches Erlebnis. DZ 2400 $.

Südamerikas Bergresort Nr. 1 ▶ Llao Llao: Uferstraße Bustillo Km 25, Tel. 02944 44 85 30 u. 44 57 00, www.llaollao.com. Rundum-Panorama, mit allem Service, 2 Restaurants. DZ ab 296 US$.

Im Schweizer Stil ▶ Tunquelén: Uferstraße Bustillo Km 24,5, Tel. 02944 44 82 33, 44 81 06, www.tunquelen.com, nur Sept.–Dez. Nobles Traditionshotel von 1938 am Hochufer,

Sehenswertes in der Umgebung

40 Zimmer, teils mit Seeblick, Bar, Restaurant. DZ 1720 $.

Panoramahotel ▶ La Cascada: Uferstraße Bustillo Km 6, Tel. 02944 44 10 88, www.la cascada.com. Am Seeufer mit 3 ha großem Parkgelände, Restaurant, Pool, Sauna, Spa. DZ 1688 $.

Am Hochufer ▶ Amancay: Uferstraße Bustillo Km 24,8, Tel. 02944 44 83 44, www.ho telamancay.com. Parklage, Pool, Restaurant. DZ 800 $.

Camping ▶ La Selva Negra: Uferstraße Bustillo Km 2,95, Tel. 02944 44 10 13, www. campingselvanegra.alojar.com.ar, nur Dez.– März. Der stadtnächste Zeltplatz, gute Infrastruktur. Es folgen an der Uferstraße **El Yeti** (Km 5,6) und **Petunia** (Km 13,5), zu erreichen mit den Buslinien Nr. 10 und 20 ab Moreno. Drei weitere Plätze gibt es in der **Colonia Suiza.** Alle um 100 $ p. P.

Essen & Trinken

Rustikal ▶ El Patacón: Uferstraße Bustillo Km 7, Tel. 02944 44 28 98, www.elpatacon. com. Stilvoll, beste regionale Küche, großes Weinsortiment, offene Küche, Reservierung empfohlen. 250 $.

Vom Mittelmeer zum Nahuel Huapi ▶ La Masía: Uferstraße Bustillo Km 23,4. Herrliche Sicht auf den See, dazu wunderbare Mittelmeerküche. 220 $.

Grillfleisch ▶ El Boliche de Alberto: Uferstraße Bustillo Km 8,8, Tel. 02944 46 22 85. Schwesterrestaurant des gleichnamigen Lokals im Zentrum, auch hier exzellentes Grill-

Tipp: Per Boot nach Chile

Eine im Sommer ein-, im Winter zweitägige See(n)reise führt nach Puerto Montt in Chile. Bei diesem panoramareichen **Cruce de Lagos** überquert man im Angesicht der Vulkane Puntiagudo und Osorno die Seen Nahuel Huapi, Frías und Todos los Santos; bereitstehende Busse überwinden die Landbrücken. Die herrliche Tour kann über www.pa tagonias.net oder lokale Reiseagenturen gebucht werden.

Argentiniens ältester Nationalpark: der Parque Nacional Nahuel Huapi

Argentinische Schweiz

fleisch – das beste von Patagonien, sagt man hier. 220 $.

Drehrestaurant auf Bergspitze ► Confitería Giratoria Cerro Otto: auf 1405 m Höhe, auf der Spitze des Cerro Otto, Tel. 02944 44 10 31, www.telefericobariloche.com.ar/confiteria.htm, nur bis 17 Uhr. Mit Panoramablick auf Berge und Seen.

Von Bariloche nach El Bolsón ► 1, A 24 u. 3, A 24/25

Karte: S. 300

Gut 120 km sind es bis in den nächsten größeren Touristenort im Süden, El Bolsón, wo gleich zwei weitere sehenswerte Nationalparks – der Parque Nacional Lago Puelo und der Parque Nacional Los Alerces – auf Besucher warten (s. S. 291 u. 295).

Von Bariloche windet sich die durchgehend asphaltierte RN 40 (ehemals RN 258) zunächst am bewaldeten Ufer des **Lago Gutiérrez** und **Lago Mascardi** entlang bis **Villa Mascardi** **3**, wo ein Fahrweg in den Südteil des **Parque Nacional Nahuel Huapi** (Eintritt 130 $) abzweigt. Nach 10 km gabelt sich die Piste. Die rechte Spur folgt weiter dem See, taucht später ins weite Tal von **Pampa Linda** **4** ab und endet nach 40 km zu Füßen des wortgewaltigen, 3554 m hohen **Monte Tronador** (›Donnerer‹). Das im Frühjahr weithin hörbare Herabpoltern der Eis- und Schneemassen gab dem Gipfel seinen Namen, der das verlockendste Bergziel der Region ist. Bergsteiger erklimmen seine Gipfel vom **Refugio Meiling** aus, einer Berghütte, die von Pampa Linda aus erreichbar ist. Im Sommer rinnen Bäche wie Silberfäden über die schwarzen Felskanzeln. Der Abrieb von dunklem Lavagestein sorgte auch für das Phänomen des am Wege liegenden **Ventisquero Negro** (›Schwarzer Gletscher‹). Ein Café lädt zum Picknick ein (wegen Straßenenge Auffahrt Richtung Tronador nur bis 14, Abfahrt erst ab 16 Uhr).

Die linke Abzweigung streift nach 18 km den **Lago Hess** und überrascht dann mit der schönen grünen Hölle der **Cascada Los Alerces** **5**, mehr ein von Felstrog zu Fels-

trog springender Urwaldfluss als ein braver Wasserfall (Hinfahrt nur bis 14 Uhr). Von der Kaskade aus lassen sich auch der nahe **Lago Fonck** und der **Lago Roca** erwandern.

Zurück in Villa Mascardi, strebt die RN 40 durch bewaldetes Gebirge weiter nach Süden. Bei **Pampa del Toro** führt ein 10 km langer Stichweg zum einsamen **Lago Steffen**, von wo aus eine dem Lago Martín und einer Lagunenkette folgende Wanderroute nach Chile läuft. Ein weiterer Trekkingpfad zur chilenischen Grenze – diesmal dem Río Manso folgend – beginnt an der RN 40 bei **Río Villegas** **6**. Von hier sind es noch 60 km bis El Bolsón (s. S. 296).

Übernachten

... am Lago Gutieréz:

Camping & Hostel ► Los Coihues: Am Arroyo Gutiérrez, 200 m vor dessen Mündung in den See, Tel. 0294 446 74 81 u. 0294 15 430 88 79, www.campingloscoihues.com.ar. Trekking, Rafting, Kajakfahren, Ausritte. Keine Kreditkarten. Mini-Bungalow für 2 Pers. 520 $, im Schlafsaal 110 $ p. P., Zelten 50 $ p. P., 10 $/Auto.

... bei Pampa Linda:

Am See ► Hotel Tronador: am Südwestufer des Lago Mascardi, 25 km vor dem Cerro Tronador, Tel. 02944 49 05 50, www.hoteltronador.com, nur Nov.–April. Von einer belgischen Familie seit 80 Jahren geführt, idealer Ausgangspunkt zum Fischen, Raften, Reiten, Trekking und Bergsteigen, deutschsprachiges Personal, Mindestaufenthalt 3 Tage. DZ 1400 $ p. P. inkl. VP.

Am Berg ► Hostería Pampa Linda: am Fuß des Cerro Tronador, Tel. 02944 49 05 17, www.hosteriapampalinda.com.ar. Restaurant, Reit- und Trekkingausflüge. DZ 1010 $ inkl. VP, 1190 $ inkl. HP.

Circuito Grande ► 1, A 23/24

Karte: S. 300

Für Flachlandtouristen sind vor allem die Naturschönheiten nördlich von Bariloche längs des **Circuito Grande** (›Große Schleife‹) inte-

Von Bariloche nach San Martín de los Andes

ressant. Diese Panoramastraße säumt das Nordufer des Lago Nahuel Huapi bis zum Ort **Villa La Angostura** 7, wendet sich dann dem **Lago Espejo** zu (von hier ca. 30 km zum ganzjährig geöffneten Grenzübergang nach Chile: Puyehue–Osorno) und dringt hier in Urwälder ein, die von Riesen bewohnt sein könnten.

Weiter geht es am **Lago Correntoso** entlang über **El Portezuelo** nach **Villa Traful** 8 am gleichnamigen See, dessen Panorama man am besten von der wenige Kilometer weiter östlich auf einer Felsnase liegenden Aussichtskanzel **El Mirador** aus erfasst. Die Straße mündet bei **Confluencia** in die RN 40 (ehemalige RN 237), die, dem Lauf des Río Limay flussaufwärts folgend (er entwässert den Lago Nahuel Huapi), 60 km weiter südlich wieder Bariloche erreicht.

Bei Confluencia ziehen die gezackten Kämme des **Valle Encantado** 9 (›Verwunschenes Tal‹) die Blicke auf sich. Die gestaltreichen Andesit- und Tobaformationen, von denen der Finger Gottes nur eine ist, sind Zeugen 30 bis 50 Mio. Jahre zurückliegender Vulkaneruptionen im Zuge der Erhebung der Anden. Es wird empfohlen, den Circuito Grande im hier beschriebenen Uhrzeigersinn abzufahren, um das Valle Encantado nachmittags im besten Fotografierlicht anzutreffen.

Infos
Secretaría de Turismo: Av. 7 Lagos 93, Villa La Angostura, Tel. 0294 449 41 24, www.villa laangostura.gov.ar, im Winter 9–20, im Sommer 8.30–21 Uhr.

Übernachten
… in Villa La Angostura:
Camping ► **La Estacada:** RN 231 ca. 12 km südlich von Villa La Angostura Richtung Bariloche, Tel. 0294 449 45 44 u. 0294 15 451 31 75. Romantische Lage, gute Infrastruktur. 70 $ p. P.

… am Lago Correntoso:
Alpenhaus ► **Casa del Lago:** Paimún 2010, Tel. 0294 449 48 17, www.hosteriacasade lago.com.ar. Kleine Hostería mit Blick auf den See. DZ 650 $.

… in Villa Traful:
Hostel ► **Vulcanche:** RP 65, Tel. 0294 449 40 15, www.vulcanche.com. Mit Bungalows und Zeltplatz auf einer Anhöhe am Nordufer des Lago Traful, gute Infrastruktur. Schlafsaal 140 $ p. P., DZ 400 $, Bungalow für 4 Pers. 700 $, Camping 80 $ p. P.

Essen & Trinken
… in Villa La Angostura:
Königlich ► **Tinto Bistró:** Bv. Nahuel Huapi 34, Tel. 0294 449 49 24, www.tintobistro. com. Fusionküche – Mittelmeer, Asien, Patagonien – im Restaurant des Bruders der niederländischen Königin Máxima. Lounge-Bar. 300 $.

Jazz und Fondue ► **Hub:** Arrayanes 256, Tel. 0294 449 57 00, www.hubpatagonia.com. Designer-Restaurant und Pub mit Musik, zum Essen gibt's Fondue, patagonisches Lamm etc. 200 $.

Von Bariloche nach San Martín de los Andes
► 1, A 23/24

Karte: S. 300

Auf dem Weg zum nächsten Ziel, San Martín de los Andes, konkurrieren zwei Routen miteinander. Die westliche über die Sieben Seen, der Camino de los Siete Lagos (184 km, nur zum Teil asphaltiert, s. unten), verspricht eine Fahrt durch Wald mit abwechslungsreichen Uferlandschaften, die östliche über den Lago Meliquina (160 km auf der RN 40 und RP 63, davon 40 km Schotterstraße) wartet vor allem mit dem Spektakel bizarrer Felsformationen im Grenzgebiet zwischen Steppe und Wäldern auf. Optimal löst das Dilemma, wer eine Rundfahrt unternimmt oder sich 20 km mehr zumutet und ein großes S beschreibt: Bariloche–Confluencia–Villa Traful–El Portezuelo und dann über die Seenroute (RN 234) nach San Martín de los Andes.

Der **Camino de los Siete Lagos** ist bis El Portezuelo zunächst identisch mit dem Circuito Grande (s. S. 304). Anstatt hier jedoch in östlicher Richtung nach Villa Traful abzu-

Argentinische Schweiz

biegen, geht es auf der RN 234 gen Norden. Kurz nach der Brücke über den Río Pichi Traful liegt an der linken Straßenseite der kleine **Lago Escondido,** bevor man ins wunderbare Tal zwischen dem **Lago Villarino** und **Lago Falkner** kommt. Die Umgebung des **Lago Hermoso** (›Der Schöne‹), des siebten Sees, der unter allen Schönheiten der Region seinen Namen zu Recht trägt, war von 1946 bis in die 1970er-Jahre ein Jagdrevier, in dem deutsche und österreichische Landeigner europäische Hirsche einführten. Wenig später mündet von rechts die RP 63 (Ostroute), und rund 40 km später erreicht man das Südufer des **Lago Lácar,** an dessen Ostende San Martín de los Andes liegt.

San Martín de los Andes und Umgebung ► 1, A 23

Karte: S. 300

San Martin de los Andes

Die Tallage am Ufer des **Lago Lácar,** die Lehren aus dem Beispiel Bariloches und von jeher eine mehr der Bewahrung als der Landschaftsentwicklung zugeneigte Lokalphilosophie haben **San Martín de los Andes** 🔟 zum schönsten Gebirgsort Südargentiniens werden lassen. Die den Chroniken gemäß bereits 1898 nach dem Abschluss der Feldzüge gegen die Indianer gegründete Siedlung legte sich erst in den letzten zwei Jahrzehnten ihr kurstädtisches Gesicht zu: breite Alleen, von Birken und Rosen gesäumte Bürgersteige und ein reiches Ensemble chaletartiger Häuser, die die 29 000 Einwohner gleichsam zu verschlucken scheinen. So viele landschaftsbezogene und dabei sowohl konservative wie originelle Bauformen (kein Flachdach, kein Hochhaus) findet man selten in einer südamerikanischen Stadt.

Im Winter verwandelt sich San Martín in eines der beliebtesten Zentren für Skifahrer, wenn die elf Liftanlagen am Cerro Chapelco (2394 m) in Betrieb sind und stündlich bis zu 12 000 Skifahrer auf den Berg befördern. Zusammen mit dem nördlichen Junín de los An-

des (s. S. 308) bildet San Martín sowohl die Eingangspforte zum Parque Nacional Lanín (s. S. 309) als auch den Startpunkt für vier große Andenpassrouten, die im chilenischen Seengebiet ihre Fortsetzung finden (s. hier und S. 311).

Ausflüge in die Umgebung

Im Nahbereich von San Martín gewährt der ca. 7 km entfernte **Mirador Bandurrias** den schönsten Blick über die Stadt und den See (mit dem Auto von der Plaza San Martín die Straße Perito Moreno ostwärts bis zur RP 48, diese links, nach knapp 2 km wieder links bis zum Mirador; zu Fuß von der Plaza San Martín über die Av. San Martín bis zum Lago Lácar, dort links am Strand entlang, über die Brücke und dem Wanderweg folgen, der die meiste Zeit durch Wald führt).

Wanderer und Reiter werden am **Lago Queñi** 🔟 mit einem der malerischsten Gewässer der Kordillere belohnt. Empfehlenswert ist die etwa 3-stündige Wanderung von hier zu heißen Thermalquellen. Am See ist kostenloses Zelten erlaubt. Man erreicht den Lago Queñi von San Martín de los Andes aus über die waldreiche, hoch über dem Nordufer des Lago Lácar entlangführende RP 48. Sie durchläuft eine der wenigen von Chile nach Argentinien hineinreichenden Zonen Valdivianischen Regenwaldes. Dieser vorwiegend aus Südbuchen und Alercen, im Unterwuchs aus Farnen, Lianen, Coligüe-Rohr und dem rhabarberartigen Pangue bestehende Vegetationstyp entwickelt sich nur bei dauerhaften Niederschlägen und unter 1200 m Höhe.

Folgt man der Straße noch ein Stückchen weiter, erreicht man den regenreichen, mit 659 m Höhe niedrigsten Andenpass nach Chile. Der Grenzübergang von **Hua Hum** (mit Pirehueico als erstem Zielort in Chile) ist ganzjährig geöffnet. Hua Hum bedeutet soviel wie ›nasse Stelle‹ oder auch – für einen Hüttenbewohner konkreter – ›Loch im Dach‹. Der Urwald am Hua Hum ist das Habitat des hier noch in einigen Populationen vorkommenden, ansonsten vom Aussterben bedrohten Pudú, des kleinsten Mitglieds der Hirschfamilie.

San Martín de los Andes und Umgebung

Unter Artenschutz, aber wieder häufig anzutreffen: der Argentinische Graufuchs

Infos

Secretaría Municipal de Turismo: Av. San Martín, Ecke J. M. de Rosas, San Martín de los Andes, Tel. 02972 42 73 47 u. 42 55 00, www.sanmartindelosandes.gov.ar, tgl. 8–21 Uhr.

Parkverwaltung Parque Nacional Lanín: Emilio Frey 749, San Martín de los Andes, Tel. 02972 42 72 33 u. 43 26 39, www.parques nacionales.gov.ar.

Übernachten

Entlang der Straße von San Martín zum Cerro Chapelco gibt es an die 50 Touristenkomplexe mit **Cabañas** (zumeist 4–8 Pers.), viele mit Pool, Sauna und Pferdeverleih (Infos im Touristenbüro). In Abhängigkeit von der Saison preislich große Schwankungen, am teuersten im Winter zur Skisaison.

Sehr wohnlich ▶ **La Cheminée:** Mariano Moreno, Ecke Roca, Tel. 02972 42 76 17, www.hosterialacheminee.com.ar. Bar, Pool, Sauna, Hausbibliothek, gutes Preis-Leistungs-Verhältnis. DZ 1700 $.

B & B ▶ **La Casa de Eugenia:** Coronel Díaz 1186, Tel. 02972 42 72 06, www.lceugenia.com.ar. Historisches Holzhaus, ehemals Sitz der Nationalparkverwaltung. Angenehme Innenausstattung, großer Park, 100 m vom Seeufer. DZ 170 US$.

Spa-Hotel ▶ **Le Châtelet:** Villegas 650, Tel. 02972 42 82 94 u. 42 82 96, www.hotelle chatelet.com. Zentrale, aber ruhige Lage, Bar, Sauna, Pool. DZ 890 $.

Traditionell ▶ **La Masía:** Obeid 811, Ecke Drury, Tel. 02972 42 76 88 u. 42 78 79, www.hosterialamasia.com.ar. Ruhige Lage, Bar, großer Garten. DZ 800 $.

Freundlich ▶ **Hostería Anay:** Drury 841, Tel. 02972 42 75 14, www.interpatagonia.com/anay. Hostería der Mittelklasse. DZ 600 $.

Familiär ▶ **Hostería Bärenhaus:** Los Álamos 156, Barrio Chapelco, Tel. 02972 42 27 75, www.baerenhaus.com.ar. Ruhige Lage, von den deutschsprachigen Eigentümern geführt. DZ 500 $.

Camping ▶ **ACA:** Av. Koessler 2176, Tel. 02972 42 94 30, am nördlichen Ortseingang

Argentinische Schweiz

von San Martín de los Andes. Mit ordentlicher Infrastruktur. Zelten 90 $ p. P. **Quila Quina:** RP 108 Km 12, am Südufer, Tel. 02972 42 80 30, www.campingquilaquina.com. Der wohl schönste Zeltplatz der Umgebung, Proviantladen, Teestube. 55 $ p. P., 8 $/Auto.

Essen & Trinken

Wald und See ▶ Doña Quela: San Martín 1017, Tel. 02972 42 06 70. Lammbraten, Forellen und Wildfleisch im Ambiente eines ehemaligen Hotelsalons. 200 $

Stammkneipe ▶ La Tasca: Mariano Moreno 866, Tel. 02972 42 86 63. Beliebter Treffpunkt, zum Essen gibt's Wild, ausgezeichnete Suppen, Pasta und Salate. 200 $.

Mit Bierstube ▶ El Regional: Av. San Martín, Ecke Mascardi, Tel. 02972 41 46 00, www.elregionalpatagonia.com.ar. Einheimisches Restaurant, vom Eigentümer geführt, patagonische Gourmet-Gerichte mit Wildschwein, Forelle und Hirsch, Bier vom Fass, erlesene Weinkarte. 180 $.

Bar & Bistro ▶ Torino: Elordi, Ecke Villegas, Tel. 02972 41 26 14, www.torinobarbistro. com.ar. Intimes Ambiente, gute Küche und Drinks. 80 $.

Aktiv

Wandern, Rafting etc. ▶ Infos über Wander- und Bergtouren, Kontakt zu Führern und organisierte Touren bieten **Pehuenia,** Rudecindo Roca 318, Tel. 02972 42 76 99; **Ulmen Turismo,** Juez del Valle 837, Tel. 02972 42 90 29, www.ulmen.com.ar. U. a. Raftingtrips auf den Ríos Melinquina, Hua Hum und Aluminé.

Verkehr

Flüge: Vom Flughafen Chapelco, RN 40, ca. 25 km südlich, Tel. 02972 42 83 88, 5 x wöchentlich mit Aerolíneas Argentinas und Sur Líneas Aéreas (www.surla.com.ar) nach Buenos Aires.

Busse: Über ein Dutzend Unternehmen (z. B. Chevallier, TAC, La Estrella, El Valle, Andesmar und Vía Bariloche) verbinden mit Nahzielen sowie u. a. mit Buenos Aires, Mendoza und Mar del Plata. Busterminal: Juez del Valle, Ecke Villegas, Tel. 02972 42 70 44.

Junín de los Andes ▶ 1, A 22

Karte: S. 300

Das 42 km nördlich von San Martín gelegene **Junín de los Andes** 🖪 ist ein großflächiges Dorf mit nur wenigen Attraktionen. Seine 16 500 Einwohner arbeiten in der Gewerbezone oder sind Provinzbeamte. Touristisch eignet sich der Ort als Startpunkt für den Parque Nacional Lanín und für Exkursionen. Zwischen November und Mai kommen Sportangler aus aller Welt nach Junín, um in den unzähligen Wasserläufen der Umgebung riesengroße Forellen zu fischen.

Sehenswert ist das kleine **Museo Roca Jalil** mit Webarbeiten der Mapuche-Indianer, das im alten Almacén de Ramos Generales eingerichtet wurde. Gemischtwarenläden wie dieser waren auf dem Land früher gang und gäbe, und wie dieser waren die meisten im Besitz von syrisch-libanesischen Einwandererfamilien, die mit dem Handel reich wurden und oft auch zu lokaler politischer Macht gelangten (San Martín 610). Im privaten **Museo de la Negrita Pérez** wird eine Sammlung von Haushaltsgegenständen aus der Zeit der ersten Siedler in dieser Region gezeigt (Milanesio 1060, Tel. 02972 49 20 52, Eintritt frei).

Das kleine **Museo Mapuche** zeigt paläontologische und archäologische Zeugnisse der Ureinwohner dieser Region (Ginés Ponte 540, Mo–Fr 9–12, 15–20, Sa 9–13 Uhr, Eintritt frei).

Infos

Dirección de Turismo: Coronel Suárez, Ecke Padre Milanesio, an der Plaza, www.junindelosandes.gov.ar, Tel. 02972 49 11 60, tgl. 8–21 Uhr.

Übernachten

Parkhotel ▶ San Jorge: Chacra 54, am Ende der Av. Antártida Argentina, Tel. 02972 49 11 47, www.hotelsanjorge.com.ar. Renoviertes Hotel am Ortsrand mit großem Garten, Golfplatz und gutem Restaurant. DZ 510 $.

Am Fluss ▶ Hostería Chimehuin: Coronel Suárez, Ecke 25 de Mayo, Tel. 02972 49 11 32, www.interpatagonia.com/hosteriachimehuin.

Beliebt insbesondere bei Anglern, mit schönem Garten. DZ 450 $.

Essen & Trinken

Stammlokal ▶ Ruca Hueney: Coronel Suárez, Ecke Padre Milanesio, Plaza San Martín, Tel. 02972 49 11 13. Regionale patagonische (Forellen, Wild) und arabische Küche. 160 $.
Slow Food ▶ Sigmund: Bv. Juan Manuel de Rosas 690 (RN 234), Tel. 02972 49 21 89. Kleines, nettes Bio-Restaurant. 130 $.

Verkehr

Busse: Regelmäßige Verbindungen nach San Martín de los Andes, Bariloche, Neuquén, Buenos Aires und Córdoba mit TUS, TAC sowie Vía Bariloche, nach Temuco und Valdivia in Chile mit den Unternehmen San Martín, Tel. 02972 49 10 30, sowie Igi-Llaima, Tel. 02972 49 23 94. Im Sommer fährt Castelli 3 x tgl. in den Nationalpark. Busterminal: Olavarría, Ecke Félix San Martín, Tel. 02972 49 20 38.

Parque Nacional Lanín
▶ 1, A 22

Karte: S. 300
Ca. 4120 km² umfasst der **Parque Nacional Lanín** 13. Sein schneegekrönter ›Star‹ ist der erloschene **Volcán Lanín** (und genau das bedeutet der Name in der Sprache der Mapuche: ›ausgelöscht‹), dessen 3776 m hoher Kegel die ebenmäßigen Konturen des Fudschijama nachzuzeichnen scheint.

Im Krater des Lanín lebte, so eine araukanische Sage, die grimmige, gleichwohl die Natur beschützende Gottheit Pillán und ließ, unzufrieden mit dem Treiben der Menschen, den Vulkan Feuer und Lava spucken. Nur das Opfern des liebreizendsten Mädchens im Lande könne den erzürnten Pillán versöhnen, lautete das Orakel der Mapuche-Schamanen. So fiel die Wahl auf die Kazikentochter Huilefún und die Prinzessin nahm ihr Schicksal ohne Klage an. Ein Kondor trug sie hoch in die Lüfte, ließ sie in den Krater fallen und augenblicklich gebot Pillán dem Vulkan, so

ruhig zu werden, wie er sich bis heute dem Betrachter darbietet.

Ehrfurcht und Verehrung gegenüber diesem Solitär unter den patagonischen Bergen haben sich erhalten. Einsam überragt der Lanín alle Erhebungen der sich von hier aus Richtung Norden erstreckenden Mapuche-Region. Dass die Spanier diese einst vom heutigen Chile über die Anden gekommenen Indianer Araukaner nannten, lag an deren besonderer Diät: Sie ernährten sich hauptsächlich von den (auch für den Winter eingelagerten) Früchten der Araukarie, den krallenförmigen, nach Nuss schmeckenden *piñones* der Zapfen. Die majestätische, bis zu 40 m hohe Araukarie – *pehuén* in der Sprache der Mapuche – schmückt die Vorkordillere in dieser Gegend mit riesigen Leuchtern.

In ihrem festlichsten Gewand zeigt sich diese Gebirgsregion im Herbst (um die Osterzeit). Dann schwelgen die Wälder in einem Farbenrausch, wie man ihn auf dem Kontinent sonst nur noch im Süden Feuerlands und in Neuengland findet. Zwischen dem vielfach abgestuften Immergrün von Araukarien, Kordilleren-Zypressen, Coihue und Coligüe-Bambus leuchtet das Ocker der Robles auf, glühen die Ñires in Purpur und Karmin, entzünden sich die Lengas zum Rotviolett und flammen die hier Exoten darstellenden Pappeln auf wie gelbe Fackeln. Hält diese Pracht bis zum ersten Schneefall an und blendet die Sonne noch die Blautöne von Himmel und Seen ein, dann ist das Chromatogramm komplett (Parkeintritt 50 $).

Wanderparadies

Wanderer finden im Nationalpark ein großes Netz an Pfaden unterschiedlicher Länge und Schwierigkeit (Infos in der Parkverwaltung in San Martín de los Andes, s. S. 307), während Bergsteiger vor allem der Lanín in den Bann zieht: Von **Puerto Canoa** am Lago Huechulafquen aus gelangt man auf der *picada* (Pfad) Rucu-Leufu bis über die Baumgrenze des Vulkans (grandioser Blick) und ab da, in Richtung auf den Gletscher der Südwand, in ca. vier Stunden zum Refugio des Club Andino Junín de los Andes (für 12 Personen).

Argentinische Schweiz

Postkartenvulkan: der 3776 m hohe Volcán Lanín im gleichnamigen Nationalpark

Fahrtrouten durch den Nationalpark

Für Autowanderer führt die ansprechendste der regionalen Andenrouten wenige Kilometer nördlich von Junín über die RP 60 zum Grenzübergang Tromen–Mamuil Malal. Die eintönig beginnende Strecke gewinnt in dem Maße an Reiz, wie der geradezu magnetisch wirkende Lanín auf den Reisenden zukommt. Sobald man sich dem Tor des Nationalparks nähert, posieren mächtige Araukarien im Bildvordergrund. Sodann bietet sich der von einem dichten Waldpelz umhüllte **Lago Tromen** (die Furt des Río Turbío ist zeitweise nur mit Allradantrieb zu durchfahren) als reizvolles Basislager für Gipfeltouren auf den Vulkan. Nach Chile hinüberpendelnde Grenzgänger finden dort die schmucken Orte Pucón (von hier aus – technisch relativ einfache – Besteigung des tätigen Vulkans Villarrica bis zum Kraterrand möglich) und Villarrica.

Eine zweite, dem Lanín als weithin sichtbarem Navigationszeichen folgende Route führt von Junín de los Andes am Nordufer

Parque Nacional Lanín

eine eiszeitliche Gletscherrinne laufende Lavazunge – der **Escorial** – an den sagenumwobenen Vulkan Huanquihue, dessen von der Ostwand herabstürzende Wasserfälle von hier aus in zwei Stunden erwandert werden können. In den Mooren am **Lago Epulafquen** blubbern nicht weniger als 22 Thermalquellen (nur sehr rudimentäre Infrastruktur). Die Straße überquert am **Paso Carirriñé** die Grenze (geöffnet nur im Sommer tagsüber) und läuft auf Panguipulli als ersten chilenischen Ort zu.

Übernachten

Farmleben ► **Tipiliuke Lodge:** Estancia Cerro de los Pinos, 22 km südwestlich von Junín de los Andes, zwischen den Flüssen Chimehuin und Quilquihue, Tel. 02972 42 94 66 u. 011 15 41 99 22 28, www.tipiliuke.com, Juni geschl. 1909 gegründete, 20 000 ha große Farm, auf der noch Viehzucht betrieben wird; Birdwatching, botanische Wanderungen, Angeln, Reiten, Trekking. DZ 440 US$ p. P. inkl. VP, Transfer und Ausflüge.

Anglerparadies ► **Hostería San Huberto:** RP 60, 25 km westlich der Abzweigung von der RP 234, Tel. 02972 42 18 75, www.sanhubertolodge.com.ar. Ehemalige Jägerhütte einer alten Estancia am Río Malleo, heute ein beliebtes Ziel für Fliegenfischer, Restaurant, Landebahn für Privatflugzeuge. DZ 2450 $ p. P. inkl. VP.

Naturnah ► **Hostería Paimún:** RP 61 Km 58, am Nordufer des Lago Paimún, Tel. 02972 49 17 58 u. 0294 15 461 56 19, www.hosteriapaimun.com.ar, nur Nov.–April. Beliebt bei Anglern; es gibt weder Fernsehen noch Telefon, auch keine Mobiltelefon-Antennen oder Internet. DZ 950 $ p. P. inkl. HP, 800 $ inkl. VP.

Zwischen Vulkan und See ► **Hostería Huechulaufquen:** RP 61 Km 55, am Nordufer des Sees, Tel. 02972 42 75 98, www.hosteriahuechulaufquen.com, Nov.–April. Mit Restaurant. DZ 870 $ p. P. inkl. HP.

Camping ► **Bahía Cañicul:** RP 61 Km 54, am Nordufer des Lago Huechulaufquen. Ordentliche Infrastruktur. 60 $ p. P. **Piedra Mala:** RP 61 Km 64, am Nordufer des Lago Paimún. Mit Infrastruktur. 40 $ p. P.

des **Lago Huechulafquen** entlang bis zum Schwestersee **Lago Paimún** (an der Strecke Basen für Trekkingtouren).

Sowohl von San Martín – in diesem Fall über den **Lago Lolog** – als auch von Junín de los Andes aus lässt sich die chilenische Grenze gleichfalls auf einer am **Lago Curruhué Chico** beginnenden Seenroute ansteuern. Das zweite Gewässer auf diesem Weg, der lang gestreckte **Lago Curruhué Grande,** überrascht mit schönen Araukarienhainen; an der **Laguna Verde** erinnert eine breite, durch

Araukanien

Die nordpatagonischen Seen der Provinz Neuquén liegen inmitten einem der letzten Araukarienwälder in einer Region, wo auch noch mehrere Gemeinden der Mapuche-Indianer ansässig sind. Angler und Wildwasserfreunde finden ihr Revier auf dem Río Aluminé, Müßiggänger in den Thermalbädern von Copahue und Coviahue.

Aluminé und Umgebung
▶ 1, A 21/22

Karte: S. 314

Pehuenia (von dem Mapuche-Wort *pehuén* = Araukarie) heißt der in Wälder gebettete, aus dem Lago Aluminé, Lago Moquehue und Lago Ñorquinco gebildete Seenring unweit von **Aluminé** `1` (5600 Einw.). Zu diesem kleinen Ort gelangt man über eine, ab Junín de los Andes (s. S. 308) 102 km lange Straße (RP 23), die eine auf- und abwogende Steppenlandschaft durchläuft, bevor sie in das von steilen Felsen flankierte Tal des Río Aluminé eintaucht. Hier werden alljährlich im Oktober die argentinischen Kajakmeisterschaften ausgetragen und im Februar, bei der Fiesta del Río, auch Wettbewerbe für Touristen veranstaltet. Schöne Tagestrekkingrouten führen vom südwestlich gelegenen **Quillén** `2` am gleichnamigen See in den 7 km langen **Cañadón Malalco** (3 Std. zur Laguna Negra) und, auf einem fast gleichlangen Weg, zum **Lago Hui Hui.**

Verlässt man Aluminé Richtung Westen, so gelangt man nach 23 idyllischen Kilometern zur Mapuche-Kolonie **Rucachoroi** `3` am Südostufer des Sees gleichen Namens. In dieser kleinbäuerlichen Streugemeinde gewinnt man einen unmittelbaren Eindruck von der aktuellen Lebensweise eines alten Kulturvolks, das sich noch des Ochsenkarrens bedient und wie eh und je den jährlichen *piñoneo* – das Sammeln der Araukarienzapfenkerne – pflegt. Allerdings wurden die Araukarien-Bestände um den Lago Rucachoroi und den Lago Moquehue Anfang 2014 von Waldbränden teilweise zerstört.

Infos

Secretaría de Turismo: Joubert 321, im Kiosk auf der Plaza, Tel. 02942 49 60 01, www.alumine.gov.ar, tgl. 8–21 Uhr.

Übernachten

... in Aluminé:

Am Fluss ▶ **Hotel De la Aldea:** Crouzelles 100, Ecke RP 23, Tel. 02942 49 61 15, www.hoteldelaldea.com.ar. Alpiner Bau mit Sicht auf den Río Aluminé, Restaurant. DZ 552 $.

Ländliches B & B ▶ **Casa de Campo:** RP 11, ca. 4 km südlich von Aluminé, Tel. 02942 15 66 22 85 u. 15 69 33 00, www.casade campoalumine.com.ar, nur Nov.–März. DZ 490 $.

Rustikal ▶ **Hostal del Río:** RP 23, 2 km nördlich von Aluminé, Tel. 02942 49 64 17, 15 50 46 31, www.elhostaldelrio.com.ar, ganzjährig geöffnet. DZ 450 $.

Hosterías ▶ **Aluminé:** Joubert 312, Tel. 02942 49 61 74, www.hosteriaalumine.com. ar. DZ 550 $. **Nidcar:** Joubert 559, Ecke Juan Benigar, Tel. 02942 49 61 31. DZ 250 $.

Essen & Trinken

... in Aluminé:

Preiswert ▶ **La Posta del Rey:** in der Hostería Aluminé (s. oben). Großzügige Portionen, Tipp: *pasta patagónica* mit Pilzsoße. 160 $.

... außerhalb:
Hausmannskost ▶ **El Frutillar:** RP 23 Km 20, ca. 15 km nördlich auf der rechten Straßenseite, Tel. 02942 15 66 11 44. Kleines Lokal auf Erdbeerfarm am Fluss, gute regionale Küche, selbst gemachter Schafskäse. 110 $.

Einkaufen
Webarbeiten ▶ **Biblioteca Juan Benigar:** Joubert 621. Fr–So 19–21 Uhr treffen sich hier Mapuche-Weberinnen; auch Verkauf.

Verkehr
Busse: Albus, Tel. 02942 49 66 72, www.albus.com, und Campana Dos, Tel. 02942 49 66 66, verbinden mit Villa Pehuenia, Zapala, Neuquén, Junín de los Andes und San Martín de los Andes.

Von Aluminé nach Neuquén ▶ 1, A–D 21

Karte: S. 314
Weiter geht die Fahrt auf der RP 23 zum rund 40 km entfernten **Lago Aluminé**. Die schönere Annäherung an den See führt über die RP 11, die etwa 19 km nördlich von Aluminé gen Westen abzweigt. Vorbei am **Lago Pulmarí** und am **Lago Ñorquinco** erreicht man in **Moquehue** den gleichnamigen See, kurz darauf die Kreuzung mit der RP 13 und nur wenige Kilometer östlich davon, bereits am Nordufer des Lago Aluminé, das touristische Zentrum der Gegend, **Villa Pehuenia** 4.

In die andere Richtung führt die RP 13 auf den 1296 m hohen **Paso de Icalma** (Nov.–Mai) zu und verbindet in Chile mit Cunco und Temuco. Nur 45 km weiter nördlich überquert die von Zapala (s. S. 314) ausgehende RN 22 den 1884 m hohen **Paso de Pino Hachado** (Dez.–Mai), um in Chile gleichfalls Temuco zu erreichen. Zwischen den beiden Pässen findet man beiderseits des Kordillerenkamms in mehr als 1000 m Höhe die größte Konzentration von **Araukarienwäldern** *(Araucaria araucana),* obwohl sich diese noch bis zum Lago Caviahue (auch Lago Agrio genannt) weiter im Norden hinziehen. Wer einen Abstecher in die herrliche Waldlandschaft machen möchte, fährt von Villa Pehuenia aus auf der RP 13 zunächst ein paar Kilometer ost-

Begehrtes Souvenir: die kunstvollen Webarbeiten der Mapuche-Indianer

Araukanien

wärts und zweigt nach Villa Unión (kurz vor der RP 23) links auf die Schotterstraße RP 12 ab. Über 17 km geht es am Arroyo del Arco entlang durch Araukarienwälder zum – inzwischen geschlossenen – Grenzübergang **Paso del Arco** 5. Vorwiegend im Dreieck Junín de los Andes, Aluminé und Zapala sind, als beschirmten die Bäume ihre Schützlinge, auch die meisten der 35 in der Provinz Neuquén ansässigen Mapuche-Gemeinden verwurzelt.

108 km sind es vom Lago Aluminé auf der RP 13 in die nichtssagende Bergarbeiterstadt **Zapala** 6. Nur rund 25 km südwestlich davon taucht man am steppenhaften **Parque Nacional Laguna Blanca** 7 wieder voll in die Natur ein. Die Lagune bildet – mit allein 2000 Schwarzhalsschwänen – die größte Niststätte für Süßwasservögel in Patagonien (beste Besuchszeit: Nov.–März).

Auf der weiteren Strecke nach Neuquén lohnt ein Stopp in **Plaza Huincul** mit dem **Museo Carmen Funes,** in dem u. a. Skelettteile des weltgrößten Dinosauriers ausgestellt sind (s. S. 317, Av. Córdoba 55, Kreuzung RN 22 und RP 17, Tel. 0299 496 54 86, Mo–Fr 9–19, Sa, So und Fei 10.30–20.30 Uhr, 10 $).

Infos

Información Turística: im Centro Cívico von Villa Pehuenia, RP 13, Tel. 02942 49 80 44, www.villapehuenia.org.

Übernachten

... am Lago Pulmarí:

Vogelparadies ▶ Piedra Pintada Resort: RP 11, am Südufer des Lago Pulmarí, Tel. 02942 49 63 96 u. 011 43 28 01 45, www.piedrapintada.com.ar, Nov.–April. Die Anlage entfachte vor einigen Jahren eine gewisse Polemik, weil sie den Zugang der lokalen Mapuche-Bevölkerung zum See und einem am Ufer platzierten Heiligtum behinderte; idyllische Lage, Restaurant, Birdwatching. DZ 200 US$ p. P. inkl. VP.

... in Villa Pehuenia:

Direkt am See ▶ Posada La Escondida: am Nordufer des Río Aluminé, Tel. 02942 15 69 16 88, 15 69 11 66, www.posadalaescondida.com.ar. 8 Zimmer mit Terrasse zum See, mit ausgezeichnetem Restaurant. DZ 1400 $, Bungalow für 2 Pers. 1050 $.

… in Zapala:
Beim Busterminal ► **Hotel Pehuén:** Etcheluz, Ecke Elena de la Vega, Tel. 02942 42 31 35. Bescheidene, aber saubere Unterkunft. DZ 380 $.

Termine
Festival del Chef Patagónico: Ende April. Köche aus Patagonien und Buenos Aires zaubern in Villa Pehuenia Gerichte, in denen der *piñón,* die Frucht der Araukarie, eine zentrale Rolle spielt (www.villapehuenia.gov.ar).

Verkehr
Busse: Tgl. Verbindungen von Villa Pehuenia mit Albus nach Zapala und von dort weiter nach Buenos Aires, Neuquén, Caviahue/Copahue, Junín de los Andes sowie San Martín de los Andes. Terminal: Etcheluz, Ecke Uriburu, Tel. 02942 43 12 86.

Neuquén ► 1, D 21

Karte: links
Das Mapuche-Wort *neuquén* bedeutet ›kühn‹, und kühn war auch die Idee, an der Endstation der 1904 bis hierher gebauten Eisenbahnlinie eine Stadt – heute die bedeutendste Patagoniens – entstehen zu lassen. Ihre Urzelle bildete Confluencia am Zusammenfluss der Ríos Limay und Neuquén, die sich zum mehrere Kilometer breiten Río Negro vereinen. Dieser bewässert die bis nach Chichinales reichenden Obstkulturen des Alto Valle (›oberen Flusstals‹), von deren Ernte heute rund 60 % in den Export gehen. Als Energiereiche aber bezeichnet sich die Provinz vor allem, weil sie mehr als die Hälfte der argentinischen Erdgasreserven birgt, 57 % des Petroleumaufkommens und zwei Drittel der Elektrizität (vorwiegend aus Wasserkraft) liefert. Einen Teil dieser Energie erzeugt der mächtige Stausee Embalse Cerros Colorados. Im bunten Sedimentgestein des südlich anschließenden Hügellandes trifft man auf eine der ergiebigsten Saurierfundstätten der Welt.

Neuquén

Die 232 000 Einwohner zählende Provinzhauptstadt **Neuquén 8,** rund 180 km westlich von Zapala gelegen, ist als Haupteinfallstor für Nordpatagonien und Knotenpunkt der Vorandenregion über zwei wichtige Verkehrsachsen mit Buenos Aires verbunden. Eine 1994 eingeweihte transandine Erdölleitung zum chilenischen Pazifikhafen Concepción/Talcahuano hat eine 80 Jahre alte Idee wieder aufleben lassen: die bis Zapala gehende Eisenbahnlinie entlang eben dieser Trasse bis nach Concepción weiterzubauen und so Atlantik (Bahía Blanca) und Pazifik auf dem Schienenweg miteinander zu verbinden. Nach nurmehr 20 Jahren sind allerdings erst 24 der 110 km langen, auf argentinischer Seite noch ausstehenden Strecke gelegt.

Übernachten
Am Flughafen ► **Hostal del Caminante:** RN 22 Km 1229 (Hauptstraße), Tel. 0299 444 01 18, www.hostaldelcaminante.com.ar. Parkhotel am westlichen Stadteingang, Restaurant, Sauna. DZ 500 $.

Essen & Trinken
Norditalienisch und patagonisch ► **La Toscana:** Lastra 176 (Seitenstraße der RN 22), Tel. 0299 447 33 22, www.latoscanarestaurante.com. Feine Küche mit regionalen Zutaten, viele Gerichte werden im Lehmofen zubereitet. 240 $.

Verkehr
Flüge: Aerolíneas Argentinas/Austral fliegt 3–4 x tgl. nach Buenos Aires und 2 x tgl. nach Mendoza, LAN 3 x tgl. nach Buenos Aires, Sol über Comodoro Rivadavia an der patagonischen Atlantikküste nach Feuerland sowie über Mendoza und Córdoba nach Rosario. Flughafen: 5 km westlich vom Stadzentrum, von der RN 22 ca. 500 m gen Norden, Tel. 0299 444 04 46/48, www.anqn.com.
Busse: Zahlreiche Verbindungen nach Buenos Aires, San Martín de los Andes, Bariloche, El Calafate, Río Gallegos, Mendoza, Salta, Córdoba, Chile und Paraguay. Busterminal: 3,5 km westlich an der RN 22, Ecke Solalique, Tel. 0299 445 23 00.

Araukanien

Nördliche Provinz Neuquén

Karte: S. 314

Über Las Lajas nach Copahue
► 1, B 21–A 20

Wer sich von Zapala auf der RN 40 Richtung Nordwesten wendet, passiert etwas südlich von dem Ort **Las Lajas** 9 mit dem **Cordón Cuchillo-Curá** eine der fundreichsten Fossilienkammern mit Grottenfauna – ein wahrhaft finster-feuchtes Reich für passionierte Höhlenforscher.

Zu dieser schwarzen Unterwelt kontrastiert der himmelstürmende **Volcán Copahue** (2997 m), der 140 km weiter nördlich (RP 21 und 26) sein schneebedecktes Haupt im **Lago Caviahue** betrachtet. In diesem See, blau und klar wie Bergkristall, spiegeln sich auch Araukarien, die hier ihre nördliche Wuchsgrenze erreichen. Das recht stillose Uferdorf **Caviahue** 10 wird der prächtigen Naturkulisse nicht gerecht und auch der 20 km weiter bergauf gelegene Thermalort **Copahue** wirkt mit seinen Wellblechdächern eher wie eine Bergwerkssiedlung. In dieser baumlosen und sumpfigen Einöde hört man nur die ihrer Dampfgeräusche wegen *las máquinas* und *las maquinitas* (›Maschinen‹ und ›Maschinchen‹) genannten Quellen ihren Schwefelatem ausstoßen. Die große Thermalbadanlage, El Instituto genannt, liegt im Zentrum von Copahue (Heilanzeige: Knochen- und Gelenkleiden, Hautkrankheiten, Stressabbau) und ist im Winter geschlossen, dafür steigt zu dieser Jahreszeit der Betrieb in Caviahue, das in den letzten Jahren zu einem viel besuchten Skizentrum heranwuchs. Höhepunkt ist die 8 km lange Abfahrt vom Vulkankrater.

Infos
Ente Provincial de Termas de Neuquén – Centro Termal Copahue: Olascoaga s/n, Copahue, Tel. 02948 49 50 50 u. 49 50 52, www.caviahue.com, www.termasdecopahue.com, Nov.–Mai tgl. 7–21 Uhr.
Municipalidad de Caviahue-Copahue: Calle 8 de Abril s/n, Bungalow 5 u. 6, Caviahue,

Tel. 02948 49 54 08, www.caviahue-copahue.gov.ar.

Übernachten
… in Caviahue:
Berghotel ► **Hotel Nieves del Cerro:** Av. Quimey Co, Ecke Las Chaquiras, Tel. 02948 49 52 22, www.nievesdelcerro.com.ar. An den Skipisten, Spa, Restaurant (130 $). DZ 520 $.
B & B ► **La Casona de Tito:** Puesta del Sol s/n, Tel. 02948 49 50 93 u. 011 48 61 52 79, www.lacasonadetito.com.ar, Juli–Sept., Dez.–April. DZ 350 $.
… in Copahue:
Mit Thermalbad ► **Hostería Hualcupén:** Olascoaga s/n, Tel. 02948 49 55 76, www.hosteriahualcupen.com.ar. Zimmer und Apartments, WLAN. DZ 500 $ p. P. inkl. HP.
Camping ► **Pino Azul:** Herrero Doucloux, Ecke Olascoaga, Tel. 02948 49 50 71. Neben der gleichnamigen Hostería. 40 $ p. P.

Essen & Trinken
… in Copahue:
Parrilla ► **Nito:** Zambo Jara s/n, Tel. 02948 49 50 40. 130 $.
Teehaus ► **El Montañés:** Cheuquel, Ecke Bercovich. Auch gute Kuchen zum Tee.

Verkehr
Busse: Das Busunternehmen Conosur verbindet Caviahue (im Sommer auch Copahue) tgl. 4 x mit Zapala und Neuquén.

Chos Malal ► 1, A/B 19
Wichtigster Ort in dieser nördlichsten Ecke Patagoniens ist das rund 170 Straßenkilometer nordöstlich von Caviahue, auf der Nord-Süd-Achse der RN 40 gelegene **Chos Malal** 11. Der adrette, auf unternehmungsfreudige Touristen eingestellte Ort ist als Ausgangspunkt zur Erschließung einer der unberührtesten und reizvollsten Andenregionen so gut wie unbekannt. Einen ersten Überblick über die Gegend bietet das **Museo Histórico** (Plaza San Martín, Di–Fr 9–11, 14–19, Sa 15–19 Uhr). Weiter gen Norden Reisende haben von hier noch 140 km bis zur Provinzgrenze nach Mendoza vor sich sowie weitere rund 600 km über San

Surassic Park

Argentiniens Saurier-Register hält Rekorde

Thema

»Ihr besitzt den Großen, aber ich habe den Kleinen«, sagte der Bauer Roberto Saldivia, als er im April 1995 einen Plastikbeutel mit Zähnen, Kiefer- und Wirbelknochen in Plaza Huincul ablieferte. Der Große war der auf den wissenschaftlichen Namen *Argentinosaurus huinculensis* getaufte größte Pflanzenfresser unseres Planeten, dessen Skelett im dortigen Museum Carmen Funes aufgestellt ist.

Der Kleine – 90 Mio. Jahre alt, wie die Radiokarbonmessung ergab – ist der primitivste bisher bekannte Iguanodon. 26 verschiedene Sauriergattungen wurden in Argentinien bisher entdeckt. 1995 stieß man in Chubut auf ein 170 Mio. Jahre altes Exemplar, dessen Haut noch erhalten war. Zwei Jahre zuvor hatte Rubén Carolini den schwergewichtigsten Fleisch fressenden Saurier der Erde gefunden: 15 m lang, 8 m groß und mit 22 cm hohen Sägezähnen bewaffnet. Dieser 97–105 Mio. Jahre alte *Giganotosaurus carolinii* stellte sogar den als Urschreck bekannten *Tyrannosaurus rex* in den Schatten. Damit gilt das Land als eine der ergiebigsten Fundstätten der Welt – und nennt sich nun, im Anklang an Steven Spielbergs Jurassic Park, gerne Surassic Park (*sur* = Süden).

Doch nicht die Anzahl der Funde allein, sondern deren Alter, Erhaltungsgrad und die Qualität latenter Informationen bestimmen den Rang einer Fossilienregion. Insofern könnte Argentinien in das Guinness Buch der Rekorde eingehen. Nicht nur erreichte der *Argentinosaurus* zu Lebzeiten das unübertroffene Gewicht von zehn afrikanischen Elefanten, der 1991 in San Juan ausgegrabene kleine *Eoraptor* dürfte sich, wie das Time-Magazin es ausdrückte, als der Stammvater des Dinosaurier-Clans erweisen: 230 Mio. Jahre ist er alt.

Als Nordpatagonien in der Kreidezeit an einem vom Wasser des Pazifiks umspülten und von Korallen bewohnten tropischen Golf lag, wimmelte das Land von Krokodilen, Boas und Sauriern. Aber warum starben gerade die Riesenechsen vor etwa 65 Mio. Jahren aus? Litten sie, bei ihrem mit Hängebrücken vergleichbaren Knochenbau, unter Bandscheibenproblemen? Oder machten, bei zunehmendem Gewicht, ihre Herzen nicht mehr mit (ihre bis zu 11 m langen Hälse stellt man sich teilweise mit acht Pumporganen ausgestattet vor)? Konnten sie sich nicht der Evolution im Pflanzenreich anpassen? Die meisten Forscher neigen zu einer Katastrophentheorie: Der Einschlag eines Kometen, Vulkanausbrüche und die verheerenden Folgen könnten die Spezies ausgelöscht haben.

Der an Augenblickslösungen gewöhnte moderne Mensch, meinte der argentinische Paläontologe Fernando Novas, stelle sich gerne sensationelle Effekte vor. Das könne man auch anders sehen. Evolutionär betrachtet lebe die Sauriergattung z. B. im Pampastrauß fort, dessen drei Zehen immer noch die Merkmale eines *Tyrannosaurus rex* aufwiesen. Überhaupt seien alle Vögel, wie ehemals die Saurier, Reptilien; sie hätten nur ihre Schuppen in Federn und die Vorderbeine in Flügel verwandelt. Deswegen stelle er sich die Saurier nicht als ausgestorben, sondern als in den Vögeln weiterlebend vor, und erst wenn wir die heute noch existierenden 8000 Vogelarten schützten, hätten wir das wirkliche Aussterben der Saurier verhindert.

Araukanien

Rafael in die Provinzhauptstadt, Argentiniens Weinmetropole (s. S. 324).

Infos
Dirección Regional de Turismo: 25 de Mayo 89, Tel. 02948 42 15 23, tgl. 8–20 Uhr.

Übernachten
Motel ▶ **Picún Ruca:** 25 de Mayo 1271, Tel. 02948 42 10 00, www.picunruca.com.ar. Mit Cafetería. DZ 500 $.
Bungalows ▶ **Kallfu Kuyén:** Jujuy 60, Tel. 02948 42 12 63. DZ 450 $.
Preiswert ▶ **Hospedaje Lemus:** Lavalle 17, Tel. 02948 42 11 33. DZ 290 $.
Camping ▶ **Municipal:** General Justo, an der nördlichen Ausfahrt über dem Flussufer, Tel. 02948 42 11 01. Einfache Infrastruktur. 25 $ p. P., 25 $/Zelt, 25 $/Auto.

Essen & Trinken
Resto-Bar ▶ **La Balsa:** General Paz 1124, am Busterminal, Tel. 02984 42 25 52, Mo geschl. Forelle, Pizza und Pasta. 110 $.
Einfach ▶ **Petit:** 25 de Mayo 1251. Regionale Küche. 100 $.

Andacollo und Huinganco
▶ 1, A 19

Der tiefen Schlucht des Río Neuquén flussaufwärts folgend, von der Höhe zu winzigen Brücken absteigend, dann wieder zur Felstraufe hochkletternd und weite Hochebenen durchmessend, tasten sich die schmalen Pisten RP 6 (über El Cholar) und RP 57 an den Bergweiler **Andacollo** 12 und die benachbarte (6 km) Hochoase **Huinganco**, den Garten der Provinz, heran. Sie ist nicht arm, diese ›steinreiche‹ Region, denn ein chilenisch-kanadisches Unternehmen fördert zwischen Andacollo (›der mit Mineralien Gesegneten‹ in der Sprache der Mapuche) und Huinganco im großen Stil Gold. Durch die Investitionen wurden neue Arbeitsplätze geschaffen, aber zunehmend werden auch Klagen der Viehzüchter laut – auf dem Hochland weiden im Sommer um die 640 000 Ziegen –, dass die Wasserqualität der einst glasklaren Flüsse durch die Mine stark beeinträchtigt wird.

Infos
Dirección de Turismo: Elías Troitiño, Ecke Fortín Guanacos, Andacollo, Tel. 02948 49 40 60, www.andacollo.gov.ar, tgl. im Winter 8–18, im Sommer 8–22 Uhr.

Übernachten
... in Andacollo:
Mit Blick auf den Fluss ▶ **Hostería Andacollo:** Torreón 334, Tel. 02948 49 41 19. Ehemaliger, fast 100-jähriger Proviantladen, der zur Unterkunft umfunktioniert wurde, mit Restaurant. DZ 300 $.
Camping ▶ **Municipal:** RP 43, 200 m vor dem Ort am Río Neuquén, Tel. 02948 49 40 60. Gute Infrastruktur, mit Laden. 25 $/Zelt, 1 $/Auto.

Nördliche Provinz Neuquén

Weiter zum Volcán Domuyo
▶ 1, A 18/19

Im Schutz der Cordillera del Viento verbirgt sich 42 km nördlich von Andacollo das urige Dorf **Las Ovejas** (›Die Schafe‹). Kurz vorher zweigt ein Fahrweg (RP 45) zu den **Lagunas de Epulafquen** mit ihrem Südbuchenwald ab, in dem 90 Vogelarten gezählt wurden. Der Hauptstrang der RP 43 läuft über strapaziöse Kurven auf den **Volcán Domuyo** 13 (4709 m) zu. Vom Weiler **Varvarco,** 21 km nördlich von Las Ovejas, ziehen abenteuerliche Touristen zwei Ziele in ihren Bann: die von Wasser und Wind ausgeschliffenen Sandsteinformationen **Los Bolillos,** unter denen die einer Kapuzinerprozession ähnelnden Gestalten der *monjes* (›Mönche‹) am eindrucksvollsten sind, sowie um **Villa Aguas Calientes** die mit 95 °C aus den algenbewachsenen Erdspalten des Vulkans sprühenden salz- und kalziumhaltigen Thermalwasser und Dämpfe. Wie zum Abschied schießen hier und da Geysire (die einzigen Argentiniens) bis zu 15 m hohe Fontänen in die Luft – hier ist Patagonien zu Ende.

Übernachten
... in Aguas Calientes:
Bungalows am Vulkan ▶ Reservierung in Neuquén: Instituto de Seguridad Social, Tel. 0299 447 89 67, www.issn.gov.ar, Vorauszahlung in Varvarco oder Las Ovejas, Tel. 02948 48 10 80, Mai–Nov. geschl. Geothermisch geheizte Bungalows, Thermalbäder, Führungen zu den Geysiren. Für 6 Pers. 530 $.

Einsame Straßen und einsame Hirten zu Füßen des Volcán Copahue

Gartenstadt Mendoza – in kaum einer anderen Provinzmetropole gibt es so viel Grün wie hier

Kapitel 5

Cuyo

Cuyo nennt sich jene von den Provinzen Mendoza, San Juan und La Rioja gebildete Region, die sich im Norden bis nach Catamarca erstreckt und deren landwirtschaftliche Ertragskraft sich vom Wasser der Hochanden nährt. Denn das Huarpe-Wort *cuyo* bedeutet nichts anderes als ›trockene Sandfläche‹.

Den von den Huarpe-Indianern angelegten und später durch die Inka erweiterten Bewässerungskanälen ist es zu verdanken, dass weite Teile der Region in fruchtbare Oasen verwandelt wurden und der Reisende heute riesige Obstplantagen und Weinfelder durchkreuzt. Das andere Gesicht dieses Landstrichs sind gewaltige, menschenleere Schluchten wie in Ischigualasto und Talampaya, wüstenhafte Hochebenen im Nordwesten von La Rioja und Catamarca sowie die fast allgegenwärtige Andenkette, ein Mekka für Bergsteiger und Trekker, in Las Leñas und Los Penitentes auch für Skifahrer. Über die ganze Region verteilt finden sich Zeichen ausgestorbener Indianerkulturen.

Drehkreuz des Cuyo ist die charmante Winzermetropole Mendoza, Argentiniens viertgrößte Stadt. Inselhafter geben sich die anderen Provinzstädte dieser mittleren Vorandenregion: San Juan, La Rioja, Catamarca. Außerhalb dieser Orte aber wird es plötzlich leer. Hier kann man auch im 21. Jh. noch Entdeckerfreuden erleben. Der Westen von San Juan, La Rioja und Catamarca ist so gut wie unerschlossen.

Auf einen Blick
Cuyo

Sehenswert

9 Mendoza: Mit ihrem breiten Angebot an Hotels und Restaurants empfiehlt sich Argentiniens Winzermetropole als Basis für Ausflüge ins Umland, zu teils modernen und hoch dekorierten Weingütern oder in die raue und einsame Andenregion (s. S. 324).

10 Reserva Provincial Ischigualasto: Das 220 Mio. Jahre alte Mondtal ist die weltweit größte Schatzkammer für Trias-Fossilien und verzaubert mit bizarren Gesteinsformen, die schon so manchem Science-Fiction-Film als Kulisse dienten (s. S. 354).

11 Parque Nacional Talampaya: Wie antike Säulen wirken die gewaltigen roten Felswände dieser Schlucht, die neben Fossilien auch archäologische Fundstätten und eine reiche Fauna und Flora birgt (s. S. 360).

Schöne Routen

Von Mendoza nach Uspallata: Zwei gleichermaßen interessante Strecken führen von Mendoza in die 120 km entfernte Hochoase Uspallata. Innerhalb weniger Kilometer gelangt man vom Flachland in den Schatten der Bergspitzen (s. S. 333).

Cuesta de Miranda: Über rund 800 Kurven schlängelt sich die Straße zwischen enormen Felsblöcken bis auf 2200 m (s. S. 359).

Von Villa Unión zur Laguna Brava: Spannende Piste durch die Quebrada de la Troya, ein Labyrinth fast senkrecht hochgekippter Felsen (s. S. 362).

Route der Archäologen: Den Spuren der Indianerkulturen folgt diese Route, die in der Provinzhauptstadt Catamarca beginnt und fast 900 km nördlich davon in San Antonio de los Cobres endet (s. S. 371).

Unsere Tipps

Ríos Atuel und Diamante: Rafting- und Kajaktrips unterschiedlicher Schwierigkeit bei San Rafael (s. S. 343).

Difunta Correa: Eine Frau für alle Fälle – die Volksheilige schützt die Fernfahrer, hilft beim Hypotheken-Abtragen und stiftet Ehen. An ihrem skurrilen Wallfahrtsort bei San Juan stapeln sich Opfergaben aller Art (s. S. 349).

Observatorios El Leoncito und Cesco: Wolkenfreier Himmel und kaum Niederschläge erlauben in den 2500 m hoch gelegenen Observatorien an bis zu 270 Tagen einzigartige Beobachtungen des Südhimmels (s. S. 352)

Reserva Biosfera de San Guillermo: Völlig isoliert im Nordwesten der Provinz San Juan liegt dieses Schutzgebiet, in dem Tausende von Vikunjas und Guanakos leben. Auch Pumas lassen sich hier sehen (s. S. 354).

aktiv unterwegs

Camino(s) del Vino – Weinroute(n) um Mendoza: Ungefähr 90 Winzereien in und um Mendoza öffnen für Besucher ihre Türen und bieten weit mehr als nur traditionelle Weinproben. Einigen ist ein Museum oder eine Kunstausstellung angeschlossen, in anderen kann man köstlich speisen und luxuriös übernachten (s. S. 328).

Wind-Cart-Segeln in den Anden: Vor der Kulisse der Anden in Begleitung der Altmeister Rogelio Toro und Jaime de Lara mit bis zu 90 Sachen über den ausgetrockneten See Barreal del Leoncito sausen (s. S. 352).

Geländewagentour im Reich der Vulkane: Basaltstäbe, Reste einer Indianerstadt und ein See mit Hunderten von Flamingos sind das lohnende Ziel in dieser abgelegenen Puna-Region um den Ort Antofagasta de la Sierra (s. S. 378).

Provinz Mendoza

Die attraktive Stadt Mendoza ist der geeignete Startpunkt für die Erkundung einer Region, die in – für argentinische Verhältnisse – relativ kleinen Entfernungen ein äußerst abwechslungsreiches Angebot aufweist: Weinproben in rund 90 Winzereien, Trekking- oder Reittouren in den nahen Anden sowie Flussfahrten und Höhlenbesuche im Süden der Provinz.

Mendoza ▶ 1, B 14

Cityplan: S. 327; **Karte:** S. 343

Sich als Metropole mit rund 1,1 Mio. Einwohnern das Flair einer Gartenstadt zu bewahren, dazu gehören viele niedrige Gebäude, breite Straßen und Plätze sowie die Pflanzfreudigkeit einer Baumschule. 45 000 Platanen und andere Schattenspender überdachen in **Mendoza** die von *acequias* (›Wassergräben‹) gesäumten Gehwege. Das durch die Blätter gesiebte Licht löst die strenge Geometrie der im Schachbrettmuster angelegten Straßen in flimmernde Szenenbilder auf. Großzügige Flanierzonen, Bänke allerorten und lebhafte Straßencafés stellen eine entfernte Verwandtschaft zum französischen Aix-en-Provence her.

Seine Aufgelockertheit verdankt Mendoza, Argentiniens viertgrößte Stadt, freilich nicht allein der Weiträumigkeit und den Wein- und Obstgärten in der Umgebung, deren vor dem Wind schützende Pappelreihen die Landschaft im Herzen des Cuyo prägen. Die am Rand der sich ständig weiter auffaltenden Hochkordillere liegende Stadt wurde in ihrer über 400-jährigen Geschichte von verheerenden Erdbeben geschüttelt und lebt, gelassen, aber vorbereitet, in ständiger Erwartung des nächsten Rucks. Im März 1861 befand sich der damals nur 12 000 Einwohner große Ort im Epizentrum eines seismischen Schocks, der sämtliche Gebäude einstürzen und 4000 Tote unter den Trümmern verschwinden ließ. Seitdem – 1985 ereignete sich das letzte, relativ gut überstandene Beben – ging man bei der Bebauung großräumiger vor.

Mendozas Mitte bilden fünf Plätze: grüne Lungen, offene Wandelhallen, aber auch sichere Fluchtpunkte bei Erdbeben. So ›verdankt‹ die Stadt ihrer unruhigen Geografie zugleich den kompletten Verlust ihres architektonischen Erbes aus der Kolonialzeit, aber auch ihre Wiedergeburt in neuem Gewand. Mit den vielen Parks gewann Mendoza enorm an Lebensqualität.

Geschichte

Gegründet wurde der Ort schon 1561 vom Spanier Pedro del Castillo, der ihm den Namen des damaligen Gouverneurs von Chile gab, García Hurtado de Mendoza. Wie auch die Territorien von San Juan und San Luis unterstand Mendoza dem Generalkapitanat von Chile, bis die Cuyo-Region im Jahr 1776 dem neuen Vizekönigtum Río de la Plata einverleibt wurde. Doch mit Chile blieb Mendoza schicksalhaft verbunden. Als der chilenische Freiheitskämpfer O'Higgins nach der – als Desaster von Rancagua bezeichneten – Niederlage gegen die spanischen Kolonialherren 1814 mit den Royalisten über die Anden floh, fand er in dem damaligen Provinzgouverneur von Mendoza, General San Martín, einen Gesinnungsgenossen. Nach einer dramatischen Andenüberquerung schlug das Expeditions-

Mendoza

Die vielen Straßencafés machen einen großen Teil des Flairs von Mendoza aus

heer die Spanier 1817 entscheidend bei Chacabuco. Dieses Heldenepos gedenkt ein Bronzemonument, das am westlichen Ende des Parque General San Martín auf dem Cerro de la Gloria thront.

Sehenswertes

Da Mendoza keine historische Bausubstanz mehr besitzt, lädt die Stadt in erster Linie zum Schlendern ein: durch die geschäftige Hauptverkehrsader **Avenida San Martín** und die von Straßencafés flankierte Fußgängerzone **Avenida Sarmiento** zur **Plaza Independencia** 1, dem größten und lebendigsten Platz der Stadt mit seinen Wasserspielen und der vom ehemaligen Plaza Hotel (heute Park Hyatt mit angenehmer Caféterrasse) und dem Teatro Independencia gebildeten Westfront. Einen Stock tiefer, unter der Plaza, verbirgt sich das **Museo Municipal de Arte Moderno,** das eine sehr interessante Sammlung zeitgenössischer lokaler Kunst zeigt (Zugang von der Parkanlage, Tel. 0261 425 72 79, Di–Fr 9–20, Sa/So 14–20 Uhr, 14 $ inkl. Museo del Área Fundacional, Mi frei).

Weiter geht es zur **Plaza San Martín** 2 mit der neoplateresken Hypothekenbank an ihrer Südwestecke und der **Basílica San Francisco** an ihrer Nordwestecke. Die Kirche, eine frühe Kopie der Pariser Église de la Trinité, birgt die Statue von Nuestra Señora del Carmen de Cuyo, der Schutzheiligen von San Martíns Andenarmee.

Nur einen Block nördlich davon verläuft Mendozas Haupteinkaufsstraße, die **Avenida Las Heras,** in der man vom Wein bis zum Fohlenlederstiefel alle regionalen Erzeugnisse kaufen kann. Ein guter Anlaufpunkt ist der 1884 gegründete **Mercado Central** 3 an der Ecke zur Calle Patricias Mendocinas, der sich auch für einen Imbiss anbietet (www.mercadoc.com.ar). Oder man besorgt sich hier Leckereien für ein Picknick und spaziert zur lauschigen **Plaza España** 4 mit ihren Majolika-Bänken, Springbrünnchen und historischen Kachelbildern, in denen sich Eroberer,

325

Mendoza

Sehenswert

1 Plaza Independencia
2 Plaza San Martín
3 Mercado Central
4 Plaza España
5 Plaza Pedro del Castillo
6 Zanjón Cacique Guaymallén
7 Parque General San Martín

Übernachten

1 Villaggio Hotel
2 NH Cordillera
3 Casa Lila
4 Huentala
5 Cervantes
6 Gran Ritz
7 Grand Hotel Balbi

8 Bonarda Hotel
9 Cordón del Plata
10 Zamora
11 Vecchia Roma
12 Lao
13 Independencia
14 Itaka
15 Campo Base
16 Casa Glebinias

Essen & Trinken

1 1884
2 Francesco
3 Azafrán
4 La Marchigiana
5 Trevi
6 Arturito
7 El Mercadito
8 El Retortuño

9 Bodega los Toneles
10 Cabaña Caprina Los Cerros

Abends & Nachts

1 The Vines
2 Décimo
3 Calle Arístides Villanueva
4 Aloha
5 Runner

Aktiv

1 Mendoza Viajes
2 Aymará Turismo/Aymará Adventures & Expeditions

Entdecker, Indios und Gauchos begegnen – ein Amalgam neuweltlicher Hispanität.

Die wenigen historisch bedeutsamen Baudenkmäler Mendozas liegen gut 1 km nordwestlich des Zentrums um die **Plaza Pedro del Castillo** 5, vor dem schlimmen Erdbeben von 1861 der Hauptplatz der Stadt. Zeugen jener Zeit sind die Ruinen der 1731 errichteten **Iglesia San Francisco** sowie einige archäologische Fundstücke, die man in einer unterirdischen Kammer begutachten kann (Beltrán, Ecke Ituzaingó, Mo–Fr 9–13 Uhr).

Wesentlich mehr Ausstellungsstücke zeigt gegenüber das **Museo del Área Fundacional,** das genau an der Stelle errichtet wurde, wo ehemals das koloniale Rathaus stand (Alberdi, Ecke Videla Castillo, Tel. 0261 425 69 27, Di–Sa 8–20, So 15–20 Uhr, 14 $ inkl. Museo Municipal de Arte Moderno, Mi frei).

Entlang der Calle Ituzaingó verläuft der **Zanjón Cacique Guaymallén** 6, der letzte original erhaltene Wasserkanal aus präkolumbischer Zeit, der Mendoza einst mit dem kostbaren Nass aus den Anden versorgte. Dank dieser *acequias,* die die Spanier von den Inka übernahmen und erweiterten, entwickelte sich die Wüstensiedlung zu einer fruchtbaren Oase (s. S. 338).

1 km westlich der Plaza Independencia erstreckt sich der **Parque General San Martín** 7, eine 512 ha große Grünanlage, die man durch ein reich geschmücktes, orientalisches Flügeltor betritt. Im Park befinden sich auch die Gebäude der Universität, darunter das sehr kleine **Museo Arqueológico de la Universidad Nacional de Cuyo,** das jedoch sein berühmtestes Exponat, die Aconcagua-Mumie (s. S. 338), aus technischen und ethischen Gründen derzeit nicht ausstellt. Zu sehen sind hingegen die anderen Objekte, die im Bergheiligtum zusammen mit dem Kind gefunden wurden (Facultad de Filosofía y Letras, Untergeschoss, Mo–Fr 9–13, 15–19 Uhr, Eintritt frei).

Infos

Dirección de Turismo: 9 de Julio 500, 7. Stock, Tel. 0261 449 51 85, Mo–Fr 8.30–13.30 Uhr; San Martín, Ecke Garibaldi, Tel. 0261 420 13 33, tgl. 9–21 Uhr; Av. Las Heras, Ecke Perú, Tel. 0261 429 62 98, Mo–Sa 9–20 Uhr, www.ciudaddemendoza.gov.ar. Informationen über die Stadt.

Subsecretaría de Turismo: San Martín 1143, Tel. 0261 413 21 01, www.turismo.mendoza.gov.ar, tgl. 8–21 Uhr; im Busterminal u. im Flughafen. Infos über die Provinz.

Übernachten
... in Mendoza:

Italienisches Design ▶ Villaggio Hotel 1: 25 de Mayo 1010, Tel. 0261 524 52 40, www.hotelvillaggio.com.ar. Avantgardistisch, aber dafür verhältnismäßig preiswert. Terrassen-Spa, Sauna, Pool. DZ 129 US$.

Modern ▶ NH Cordillera 2: Av. España 1324, Tel. 0261 441 64 64, www.nh-hotels.com. Hotel der internationalen NH-Kette, Restaurant, Pool, WLAN. DZ 127 US$.

B & B ▶ Casa Lila 5 3: Avellaneda 252, Tel. 0261 155 10 24 76, www.casalila.com.ar. Vier feine Zimmer in einem Jugendstilhaus. Garten, Garage, Fahrradverleih. DZ 950 $.

Boutiquehotel ▶ Huentala 4: Primitivo de la Reta 1007, Tel. 0261 420 07 66, www.huentala.com. Zentral gelegenes Designhotel mit Pool, Restaurant, Weinkeller, Bar. DZ 849 $.

Klassisches Drei-Sterne-Hotel ▶ Cervantes 5: Amigorena 65, Tel. 0261 520 04 00, www.hotelcervantes.com.ar. Zentral, Restaurant mit feiner Küche, Garage. DZ 737 $.

Terrassen-Frühstück ▶ Gran Ritz 6: Perú 1008, Tel. 0261 423 51 15, www.ritzhotelmendoza.com. Zimmer und Apartments für bis zu 5 Pers., Cafetería mit schönem Panoramablick über die Stadt, Garage. DZ 699 $.

Komfortabel ▶ Grand Hotel Balbi 7: Av. Las Heras 340, Tel. 0261 423 35 00, www.ho

Provinz Mendoza

aktiv unterwegs

Camino(s) del Vino – Weinroute(n) um Mendoza

Tour-Infos

Start: vom Zentrum Mendozas über die Av. San Martín (RN 40) in Richtung Süden
Dauer: für die Besichtigung der Weinkeller der näheren Umgebung 1 Tag (wobei eine Auswahl der vorgeschlagenen Weinkeller einem allumfassenden Bodega-Marathonlauf vorzuziehen ist). Zuccardi und Salentein erfordern je 1 Tag für sich.
Infos: www.caminosdelvino.com (s. S. 332)

Die Umgebung von Mendoza verzeichnet die größte Dichte an Weinkellern in ganz Argentinien. Über 900 von ihnen liegen über die gesamte Provinz verteilt, rund 90 davon stehen Besuchern offen. In der näheren Umgebung der Stadt empfiehlt sich folgende Route:

Vom Zentrum geht es zunächst auf der Avenida San Martín gen Süden nach Godoy Cruz, einen Vorort der Provinzmetropole. Dort steht die 1884 erbaute **Bodega Escorihuela** mit dem renommierten Restaurant 1884 (s. S. 330, Belgrano 1108, Tel. 0261 424 22 82 int. 506, www.escorihuela.com, Führungen mit Anmeldung Mo–Fr stdl. 9.30–15.30 außer 13.30 Uhr, Anfahrt mit Bus Nr. 10 oder 40 ab Calle Patricias Mendocinas).

Um die Ecke liegt inmitten eines Parks das minimalistische Besucherzentrum der **Bodega Navarro Correas**, wo man die bekannten Tropfen Navarro Correas und Los Árboles kosten kann (San Francisco del Monte 1555, Tel. 0261 459 79 16, www.ncorreas. com, Führungen mit Voranmeldung Mo–Fr 10, 12 u. 15, Sa 10 u. 12 Uhr).

Etwas weiter südlich kreuzt die Avenida San Martín die Calle Juan José Paso, auf der man sich nun Richtung Osten nach Maipú begibt. Erste Station sollte hier das Weinmuseum der **Bodega Giol** sein, ehemals eines der größten Weinunternehmen der Welt (Ozamis 914/1040, Besichtigung, Weinprobe und

-verkauf: Mo–Fr 9–12, 15–18 Uhr, Museum: Mo–Sa 9–19, So 10–14 Uhr, Anfahrt von Mendoza mit Bus Nr. 150 oder 160 ab Rioja).

Ein paar Blocks weiter nördlich in derselben Straße befindet sich die **Bodega López**, eine der wenigen Winzereien, die nach über 115 Jahren noch in den Händen der Gründerfamilie ist. Von hier kommen die sehr beliebten und traditionsreichen Rotweine Rincón Famoso und Chateau Montchenot (Ozamis 375, Tel. 0261 497 24 06, www.bodegas lopez.com.ar, Führungen Mo–Fr 9–17, Sa 9.30–12.30 Uhr alle 60 Min., auf Engl. Mo–Fr 11.30–15.30 Uhr alle 60 Min., Sa 11 Uhr; Mittagsmenüs 250/290 $).

Ganz in der Nähe stellt die **Bodega La Rural** die feinen Felipe-Rutini-Weine und den Spitzen-Malbec Antología her und macht im großzügig angelegten **Museo del Vino San Felipe** mit der Geschichte des argentinischen Weins vertraut (Montecaseros 2625, Coquimbito, Tel. 0261 497 20 13, www.bodegalaru ral.com.ar, Mo–Sa 9–17, So 10–14 Uhr).

Zurück in Godoy Cruz, folgt man der Avenida San Martín weiter gen Süden und erreicht bald Luján de Cuyo. Hier befindet sich der einer französischen Gruppe (Edonia) gehörende Weinkeller **Alta Vista**, der für seine Weine und sein Besucherprogramm internationale Preise eingeheimst hat (Álzaga 3972, Chacras de Coria, Tel. 0261 496 46 84, www. altavistawines.com, Mo–Sa 9–18 Uhr).

Ein paar Ecken südwestlich davon lohnen die **Bodegas Nieto Senetiner** einen Besuch. Die Winzerei ist in einem 100-jährigen Gebäude aus Lehmziegeln untergebracht, die für eine perfekte Temperatur im Weinkeller sorgen (Guardia Vieja s/n, Tel. 0261 498 03 15, www.nietosenetiner.com.ar, Führung auf Sp. und Engl. Mo–Sa 10, 11, 12.30, 15 Uhr, auch Restaurant und Unterkunft).

Noch weiter südlich, bereits auf der anderen Seite des Río Mendoza, liegen zwei kleine

Weinrouten

Weingüter der Weltklassse: **Achával Ferrer** (Cobos 2601, Perdriel, Tel. 0261 15 553 55 65, www.achaval-ferrer.com) und **Viña Cobos,** in dem der amerikanische Star-Önologe Paul Hobbs einen Spitzen-Malbec erzeugt (Costa Flores, Ecke RN 7, Perdriel, Luján de Cuyo, Tel. 0261 479 01 30, www.vinacobos.com; Besuch jeweils nur mit Voranmeldung).

Allein einen Tagesbesuch lohnt das Anwesen der **Familia Zuccardi,** deren Weine der Marke Santa Julia im Rahmen einer Vielzahl von Aktivitäten gekostet werden können: von Mountainbiketouren über einen Flug im Heißluftballon bis zur Traubenlese reicht das saisonabhängige Angebot. Ein Restaurant gibt Gelegenheit zur genussvollen Erholung (RP 33 Km 7,5, Maipú, Tel. 0261 44 10 00, www.casadelvisitante.com).

Intensiver Weinanbau wird auch im Valle de Uco (www.valledeuco.org) etwa 120 km südwestlich von Mendoza betrieben. Eines der zahlreichen Weingüter ragt hier besonders heraus: die auf 1200 m gelegenen **Bodegas Salentein,** reich an Geschichte, aber beheimatet in einem faszinierenden Gebäude modernster Bauart. Besucher können nicht nur die Einrichtungen besichtigen, im renommierten Restaurant Killka speisen oder in der dazugehörigen Posada stilvoll übernachten, sondern in der angeschlossenen Galerie auch rund 200 Werke zeitgenössischer argentinischer und holländischer Künstler bewundern (RP 89, Los Árboles, Tunuyán, Tel. 02622 42 95 00, www.bodegasalentein.com, Führungen mit Voranmeldung tgl. 10, 12, 14, 16 Uhr, auf Englisch 11, 13, 15 Uhr, 60 $).

Grundlage für die Weinprobe: Viele Bodegas servieren leckere Häppchen

Provinz Mendoza

telbalbi.com.ar. Zentral, guter Service, gutes Preis-Leistungs-Verhältnis, Garage. DZ 650 $.
In der Nähe der Weinkeller ▶ Bonarda Hotel 8: Uspallata 840, Guaymallén, Tel. 0261 432 05 03, www.bonardahotel.com.ar. Modernes Hotel an der Südeinfahrt der Stadt, guter Ausgangspunkt für Weintouren. Pool, Restaurant, WLAN. DZ 74 US$.
Preiswert ▶ Cordón del Plata 9: 9 de Julio 1543, Tel. 0261 423 02 50, www.hotelcordondelplata.com.ar. Zentral, modern, große Zimmer, Restaurant. DZ ab 480 $.
Mit Patio ▶ Zamora 10: Perú 1156, Tel. 0261 425 75 37. Hübsches Haus im spanischen Kolonialstil, familiäres Ambiente, kleine Zimmer, Bar, Garage. DZ 380 $.
Freundlich ▶ Vecchia Roma 11: Av. España 1615, Tel. 0261 429 12 71, www.hotelvecchiaroma.com.ar. Beliebtes Mittelklassehotel, gutes Preis-Leistungs-Verhältnis, mit Garage (50 $). DZ 310 $.
Hostels ▶ Lao 12: Rioja 771, Tel. 0261 438 04 54, www.laohostel.com. Kleine Stadtoase in zentraler Lage, 300 m vom Busterminal, mit Pool und Garten. Schlafsaal 105 $ p. P., DZ 400 $. **Independencia 13:** Mitre 1237, Tel. 0261 423 18 16, www.hostelindependencia.com.ar. In einem 100-jährigen Haus, Ausflüge. Schlafsaal 90 $ p. P., DZ 280 $. **Itaka 14:** Arístides Villanueva 480, Tel. 0261 423 97 93, www.itakahouse.com. Auf der Kneipenstraße (s. S. 332). Mit Bar. Schlafsaal ab 60 $ p. P., DZ 200 $. **Campo Base 15:** Mitre 946, Tel. 0261 429 07 07, www.campo-base.com.ar. Um die Ecke der Plaza Independencia. Beliebt bei Bergsteigern. Ab 90 $ p. P.
... außerhalb:
Auf der Weinroute ▶ Casa Glebinias 16: Medrano 2272, Chacras de Coria, Tel. 0261 496 21 16, www.casaglebinias.com. Landhaus am Fuß der Anden, 15 km vom Stadtzentrum entfernt. 40 m² große Zimmer mit Kochgelegenheit, wunderbarer Park, Pool, Ausflüge zu den Weinkellern. DZ 190 US$.

Essen & Trinken
... in Mendoza:
Im Weinkeller ▶ 1884 1: Belgrano 1188, Godoy Cruz, Tel. 0261 424 26 98, www.1984

restaurante.com.ar, nur abends. Eines der führenden Restaurants in Argentinien residiert im Gebäude der Bodega Escorihuela, einer der ältesten Weinkellereien in Mendoza. Auf der Weinkarte stehen mehr als 600 verschiedene Tropfen, zum Essen kreiert der Küchenchef Francis Mallmann Köstlichkeiten wie *cordero 7* (patagonisches Lamm, 7 Std. in Weinsoße mit Gemüse im Topf gegart) oder Zicklein im Lehmofen gebraten. 420 $.
Feine Pasta ▶ Francesco 2: Chile 1268, Tel. 0261 425 39 12, www.francescoristorante.com.ar. Italienische Gourmetküche in einem ehemaligen Wohnhaus. 340 $.

Mendoza

Die Weingärten der über 900 Winzereien prägen das Bild der Provinz

Regionale Küche ▶ Azafrán 3: Sarmiento 768, Tel. 0261 429 42 00, www.azafranresto.com. Im Stil eines Landladens, auch Eingemachtes und Aufschnitt zum Mitnehmen, 450 verschiedene Weine. 340 $.

Italo-argentinisch ▶ La Marchigiana 4: Patricias Mendocinas 1550, Tel. 0261 423 07 51, www.marchigiana.com.ar. Rustikales Lokal mit breitem Angebot – beste Pasta, vegetarische Speisen, große Weinauswahl. 220 $.

Norditalienisch ▶ Trevi 5: Las Heras 70, Tel. 0261 423 31 95. Breite Speisenpalette, sehr gute norditalienische Küche und einheimische Spezialitäten wie Abalonen, Spanferkel oder *chivito* (Zicklein) aus dem Ofen, große Weinkarte. 190 $.

Parrilla ▶ Arturito 6: Chile 1515, Tel. 0261 425 99 25. Preiswerte Parrilla mit Tischen auf dem Gehsteig. 150 $.

Freundlich & frisch ▶ El Mercadito 7: Av. Arístides Villanueva 521, Tel. 0261 463 88 47. Gesunde und schmackhafte Küche, auch vegetarische Gerichte. 120 $.

... außerhalb:

Mit Musikern ▶ El Retortuño 8: Dorrego 173, Guaymallén, Tel. 0261 431 63 00, Fr/Sa ab 22 Uhr. Regionalküche, abends Livemusik, Reservierung nötig. 200 $.

331

Provinz Mendoza

Wein & Fleisch ▶ Bodega los Toneles 9:
Lateral Acceso Este 1360, Guaymallén, Tel.
0261 431 04 03, www.lostoneles.com. Grill in
historischem Weinkeller. 175 $.

Rustikal ▶ Cabaña Caprina Los Cerros 10:
Olavarría Nr. 4949, Baños de Lunlunta, Perdriel (ca. 25 km südl. von Mendoza bzw. 2 km
südl. von Luján de Cuyo), Tel. 0261 496 17
41, www.caprinaloscerros.com.ar, Sa/So mittags. Ausflugslokal mit renommierter regionaler Küche auf 2 ha großem Parkgelände mit
Farmtieren. 150 $.

Abends & Nachts
... in Mendoza:

Wein-Club ▶ The Vines 1: Av. Belgrano
1194, Tel. 0261 438 10 31, www.vinesofmen
doza.com, Mo–Sa 15–22 Uhr. Besonders bei
ausländischen Besuchern sehr beliebt. Wein-
verkostungen; Weinlieferungen ins Ausland
können arrangiert werden.

Wein-Bar ▶ Décimo 2: Garibaldi 7, 10.
Stock, Tel. 0261 434 01 35, www.decimo
resto.com.ar, Mo–Sa 18–3 Uhr. Terrasse mit
schöner Sicht über die Stadt.

Kneipenstraße bei der Uni ▶ 3 Antares:
Arístides Villanueva 153; **Jerome Brew Pub:**
Arístides Villanueva 347. Das größte und
beste Biersortiment. **Ph:** Arístides Villanueva
282. Die besten Drinks. **Por Acá Bar:** Arístides Villanueva 557. Hier trifft sich das Urge-
stein der Straße.

... außerhalb:

Discos ▶ Aloha 4: Panamericana s/n, Vis-
talba, Chacras de Coria (ca. 15 km südl. von
Mendoza), Fr–So ab 23 Uhr. Hier wird v. a.
Rock gespielt. **Runner 5:** Panamericana
s/n, Chacras de Coria. Techno-Musik.

Aktiv

Weintouren ▶ Die Stadt bietet zwei **Bus-
touren** zu je einem halben Dutzend Weinkellern in Chacras de Coria (Do, Sa) und Luján
de Cuyo (Mi, Fr). Das Hop-on-Hop-off-Sys-
tem ermöglicht den Besuch von zwei bis vier
Weinkellern innerhalb eines halben oder ganzen Tages. Startpunkt: Touristeninformation,
San Martín, Ecke Garibaldi, 8.30 u. 14.30 Uhr.
Das Busticket kostet 150 $, die Eintritte und

der Konsum in den Weinkellern muss extra
bezahlt werden. Weitere Infos: www.busviti
vinicola.com, Tel. 0261 524 16 99. **Mendoza
Viajes 1:** Peatonal Sarmiento 129, Tel. 0261
461 02 10, www.mdzviajes.com.ar; **Aymará
Turismo 2:** 9 de Julio 1023, Tel. 0261 420
20 64, www.losvinosdelosandes.com. Beide
Agenturen bieten Touren unterschiedlicher
Länge, auch zu Weinkellereien im Nachbarland Chile. Siehe auch S. 328.

**Bergsteigen & Reittouren ▶ Aymará Ad-
ventures & Expeditions 2:** 9 de Julio 1023,
Tel. 0261 420 20 64, www.aymara.com.ar.
Umfassendes Angebot, z. B. geführte Touren
auf den Aconcagua (3565 US$ p. P.) sowie 5-
bis 10-tägige Andenüberquerungen per Pferd
über den 4030 m hohen Piuquenes-Pass oder
den 4200 m hohen Paso de los Patos nach
Chile (Nov.–März, 7 Tage, ca. 1900 US$ p. P.
inkl. Transfer bei mind. 4 Teilnehmern).

Radtouren ▶ Kostenlose Touren durch die
Stadt (Fr) und zu den Weinkellereien (Sa), die
Räder werden gestellt. Anmeldung nötig un-
ter www.ciudaddemendoza.gov.ar/bicitour.

Stadttouren ▶ Im oben offenen Bus geht es
zu 15 Stationen der Stadt, u. a. zum Cerro de
la Gloria und zum Museo del Área Fundacional. Startpunkt: Sarmiento, Ecke San Martín,
stdl. 9–19 Uhr, Tagesticket 75 $, Hop-on-
Hop-off-System. Die Tickets erhält man in
der Touristeninformation und in Hotels. Infos:
www.mendozacitytour.com.

Termine

Fiesta de la Vendimia (16. März): Feier anlässlich der Weinlese.

**Festival Internacional Música Clásica por
los Caminos del Vino** (1. Aprilwoche): 50
kostenlose Konzerte in Weinkellern, Kirchen,
Theatern und Museen. Infos: www.cultura.
mendoza.gov.ar.

Verkehr

Flüge: 39 x wöchentlich mit Aerolíneas Ar-
gentinas/Austral nach Buenos Aires, 3–5 x
tgl. mit LAN nach Buenos Aires und Santiago
de Chile, 6 x wöchentlich mit Sol über Córdoba nach Rosario sowie über Neuquén, Comodoro Rivadavia und Río Gallegos nach

Ushuaia. Aeropuerto El Plumerillo, RN 40 (7 km nördlich), Tel. 0261 448 09 44.
Busse: Mendoza liegt am Schnittpunkt zweier wichtiger Verkehrsachsen und hat beste Busverbindungen in alle Regionen Argentiniens sowie nach Chile. Busterminal: Av. Gobernador Videla, Ecke Acceso Este (RN 7), Tel. 0261 431 30 01 u. 431 50 00.

Die Umgebung von Mendoza

Karte: S. 343

Uspallata und Umgebung
▶ 1, B 14

Gut 120 km nordwestlich von Mendoza ruht in einem Längstal zwischen Vor- und Hauptkordillere der Anden die auf fast 1800 m liegende Hochoase **Uspallata** 1. Westlich davon ›verknotet‹ sich die von Norden herunterlaufende Cordillera del Tigre (5600 m) mit den querlaufenden Bergriegeln zu den Andes

Die Umgebung von Mendoza

Áridos (›Trockene Anden‹), einem ca. 700 km² großen Ökosystem, dessen Kern der Aconcagua (6962 m) bildet. Zwar dient das kleine Uspallata (3500 Einw.) nicht als Startpunkt für eine Besteigung des höchsten Bergs von Argentinien (s. S. 335), wohl aber als angenehme Basis für Bergtouren und Wanderungen in der Umgebung. Auch drei Nahziele lassen sich von hier aus erkunden. Das reizvollste, der **Cerro de Siete Colores** (›Berg der sieben Farben‹), liegt 8 km entfernt an der RP 13. Zu den (beschädigten) **Petroglyphen der Huarpe-Indios** geleitet die RP 52 (9 km). Nur etwa 2 km vom Zentrum entfernt sind **Las Bóvedas** (›Die Gewölbe‹) zu besichtigen, arabisch anmutende Kuppeln, die auf die Kolonialzeit zurückgehen. Die Jesuiten sollen hier Gold und Silber gegossen haben.

Von Mendoza aus lässt sich Uspallata auf zwei Wegen erreichen: entweder über die anfangs recht fade, dann aber von der Bergkulisse eingefasste Fernstraße RN 7 über Cacheuta und Potrerillos (von hier aus Stichstraße zum Skizentrum Vallecitos auf 2900 m

Las Bóvedas – ehemalige Silberschmelzen bei Uspallata

Provinz Mendoza

sowie Zufahrt zur Reserva Natural del Cóndor Andino, s. S. 337) oder über die spannendere RP 52. Letztere verlässt Mendoza in nördlicher Richtung und führt am **Canal Cacique Guaymallén** entlang und durch den Vorort **Las Heras** (dort durchfragen) auf die Straße nach **Villavicencio.** Die von zwei Zementfabriken eingestaubte graue Ebene, die man zunächst quert, wird alsbald von einem faltenreichen grünbraunen Felsen- und Steppengebirge abgelöst, das imposante Fernpanoramen bietet. Etwa 96 km hiner Mendoza passiert man die **Termas de Villavicencio,** die dem berühmtesten Mineralwasser Argentiniens den Namen gaben. Heute erfolgt die Abfüllung im Tal und das ehemalige Hotel in der privaten **Reserva Natural Villavicencio** dient nur noch als Kulisse für das Flaschenetikett (Di–So 9–17 Uhr, 25 $, www.rnvillavicencio.com.ar).

An dieser Stelle beginnt die 27 km lange Serpentinenstrecke **Caracoles** (›Wendeltreppe‹), ein schmaler, sich an den Bergwänden entlangtastender geschotterter Fahrweg mit 365 Kurven. Von der Passhöhe **Cruz del Paramillo** aus (2900 m) erfasst das Auge staunend das von den Gipfeln des Tupungato (6800 m) im Südwesten, des Aconcagua im Westen und des Mercedario (6769 m) beherrschte Hochandenrelief. Von hier aus sind es noch 26 km bis Uspallata. Charles Darwin (eine Gedenktafel erinnert an ihn), der diesen rauen Weg abritt, wunderte sich hier über die »in denkbar größter Unordnung herumliegenden roten, purpurfarbenen, grünen, blendendweißen Sediment- und schwarzen Lavagesteine«. Die Kondore zu beobachten hatte der Naturforscher keine Gelegenheit. Tatsächlich ist diese Region von Sechstausendern erst vor einigen Jahren als Habitat der größten Kondore Südamerikas entdeckt worden (s. S. 336).

Uspallata liegt am Kreuzungspunkt zweier Straßen, die den höchsten Gebirgsstock der Anden im Süden und Osten flankieren: Richtung Westen führt die RN 7 weiter zur chilenischen Grenze (s. S. 337), Richtung Norden die RN 149 durch die ›Hintertüre‹ nach San Juan (s. S. 351).

Infos

Touristeninformation: in Uspallata am Kiosk gegenüber der Tankstelle an der Kreuzung der RN 7 mit der RP 52, Tel. 02624 42 04 10, www.uspallata.info, tgl. 8–23 Uhr.

Übernachten

... in Uspallata:

Nüchtern ▶ **Gran Hotel Uspallata:** RN 7 Km 1149, an der Ortsausfahrt, Tel. 02624 42 00 03, www.granhoteluspallata.com.ar. Großes Berghotel, eigener Park, Pool, wartesaalähnliches Restaurant, sehr gutes Preis-Leistungs-Verhältnis. DZ 920 $, inkl. HP 1170 $.

Sporthotel ▶ **Valle Andino:** RN 7, an der Ortseinfahrt, Tel. 02624 42 00 95 u. 0261 425 84 34, www.hotelvalleandino.com. Großzügiges Hotel mit Park, Schwimmhalle, Restaurant und vielen Aktivitäten, u. a. Reiten, Trekking, Mountainbiking, Bergsteigen, Rafting, Kajakfahren. DZ 850 $, inkl. HP 1050 $.

Bungalows ▶ **Mamuna:** RN 52, 5 km außerhalb, Tel. 0261 15 592 15 20, www.mamunaposada.com.ar. Schlicht, aber stilvoll eingerichtete Bungalows mit Kitchenette. Restaurant und Temazcal-Bad. Bungalow für 2 Pers. 800 $ inkl. Frühstück.

Familienmanagement ▶ **Hotel Los Cóndores:** Las Heras, Ecke RN 7, Tel. 02624 42 00 02, www.loscondoreshotel.com.ar. 20 Zimmer, Restaurant, Schwimmhalle, Reitausflüge und Minenbesuche, Ski im Winter. DZ 670 $.

Rustikal ▶ **Hotel Pórtico del Valle:** Av. Las Heras 25, Tel. 02624 42 01 03, www.porticodelvalle.com. Zentrale Lage, Berghotelstil, viele Aktivitäten. DZ 400 $.

Hostel ▶ **Uspallata:** RN 7 Km 1141,5, Tel. 0261 15 466 72 40, www.hosteluspallata.com.ar. Am Arroyo Uspallata südlich der Ortseinfahrt, gehört zu Hostelling International, viele Aktivitäten. Schlafsaal 100 $ p. P., DZ 350 $.

Essen & Trinken

... in Uspallata:

Parrillas ▶ **La Estancia de Elías:** RN 7 Km 1146, Tel. 02624 42 01 65, So nur mittags. Tipp: *bife de chorizo* (400-g-Steak). 130 $.
San Cayetano: RN 7, Ecke Chacay, Tel. 0261 15 665 02 45. Hier gibt's Zicklein. 120 $.

Aconcagua

Das Dach Amerikas – der Aconcagua
Thema

›Felszitadelle‹, *akon-kahuak* in Quechua, nannten die Inka den 60 km langen und 20 km breiten Gebirgsstock, der östlich von Mendoza die 3500 km lange argentinische Andenkette krönt. Doyen unter den drei Dutzend Sechstausendern Argentiniens ist der Aconcagua, mit 6962 m zugleich die höchste Erhebung der westlichen Hemisphäre.

Dass dieses ›Dach Amerikas‹ schon in prähispanischer Zeit von den Indianern erklommen wurde, bekunden zahlreiche Funde in extremen Höhen (s. S. 338). Die Trophäe der Erstbesteigung in der Moderne errang der Schweizer Matthias Zurbriggen 1897 als Teilnehmer der britischen Fitzgerald-Expedition (die einem 5560 m hohen Nachbargipfel den Namen gab). Er ›holte sich‹ den Nordgipfel des Aconcagua; die mit diesem über den Filo de Guanaco (›Guanako-Grat‹) verbundene, rund 30 m niedrigere, aber schwierigere Südspitze wurde erst 1947 von den beiden deutschen Bergsteigern Lothar Herold und Thomas Kopp erobert.

Die Normalroute führt heute, dem alten Weg folgend, zum Nordgipfel. Diesen erreichte 1937 eine polnische Seilschaft über eine neue (mittelschwere) Spur, die einen Eisgang über den seither Glaciar de los Polacos genannten Gletscher notwendig macht. Den extrem schwierigen Aufstieg über die – hier der Sonne abgewandte – Südflanke, die ›Eigernordwand der Anden‹, schaffte 1954 zum ersten Mal der Franzose René Ferlet mit seinem Team. Auf dieser Fährte, im oberen Drittel jedoch mit einer eleganten, aber gefährlichen Variante durch den ›Messner-Kanal‹, gelangte der Südtiroler Reinhold Messner 1974 in Rekordzeit zur Spitze. 1994 kundschafteten Mendociner Bergführer eine neue Route aus, die – abgesehen von einer kräftezehrenden 150-m-Transversalen – ebenso leicht wie die Normalroute, aber noch wildro-

mantischer und an den Biwakstellen besser vor Wind geschützt sein soll.

Die Bezeichnung der Normalroute als ›leicht‹ muss relativiert werden. Gemeint ist: Sie erfordert keine Kletterei. Spätestens aber ab 5000 m wird die Luft empfindlich dünn und eisige Winde mit teils über 200 km/h martern das Gesicht. Der viel beschäftigte Arzt (ca. 800 Hilfeleistungen pro Saison) im Basislager Plaza de Mulas registriert denn auch als häufigste Leiden: MAM *(mal agudo de montaña)*, die Höhenkrankheit (s. S. 94); EAP *(edema agudo de pulmón)*, ein akutes Lungenödem; und schließlich, als Folge von Trockenheit, Kälte und Wind, Angina. Plötzlicher Wetterumschlag, Nebel, Kälte und Erschöpfung können Todfeinde des Bergsteigers sein: Über 140 Aconcagua-Besteiger haben ihr Leben am Berg gelassen, die Hälfte auf dem Rückweg vom Gipfel. Die Seelen der Verschollenen aber, so will es die Sage, irren noch immer um die zwölf Spitzen des Gebirgsstocks. Gipfelstürmern mit mehr Glück hingegen gelang mitunter ein geradezu spielerischer Aufstieg. Aus Abenteuern wurden Legenden. Ein Mann spazierte zweimal mit seinem Hund zum Gipfel, beim dritten Mal kam er um. Der argentinische Mountainbiker Luis Andaur gönnte sich eine ›Auffahrt‹ auf Rädern. Doch am ausgefallensten war wohl die Idee jenes Nordamerikaners, der einen Klapptisch zum Gipfel schleppte, um sich daraufzustellen. Er wollte einmal ›der höchste Mann Amerikas‹ sein.

Provinz Mendoza

Segeln im Schatten der Sechstausender — Thema

Nur der im Aufwind der Wellen gleitende Albatros kann sich an Spannweite und Segeltechnik mit dem von den Inka *kúndur* genannten Neuweltgeier messen. Kein erhabenerer Moment als der, in dem diese königlichen Vögel, gestreckt wie schwarze Kämme, die Häupter der Bergriesen umstreichen. Vom Vogelmotiv in der keramischen Kunst Altamerikas bis zum Namen stolzer Kaziken – der Kondor stand Pate.

Rund 6000 Andenkondore *(Vultur gryphus)* leben nach Schätzung der Biologen in den Kordilleren Südamerikas, obwohl Zählungen dieser Vögel sehr schwierig sind, da die Tiere leicht über 500 km an einem einzigen Tag fliegen können. In Venezuela sind sie ausgestorben, in Kolumbien und Ecuador von der Ausrottung bedroht, am stärksten vertreten (60 % der Gesamtpopulation) noch in Argentinien und Chile. Tierfänger, die ›Liebhaber‹ in der Ersten Welt versorgen (ein Kondor kostet um die 3000 US$), Schafhalter, die räubernde Pumas vergiften (Beute der Aas fressenden Kondore), und Freischützen, die ihre Treffsicherheit an beweglichen Zielen erproben, sind die ärgsten Feinde der größten fliegenden Vögel der Welt. Der etwa 13 kg schwere Andenkondor hat eine Spannweite von 3 m.

Sein Federkleid ist schwarz, die im Flug aufgefächerten Handschwingen glänzen silbrigweiß. Den fleischfarbenen nackten Hals ziert im unteren Teil eine weiße, vorn geöffnete Daunenkrause. Das männliche Tier trägt einen hellroten Scheitelkamm. Der Kondor ist nicht mit Krallen zum Greifen bewaffnet, sondern hat truthahnähnliche Füße. Er lebt sehr zurückgezogen in fast unzugänglichen Felsenhöhlen, ist monogam und pflanzt sich nur langsam fort. Die normale Lebensdauer beträgt 50 Jahre. Von den größten, in der Zentralandenregion beheimateten Exemplaren leben ca. 120 im Tupungato-Gebiet südwestlich von Mendoza. Dieses von 6000 m hohen Gipfeln bewachte Habitat steht als Reserva Natural del Cóndor Andino unter Naturschutz (s. S. 337).

Nach dem Strauß Platz zwei in der Größenhierarchie der Vögel: der Andenkondor

Die Umgebung von Mendoza

Fisch und Fleisch ▶ **El Rancho:** RN 7 Km 1149, Ecke Chacay, Tel. 0261 156 68 04 57. Forelle, Zicklein, Andenlamm. 120 $.

Wie im Film ▶ **Café Tibet:** RN 7, Ecke Las Heras, Tel. 02624 42 02 67. Jean-Jacques Annaud verfilmte in Uspallata »Sieben Jahre in Tibet« mit Brad Pitt. Ein Teil des Filmsets wurde nach den Dreharbeiten in dieses etwas eigenartige Café umgestaltet.

Aktiv

Abenteuersport ▶ **Turismo Uspallata:** Av. Las Heras 699, Mendoza, Tel. 0261 438 10 92, www.turismouspallata.tur.ar. **Desnivel Aventura:** Tel. 0261 15 589 29 35, www.desnivel aventura.com. Reiten, Rafting, Trekken etc.

Verkehr

Busse: Turismo Buttini fährt 7 x tgl. nach Mendoza (49,50 $) und 2 x tgl. über Los Penitentes an die chilenische Grenze.

Reserva Natural del Cóndor Andino ▶ 1, B 14

Auf dem Weg nach Uspallata über die RN 7 zweigt kurz hinter Potrerillos links die RP 89 in Richtung Tupungato ab. Nach ca. 4 km biegt rechts die Straße zum Skiort **Vallecitos** ab, und nach weiteren rund 16 km führt westwärts eine Schotterpiste zur noch rund 3 km entfernten **Quebrada del Cóndor** (ausgeschildert), um die sich die **Reserva Natural del Cóndor Andino** 2 erstreckt. Bis zu 50 Kondore kann man bei Reittouren in diesem Reservat beobachten.

Die Anfahrt ist auch von Süden aus möglich: von Tupungato 7 km auf der RP 86 nach Norden und bei San José links auf die RP 89 abzweigen; nach 30 km ist die Abzweigung zur Quebrada del Cóndor ausgeschildert.

Übernachten

Lodge ▶ **Pueblo del Río:** RN 7 Km 1108, ca. 5 km westlich der Brücke über den Río Blanco, Tel. 0261 424 67 45, www.pueblodel rio.com.ar. Restaurant, Spa, Pool, Terrasse am Flussufer. Tipp: Bungalow am Fluss nehmen, auf der Straßenseite viel Verkehrslärm. Bungalows für 2 Pers. ab 400 $.

Aktiv

Reittouren ▶ **La Quebrada del Cóndor:** RP 89, nahe Las Vegas, Tel. 0261 434 00 79 u. 02622 15 66 67 08, www.laquebradadel condor.com. Auf dem Landgut starten Ausritte verschiedener Länge (halber Tag 220 $).

Los Penitentes ▶ 1, A 14

Nur wenig mehr als 100 km trennen Uspallata von der chilenischen Grenze. Die RN 7 verlässt das Hochtal und folgt den braunen Fluten des Río Mendoza und den Schmalspurgleisen der – 1910 gebauten und 1980 leider stillgelegten – Transandenbahn nach Westen. Die Gebirgsstraße schlüpft durch kleine Tunnel, die Schienenspur fädelt sich durch windzerfledderte Wellblechgalerien. Am verwaisten Bahnhof **Cerro Tupungato** bleibt der letzte Baum zurück, am Cerro Penitentes versiegen die spärlichen Bergweiden. Die Farbpalette der breiten Schlucht, die sich, aufsteigend, von Gelb nach Rot verschoben hat, geht ins Graubraun der von Schneemulden und Zackenfirn gefleckten Granitfelsen über. In Form langer Geröllzungen schiebt sich von den Gletschern abgeriebenes Lockermaterial zu Tal.

Wie eine Schar Büßer *(penitentes)* aussehende Gesteinsformationen (normalerweise werden durch Winderosion modellierte Schneegestalten so bezeichnet) sind für den Namen der Skistation **Los Penitentes** 3 (ca. 80 km ab Uspallata) verantwortlich. Sieben bis auf 3200 m hochführende Lifte und bis zu 7 km lange Abfahrten sorgen hier für regen Winterbetrieb.

Übernachten

Am Berghang ▶ **Hostería Penitentes:** RN 7 Km 160, Tel. 0261 524 47 08 u. 011 59 17 53 28, www.hosteriapenitentes.com. Berghotel mit 54 Betten in 2er-, 3er- und 4er-Zimmern mit Bad, Restaurant. DZ 400 $.

Hostel ▶ **Campo Base Penitentes:** RN 7 Km 163, am Westende des Orts, Reservierungen in Mendoza, Peatonal Sarmiento 231, Tel. 0261 438 11 66 u. 425 55 11, www.peni tentes.com.ar. Hostelling International angeschlossen, 28 Betten. Schlafsaal ab 90 $ p. P., DZ 300 $.

Provinz Mendoza

Das Erbe der Inka

Von Ecuador bis ins zentrale Argentinen und nach Chile reichte im 16. Jh. das unermesslich große Reich der Inka, dessen geografisches und kulturelles Zentrum die Hauptstadt Cuzco im heutigen Peru war. Zeugnisse aus jener Zeit finden sich über die ganze Region verteilt und zumindest im Cuyo hat diese Hochkultur auch die moderne Entwicklung nachhaltig beeinflusst.

Erst 1985 stieß man an der Südwestflanke des Aconcagua-Massivs in 5300 m Höhe auf das bisher südlichste der inkaischen Bergheiligtümer *(santuarios de altura)* in den Anden. Ein Knabe war hier, nach einer möglicherweise rituellen Tötung, vor 500 Jahren bestattet worden. Das königliche Gewand, das den mumifizierten Leichnam umhüllt, und die Grabbeigaben – drei menschliche und drei Lamafiguren – lassen auf einen vorbedachten ehrenvollen Tod schließen. Hier, hoch oben in der Region der Kondore, erhob sich der den Körper verlassende Geist *illa,* ›das Leuchtende‹, zur Lichtgestalt.

Was trieb die Inka dazu, ihren geistigen und administrativen Machtbereich 2000 km von der Reichsmitte entfernt auszudehnen? Die Verbreitung des Sonnenkults, die Suche nach neuen Rohstoffen, die Konsolidierung erweiterter Grenzen durch die Unterwerfung dort lebender Stämme, die ihnen fortan als Vasallen bei der Verteidigung zu dienen hatten? Sie kannten das Rad nicht, besaßen keine Zugtiere und bewältigten doch den Transport riesiger Lasten. Nur ein Jahrzehnt, bevor Kolumbus seinen Fuß auf amerikanischen Boden setzte, hatten sie unter dem Herrscher Tupac Yupanqui ihr Reich bis zum heutigen Zentralchile ausgedehnt, wo ihnen erst der Widerstand der Mapuche (Araukaner) Halt gebot. Denn mehr als durch Kampf und Gewalt gewannen sie ihre Oberherr-

schaft durch Überredung und den Beweis ihrer Überlegenheit. Als die ›Römer Altamerikas‹ hat man die Inka vor allem ihrer planerischen Fähigkeiten, der systematischen Raumordnung und der eindrucksvollen Bauten wegen bezeichnet.

Sie bildeten *allyus* genannte Dorfgemeinschaften, verbanden ihre Siedlungen mit einem Netz von Wegen und Kanälen und errichteten im Abstand von rund 22 km *tambos* (oder *tampus*) – ›Raststätten‹. In gewisser Weise sind die Inka die Erfinder der ›Doppelhaushälfte‹: Das rechteckige Giebeldachhaus, in dem eine bis zum First hochgezogene türlose Mittelwand zwei getrennte Hauptbereiche schuf, stellte den charakteristischen Wohnbau dar. Die berühmten inkaischen Reichsstraßen freilich gehen auf die schon von den Chimu, einer altperuanischen Vorkultur, angelegten Trassen zurück.

Auf heute argentinischem Boden stießen die Inka bis in den Süden des Cuyo vor. Heute sind Dreiviertel des Bodens, den sie der Wüste abgerungen hatten, mit Reben bestellt; für Kirschen, Zwetschen, Aprikosen und Quitten ist Mendoza Argentiniens Lieferant Nummer eins. Oasen mit 100-jährigen Olivenhainen ziehen sich bis nach Catamarca hoch. San Juan und La Rioja füllen die Erntekörbe mit Tafeltrauben, Rosinen und Walnüssen. Die Emsigkeit ihrer Landbewohner preisend, durfte sich die erste Regionalzeitung

Die Inka

Thema

»Die Biene von Mendoza« nennen. Doch das Grundgerüst für die Versorgung mit dem Leben spendenden Nass haben die Indianer gelegt. Den Bachläufen spürten die Inka nach bis zu deren göttlichen Quellen, die sie mystisch verehrten. Der natürliche Felsbogen der Puente del Inca (›Inka-Brücke‹) am Aconcagua ist das südlichste Zeugnis der Präsenz dieses Volks in Argentinien. Von da nach Norden reihen sich Beweise seines alles ordnenden Weltgefühls auf wie die Symbolfolgen, die ihm die flüssige Schrift ersetzten: kubische Steinsetzungen von Siedlungen und Zitadellen, aus Kalkschiefer gemauerte trapezförmige Sonnentore, archaische astronomische Stationen. Auf dem 6730 m hohen Vulkan Llullaillaco in Nordargentinien wurden 1999 drei weitere Kindermumien gefunden, die heute im Museo de Arqueología de Alta Montaña in Salta ausgestellt werden (s. S. 401). Als argentinisches Machu Picchu haben Archäologen euphorisch die an der Ostflanke des Aconquija auf 4300 m gefundene *pucará* gefeiert, auch wenn dieses Pendant ohne die spektakuläre Silbertablettlage des peruanischen Komplexes auskommen muss. Von den Resten eines *usnu,* einer abgestumpften Pyramide, aus lässt sich am Aconquija bis heute der Wendepunkt der Sonne mit großer Peilgenauigkeit orten (s. S. 374).

In einem Lebensraum, wo unberechenbare Naturkräfte – feuerspeiende Berge und der unter Erdbeben wankende Boden – den Menschen Angst und Ehrfurcht einflößten, wo die brennende Scheibe am Himmel die Erde ausdörrte, musste die Wasserverehrung zu einer besonderen Kultform werden. An den Fundstätten entlang des *inkañan,* der sich vom argentinischen Cuyo bis nach Bolivien hinziehenden Inkastraße, bilden ausgegrabene Keramikgefäße gerne ein Antlitz mit Tränenspuren ab – den weinenden Regengott.

Südlichstes Zeugnis des Inkareiches: die Puente del Inca am Fuße des Aconcagua

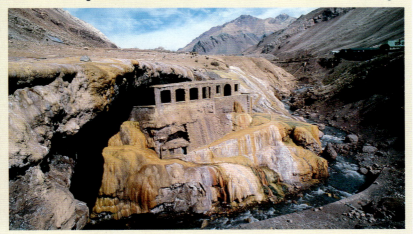

Provinz Mendoza

Verkehr
Busse: Turismo Buttini fährt 2 x tgl. nach Uspallata und von dort aus alle 2 Std. weiter nach Mendoza.

Puente del Inca und Los Puquios ▶ 1, A 14

Nur 7 km weiter streift die Straße den Flecken **Puente del Inca** 4 in 2720 m Höhe. Die hier bei den Ruinen des 1965 durch eine Lawine zerstörten Thermalhotels stehende Inkabrücke – heute von der UNESCO als Naturdenkmal geschützt – hatte der sachliche Darwin als »eine von den Ablagerungen heißen Quellwassers zementierte Kruste aus Kieselsteinschichten« beschrieben. Effektiv sorgt das mit 34 °C an der Brücke austretende Wasser, dem man früher aphrodisische, dann die Syphilis heilende, schließlich Arthritis und Rheumatismus lindernde Eigenschaften zuschrieb, seit Jahrtausenden für die Erhaltung des Naturwunders. Nicht nur der Inkaweg, sondern auch die Straße nach Chile lief über diesen stabilen, 47 m langen Viadukt, ehe die RN 7 ihre moderne Trassierung erhielt. Oberhalb von Puente del Inca rollt man in die argentinische Zollstation ein (im Winter nur 9.30–20.30 Uhr geöffnet), deren chilenisches Gegenstück man nach dem Passieren des weiter oben gelegenen Grenztunnels erreicht.

Kurz vor Puente del Inca, beim Zelt- und Maultierplatz **Los Puquios,** lädt der kleine Gedenkfriedhof für die am Aconcagua verunglückten Bergsteiger zu einem kurzen Verweilen ein. Die höchste Felszitadelle des Kontinents zieht wie ein mächtiger Magnet Gipfelstürmer aus aller Welt an. Über 4500 Andinisten jährlich lockt das Bollwerk aus Felsen, Eis und Wolken in verwegene Höhen. Am Basislager **Plaza de Mulas** (4200 m) gleicht das Campingareal im Januar einer Beduinenstadt.

Übernachten

Trekking-Startpunkt ▶ Hostería Puente del Inca: RN 7 Km 175, Puente del Inca, Tel. 02624 42 02 66, www.hosteriapdelinca.com.ar. Am Anfänger-Skizentrum Los Puquios auf 2720 m Höhe. Ausgangspunkt für Trekking-

ausflüge zur Laguna de los Horcones. Ordentliches Touristenhotel mit Bar/Restaurant, Autoeinstellplätzen; ganzjährig geöffnet. DZ 620 $, Schlafsaal ab 180 $ p. P.

Basislager ▶ Plaza de Mulas: auf 4300 m, am Ausgangspunkt der Nordwestroute des Aconcagua, Tel. 0261 421 43 30. Einfache Toiletten und Duschen, Trinkwasser, warme Mahlzeiten. Das Sanitätszelt besitzt eine Überdruckkammer und ist von 15.11.–15.3. besetzt. Auch die Expeditionsveranstalter haben hier während der Saison ihre Zelte aufgeschlagen.

Die Umgebung von Mendoza

Klassisches Ziel für Bergsteiger und Trekker: der Parque Provincial Aconcagua

Aktiv

Bergsteigen am Aconcagua ▶ Wer sich im **Parque Provincial Aconcagua** bewegen will, muss zuvor persönlich eine Genehmigung *(permiso)* einholen bei der Dirección de Recursos Naturales Renovables, San Martín 1143, 1. Stock, Mendoza, Tel. 0261 425 87 51, www.aconcagua.mendoza.gov.ar, Mo–Fr 8–18, Sa/So 9–13 Uhr. Der Permiso wird am Eingang des Parks kontrolliert und ist ab dem Tag des Parkeintritts gültig. Kosten: je nach Jahreszeit und Route 3500–7800 $, Trekking 3 Tage 700–1100 $, 7 Tage 1400–2100 $. Bei Anden-Expeditionsführungen kommt noch eine Zulassungsgebühr hinzu.

Ausrüstungsverleiher ▶ **Tienda de Montaña:** José Orviz, Juan B. Justo 532, Mendoza, Tel. 0261 425 12 81, www.orviz.com. Zelte, Schlafsäcke, Rucksäcke, Steigeisen usw., alles in guter Qualität.

Expeditionsveranstalter ▶ **Aconcagua Trek:** Rudy Parra u. Heber Orona, Güiraldes 246, Dorrego, Mendoza, Tel. 0261 15 466 58 25, www.aconcaguatrek.com. Mulis und Bergführer für Gruppen und Individualreisende, bewährte Zusammenarbeit mit dem Deut-

Provinz Mendoza

schen Alpenverein (z. B. Aconcagua-Besteigung, 16–18 Tage, 3000 US$ p. P.). **Fernando Grajales Expeditions:** José Moreno 898, 6° B, Mendoza, Tel. 001800 516 69 62, www.grajales.net. Mulis, Bergführer, Routenberatung. Fernando Grajales, ein Teilnehmer der ersten argentinischen Himalaja-Expedition 1954, gründete dieses erste, auf Aconcagua-Touren spezialisierte Unternehmen (18 Tage 3550 US$). **Aymará Adventures & Expeditions:** Martín Grech, 9 de Julio 1023, Mendoza, Tel. 0261 420 20 64, www.aymara.com.ar. Aconcagua-Besteigung auf dem ›normalen‹ Weg (18 Tage, 3565 US$ p. P. inkl. Ausrüstung und Transfer zum Hotel in Mendoza).

Südliche Provinz Mendoza

Karte: rechts

San Rafael ▶ 1, C 16

Durch einen breiten Wüstenstreifen von Mendoza getrennt liegt rund 240 km südöstlich der Provinzmetropole die mit 185 000 Einwohnern zweitgrößte Stadt der Provinz, **San Rafael** ❺. Das hier 1805 zum Schutz gegen die Indianer gebaute Fuerte San Rafael del Diamante erlösten erst 1903 die Eisenbahn und dann französische Kolonisten aus seiner Einsamkeit. Mit der Schulter am Rad zu arbeiten, das war immer die Devise – weshalb auch drei Viertel der Weinerzeugung auf Minifundien von weniger als 5 ha Größe erfolgt. Das als Oase in einem eigenen Gewässersystem ruhende San Rafael, Eldorado von Kanuten und Raftern, hat sich inzwischen hinter einer Reihe von Stauseen verschanzt.

Infos

Dirección de Turismo: Av. Yrigoyen, Ecke Balloffet, Tel. 0260 442 42 17, www.sanrafaelturismo.gov.ar, tgl. 9–21 Uhr.

Übernachten

... in San Rafael:

Mit Flair ▶ **San Rafael:** Coronel Day 30, Tel. 0260 443 01 27/28, www.hotelsanrafael.com.

ar. Nahe der Plaza, modern, gemütlich, Bar und Cafetería. DZ 530 $.

Mit Patio ▶ **Hospedaje La Esperanza:** Avellaneda 263, Tel. 0260 444 69 89, www.laesperanzaresidencial.com. Nahe Busterminal, einfache Zimmer, familiär. DZ 350 $ ohne Frühstück.

Einfach, aber sauber ▶ **Cerro Nevado:** Av. Yrigoyen 376, Tel. 0260 442 82 09, www.cerronevadohotel.com.ar. Älteres kleines Stadthotel, die Zimmer zur Straße sind etwas laut, nettes Restaurant. DZ 350 $.

... außerhalb:

Aparthotel ▶ **Los Carolinos:** Villa 25 de Mayo, 15 km westlich vom Stadtzentrum an der Kreuzung der RP 150 mit der RP 191, Tel. 0260 449 50 05 u. 449 50 72, www.loscarolinoslodge.com. Mit Restaurant, Park und Pool. Apartments für 2 Pers. 520 $.

Camping ▶ **Ayum Elun:** RP 173 Km 27, Valle Grande (27 km südwestlich von San Rafael), Tel. 0260 15 453 88 66, www.ayumelun.com. Am Ufer des Río Atuel auf 3,5 ha, gute Infrastruktur mit Laden, Bungalows, Hostería und Ausflugsangeboten. 50 $ p. P., 50 $/Zelt, DZ 470 $ ohne Frühstück, Bungalows für 2 Pers. 540 $. **Río Azul:** RP 173 Km 33, Valle Grande (s. oben), Tel. 0260 443 24 94 u. 15 453 13 41, www.rioazulvallegrande.com.ar. Ebenfalls am Fluss und mit ähnlichen Einrichtungen inkl. Restaurant. 60 $ p. P., 60 $/Zelt. **Rocas Amarillas:** RP 173 Km 29,1, Tel. 0260 15 462 47 65, www.rocas-amarillas.com.ar. Bungalows (Mindestaufenthalt 5 Tage) für 2 Pers. 600 $, für 4 Pers. 800 $, Zeltplatz (nur zwei Zelte zugelassen) 100 $ p. P.

Essen & Trinken

... in San Rafael:

Im Weingut ▶ **L'Obador:** Bentos 50, Pasillo 1, Las Paredes (südlich des Zentrums), Tel. 0260 443 27 23. Regionale Küche, fein zubereitet. 200 $.

Traditionshaus ▶ **Jockey Club:** Belgrano 338, Tel. 0260 443 02 37. Gepflegt, regionale und internationale Küche, Parrilla. 160 $.

Wie bei Muttern ▶ **La Gringa:** Chile 26, Tel. 0260 443 65 00. Beliebt wegen seiner hausgemachten Pasta, auch Parrilla. 150 $.

... außerhalb:

Noch ein Weingut ▶ **Chez Gaston:** RN 144 Km 674, Algodon Wine Estates, ca. 20 km südwestlich von San Rafael, Tel. 0260 442 90 20 ext. 19, www.algodonwineestates.com. Eines der besten Lokale Argentiniens. 300 $.

Aktiv

(Pferde-)Trekking ▶ **Bruni Aventura:** Aldo Aranda, Av. Ballofet 98, Tel. 0260 442 37 90, www.bruniaventura.com.ar. Geführte Touren zum Vulkan Overo (4620 m, 3 Tage per Pferd) oder zum Cerro Sosneado (5189 m, 4–5 Tage), auch Tagesausflug zur Laguna El Sosneado im Geländewagen.

Kanufahren & Rafting ▶ **Raffeish Turismo Aventura:** Fabio Sat, RP 173 Km 35, Valle Grande, Tel. 0260 15 440 90 89, www.raffeish.com.ar. **Sportstar Turismo Aventura:** RP 173 Km 35, Valle Grande, Tel. 0260 15 458 10 68, www.sportstaraventuras.com.ar. Organisierte Wildwassertouren unterschiedlicher Schwierigkeit mit dem Schlauchboot oder Kajak auf den Ríos Atuel und Diamante durch attraktive Landschaften.

Verkehr

Flüge: Aerolíneas Argentinas fliegt vom Flughafen San Rafael, RP 143 (6 km westlich der Stadt), 3 x wöchentlich nach Buenos Aires.
Busse: Mit den Unternehmen Andesmar, La Unión, Cata Mendoza und Chevallier mehrmals tgl. nach Mendoza, San Juan und Buenos Aires, mit Uspallata 1 x tgl. nach Las Leñas. Alle Bushaltestellen liegen zentral in der Coronel Suárez, zwischen Godoy Cruz und Avellaneda, Tel. 0227 42 21 21 int. 216.

Las Leñas und Valle Hermoso
▶ 1, A/B 17

Ca. 200 km westlich von San Rafael zweigt die gut ausgebaute Asphaltstraße RP 222 in die einzige Gebirgstasche ab, die in dieser Einöde einen beschaulichen Besuch erlaubt. Eine almenreiche Landschaft von schweizerischem Zuschnitt empfängt den Besucher, der gut 30 km nach der Abzweigung von der RN 40 zunächst die Thermalbäder von **Los Molles** 6 erreicht. Das schwefelhaltige Was-

Provinz Mendoza

Provinz Mendoza

ser, das die Becken speist, soll bei Rheuma und Gelenkleiden Linderung verschaffen.

Ein wahrhaftiges tektonisches Wunder tut sich 6 km weiter auf: Links der Straße scheinen zwei immense kesselförmige Erdlöcher, 130 m tief und 400 m im Durchmesser – die weltgrößten dieser Art, wie man sagt –, den Himmel verschlingen zu wollen. Diese wassergefüllten Riesenzisternen, deren geländerlose Wände (Vorsicht!) senkrecht abfallen, sind nicht vulkanischen Ursprungs, sondern das Ergebnis einer rätselhaften Absackung des Bodens. Nach der Legende füllten die Tränen der Eingeborenen, die hier ihre Toten beweinten, die titanischen Naturzisternen. Ihr Name, **Pozo de las Ánimas** (›Brunnen der Seelen‹) hält ihren Nimbus wach.

Wo die Asphaltstraße endet, springt einem geradezu die an französische Skiresorts erinnernde Retortenstadt **Las Leñas** 7 ins Gesicht. Dieser auf 2250 m gelegene, modernste Hort des Wintersports in Südamerika verfügt über 60 km Pisten und elf Lifte, die Skifahrer bis auf 3430 m befördern. Von Las Leñas führt ein Fahrweg, mit zunehmender Höhe immer steiler und steiniger werdend, Bachbetten durchlaufend und Felsnasen umrundend, in das zauberhafte Hochtal **Valle Hermoso,** das an der chilenischen Grenze 2850 m Sohlenhöhe erreicht – eine Trekkingroute par excellence. Wie weit man sich mit dem Auto wagen darf? Ausprobieren!

Infos
Touristeninformation: Las Leñas, Tel. 0260 447 16 59, www.laslenas.com.

Übernachten
... in Los Molles:
Skifahren & Reiten ▶ **Los Molles:** RP 222 Km 30, Tel. 0260 449 97 12, www.losmolleshotel.com.ar. Großer Hotelkasten am Berghang, Einrichtungen für Skifahrer, Restaurant. DZ ab 1392 $ inkl. HP.

Mit Thermalbad ▶ **Hotel Termas Lahuenco:** RP 222 Km 30, Tel. 0260 449 97 00, www.hotellahuenco.com. Eher rustikales Hotel, mit Restaurant, gegenüber liegt ein Pub. DZ ab 596 $ inkl. HP und Eintritt ins Thermalbad.

... in Las Leñas:
Casinohotel ▶ **Piscis:** RP 222 s/n, Tel. 0260 447 12 81 u. 011 48 19 60 60, www.laslenas.

Gut erschlossen, aber nicht überfüllt: die argentinischen Skigebiete wie Las Leñas

Südliche Provinz Mendoza

com. 5-Sterne-Resort mit Casino, Pool, Sauna, 3 Restaurants, 2 Bars etc., Skipisten direkt am Hotel. 7 Tage/8 Nächte inkl. HP und Liftkarte in DZ ab 2291 US$ p. P. zu Beginn und Ende der Skisaison, bis zu 3280 US$ p. P. in der 3. Juliwoche.

Mit Fitnesszentrum und Weinbar ▶ Hotel Aries: Tel. 0260 447 20 00 u. 011 48 19 60 60, www.laslenas.com. Großes Hotel am Fuß der Pisten Urano und Selene mit Pool, 2 Restaurants etc. 7 Tage/8 Nächte inkl. HP und Liftkarte im DZ 1839–2681 US$.

Verkehr

Busse: Tgl. Verbindungen nach San Rafael und Mendoza.

Malargüe ▶ 1, B 17

30 km südlich der Abzweigung nach Las Leñas stößt man auf **Malargüe** 8 , ein Straßendorf, das seinen Mapuche-Namen ›Felsenhecke‹ so monumentalen Gebilden verdankt wie den 27 km entfernten, sich im Río Malargüe betrachtenden **Castillos del Pincheira** (gutes Fotografierlicht bei Sonnenuntergang). Ansonsten macht Malargüe das Beste aus der regionalen Trockenvegetation: 60 000 junge Asado-Ziegen *(chivitos)* werden jährlich von hier aus an die eisernen Grillkreuze geliefert.

Infos

Dirección de Turismo: RN 40 Norte s/n, Ecke Pasaje La Orteguina, Tel. 0260 447 16 59, und Yrigoyen 774, Tel. 0260 443 37 60 u. 15 466 28 84, www.malargue.gov.ar, tgl. 7.30–22 Uhr.

Übernachten

Einfach ▶ Hotel Bambi: Av. San Martín 410, Tel. 0260 447 12 37, www.hotelbambi.wix. com/hotelbambi. Sauberes Haus, mit Garage. DZ 430 $.

Geeignet als Übernachtungsstopp ▶ Hotel Río Grande: RN 40 Norte, Tel. 0260 447 15 89, www.riograndemalargue.com.ar. An der Nordeinfahrt, mit Restaurant. DZ 378 $.

Außerhalb ▶ Eco Hostel: RN 40, Prolongación Constitución Nacional, Finca 65, Colonia Pehuenche, ca. 5 km südlich von Malargüe, Tel. 0260 447 03 91, www.hostelmalargue.net. Umweltbewusstes Management. Im Schlafsaal 115 $ p. P., DZ 350 $.

Essen & Trinken

Parrillas ▶ El Nido del Jabalí: RN 40 Norte, neben dem Hotel Río Grande, Tel. 0260 447 0423. **La Posta:** Av. Roca 374, Tel. 0260 447 13 06. Beide Lokale haben ein ähnliches Angebot, u. a. natürlich Zicklein. 140–180 $.

Verkehr

Busse: Von Malargüe regelmäßig nach Mendoza, San Rafael, Buenos Aires, Córdoba und Neuquén. Busterminal: Esquivel Aldao, Ecke Fray Luis Beltrán, Tel. 0260 447 14 16.

Cueva de las Brujas und Reserva Provincial El Payén ▶ 1, B 17/18

Bei **Bardas Blancas,** 65 km südlich von Malargüe, führt eine kurze Stichstraße zu der in einer Bergfalte des Cerro Moncol auf fast 2000 m versteckten **Cueva de las Brujas** 9 (›Hexenhöhle‹). Ein kleiner Teil der 5 km langen stalagmiten- und stalaktitengespickten Grottengänge, deren Auswaschung vor 150 Mio. Jahren begann, kann besichtigt werden.

Immer weiter nach Süden trägt die RN 40 den Reisenden durch eine von Vulkankegeln übersäte, von Erosionsspalten zerrissene Hochebene, in die den Bruchlinien folgende Wasserläufe zickzackförmige *cañadones* geschnitten haben. Ockerfarbener Sandstein, hellgrauer Kalksteintuff und violett schimmernde Porphyrfelsen werden von der Sonne ausgeglüht. Richtungsschilder, die auf so weltferne Ziele wie Algarrobo del Águila (›Johannisbrotbaum des Adlers‹) verweisen, charakterisieren die Verlorenheit dieser im Osten von der Spitzhaube des erloschenen Vulkans Payún (3680 m) beherrschten Mondlandschaft. Rund 450 000 ha davon wurden in der **Reserva Provincial El Payén** ca. 90 km südöstlich von Marlargüe unter Naturschutz gestellt. Wenige Kilometer weiter südlich passiert die RN 40 die Grenze zur Nachbarprovinz Neuquén und erreicht damit die wohl legendärste Region Argentiniens: Patagonien.

Provinz San Juan

Die 1944 durch ein Erdbeben fast völlig zerstörte Provinzhauptstadt hat wenig zu bieten, dafür umso mehr die restliche Provinz, die mit faszinierenden Naturlandschaften aufwartet: das Valle de Calingasta mit zwei berühmten Sternwarten, das fast 1 Mio. ha große Biosphärenreservat San Guillermo und das Mondtal Ischigualasto, das in eine Jahrmillionen zurückliegende Dinosaurierwelt versetzt.

San Juan ▶ 1, B/C 12

Karte: S. 355

Geschichte

Als Avantgardist der Zivilisation durfte sich 1562 der spanische Hidalgo Juan Jufré, Gründer von San Juan de la Frontera, deshalb fühlen, weil er mit dem benachbarten Zeltlager der hier sesshaften Huarpe-Indianer das pflegte, was man heute, in vergrößertem Maßstab, eine Städtepartnerschaft nennen würde. So gut war das Verhältnis zu den Eingeborenen, dass der stellvertretende Expeditionschef den Kaziken um die Hand seiner Tochter bat, sie – in getauftem Zustand – ehelichte und ihr den schönen Namen Teresa de Asencio verlieh. Wie in so vielen Gemarkungen der Neuen Welt waren es nicht die Konquistadoren, die Terror verbreiteten, sondern die nachfolgenden Wellen autorisierter Landräuber. Die Indianer wurden von der Scholle vertrieben, in Fesseln abgeführt und manch einem schlug man wegen angeblicher Befehlsverweigerung die Hand ab. Das hat der 1626 den Cuyo bereisende Bischof Francisco de Salcedo nicht nur bezeugt, sondern auch am spanischen Hof angeprangert. Vier Jahre später, die Calchaquí-Indianer erhoben sich gerade gegen ihre Unterdrücker, schlossen sich die Huarpe dem Aufstand an.

Streift man heute durch die Straßen der 130 000-Einwohner-Stadt **San Juan** ▮1▮, so wird man in den Gesichtern der Menschen noch indianische, aber auch deutlich arabische Züge erkennen. San Juan war (neben La Rioja) Schwerpunkt der libanesisch-syrischen Einwanderung. Vielleicht liegt es am orientalischen Einfluss, dass man in den adretten Verandacafés der Plaza 25 de Mayo, dem Ortsmittelpunkt, den Nachmittagskaffee oder den Fünfuhrtee abends zwischen 8 und 9 Uhr zu sich nimmt.

Sehenswertes

Palmen und Platanen, Denkmäler und ein anmutiger italienischer Brunnen schmücken die **Plaza 25 de Mayo,** an deren Westseite sich die aus so heterogenen Baustoffen wie Backsteinen, Felsquadern, Zement und Bambusrohr gefügte **Kathedrale** (1979) erhebt, deren abgesetzter Campanile die Eigenwilligkeit noch betont. Mit seinem gewaltigen Doppelkreuzportal und dem figurenreichen Bronzetor gleicht dieses nüchterne Gotteshaus eher einem Mahnmal als einer Kirche.

Tragische Erinnerungen begleiteten die Stadt allerdings Zeit ihres Lebens. Im Jahr 1820 wurde sie zum Schauplatz der Bürgerkriegswirren, die den legendären Caudillo Juan Facundo Quiroga, der seine Feinde mit dem Kuhhorn erdolchte, zum Herrscher über ganz Nordwestargentinien aufsteigen sahen. Überschwemmungen und Epidemien suchten den Ort heim, doch die schlimmste Katastrophe brach über das damals noch aus

San Juan

Adobehäusern bestehende San Juan herein, als 1944 in einer Januarnacht die Messgeräte mit 7,8 Grad auf der (bis 12 Grad gehenden) Mercalliskala (8,5 Grad auf der Richterskala) Argentiniens stärkstes je registriertes Erdbeben anzeigten. 80 % der Häuser stürzten ein, 10 000 Menschen kamen um. Der erdbebensicher wiedererbauten Stadt konnte dann 1952 ein erneutes Beben von 7 Grad nurmehr wenig anhaben. Das letzte Erdbeben von 7,4 Grad im Jahr 1977 ließ die Provinzhauptstadt wiederum praktisch unversehrt, kostete aber im benachbarten Caucete 64 Menschen das Leben. Das **Museo de la Memoria Urbana** dokumentiert diese Geschehnisse, in einer Simulationskammer können Besucher ein Beben nacherleben (España, Ecke Mitre, Di–Fr 9–17, Sa 9–13, 16–20, So 16–20 Uhr, Eintritt frei).

Als einziges noch zu besichtigendes Kolonialgebäude überstand Domingo Faustino Sarmientos Geburtshaus, die **Casa de Sarmiento,** mit seinen federnden Pappelholzbalken alle Beben. Sarmiento (1811–88) ist der illusterste Sohn der Stadt. Unter dem Eindruck von Quirogas wilden Horden ging er nach Chile, schrieb dort sein berühmtes Werk »Zivilisation und Barbarei: das Leben von Juan Facundo Quiroga« und stieg später zum argentinischen Staatspräsidenten auf. Er revolutionierte das Erziehungswesen, führte das Bürgerliche Gesetzbuch ein, schuf Militärakademien und förderte den Eisenbahn- und Straßenbau. Schulen und Straßen in ganz Argentinien tragen bis heute Sarmientos Namen (Sarmiento 21 Sur, gegenüber der Touristeninformation, Tel. 0264 422 46 03, www.casanatalsarmiento.com.ar, Mo–Fr 9–19, Sa 9–14, So 9–15 (im Winter nur 11–18) Uhr, 15 $, Mi frei).

Ein weiteres Museum öffnet 2015 seine Pforten. Im **Museo de Ciencias Naturales** kann man dann eine der weltweit größten Fossiliensammlungen des Mesozoikums bestaunen (Las Heras, Ecke 25 de Mayo).

Infos

Subsecretaría de Turismo: Sarmiento 24 Sur, Tel. 0264 421 00 04 u. 421 76 77, www.turismo.sanjuan.gov.ar, Mo–Fr 7.30–20.30, Sa/So 9–20 Uhr.

Ente Autárquico Parque Natural Ischigualasto: 25 de Mayo, Ecke Las Heras, Tel. 0264 430 59 31, www.ischigualasto.gob.ar u. www.ischigualastovallefertil.org. Infos über die Reserva Provincial Ischigualasto (s. S. 354).

Übernachten

… in San Juan:

Führendes Haus ▶ **Alkázar Hotel:** Laprida 82, Tel. 0264 421 49 65, www.alkazarhotel.com.ar. Zentral, mit Restaurant, Pool, Sauna, WLAN und Garage. DZ 795 $.

Gute Qualität, faire Preise ▶ **Gran Hotel Provincial:** Av. Ignacio de la Roza 132 Este, Plaza 25 de Mayo, Tel. 0264 430 99 99, www.granhotelprovincial.com. Unter den führenden Hotels dasjenige mit dem besten Preis-Leistungs-Verhältnis, große Terrasse mit Pool, WLAN, Restaurant, Garage. DZ 610 $.

Angenehm ▶ **América:** 9 de Julio 1052 Este, Tel. 0264 421 45 14, www.hotelamericasanjuan.com.ar. Ordentliches Mittelklassehotel, Restaurant, Garage. DZ 380 $.

… außerhalb:

Rustikal ▶ **Pircas de Puyuta:** Av. Libertador San Martín 9810 Oeste, 14 km westlich der Stadt, Tel. 0264 438 17 29, www.pircasdepuyuta.com.ar. Gut restauriertes Landhaus aus dem 18. Jh. mit vorerst nur drei Zimmern. Pool, 6 ha großer Park, keine Kreditkarten. DZ 80 US$.

Mit Park ▶ **Hotel Viñas del Sol:** RN 20, Ecke General Roca, Tel. 0264 425 39 21, www.hotelviñasdelsol.com.ar. Modernes Hotel auf halbem Weg zum Flughafen, Restaurant mit Parkblick, Swimmingpool, drahtloser Internetanschluss. DZ 668 $.

Camping ▶ **Municipal Rivadavia:** RP 12, Quebrada de Zonda, 18 km westlich an der Straße nach Calingasta (Buslinie 23), Tel. 0264 433 23 74 u. 433 17 56. Ordentliche Infrastruktur, Schatten, Pool, Bergpanorama. Mo–Fr 20 $ p. P., Sa/So 30 $ p. P., 20 $/Zelt.

Essen & Trinken

Mit Jazzmusik ▶ **deSánchez:** Rivadavia 61 Oeste, Tel. 0264 422 30 66, www.desanchez

Provinz San Juan

restoran.com.ar, Sa mittags, So geschl. Hier gibt es Jazzmusik und Bücher zu feiner Küche. 250 $.

Hotelrestaurant ► **Las Lajas:** im Gran Hotel Provincial (s. S. 347). Gepflegte internationale Küche. 200 $.

Arabische Küche ► **Club Sirio Libanés:** Entre Ríos 33 Sur, Tel. 0264 422 38 41. Internationale und Nahost-Küche im sehenswerten Clubhaus der syrisch-libanesischen Gemeinde. 180 $.

Vegetarierfreundliche Parrilla ► **Las Brasas:** Mitre 138 Oeste, Tel. 0264 420 32 36. Gutes Fleisch und vegetarische Gerichte, regionale Küche. 170 $.

Traditionelles Klubhaus ► **Club Español:** Rivadavia 32 Este, Tel. 0264 422 33 89. Beliebtes Lokal mit guter, auch regionaler Küche. 150 $.

Für Vegetarier ► **Soichú:** Av. José Ignacio de la Roza 223 Oeste, Tel. 0264 422 19 39, So abends geschl. Ausgezeichnetes vegetarisches Restaurant, das vor allem mittags gut besucht ist. Büfett 49 $ ohne Getränke und Nachtisch.

Einkaufen

Wein ► **Bodega Graffigna:** Colón 1342 Norte, Tel. 0264 421 42 27, www.graffignawines.com. Der 1870 gegründete Weinkeller bietet den besten Malbec der Provinz San Juan. Museum und Wine Bar, Mo–Sa 9–17.30, So 10–16 Uhr.

Verkehr

Flüge: Vom Flughafen Las Chacritas, 12 km südöstlich an der RN 20, Tel. 0264 425 41 33, tgl. Verbindungen nach Buenos Aires, Mendoza und Córdoba.

Busse: Vom Busbahnhof, Estados Unidos 492 Sur, 10 Blocks östlich der Plaza 25 de Mayo, Tel. 0264 422 16 04, starten rund 30 regionale und überregionale Busunternehmen in alle Ecken des Landes. El Triunfo, 9 de Julio 1024 Oeste, Tel. 0264 422 31 92, fährt tgl. um 9.30 u. 19.30 Uhr nach Barreal (106 $), desgleichen die Minibusse von José Luis, Tel. 0264 434 23 17, und Silvio, Tel. 0264 425 23 70.

Die nähere Umgebung von San Juan

Karte: S. 355

La Laja ► 1, B/C 12

Ca. 25 km nördlich von San Juan lockt in **La Laja** 2 das unbedingt sehenswerte **Museo Arqueológico Mariano Gambier** zu einem Besuch. Die umfangreiche und gut gegliederte Sammlung von Exponaten umfasst die Zeitspanne von 6500 v. Chr. bis 1500 n. Chr. Zu sehen ist auch die 1964 am Cerro El Toro ge-

Die nähere Umgebung von San Juan

Zehntausende Opfergaben – von Mini-Kapellen über Autokennzeichen bis zu Modellhäusern in Miniaturform – zieren den Wallfahrtsort der Difunta Correa

fundene Inkamumie eines 24-jährigen, rituell getöteten Jünglings (RN 40, zwischen Calle 5 u. Calle Progreso, Tel. 0264 424 14 24, Sommer Mo–Fr 8–14, Winter Mo–Fr 8–20, Sa 10–18 Uhr, 10 $).

Unmittelbar an das archäologische Museum schließen sich die Schwefelbäder von La Laja an, deren Wasser bei Rheuma und Gelenkleiden helfen soll.

Difunta Correa ▶ 1, C 13
Eine der eigenartigsten volkstümlichen Kultstätten Argentiniens, das Devotionalienkabinett der **Difunta Correa** 3, findet sich gut 60 km östlich von San Juan an der RN 141. Tausende von Opfergaben türmen sich an diesem Wallfahrtsort, der sicher auch bei Ungläubigen einen tiefen Eindruck hinterlässt (s. S. 350, www.visitedifuntacorrea.com.ar).

Folgt man der RN 141 weiter nach Osten, so gelangt man nach etwa 600 km nach Córdoba (s. S. 198). Alternativ kann man bei Marayes auf die RP 510 nach Norden abbiegen und über die Zitrusoase San Agustín del Valle Fértil das ›Weltwunder‹ von Ischigualasto, das Mondtal, ansteuern (s. S. 354).

Provinz San Juan

Der skurrilste
Wallfahrtsort der Welt

Thema

Sonntag für Sonntag sieht man in Vallecito bei San Juan einen Priester ein ungewöhnliches Ritual vollziehen: Er segnet die Motoren von etwa 200 Automobilen, die mit hochgeklappten Hauben ebenso erwartungsvoll dastehen wie ihre Besitzer.

Der Kult um den Viertakter ist im fast eisenbahnlosen Argentinien beinahe eine Naturerscheinung. Von Ushuaia bis zur bolivianischen Grenze sind die Fernstraßen mit improvisierten Altären bestückt, um die sich so eigenartige Weihegeschenke scharen wie Autoreifen, Nummernschilder und Auspufftöpfe. Haupttempel dieser als Difunta Correa bezeichneten Deponien von Altmaterial und dargebrachten Wünschen allerdings ist das heute zur Wallfahrtsstätte angewachsene Gebäudekonglomerat bei San Juan.

Das älteste der hier angenagelten Kennzeichen stammt aus dem Jahr 1929. Doch geht der Wunderglaube der unentwegt Kerzen anzündenden Besucher – jedes Wochenende um die 2000, an Ostern bis zu 10 000 täglich – weit über den Bannkreis des Autos hinaus. »Bitte heile mich von dem Virus, der mir die Haare ausfallen lässt!« steht auf einer Tafel, »Gib, dass wir die Hypothek abtragen können!« auf einer anderen. Erhörte Hausbesitzer bezeugen ihre Dankbarkeit in Form von hinterlassenen Holzmodellen. Fast eine Million Devotionalien – vom Brautkleid bis zum Grammofon, von Sportpokalen bis zu Spielzeugautos – haben sich hier im Laufe der Jahrzehnte angesammelt. Die geopferten Medaillen und Ringe, zur besseren Weiterverwendung eingeschmolzen, ergaben bislang rund 80 kg Gold. Vom Erlös wurde unter anderem ein Touristenhotel gebaut. Ein inzwischen als Stiftung amtierendes Aufsichtsorgan beschäftigt 50 Personen, um das unheilige Heiligtum in Ordnung zu halten.

Wer aber ist die Wundergestalt, die solche Glaubenskraft erzeugt? La difunta Correa (›Die verstorbene Correa‹) – die 1841 verschiedene Deolinda Correa – war die Frau eines Gauchos, die sich in hochschwangerem Zustand in der Wüste von San Juan auf die Suche nach ihrem in den Zivilkriegen verschollenen Mann begab. Sie gebar unterwegs, starb verdurstend, doch das Kind überlebte an ihrer Milch spendenden Brust. Diese vom Volk zur Heiligenlegende erhobene Geschichte rührt das Herz der Argentinier mehr als Nacherzählungen vom Leben der Apostel.

Verständlicherweise tut sich die katholische Kirche reichlich schwer mit der zum Gnadenbild erhobenen Gauchofrau. Gegenüber dem Ort des Geschehens, wo Spontangläubige auf Knien die 70 Treppenstufen zum Wunderhügel hochrutschen (dort soll die Tote mit dem Säugling gefunden worden sein), hat man eine kleine Kirche erbaut, um dem Ort wenigstens einen Hauch von religiöser Authentizität zu verleihen – pragmatischer Synkretismus, könnte man sagen. Denn im Register der Heiligen wird Deolinda Correa nicht geführt.

Ein kleiner Sprachteufel will es, dass das spanische *correa* auch ›Keilriemen‹ und *difunta correa* so viel wie ›kaputter Keilriemen‹ bedeutet. Dieses Wortspiel konnte nicht ohne Folgen bleiben, wie man an den vielen der Heilsbringerin gespendeten Keilriemen erkennt. Womit wir wieder beim Autokult angelangt wären.

Übernachten

Pilgerhotel ▶ Hotel Difunta Correa: RN 141 Km 64, Tel. 0264 496 10 18. Moderner Bau auf einem Hügel bei den Kapellen der Volksheiligen. DZ 350 $.

Termine

Fiesta del Camionero (Anfang Nov.): Lkw-Fahrer aus ganz Argentinien bilden ab Caucete bei San Juan einen Konvoi zum Wallfahrtsort, abends wird bei Asado und Bier ausgelassen gefeiert.

Verkehr

Busse: 2–3 x tgl. Verbindungen mit dem Busunternehmen El Vallecito, Tel. 0264 422 50 29, von San Juan zur Difunta Correa.

Valle de Calingasta

Karte: S. 355
Westlich von San Juan erstreckt sich das zauberhafte **Valle de Calingasta.** Eine erste eindrucksvolle Demonstration ihres Farben- und Formenspiels gibt die Landschaft beiderseits der engen, von lamellenförmigen Wänden eingefassten Schluchtroute entlang dem Río San Juan (Einbahnverkehr: morgens von Osten nach Westen, nachmittags in umgekehrter Richtung, 20–4 Uhr zweispurig).

Calingasta und Barreal
▶ 1, B 12/13

Nach 130 kurvenreichen Kilometern ist **Calingasta 4** erreicht. Die Umgebung des Ortes mit ihren fruchtbaren Apfelhainen ist, die Halden verraten es, zugleich Abbaugebiet für Aluminiumsulfat. Denn die Provinz San Juan ist reich an Mineralschätzen, vom Feldspat bis zum Antimon, und die topografischen Gegebenheiten erlauben hier den Tagebau.

Von den Zinnen vielfarbiger Sandsteinfelsen – **El Alcázar,** ein naturgeschaffenes maurisches Schloss – begleitet, nimmt einen rund 40 km später wie ein duftendes Kissen die liebliche Oase **Barreal 5** auf, in der nicht nur Wein und Früchte, sondern auch Minze und Anis gedeihen. Von diesem Örtchen aus las-

Valle de Calingasta

sen sich abenteuerliche Andenüberquerungen organisieren, die der Fährte San Martíns über den Paso de los Patos folgen.

Kurz hinter Barrreal teilt sich die Straße. Die rechte Piste führt ins 60 km entfernte Las Hornillas, ein beliebter Ausgangspunkt für Trekking-, Mountainbike- und Reittouren, die linke Spur (RN 149, ehemals RP 412) Richtung Uspallata in der Provinz Mendoza (ca. 90 km, s. S. 333) sowie zum Parque Nacional El Leoncito (s. S. 352).

Infos

Touristeninformation: Presidente Roca s/n, Ecke Las Heras, Barreal, Tel. 02648 44 10 66 int. 15 (nur Mo–Fr 9–14 Uhr), www.calingasta turismo.gob.ar, tgl. 9–20 Uhr.

Übernachten

… in Calingasta:

Vor den Bergen ▶ Hotel de Campo Calingasta: RP 406 s/n, Alto Calingasta (2,5 km südöstlich), Tel. 02648 42 12 20. Landhotel mit schöner Sicht auf die Berglandschaft, Restaurant, Pool. DZ 300 $, Bungalow für 2 Pers. 340 $.

… in Barreal:

Im Grünen ▶ La Querencia: Florida s/n, bei der südlichen Ortseinfahrt, Tel. 0264 15 436 46 99 u. 15 504 69 58, www.laquerenciaposa da.com.ar. Landhaus mit 6 aussichtsreichen Zimmern und Pool. Wind-Cart-Segeln, Reitausflüge, Trekking. DZ 680–780 $.

Großer Park ▶ Posada San Eduardo: San Martín, Ecke Los Enamorados, Tel. 02648 44 10 46. Unterkunft in 20 ha großer Parkanlage mit Pool. DZ 500–700 $.

Bungalows ▶ El Alemán: am Flussufer, Tel. 02648 44 11 93, www.elalemanbarreal.com. Nette Bungalows mit schöner Aussicht. Die Anlage mit Restaurant wird von einem deutschen Ehepaar geführt. Für 2 Pers. 360 $, für 4 Pers. 660 $. **Apart Acrux:** Ferrer s/n, am Camping Municipal, Tel. 0264 15 475 28 26, www.acruxhoteles.com.ar. Bungalow für 2 Pers. 250 $.

Camping ▶ Municipal: Belgrano s/n, Tel. 02648 44 12 41. Gute Infrastruktur, Swimmingpool. 25 $/Zelt.

Provinz San Juan

aktiv unterwegs

Wind-Cart-Segeln in den Anden

Tour-Infos

Start: El Barreal (s. S. 351)
Schwierigkeitsgrad: leicht
Dauer: 10 Min.–3 Std.
Beste Zeit: Sept.–März
Anbieter: Rogelio Toro, Tel. 0264 15 671 71 96 (10 Min./50 $, 2–3 Std./ca. 800 $)

El Conchabado (›der Angestellte‹) heißt der Wind, der in den Frühlings- und Sommermonaten mit größter Zuverlässigkeit in der Kordillere bläst und Anhänger des *carrovelismo* (›Wind-Cart-Segeln‹) mit ebensolcher Regelmäßigkeit in einen Geschwindigkeitsrausch versetzt – die 7 m^2 großen Segel können die Kraft der natürlichen Windstärke nahezu

vervierfachen. Einer der Hotspots für diese Sportart ist der **Barreal del Leoncito,** auch Barreal Blanco, im gleichnamigen Nationalpark (s. unten). Die Tonerden-Oberfläche dieses ausgetrockneten Sees wird Jahr für Jahr von den spärlichen Regenfällen und dem Wind neu geglättet und lässt eine 15 km lange und 5 km breite Piste entstehen, auf der bis 1996 sogar internationale Rennen ausgetragen wurden. Noch immer treffen sich hier die Profis Mitte November zu einem Wettbewerb, doch auch Novizen werden auf eine der rasanten Fahrten entlang dem Andenkamm mitgenommen. Zwar geht es mit bis zu 90 km/h über den See, aber am Steuer sitzen Experten wie Rogelio Toro, die alles bestens im Griff haben.

Aktiv

Touren ▶ **Ramón Ossa:** Mariano Moreno s/n, Barreal, Tel. 0264 15 404 09 13, www.fortunaviajes.com.ar. Ein- und mehrtägige Trekking-, Reit-, Kletter- und Geländewagentouren in die Kordilleren, bei denen man Petroglyphen und Fossilien sowie die 6000er der Anden aus unmittelbarer Nähe zu sehen bekommt (6-tägige Reittour zur chilenischen Grenze 1500 US$).

Verkehr

Busse: 2 x tgl. zwischen Barreal, Calingasta und San Juan mit El Triunfo (3,5 Std.). Auf Wunsch und bei genügender Nachfrage verkehren auch Kleinbusse, Tel. 0264 434 23 17.

Parque Nacional El Leoncito
▶ 1, B 13

Nach ungefähr 30 km auf der RN 149 bieten östlich der Straße die 72 000 ha des **Parque Nacional El Leoncito** 6 Gelegenheit, Fauna und Flora der Puna-Hochebene kennenzulernen. Oft stehen größere Suri- (amerikanischer Straußvogel) und Guanako-Herden

vor den beiden hier errichteten **Sternwarten,** die bei Weitem die größte Attraktion des Nationalparks darstellen. In dem extrem trockenen Gebiet fallen – oder verdampfen – nur ca. 90 mm Regen im Jahr, weswegen astronomische Beobachtungen hier besonders ergiebig sind. Eine Besichtigung der Observatorien ist möglich, ganz Ambitionierte können – nach Voranmeldung – sogar übernachten und den Himmel durch das 2215-cm-Teleskop vom Observatorio El Leoncito betrachten (Nationalpark: Tel. 02648 44 12 40, www.parques nacionales.gov.ar; Complejo Astronómico El Leoncito: Tel. 0264 421 36 53, www.casleo. gov.ar, tgl. 10–12, 15–17 Uhr, 10 $, nächtliche Beobachtung mit Übernachtung über Reiseagenturen oder Hospedaje El Alemán, s. S. 351, zu buchen; 3 Std. nächtliche Beobachtung 150 $, mit Abendessen 360 $, mit Übernachtung 470 $, Kinder 4–14 Jahre 150/260/ 370 $); Estación Astronómica Carlos U. Cesco: Tel. 02648 44 10 87, tgl. 10–12, 16–18 u. ab 20 Uhr, 20 $, abends 30 $).

Gegenüber vom Nationalpark liegt der vom Wind tischeben gehobelte **Barreal del**

Nordwestliche Provinz San Juan

Oase in der Wüste – der Stausee des Río Jáchal bei Rodeo

Leoncito (›Trockenschlammufer des kleinen Pumas‹) – wahrscheinlich der einst exotischste Austragungsort von Weltmeisterschaften im Wind-Cart-Segeln (s. S. 352). Denn hier ist im Westen die Welt kartografisch zu Ende: Unbestiegene Gipfel warten auf ihre Eroberer, Höhenzüge auf ihre Vermessung, geologische Formationen auf ihre Altersbestimmung – eine 20 000 km² große, überwiegend weglose Bergregion, deren wildeste Zone, das vergletscherte Ramada-Massiv, erst 1992 von einer argentinischen Expedition ausgekundschaftet wurde.

Nordwestliche Provinz San Juan

Karte: S. 355
Einen Ausflug in Argentiniens Wilden Westen verspricht die Fahrt von San Juan entlang dem Andenkamm in die Reserva de Biosfera San Guillermo, wobei zwei Routen ans Ziel führen: die etwas längere, dafür aber auch abenteuerlichere RP 436 (später RN 149) über Iglesia und Pismanta sowie die RN 40 über San José de Jáchal. Die Wege trennen sich etwa 50 km nördlich von San Juan in Talacasto (s. S. 354).

San José de Jáchal ▶ 1, B 11

Auf direktem Weg führt die RN 40 von San Juan gen Norden und erreicht nach 155 km die von Wein- und Olivenkulturen umgebene Oase **San José de Jáchal** 7. Die Kirche an der Plaza birgt als kuriose Kostbarkeit einen aus Cuzco stammenden Schwarzen Christus aus Leder, der sich gliederpuppenartig bewegen lässt. Der Ort dient vornehmlich als Zwischenstation auf dem Weg zu den Anziehungspunkten der Provinzen La Rioja und Catamarca weiter im Norden (s. S. 358). Über die in San José de Jáchal abzweigende RN 150 gelangt man durch die reizvolle Schlucht des Río Jáchal nach Rodeo und zum Biosphärenreservat San Guillermo (s. S. 354).

Provinz San Juan

Übernachten

Am Hauptplatz ▶ **Plaza Hotel:** San Juan 580, Tel. 02647 42 02 56. Bescheiden, aber angenehme, helle Räume. Garage. DZ 310 $.

Verkehr

Busse: Mehrmals tgl. mit Ute und Transportes Fernández nach San Juan. Transportes Fernández fährt 3 x wöchentl. nach Villa Unión in der nördlichen Nachbarprovinz La Rioja.

Von Talacasto nach Pismanta
▶ 1, B 11/12

In **Talacasto** (Thermalquellen ohne Infrastruktur) zweigt die RP 436 von der RN 40 ab und windet sich durch die **Sierra del Tigre** über den Portezuelo del Colorado und das Dorf Iglesia nach **Pismanta** 🟧8🟧, wo ein schönes Thermalhotel zum Verweilen einlädt (ca. 180 km ab San Juan). Nur 2 km von Pismanta entfernt verlockt die mit ponchoartigen Teppichen dekorierte Adobekirche von **Achango** zu einem Besuch. Wer einen Blick in das vermutlich vom Anfang des 17. Jh. stammende Kirchlein werfen will, kann bei Señor Abel im Nachbarhaus nach dem Schlüssel fragen.

Von Pismanta aus klettert die RN 150 zum 4779 m hohen **Paso del Agua Negra** 🟧9🟧 hinauf (95 km), um auf chilenischer Seite ins Elqui-Tal und nach La Serena abzusteigen. Die Passstraße, deren große Attraktion die imposanten Büßer-Schneeformationen sind, ist nur von November bis Mai geöffnet. Der argentinische Grenzposten befindet sich 54 km vor der chilenischen Grenze. In die andere Richtung führt die RN 150 von Pismanta nach Rodeo (Abzweigung zur Reserva de Biosfera San Guillermo) und weiter nach San José de Jáchal.

Übernachten

... in Pismanta:

Kurhotel ▶ **Hotel Termas Pismanta:** RN 150, Tel. 02647 49 70 91/92, www.hotelter maspismanta.com.ar. Gepflegtes Kurhotel im Landhausstil mit 34 Zimmern, Thermalbad im Freien und Einzelbädern im Haus (Heilanzeige u. a. Arthritis, Rheuma, Gicht). DZ 600 $, inkl. HP 720 $, inkl. VP 820 $.

Verkehr

Busse: Verbindungen ab Pismanta mit Valle del Sol, Vallecito und 20 de Junio nach San Juan.

Reserva de Biosfera San Guillermo ▶ 1, A/B 10/11

Von **Rodeo** aus weist ein über **Angualasto** – mit einigen indianischen Ruinen und dem kleinen Museo Arqueológico Luis Benedettin – führender Fahrweg in eine der wildesten Gegenden Argentiniens: die menschenleere, 980 000 ha große **Reserva de Biosfera San Guillermo** 🟧10🟧, deren Zentrum 1998 zum Nationalpark erklärt wurde, während die umgebende Region als provinzielles Naturreservat erhalten bleibt. Hier sollen in der Inkazeit ca. 2 Mio. Vikunjas gelebt haben, die Mitte des 20. Jh. von den Jägern aber fast ausgerottet wurden. Nach der letzten Erhebung und strikten Schutzmaßnahmen gibt es in dieser zwischen 2100 und 5800 m Höhe liegenden Übergangszone zur Puna jetzt wieder rund 7000 Vikunjas und 6500 Guanakos sowie Pumas, die weniger scheu als andernorts sind und sich relativ leicht beobachten lassen. Das Schutzgebiet kann nur per Pferd, zu Fuß oder mit einem Allradfahrzeug erkundet werden, hierfür benötigt man eine Genehmigung, die beim Parkwächter im Ort Rodeo erhältlich ist (Calle Federico Cantoni s/n, Tel. 02647 49 32 14, www.parquesnacionales.gob.ar u. www.reservasanguillermo.com).

🟧10🟧 Reserva Provincial Ischigualasto ▶ 1, C 11

Karte: rechts

Etwa 320 km sind es von San Juan über **San Agustín del Valle Fértil** in die **Reserva Provincial Ischigualasto.** Argentiniens **Valle de la Luna** – wie die Gegend auch treffend genannt wird – ist nicht das einzige ›Mondtal‹ in der Welt, wohl aber deren größte Schatzkammer, wenn es um die Rekonstruktion der Erdgeschichte im Trias (Beginn des Mesozoikums) geht. Diese 230 bis 185 Mio. Jahre zurückliegende Periode war insofern revolu-

Provinzen San Juan und La Rioja

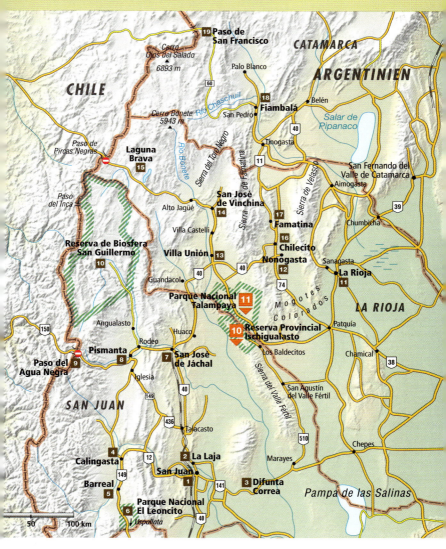

tionär, als in ihr die bis dahin nur von Pflanzen und Insekten bewohnte Erde sich mit Reptilien zu bevölkern begann. Ein gewaltiger Prozess von Hebungen und Verwerfungen förderte in dieser Senkungszone Gesteinsverbände zutage, die die intakten Schichtfolgen der Sedimentablagerungen und ihrer fossilen Einlagerungen von rund 40 Mio. Jahren wiedergeben. An einigen natürlichen Bauformen hat der Wind gearbeitet und – stets sucht der Mensch nach gefälligen Interpretationen – so erstaunliche Gebilde wie die Sphinx, den Wurm, das Unterseeboot oder eine Verlassene Kirche herausmodel-

Provinz San Juan

liert. Eine der schönsten Skulpturen war lange Zeit Aladins Wunderlampe, aber die hat der Wind inzwischen selbst wieder ausgeblasen. Wer sich im Auto auf die Reise durch das weitläufige Gebiet begibt, wird sich auf der 38 km langen Strecke mitunter vorkommen wie in einer geologischen Geisterbahn. Die Paläontologen aber schauen nicht auf das steinerne Figurenkabinett, sondern zu Boden: Hier liegen die Schlüssel zu Geheimnissen vergraben, deren vielleicht faszinierendster die Entwicklung der ersten Säugetiere aus Reptilien ist.

Im Triassischen Becken von Ischigualasto, wie die wissenschaftliche Bezeichnung für das Mondtal lautet, wurden 1991 und 2006 zwei Vorgänger – Euraptor und Panphagia – der größten Dinosaurier ausgegraben, die mit einem Alter von 228 Mio. Jahren als die ältesten bisher gefundenen Lebewesen ihrer Art gelten. 1946 war man bereits auf einen *Cynodontis* (›Hundezahn‹) gestoßen, das Reptil, in dem der Ursprung der *Mammalia* zu suchen ist. Pflanzenfresser, von denen es in der Ischigualasto-Senke gewimmelt haben muss, waren die *Rincosaurier* – halb Reptil, halb Säugetier. Immer wenn man in diesem ältesten Laboratorium der Welt auf ein neues Skelett stößt, hält die Wissenschaft den Atem an. Dass dieser Tier- und Pflanzenfriedhof so er-

Im schönsten Licht zeigt sich das Valle de la Luna am späten Nachmittag

Reserva Provincial Ischigualasto

giebig ist, verdankt er seinem Zustand vor über 200 Mio. Jahren. Damals hatten sich weder die Anden noch die ostwärts gelegene Sierra de Famatina erhoben und in einer von pazifischen Regenwinden getränkten tropischen Sumpflandschaft wucherten mächtige Baumfarne und Araukarien.

Die erdgeschichtlich jüngste der im Mondtal zutage getretenen Krustenformationen – im Norden des Beckens in Form gewaltiger rot leuchtender Steilwände zu sehen – heißt **Los Colorados** und setzt sich 30 km weiter nördlich, bereits in der Provinz La Rioja gelegen, als Cañón Talampaya im gleichnamigen Nationalpark fort, den man von Los Baldecitos (17 km ab Mondtal) aus nach 75 km Richtung Villa Unión erreicht (s. S. 359).

Um das 25 km lange, 10 km breite Becken des Mondtals wirklich auszukundschaften, benötigte man Tage und Wochen, doch die wichtigsten Punkte lassen sich auf einer etwa vierstündigen Rundtour kennenlernen (bestes Fotografierlicht am späten Nachmittag). Selbstfahrer dürfen sich in dem Gelände nur mit Allradfahrzeugen bewegen, am Parkeingang steigt stets ein *guardaparques* zu. Organisierte Besichtigungstouren werden in San Agustín del Valle Fértil, in den Provinzhauptstädten San Juan und La Rioja oder direkt beim Kontrolltor angeboten. Im Januar und Februar füllt sich das Flussbett im Park gelegentlich mit Regenwasser; dann muss man ein bis zwei Tage warten, bis der Pegel wieder gesunken ist (Infos in San Juan im Ente Autárquico Parque Natural Ischigualasto, s. S. 347, oder direkt im Park, Tel. 02646 49 11 00, 1. Okt.–31. März außer 24./25. Dez., 31. Dez. und 1. Jan. tgl. 9–17 Uhr, 1. April–30. Sept. 9–16 Uhr, Parkeintritt mit Führung 160 $, Zeltplatz 45 $ p. P.).

Übernachten

Als Basis für den Parkbesuch empfiehlt sich das rund 80 km südlich an der RP 510 gelegene San Agustín del Valle Fértil:

Gute Aussicht ▶ Hostería del Valle Fértil: Rivadavia s/n, ca. 500 m westlich der Plaza auf einem Hügel, Tel. 02646 42 00 15, www.alkazarhotel.com.ar/vallefertil. DZ 372 $.

Hostel ▶ Ischigualasto: Rivadavia, Ecke Alem, Tel. 02646 42 03 80, www.hostalvalledelaluna.wix.com. Beliebte Herberge. Schlafsaal 80 $ p. P., DZ 200 $.

Camping ▶ Municipal: Rivadavia s/n, ca. 700 m westlich der Plaza am Flussufer, Tel. 02646 42 01 04 (Touristinfo) u. 0264 15 470 35 25. Gute Infrastruktur. 35 $/Zelt, 5 $/Auto.

Verkehr

Busse: 2–3 x tgl. mit El Vallecito von San Juan nach San Agustín del Valle Fértil. Die Reserva Provincial Ischigualasto ist nur per Mietwagen, Taxi (ab San Agustín) oder mit einer organisierten Tour zu erreichen.

Provinz La Rioja

Grandiose Naturschauplätze wie die Cuesta de Miranda und die Talampaya-Schlucht wechseln sich in La Rioja mit fruchtbaren Hochtälern ab, in denen Trauben, Oliven und Nüsse gedeihen. Den kleinen, meist weit auseinanderliegenden Dörfern mangelt es oft an touristischer Infrastruktur und auch die lokalen Busverbindungen lassen zu wünschen übrig, aber die Gastfreundschaft der Menschen hilft viele Schwierigkeiten zu überbrücken.

La Rioja ▶ 1, D 10

Karte: S. 355

Durch mehrere Kordillerenbänder von den Anden getrennt, versteckt sich **La Rioja 11**, die ländliche Hauptstadt der gleichnamigen Provinz, am Ostrand der schon zum Geosystem der pampinen Sierren (s. S. 188) gehörenden **Sierra Velasco.** Als sehr heiß und ofentrocken war die Gegend bereits bekannt, als man den jährlichen Niederschlag noch nicht mit weniger als 200 mm maß. Nur privilegierte Flüsschen führen ganzjährig Wasser. »Und sie verließen La Rioja, weil es von Tag zu Tag weniger zu trinken gab«, schrieb der Lokaldichter Daniel Moyano (›El Rescate‹) Mitte des 20. Jh. Im Jahr 1995 verdursteten 120 000 Rinder, Schafe und Ziegen – die Hälfte des Viehbestandes der Provinz – und 2006 kam bei einer erneuten Dürre ein Drittel der damals rund 185 000 Rinder in La Rioja um: zu viel selbst für die Kunsthandwerker, die hier traditionell aus Kuhhörnern Trinkbecher, Pfeifen und Besteckgriffe schnitzen.

Ganz La Rioja ist ein Archipel von keineswegs unbedeutenden Oasen: Die Dattelpalmenpflanzung Guayapa (bei Patquía) ist die größte Südamerikas, in Aimogastas sattgrünen Olivenhainen steht – unter Denkmalschutz – der ›Vater aller Olivenbäume‹, gepflanzt von den ersten spanischen Siedlern. Die allererste riojanische Oase indessen steckte Ramírez de Velasco 1591 in Form der Plaza (›La Vieja‹) ab, die bis heute der von Orangen- und Eukalyptusbäumen beschattete Mittelpunkt des angenehmen 179 000-Einwohner-Städtchens La Rioja ist.

Das inzwischen Plaza 25 de Mayo getaufte Geviert erzählt die Chronik von ›Todos los Santos de la Nueva Rioja‹ bis in die Gegenwart. Hier wurde 1637 der Kopf des Kaziken Chalimin, Widerstandsheld der Calchaquí-Indianer, auf den Schandpfahl gespießt. Hier fanden Prozessionen, Hinrichtungen, Militärparaden und Stierkämpfe statt, hier wurde Markt gehalten und hierhin flüchtete sich die Bevölkerung beim Erdbeben von 1894, dem als einzige Kolonialbauten das Dominikaner- und das Franziskanerkloster trotzten.

Beherrschende Gebäude an der **Plaza 25 de Mayo** sind heute die in byzantinischer Manier gehaltene **Kathedrale** und der neokoloniale **Regierungspalast.** Nur einmal im Jahr gerät der von Landluft durchwehte und von einer langen Siesta gesegnete Ort in Wallung: Beim Tinkunako (›Begegnung‹) in der Neujahrsnacht, wenn sich der *niño alcalde* – das als Ehrenbürgermeister amtierende Jesuskind – des Franziskanerklosters und der heilige Nikolaus (die Statue wird in der Kathedrale aufbewahrt) unter dem Gesang alter Indianerweisen an der Plaza treffen.

La Riojas wenige Sehenswürdigkeiten hat man rasch gesehen. Das nahe der Plaza ge-

358

legene **Convento de Santo Domingo** (von 1623, später glücklos modernisiert) hat nur noch die schöne, von den Diaguita geschnitzte Algarrobo-Tür vorzuweisen (Lamadrid, Ecke Pelagio Luna). Das ebenfalls mehr einer Felsenkirche ähnelnde **Convento de San Francisco** birgt die Zelle des Heiligen (1592) und einen von ihm gepflanzten Orangenbaum (25 de Mayo, Ecke Obispo Bazán y Bustos).

Sehenswert ist das umfangreiche **Museo Arqueológico Inca Huasi** mit seinen über 7000 Exponaten und – in einem getrennten Raum – den religiösen Bildwerken der Kolonialzeit (Juan Bautista Alberdi 650, Tel. 0380 442 73 10, Di–Sa 9–12 Uhr).

Infos

Dirección General de Turismo: Av. Perón 401, Ecke Urquiza, Tel. 0380 447 40 31. Infos zur Stadt.

Secretaría de Turismo: Av. Ortiz de Ocampo, Ecke Félix de la Colina, Tel. 0380 442 63 45, www.turismolarioja.gov.ar, tgl. 8–21 Uhr. Infos zur Provinz.

Übernachten

Gepflegt ▶ King's Hotel: Av. Facundo Quiroga 1070, Ecke Copiapó, Tel. 0380 442 21 22. Kleines Hotel der oberen Kategorie, klimatisierte Zimmer, Pool, Garage. DZ 700 $.

Bergblick ▶ Hotel Savoy: San Nicolás de Bari, Ecke Av. Roque A. Luna, Tel. 0380 442 68 94, www.hotelsavoylarioja.com.ar. Einfach, aber sauber, Klimaanlage, Garage. DZ 400 $.

Mit Patio ▶ Pensión 9 de Julio: Copiapó 197, Tel. 0380 442 69 55. Saubere Zimmer um einen Patio. 250 $ ohne Frühstück.

Am Hauptplatz ▶ Apacheta Hostel: San Nicolás de Bari 669, Tel. 0380 15 444 54 45, www.apachetahostel.com.ar. Mit Radverleih, freundlich. Schlafsaal 80 $ p. P., DZ 190 $.

Camping ▶ RN 75 Km 15, ca. 9 km hinter Las Padercitas in Richtung Sanagasta, am Dique Los Sauces, Tel. 0380 459 77 36. Ordentliche Infrastruktur mit Pool und Baumschatten.

Essen & Trinken

Italienisch ▶ L'Stanza: Dorrego 164, Tel. 0380 443 08 09, www.lastanzaresto.com.ar.

Modern eingerichtetes Lokal mit italienischer Küche. 160 $.

Zu lokalem Wein ▶ El Nuevo Corral: Av. Facundo Quiroga, Ecke Rivadavia, Tel. 0380 447 75 12. Locro, Gegrilltes, Pasta. 160 $.

Preiswert ▶ La Vieja Casona: Rivadavia 457, Tel. 0380 442 59 96, www.lacasona lunch.com.ar. Breite Speisenpalette, auch Parrilla, z. B. gutes Zicklein vom Grill. 140 $.

Verkehr

Flüge: Mit Aerolíneas Argentinas via Catamarca nach Buenos Aires (4 x wöchentlich). Aeropuerto Capitán Almonacid, 7 km östlich an der RP 5, Tel. 0380 443 92 11.

Busse: Vom Busterminal, Ortiz de Ocampo, Ecke Frei de la Colina, 2 km südlich des Zentrums, Tel. 0380 442 70 41 u. 442 79 91, mit Andesmar, Socasa, Chevallier, El Cuyano, Autotransporte Mendoza, General Urquiza und Rápido Argentino nach Buenos Aires, Mendoza, San Juan, Córdoba, Salta sowie zu Orten in der Provinz La Rioja.

Von La Rioja nach Villa Unión ▶ 1, C/D 10

Karte: S. 355

Das im Abseits aller regionalen Attraktionen liegende La Rioja ist kein idealer Ausgangspunkt für Erkundungstrips, weil man dazu erst den Klotz der 150 km langen Sierra de Velasco umfahren muss. Das geschieht am besten über **Patquía** im Süden und die roten Sandsteinbastionen der **Mogotes Colorados** (ca. 17 km nordwestlich von Patquía und dann 5 km links ab). Auf der RN 74 geht es dann weiter bis **Nonogasta** **12**, wo sich eine der größten Gerbereien der Welt befindet, die nach ihrer Pleite 2008 von einem brasilianischen Unternehmen übernommen wurde. Erst nach diesem gestreckten 180 km gewinnt die Fahrt an Schwung, wenn man die von 800 Kurven gekrümmte Straße (RN 40) über die **Cuesta de Miranda** (2020 m, Aussichtsplattform) mit ihren 500 m hohen zinnoberroten Steilwänden passiert. Das Weinörtchen **Villa Unión** **13** bildet die beste Absprungbasis für

Provinz La Rioja

weitere Vorstöße, gen Nordwesten in die Sierra del Toro Negro und zur Laguna Brava (s. S. 363) oder Richtung Süden zur Talampaya-Schlucht (s. unten).

Infos
Touristeninformation: im Complejo Comercial an der Südostecke der Plaza, Villa Unión, Tel. 03825 47 05 43, www.turismovillaunion.gov.ar, Mo–Fr 8–13, 18–21 Uhr.

Übernachten
... in Villa Unión:
Auf Felsen ▶ **Hotel Pircas Negras:** RN 76, Acceso Sur, Tel. 03825 47 06 11, www.hotelpircasnegras.com. Elegantes Hotel mit Pool und Restaurant, Ausflüge nach Talampaya, Ischigualasto etc. DZ ab 700 $.
Landhaus ▶ **Chakana:** Castro Barros s/n, Banda Florida, 2,5 km von Villa Unión Richtung Cañón de Banda Florida, Tel. 011 15 63 63 98 34 u. 03825 15 51 01 68, www.chakanahospedajerural.blogspot.be. Umweltfreundlicher Bau mit Sicht auf das Famatina-Gebirge, Gemüsegarten, Pool. DZ 450 $.
Beliebte Touristenunterkunft ▶ **Dayton:** Dávila 115, Tel. 03825 47 06 40. Zimmer mit Bad. DZ 250 $ ohne Frühstück.

Essen & Trinken
... in Villa Unión:
Parrilla ▶ **Vientos del Norte:** San Martín, Ecke Yrigoyen, am Hauptplatz. Fleisch vom Grill, z. B. Zicklein. 150 $.

Verkehr
Busse: Busterminal in Villa Unión, ein paar Straßenblocks östlich der Plaza Mayor, tgl. nach San Juan und La Rioja, weniger oft nach Chilecito und San Agustín del Valle Fértil.

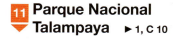
Parque Nacional Talampaya ▶ 1, C 10

Karte: S. 355
Etwa 55 km südlich von Villa Unión bündelt das im Ganzen mehr als 30 km lange, sich abwechselnd verengende, öffnende oder verzweigende Schluchtsystem des **Parque Nacional Talampaya** seine Überraschungen zu einem farbigen Strauß von Eindrücken. Senkrechte, 130 m hohe Sandsteinwände, antiken Säulen gleichend, haben Formationen ausgebildet, die Kastell, Kathedrale und Pantheon genannt werden. In unerreichbaren Höhen nisten Kondore in Felshorsten. Im ›Botanischen Garten‹, einem Wäldchen mit 40 Spezies, sind mehr als die Hälfte der Exemplare Medizinalpflanzen. Ob sie von den Diaguita-Indianern in den Reiblöchern der Steintafeln gemahlen wurden, die am Tor der Schlucht zu bestaunen sind? Oder handelt es sich bei diesen Platten nicht um Mörser, sondern um Opfertische? Ob die Eingeborenen

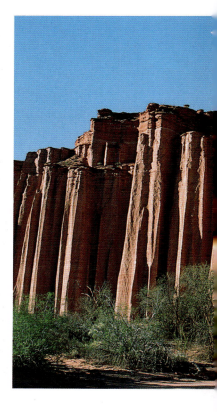

Parque Nacional Talampaya

Durch die Erosion geformt: die bis zu 130 m hohen Sandsteinsäulen im Parque Nacional Talampaya

Schlangengift zu gewinnen und nutzen wussten? Denn die Schlucht ist auch das Habitat von Klapper- und Korallenschlangen und die Spiralen der Felszeichnungen könnten stilisierte Schlangen darstellen. Lama- und Guanakoherden sind bei diesen vielgestaltigen Petroglyphen am einfachsten zu erkennen. Doch was hat der sechszehige Fuß zu bedeuten? Fragen, die ohne Antwort wiederkehren – wie das fünffache Echo in diesem Cañadón. 230 Mio. Jahre alt soll er sein, und fast so alt sind auch die dicht beieinanderliegenden Riesenschildkröten, die man 1994 hier fand, oder der zwei Jahre später entdeckte Supaysaurius, ein Vorfahre der heutigen Vögel. Auch die 2003 ausgegrabenen Fossilien von 17 Dinosauriern sind 220 Mio. Jahre alt und haben die These bestärkt, dass in Talampaya – im Gegensatz zu Ischigualasto (s. S. 354) – vor allem pflanzenfressende Riesensaurier lebten.

In der Talampaya-Schlucht sollte man gewesen sein, am besten morgens, wenn die Steingestalten am eindruckvollsten zur Geltung kommen. Der Park darf nur im Rahmen einer geführten Tour besucht werden. Entsprechende Anbieter findet man z. B. in Villa Unión oder auch direkt beim Parkeingang (Infos bei den Parkwächtern in Villa Unión, San Martín s/n, Tel. 03825 47 02 41, www.parquesnacionales.gov.ar, www.talampaya.com.ar, 1. Sept.–30. April tgl. 8–18, 1. Mai–31. Aug.

Provinz La Rioja

tgl. 8.30–17.30 Uhr, Parkeintritt 50 $, Führungen ab 185 $).

Übernachten
Die nächstgelegenen Hotels befinden sich in Villa Unión (s. S. 360).
Camping ▶ Am Parkeingang, Anmeldung in der Confitería, Tel. 03825 47 03 97, mit Infrastruktur. 25 $ p. P.

Aktiv
Touren ▶ **Rolling Travel:** Tel. 0351 570 99 09, www.talampaya.com. Führungen durch die Talampaya-Schlucht (2,5 Std., 185 $) sowie auf Anfrage weiter bis Los Cajones (insgesamt 4,5 Std., 295 $).

Verkehr
Busse: Die Busfirmen 20 de Mayo, Arce und Facundo fahren auf ihrer täglichen Strecke von La Rioja über Patquía und Villa Unión nach San José de Vinchina am Nationalpark vorbei und lassen Passagiere 14 km westlich vom Eingang aussteigen.

Von Villa Unión zur Laguna Brava ▶ 1, C 10–B 9

Karte: S. 355

Auf der gut 70 km langen Fahrt durch die von Ginster- und Jarillastauden aromatisierte Strauchsteppe (bei Villa Castelli indianische Ruinen) von Villa Unión nach **San José de Vinchina** 14 begleitet den Reisenden im Osten die Mauer der **Sierra de Famatina,** deren 6200 m hohe *nevados* über ihrem zarten Rosa den schmalen Schneesaum wie eine weiße Bordüre tragen. Sodann bannt die Erde wieder den Blick, denn kurz hinter Vinchina gibt links der Straße ein aus roten, weißen und blaugrauen Steinen am Boden ausgelegter, zehnzackiger Stern von 30 m Durchmesser Rätsel auf. Diese **Estrella de Vinchina** (drei benachbarte Geoglyphen sind stark beschädigt) wird der Aguada-Kultur der Diaguita zugeschrieben. Aber wie soll man das Zeichen deuten? Man steht und staunt und schweigt.

Weiter geht die Fahrt, die mit der Passage der **Quebrada de la Troya** ihren malerischen

In der Region der 6000er hat man fast immer einen der Riesen im Blickfeld: Vom Ort Villa Unión lässt sich in der Ferne der Volcán Famatina erkennen

Höhepunkt erreicht. Auf über 20 km winden sich Fluss und Straße in immer neuen Schlingen durch ein atemberaubendes Labyrinth von fast senkrecht hochgekippten, scheibenförmigen Felsen. Nur das Glucksen des Wassers zwischen den Steinen und der eigene Atem sind zu hören, denn noch haben nur wenige diese Zauberklamm entdeckt. Dann breitet sich ein vom Volcán Bonete (6850 m) bewachtes Hochplateau aus. Im Streuweiler **Alto Jagüé** endete bisher die bei einem Erdbeben abgesackte Straße, um Abenteurern – ratsamerweise in Begleitung eines *baqueano*, eines örtlichen Führers – die Erkundung der einsamen **Laguna Brava** 15 zu Pferd oder auf dem Maultier (im Dorf zu mieten) zu überlassen. 1996 allerdings wurde die Erdstraße (mit normalen Autos befahrbar) über die Salzlagune hinaus bis zum Paso de Pircas Negras (4166 m) weitergeführt, wo man sich im Bannkreis des **Ojos del Salado** (6893 m), der zweithöchsten Erhebung des Kontinents, befindet. Die Gewässer der vulkanischen Lagune können die Gipfel in höchster Stille widerspiegeln oder auch wild sich in Wirbeln winden, die die unterirdisch erwärmten Strömungen verursachen.

Die Fortsetzung der Route auf chilenischer Seite führt nach Copiapó. Um die Sommerregen und die extreme Winterkälte zu meiden, sollte man die Fahrt in den Monaten April/Mai bzw. Oktober/November unternehmen. Übernachten kann man in den vor fast 150 Jahren gebauten Hirtenhütten.

Übernachten
… in San José de Vinchina:
Hostal ▶ **Portal de la Laguna:** Av. Carlos Menem s/n, Tel. 0381 15 599 88 95 u. 424 71 04. Mit Patio, Pool und Kochgelegenheit. DZ 300 $.

Schattige Veranda ▶ **Hotel Corona del Inca:** Av. Carlos Menem s/n, Tel. 03825 15 53 39 54/55, www.hotelcoronadelinca.com.ar. Einfache, saubere Zimmer mit Bad. DZ 220 $.

Mit Innenhof ▶ **Hotel Yoma:** Av. Carlos Menem s/n, an der südlichen Ortseinfahrt, Tel. 03825 49 40 82. Einfaches Patio-Hostal mit Restaurant. DZ 200 $ ohne Frühstück.

Camping ▶ **Municipal:** an der Ortsausfahrt Richtung Jagüé. Sehr gepflegt, gute Infrastruktur, mit Badepool im Fluss.

Essen & Trinken
Im Ort findet man mehrere einfache *comedores*.

Chilecito und Umgebung
▶ 1, C 9

Karte: S. 355
Die direktere (und im Auto mögliche) Annäherung an das Vulkanmassiv des Ojos del Salado geschieht auf einem anderen Weg, nämlich von **Chilecito** 16 aus. Der mit nur 50 000 Einwohnern zweitgrößten Stadt der Provinz La Rioja gaben hierher emigrierte Bergleute aus dem Nachbarland den Namen. ›Klein-Chile‹ entstand als eine merkwürdige Hybride aus Weindorf und Grubenort, als Ende des 19. Jh. Engländer begannen, die etwa 40 Gold-, Silber- und Kupferminen in 4600 m Höhe auszubeuten und die Leipziger Firma Adolf Bleichert & Co. ihnen eine 34 km lange Schwebebahn zum Abtransport der Erze – Höhenunterschied: 3325 m – baute. 262 Masten, dazu Förderkörbe, Kessel, Dampfmaschinen, alles kam zerlegt per Schiff nach Buenos Aires, mit der Eisenbahn nach Chilecito und von da auf dem Maultierrücken an die Baustellen. Dieser *alambrecarril* (›Drahtseilbahn‹), bis 1928 in Betrieb, war seinerzeit ein kleines Weltwunder und gehört immer noch zur Raritätensammlung Südamerikas. Die Fahrten mit der überalteten Bahn wurden nach einem Unfall eingestellt. Empfehlenswerter – und weitaus ungefährlicher – ist ein Besuch im **Museo del Cablecarril** am Bahnhof, das die Geschichte der Schwebebahn nachzeichnet (tgl. 7–13, 14–20 Uhr). Vom Museum aus kann man zu Fuß oder im Geländewagen dem Weg der Seilbahn folgen.

Heute blickt Chilecito etwas wehmütig auf die ringsum kahlgeschlagenen Berge, deren Bewuchs in den speziell für Krüppelholz gebauten Kesseln verheizt wurde. Das hier einzig verbliebene Gold fließt aus dem Fass: ein

363

Mit einer Höhe von 6893 m der zweithöchste Vulkan der Welt: der nach wie vor aktive Ojos del Salado in Catamarca

Provinz La Rioja

ausgereifter Torrontés-Wein mit charakteristischem Maikraut-Bouquet.

Die Vorgeschichte der Region ist im **Museo Molino de San Francisco** dokumentiert, ein Adobehaus von 1712, das als Getreidemühle bis 1930 funktionierte und heute das Regionalmuseum mit Mineralien sowie Keramik hiesiger Indianerkulturen beherbergt (San Francisco 500, Mo–Fr 8–12, 15–19 Uhr, 5 $).

Im 2 km östlich an der RP 12 gelegenen Landgut **Samay Huasi,** das Joaquín V. González, dem Gründer der Universität La Plata gehörte, werden archäologische Exponate wie Keramik, Urnen, Tonpfeifen, Schädel und Abplattungstechniken der Kulturen von Ciénaga, Tafí, La Aguada und Santa María ausgestellt. Einen Teil der Gebäude funktionierte man zur Universitätsherberge um. Falls die Räume nicht von Studenten aus La Plata besetzt sind, dürfen auch Touristen an diesem wunderbar ruhigen Ort übernachten (Tel. 03825 42 26 29, Museum: tgl. 9–19 Uhr, 5 $; Übernachtung: 460 $ p. P. mit VP, Reservierung über Tel. 0221 424 78 81 u. 422 60 85).

Infos

Dirección de Turismo: Castro y Bazán 52, 40 m von der Plaza, Tel. 03825 42 96 65, www.emutur.com.ar, tgl. 8–21 Uhr.

Übernachten

Mit Park ▶ Chilecito ACA: Timoteo Gordillo, Ecke Ocampo, Tel. 03825 42 22 01 u. 42 22 02, www.aca.org.ar. ACA-Hostería mit Pool und Restaurant. DZ 350 $, ADAC-Mitglieder 210 $.
Preiswert ▶ Wamatinag: 25 de Mayo 37, an der Plaza, Tel. 03825 42 59 96. Einfache Zimmer mit Bad, Garage. DZ 300 $.

Essen & Trinken

Parrillas ▶ El Rancho de Fierrito: Pelagio Luna 647, Tel. 03825 42 24 81, Di–So. 130 $.
Jaime y Alicia: Perón 875, Tel. 03825 42 57 35. 100 $.

Verkehr

Busse: Die Unternehmen El Zonda und 20 de Mayo verbinden mit Villa Unión; Interrioja, Tel.

03822 42 15 77, und La Riojana, Tel. 03822 43 52 79, mit der Provinzhauptstadt La Rioja.

Von Chilecito zum Paso de San Francisco

Karte: S. 355

Famatina und Tinogasta

▶ 1, C 8/9

Von Chilecito aus geht die Reise zunächst auf der RN 40, dann auf der RP 11 weiter nach **Famatina 17.** In der Pfarrkirche des kleinen Ortes findet sich eine altperuanische Christusfigur in Marionettenform, die in der Karfreitagsnacht in Bewegung gesetzt wird.

Die weiter nördlich zu durchquerende herbe Gebirgsszenerie fließt bei **Tinogasta** (bereits in der Provinz Catamarca, ca. 145 km ab Chilecito) in das riesige Hochlandbecken des **Salar de Pipanaco** aus. Am Südsaum der Salztonebene entstand eine viele Kilometer lange Jojoba-Pflanzung, die ein begehrtes kosmetisches Öl liefert.

Übernachten

... in Tinogasta:

Aus Adobe ▶ Casagrande: Moreno 801, Tel. 03837 42 11 40, www.casagrandetour. com. Historisches Hotel, idealer Startpunkt für die Route der Adobe-Kirchen und die 6000er Catamarcas. Restaurant, Pool. DZ 650 $.

Fiambalá   ▶ 1, C 8

Vom Winzerort Tinogasta aus führt die RP 60 durch ein breites, von flimmernden Geröllbetten durchzogenes Schwemmsandtal zur Oase **Fiambalá 18.** Kurz vor dem Ort steht der gedrungene Bau der makellos weißen Kolonialkirche von **San Pedro** (1770), der einige aus Cuzco stammende Gemälde beherbergt. Fiambalá (6000 Einw.) mit seinen wildromantischen Naturthermalbecken ist ein stiller Hort für Weltflüchtige. Im modernen archäologischen **Museo del Hombre** sind zwei sehr gut erhaltene, erst 1997 gefundene präinkaische Mumien zu sehen (Abaucán s/n, tgl. 8–12.30, 15–20 Uhr, 10 $).

Von Chilecito zum Paso de San Francisco

Auch in Chilecito wird die ›Kaffeehauskultur‹ gepflegt

In der Umgebung von Fiambalá stehen zwei der bedeutendsten Weinkeller Catamarcas Besuchern offen: die **Bodegas Don Diego,** wo auf 80 ha Syrah-Trauben angepflanzt werden (RP 60 Km 1370, Tel. 011 15 49 35 17 72, www.fincadondiego.com, tgl. 8–12, 15–18 Uhr, nur mit Voranmeldung), und **Tizac** (Finca Las Retamas, RP 45, Pampa Blanca, Tel. 03833 15 53 22 43, www.tizac-vicien.com, tgl. 8–12, 15–18 Uhr).

Infos
Dirección de Turismo: in der Hostería Municipal, Tel. 03837 49 62 50, www.fiambala.gov.ar, Mo–Fr 8–21, Sa/So 9–12, 18–21 Uhr.

Übernachten
Modern ▶ **Hostería Municipal:** Almagro s/n, Tel. 03837 49 62 91. Saubere Touristenunterkunft mit kleinem Restaurant. DZ 350 $.
Camping ▶ an den Thermen, ca. 15 km östl. vom Ort, Tel. 03837 49 62 50. Naturspa mit Infrastruktur. Apartments (3 Pers.) 300 $, Cabañas (5 Pers.) 500 $, Camping 60 $/Zelt.

Verkehr
Busse: Mit Robledo nach Catamarca, La Rioja und Córdoba sowie über La Pampa an die Atlantikküste nach Comodoro Rivadavia, Tel. 03837 15 69 18 85. Mit Empresa Gutiérrez nach Córdoba und Buenos Aires.

Weiter zum Paso de San Francisco ▶ 1, B 7
Von Fiambalá aus kämpft sich die RP 60 entlang dem Río Chaschuil in die Kordillere hinauf und führt durch eine Landschaft, die in ihrer Verlassenheit zugleich so trostlos und packend ist, dass man beinahe die Höhe vergisst. Beeindruckende 4747 m sind am **Paso de San Francisco** 19 an der chilenischen Grenze erreicht.

Links sieht man den Cerro de San Francisco (6000 m), voraus das Schneeantlitz des **Ojos del Salado** (6893 m). Nachts glaubt man hier, die Sterne mit den Händen fassen zu können. Aber näher ist es immer noch nach Copiapó in Chile: 270 km. Der Pass ist ganzjährig geöffnet.

Übernachten
Einsam ▶ **Las Cortaderas:** RN 60, 100 km nordwestlich von Fiambalá auf etwa halbem Weg zur chilenischen Grenze, Tel. 03838 15 40 02 22. Neues Hotel auf 3300 m in absoluter Einsamkeit. DZ 500 $.

Provinz Catamarca

Wo *inti,* **die Sonne der Inka, die Halbwüste flimmern lässt, wo unstete Flüsse in der Erde versickern, wo braune Sierren dem ewigen Blau entgegendürsten, da liegt das furchenreiche Gebirgsrelief von Catamarca. Die Wasserläufe in den Tälern ermöglichten eine Besiedlung durch die Diaguita, deren Nachfahren heute feine Poncho-Weber sind, und an den Berghängen flitzen scheue Vikunjas über die Landstraßen.**

San Fernando del Valle de Catamarca ► 1, E 9

Karte: S. 370
San Fernando del Valle de Catamarca 1,
die 160 000 Einwohner zählende Provinzmetropole, könnte man auch Hauptstadt aller Oasen nennen. Vom hausgekelterten Wein bis zum Chañar-Sirup (der Hustensaft der Ureinwohner), vom handgeknüpften Tinogasta-Teppich (10 000 Knoten pro m²) bis zum Alpaka-Poncho von Belén – hier sammeln sich alle Traditionsgüter, die seit eh und je mit dem Namen Catamarca verbunden sind. Die Stadt selbst hat man schnell erkundet.

An der schräg ansteigenden **Plaza 25 de Mayo** erhebt sich die rosa getünchte **Basílica de Nuestra Señora del Valle,** die im Jahr 1852 begonnen und 1916 beendet wurde. Gestaltet – und mit ihrer über 40 m hohen Kuppel der Kirche Il Gesù in Rom nachempfunden – hat sie der Italiener Luis Caravatti, von dessen Zeichenbrett auch das benachbarte **Regierungsgebäude** (1859) stammt. Den italienischen Entwürfen der Franziskanerkirchen von Salta und Tucumán entspricht die 1851 fertiggestellte **Iglesia de San Francisco** mit einem integrierten Kloster (Esquiú, Ecke Rivadavia).

Schöne Beispiele von Kolonialarchitektur sind die Gebäude des **Museo Arqueológico Adán Quiroga** mit seiner repräsentativen Schau vorspanischer Keramik und Steinge-

räten (Sarmiento 450, Tel. 0383 443 74 13, Mo–Fr 7–14, 16–20, Sa/So 9–19 Uhr) sowie das **Historische Archiv** mit kleinem Museum und Urkunden, die bis auf das Jahr 1650 zurückgehen (Chacabuco 425, Tel. 0383 443 75 62, Mo–Fr 7–13, 14–21, Sa 9–13 Uhr).

Einen Besuch wert ist auch der **Mercado Artesanal** in der Virgen del Valle 945**,** auf dem man authentisches Kunsthandwerk aus der Region kaufen und Teppichknüpferinnen bei der Arbeit zuschauen kann (www.artesanias catamarca.com, Mo–Fr 7–13, 15–21, Sa/So 8–20 Uhr).

Infos

Touristeninformation: República 524 und Busterminal, Tel. 0383 445 53 85, tgl. 8–21 Uhr. Infos über die Stadt.
Subsecretaría de Turismo: Galería Azurra Factory, Rivadavia, Ecke República, Tel. 0383 443 77 91 u. 443 00 80, www.turismocatamar ca.gov.ar, tgl. 8–21 Uhr. Informationen über die Provinz.

Übernachten

Modern ► **Amerian Catamarca Park Hotel:** República 347, Tel. 0383 442 54 44, www. amerian.com. 4-Sterne-Hotel im Zentrum mit Pool, Internet. DZ 754 $.
Komfortabel ► **Casino Catamarca:** Esquiú 151, Ecke Ayacucho, Tel. 0383 443 29 28, www.hotelcasinocatamarca.com. Großzügige und lichte Hotelanlage mit Swimmingpool,

Rundfahrt nördlich der Provinzhauptstadt

Restaurant, Bar – und natürlich einem Casino. DZ 618 $.

Zentral ▶ Pucará: Caseros 501, Ecke Molina, Tel. 0383 443 06 98. Gutes Mittelklasse-Hotel, angenehm, modern, Snack-Bar, Parkplatz. DZ 472 $.

Familienmanagement ▶ Colonial: República 801, Ecke Tucumán, Tel. 0383 442 35 02. Zentrales, gemütliches Hotel der einfachen Mittelklasse. DZ 350 $.

Hostel ▶ San Pedro: Sarmiento 341, Tel. 0383 445 47 08, www.hostelsanpedro.com.ar. Zentral, einfach. Schlafsaal 80 $ p. P., DZ 200 $.

Camping ▶ Municipal: RP 4 Km 5 (Richtung El Rodeo, hinter der Brücke). Großes, teils schattiges Areal mit Pool und einfacher Infrastruktur, ganzjährig geöffnet. 19,50 $/Zelt, 8 $/Auto.

Essen & Trinken

In grünem Flusstal ▶ La Casa de Chicha: Los Gladiolos s/n, El Rodeo (westlich Av. Ocampo auf die Sierra de Ambato, links bei El Rodeo), Tel. 0383 449 00 82. Schöne Anlage mit großem Garten. Regionale Küche, schöne Sicht, auch Unterkunft. 160 $.

Spanisch ▶ La Cueva del Santo: Pasaje Amalia, Ecke República, Tel. 0383 446 35 44. Bier, Drinks und Tapas. 140 $.

Italienische Küche ▶ Quattrocento: Avellaneda, Ecke Gobernador Galíndez, Tel. 0383 15 431 42 40. Italienische Speisen in nettem Ambiente. 140 $.

Zicklein am Grill ▶ Salsa Criolla: República 546, an der Plaza, Tel. 0383 443 35 84. Gute Parrilla, serviert werden Zicklein und sonntags Pasta. 140 $.

Nicht nur Fleisch ▶ Picasso Resto: República 590, an der Plaza, Tel. 0383 442 04 01, Mo geschl. Fleisch und Fisch in großzügigen Portionen. 120 $.

Innovative Küche ▶ Richmond: República 534, an der Plaza, Tel. 0383 443 56 95. Im traditionellsten Lokal in Catamarca gibt es u. a. Lamafleisch in Maissoße, *humitas* und *tamales*. 120 $.

Grill ▶ Rincón de Lucho: Av. Presidente Castillo 65, Tel. 0383 445 70 00. Typische argentinische Parrilla, es gibt aber auch *empanadas.* 90 $.

Einkaufen

Regionale Spezialitäten ▶ Cuesta del Portezuelo: Sarmiento 571 u. 552, Tel. 0383 445 26 75. Regionale Feinkost von Grappa bis Zitronengelee.

Aktiv

Touren ▶ Alta Catamarca: Sarmiento 569, Tel. 0383 443 03 03, www.altacatamarca.tur.ar. Trekking- und Bergsteigertouren auf Catamarcas 6000er, archäologische Ausflüge, Öko-Tourismus. **Zoltan Czekus:** Tel. 0383 15 424 04 27, cz.punaventura@yahoo.com.ar. Geländewagentouren in die Gegend von Antofagasta de la Sierra (s. S. 378).

Termine

Fiesta Nacional del Poncho (3. Juliwoche): Regionaler Markt der Webkünste, an dem an die 1000 Poncho-Hersteller teilnehmen (www.artesaniascatamarca.com).

Verkehr

Flüge: Tgl. Verbindungen mit Aerolíneas Argentinas nach Buenos Aires und La Rioja. Aeropuerto Felipe Varela, RP 33 Km 22, Tel. 0383 445 36 83/84.

Busse: Tgl. nach Buenos Aires, Córdoba, Mendoza, Tucumán und Salta. Busterminal: Güemes 850, Tel. 0383 443 75 78.

Rundfahrt nördlich der Provinzhauptstadt

Karte: S. 370

Die Umgebung von San Fernando del Valle de Catamarca (*catamarca* bedeutet auf Quechua soviel wie ›Festung‹) ist durch mehrere in Nord-Süd-Richtung laufende Kordillerenkämme (Ambato, Manchao, Ancasti und Graciana) profiliert, wobei die eingebetteten Längstäler im Osten die reichere Vegetation aufweisen. Zu den reizvollsten Strecken in diesen Gebirgen gehört die Cuesta del Portezuelo – in atemberaubenden Kehren han-

Provinz Catamarca

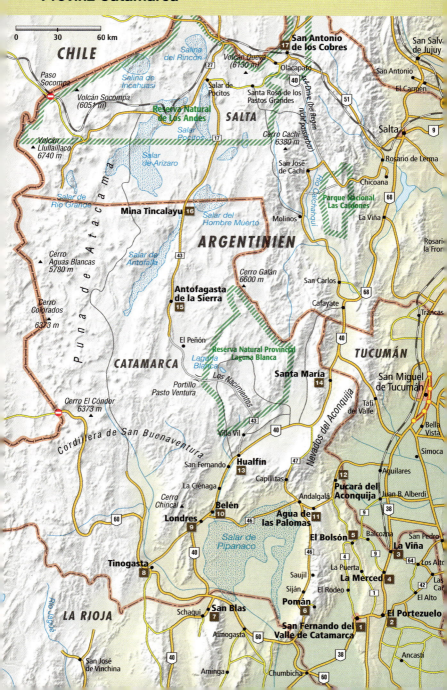

Von Catamarca nach Santa María

gelt sich die Straße vom Tal auf 1680 m empor und auf der Passhöhe geht der Wald urplötzlich in punaähnliche Steppe über.

Cuesta del Portezuelo
► 1, E 9–E 8

Ausgangspunkt für diese Fahrt, die man zu einer schönen, insgesamt etwa 190 km langen (bzw. 270 km über Balcozna, s. unten) Rundtour ausbauen kann, ist **El Portezuelo** **2** ca. 17 km östlich der Provinzhauptstadt an der RN 38. Hier zweigt in nordöstlicher Richtung die RP 42 ab, auf der man nach 35 km den Gipfel der **Cuesta del Portezuelo** erreicht und eine herrliche Sicht über das in den verschiedensten Grüntönen schimmernde Catamarca-Tal genießt. Die RP 42 führt nun weiter zur stillen Hochoase **El Alto,** einem angenehmen Rastplatz, in dessen Umgebung man Höhlenmalereien der La-Aguada-Kultur bewundern kann.

Rund 40 km weiter, bei **Las Cañas,** wird die RN 64 erreicht, auf der man gen Westen durch die Tabakpflanzungen von **Los Altos** bis nach **La Viña** **3** fährt.

Cuesta del Totoral ► 1, E 8

In La Viña beginnt die **Cuesta del Totoral** (RN 38), eine faszinierende Strecke, die in südlicher Richtung durch einen subtropischen Wald bis auf 1200 m Höhe ansteigt. Dieselben 19 km legte 1591 in wochenlanger, mühevoller Reise eine spanische Expedition zurück, die unter der Führung von Don Juan Ramiro de Velasco später die Stadt La Rioja gründete.

Auf der anderen Seite des Passes, am Fuß eines Bergwerks, liegt die Kreisstadt **La Merced** **4**. Von dort aus kann man auf direktem Weg nach San Fernando del Valle de Catamarca zurückkehren (56 km) oder sich gen Norden wenden und eine weitere attraktive Bergstrecke anfahren (RP 9, RP 18 und RP 1), die über **Balcozna** nach **El Bolsón** **5** führt.

Ungefähr 80 km sind es von hier auf der RP 1 durch das Catamarca-Tal zurück in die Provinzhauptstadt. Alternativ kann man den etwas längeren Rückweg über die parallel verlaufende RP 4 nehmen, die nach dem

Staudamm Las Pirquitas von der RP 1 abzweigt und eine Reihe kleiner Landkirchen aus dem 18. und 19. Jh. passiert: die **Iglesia del Señor de los Milagros** (vor San José), die **Iglesia San José de Piedra Blanca** (in San José), die **Iglesia San Antonio de Padua** (in San Antonio), die **Iglesia Villa Dolores** (in Villa Dolores) und die **Iglesia San Isidro Labrador** (in Valle Viejo).

Übernachten

... in El Alto:

In der Hochoase ► **Hostería Provincial de Turismo:** General Roca s/n, Tel. 0383 15 464 08 62. Mit Restaurant. DZ 150 $.

... in El Bolsón:

Panoramalage ► **Hostería El Bolsón:** im Ort an der RP 1, Tel. 0383 15 433 42 11, www.hosteriaelbolsoncat.com.ar. Acht Zimmer, Park mit Pool, Restaurant mit regionaler Küche und schöner Sicht. DZ 300 $.

Von Catamarca nach Santa María

Karte: links

Die stärkste Konzentration von Fundorten mit Zeugnissen präkolumbischer Kulturen weist das 260 km lange Tal zwischen Tinogasta und Santa María auf, deswegen gerne auch als **Route der Archäologen** bezeichnet. In diesem 1200 bis 1800 m hoch gelegenen, niederschlagsarmen Vorandengraben fällt der wenige Regen im Hochsommer – wenn die Verdunstungsintensität am größten ist. Die Trockenflüsse leben von frühjährlichen Schmelzwasserschüben, dann versiegen sie. Nur angepasste Charakterpflanzen finden noch Anschluss an das Grundwasser. Die Luftfeuchtigkeit beträgt weniger als 5 %. Dank dieser klimatischen Bedingungen konnten sich in den Schwemmsandböden *(barreales)* der Trockenflussufer Flecht- und Webstücke, Tongefäße sowie Schädel und Glieder von Leichnamen über Jahrhunderte konservieren. Die vollständigste Gefäßkollektion ist im Museum von Belén zu studieren (s. S. 372).

371

Provinz Catamarca

Tipp: Grapa Catamarqueña

In der lichtdurchfluteten Provinz Catamarca, deren Dörfer – Brunnenschalen gleich – entlang der Wasserläufe aufgereiht sind, spenden die Nährströme alles Leben: Mais, Bataten, Bohnen, Tomaten, Walnüsse und Johannisbrot, vor allem aber Oliven, Rosinen und Trauben, aus denen ein trockener, über Holzfeuer destillierter Weinbrand *(grapa catamarqueña)* gewonnen wird. Den aromatischsten *aguardiente* erzeugt das zwischen dem Salar de Pipanaco und Felsen eingebettete Weintal um das Dorf Pomán **6** (▶ 1, E 8). Im kleinen Nachbarort Siján wird aus Muskattrauben die in den Städten beliebte Grapa Carajo (www.grapacarajo.com.ar) destilliert. Verboten ist der Branntweingenuss nur da, wo es messerscharf zugeht: bei den in vielen Dörfern an den Wochenenden üblichen Hahnenkämpfen, einer alten Tradition in Catamarca.

Pucará de Schaqui und Tinogasta ▶ 1, D 9 u. C 8

Wer Tinogasta von La Rioja oder San Fernando del Valle de Catamarca aus ansteuert, hat auf einem kurzen Abstecher nach San Blas **7** bereits Gelegenheit, die wenige Kilometer südlich des Ortes (noch vor Cuipán) liegende Pucará de Schaqui zu besuchen. Diese über der schmalen Quebrada Gualco zwischen Säulenkakteen verborgene Inka-Befestigung muss ein altamerikanisches Freizeitcenter gewesen sein, denn zu ihren Füßen lockt ein Wasserfall mit einem herrlichen Felsenbad. Heute ist dieses Planschbecken (ab RN 40 über einen 7 km langen Fahrweg zu erreichen) fast nur noch den Einheimischen bekannt.

Bei Tinogasta **8** (s. auch S. 366) kann die Fundstätte von Watungasta im Tal des Río Abaucán dem Besucher nur die windgeschliffenen Reste von Adobegrundmauern inmitten der verkarsteten Ebene bieten. Allein die im Museo Privado Dr. Alanis zusammengetragenen Gefäßscherben, Flechtstücke und Maiskolben, Kürbis- und Algarrobo-Samen haben weitgehend die Rekonstruktion dieser 500 bis 1300 Jahre alten Kultur erlaubt (Copiapó 488, tgl. 9–21 Uhr).

Londres und Umgebung
▶ 1, D 8

Mehr zu sehen ist rund 75 km weiter nördlich von Tinogasta, wo am Fuße des Cerro Chincal eine von den Inka zwischen 1471 und 1535 zur Kontrolle der Region errichtete Befestigung freigelegt wurde. Die 1995 restaurierte Ruinenstätte erreicht man von Londres aus auf einem 5 km langen Stichweg.

Das nette Londres **9** (›London‹) verdankt seinen Namen früheren Bewohnern, die anlässlich der Hochzeit von Maria I. Tudor und Philipp II. von Spanien mit der Anrufung der britischen Hauptstadt den Majestäten ihre Referenz erweisen wollten. Allein in Nordwestargentinien wurden in jener Zeit nicht weniger als sieben Orte mit dem Namen Londres gegründet. Dieser Ort war der erste Catamarcas und entstand bereits 1558. Mehrfach wurde er von Indianern zerstört und präsentiert sich heute als fünfte Version des Originals, ohne seinen nur zu vermutenden ursprünglichen Charme eingebüßt zu haben.

Übernachten

Mit Patio ▶ La Casona: Pedro Larrouy s/n, an der Plaza, Tel. 03835 49 10 61. 200 Jahre altes Haus mit Patio, von Doña Pola geführt. 120 $ p. P.

Belén und Umgebung ▶ 1, D 8

Nur 15 km weiter nördlich stößt man auf das Theben aller regionalen Ausgrabungsstätten: das rund 28 000 Einwohner zählende Belén (›Bethlehem‹), in dem einige Hundert Familien die Tradition der Poncho-Handweberei fortführen – allerdings auch skrupellose Vermittler hinter vorgehaltener Hand Vikunja-Gewebe anbieten (das vom Aussterben bedrohte Tier, dessen weiches Fell 100 Haare pro mm^2 aufweist, darf nicht gejagt werden). Beléns Schatzkammer ist sein Museo Arqueológico Cóndor Huasi, in dem ca. 6000 Tongefäße aller Kulturen des argentinischen

Von Catamarca nach Santa María

Nordwestens wie in einer Apotheke in Wandregalen aufgereiht sind – Werke, die sich mit ägyptischen oder phönizischen Vasen messen können (San Martín 310, 1. Stock, Di–Fr 8–12, 16–20, Sa/So 9–12, 5 $).

Im Umland von Belén sind die namhaftesten der als Kulturen klassifizierten Diaguita-Stilepochen angesiedelt: La Aguada, Condorhuasi und La Ciénaga. Ca. 15 km nördlich des Ortes führt ein Rundweg zu den wichtigsten Fundstätten. Man hat die Indios, die dieser Hochsteppe mit ausgeklügelten Bewässerungssystemen ihre Mais-, Kartoffel-, Bohnen- und Quinoa-Erträge abrangen und gleichzeitig eine so formen- und dekorreiche Keramik schufen, *agroalfareros* (›Töpferbauern‹) genannt. Sie waren hervorragende Kenner der Pflanzen, wussten um deren Eigenschaften und haben allen Anzeichen nach auch halluzinogene Wirkstoffe eingenommen. Aber gehen die ausufernden anthropomorphen Formgebungen der Condorhuasi-Kultur – irreale Kreaturen zum Teil – auf Rauschzustände ihrer Schöpfer zurück? Eine Frage, die sich ernsthafte Archäologen gestellt haben.

Infos
Touristeninformation: General Paz 168 sowie im Busterminal und auf dem Hauptplatz, Tel. 03835 46 13 04, tgl. 7–22 Uhr.

Übernachten
Nüchtern ▶ Hotel Provincial de Turismo: Gobernador Cubas, Ecke Belgrano, Tel. 03835 46 15 01. Einfaches, aber ordentliches Touristenhotel, preiswert, Autoeinstellplatz. DZ 450 $.

Steinbau   Hotel Belén: Belgrano, Ecke Cubas, Tel. 03835 46 15 01, www.belencat.com.ar. Regionale Architektur und Innenausstattung. DZ 450 $.

Preiswert   Samay: Urquiza 349, Tel. 03835 46 13 20. Modernes, kleines Hotel, Pool, Cafetería. DZ 290 $.

Auf der Hauptstraße   Hotel Gómez: Calchaquí 213, Tel. 03835 46 13 88. Einfache Zimmer, Patio. DZ 200 $.

Nahrungssuche im trockenen Catamarca ist bisweilen mühsam

373

Provinz Catamarca

Camping ▶ Municipal: am Ufer des Río Belén. Mit einfacher Infrastruktur, kostenlos.

Essen & Trinken

Anspruchsvolle Küche ▶ 1900 Restó Bar: Belgrano 391, Tel. 03835 46 11 00. Regionale Speisen in guter Zubereitung. 140 $.
Parrilla ▶ El Único: General Roca 92, Tel. 03835 46 12 67. Quincho-Parrilla, gutes Grillfleisch, *empanadas* und *locro*. 120 $.

Einkaufen

Gewebtes ▶ Kulturzentrum: an der Plaza. Verkauf von regionalen Handwebereien.

Verkehr

Busse: Regelmäßige Verbindungen nach San Fernando del Valle de Catamarca, Salta und Santa María.

Abstecher zur Pucará de Andalgalá ▶ 1, E 7/8

Zu zwei der rätselhaftesten Inka-Ruinen (und zur Stadt Tucumán) zweigt von Belén aus Richtung Osten die RP 46 ab. Nach 85 hügeligen Kilometern durch Hunderte von Trockenflussrinnen des Salar de Pipanaco passiert die Straße das Örtchen **Andalgalá** und windet sich dann über die **Cuesta de Chilca** hinauf nach **Agua de las Palomas 11** (ca. 35 km). Von hier führt ein 18 km langer Pfad in südöstlicher Richtung zur **Pucará de Andalgalá,** einer wehrhaften, offenbar nie angegriffenen und daher vielleicht von den Spaniern auch nie entdeckten Inkafestung, die durch ihr umfangreiches, mit Schießscharten versehenes Mauerwerk beeindruckt.

Erst 1937 erhielt man Kunde von der inzwischen weitaus berühmteren **Pucará del Aconquija 12,** die an der Ostflanke des gleichnamigen Berges liegt und von fabulierenden Einheimischen gern Stadt des Inka-Königs genannt wird. Was bewegte die Inka dazu, an diesem rauen Ort in 4200 m Höhe eine 3500 m^2 große Anlage zu bauen, die keineswegs nur eine Festung war? Auch wenn man diese Ruinenstadt nicht besucht (eine beschwerliche 4- bis 5-tägige Expedition, die sich von einem der südöstlich der Nevados

del Aconquija am Wege liegenden Weiler aus mit Maultieren organisieren lässt), so gewinnt man schon von der Buena-Vista-Höhe aus, ungefähr 30 km östlich von Andalgalá an der RP 46, eine Vorstellung von der grandiosen Einsamkeit dieser zimtfarbenen Hochwüstenschluchten, in deren Lüfte nur Riesenvögel zu passen scheinen. Und wirklich hat man in der Andalgalá-Region das Skelett eines nach der Radiokarbonmessung 5 bis 7 Mio. Jahre alten Raubvogels gefunden, der stehend 1,50 m gemessen haben muss und der, seines Fundortes und des furchterregenden Schnabels wegen, als *Andalgalornis ferox* ins zoologische Namensregister einging.

Übernachten

… in Andalgalá:

Ansprechendes Ambiente ▶ Hotel de Turismo: Av. Sarmiento 444 (Durchgangsstraße), Tel. 03835 42 32 63. Pool, Restaurant. DZ 380 $.

… außerhalb:

Bei der Mine ▶ Hostería El Refugio del Minero: Mina Santa Rita, Capillitas (von Andalgalá auf der RP 47 nach Norden, Straße nur mit 4WD befahrbar), Tel. 03835 42 32 63/64, www.refugiodelminero.com.ar. In der Nähe einer Rhodocrosit-Mine; Touren in den Bergschacht, zu alten Goldwaschstellen, einem Jesuitenfriedhof etc., regionale Küche. Transfer für 4 Pers. ab Andalgalá 450 $. DZ ab 400 $.

Von Belén nach Santa María
▶ 1, D 8–E 7

Nördlich von Belén zwängen sich Fluss und Straße durch eine eindrucksvolle Schlucht, wobei am Rande der kurvenreichen Piste nicht nur Warnschilder, sondern auch Nuestra Señora del Tránsito, die ›Madonna des Straßenverkehrs‹ in der Adobekirche von **San Fernando** (Mitte 18. Jh.), zu umsichtiger Fahrweise ermahnen. Knapp 10 km weiter zweigt der Camino de la Puna in nordwestlicher Richtung nach Antofagasta de la Sierra ab (s. S. 379).

Die weitläufige, von Weingärten und Obstplantagen umgebene Flussoase **Hualfín** nennt eine schöne Kapelle aus dem Jahr

Frühe Indianerkulturen

Auf tönernen Füßen – die Diaguita-Kulturen

Thema

Geografisch sind die Diaguita-Kulturen recht genau, zeitlich jedoch nur schwer gegen andere indianische Kulturen der südlichen Zentralandenregion abzugrenzen. Kerngebiet der Diaguita war das Tal des Río Belén (heute Provinz Catamarca), als Blütezeit gilt die Spanne von ca. 600 bis 1480 n. Chr., danach begann die Überformung durch die Inka.

Nach der auf Radiokarbonmessungen gestützten Periodisierung keramischer Kulturen im Fundgebiet ragt die bereits 200 Jahre vor der Zeitenwende beginnende **Tafi-Kultur** weit (bis 1000 n. Chr.) in die Diaguita-Epoche hinein, muss jedoch – mit ihren großen Steinplastiken bei einer nur wenig entwickelten Töpferei – als gesonderter Kulturkreis betrachtet werden. Der zur gleichen Zeit beginnenden **Condorhuasi-Kultur** (200 v. Chr. bis 300 n. Chr.) hat der gleichnamige Ort unweit des Río-Belén-Tals den Namen gegeben. Die sowohl grauschwarze als auch rote Condorhuasi-Keramik zeichnet sich durch große Formenvielfalt und die Kombination von anthropo- und zoomorphen Elementen aus, wobei man auch gerne den Menschen als Ganzes, sich wie ein Vierbeiner auf Händen und Füßen bewegend, in Gefäßform darstellte.

Der Erfindungsreichtum an Zwitter- und Fabelwesen setzt sich in der der Condorhuasi ähnelnden (aber weniger ausgefeilten) **Candelaria-Kultur** (600–1000 n. Chr.) fort. In Zeichnungen und Ausformungen wiederkehrende Nutztiersymbole wie Lama und Strauß werden um eine Vielzahl von Felidenmotiven bereichert.

Fast gleichzeitig mit jener von Condorhuasi hat sich die **La-Ciénaga-Kultur** entwickelt, deren polychrome Gebrauchskeramik gemeinsam mit der von **La Aguada** (ca. 500–800 n. Chr.) von einigen Archäologen auf die Stufe der altperuanischen Nazca-Kultur gestellt wird. Verwegene Sinnbilder – wie Fe-

derstabtänzer oder Pfeife rauchende Affen – tauchen in den Ritzzeichnungen der Gefäße aus der im Hualfín-Tal entdeckten Totenstadt auf und lassen die Vermutung zu, es habe auch über große Entfernungen ein Kulturaustausch bestanden. Figuren mit Trophäenkopf (an dem vom abgeschlagenen Schädel hängenden Haarschopf erkennbar), ein beliebtes Nazca-Motiv, finden sich auch bei La Ciénaga und La Aguada wieder. Der Typus schuhförmiger Gefäße als Behälter für Grabbeigaben ist sogar über ganz Altamerika verbreitet.

Ihre Zusammenfassung unter dem Begriff **Diaguita** verdanken die Kulturen der Spätzeit (Santa María, Belén und Sanagasta/Angualasto) u. a. dem Umstand, nicht das Studienobjekt punktueller Ausgrabungen, sondern das lebendige Abbild eines kulturellen Gesamtzustands im Augenblick ihrer Entdeckung – erst durch die Inka, wenig später durch die Spanier – gewesen zu sein. Überlagerungen und teilweise Zeitgleichheit erschweren eine strenge Typologie. Dennoch gilt als größter gemeinsamer Nenner für die Diaguita-Ethnien die überragende Bedeutung der Grabkeramik. Alle Funde bezeugen die Existenz eines besonderen Bestattungskults für Kinder. Sie wurden in Urnen beigesetzt, während man Erwachsene, in Tücher gewickelt und zu Bündeln geschnürt, in die Erde senkte. Das trockene Klima hat viele dieser Toten der Nachwelt als Mumien erhalten. Ihre Seelen aber leben, nach dem Glauben der Diaguita, in den Höhen der Anden fort.

Provinz Catamarca

Destination für Einsamkeitsliebende und Abenteurer: die Provinz Catamarca

1770 ihr Eigen. Auch an diesem Ort sind bedeutende Funde der Condorhuasi-Kultur gemacht worden.

Nördlich von Hualfín weitet sich das Tal zu der von unzähligen Trockenbetten durchzogenen Sandsteppe Campo Arenal (der heißen Temperaturen wegen auch Argentinische Sahara genannt), bevor die Straße das 23 000-Einwohner-Dorf **Santa María** 14 erreicht. Die hiesigen Bauern kultivieren vorwiegend Paprika (70 % der Landesproduktion) und weben Ponchos. Auch Wein (Torrontés), Tomaten, Knoblauch sowie 400 t Walnüsse jährlich kommen aus den Oasen um den Ort. Kein Wunder, dass schon auf indianischen Gefäßen als Symbol des Leben spendenden Wassers die Kröte immer wiederkehrte.

Die Fundstätte Santa María hat der in die Zeit von 1000 bis 1480 datierten Diaguita-Kultur ihren Namen geliehen. Zeugnisse davon sind im kleinen **Museo Arqueológico Eric Boman** zu sehen, das u. a. eine große Sammlung von Graburnen beherbergt (Belgrano, Ecke Sarmiento, Mo–Fr 8–12, 15–20.30 Uhr, Eintritt frei).

In der Umgebung des Orts lohnt der Besuch des **Fuerte Quemado** (ca. 12 km) und anderer *pucará*-Ruinen, die wahre Verteidigungsschanzen gewesen sein müssen. In einigen fand man noch ›Munitionsdepots‹: mit Schleudersteinen gefüllte Gruben. Nichts fürchteten die Spanier mehr als die *galga*, den Steinhagel der Indianer.

Von Santa María aus erreicht man über eine gut ausgebaute Straße San Miguel de Tucumán, die Hauptstadt der gleichnamigen Provinz (s. S. 387). Eine überaus empfehlenswerte Alternative ist die Weiterfahrt durch die Valles Calchaquíes Richtung Norden nach San Antonio de los Cobres (s. S. 379 u. 398) oder Salta (s. S. 400).

Infos
Oficina de Turismo Santa María: Plaza Belgrano, Tel. 03838 42 10 83, www.santamaria cta.com.ar, Mo–Fr 7–19 Uhr.

Übernachten

... in Santa María:

Eine Alternative zu den Hotels sind die Privatunterkünfte, die über die Oficina de Turismo vermittelt werden.

Park & Pool ▶ Hotel de Turismo: San Martín, Ecke 1 de Mayo, Tel. 03838 42 02 40. Große Anlage mit Pool, Quincho und schattigem Park, Autoeinstellplatz, Bar, Confitería, alle Zimmer mit Bad, gutes Preis-Leistungs-Verhältnis. DZ 350 $.

Patio-Haus ▶ Inti Huaico: Familie Maturano, Belgrano 146, Tel. 03838 42 04 76. Sehr ordentliches Residencial mit geschlossenem Patio und 14 Zimmern mit Bad. DZ 350 $.

An der Plaza ▶ Plaza: an der Nordseite der Plaza, Tel. 03838 42 05 59. Moderne, saubere Zimmer mit Bad. DZ 330 $.

Camping ▶ Municipal: Sarmiento 700 (4 Blocks östlich der Plaza), Tel. 03838 42 50 64. Gute Infrastruktur, teils Baumschatten, ganzjährig geöffnet. 30 $/Zelt.

Essen & Trinken

... in Santa María:

Parrilla ▶ FC Catering: im Hotel de Turismo (s. oben), Tel. 03838 42 23 94. Grillfleisch und einfache Gerichte. 130 $.

Speise-Cafetería ▶ Colonial del Valle: Esquiu, Ecke San Martin (an der Plaza), Tel. 03838 42 08 97. Serviert werden Fleisch, Pasta und billige Tagesgerichte. 130 $.

Aktiv

Touren ▶ Exkursionen zu fünf archäologischen Stätten mit inkaischen oder präinkaischen Ruinen, darunter das sehenswerte Fuerte Quemado, organisiert **José Rubén Quiroga,** der Direktor des Museo Arqueológico Eric Boman (s. S. 376).

Von Hualfín nach San Antonio de los Cobres

Karte: S. 370
Der Westen von Catamarca ist so gut wie unerschlossen. Als einsamste Strecke der Welt haben Reisende gelegentlich den **Camino de la Puna** bezeichnet, die rund 600 km lange Route, die das Río-Belén-Tal mit dem Minenort San Antonio de los Cobres verbindet. Einzige Zwischenstation auf diesem in jeder Beziehung trockenen Abschnitt – es gibt auch kein Benzin – ist das in der Hochwüste verlorene Dorf Antofagasta de la Sierra, in dem im Winter 650 und im Sommer 1300 Menschen leben. Man kann diese anstrengende (wegen der Höhe), aber erbauliche (wegen des Erlebniswertes) Tour in beiden Richtungen unternehmen. Ratsam jedoch ist die Anfahrt von Süden, weil sich so die Straßenverhältnisse abschnittsweise besser im Voraus erkunden lassen.

Anfahrt nach Antofagasta de la Sierra ▶ 1, D 7–C 6

Die Route beginnt an der RN 40, ca. 10 km südlich von Hualfín (s. S. 374). Zunächst folgt die RP 43 dem Río El Bolsón bis zum Weiler **Villa Vil,** wo man sich für lange Zeit von menschlichen Siedlungen verabschieden muss. Hat man erst die **Cuesta de Randolfo** (3500 m) überwunden, ist an den Basaltfelsen der **Esquina Negra** (›Schwarze Ecke‹) vorbei – beides kein Problem – und hat auch die (im Sommer manchmal problematischen) Geröllbahnen querlaufender Sturzbäche an den **Nacimientos** hinter sich, dann könnten die ersten wieder auftauchenden Lebewesen Flamingos sein. Eine Kolonie der seltenen *parinas* (Andenflamingos) hat im Bereich der **Laguna Blanca** ihr Habitat (Sept.–Nov. und April–Mai). Die rosa Stelzvögel beziehen ihre Farbe von winzigen, stark jodhaltigen Krebsen, die ihnen als Nahrung dienen.

Vom **Portillo Pasto Ventura** an kommen ganze Trupps der um die 10 000 hier lebenden Vikunjas in Sicht. Doch was, außer der schmackhaften Jagdbeute, hielt indianische Stämme in dieser gigantischen Leere fest? Denn auch hier wurden Hunderte, der Aguada-Kultur zugerechnete *pircas* (Lehmmauerfundamente) gefunden. Aber Leere? Rund 4000 Indianer lebten im Tal des Salar de Antofalla, das künstlich bewässert wurde. Immense blinde Salzspiegel, pastellfarbene, mit der wandernden Sonne changierende Hö-

Provinz Catamarca

aktiv unterwegs

Geländewagentour im Reich der Vulkane

Tour-Infos

Start: Antofagasta de la Sierra (s. S. 379)
Dauer: 1–3 Tage
Anbieter: Zoltan Czekus, Complejo Rumi Huasi, am Ortseingang links in Antofagasta de la Sierra, Tel. 0383 15 424 04 27, cz.pun aventura@yahoo.com.ar. In der Hostería Municipal in Antofagasta de la Sierra findet man auch andere Führer.
Kosten: Ein Tagesausflug für bis zu 4 Pers. kostet um die 3000 $, die Übernachtung in Rumi Huasi 120 $ p. P. Insgesamt ist mit ca. 150 US$ p. P./Tag zu rechnen.
Wichtiger Hinweis: Verhalten der Höhe anpassen, d. h. sich nicht körperlich überanstrengen und nur leicht zu Abend essen.

Die spannende Tour führt über alte Minenwege zu Vulkankegeln, Petroglyphen, verlassenen Goldminen und Salzfeldern. Schon knapp 5 km südlich von **Antofagasta de la Sierra** trifft man bereits auf eine eigenartige Konjunktion von Landschaftsbildern. Am rechten Straßenrand der RP 43 liegen an einem sanften Berghang Tausende von zumeist dreikantigen, schwarzen Basaltstäben und Säulen – ein seltsamer Vulkanauswurf, der bisher nicht zufriedenstellend erklärt werden konnte. Der Künstler Joseph Beuys gebrauchte 7000 solcher Steine aus einem ähnlichen Vorkommen im hessischen Habichtswald, um auf der dokumenta 7 (1982) sein Baumprojekt zu starten. Nichts würde radikaler die Puna-Wüste verändern, als ein Baum neben jedem Stein …

Die Gegend erlebte aber bereits vor Jahrhunderten große Veränderungen: Auf der anderen Straßenseite, am oberen Ende eines etwas steileren Hangs, entdeckt man die Reste eines Indianerdorfs der Diaguita-Kultur. Rund 200 Baugrundrisse aus größeren Basaltblöcken stehen noch, sind aber aus der Ferne nicht vom Geröll zu unterscheiden. Östlich dieses Hangs geht es zu Fuß zur **Laguna de Antofagasta** mit ihren Flamingoscharen. Von hier sieht man einen der Hauptverantwortlichen der prähistorischen Veränderungen in der Region: den **Volcán Alumbreras.** Weit über 100 Vulkane ragen aus der Hochebene empor. Der größte, der **Volcán Galán,** soll vor 60 Mio. Jahren durch seinen Ausbruch das Aussterben der Dinosaurier in ganz Südamerika verursacht haben. Seinen Krater, mit einem Durchmesser von 40 km einer der größten der Erde, wurde erst auf Satellitenbildern entdeckt, man kann ihn aber mit dem Blick in Richtung Nordosten erahnen und auch mit dem Geländewagen erreichen.

Kreuzt man die RP 43 wieder westwärts, geht es auf steilen Wegen bis auf 4500 m. Scheue Vikunjaherden finden selbst hier noch ausreichend Nahrung. Danach fährt man steil hinab zum **Salar de Antofalla,** dem enormen Salzfeld, in dem bis 2013 der brasilianische Bergbauriese Vale Lithium abbaute. Ein gerader Weg über das Salz führt in ein Tal, das inzwischen fast verlassen ist, aber zu inkaischen Zeiten von rund 4000 Bauern bewohnt war – die Felswände am Westende des Tals bezeugen es mit zahlreichen Felsmalereien. Heute gibt es dort nur die kleine Ortschaft **Antofalla** und das noch kleinere **Las Quinoas** mit knapp 30 Familien, bei denen immer ein gutes Essen und eine bescheidene Übernachtungsgelegenheit zu bekommen ist.

henlinien, vulkanische Silberhäupter und darüber ein elektrisches Blau – auch ohne *apunamiento* (›Höhenkrankheit‹) kann man dem Höhenrausch erliegen.

Bei **El Peñón,** einer Mini-Oase bei Kilometer 160, folgt ein Hauch von Grün. Dann, 60 km weiter, kommt der Punkt, der in einem Gebiet, das eineinhalb mal so groß ist wie die

Von Hualfín nach San Antonio de los Cobres

Schweiz, nur einfach La Villa (›Der Ort‹) heißt: **Antofagasta de la Sierra** 15. Hier, auf über 3400 m Höhe, sollte man seine Halbzeitpause einlegen.

Infos
Touristeninformation: in der Municipalidad, Av. Belgrano s/n, Tel. 0383 15 478 75 46.

Übernachten
Rustikal ▶ Complejo Pucará: auf der Anhöhe rechts der Ortseinfahrt, Tel. 0381 15 508 90 60, www.complejopucara.com.ar. Regionale Architektur, gute Aussicht auf die Landschaft. 180 $ p. P.

Schlicht ▶ Hostería Municipal: Rioja s/n, Tel. 0351 15 226 99 66. Einfache Zimmer für insgesamt 40 Gäste, mit Restaurant und kleiner Ausstellung archäologischer Funde. DZ 280 $.

Mit Museum ▶ Complejo Rumi Huasi: an der Ortseinfahrt links, Tel. 0383 15 424 04 27, cz.punaventura@yahoo.com.ar. Mit Restaurant und Mineralienausstellung, Organisation von Ausflügen. 120 $ p. P.

Essen & Trinken
Billig ▶ El Puneño: Einfache Fleischgerichte und Salate. 90 $.

Aktiv
Touren ▶ Organisierte Ausflüge in die Gegend werden von **Zoltan Czekus** (s. S. 378) angeboten.

Verkehr
Busse: Verbindung von/nach San Fernando del Valle de Catamarca mit dem Bus El Antofagasteño (Tel. 0383 443 01 11 u. 445 87 18, Abfahrt in der Provinzhauptstadt Mi/Fr 6.15 Uhr, in Antofagasta Mo/Fr 10 Uhr, 170 $, 15–18 Std.).

Weiter nach San Antonio de los Cobres ▶ 1, C 6–D 4
Der einsamste Teil der Strecke führt von Antofagasta in nördlicher Richtung zum **Salar del Hombre Muerto** (›Salar des toten Mannes‹). Bei Km 123 zweigt die 22 km lange Zufahrt zur Borax-Mine **Tincalayu** 16 ab, der drittgrößten der Welt. Die sich beim Eintrocknen der Salzlagune abscheidende Borverbindung ist ein begehrter Rohstoff für die Waschmittel- und Glasindustrie. Lithium, ein zweites Produkt dieser auf 1,5 km Länge und bis 80 m Tiefe ausgeschürften Salzpfanne, geht als Superleichtmetall in den Flugzeugbau und die Batterienherstellung. Doch hier, in 4200 m Höhe, steht den Reisenden der Sinn nach anderem. Von der **Cuesta de Napoleón** aus, der Zufahrtsstraße zur Mine, erlebt man die Andenkolosse als Teilnehmer einer sphärischen Round-table-Konferenz: im Westen der Llullaillaco (6740 m) und der Socompa (6051 m), im Norden der Queva (6130 m), im Osten der Cachi (6380 m) und fast im Süden die Galán-Spitze (6600 m). In der Puna ist, sagt ein Dichterwort, »alles Altar«.

Etwa 90 km weiter hat die Schotterstraße (jetzt als RP 17) den Nordzipfel des rötlich schimmernden **Salar Pocitos** erreicht. Hier gabelt sich der Weg. Eine rechts abbiegende Spur (RP 129) führt über den windverwehten Adobeweiler **Santa Rosa de los Pastos Grandes** um die Südflanke des Vulkans Queva und dann über die Abra del Gallo (4600 m) nach **San Antonio de los Cobres** 17 (etwa 115 km, s. S. 398). Auf die andere Fährte, die RP 27, stößt man bei Salar de Pocitos, 3 km weiter westlich, nach dem Überqueren der zum Paso Socompa (anders als in einigen Karten eingezeichnet, besteht hier keine Straßenpassage nach Chile) führenden Schienenspur der Transandenbahn. Rund 40 km nördlich trifft man auf die RP 51, schwenkt auf diese nach Osten ein und erreicht über Olacapato nach 70 km das gleiche Ziel.

Wegen der tiefen Fahrspuren eine kritische Strecke kann der von schwer beladenen Lastwagen frequentierte Abschnitt zwischen der Tincalayo-Mine und Olacapato (Bahnstation) sein. Über den aktuellen Straßenzustand erhält man in Antofagasta de la Sierra konkretere Auskunft als in San Antonio de los Cobres. Immer sind hochachsige Fahrzeuge von Vorteil. Zu bedenken ist auch, dass Wind und Höhe den Benzinverbrauch erheblich ansteigen lassen können.

Von Kandelaberkakteen bewacht: die Ruinen der Indianerfestung in Quilmes

Kapitel 6
Der Nordwesten

El NOA (El Noroeste Argentino) nennen die Argentinier kurz die Nordwestecke ihres Landes und ebenso komprimiert drückt sich die Natur hier in ihren Extremen aus: Nur 20 Flugminuten trennen die 4000 m hohe Puna von der Tiefebene des Chaco, Wüste von immergrüner Vegetation, schneebedeckte Wipfel von Orangenhainen, die Segelroute des Kondors von der Dschungelfährte des Jaguars. Die Provinzen Jujuy, Salta, Tucumán und Santiago del Estero, mit 370 000 km² etwas größer als Deutschland, vereinen stärkere Kontraste auf ihrem Raum als jede andere Region Argentiniens.

Flach wie ein Tisch präsentiert sich Santiago del Estero. Im nordwestlich angrenzenden Tucumán, einer landwirtschaftlich bedeutenden Provinz, trifft man auf die südlichsten Ausläufer der *yungas*, der Regenwälder. Unweit der Hauptstadt San Miguel de Tucumán beginnt die faszinierende Route durch die Valles Calchaquíes, wo um Cafayate der bekannte Torrontés-Weißwein gekeltert wird. Touristischer Dreh- und Angelpunkt der Region ist die Stadt Salta, die durch ihre Vielzahl architektonischer Relikte aus der Kolonialzeit besticht. Außerdem startet von hier aus einer von Südamerikas berühmtesten Zügen, der Tren a las Nubes, nach San Antonio de los Cobres in der Puna. Im Norden des NOA, in Jujuy, wartet ein weiteres Highlight, die Quebrada de Humahuaca, deren Dörfer bis heute überwiegend indianisch geprägt sind.

Auf einen Blick
Der Nordwesten

Sehenswert

Bodega Colomé: In dem Museum des Weinguts gehen die Lichtinstallationen des Künstlers James Turrell eine faszinierende Symbiose mit der Natur ein (s. S. 395).

12 Salta: Trotz mehrerer Erdbeben blieb ein kolonialer Stadtkern erhalten, der als der schönste in ganz Argentinien gilt (s. S. 400).

Tren a las Nubes: Erst der 2006 eingeweihte Tibet-Zug brach den Höhenweltrekord des ›Zugs in die Wolken‹. Bis auf 4200 m fährt er durch die Puna von Salta bis zum Polvorilla-Viadukt bei San Antonio de los Cobres – nur für Schwindelfreie (s. S. 406).

13 Quebrada de Humahuaca: In dieser reizvollen, von der UNESCO zum Welterbe erklärten Schlucht verteilen sich winzige Dörfer, deren Bewohner bis heute die uralten Traditionen und Bräuche ihrer indianischen Vorfahren, der Inka, pflegen (s. S. 424).

Schöne Routen

Durch die Valles Calchaquíes: Eine der malerischsten Strecken des Landes führt parallel zu den Kordillerenkämmen durch eine ca. 300 km lange Kette von Tälern zwischen Santa María und dem Quellgebiet des Río Calchaquí. Als Ausgangspunkte für diese Fahrt dienen San Miguel de Tucumán im Süden oder Salta im Norden (s. S. 390).

Von Purmamarca nach Susques: Auch wer nicht über den Paso de Jama nach Chile reisen möchte, sollte dieses Strecke befahren, um einen Eindruck von der überwältigenden Andenhochebene zu gewinnen (s. S. 426).

Einsame Puna-Pisten: Nördlich von Humahuaca führen drei mehr oder weniger parallel verlaufende ›Straßen‹ durchs Hochland Richtung Südwesten nach San Antonio de los Cobres. Unterwegs passiert man isolierte Puna-Dörfer wie Casabindo, wo jahrhundertealte Traditionen lebendig sind (s. S. 432).

Unsere Tipps

Calle Balcarce – Saltas Fun-Meile: Abends pulsiert in Salta das Leben, vor allem in der Calle Balcarce, wo rund 40 Lokale um Nachtschwärmer werben. Sonntags stellen hier die Kunsthandwerker ihre Waren aus (s. S. 400).

Museo de Arqueología de Alta Montaña: In Salta sind die drei Kindermumien ausgestellt, die 1999 auf 6700 m Höhe am Vulkan Llullaillaco gefunden wurden (s. S. 401).

Pucará de Tilcara: Wohngebäude, ein Tempel, Lamaställe und ein Friedhof mit über 100 Gräbern umfasst die fast 1000 Jahre alte Indianerfestung, die in den 1960er-Jahren aufwendig rekonstruiert wurde (s. S. 427).

Laguna de los Pozuelos: Hier ist eine ausgestorben geglaubte Flamingoart wieder ›auferstanden‹ und präsentiert sich Besuchern in riesigen Schwärmen (s. S. 434).

aktiv unterwegs

Tour für Genießer – zu den Winzereien um Cafayate: Den für die Provinz Salta typischen Torrontés-Weißwein verköstigt man am besten direkt vom Fass auf einem der Weingüter in den Valles Calchaquíes (s. S. 394).

Wanderung durch das Verwunschene Tal: Inmitten der Kakteenlandschaft an der Cuesta del Obispo liegt diese grüne Oase, die man am besten mit einem Führer erkundet (s. S. 412).

Provinzen Santiago del Estero und Tucumán

Die Reise von Buenos Aires in den Nordwesten gleicht einem Sprung vom Wasser ins Feuer und wieder ins Grüne: erst die sattgrünen Flussniederungen und Orangenhaine am Río Paraná, dann die staubtrockene, fast menschenleere Salzwüste in Santiago del Estero und schließlich Tucumán, der ›Garten der Republik‹. Während die Stadt Santiago del Estero in ewiger Siesta zu schlummern scheint, ist San Miguel de Tucumán die lebendigste Provinzhauptstadt des Nordens.

Santiago del Estero

▶ 1, G 8

Santiago del Estero, 1553 als erste Stadt Argentiniens gegründet, blickt auf eine leidvolle Geschichte zurück. 1637 versank die komplette Stadt bei einer Flutkatastrophe im Río Dulce und nach ihrer Wiedererstehung wurde sie 1817 von einem Erdbeben in Trümmer gelegt. Nur zwei Gebäude haben sich aus dem 19. Jh. in die Gegenwart gerettet: das Haus des heutigen Historischen Museums und die Kapelle des Heiligen Francisco Solano. In den kleinen Geschäftsstraßen wechseln alte Stuckfassaden mit Betonkuben und Schaufenstern ab, alles von einem basarhaften Gewimmel von Reklameschildern überwuchert, die, gleich den Bäumen im Regenwald, um eine Sichtlücke kämpfen.

Auf der zentralen **Plaza Libertad** stehen ein Reiterdenkmal, ein Musikpavillon, Bougainvilleen, der Präfekturpalast, die Basilika und die Terrassencafés, wo man sich nach dem (sehr späten) Abendessen mitternächtlichen *sobremesas* (›Desserts‹) hingibt. Dass der sympathische Ort 280 000 Einwohner haben soll, errät man nicht. Mit dem am jenseitigen Ufer liegenden Zwillingsstädtchen La Banda (140 000 Einw.) ist Santiago durch zwei Brücken verbunden, deren ältere, eine schöne Eisenkonstruktion von 1920, eine deutsche Reparationsleistung für ein im Ers-

ten Weltkrieg versenktes argentinisches Handelsschiff darstellt. Aber zurück zur bodenständigen Architektur.

Die die Südwestseite der Plaza Libertad flankierende **Basilika** von 1876 nimmt den Platz der ersten (1570) in Argentinien erbauten Kathedrale ein, deren Grundzüge sie nachzeichnet. In ihrer jetzigen Form eher nüchtern korinthisch konzipiert, überrascht sie im Innern mit der in warmen Terracottafarben und Gold ausgekleideten Kuppel.

Schräg gegenüber zelebriert der Arkaden- und Säulenbau der **Präfektur** von 1868 den neokolonialen Stil Paraguays. Zum 200. Jahrestag der Revolution gegen die spanische Kolonialherrschaft wurde in dem Gebäude auf 10 000 m² das moderne Kulturzentrum **Centro Cultural del Bicentenario** eingeweiht, in dem die drei wichtigsten Museen der Stadt Einzug fanden. Das **Museo Arqueológico Emilio y Duncan Wagner** beherbergt u. a. Fossilien von Mastodonten (Vorfahren der Elefanten), über 100 Urnen sowie Schmuck, Gebrauchsgegenstände und Musikinstrumente aus Ton, die den Chaco-Kulturen (vor allem Toba und Mataco) zuzurechnen sind. Das **Museo Histórico** bietet einen Abriss der Regionalgeschichte vom Siegel bis zur Kelter. Im **Museo de Bellas Artes** werden insbesondere Werke zeitgenössischer argentinischer Maler gezeigt, außerdem gibt es Räume für Wechselausstellungen (Liber-

384

Santiago del Estero

tad 439, Tel. 0385 422 48 58, www.ccbsan tiago.gov.ar, Di–So 9–14 Uhr, 5 $).

Folgt man der die Plaza streifenden Avellaneda nach Nordosten, dann stößt man zwei Blocks weiter in der Nummer 365 auf das geschmackvoll restaurierte **Teatro 25 de Mayo.** Wiederum eineinhalb Blocks weiter steht das **Convento de San Francisco** mit seinem – in diesen geografischen Breiten – etwas deplatziert wirkenden neogotischen Kanon. Im Innern befinden sich ein kleines Museum für religiöse Kunst und die im 16. Jh. von Indianern erbaute Klause des Heiligen (Roca 714, Ecke Avellaneda, Mo–Fr 10–13, 16–20 Uhr).

Nur wenige Schritte entfernt steht an der Ecke 25 de Mayo und Urquiza das **Convento de Santo Domingo,** in dessen Kirche eine in expressiv realistischer Manier geschnitzte lebensgroße Christusfigur Beachtung verdient.

Noch einmal eineinhalb Straßenblocks weiter passiert man auf dem Weg zurück zur Plaza Libertad die **Casa de los Taboada,** ein altes Patrizierhaus von 1840 mit geräumigen Innenhöfen, deren erster, von dorischen Säulen umstanden, eine schöne spanische Zisterne birgt (Buenos Aires 136).

Santiagos große grüne Lunge ist der am palmengesäumten Flussufer liegende **Parque Francisco de Aguirre,** dessen 1000 Eukalyptusbäume 1903 von den Grundschülern der Stadt gepflanzt wurden. Auf 5 ha wurde ein Kinderpark errichtet.

Infos

Touristeninfo: Av. Libertad 481, 1. St., Tel. 0385 422 98 00, www.santiagociudad.gov.ar, Mo–Fr 7–13, 15–22, Sa/So 10–13, 18–21 Uhr, Infos über die Stadt, Stadtführungen etc.; Av. Libertad 417, Tel. 0385 421 42 43, www.tu rismo.clubquimsa.com, Mo–Fr 7.30–15.30, Sa 9–12, Mai–Sept. auch So 15–18 Uhr, Infos über die Provinz.

Übernachten

An der Plaza ▶ **Carlos V:** Independencia 110, Tel. 0385 424 03 03, www.carlosvhotel. com. Modernes 4-Sterne-Hotel mit sehr gutem Restaurant. Pub und Casino. DZ 980 $.

Mit Golfplatz ▶ **Centro:** 9 de Julio 131, Tel. 0385 421 95 02, www.hotelcentro.com.ar. Modern, gepflegt, zentral, Cafetería, Garage, Telefonverbindung über Skype, drahtloser Internetanschluss, Tennis- und Golfplatz. DZ 600 $.

Stylisch ▶ **Savoy:** Peatonal Tucumán 39, Tel. 0385 421 12 34, www.savoysantiago. com.ar. Sauberes kleines Stadthotel in der Fußgängerzone, renoviertes Gebäude aus den 1930er-Jahren, mit Restaurant und Pool; Organisation von Kajaktouren auf dem Río Dulce. DZ 550 $.

Residencial ▶ **Iovino:** Moreno 602, Tel. 0385 421 33 11. In der Nähe des Busterminals. DZ 295 $.

Camping ▶ **Las Casuarinas:** im Parque Aguirre, Tel. 0385 422 98 01. Ordentliche Infrastruktur, Baumschatten, Sandstrand am Fluss. 40 $ p. P.

Essen & Trinken

Restobar ▶ **Chester:** Roca Sur 525, Ecke Pellegrini, Tel. 0385 421 44 77. Gute internationale Küche, auch beliebte Bar. 200 $.

Traditionell ▶ **Jockey Club:** Independencia 68, Tel. 0385 421 75 18. Klassischer Stil der Elite vergangener Zeiten, gute Parrilla. 170 $.

Neu in alt ▶ **Forum Bar:** Perú 510, Tel. 0385 11 55 07 39 76. Im alten Hauptbahnhof, der in ein modernes Messezentrum umgewandelt wurde. 170 $.

Beliebt ▶ **Mia Mamma:** 24 de Septiembre 15, Tel. 0385 429 97 15. Parrilla und Pasta an der Plaza. 140 $.

Arabische Küche ▶ **Aladdin:** Av. Belgrano Norte 228, Tel. 0385 422 03 00. Die starke syrisch-libanesische Einwanderung hat auch die Essgewohnheiten der Santiagueños beeinflusst, im Aladdin auf beste Art. 140 $.

Abends & Nachts

Mit Livemusik ▶ **Casa del Folclorista:** Av. Pozo de Vargas, im Parque Aguirre. Zum Essen gibt's u. a. *empanadas*, *chivito* und Rindfleisch-Asado, Fr und Sa abends sowie So mittags außerdem Livemusik.

Netter Innenhof ▶ **Patio Froilán González:** Av. Madre de Ciudades, Ecke Canal San

Provinzen Santiago del Estero und Tucumán

Einspänner zum Warentransport sind aus Tucumáns Stadtbild nicht wegzudenken

Martín, Tel. 0385 15 404 69 74, www.elindiofroilan.com.ar. Im Hof des Luthiers wird sonntags Asado und Musik geboten.
Bar ▶ **Los Cabezones:** Independencia 187, Ecke 9 de Julio, Fr/Sa abends. Beliebter Treffpunkt, zu Livemusik kommt regionale Küche auf den Tisch.
Chacareras ▶ **Los 7 Algarrobos:** Bolivia 785, Ecke Av. Aguirre, Tel. 0385 154 93 35 87, www.7algarrobos.com.ar. Sechs Johannisbrotbäume (der siebte steht auf der Straße) umrahmen den Innenhof eines alten Hauses 25 Blocks vom Zentrum entfernt, wo Fr und Sa abends die typischen *noches santiagueñas* stattfinden – auf dem Lehmboden werden dann die *chacareras* getanzt, die die Musiker auf der Bühne aufspielen, und auf den Tischen stehen Leckereien wie *empanadas, tamales* und natürlich die obligatorische Flasche Rotwein.

Termine

Fiesta Nacional de la Chacarera (1. Januarwoche): Der eigenartige Klang der auf ländliche Art gespielten Geigen steht beim Folklorefest der Santiagueños im Mittelpunkt.
Festival de la Salamanca (1. Februarwoche): Eine Woche lang Musik und Tanz in La Banda, der Zwillingsstadt von Santiago (die *salamanca* ist die Teufelshöhle, in der ein ständiges Hexenfest gefeiert wird).
Marcha de los Bombos (Wochenende vor dem 25. Juli): Tausende nehmen an diesem rhythmischen Marsch der Bombos teil, der im Patio Froilán González startet und nach 3 km im Parque Aguirre endet.

Verkehr

Flüge: 4–5 x wöchentlich Verbindungen mit Aerolíneas Argentinas/Austral nach Buenos Aires. Flughafen: Mal Paso, Av. Madre de las Ciudades s/n, 6 km nordwestlich, Tel. 0385 434 36 54.
Züge: Je 2 x wöchentlich fahren von La Banda Züge nach San Miguel de Tucumán und Buenos Aires.
Busse: Mehrfach täglich Verbindungen nach Tucumán, Córdoba und Buenos Aires mit An-

desmar, La Veloz del Norte, Chevallier, La Nueva Estrella, La Unión, Flechabus etc. Busterminal: Peru, Ecke Chacabuco, Tel. 0385 422 70 91.

San Miguel de Tucumán und Umgebung ▶ 1, F 7

Karte: S. 388
An Lebendigkeit und Esprit kann es keine Stadt des argentinischen Nordens mit **San Miguel de Tucumán** 1 aufnehmen. Dunkel ist der Ursprung des aus *tucma, sucuma* oder *yucuma* – Ort, Omen oder Orakel? – abgeleiteten Namens. Hellwach aber ist diese knapp 1 Mio. Menschen große Metropole der zweitkleinsten (22 500 km²), doch am dichtesten bevölkerten Provinz Argentiniens.

Entstanden ist die Stadt als Zweitgründung (nach der ersten von 1565) an ihrer heutigen Stelle im Jahr 1685, und zwar als wirtschaftliches Zentrum des im subtropischen Umfeld bereits im frühen 17. Jh. von den Jesuiten eingeführten Zuckerrohranbaus. Nach der Vertreibung des Ordens 1767 nahm erst 150 Jahre später der Bischof Colombres die *caña*-Produktion wieder auf.

Bis heute sind die Niederungen der Region von Milliarden grüner Süßgrashalme überzogen, aus denen die mitten in den Feldern stehenden Raffinerien erst wieder wie große altertümliche Dampfmaschinen auftauchen, wenn das Heer der Landarbeiter die Zuckerrohrernte von Juli bis September mit der Machete eingebracht hat.

Die Textilindustrie (Baumwolle) zog später in die Provinz ein und italienische, arabische und jüdische Einwanderer belebten den Handel. Mit dem Verfall der internationalen Zuckerpreise begann in den 1960er-Jahren eine ernste Krise in der Provinz, die aber heute mit neuen Agrarprodukten teilweise behoben ist: Tucumán ist die bedeutendste Zitronenanbaufläche der Welt.

Als Arbeiter- und Universitätsstadt hat sich Tucumán stets einen kritisch-spontanen Geist bewahrt, der in der Zeit der Militärdiktatur (1976–83) besonders brutal unterdrückt

wurde. Die kulturell sehr aktive Stadt war auch die Heimat der Folkloresängerin Mercedes Sosa (1936–2009), der geliebten *negra* (›Schwarzen‹), wie das Publikum sie gerne nennt. Tucumáns Beiname ›Garten der Republik‹, einst der großen Parks wegen der Stadt verliehen, verblasst heute angesichts des Verkehrsgewimmels im Zentrum, wo jetzt die voll besetzten Cafés die zeitgemäßen Oasen sind. Dass Tucumán auch auszuruhen versteht – nirgendwo dauert die Siesta länger (und ist die Nacht kürzer) –, scheint schon der im Frontispiz der Kathedrale unter einer Zeder lagernde Moses anzudeuten.

Sehenswertes im Zentrum

Tucumáns Sehenswürdigkeiten lassen sich bei einem zweistündigen Stadtbummel um die Plaza erfassen, deren Südseite die rosarote **Kathedrale** beherrscht. Dieser erste neoklassizistische Sakralbau Nordargentiniens mit offener Säulenfassade entstand 1847–56 und birgt in seinem Innern das Symbol der Stadtgründung, ein einfaches Holzkreuz.

Fast diagonal gegenüber steht als Kontrapunkt die **Iglesia de San Francisco** aus dem Jahr 1887 mit vier reich geschmückten bogengehnohen Gittertoren. Das mit byzantinischer Üppigkeit dekorierte Interieur der Franziskanerkirche hat einen von Guaraní-Indianern geschnitzten Hochaltar zum Mittelpunkt, dessen Hauptfigur Tucumáns Schutzpatron, den Erzengel Michael, darstellt (San Martín, Ecke 25 de Mayo).

An der Nordseite der Plaza reihen sich drei architektonische Kleinode aneinander: die Schmalbauten der **Federación Económica,** des ehemaligen **Hotels Plaza** und des **Jockey Clubs,** der mit einer bemerkenswerten Innenausstattung aufwartet. Mit ihren italienischen, spanischen und neogotischen Stilelementen repräsentieren diese Gebäude den provinziellen Eklektizismus der 1920er-Jahre. Beherrscht wird die Plaza indessen vom Belle-Époque-Komplex der palmengerahmten **Casa de Gobierno** (Regierungspalast), an die sich die **Casa Padilla,** ein Patrizierhaus von 1870, anschmiegt.

Valles Calchaquíes

ginalskizzen der Bildhauerin Lola Mora (Congreso 56, Di–Sa 9.30–12.30, 15.30–20.30, So 9.30–12.20, 17–20 Uhr, Eintritt frei). Einen ähnlichen Inhalt hat die Ausstellung in der geschichtsträchtigen **Casa Histórica de la Independencia Nacional,** wo am 9. Juli 1816 der Eid auf die argentinische Unabhängigkeitserklärung geleistet wurde (Congreso 141, tgl. 10–18 Uhr, 20 $).

Inmitten des **Parque 9 de Julio** verbirgt sich das emblematischste Zeugnis der Entstehungsgeschichte von Tucumán: die älteste noch erhaltene hölzerne Zuckerrohrmühle der Region von 1821. Sie gehört zum sehenswerten **Museo de la Industria Azucarera,** das in der spätkolonialen **Casa del Obispo Colombres** eingerichtet wurde, dem ehemaligen Wohnhaus des Gründers der lokalen Zuckerindustrie (tgl. 9–18 Uhr, Eintritt frei). Allgegenwärtig bei diesem Stadtrundgang sind die Orangenbäumchen, die zu Tausenden die Gehsteige säumen.

Die nähere Umgebung

Auch im Umland von Tucumán kann man auf den Spuren des Zuckers wandeln. Ca. 18 km nordöstlich der Stadt steht in Alderetes an der RP 304 der **Ingenio La Florida,** eine riesige Raffinerie, die 160 000 t Zucker pro Jahr produziert und eine der größten Ethanol-Anlagen im Land betreibt. Zwischen Mai und September werden hier nach Voranmeldung Führungen angeboten (Tel. 0381 492 20 11, Mai–Sept. 8–12, 14–18 Uhr, Eintritt frei).

Vom Leben der Zuckerbarone und ihrer Arbeiter um 1900 zeugen die seit Langem stillgelegten Anlagen des **Ingenio San Pablo** ca. 8 km südwestlich von Tucumán: Ein großer Park umgibt die Villa der Direktoren auf der einen Seite des Fabrikgeländes, auf der anderen Seite drängen sich auf kleinstem Raum die 1300 Arbeiterwohnungen (Anfahrt über den westlichen Vorort Yerba Buena, dort von der Avenida Aconcagua auf der RP 339 Richtung Süden). **Yerba Buena** ist übrigens beliebt wegen seiner Restaurants und dem regen Nachtleben, außerdem ist es hier meist ein paar Grad kälter und damit angenehmer als in Tucumán.

Gleich um die Ecke laden die lauschigen Patios des **Museo Folklórico** zu einer Pause ein, allerdings sollte man deswegen nicht versäumen, auch einen Blick auf die interessante Sammlung autochthoner Musikinstrumente zu werfen (24 de Septiembre 565, Tel. 0381 421 82 50, Di–So 9–13, 17–21, Sa/So 17–21 Uhr, Eintritt frei).

In der alten Casa Avellaneda zeigt das **Museo Histórico Avellaneda** Möbel, Gemälde und Dokumente aus der Kolonialzeit und Ori-

388

San Miguel de Tucumán und Umgebung

Folgt man in Yerba Buena der Avenida Aconcagua in westlicher Richtung, so kommt man auf eine Landstraße, die als RP 340 nördlich nach **San Javier** und als RP 338 südlich nach **Villa Nougués** führt. In diesem Ort auf luftigen 1000 m Höhe ließen die reichen Zuckerbarone ihre schönen Wochenendvillen erbauen, um die Sommerfrische mit prachtvoller Sicht auf das Tal genießen zu können.

Infos

Ente Tucumán Turismo: 24 de Septiembre 484, an der Südseite der Plaza Independencia, Tel. 0381 422 21 99 u. 430 36 44, www.tucumanturismo.gov.ar, Mo–Fr 8–22, Sa/So 9–21 Uhr; Außenstelle im Busterminal, Tel. 0381 430 48 95.

Übernachten

… in Tucumán:

Zentral ▶ Tucumán Center: 25 de Mayo 230, Tel. 0381 452 55 55, www.tucumancenterhotel.com.ar. Modernes Hotel in zwei ehemaligen Kinopalästen. Pool, Restaurant, Garage. 780 $.

Komfortabel ▶ Catalinas Park: Av. Soldati 380, am Parque 9 de Julio, Tel. 0381 450 22 50, www.catalinaspark.com. Mit Restaurant, Pool, Sauna, Solarium, drahtlosem Internetanschluss und Hubschrauberlandeplatz. DZ 770 $.

Traditionshotel ▶ Carlos V: 25 de Mayo 330, Tel. 0381 431 16 66, www.redcarlosv.com.ar. Gediegenes, anheimelndes Hotel mit Autoeinstellplätzen und gutem Preis-Leistungs-Verhältnis. DZ 590 $.

In ruhigem Viertel ▶ Casa Calchaquí: Lola Mora 92 Este, Yerba Buena, Tel. 0381 425 69 74, www.casacalchaqui.com. 8 km westlich vom Stadtzentrum, deutschsprachige Gastgeber, Garten, Pool, großes Aktivitätenangebot, u. a. Gleitschirmflüge, Wander- und Radtouren, Ausritte. DZ 350 $.

Hostels ▶ Backpackers: Laprida 456, Tel. 0381 430 27 16, www.backpackerstucuman.com. Drei Blocks vom Hauptplatz in einem Haus aus dem Jahr 1900. Schlafsaal 70 $, DZ 180 $. **Tucumán:** Buenos Aires 669, Tel. 0381

420 15 84, www.tucumanhostel.com. In einem 100-jährigen, zentralen Haus mit Gemeinschaftsküche, Bar, Pool, Internet; gehört zu Hostelling International, Organisation von Ausflügen. Schlafsaal 75 $, DZ 210 $.

Camping ▶ Municipal: Av. Benjamín Aráoz, im Parque 9 de Julio, Tel. 0381 422 40 73. Rudimentäre Infrastruktur, nur für einen kurzen Aufenthalt geeignet, Übernachtung kostenlos, aber Anmeldung bei der Verwaltung im Park erforderlich.

… in San Javier:

In den Yungas ▶ Hotel Sol San Javier: RP 340 Km 23, 20 km nordwestlich, Tel. 0381 492 90 04, www.hotelsolsanjavier.com.ar. Hostería auf einem Hügel mitten im Regenwald. Mit Spa und Restaurant, angeboten werden Wander- und Radtouren, Ausritte sowie Gleitschirmflüge. DZ 105 US$.

Essen & Trinken

… in Tucumán:

Parkrestaurant ▶ Juana: Ramón Paz Posse s/n, Parque 9 de Julio, Tel. 0381 422 55 08, www.grupolosnegros.com.ar (Link ›Juana‹). Im Stadtpark, Tische im Freien. 190 $.

Traditionslokal ▶ Jockey Club: San Martín 451, Nordseite der Plaza, 1. Stock, Tel. 0381 497 50 08, www.eventosjockeyclub.com.ar, Mo–Fr mittags. Gepflegt, internationale Küche mit regionalen Zutaten. 170 $.

Vom Grill ▶ El Fondo: San Martín 848, Tel. 0381 422 21 61. Rustikale, gepflegte Parrilla, reichhaltige Salate, große Weinauswahl, sehr guter Service, Fr/Sa regionale Folkloremusik live. 130 $.

Empanadas ▶ La Leñita: 25 de Mayo 377, Tel. 0381 422 92 41. Die populärste der führenden Parrillas, eine der Stationen der Ruta de la Empanada Tucumana, gutes Preis-Leistungs-Verhältnis. 130 $.

Folklore ▶ La 9 de Julio: 9 de Julio 345, Tel. 0381 422 27 79, So nur mittags. Ebenfalls regionale Küche, Fr/Sa Folkloremusik. 100 $.

… in Yerba Buena:

Regionale Küche ▶ La Malegría: San Martín 191, Tel. 0381 425 48 06, www.plazadealmas.com. Sehr gute Empanadas, dazu Livemusik der besten lokalen Musiker. 100 $.

Provinzen Santiago del Estero und Tucumán

... in San Javier:
Terrasse ▶ **Capítulo Cero:** im Hotel Sol San Javier (s. S. 389). Panorama-Restaurant mit herrlicher Sicht auf Stadt und Landschaft. 180 $.

Einkaufen
Regionales Kunstgewerbe ▶ **Paseo Artesanal:** Auf beiden Seiten der Casa Histórica de la Independencia (s. S. 388) erstrecken sich Stände, an denen u. a. Textilien, Tontöpfe, regionale Weine, Trockenfrüchte und Chañar-Sirup verkauft werden.

Abends & Nachts
Wein & Musik ▶ **Plaza de Almas:** Maipú 791, Tel. 0381 430 60 67, www.plazadealmas.com, nur abends, Mo geschl. Stammlokal der Tucumanos an der Plaza Urquiza, ca. 700 m nördlich vom Hauptplatz, wo eine Reihe kleiner Lokale für ein reges Nachtleben sorgen. Regionale Küche zu gutem Wein, Drinks und Musik.
Wine Bar ▶ **Setimio:** Santa Fe 512, Tel. 0381 431 27 92, So geschl. Ebenfalls eine Kneipe mit Essen an der Plaza Urquiza.
Kulturzentrum ▶ **Centro Cultural Eugenio Flavio Virla:** 25 de Mayo 265, Tel. 0381 422 16 92. Kulturzentrum der Universität Tucumán in einem ehemaligen Zeitungsgebäude. Regelmäßig Ausstellungen, Konzerte, Theater, Kino etc. Auch Sitz des Archäologischen Museums.

Verkehr
Flüge: Aerolíneas Argentinas/Austral und LAN fliegen 39 x wöchentlich von Tucumán nach Buenos Aires (2 Std.). Flughafen: Aeropuerto Benjamín Matienzo, RN 34, Cevil Pozo, ca. 12 km östlich, Tel. 0381 426 49 06.
Züge: 2 x wöchentlich fährt ein Zug über Santiago del Estero nach Buenos Aires (ca. 25 Std., 45–400 $).
Busse: Busverbindungen nach Buenos Aires, Córdoba, Salta, Jujuy, Catamarca, Mendoza und Patagonien. Busterminal: Brígido Terán 250, ca. 800 m südöstlich der Plaza Independencia, Tel. 0381 430 04 52, www.terminaltucuman.com.

Valles Calchaquíes

Karte: S. 388

Eine der schönsten Routen in ganz Argentinien führt von der Stadt Tucumán durch eine 300 km lange Reihe von Tälern, die sogenannten **Valles Calchaquíes,** gen Norden bis nach San Antonio de los Cobres.

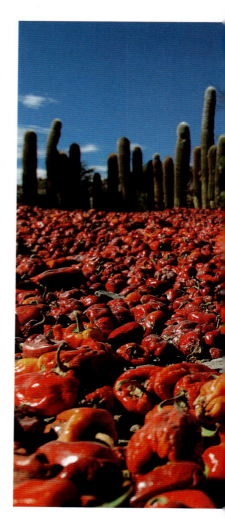

Valles Calchaquíes

Die Anfahrt erfolgt über die RN 38 knapp 50 km Richtung Süden bis nach **Acheral,** wo man auf die RP 307 Richtung Tafí del Valle abbiegt. Gewissermaßen zum Abschied bekommt man – an der Schwelle der Vorpuna – auf exemplarische Weise den Vegetationstypus des tucumanischen Regenwaldes *(yungas)* vorgeführt. Schon kurz nach der Abzweigung in Acheral ist man in der Schlucht *(quebrada)* des Río Los Sosas plötzlich von dampfendem Urwald umgeben, der vor Flechten, Moosen und Baumschmarotzern nur so strotzt. Doch die grüne Hölle ist nur von kurzer Dauer, denn schon wenige Kilometer später wechselt die immergrüne Vegetation zu Trockengrasfluren.

›Teppiche‹ aus roten Paprika liegen in den Valles Calchaquíes zum Trocknen aus

Provinzen Santiago del Estero und Tucumán

Tafí del Valle und Umgebung
► 1, E 7

Ungefähr 10 km vor der aus Hunderten von Landhäusern bestehenden Sommerfrische **Tafí del Valle** **2**, von der Nachbarsiedlung **El Mollar** (2000 m) durch den künstlichen See des Staudamms La Angostura getrennt, lohnt ein Stopp im **Parque de los Menhires.** Der ›Steingarten‹ zieht sich zwischen Kandelaberkakteen an einem Hang in die Höhe und beherbergt 114 Granitsäulen mit Ritzzeichnungen der Tafí-Kultur (4. Jh. v. Chr.– 9. Jh. n. Chr.). Von Tafí del Valle gelangt man über eine Flussbrücke ins Dorf **La Banda,** wo das in einer Kapelle (17. Jh.) untergebrachte **Museo Jesuítico** einen Besuch wert ist.

Sobald die – inzwischen durchgehend asphaltierte – Straße hinter Tafí die **Abra del Infiernillo** (3042 m) erklommen hat, fällt der Blick in das gewaltige, von milchigblauem Sonnenglast erfüllte Río-Santa-María-Tal, mit dem die Valles Calchaquíes und ihre Flussoasen beginnen.

Übernachten
... in Tafí del Valle:

An der Plaza ► **Hostería ACA:** Gobernador Campero, Ecke San Martín, Tel. 03867 42 10 27, www.soldelvalle.com.ar. Mit Pool und Restaurant. DZ 710 $, ADAC-Mitglieder 497 $.

Panoramahotel ► **Mirador del Tafí:** RP 307 Km 61,2, Tel. 03867 42 12 19, www.mirador deltafi.com.ar. Ausgezeichnete Sicht, Restaurant mit regionaler Küche. DZ 625 $.

Landhaus ► **Posada La Guadalupe:** Lola Mora 650, Tel. 03867 42 13 29, www.posada laguadalupe.com.ar. Modern eingerichtetes Hotel am Berghang, gepflegtes Restaurant, Ausflüge. DZ 625 $.

Camping ► **Municipal Los Sauzales:** Av. de los Palenques (RN 38, Ecke RP 307), Tel. 0381 15 627 37 11. Gute Infrastruktur. Bungalows für 2 Pers. 130 $, Zelten 25 $ p. P., 35 $/ Zelt, 20–35 $/Auto.

Amaichá del Valle und Quilmes
► 1, E 6

Nächste Station ist das in Wein- und Obstkulturen eingebettete Nest **Amaichá del Va-** **lle.** Neben der schönen Plaza lohnt sich ein Besuch des **Museo de la Pachamama,** eines der größten Museen für indianische Kultur in Argentinien. Gestaltet wurde das Museum von dem Künstler Héctor Cruz, der sich auf diese Weise mit der Geschichte seiner indigenen Vorfahren auseinandersetzte (am Nordausgang des Orts, Tel. 03892 42 10 04, tgl. 8.30–18.30 Uhr, 35 $).

18 km hinter Amaichá del Valle gelangt man, bereits auf der RN 40, zum ersten Highlight der Strecke, der – nicht zweifelsfrei rekonstruierten, aber pittoresken – Ruinenstätte von **Quilmes** **3**. Den kriegerischen Stamm der Kilmes hatten die Spanier erst 1667, am Ende des 35-jährigen Calchaquí-Krieges gegen die Indianer, durch Aushungern besiegen können: Sie trieben ihre Pferde in die Maispflanzungen der Indianer hinein. Das geknechtete Volk musste zu Fuß bis zur La-Plata-Mündung laufen, wo es in seiner neuen Zwangssiedlung Quilmes (heute ein Vorort von Buenos Aires und eine bekannte Biermarke) das eigene Aussterben beschloss – eines der traurigsten Kapitel der Konquista auf argentinischem Boden.

Übernachten
... in Amaichá del Valle:

Feines Landhotel ► **Altos de Amaichá:** RP 307 Km 117, Tel. 03892 42 14 30, www.altos deamaicha.com.ar. Am Ortseingang, Restaurant, Pool. DZ 550 $.

B & B ► **Posada Aguaysol:** Los Zazos, Tel. 03892 42 11 77, 0381 15 501 45 77, www.po sadaaguaysol.com.ar. Familienbetrieb in einem kleinen Dorf am Stausee, 4 km südöstlich von Amaichá. DZ 250 $.

Termine
Fiesta de la Pachamama (Karnevalswoche): Fest der ›Mutter Erde‹ in Amaichá del Valle – die alte Pachamama zieht zusammen mit der jungen Fruchtbarkeitsgöttin Ñusta und Pujllay, einem indianischen Faun, durchs Dorf.

Weiter nach Cafayate ► 1, E 6

Die Straße, stärker von Eseln und Traktoren als von Autos frequentiert, folgt dem endlo-

Valles Calchaquíes

sen Trockenwaldtal nach Norden und berührt den Weiler **Tolombón** (indianische Ruinenreste), dann übernehmen riesige Weingärten die Charakterisierung der sonnendurchglühten Landschaft. Wenige Kilometer später passiert man die **Bodega Etchart** und dann ist auch schon **Cafayate** 4 erreicht. Der 15 000 Einwohner große Winzerort (in der Sprache der Cacano-Indios: ›Wo man die Sorgen begräbt‹) verdankt seinen weinseligen Ruf – und seinen regen Tourismus – den Jesuiten, die hier bereits im 17. Jh. die ersten Keltern von Hand drehten.

Die Route durch die Valles Calchaquíes führt von Cafayate weiter nach Norden, aber man kann auch auf einer sehr reizvollen Strecke (RN 68) die 180 km entfernte Stadt Salta (s. S. 400) ansteuern. Unterwegs kommt man in den Genuss der **Quebrada del Río de las Conchas,** einer der formenreichsten Buntsandsteinschluchten Argentiniens – Kastell, Obelisk, Kröte oder Amphitheater sind nur einige der Namen, mit denen man die bizarren Felsformationen bedacht hat.

Infos

Touristeninformation: im Kiosk an der Plaza in Cafayate, Tel. 03868 42 24 42, www.tu rismocafayate.com, tgl. 8–21 Uhr. Gute Infos über den Ort und die Umgebung.

Übernachten

… in Cafayate:

Spa & Wein ▶ Patios de Cafayate: RN 40, Ecke RN 68, Tel. 03868 42 22 29, www.pa tiosdecafayate.com. Stilvolles Luxushotel im Weingut El Esteco (s. S. 394). Alles dreht sich – auch die Therapien des Spas – um die Eigenschaften der Trauben und ihrer Produkte. DZ ab 280 US$.

Wine Resort ▶ Viñas de Cafayate: 25 de Mayo s/n, 3 km vom Hauptplatz in Richtung Divisadero, Tel. 03868 42 22 72, www.cafa yatewineresort.com. Am Hang des Cerro San Isidro in einem Weingut. Mountainbike-, Trek-king- und Reitausflüge. Restaurant und Pool. DZ ab 132 US$.

Zentral ▶ Killa: Colón 47, Tel. 03868 42 22 54, www.killacafayate.com.ar. Nur 100 m von

der Plaza entfernt, in einem Kolonialhaus in ruhiger Lage. Mit Garten und Swimmingpool. DZ 118 US$.

Schöner Blick ▶ Portal del Santo: Silveiro Chavarría 250, Tel. 03868 42 24 00, www.por taldelsanto.todowebsalta.com.ar. Mit Patio, Swimmingpool und organischem Gemüsegarten. Die Zimmer in der oberen Etage bieten eine schöne Sicht auf die Berglandschaft. DZ 800 $.

An der Plaza ▶ Lo de Peñalba: Nuestra Señora del Rosario 79, Tel. 03868 42 22 13, www.lodepenalba.com.ar. Beliebtes Kolonialhotel. DZ 350 $.

B & B ▶ Casa Árbol: Calchaquí 84, Tel. 03868 42 22 38. Nettes Haus nur eine Straße von der Plaza entfernt, mit Bar und Gartencafé. Schlafsaal 120 $ p. P., DZ 320 $.

Camping ▶ Loro Huasi: an der südlichen Ortseinfahrt, Tel. 03868 42 15 68. Ordentliche Infrastruktur, Pool, Schatten, Bergblick, ganzjährig geöffnet. 40 $ p. P., 40 $/Zelt.

… außerhalb:

Herrschaftliches Weingut ▶ Altaluna: RN 40 Km 4326, Tolombón, Tel. 0387 461 02 83, www.altaluna.com. 120 Jahre altes Estancia-Gebäude auf einem Weingut 17 km südlich von Cafayate. Pool, Spa und Restaurant. DZ 215 US$.

Boutiquehotel ▶ La Casa de la Bodega: RN 68 Km 18,5, ca. 18 km östlich von Cafayate an der Straße nach Salta, Tel. 03868 49 20 56, www.lacasadelabodega.com.ar. Mit eigener Weinproduktion, Restaurant und Pool, Kinder nur ab 12 Jahren. DZ ab 968 $ inkl. Weinproben.

Essen & Trinken

… in Cafayate:

Beliebt auch bei Einheimischen ▶ La Casa de las Empanadas: Mitre 24, Tel. 03868 15 45 41 11, www.casadelaempanada.com. Nur wenige Meter von der Plaza entfernt, sehr gute regionale Küche, abends oft Livemusik. 150 $.

Zicklein ▶ Quilla Huasi: Camila Quintana de Nino 70, Tel. 0387 531 67 45, www.quilla huasiresto.com.ar. Regionale Gerichte wie *cazuela de chivito* (Eintopf mit Zicklein). 140 $.

Provinzen Santiago del Estero und Tucumán

aktiv unterwegs

Tour für Genießer – zu den Winzereien um Cafayate

Tour-Infos

Start: Cafayate (s. S. 393)

Dauer: je nach Belieben als Tagesausflug mit dem Besuch von 1–3 Weingütern oder als 2-Tagesausflug mit Übernachtung auf einem der Weingüter

Kosten: Weinproben jeweils um die 50 $

Bodegas: El Porvenir, Córdoba 32, Cafayate, Tel. 03868 42 20 07, www.bodegaselporvenir.com, Mi–Sa 9–13, 15–18, So/Mo 9–13 Uhr; El Esteco, RN, Kreuzung RP 68, Tel. 03868 42 11 39, www.elesteco.com.ar, Mo–Fr 10–12, 14.30–18.30, Sa/So 10–12 Uhr; San Pedro de Yacochuya, RP 2 Km 6 (von Cafayate über die RN 40 ca. 6 km in Richtung Salta, dann links auf die RP 2 und weitere 2 km), Tel. 0387 15 459 46 84, www.sanpedrodeyacochuya.com.ar, Mo–Fr 10–17, Sa 10–13 Uhr; Colomé, RP 53 Km 20, 18 km südwestlich von Molinos, Tel. 03868 49 42 00, www.estanciacolome.com, tgl. 11.30–16 Uhr, Museum Di–So 15 u. 17 Uhr, nur mit Voranmeldung.

Touren: In Cafayate werden auch organisierte Touren zu den Bodegas angeboten, Auskünfte in der Touristeninformation (s. S. 393).

In Höhen zwischen 1500 und 3100 m produzieren in der Provinz Salta 27 Betriebe Wein. Mehrere davon liegen in der Umgebung von Cafayate und stehen Besuchern offen. Hier kann man den für die Region typischen Torrontés-Weißwein verkösten, der in Eichenfässern zur Reife gelangt. Die Torrontés-Traube – ursprünglich aus Spanien eingeführt, aber dort seit Langem in Vergessenheit geraten – gilt als einzige exklusiv in Argentinien angebaute Rebsorte und bringt einen trockenen, fruchtigen Weißwein mit Anklängen von Rosen, Apfelsinenschalen, Pfirsich, Kamille und Honig hervor. Die Weinlese findet im Januar und Februar statt.

Eine perfekte Einstimmung auf den Besuch der Bodegas bildet die interaktive Ausstellung des **Museo de la Vid y el Vino** am Hauptplatz in Cafayate. In den Räumen der alten Bodega Encantada wird man mit der Geschichte des Weins in Cafayate vertraut gemacht und erfährt viel Interessantes über das besondere Mikroklima, auf dem die gesamte Weinregion fußt (Güemes Sur, Ecke Perdiguero Peñalva, Tel. 03868 42 23 22, www.museodelavidyelvino.gov.ar, Di–So 10–19.30 Uhr, 30 $).

Noch im Zentrum von Cafayate, 250 m von der Plaza entfernt, erheben sich die Adobe-Mauern der modernen **Bodega El Porvenir**. Von hier stammen die Weine El Porvenir, Laborum und Amauta.

Am östlichen Ortsausgang Richtung Salta befindet sich das Kolonialhaus der **Bodega El Esteco** mit seinem Spa-Hotel Patios de Cafayate (s. S. 393; Weine: Altimus, Ciclos, Don David, Elementos). Fährt man von der

---

Regionale Küche ▶ El Rancho: Vicario Toscano 4, am Hauptplatz, Tel. 03868 42 12 56. *Humitas, tamales,* Zicklein. 140 $.

... außerhalb:

Ziegenfarm ▶ Posta de las Cabras: RN 68 Km 88, 100 km Richtung Salta zwischen Talapampa und Alemania, Tel. 0387 499 10 93, www.lapostadelascabras.com.ar. Die Farmprodukte werden im dazugehörigen Restaurant gut aufbereitet. Auch Unterkunft. 160 $.

Von Cafayate nach Angastaco
▶ 1, E 5/6

Von Cafayate führt die RN 40 weiter gen Norden in das Herzstück der Calchaquí-Täler. Nach dem Weindorf **Animaná** bietet sich das geruhsame **San Carlos** 5 als erste Verweilstelle an. Einige schöne alte Fassadenreihen sowie eine lichterfüllte Plaza mit einer Kirche von 1860, dem Mercado Artesanal und einem kleinen Keramikmuseum (Mo–Fr 8–13 Uhr)

Valles Calchaquíes

Bodega El Esteco 2 km westwärts, trifft man auf die kleine **Bodega San Pedro de Yacochuya,** in welcher der gleichnamige Wein gekeltert wird.

Etwa 150 km nördlich von Cafayate, aber die Anfahrt absolut lohnend, liegt die **Bodega Colomé,** ein biodynamisches Weingut, auf dem die höchstgelegenen Weinreben der Welt gedeihen. In Höhen von bis zu 3111 m werden hier die Trauben geerntet, die später unter den Namen Colomé und Amalaya ihren Weg zu den Abnehmern finden. Die Bodega ist zugleich das älteste, ununterbrochen produzierende Weingut Argentiniens – und zwar seit 1831, als der letzte spanische Gouverneur hier seinen Ruhestand als Hobbywinzer verbrachte. Im Jahr 2001 kaufte der Schweizer Donald Hess das 39 000 ha große Gut mitsamt dem Dorf Colomé und errichtete eine Art ›heile Welt‹, in der sogar die wilden Füchse von homöopathischer Behandlung profitieren. Zu den Höhepunkten eines Besuchs in Colomé gehört das **Museo James Turrell,** in dem u. a. neun Lichtinstallationen des bekannten US-amerikanischen Land-Art-Künstlers ausgestellt sind. Besonders faszinierend ist es, den Sonnenauf- oder untergang im Museum zu erleben (nur mit Voranmeldung): Bei geöffnetem Dach verschmelzen die Farben des Himmels mit den Lichtern der Installationen, Natur und Kunst gehen eine einzigartige Symbiose ein.

schmücken den Ort. Hinter San Carlos verengt sich das Schwemmsandtal zur Schlucht. Adobehäuser mit Lehmstrohdächern und regionaltypischen Säulenterrassen, Algarrobo- und Chañarhaine, Obstdörren auf Stelzen, aus Schlamm und Steinen gefügte Aquädukte, bewässerte Mais-, Kartoffel- und Zwiebelfelder, rauchende Lehmöfen, geflochtene Korrale, Teppiche aus roten Paprika, Schwärme grüner Papageien und kalkweiße Kirchen

begleiten den Weg, während sich die farbigen Schichtfelsen beider Uferseiten zu bizarren Scheibengebirgen aufrichten. Hier hat die Orogenese (vor der Entstehung der Anden) das Sedimentgestein zu erstaunlichen Gebilden zusammengefügt, gebrochen und gekippt. Ihren Höhepunkt erreicht die Verzauberung der Landschaft an der **Quebrada de la Flecha,** bevor sich die liebliche Oase **Angastaco** 6 und (8 km weiter) die alte **Estancia El Carmen** mit ihrer historischen Kapelle dem Auge darbieten.

Übernachten

… in Animaná:

Camping ▶ **Municipal:** Mit ordentlicher Infrastruktur.

… in San Carlos:

Sauber ▶ **Residencial Güemes:** Güemes, Ecke Nuestra Sra. de Guadalupe, Tel. 03868 49 50 11. Bescheidene Pension, Zimmer mit Bad, Autoeinstellplatz. DZ 200 $.

… in Angastaco:

Historisch ▶ **Finca El Carmen:** RN 40 Km 4420, Tel. 0387 15 683 13 22, www.vallesdel carmen.com.ar. Zwei Bungalows, ein rustikales Gasthaus und ein Restaurant. Bungalow für 2 Pers. 420 $, DZ 500 $.

Motel ▶ **Hostería Angastaco:** Av. Libertador s/n, Tel. 03868 49 11 23. Gut gelungene Anlage im Kolonialstil, Pool, Restaurant mit regionalen Menüs, zentral. DZ 200 $.

Molinos und Cachi ▶ 1, D/E 5

Der nächste Flussweiler, **Molinos** 7, besticht durch seine erhabene, 1945 restaurierte Kirche im gedrungenen Cuzco-Stil, deren Dach auf Kakteenholz ruht. Das Gotteshaus wie auch die gegenüberliegende **Finca Isasmendi** (auch Hacienda San Pedro Nolasco de los Molinos oder Hacienda de Molinos genannt, s. S. 396), heute eine Hostería, sind plastische Zeugnisse der Kolonialzeit. Man erzählt, einer der ehemaligen Hausherren der Finca Isasmendi habe sich am Eingang die eigenartige Außentreppe errichten lassen, um von dort aus der Messe in der Kirche beizuwohnen, weil die Priester ihm den Zugang ins Gotteshaus verboten hatten.

Provinzen Santiago del Estero und Tucumán

Über das Dörfchen **Seclantás** führt die kurvenreiche Straße weiter in den gepflegten historischen Ort **(San José de) Cachi** 8 am Fuße des schneegekrönten Nevado de Cachi (6380 m). Die mit Flusssteinen gepflasterten Gassen, niedrige Adobehäuser und eine lauschige Plaza haben aus Cachi ein viel besuchtes Touristenziel gemacht. Besonders sehenswert sind die Kirche mit ihrer dreiteiligen Glockenwand sowie das hervorragend gegliederte **Museo Arqueológico** mit Keramikfunden, Steinwerkzeug und Petroglyphen vom Campo Negro bei La Poma (Mo–Sa 10–18, So 10–13 Uhr, 5 $).

Im **Valle del Río Tonco** südwestlich von Cachi wurden 1968 in 3000 m Höhe 65 Mio. Jahre alte Saurierspuren entdeckt. Der Besuch der archäologischen Stätte, die im **Parque Nacional Los Cardones** liegt (s. S. 413), ist inzwischen allerdings verboten, da der Zugang über eine Jakobsleiter zu gefährlich war und die der Witterung ausgesetzten Spuren streng geschützt werden müssen.

Übernachten

… in Molinos:

Kolonialgebäude ▶ Hacienda de Molinos: Abraham Cornejo s/n, Tel. 03868 49 40 94, www.haciendademolinos.com.ar. Die ehemalige Residenz des letzten spanischen Gouverneurs, mit großem Patio, Pool und Restaurant. DZ 750 $.

… in Cachi:

Boutiquehotel ▶ El Cortijo: Av. del Automóvil Club, Tel. 03868 49 10 34, www.elcortijohotel.com. Hübsches Hotel mit Patio und Restaurant. DZ 615 $.

Motel ▶ ACA-Hostería Cachi: Av. del Automóvil Club, oberhalb des Orts, Tel. 03868 49 11 05, www.soldelvalle.com.ar. Hübsches Motel im Kolonialstil mit Pool, Restaurant; die teureren Superior-Zimmer um den Patio sind den tristen Standard-Zimmern vorzuziehen. DZ ab 710 $, ADAC-Mitglieder ab 497 $.

Eigener Wein ▶ La Paya: RN 40, ca. 13 km südwestlich von Cachi, Ausfahrt ist rechter Hand ausgeschildert, Tel. 03868 49 11 39, www.casadecampolapaya.com.ar. Restauriertes Adobe-Landhaus aus dem Jahr 1878, mit Pool und 6 ha Park. Hauseigener Malbec und eine ausgezeichnete Küche. DZ 450 $.

Einfach ▶ Nevado de Cachi: R. de los Llanos, Tel. 03868 49 19 12. Sauberes Patio-Hotel. DZ 220 $ ohne Frühstück.

Am Fluss ▶ Hospedaje Don Arturo: Bustamante s/n, Tel. 03868 49 10 87. Kleine, saubere Pension. DZ 200 $.

Camping ▶ Municipal: Av. del Automóvil Club, Tel. 0800 444 03 17. Gute Infrastruktur,

Valles Calchaquíes

Spielen nicht allein zur Unterhaltung für Touristen, sondern gerne auch zum eigenen Zeitvertreib: Musikanten in Cachi

Sporthalle und beheiztes Hallenbad. 80 $/ Zelt, 40 $ p. P. im Schlafsaal.

Essen & Trinken
In der Höhe ▶ **La Merced del Alto:** Fuerte Alto, Tel. 03868 49 00 30, www.lamerceddelalto.com. Schön gelegen auf einer Anhöhe über dem Ort, das Lokal gehört zum gleichnamigen Hotel. Feine Küche in edlem Ambiente. 260 $.

An der Plaza ▶ **Oliver Café:** Ruiz de los Llanos 160, Tel. 03868 49 19 03. Beliebter Treffpunkt von Reisenden aus aller Welt, mit Tischen im Freien. 140 $.

Weiter nach San Antonio de los Cobres ▶ 1, E 5–D 4
Über **Payogasta** (›Weißes Dorf‹) gelangt man nach 55 km in das propere Bergdorf **La Poma** (3000 m), das nach der Zerstörung des

Provinzen Santiago del Estero und Tucumán

alten La Poma durch ein Erdbeben (1930) 2 km weiter südlich der alten Stelle entstand. Danach verengt sich die Straße zu einem Fahrweg und das wahre Abenteuer beginnt. Immer höher schraubt sich die Piste in die Sierra de Pastos Grandes hinauf, bis bei 4972 m die **Abra del Acay** 9 erreicht wird, der höchste Straßenpass der Welt. Wie Eichhörnchen umherspringende Chinchillas begrüßen den Touristen auf dieser einsamsten aller Puna-Strecken. Welch beeindruckende Ausblicke und Bergpanoramen! Welche Höhen aus purem Licht! Endlich taucht man selig in Schleifen wieder bergab, bis die Straße 92 km hinter La Poma in **San Antonio de los Cobres** 10 (s. S. 379 u. 407) eine sanfte Landung vollzieht.

Die stellenweise sehr schmale und oft von Felsgeröll übersäte ›Straße‹ hat den sanfteren Anstieg von Norden her, ist aber mit einem geländegängigen Fahrzeug auch in der beschriebenen Richtung zu schaffen – zumindest im Winter, wenn keine Niederschläge zu erwarten sind und die Fahrspur nicht durch Erdrutsche verschüttet ist. Immer zu empfehlen ist, diese Tour in Begleitung eines zweiten Fahrzeugs zu unternehmen.

Wesentlich einfacher ist der Weg von Salta aus auf der RN 51 über Campo Quijano und Rosario de Lerma, oder vom Norden aus, über Purmamarca (s. S. 425) von der RN 52 beim ausgetrockneten Salzsee Salar Grande links ab auf die Piste der RN 40, die nach 65 km auf San Antonio de los Cobres trifft.

Wer weiter nach Chile reisen möchte, erreicht nach 135 km Piste den Sico-Pass (ständig geöffnet, Tel. 0387 490 91 88). Man kommt aber auch über Asphalt auf der oben erwähnten RN 52 über den Jama-Pass nach Chile (s. S. 427).

Übernachten

… in Payogasta:

Traditionelles Landgut ▶ **Sala de Payogasta:** RN 40 Km 4509, Tel. 03868 49 60 52, www.saladepayogasta.com.ar. Im traditionellen Stil renoviertes Landhaus mit großem Patio, eigener Wein- und Textilienproduktion, Spa, Restaurant mit herrlichem Ausblick auf den Fluss und die schneebedeckte Berge. DZ 559 $.

… in La Poma:

Bescheiden ▶ **Hostería La Poma:** Madelmo Díaz s/n, Tel. 0387 424 12 16 u. 15 614 45 93. Eher eine Notlösung. DZ 280 $.

Valles Calchaquíes

... in San Antonio de los Cobres:
In den Wolken ▶ **Hotel de las Nubes:** RN 51, an der Ortseinfahrt, Tel. 0387 490 90 59, www.hoteldelasnubes.com. Modernes, gepflegtes Touristenhotel, Zentralheizung, Bar und Restaurant. DZ 630 $.

Aktiv
Touren ▶ Ausflüge zu den Thermalquellen La Nueva Pompeia, der Gold- und Silbermine Concordia, zum Viadukt La Polvorilla (s. S. 406) etc. werden in San Antonio de los Cobres angeboten.

Bietet edle Weine und ein faszinierendes Museum: die Estancia Colomé bei Molinos

Salta und Umgebung

Die koloniale Architektur, die freundlichen Bewohner und die angenehme Atmosphäre machen Salta zur vielleicht besuchenswertesten Stadt im Nordwesten. Dank der guten Flugverbindungen nach Buenos Aires und seiner zentralen Lage eignet sich Salta außerdem hervorragend als Startpunkt für touristisch interessante Ziele in der Umgebung.

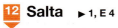 Salta ▶ 1, E 4

Cityplan: S. 402; **Karte:** S. 410

Salta, La Linda (›Die Hübsche‹), hat ihr eitler Gründer Hernando de Lerma, Gouverneur von Tucumán, 1582 nicht mit diesem lieblichen Taufnamen in das fruchtbare Río-Arias-Tal gebettet. Stadt und Provinz lieh er seinen eigenen Namen, ehe die freigeistigen Bürger die Erinnerung an den verhassten Caudillo tilgten, indem sie die alte indianische Ortsbezeichnung wiederaufleben ließen: *sagta*, was im Aymaru-Idiom so viel bedeutet wie ›besonders hübsch‹. Das klang wie ein Versprechen und ihm nachzukommen befleißigten sich die Siedler bis in die späte Kolonialepoche.

Bis heute Herzstück der Stadt, entstand eine kolonnadengesäumte Plaza von besonderer Anmut. Über Palmen, Araukarien, Johannisbrotbäume und flaschenbäuchige Yuchanes hinweg blicken sich die Kathedrale – ihre erste Version entstand um 1600 – und der eigenwillig asymmetrische Cabildo (›Rathaus‹) an, der bereits zu jener Zeit an Saltas erster Geschäftsstraße lag. In der Calle Comercio (heute: Caseros), damals mit dem Cabildo als Markthalle, konzentrierte sich der Handel der ganzen späteren argentinischen Nordregion. Silber aus Oberperu, Mahagonimöbel aus Brasilien, Lederwaren aus der Pampa, Holz aus dem Chaco, Alpakawolle, Tongefäße, Früchte, Heilkräuter und wundertätige *benzoares* (im Bauch von Lamas gefundene Steine) wurden hier feilgeboten, während Wasserträger mit Ledersäcken zwischen Stadtbrunnen und Küchen hin- und hereilten. Ein heimeliges Bild muss das gewesen sein, als die Straßenbeleuchtung noch einzig aus den in Schaufenstern und Haustüren aufgestellten Kerzen bestand.

Das Erdbeben von 1692, Feuersbrünste und die zwei Jahrzehnte währenden Unabhängigkeitskämpfe – bei denen Martín Miguel de Güemes mit seinen Gauchos zum Freiheitshelden von Salta wurde – sowie letzthin der Zuwanderungsdruck haben Salta daran gehindert, so etwas wie das Cartagena des amerikanischen Südens zu werden. Heute lebt in und um Salta die Hälfte der rund 1,2 Mio. Köpfe zählenden Provinzbevölkerung. Dennoch ist der Stadtkern nicht in Hochhäusern erstickt. Ein grauer Gürtel aus

Tipp: Saltas Fun-Meile

Rund 40 Lokale laden jeden Abend entlang Saltas alter Bahnhofstraße, der **Calle Balcarce**, zum *empanada*-Essen mit Livemusik ein. Den Grundstein für diese ›Fun-Meile‹ legte das Lokal der Brüder Fidel und Tupac Puggioni, La Vieja Estación (s. S. 408). Sonntags zwischen 9 und 22 Uhr verwandelt sich der Abschnitt zwischen den Hausnummern 600 und 900 in einen bunten Straßenmarkt, auf dem rund 400 regionale Kunsthandwerker ihre Produkte zur Schau stellen.

Salta

Hütten und Staubstraßen, der die Peripherie bildet, hat Zehntausende von Landflüchtigen geschluckt, während die Innenstadt noch immer von ihrem andalusischen Charme zehrt. Die gesunde, trockene Luft in 1200 m Höhe, der gemächliche Trott (zu dem auch die Einhaltung der geheiligten Siesta gehört), die bunten Fassaden der Häuserzeilen, die bis spät in die Nacht lebendigen Cafés und die freundlichen Bewohner machen Salta zu einem kleinen Festplatz unter den Provinzkapitalen Argentiniens. In solch gelöstem Ambiente sollte ein Stadtbummel nicht allein urbaner Lehrpfad sein, sondern auch gelegentliche Seitenschlenker – etwa in und um die ewig quirlige Markthalle (wo man auch einfach essen kann) – oder die Verkostung saftiger *empanadas* einbeziehen, für die Salta einen besonderen Ruf besitzt. Dabei fallen die Sehenswürdigkeiten dem Besucher wie von selbst vor die Füße, sie liegen (mit wenigen Ausnahmen) in Sichtweite voneinander entfernt.

Plaza 9 de Julio

Ein an der zentralen **Plaza 9 de Julio** beginnender Rundgang führt zunächst zur **Kathedrale 1**, in deren Turm man bei (Freilicht-)Gottesdiensten die Glöckner von außen mit aller Kraft die Seile ziehen sehen kann. Der 1858 in italienischer Manier begonnene Bau legte sich in den 1930er-Jahren eine elfenbeinfarbene, hispanisierte neokoloniale Fassade zu. Im Innern erstrahlt der spätbarocke goldene Altar wie eine riesige Monstranz. Im Panteón der Kirche ruhen Martín Miguel de Güemes und andere illustre Persönlichkeiten Saltas.

Der sich an die Kirche anlehnende **Erzbischöfliche Palast** huldigt der Plaza mit einem besonders schönen andalusischen Holzbalkon. An ihrer Westseite reihen sich einige Gebäude aneinander, deren Stilekanon vom Neogotisch-Italienischen bis zum Französischen (ehemaliger Regierungspalast) reicht. In einem dieser Gebäude logiert das **Museo de Arqueología de Alta Montaña (MAAM) 2**, das eigens gegründet wurde, um die drei Kindermumien auszustellen, die 1999 am Vul-

kan Llullaillaco gefunden wurden. Es wird jeweils nur eine der drei Mumien gezeigt, aber umgeben von der reichen Ausstattung an Kleidern, Utensilien und Spielzeugen, die die Kinder bei ihrem rituellen Tod auf dem Bergaltar begleitete. Die beeindruckende Ausstellung ist respektvoll aufgemacht, hat jedoch Debatten ausgelöst, ob Mumien in einem Museum gezeigt werden sollen (Mitre 77, Tel. 0387 437 05 92, www.maam.gob.ar, Di–So 11–19.30 Uhr, 40 $).

Die Südseite der Plaza beherrscht der Bau des 1582 begonnenen und 1783 rekonstruierten **Cabildo 3** (›Rathaus‹) mit seinen fast 30 Rundbögen und dem gefälligen Turm von 1870. Um seinen wohlproportionierten Patio gruppiert sich das sehenswerte **Museo Histórico,** dessen Exponate von der Kutsche bis zur ledernen Weinpresse reichen, in der die Trauben mit den Füßen gestampft wurden (Tel. 0387 421 53 40, www.museonor.gov.ar, Di–Fr 9–19, Sa/So 9–13, 15–19 Uhr, 15 $).

Casas Leguizamón, Arias Rengel und de Hernández

Gleich um die Ecke, in der Fußgängerstraße Florida (zwischen Caseros und Alvarado), findet man drei schöne Zeugen spanischer Kolonialarchitektur. Leider nur von außen zu besichtigen ist die **Casa Leguizamón 4** vom Beginn des 19. Jh. In der benachbarten, aus dem 18. Jh. stammenden **Casa Arias Rengel,** einem Patrizierbau mit einem sehr sehenswerten Geländer aus rotem Quebrachoholz, das sich auf den Korridoren im 1. Stock um die Innenhöfe zieht (Florida 20, Mo–Fr 9–20, Sa 10–18 Uhr, 5 $).

Aus der gleichen Zeit stammt die 1995 renovierte **Casa de Hernández 5 ,** die das Stadtmuseum beherbergt und anhand von Möbeln, Dokumenten etc. die Geschichte von Salta nachzeichnet (Florida, Ecke Alvarado, Mo–Sa 8–13, 14–20.30 Uhr, Eintritt frei).

Museo Uriburu und Iglesia San Francisco

Zwei Blocks entfernt, erhält man im **Museo Uriburu 6** einen lebendigen Eindruck von großbürgerlich-kolonialer Lebensweise. Das

um 1773 erbaute Haus des Staatspräsidenten José E. Uriburu wartet mit einer gelungenen Ausstattung epochetypischer Möbel auf (Caseros 417, Di–Fr 9–19, Sa 9–13.30 Uhr, 10 $).

Nur ein paar Schritte entfernt stürzt die – 1998 in den Rang einer Kathedrale erhobene – **Iglesia San Francisco** 7 förmlich aus dem Himmel. Ihr fünfstöckiger, 57 m hoher Campanile (1882) ist der höchste Südamerikas. Die betonte Vertikalität dieser Franziskanerkirche wirkt der Schwere der mit Ornamenten überladenen Frontseite entgegen (Caseros, Ecke Córdoba).

Convento de San Bernardo 8

Ebenfalls in der Caseros, drei Querstraßen weiter östlich, bietet das aus einer Eremitenklause des 17. Jh. hervorgegangene **Convento de San Bernardo** seine schlichten Mauern dar. Prunkstück des heute von Karmeliternonnen bewohnten Klosters ist die von Indianern aus Zedern- und Mahagoniholz geschnitzte Eingangstür, deren zwei Medaillons auf das Entstehungsjahr 1762 verweisen.

Museo Antropológico und Cerro San Bernardo

Vom Konvent lohnt sich ein Abstecher zum mächtigen **Güemes-Denkmal** 9 und dem **Museo Antropológico Juan M. Leguizamón** 10 mit einer nennenswerten Schau von Grabkeramik, die vorwiegend von den Ausgrabungen bei Tastil stammt (s. S. 406, Mo–Fr 8–19, Sa 10–18 Uhr, 5 $).

Hinter dem Museum erhebt sich Saltas Hausberg, der **Cerro San Bernardo,** der einen herrlichen Blick über die Stadt offeriert. Sportlich Aktive können ihn über einen Pfad erklimmen, der hinter dem Museum beginnt, alternativ fährt ab dem Parque San Martín eine Seilbahn nach oben.

Salta

Sehenswert
1. Kathedrale
2. MAAM
3. Cabildo
4. Casa Leguizamón
5. Casa de Hernández
6. Museo Uriburu
7. Iglesia San Francisco
8. Convento de San Bernardo
9. Güemes-Denkmal
10. Museo Antropológico
11. Iglesia de la Candelaria
12. Mercado Central
13. Mercado Artesanal

Übernachten
1. Legado Mítico
2. Portezuelo
3. Casa Real
4. Design Suites
5. Carpe Diem
6. Hotel Salta
7. Hotel del Antiguo Convento
8. Residencial Elena
9. Casa de la Abuela
10. Hostal Prisamata
11. Residencial Carmen R. Miralpeix
12. Camping Carlos Xamena

Essen & Trinken
1. La Vieja Estación
2. La Posta
3. El Viejo Jack
4. La Casona del Molino
5. Madero Restó
6. Chirimoya

Einkaufen
1. Horacio Bertero
2. Björk
3. Objetos de Agrado

Abends & Nachts
1. Café del Tiempo

Aktiv
1. Uma Travel
2. Norte Trekking
3. Tastil Viajes

Iglesia de la Candelaria und Mercado Central

Einen zum Convento de San Bernardo völlig gegensätzlichen Kirchenbau stellt die **Iglesia de Nuestra Señora de la Candelaria de La Viña** 11 (kurz La Candelaria oder La Viña genannt) mit ihren pastellfarbenen Fassaden und mosaikbesetzten Kuppeln dar. Unterhalb der teils stark beschädigten Deckengemälde im Innern ziehen die kunstvoll gearbeiteten Beichtstühle die Aufmerksamkeit auf sich (Alberdi, Ecke San Juan).

Einige Blocks weiter nordwestlich lohnt der **Mercado Central** 12 einen Abstecher, vor allem mittags, wenn man hier sehr günstig seinen Hunger stillen kann (San Martín, Ecke Florida, www.mercadomunicipal.com.ar).

Mercado Artesanal 13

Ganz im Westen der Avenida San Martín klingt die Stadtbesichtigung mit einem Besuch (per Bus oder mit dem Taxi) der schönen **Casa El Alto Molino** aus. In dem Gebäude war die erste Mühle von Salta, später eine Gerberei der Jesuiten untergebracht, heute ist hier der besuchenswerte **Mercado Artesanal** installiert. Schwerpunkt des Angebots sind Textilien aus Lama-, Alpaka- und Schafwolle aus der Puna, aus Yuchán-Holz gefertigte, mit Erdfarben bemalte Holzmasken der Matacos-Indianer, Figuren aus grünlichem Palo-Santo-Holz sowie Webarbeiten aus der Naturfaser des Chaguar-Baums. Neben einer sachkundigen Beratung gibt es hier mittags im Lehmofen gebackene, leckere *empanadas*.

Infos

Touristeninfo: Caseros, Ecke Balcarce, Tel. 0387 437 33 41, www.turismosalta.gov.ar. Mo–Fr 8–21, Sa/So 9–22 Uhr (Infos über die Stadt); Buenos Aires 93, Tel. 0387 431 09 50,

Salta und Umgebung

Mo–Fr 8–21, Sa 9–20 Uhr (Informationen über die Provinz).

Übernachten
... in Salta:

Fein ▶ Legado Mítico 1: Mitre 647, Tel. 0387 422 87 86, www.legadomitico.com. Boutiquehotel mit äußerst freundlichem Personal, großzügigen Zimmern und interessanter Bibliothek. DZ 255 US$.

Am Berghang ▶ Portezuelo 2: Av. del Turista 1, Portezuelo Norte (ca. 1 km südwestlich vom Zentrum), Tel. 0387 431 01 04, www.portezuelohotel.com. Zimmer mit Blick auf die Stadt oder den Cerro San Bernardo, Pool, Restaurant. DZ 120 US$.

Mit Pool ▶ Casa Real 3: Mitre 669, Tel. 0387 421 22 00, www.casarealsalta.com.ar. Modernes Hotel nahe dem Zentrum mit Pool, Spa und Restaurant. DZ ab 110 US$.

Minimalistisch ▶ Design Suites 4: Av. Belgrano 770, Tel. 0387 422 44 66, www.designsuites.com. Elegant, mit dem besten Restaurant. DZ ab 100 US$.

B & B ▶ Carpe Diem 5: Urquiza 329, Tel. 0387 421 87 36, www.bedandbreakfastsalta.com. Schönes Haus im Kolonialstil, lauschiger Garten mit Liegestühlen, deutschsprachiges Personal. DZ 820 $.

Im neokolonialen Stil ▶ Hotel Salta 6: Buenos Aires 1, Plaza 9 de Julio, Tel. 0387 431 07 40, www.hotelsalta.com. Klassisches Stadthotel, die lauten Zimmer zur Straße meiden, Restaurant. DZ 752 $.

Gutes Preis-Leistungs-Verhältnis ▶ Hotel del Antiguo Convento 7: Caseros 113, Tel. 0387 422 72 67, www.hoteldelconvento.com.ar. Mit Pool und WLAN. DZ 610 $.

Gepflegt ▶ Residencial Elena 8: Buenos Aires 256, Tel. 0387 421 15 29. Zentral, preiswerte Zimmer mit Bad, schattiger, begrünter Innenhof. DZ 350 $.

Freundlich ▶ Casa de la Abuela 9: Mendoza 1569, Tel. 0387 422 17 05, www.lacasadelaabuela.todowebsalta.com.ar. Sehr beliebte, saubere Unterkunft für Rucksacktouristen. DZ 250 $.

Mit Gemeinschaftsküche ▶ Hostal Prisamata 10: Mitre 833, Tel. 0387 431 39 00,

www.hostalprisamata.com. Gut gelegen. 70 $ p. P., DZ 285 $.

Patio-Haus ▶ Residencial Carmen R. Miralpeix 11: Pasaje Baigorria 971, Tel. 0387 432 01 13. Geräumige Zimmer ohne Bad. 60 $ p. P. ohne Frühstück.

Camping ▶ Municipal Carlos Xamena 12: Av. Líbano s/n, zwischen Chile und Monseñor Tavella, 1,5 km südlich des Zentrums, Tel. 0387 423 13 41. Am Ufer des Río Arenales, ordentliche Infrastruktur, schattig. 8 $ p. P., 16 $/Zelt, 16 $/Auto.

Salta

Nur eines von vielen kolonialen Prachtstücken in Salta: die Iglesia San Francisco

... außerhalb:
Landgut mit Pool ▶ Finca San Antonio: ca. 38 km südlich von Salta bzw. 3 km südlich von El Carril an der RN 68, Tel. 15 403 96 00, www.aturs.org.ar/sanantonio. Schönes Herrenhaus mit Patio aus dem 18. Jh., 5 ha großer Park mit Lagune, geräumige Zimmer (max. 8 Gäste), Familienmanagement, gute regionale Küche, Ausritte, ideale Basis für Exkursionen nach Cachi (s. S. 396) und in die Valles Chalchaquíes. DZ 750 $.

Im englischen Stil ▶ Eaton Place: San Martín 2457, San Lorenzo (10 km nordwestlich), Tel. 0387 492 13 47, www.eatonplace.com.ar. Schmuckes Backstein-Landhaus inmitten eines großzügigen Parks wenige Kilometer nördlich von San Lorenzo. 8 Zimmer, Pool, Ausritte. DZ 650 $.
Mit Flair ▶ Castillo de San Lorenzo: Juan Carlos Dávalos 1985, San Lorenzo (10 km nordwestlich), Tel. 0387 492 10 52 u. 492 20 26, www.hotelelcastillo.com.ar. Renoviertes italienisches Landschloss vom Anfang des

405

Salta und Umgebung

Tipp: Tren a las Nubes – ›Zug in die Wolken‹ ▶ 1, D/E 4

Karte: S. 410

Der Traum, dort wo die Anden am höchsten sind (die Provinz Salta besitzt acht 6000er), die Zentralkordillere auf dem Schienenweg zu überwinden, um den Stillen Ozean zu erreichen, ist 100 Jahre alt. Doch es gab technische Bedenken, und mit dem Ziel, diese auszuräumen, machte sich 1921 eine verwegene Gruppe des Comité Pro Huaytiquina (benannt nach dem zu überwindenden Pass) mit drei Tin Lizzies genannten Ford T und einem Lieferwagen auf den seit Jahrhunderten von Lamatreibern vorgezeichneten Weg. In zwölf Tagen erreichten die Abenteurer San Pedro de Atacama in Chile, nach weiteren zwölf Tagen den Hafen Antofagasta. Die ›Machbarkeit‹ des Projekts war erwiesen, Staatspräsident Hipólito Yrigoyen gab das Startzeichen zum Bau des Transandino del Norte. Aber es sollte 27 mühevolle Jahre dauern, das Meisterwerk zu vollenden. Als die Gleisspitze 1948 bei Socompa die chilenische Grenze berührte, wies die Strecke 1328 Kurven, 42 Brücken und Viadukte sowie 21 Tunnel auf, 855 000 Schwellen aus Quebrachoholz waren verlegt worden. Einer der Arbeiter in der 1300 Mann starken internationalen Kolonne hieß Josip Broz, der spätere Marschall Tito.

Von Anfang an hatte der technische Ehrgeiz des verantwortlichen Ingenieurs Ricardo Fontaine Maury, eines in Philadelphia geborenen Nordamerikaners, darin bestanden, die rund 3200 m Höhenunterschied zwischen Salta und der Puna ohne Zahnradantrieb zu bewältigen. Da diese Vorgabe nur einen Anstieg von maximal 25 m pro Kilometer Strecke erlaubte, mussten andere Steighilfen gefunden werden: Zickzack-Wege und *rulos* genannte schneckenförmige Windungen. Selbst der mächtigste Viadukt dieser Andenbahn, die gigantische Eisenbrücke La Polvorilla, 63 m hoch und 224 m lang, ist gekrümmt und weist einen Anstieg auf. 1600 t wiegt alleine diese Metallkonstruktion. Über sie fahren heute die mit den Schätzen der Puna-Salare beladenen Frachtzüge, die Bo-

rax und Lithium nach Campo Quijano hinuntertransportieren. In dieser Gartenkolonie Saltas liegt der Pionier Maury an einem Natursteindenkmal begraben.

Von Salta zum Viaducto La Polvorilla

Die touristische, von Salta bis zum rund 220 km entfernten Viaducto La Polvorilla führende Version der Transandenbahn heißt heute **Tren a las Nubes** (›Zug in die Wolken‹), fährt aber glücklicherweise fast nie wirklich in die Wolken, vielmehr in einen Himmel von lupenreinem Blau. Ab **Campo Quijano** ▮1▮ schlängelt sich der Zug am breiten Geröllbett des Río Rosario entlang, rollt über den 260 m langen Río-Toro-Viadukt und folgt zunächst der gleichen Route wie die von Salta nach San Antonio de los Cobres verlaufende RN 51 (160 km). Schon beim Passieren der geländerlosen Brücke über den Río Toro erhält man einen Vorgeschmack auf den zu erwartenden Höhenkitzel – oder die Höhenkrankheit, das *apunamiento*. Schiene und Straße verknoten und lösen sich im Wechselspiel und erklimmen in stetiger langsamer Steigung die **Quebrada del Toro.** Gehöfte wie Lehmburgen, in Ponchos gemummelte Kolla-Frauen, Korrale mit Ziegen und Schafen ziehen am Fenster vorbei. Noch ist die Landschaft grün, dann übernehmen gewaltige Kakteen die Regie, ungestüme Felsen und Wasserfälle verzaubern die breite Schlucht. Bei **El Alisal** und **Chorrillos** hat der Zug seine Zickzack-Manöver absolviert, wobei er, aus Platznot, einmal mit dem ›Schwanz‹ in einen 90 m tiefen toten Tunnel eintauchen muss.

Bei **Puerta Tastil** ▮2▮ sind 2675 m erreicht. 40 km weiter flussaufwärts stellt sich eine mehrere Hundert Meter hohe Steilwand in den Weg, die wohl von der Straße, nicht aber von der Schiene überwunden werden kann. Diese entweicht in ein Seitental und schraubt sich kurz vor **Diego de Almagro** (der Ortsname ehrt den Konquistador Chiles, der auf seinem Weg von Peru als erster Spanier über die Puna kam) in zwei *rulos* (›Locken‹) auf fast

Tren a las Nubes

3500 m hoch. An der **Abra Blanca** (auch Paso Muñano, 4080 m) vereinigt sich der Schienenstrang wieder mit der Straße und 28 km später wird auf 3775 m der 4300 Einwohner große Ort **San Antonio de los Cobres** 3 erreicht (s. S. 398). Die grauen, von Wind und Sonne gegerbten Häuserreihen der uralten Bergwerkssiedlung ducken sich zu Füßen des kastanienbraunen und deshalb Terciopelo (›Samt‹) genannten Cerro.

Der Touristenzug folgt den Gleisen noch rund 20 km bis zum **Viaducto La Polvorilla** und kehrt von da aus nach Salta um, Güterzüge fahren bis zum Salar Pocitos oder zur chilenischen Grenze bei Socompa weiter. Kurz vor der Grenze erinnert die Bahnstation Alemán Muerto (4334 m) an jenen deutschen Matrosen, der in den 1920er-Jahren in Buenos Aires sein Schiff verpasste und bei dem verzweifelten Versuch, ihm, während es das Kap Hoorn umrundete, den Weg abzuschneiden und es in einem chilenischen Hafen wieder zu erreichen, in der unerbittlichen Puna umkam.

Informationen
Tren a las Nubes: Calle Alicia Moreau de Justo 1960, 2. Stock, of. 201, Puerto Madero, Buenos Aires, Tel. 011 52 58 30 00; Ameghino, Ecke Balcarce, Bahnhof Salta, Tel. 0387 422 30 33 u. 0800 888 68 23, www.trenalasnubes.com.ar. Der Zug fährt, mit einem Halt in San Antonio de los Cobres und La Polvorilla, samstags (im Juli auch an anderen Tagen) um 7.05 Uhr ab Salta. Die Rückfahrt findet am gleichen Tag statt, um 15.30 Uhr ab La Polvorilla bzw. um 16.52 Uhr ab San Antonio de los Cobres (nur 23. März–6. Dez). Tickets (1188 $ inkl. Frühstück, mit Rückfahrt per Bus 1469 $) können im Internet gelöst werden. Der Fahrplan ändert sich jede Saison, eine Reservierung mehrere Wochen im Voraus ist ratsam, ebenso die Mitnahme warmer Kleidung und einer Thermosflasche mit Tee.

Endstation für den Touristenzug: der 63 m hohe Viaducto La Polvorilla

Salta und Umgebung

20. Jh., malerischer Rahmen, Terrasse, Pool, Restaurant. DZ 600 $.

Im Bergwald ▶ **Selva Montana:** Alfonsina Storni 2315, San Lorenzo (ca. 10 km nordwestlich), Tel. 0387 492 11 84, www.hostal-selvamontana.com.ar. Traumhaft ruhige Lage, komfortabel, Blick auf den Bergwald, Pool, deutsches Familienmanagement. DZ 540–640 $.

Essen & Trinken

Andenküche ▶ **Design** [4]: im gleichnamigen Hotel (s. S. 404), Tel. 0387 42 24 66. Hier gibt es traditionelle Andenküche, modern interpretiert, gespeist wird in einem herrlichen Saal. 240 $.

Immer voll ▶ **La Vieja Estación** [1]: Balcarce 877, Tel. 0387 421 77 27, www.la-vieja estacion.com.ar. Folklore und regionale Spezialitäten – ein beliebter Treffpunkt. 170 $.

Vom Grill ▶ **La Posta** [2]: España 456, Tel. 0387 421 70 91. Zentrales, rustikales, viel besuchtes Parrilla-Lokal. 140 $.

Authentisch ▶ **El Viejo Jack** [3]: Virrey Toledo 145, Tel. 0387 439 28 02. Einfach, populär, sehr gutes Preis-Leistungs-Verhältnis,

Zauberhafte Kulisse für einen Apero am Abend: die Plaza 9 de Julio

Salta

Spezialität: *picana,* ein im Norden bis Bolivien beliebter Eintopf, bei dem Hühner-, Rind-, Schweine- und Lammfleisch mit Kartoffeln, Mais und anderen Gemüsesorten in einer Wein- und Biersoße gekocht werden. 140 $.
Koloniales Ambiente ▶ La Casona del Molino 4: Luis Burela 1, Tel. 0387 434 28 35, im Winter Di–So, sonst tgl. Traditionsrestaurant mit guter regionaler Küche und Parrilla. 140 $.
An der Plaza ▶ Madero Restó 5: Mitre 81, an der Plaza, Tel. 0387 431 09 22. Regionale Küche. 140 $.

Vegetarisch ▶ Chirimoya 6: España 211, Tel. 0387 431 28 57. Vegetarische Gourmetküche, z. B. Pilz-Ceviche. 120 $.

Einkaufen

Kunsthandwerk ▶ Mercado Artesanal 13: San Martín 2555, tgl. 9–21 Uhr. Regionales Kunsthandwerk, sachkundige Beratung, Busverbindung ab Zentrum mit den Linien 2, 3 und 7.
Silberwaren ▶ Horacio Bertero 1: Los Parrales 1002, Los Cerritos, Tel. 0387 439 94 22, www.redsalta.com/hbertero/plateria.htm. Man kann dem Silberschmied und Restaurator in seiner Werkstatt im Norden der Stadt bei der Arbeit zusehen und die Produkte natürlich auch kaufen.
Schmuck & Textilien ▶ Björk 2: Zuviría 20, Tel. 0387 422 86 07. **Objetos de Agrado** 3: Caseros 265, Tel. 0387 421 46 67, www.objetosdeagrado.com.ar.

Abends & Nachts

Cool ▶ Café del Tiempo 1: Balcarce 901, Ecke Necochea, Tel. 0387 432 07 71. Live-Musik zu Wein oder Bier, auch Mahlzeiten, in coolem Ambiente – eine gute Abwechslung zu den regionalen Angeboten.

Aktiv

Touren ▶ Zahlreiche Agenturen organisieren Jeeptouren zu den Hochsalaren und in die Anden, Rafting auf dem Río Juramento, Ausritte, Mountainbiketouren etc. Zu den erfahrensten Guides in Salta und den Nachbarprovinzen gehören Agustín Leguizamón von **Uma Travel** 1, Zuviría 255, Local 15, Tel. 0387 422 83 17 u. 15 443 0881, www.umatravel.com.ar, und Federico Norte von **Norte Trekking** 2, Gral. Güemes 265, oficina 1, Tel. 0387 431 66 16 u. 15 454 24 16, www.nortetrekking.com (s. S. 412). **Tastil Viajes** 3, Caseros 468, Tel. 0387 431 67 49, www.movitrack.com.ar, organisiert Safaris in einem geländegängigen, oben offenen Mercedes-Bus (Ausstattung: Bordtoilette, Kühlschrank, Kochstelle), u. a. auf einer Strecke parallel zur Bahnlinie des Tren a las Nubes nach San Antonio de los Cobres und weiter nach Purma-

Salta und Umgebung

marca in der Quebrada de Humahuaca (2 Tage, 1643 $ p. P. ohne Übernachtung) oder nach Cafayate in die Valles Calchaquíes (2 Tage, 1390 $ p. P. ohne Übernachtung).

Termine
Todestag von Miguel de Güemes (17. Juni): Über 1500 Gauchos defilieren am Denkmal für den Gauchoführer vorbei.
Tag des Erdbebens von 1692 (13. Sept.): Große Prozession unter Beteiligung von rund 100 000 Menschen.

Verkehr
Flüge: 10–12 x tgl. mit Aerolíneas Argentinas, Andes Líneas Aéreas und LAN nach Buenos Aires, Córdoba, Mendoza und Iguazú. Flughafen: RN 51 Km 5,5 (9 km vom Stadtzentrum), Tel. 0387 424 29 04.
Züge: Von Salta fährt der Tren a las Nubes nach San Antonio de los Cobres (s. S. 398).
Busse: Etwa ein Dutzend Busse starten tgl. nach Buenos Aires (ab 900 $, 19–22 Std.), weitere nach Jujuy, Tucumán, Resistencia, Mendoza, Patagonien, La Paz und Lima (u. a. mit La Veloz del Norte, TAC, Chevallier). Busterminal: Av. Yrigoyen 339, ca. 1,5 km außerhalb, Tel. 0387 401 11 43, www.terminalsalta.com.
Mietwagen: Von Buenos Aires sind es rund 1600 km nach Salta. Wer nur begrenzt Zeit hat, sollte die Strecke per Flugzeug zurücklegen und sich vor Ort einen Wagen mieten, z. B. bei Avis, im Flughafen, Tel. 0387 424 22 89; Hertz, im Flughafen, Tel. 0387 424 01 13, oder Caseros 374, Tel. 0387 421 67 85; Sixt, im Flughafen und Caseros 468, Tel. 0387 421 60 64.

Tipp: Valles Calchaquíes

Wer etwas mehr Zeit zur Verfügung hat, sollte von Salta aus unbedingt auch eine Fahrt durch die Valles Calchaquíes unternehmen – auf der RN 68 sind es nur knapp 200 km durch eine herrliche Landschaft nach Cafayate, dem bekannten Weinort mitten im Calchaqui-Tal (s. S. 393).

Rund um Salta

Santa Rosa de Tastil
▶ 1, E 4

Karte: oben

Rund 100 km nordwestlich von Salta liegt auf 3200 m eine der interessantesten archäologischen Stätten Argentiniens. Bei **Santa Rosa de Tastil** [4] wurde 1903 eine präinkaische Siedlung entdeckt, in der einmal ca. 2500 Menschen gelebt hatten. Insgesamt 12 ha misst das Areal, auf dem seit 1967 Grabungen stattfinden. Zahlreiche in einem kleinen

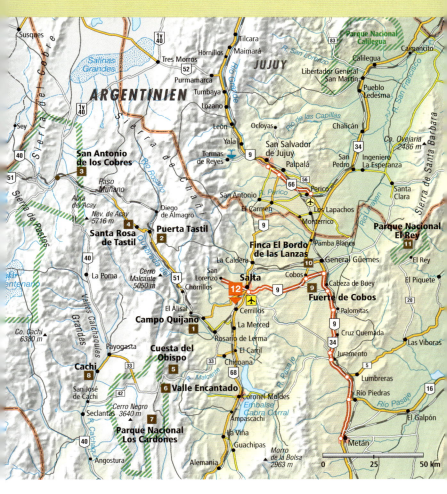

Museum ausgestellte Funde bekunden die Existenz eines Bauern- und Jägerstammes, der Mais auf Feldterrassen kultivierte, Lamas als Haustiere hielt und mit jaspis- und obsidianbewehrten Pfeilen auf Guanakojagd ging. Die aus Fellhaar gewirkten Textilien weisen eine hoch entwickelte Webtechnik und ausgefeilte geometrische, zoo- und anthropomorphe Zeichnungen auf. Das gut rekonstruierte Siedlungsrelief ist auf einem kurzen Stichweg mit dem Auto zu erreichen; der freundliche Museumsaufseher schließt das Gatter auf und zu Fuß gelangt man dann in – der Höhe wegen gemächlichen – etwa 40 Gehminuten zu dem Komplex (Eintritt frei).

In den Parque Nacional Los Cardones

Karte: oben

Als Wächter gegen den Einfall der Weißen hatten sich die Indianer der Puna-Region die mächtigen Baumkakteen vorgestellt, die die

411

Salta und Umgebung

aktiv unterwegs

Wanderung durch das Verwunschene Tal

Tour-Infos

Führer: Agustín Leguizamón oder Federico Norte (s. S. 409)

Start: je nach Führer vom Parkwächterhaus im Valle Encantado (Agustín Leguizamón) bzw. vom Eingang des Nationalparks Los Cardones (Federico Norte)

Dauer: 3 Std. (Agustín Leguizamón) bzw. 6 Std. (Federico Norte)

Schwierigkeitsgrad: relativ leicht, nur stellenweise recht steil

Kosten: ca. 450 US$ für bis zu 4 Pers. (Agustín Leguizamón) bzw. 150 US$ p. P. (Federico Norte)

Jahreszeit: März–Nov., am schönsten im Frühling (Okt.–Sept.) bzw. Herbst (März–April)

Inmitten der bizarren Kakteenlandschaft an der Cuesta del Obispo versteckt sich das **Valle Encantado** 6, ein idyllischer Flecken Erde, den man am besten zu Fuß und mit einem Führer erkundet. Eigenartig geformte, rote Sandsteintrümmer türmen sich inmitten von Bergweiden auf. Kleine Lagunen, *ojos de agua* (›Wasseraugen‹) genannt, sammeln das Regenwasser an. Um sie breitet sich das Grün bis an die dunklen Berghänge. Der Kontrast steigert sich noch, wenn im Frühling die Blumen in Violett, Orange und Gelb aufblühen. Dann hat man den Eindruck, in einer farbigen Oase mitten in einer Mondlandschaft zu stehen. Bei der Wanderung kann man Kondornester aus nur 100 m Entfernung beobachten, und manchmal begegnet man unterwegs sogar dem scheuen *huemul,* dem kleinen Andenhirsch, während am Himmel die Bussarde kreisen.

Man kann das Gelände zwar auch auf eigene Faust erwandern, doch nur versierte Führer wie Agustín Leguizamón oder Federico Norte ermöglichen den Zugang zu versteckten Naturszenarien, die über die markierten Wege nicht erreichbar sind, beispielsweise Wandmalereien aus dem 16. Jh., die man auf der von Federico Norte geführten Tour zu sehen bekommt.

Übrigens: Das Gelände im Valle Encantado – weiche Matten, Windschutz hinter Felsen und Abhängen, Frischwasser von den Bächen an der Hauptstraße – begeistert auch jeden Puna-festen Camper!

Kordilleren besetzt halten. Tatsächlich berichteten, wie Pater Juan de León, die ersten Missionare Schreckliches von den »hierzulande verbreiteten Stachelbäumen, die einen wie mordgierige Indios auf Schritt und Tritt verfolgen«. Die wirkliche Verfolgung sollte indes aus den eigenen Reihen kommen, als man 1767 die Jesuiten vertrieb. Damals stieg der mit der Zwangsausweisung beauftragte Bischof Manuel Cortázar – von Peru kommend und von Indianern über die Puna geführt – westlich von Salta in eine 1600 m tiefe Schlucht ab, deren Name bis heute an diese Expedition erinnert: Cuesta del Obispo (›Bischofswand‹). Reisende, die sich heute von Salta auf den Weg in den größten zusammenhängenden Kakteenwald Argentiniens machen, das 700 km² umfassende Areal Los Cardones (›Die Baumkakteen‹), vollziehen die Schluchtdurchquerung des Bischofs in umgekehrter Richtung nach.

Von Salta ins Valle Encantado
▶ 1, E 4/5

Mit Startpunkt Salta geht es zunächst auf der RN 68 ca. 37 km Richtung Süden bis **El Carril,** wo man auf die RP 33 nach Westen abzweigt. In fast gerader Linie quert die Straße nun eine Ebene und taucht dann in die Waldschlucht des Río Malcante ein. Hier geht der Asphalt streckenweise in eine gut ausgebaute Schotterstraße über, die – dreimal das Ufer

In den Parque Nacional Los Cardones

wechselnd – dem gewaltige Steinmassen zu Tale schiebenden Gewässer flussaufwärts folgt. Bei **Chorro Blanco** gibt es einen hübschen Campingplatz, doch zum wilden Zelten bietet der ganze Unterlauf des Flusses endlose Möglichkeiten. Einer der vielen die Straße querenden Bäche, El Infiernillo (›Die kleine Hölle‹), deutet schon an, was hier nach sommerlichen Regenfällen passieren kann: Unversehens verwandeln sich kleine Rinnsale in unpassierbare Sturzbäche.

Bei der **Cueva del Gigante** (›Höhle des Riesen‹) wurde die Straße teils in den Fels hineingeschlagen und spätestens ab diesem Punkt eröffnet sich nach jeder Flussbiegung ein neues, Blick und Linse fesselndes Panorama. Gewaltige Schründe aus rotem und grünem Sandstein leuchten in der Sonne (bestes Fotografierlicht vormittags); anstelle des Waldes recken sich nun Säulenkakteen in einen – an klaren Wintertagen – tintenblauen Himmel. Bei Kilometer 38 gibt es einen Imbiss mit kleinen Happen, Trockenfrüchten, Nüssen und Getränken, bei Kilometer 43 eine kleine Cafetería.

Ab Kilometer 45 forciert die Straße ihren bis dahin gemächlichen Anstieg, im Tal bleiben die Maispflanzungen, an den Hängen die Kakteen zurück. Wie in einen faltenreichen Veloursmantel gehüllt, wirkt nun das von grüngelben Grasfluren überzogene Gebirgsrelief. In kürzester Zeit windet sich die Straße brücken- und tunnelfrei über die **Cuesta del Obispo** 5 zum Pass **Piedra del Molino** (›Mühlstein‹) hinauf. Wie das hier ruhende tonnenschwere Granitrad auf diese Höhe (3548 m) gelangte, weiß heute keiner mehr. Vermutet wird aber, dass der, der es hier hochschaffte, nicht wagte, es wieder bergab zu bewegen. Kurz vor Erreichen der Passhöhe zweigt links ein 5 km langer, beschilderter und problemlos zu befahrender Stichweg ins **Valle Encantado** (›Verwunschenes Tal‹) ab (s. S. 412).

Parque Nacional Los Cardones
▶ 1, E 5

Jenseits der Passhöhe irrt die Straße durch eine vegetationslose Mondlandschaft, bevor sie sich zur **Recta de Tin-Tin,** einer 18 km langen Geraden, streckt. Hier befindet man sich bereits inmitten des Kakteenwaldes des **Parque Nacional Los Cardones** 7 , der wie ein riesiges Nadelkissen die Landschaft überzieht. Ein Meer von Säulen bedeckt das **Valle de Tin-Tin** (2800 m) bis zu den Hängen des Cerro Malcante (5050 m). Diese Zone bildet einen maßgeblichen Teil des Kakteengürtels, der sich zwischen den Yungas und der Puna über die sogenannte Vorpuna (prepuna) erstreckt. Mit angezündeten Kandelabern vergleichen poetisch gestimmte Beobachter gerne die mehrarmigen Riesen, wenn diese im November ihre Blüten zeigen. Es kann 50 Jahre dauern, bis es einem Säulenkaktus gelingt, die ersten Blüten zu treiben. Die süßsauren Früchte (pasacanas) sind bei Tieren – und Puna-Bewohnern – geschätzt. Kakteenholz ist, neben Lehmstroh, das Baumaterial der regionalen Adobe-Architektur – weshalb in der Arbeitsunfallstatistik unsachgemäßes Kaktusfällen immer noch als Todesursache erscheint.

Im Tin-Tin-Gebiet kommen trekkende Kakteenfreunde auf ihre Kosten. Auf dem Weg zum Cerro Tin-Tin und seinen Kalkstein-Ausblühungen (calizas) an den östlichen Bergflanken lassen sich vier alte Kalkbrennöfen entdecken. In Gegenrichtung, auf den Cerro Negro zu, beobachtet man mit ein wenig Glück, wie geschickt sich eine Guanakoherde durch das Stachellabyrinth bewegt. Runde Schlupflöcher in den Stämmen verraten die Nester des Kaktusspechts. Aber auch unvermutete Pflanzenarten bewohnen das Valle Tin-Tin.

Links der Straße, ca. 35 km vor **Cachi** 8 (s. S. 396), erstreckt sich ein ganzer Churqui-Wald (Prosopis ferox), und wenn es im Sommer einmal regnet (jährlicher Niederschlag: 100 mm; damit aus den Samen neue Keime entstehen können, sind jedoch 250 mm nötig, die nur etwa alle 20 Jahre gemessen werden), dann breitet eine winzige endemische Amaryllis-Art (Ippeastrum tintineasis) innerhalb von wenigen Tagen zu Füßen der großen Wächter einen leuchtenden, gelben Teppich aus.

Salta und Umgebung

Die riesigen Kandelaberkakteen *(cardones)* **gaben dem Nationalpark seinen Namen**

Koloniale Landgüter
▶ 1, F 4

Karte: S. 410
Östlich von Salta stehen gleich zwei koloniale Landgüter, die – jedes auf seine Art – zu den bemerkenswerten in ganz Argentinien zählen. Auf der RN 9, ca. 35 km Richtung General Güemes, erreicht man die älteste Hacienda der Region, **Fuerte de Cobos** 9 (s. S. 416, in Cobos von der RN 9 rechts abbiegen, nach der Dorfkapelle links abzweigen und 500 m weiterfahren; Eintritt frei).

Als eine der schönsten, gepflegtesten und traditionsreichsten Estancias von Argentinien mit original kolonialer *sala* (›Herrenhaus‹), deren Ursprünge auf das Gründungsjahr 1609 zurückgehen, gilt die **Finca El Bordo de las Lanzas** 10 gut 10 km nördlich von General Güemes (s. S. 416). Die 2500 ha große Latifundie, auf der man auch übernachten kann, führt beispielhaft die Symbiose von Bodennutzung, Viehzucht und Naturerhaltung vor. In ihren sieben Lagunen leben Kaimane, Flamingos, Kormorane, Tausende von Reihern und andere Vogelarten. Die Bergmassive sind

Parque Nacional El Rey

estanciero-Familie Arias, gute Küche. Auch Tagesbesuche möglich, mit Teehaus. DZ 200 US$ p. P. inkl. VP und Ausritte.

Parque Nacional El Rey
▶ 1, F 4

Karte: S. 410

In einem Gebiet, dessen subtropische Niederungen von Plantagen (Tabak, Bananen, Kaffee, Baumwolle, Zitrusfrüchte, Zuckerrohr) überzogen sind, ragt der gebirgige **Parque Nacional El Rey** 11 wie eine überdimensionale Waldinsel hervor. Das 442 km² große Reservat, das seinen Namen einer Schenkung des spanischen Königs an seinen Erstbesitzer verdankt, präsentiert sich als gewaltiges, von unregelmäßigen Schluchten und Tälern zerrissenes Amphitheater, bewohnt von Affen, Tapiren, Pekaris, Pumas, Adlern, Charatas (einer Hühnervogelart), Kondoren und vielen anderen Spezies. Sieben Wanderwege, die teilweise auch befahrbar sind und beim Haus des Parkwächters starten, ermöglichen eine Erkundung des Parks. Am schönsten sind die Strecken zum Río Popayán (10 km durch Chaco-Wald) und zum Pozo Verde (3 km befahrbare Straße, dann 9 km Wanderweg durch den untersten Streifen des Nebelwaldes). Der Nationalpark ist das am leichtesten zugängliche Schutzgebiet unter den drei Yunga-Reservaten im Nordwesten – El Rey, Calilegua (s. S. 421) und Baritú (s. S. 422) –, wird aber dennoch nur von knapp 2000 Menschen im Jahr besucht.

Man erreicht den Park von Salta aus über General Güemes (46 km), dann auf der RN 34 nach Süden bis Lumbreras (60 km), links auf die RP 5 nach Paso de la Cruz (44 km) und wiederum nach links auf die geschotterte RP 20, die nach 47 km am Gebäude des Parkrangers endet (Information in Salta: España 366, 3. Stock, Tel. 0387 431 26 83, www.parquesnacionales.gob.ar, Eintritt frei).

bedeckt von dampfendem Dschungel (auf mittlerer Höhe Nebelwald), dessen Artenvielfalt in Argentinien nur vom Urwald in Misiones übertroffen wird.

Übernachten

Koloniales Kleinod ▶ **Finca El Bordo de las Lanzas:** im Valle de Siancas (10 km nördl. von General Güemes an der Río-Saladillo-Brücke von der RN 34 ab und auf einer Stichstraße 4 km nach El Bordo), Tel. 0387 15 684 11 76, www.turismoelbordo.com.ar. Platz für max. 12–15 Gäste, nette Betreuung durch die

Übernachten

Camping ▶ Zeltmöglichkeiten im Bereich der Parkverwaltung und am Río Popayán.

Salta und Umgebung

Wohnen im Kolonialstil

In keiner Region Argentiniens haben sich, ungeachtet aller seismischen Katastrophen, so viele Zeugnisse spanischer Kolonialarchitektur erhalten wie in der Provinz Salta. Hier lag – in der Blütezeit des sagenhaften Potosí, wo die Silberbarone die Gassen mit Barren pflasterten – das wirtschaftliche Zentrum zur Versorgung Oberperus.

Salta hatte eine Fülle von Agrarerzeugnissen zu bieten und züchtete Tausende von Maultieren, die die Edelmetalle von den Gruben zur Pazifikküste transportierten. In den fruchtbaren Niederungen entstanden immense Haciendas, deren *salas* genannte Herrenhäuser damals eher Wachtürmen oder Brückenpfeilern glichen, weil sie den Angriffen der Indianerstämme zu trotzen hatten. So spiegelt sich schon auch in der über 400-jährigen Architekturgeschichte der Region zugleich der Wandel von wohldefinierten Nutz- und Schutzinteressen wie auch der von Zeitgeist und Geschmack wider.

Schon die Bezeichnung **Fuerte de Cobos** (›Fort von Cobos‹) für das älteste erhaltene Haziendagebäude in der Region (s. S. 414) deutet auf den Verteidigungscharakter der Anlage hin – und es ist bis heute Gauchotradition, die Haziendas des Nordwestens als *fortines* (›Schanzanlagen‹) zu bezeichnen. Der von dicken Adobemauern getragene, hohe Bau von Cobos (ein sogenanntes *alto*) signalisiert Wehrhaftigkeit, der (wohlweislich nur im Obergeschoss angebrachte) durchlaufende Balkon Wachsamkeit: Von hier aus konnte man auf weite Entfernung die Staubwolke heranreitender Angreifer ausmachen.

Mit der nach und nach abnehmenden Bedrohung durch Indianerüberfälle gaben die Hazienda-Sitze ihre zinnenhafte Steifheit auf und bequemten sich zu harmonischeren Bauproportionen. Ein gutes Beispiel für einen solchen zugleich aus ästhetischem Anspruch wie aus dem Sicherheitsbedürfnis hervorgegangenen Kompromiss bildet die **Hacienda de Molinos** in den Valles Calchaquíes (s. S. 396). Nach dem Indianerüberfall von 1735 auf Cobos, bei dem nahezu die gesamten Saatflächen vernichtet wurden, verwandelte sich die relativ friedliche Flussoase um Molinos in die Getreidekammer der Provinz. Diese Hazienda (bis heute als denkmalgeschützte Hostería erhalten) des letzten königstreuen Gouverneurs Domingo de Isasmendi verrät mit ihrer flachen, kompakten Viereckform zugleich die Suche nach Geborgenheit wie auch das Bestreben nach funktioneller Übersicht: hier die Bodega, dort die Seifensiederei, da die Mühle, drüben der Wohnbereich. Noch wer heute unter dem Moje-Baum im flusssteingepflasterten Patio sitzt und die wandernden Schatten der Algarrobo-Säulen verfolgt, wird sich kaum dem Zauber der Harmonie jener frühen Kolonialarchitektur entziehen können.

Für die Restaurierung der wunderschönen **Finca El Bordo de las Lanzas** (›Höhenrain der Lanzenbäume‹, s. S. 414) – die erste *sala* geht auf die Mutter des Freiheitshelden Güemes zurück – hat man zu ersetzende Teile wie Türen, Schwellen, Fensterfassungen und Schlösser passgenau aus kolonialzeitlichen Abbruchgebäuden übernommen und hier eingesetzt. Die wichtigsten Elemente des Hausbaus waren genormt und die Normen gingen noch auf die arabische Architektur

Kolonialarchitektur

Thema

Häufige Indianerüberfälle erforderten wehrhafte Bauten, z. B. den Fuerte de Cobos

zurück. Spanien hatte sich bei der Entdeckung Amerikas eben erst vollständig von der fast 800 Jahre währenden arabischen Vorherrschaft befreit, die dem Land auch das gestalterische Erbe Nordafrikas hinterließ. Blendendes Weiß, grüne Laubschatten, das Echo plätschernder Patiobrunnen, Bänke, Balkone und Balustraden – mozarabische Komponenten und Stilelemente wurden originalgetreu und maßhaltig auf die Architektur der Neuen Welt übertragen. Noch die *alacenas* genannten Wandgemächer in den Schlafzimmern – Vorläufer unserer Einbauschränke – verweisen auf nordafrikanische Ursprünge.

Im Gegensatz zur noch introvertierten Geschlossenheit der Hacienda de Molinos zeigt Las Lanzas bereits die aufgelockerte Konzeption eines Landsitzes, der behagliches Wohnen, übersichtliches Hantieren und das, was wir heute ›Landschaftsbezogenheit‹ nennen, in sich vereinigt. Die urbanen Kopien dieser Lebensweise – als bestes Beispiel bietet sich Saltas **Casa de Uriburu** an, heute ein Museum (s. S. 401 – bedienten sich, vom Lehmmauerwerk bis zu den Palo-Negro-Balken, der gleichen Bauelemente wie ihre ländlichen Vorbilder. Doch die Kandelaber und Tafelsilber vervielfältigenden venezianischen Spiegel konnten die erhabene Aussicht durch ein Hazienda-Fenster nicht ersetzen. Im ›Jesuitenbarock‹ und den himmelstürmenden Schöpfungen der Franziskaner kam dann der Wille zum Ausdruck, sich von den Zwängen städtischer Bedrängtheit zu befreien. In den Bürgerhäusern bemühte man sich, die Natur in Form von Lavendelblüten einzufangen: Mit ihnen wurden die *petacas* (›Ledertruhen‹) parfümiert, um Mäuse und Motten daran zu hindern, nicht nur das Samtfutter zu fressen, sondern auch die in der Truhe aufbewahrten Pergamente, die die Eigentumstitel der Stadtpaläste verbürgten.

417

Provinz Jujuy

Jujuys Hauptattraktion ist die Quebrada de Humahuaca mit ihren malerischen Dörfern. Faszinierende Eindrücke gewinnt man auch auf den zahlreichen Seitenwegen, die in die Puna klettern und großartige Aussichten bieten. Sie führen bis in abgelegene Naturgebiete wie die von seltenen Flamingos bewohnte Laguna de los Pozuelos oder den Parque Nacional Baritú, der sich zwar auf Saltas Territorium befindet, aber am besten von Jujuy aus zugänglich ist.

Mit der Hauptstadt der nördlichen Nachbarprovinz Jujuy ist die Stadt Salta über zwei Wegstrecken verbunden: Die längere (130 km), aber schnellere führt über General Güemes, ist stark befahren und bietet dem Auge nur Zuckerrohr-, Tabak- und Baumwollfelder; die kürzere (90 km) ›Kurbelstrecke‹ mit ihren über 500 Kurven läuft lange am Gebirgsrand entlang (daher ihr Name: *cornisa*) und bietet im Mittelabschnitt eine herrliche Urwaldfahrt. Von dem Punkt, wo beide Stränge sich wieder vereinigen, kann man die Stadt Jujuy bereits in der Flusssenke liegen sehen.

San Salvador de Jujuy
▶ 1, E 4

Karte: S. 420

Als sich der kolonialzeitlich neureiche Landadel in Argentiniens nördlichster Provinzmetropole Stadtpaläste baute, durfte sich das einst schmucke **San Salvador de Jujuy** **1** Tacita de Plata (›Silbertässchen‹) nennen. Heute wird im 13 km entfernten Hüttenwerk Zapla nur noch Eisen geschmolzen. Die 1593 im Flusswinkel von Río Grande und Xibi Xibi an einem vormaligen Inka-Sitz gegründete Stadt hat aus ihrer Glanzzeit denkbar wenige Kolonialbauten gerettet. Gleichsam als sei sie von ihrer Vergangenheit abgerückt, entwickelte sich auch – ganz untypisch für hi-

spano-amerikanische Siedlungen – ihr geschäftliches Zentrum abseits der Plaza. Und selbst hier geht es, trotz der heute 320 000 Einwohner, gelassen zu, ja noch um einen deutlichen Takt langsamer als in der Konkurrenzmetropole Salta. So scheinen denn auch die allegorischen Marmorstatuen vor dem Regierungspalast – ›Der Friede‹, ›Die Freiheit‹, ›Die Gerechtigkeit‹, ›Der Fortschritt‹ (einst von der Bildhauerin Lola Mora für das Kongressgebäude in Buenos Aires geschaffen) – ohne Dramatik den uneingelösten Versprechungen des Schicksals nachzusinnen. Hier, vor der mächtigen Fassade im französischen Stil, kann der kleine Stadtrundgang beginnen.

Unter den sich um die **Plaza Belgrano** scharenden Gebäuden ragen der Trakt des dem Regierungspalast gegenüberliegenden **Cabildo** (1864 nach einem Erdbeben neu errichtet, heute Polizeipräsidium) mit seinen massigen Kolonnaden und die sich von öden Hochbauten im Hintergrund absetzende **Kathedrale** (frühes 18. Jh.) heraus. Sie hütet in ihrem Innern Argentiniens kostbarstes Werk des Kolonialbarocks: eine reich geschnitzte polychrome Kanzel mit Schalldeckel und einer Treppenwand aus Ñandubayholz (etwa 1710), Jakobs Traum versinnbildlichend.

Die von der Plaza zur Fußgängerzone führende Calle Belgrano überrascht inmitten der Geschäftszeilen an der Ecke zur Calle Lavalle mit dem feierlichen Bau der **Iglesia de San**

San Salvador de Jujuy

Francisco. Auch sie wartet mit einer herrlichen Barockkanzel auf. wahrscheinlich aus derselben Schnitzerwerkstatt wie die Kanzel der Kathedrale. Eine Entdeckung sind auch die innen hohlen (nur von hinten zu sehen) hölzernen Altarfiguren: Sie wurden auf dem Maultierrücken einst von Peru herantransportiert und sollten daher wenig wiegen.

Neben der Kirche zeigt das kleine, aber feine **Museo Histórico Franciscano** sakrale Kunst und Möbel aus dem 17. Jh. (Lavalle 325, Tel. 0388 42 34 34, Mo–Sa 9–12, 16–20 Uhr, 8 $).

Nur ein paar Schritte von der Kirche entfernt repräsentiert die **Casa de Lavalle,** in der 1841 der Unabhängigkeitskämpfer General Lavalle erschossen wurde, ursprüngliche, einfache Kolonialarchitektur. Heute hat hier das **Museo Histórico Provincial** seine Heimat (Lavalle 250, Mo–Fr 8–20, Sa/So 8–12, 16–20 Uhr, 5 $).

Sehenswert ist auch die koloniale **Capilla de Santa Barbara** aus dem 18. Jh. mit ihren massiven Adobewänden, ein Bau von harmonischer Gedrungenheit (Lamadrid, Ecke San Martín). Ansonsten künden nur noch ein Dutzend Gipsfassaden in der Calle Alvear (Nr. 900–1100) von neokolonialer Pracht. Unter ihnen sticht das sehr gut erhaltene **Teatro Mitre** hervor, Argentiniens ältestes Staatstheater, das 1901 als Opernhaus gegründet wurde (Alvear 1009, Ecke Lamadrid).

Infos

Secretaría de Turismo: Canónigo Gorriti 299, Tel. 0388 422 13 25/26 u. 0800 555 99 55, www.turismojujuy.gov.ar, Mo–Fr 7–22, Sa/So 9–21 Uhr.

Übernachten

… im Zentrum:

Boutiquehotel ▶ Gregorio I: Independencia 829, Tel. 0388 424 47 47, www.gregorio hotel.com. Elegantes, kleines Hotel mit Bar. DZ 590 $.

Freundlich ▶ Augustus: Belgrano 715, Tel. 0388 423 02 03, www.hotelaugustus.com.ar. Zentral, gehobene Mittelklasse, gutes Preis-Leistungs-Verhältnis. DZ 585 $.

Komfortabel ▶ Jujuy Palace: Belgrano 1060, Tel. 0388 423 04 33, www.jujuypalace hotel.com. Zentral, gemütlich, Fitnessraum, Sauna, Bar, Restaurant, drahtloser Internetanschluss. DZ 500 $.

Bescheiden ▶ Sumay: Otero 232, Tel. 0388 423 50 65. Zentral, schlicht, sauber. DZ 399 $.

Residencial ▶ Chung King: Alvear 627, Tel. 0388 422 29 82. Zentral, mit einfachem, gutem Restaurant (u. a. Zicklein, Spanferkel und Flussfische). DZ 300 $.

B & B ▶ Hostal Casa de Barro: Otero 294, Tel. 0388 422 95 78, www.casadebarro.com. ar. Zentrale Lage, Zimmer ohne Bad, Gemeinschaftsküche. DZ 210 $.

… außerhalb:

Preiswert ▶ Las Vertientes: RN 9 Km 17, 17 km nördlich, bei Lozano, Tel. 0388 498 01 49, www.yala.gov.ar. Idyllische Unterkunft auf 1575 m mit Restaurant und Pool. DZ 300 $, Camping 30 $ p. P.

Essen & Trinken

Parrilla ▶ Krysys: Balcarce 272, Tel. 0388 423 11 26, So abends geschl. Eine der besten Parrillas in Jujuy, es gibt aber auch internationale Gerichte. 190 $.

Für Feinschmecker ▶ Manos Jujeñas: Senador Pérez 220, Tel. 0388 424 32 70, Mo geschl. Feinste regionale Küche in einem sympathischen Haus. 180 $.

Regionale Küche ▶ Viracocha: Independencia, Ecke Lamadrid, Tel. 0388 423 35 54. *Quinua, humita, empanadas,* Lama-Fleisch und Forellen. 150 $.

Einkaufen

Regionale Produkte ▶ Ecotextil: Belgrano 592, Ecke Otero, Tel. 0388 424 28 75, www. decotextil.com.ar. Bettdecken, Schals, Ponchos etc. aus Schafs-, Baum- und Lamawolle. **Mercado Artesanal:** Urquiza, zwischen Gorriti und Coronel Otero. Hier findet man u. a. Tontöpfe in allen Formen und Größen sowie Ponchos und Decken.

Aktiv

Nachhaltiger Tourismus ▶ Espejo de Sal: Tel. 0388 15 475 01 94, www.espejodesal.

Provinzen Salta und Jujuy

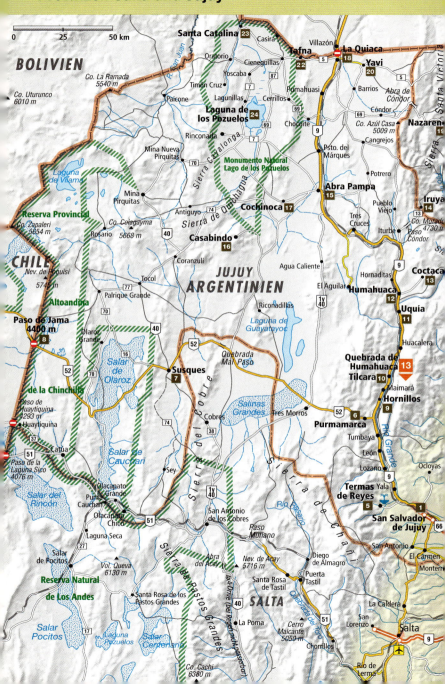

Parque Nacional Calilegua

com.ar. Im Gebiet der Salinas Grandes haben sich 32 Indiofamilien zusammengetan und führen Touristen in die Puna. Startpunkte sind die Ortschaften um die Salzwüste, z. B. Susques (s. S. 426), Rinconadillas und Santa Ana.

Verkehr

Flüge: Mit Aerolíneas Argentinas 3 x tgl. nach Buenos Aires und 1 x tgl. nach Córdoba.
Busse: Tgl. mehrfach nach Buenos Aires (1260 km, 20–23 Std., 625–1050 $) und nach Salta. Busbahnhof: Av. Dorrego, Ecke Iguazú, Tel. 0388 422 13 75.

Parque Nacional Calilegua ▶ 1, F 3

Karte: links

Ca. 120 km nordöstlich von San Salvador de Jujuy liegt der 763 km² große **Parque Nacional Calilegua** 2, in dessen unzugänglichen Reservas Naturales Estrictas – die den größten Teil des Gebiets ausmachen – auch noch Jaguare leben. Dieses Naturparadies, das sich in Höhen bis über 3000 m erstreckt, entstand aus der rechtzeitigen Einsicht der großen Zuckerraffinerie Ledesma (gleichzeitig Alkoholbrennerei und Papierfabrik), dass einzig die Bewahrung des klimaregulierenden Waldgürtels das Gedeihen der immensen *caña*-Pflanzungen in der Ebene garantiert.

Die den Nationalpark querende RP 83 ist, was den Erlebniswert Naturwald anbetrifft, eine Traumstraße. Sie klettert von 600 m (am Parkeingang) bis zur Abra de Cañas auf rund 1800 m und endet nach 60 km in **Valle Grande.** Entlang dieser Strecke starten insgesamt acht ausgeschilderte Wanderwege. Am beliebtesten ist die Strecke vom Arroyo Aguas Negras nach Negrito. Der Weg »Nuestra Selva« (›Unser Wald‹) kann in Begleitung von guaranitischen Führern begangen werden, die über ihre Kultur und Geschichte erzählen (100 $). Es werden auch organisierte Radtouren angeboten (Infos am Parkeingang).

Die Anreise in den Parque Nacional Calilegua führt von Salta oder Jujuy aus über die RN 34 nach Norden, bis man kurz hinter dem

Provinz Jujuy

Ort Libertador General San Martín die Brücke über den Río San Lorenzo passiert. Dort zweigt links die 8 km lange Zufahrt (RP 83) in den Park ab.

Infos

Die Einfahrt und das Haus des Parkwächters liegen jenseits des zu durchquerenden Arroyo Aguas Negras: RP 83, 8 km westlich von Libertador General San Martín, Tel. 03886 42 20 46, www.parquesnacionales.gob.ar, Parkeintritt frei.

Übernachten

Am Biospärenreservat ▶ **Posada del Sol:** Los Ceibos, Ecke Pucará, Libertador General San Martín, Tel. 03886 42 49 00, www.posadadelsoljujuy.com.ar. Schöne Anlage mit Pool. DZ 641 $.

Mit Pool ▶ **El Jardín Colonial:** San Lorenzo s/n, Calilegua (5 km von Libertador General San Martín entfernt), Tel. 03886 43 03 34. 100-jähriges Landhaus mit großem Park. DZ 250 $.

Camping ▶ **Aguas Negras:** Nahe Parkeingang. Baumbestand, Panoramablick, einfache Sanitäranlagen, oft Stechmücken (auch im Winter!).

Aktiv

(Maultier-)Trekking ▶ Von Valle Grande aus führen Wanderwege über die Sierras del Zenta in 4–5 Tagen bis Humuhuaca (s. S. 429). Auf dem Rücken eines Maultiers gelangt man in ca. 4 Std. bis Santa Ana an der RP 73, von wo Kleinbusse nach Humahuaca fahren.

Tipp: Anreise in den Parque Nacional Baritú

Alle Angaben (auch Karten!), nach denen der Parque Nacional Baritú von argentinischem Boden aus erreichbar sind, sind irreführend bzw. schlichtweg falsch. Der einzig mögliche Zugang in den Park führt über Bolivien. Der Grenzübergang an der internationalen Brücke über den Río Bermejo bei Aguas Blancas ist rund um die Uhr geöffnet.

Verkehr

Busse: Tgl. um 8 Uhr fährt ein Bus von Libertador General San Martín durch den Park nach Valle Grande (Rückfahrt ab 14 Uhr). Stdl. Verbindungen zwischen San Salvador de Jujuy und Libertador General San Martín mit Balut (33 $), Tel. 03886 42 32 22. Das gleiche Unternehmen fährt von Libertador General San Martín aus tgl. auch Aguas Blancas an der Grenze zu Bolivien (92 $) und Buenos Aires (904 $) an.

Parque Nacional Baritú
▶ 1, F 2

Karte: S. 420

Übertroffen werden alle Waldschätze Argentiniens von dem so gut wie unberührten **Parque Nacional Baritú** **3**, dessen beschwerlicher Zugang (nur über Bolivien möglich, s. links) dem grünen Juwel den Ruf eines Midas-Schatzes eingebracht hat. Wer diese wilde Region erforschen will, muss sich – gleich den Pionieren des Kontinents – entlang der Wasserläufe bewegen. Kein Pfad öffnet sich dem Besucher – denn es gibt gar keinen. Das Touristenaufkommen tendiert gegen Null. Selbst der im 30 km von der Nationalparkgrenze entfernten Dorf Los Toldos wohnende Parkranger hatte erst einmal Gelegenheit (mit dem Hubschrauber), in das Herz des 725 km^2 großen Dschungels vorzustoßen, wo fischende Wasserschweine – sonst nur in Sümpfen und Lagunen anzutreffen – wie Lachs fangende Bären flussaufwärts wandern.

Zu empfehlender Startpunkt für einen Besuch im Park ist das sympathische Landstädtchen **San Ramón de la Nueva Orán** **4** rund 270 km nördlich von Salta an der RN 50. Von dort sind es noch 42 km bis zur argentinisch-bolivianischen Grenze bei Aguas Blancas. Die nun folgende Strecke läuft – mit einer Unterbrechung an der Quebrada Guandacay – durchgehend am Grenzfluss Río Bermejo entlang und gilt als eine der schönsten Panoramastraßen Boliviens. Am gegenüberliegenden Flussufer sieht man bereits den Yunga-Wald des Nationalparks. Nach

Parque Nacional Baritú

Lamas haben viele Qualitäten: Sie sind genügsam, tragen Lasten, ihr Mist dient als Dünger oder Brennstoff und ihre Wolle wird zu Textilien verarbeitet

112 asphaltierten Kilometern ist **La Mamora** erreicht, ein kleiner Ort mit einem sehr einfachen Hotel, einigen Restaurants, Läden – und Benzin vom Fass. Von hier führt eine Brücke (nur im Winter passierbar!) über den Fluss nach **El Condado** zurück auf die argentinische Seite. Auf einem kurvenreichen Fahrweg geht es weiter ins 17 km entfernte Dorf **Los Toldos** auf 1550 m und dann nochmals 26 km (nur hochachsige Autos oder zu Fuß) bis zum Weiler **Lipeo,** dem ›Tor‹ zum Nationalpark. Der einzige Weg im Park führt von Lipeo zur **Población El Baritú** (ca. 15 km).

(Anmerkung: Die letzte Tankstelle auf argentinischem Boden befindet sich an der RN 50 bei San Ramón de la Nueva Orán und die letzte Auftankmöglichkeit vor dem Nationalpark in La Mamora. Auskünfte zur Befahrbarkeit der Straßen erteilt die Administración de Parques Nacionales in Salta, s. rechts.)

Infos

In Los Toldos kann man den zuständigen Parkaufseher *(guardaparques)* kontaktieren, Tel. 03878 15 64 63 03. Wer vorher zu ihm Kontakt aufnehmen möchte, schreibt an baritu@apn.gov.ar.
Municipalidad de Orán: Güemes, Ecke Lamadrid, San Ramón de la Nueva Orán, Tel. 03878 42 60 52 u. 42 10 69, Mo–Fr 7–13 Uhr.
Administración de Parques Nacionales: España 366, 3. Stock, Salta, Tel. 0387 31 26 83, www.parquesnacionales.gob.ar.

Übernachten

... in San Ramón de la Nueva Orán:
Mit Pool ▶ **Alto Verde:** Pellegrini 671, Tel. 03878 42 12 14, www.altoverdeoran.com.ar. Modern, komfortabel, Restaurant. DZ 500 $.
Einfach ▶ **Crillón:** 25 de Mayo 225, Tel. 03878 42 11 01. Zimmer mit Bad. DZ 450 $.
... in Los Toldos:
An der Parkeinfahrt ▶ **Cabaña Los Toldos:** Calle Laguens s/n, Tel. 03878 15 51 91 13 u. 15 64 13 77, www.lostoldosdelbaritu.com.ar. Mit Restaurant. Bungalow für 2 Pers. 400 $.
Hospedajes ▶ **Acosta:** Tel. 03878 15 52 76 82 (DZ 80 $); **Las Abritas:** Tel. 03878 15 64

423

Provinz Jujuy

93 65 (50 $ p. P. im 6er-Zimmer); **El Nogalar:** Tel. 03878 1551 09 04 (Bungalow für 2 Pers. 300 $).

... in El Condado:

Urwaldlodge ▶ Portal del Baritú: am Ufer des Río Bermejo, Reservierungen über Siete Colores, Gorriti 291, San Salvador de Jujuy, Tel. 0388 423 71 30 u. 0388 15 501 60 64. Lodge in Kaffeeplantage, Bungalows, Angeln möglich, Transfer ab Salta, Jujuy oder Aguas Blancas, nur Mai–Nov., Mindestaufenthalt 3 Tage/2 Nächte. DZ 120 US$ p. P. inkl. VP.

... im Nationalpark:

Camping ▶ Unter Beachtung aller Naturschutzauflagen darf im Nationalpark gezeltet werden, es gibt jedoch keine Sanitäranlagen oder andere Einrichtungen.

Essen & Trinken

... in San Ramón de la Nueva Orán:

Restobar ▶ Don Tomás: General Güemes 585, Tel. 03878 42 80 96, Mo geschl. Beliebtes Lokal nahe der Plaza mit regionaler Küche. 140 $.

Parrilla ▶ El Balcón: Pellegrini 102, Ecke López y Planes, Tel. 03878 42 57 29. Empfehlenswertes Fleisch vom Grill. 130 $.

Verkehr

Flüge: Private Charterflüge nach Los Toldos bietet der Aeroclub Orán, Av. Palacios 1350, Tel. 03887 42 26 80 (3600 $ für maximal 3 Passagiere).

Busse: Regelmäßig (z. B. ab Salta oder Buenos Aires) in den Grenzort Aguas Blancas. Mit der Fähre geht es von hier über den Río Bermejo ins bolivianische Bermejo, wo es Anschluss mit Bussen nach Tarija, La Paz usw. gibt. Wer in den Nationalpark möchte, muss nach 112 km in La Mamora aussteigen, auf dessen Hauptplatz sonntags um 11 Uhr Fahrer nach Los Toldos angeheuert werden können. Raúl Palacios (Pueyrredón 602, Tel. 03878 42 34 55), Organisator abenteuerlicher Kreuzfahrten im Geländewagen durch Urwald und Gebirge bis Humahuaca, fährt auf Anfrage auch von Orán nach Los Toldos. Auch die Fahrzeuge der Fundación ProYungas nehmen Reisende von Orán bis Los Tol-

dos mit (25 de Mayo 519, Tel. 03878 42 38 76, www.proyungas.com.ar). Ab Los Toldos kommt man mit dem Pick-up der Ortsverwaltung (Municipalidad Los Toldos, Tel. 03878 45 01 01) in den Park.

13 Quebrada de Humahuaca

Karte: S. 420

Verbindungsschiene der Provinz und obligate Sightseeing-Strecke ist die 70 km lange, 2003 von der UNESCO zum Welterbe erklärte **Quebrada de Humahuaca,** kurz La Quebrada (›Schlucht‹) genannt. Das in Nord-Süd-Richtung verlaufende, im Westen von einem bis zu 4000 m hohen Kordillerenstrang, im Osten vom Zenta-Gebirge eingefasste Tal beginnt ca. 40 km nördlich von San Salvador de Jujuy bei Volcán und endet nur wenig oberhalb von Humahuaca. Es bildet zugleich das geröllreiche Bett des Río Grande, an dem sich Argentiniens malerischste Flussoase entlangzieht – das viel benutzte Attribut nimmt hier Gestalt an: Über die Felsen der Quebrada scheint ein Zauberer alle Farben dieser Erde ausgeschüttet zu haben. Tausende von bis zu 6 m hohen Baumkakteen *(cardones)* wachsen an den Berghängen und haben sich im Boden der ausgetrockneten Flüsse verankert. So ist es auch ein *cardón,* um den sich die Ortslegende von Humahuaca spinnt: Der rachsüchtige Vater des schönen Indiomädchens Taubenherz ließ deren Geliebten, den Kazikensohn Rumi (›Stein‹), enthaupten und den Kopf auf einen Kaktus aufspießen. Alsbald rannen dicke Tränen aus den Augen und die Leute riefen »Humahuacac, humahuacac!« – ›Der Kopf weint, der Kopf weint!‹. Damit das legendäre Landschaftsbild der Quebrada erhalten bleibt, ist es heute übrigens verboten, innerhalb eines 2 km breiten Schutzstreifens links und rechts der RN 9 Kakteen zu fällen. So brüchig das lochreiche Holz aussehen mag, es ist sehr hart und widerstandsfähig; seit Jahrhunderten werden daraus Dachbalken und Türen, Beichtstühle und Truhen hergestellt.

Quebrada de Humahuaca

Tipp: Danza de las Cintas

Von Weihnachten bis zum Dreikönigstag hallen durch **Purmamarca** (s. unten) fast täglich – zumeist spätnachmittags nach der Siesta – die Trommelwirbel des *bombo,* der aus einem ausgehöhlten Ceibo-Stamm bestehenden Langtrommel des Nordwestens. Folgt man dem Klang durch die Dorfstraßen, so wird man bald auf die Quelle stoßen: Ein Musikertrio, bei dem ein Junge den Wirbel auf seine Trommel setzt, ein zweiter auf das Leder der *caja,* einer kleinen Ziegenfelltrommel, schlägt und ein dritter auf seinem *pinkuyo* bläst, einer aus Zuckerrohr gefertigten Blockflöte. Die sich immer wiederholende Melodie gibt den Takt an für eine Gruppe von Kindern *(kollas),* die paarweise um einen improvisierten, auf der Straße aufgebauten Altar und eine Krippe tanzt. Eine gute Stunde lang dauert das Ganze, dann bedanken sich die Anwohner mit einem Imbiss für die Vorstellung, die im typisch religiösen Synkretismus des Nordwestens die christliche Bescherung mit dem Dank an die indianische Erdmutter Pachamama für die im Frühling blühenden Bäume vereint. Jeden Tag zieht das Trio in eine andere Ecke des Dorfes, sonntags und an religiösen Feiertagen dagegen in die Kirche. Hier stehen die Musiker dann auf dem Chor über dem Kircheneingang, während die Tänzer das halbe – für diesen Anlass von den Bänken befreite – Kirchenschiff in Beschlag nehmen, um einen Fahnenbaum herumtanzen und dabei dessen bunte Bänder zusammenflechten.

Von San Salvador de Jujuy nach Purmamarca ▶ 1, E 3/4

In die Quebrada de Humahuaca münden zahlreiche Seitentäler, eines davon 10 km nördlich der Stadt Jujuy. Hier weist ein Schild zu den **Termas de Reyes** 5, Thermalquellen, die ihre heilende Wirkung insbesondere bei Rheuma-, Arthritis- und Nierenleiden entfalten.

Wieder zurück im Tal des Río Grande, stößt man in **Tumbaya** (740 Einw.) auf die erste der schönen weißen Adobekirchen (diese von 1873), die die Dörfer der Puna-Region schmücken. Nur 17 km weiter bringt sich in einem weiteren Seitental die Santa-Rosa-Kapelle (1648–1779) des 2300-Einwohner-Ortes **Purmamarca** 6 vor einer Kulisse bunter Felsen zur Geltung. Wenn die erste Morgensonne (bestes Fotografierlicht) den Berg hinter dem Dorf anstrahlt, wird klar, woher er seinen Namen hat: Cerro de los Siete Colores, ›Berg der sieben Farben‹.

Übernachten

... in der Quebrada de Reyes:

In schöner Landschaft ▶ Termas de Reyes: RP 4, 19 km nordwestl. von Jujuy, Tel. 0388 492 25 22, www.termasdereyes.com. Malerisch in der Schlucht des Río de Reyes gelegen, 1930er-Jahre-Flair, Thermalbecken, Einzelbäder. DZ ab 1130 $.

... in Purmamarca:

Im Estancia-Stil ▶ El Manantial del Silencio: RN 52 Km 3,5, am Ortsausgang Richtung chilenische Grenze, Tel. 0388 490 80 80, www.hotelmanantial.com.ar. Ein traditioneller Bau am Berghang, dessen dicke Lehmziegelmauern eine perfekte Klimaanlage abgeben. 19 großzügige Zimmer, Pool, Restaurant. DZ 281 US$.

Auf einer Anhöhe ▶ La Comarca: RN 52 Km 3,8, ebenfalls am Ortsausgang Richtung chilenische Grenze, Tel. 0388 490 80 01, www.lacomarcahotel.com.ar. Mit weiter Sicht über Fluss, Berge und Ort. Restaurant und Pool. DZ 1290 $.

Spa-Hotel ▶ Casa de Adobe: RN 52 Km 4,5, am Ortsausgang Richtung Chile, Tel. 0388 490 80 03, www.casadeadobe.com.ar. Moderne Anlage in traditionellem Stil, Restaurant mit Blick auf die Berge. DZ 810 $.

Am Ortsrand ▶ El Refugio de Coquena: RN 52 Km 3,4, Tel. 0388 490 80 25, www.el refugiodecoquena.com.ar. Pool, Restaurant, Fahrradverleih. DZ 710 $.

Günstig ▶ Hostería Bebo Vilte: hinter der Kirche, Tel. 0388 490 80 38, www.hosteria

425

Provinz Jujuy

Purmamarca: früher Rastplatz der Inka und heute Tummelplatz der Touristen, die sich hier mit Souvenirs eindecken können

bebovilte.com. Angenehmes kleines Hotel mit angrenzendem Campingplatz im Ortszentrum. DZ 550 $, Zelt 50 $ p. P. und 10 $/Auto.

Verkehr
Busse: Evelia pendelt mehrfach tgl. nach San Salvador de Jujuy (1 Std., 21,50 $).

Von Purmamarca zur chilenischen Grenze ▶ 1, C–E 3
Gut 260 km sind es von Purmamarca bis ins Nachbarland Chile. Zunächst klettert die vollständig asphaltierte RN 52 über die steile, aber gut befahrbare **Cuesta de Lipán** zur **Abra de Potrerillos** auf 4170 m, wo sich die Puna zu einer überwältigenden Hochebene öffnet, begrenzt nur von den fernen Wellen blauer Berge. Die **Laguna de Guayatayoc**, ein blendend weißer Salzsee, schmerzt das Auge, während man auf einem Damm die **Salinas Grandes** überquert. Kurz darauf zwängt sich die Straße durch die **Quebrada Mal Paso** (›Schlecht passierbare Schlucht‹), bevor man das 2300-Seelen-Dorf **Susques** 7 (3675 m) erreicht. Ein Schmuckstück schlichter Totenverehrung nach Puna-Tradition ist der kleine Friedhof, der die strohgedeckte Adobekirche aus dem 17. Jh. umgibt. Die ursprünglich bo-

Quebrada de Humahuaca

livianische Siedlung wurde erst 1889 (nach dem Salpeterkrieg, den Chile gewann) an Argentinien abgetreten. Chile-Fahrer, die über den noch rund 120 km entfernten **Paso de Jama** 8 (›Lama-Pass‹) nach San Pedro de Atacama wollen, finden am Ortsausgang von Susques die letzte Tankstelle.

Übernachten, Essen

… in Susques:

Motel ▶ **Pastos Chicos:** RN 52 Km 220, ca. 3 km von Susques Richtung Grenze, Tel. 0388 423 53 87, www.pastoschicos.com.ar/susques. Schlichte Unterkunft und ebensolches Restaurant, allerdings gibt es hier gute *empanadas.* DZ 430 $.

Mit gutem Restaurant ▶ **La Vicuñita:** Av. San Martín 121, neben dem Polizeirevier, Tel. 03887 49 02 07. 5 Zimmer und das beste Restaurant im Ort (65 $). DZ 200 $.

Puna-Hotel ▶ **El Unquillar:** RN 52 Km 219, 1,5 km westlich vom Ort, Tel. 0388 15 412 28 64, www.hotelelunquillar.com.ar. Moderner, der Puna-Landschaft angepasster Bau, mit Restaurant. DZ 200 $, Bungalow 80 $ p. P.

Bescheiden ▶ **Pórtico de los Andes:** Av. Jujuy s/n, Tel. 03887 49 02 15. Einfache Zimmer und ebensolches Essen. DZ 180 $.

Hornillos und Maimará ▶ 1, E 3

Als die Quebrada de Humahuaca noch der einzige Verbindungsstrang zwischen Oberperu (Bolivien) und dem Vizekönigtum La Plata war, legten die Spanier – den *tambos* der Inka vergleichbare – Raststätten an, wo Boten und Truppen Pferde wechseln und übernachten konnten. Eine solche *posta* (von 1772) mit schöner, aber relativ neuer Kirche ist 20 km nördlich von Purmamarca in **Hornillos** 9 zu besichtigen (Mi–So 9–18 Uhr).

Mit der Paleta del Pintor (›Palette des Malers‹) versucht das nächste Oasendorf, **Maimará** (4100 Einw.), womöglich noch die Farborgie von Purmamarca zu übertreffen. Das einer riesigen aufgeschnittenen Cassata ähnelnde Schichtgestein der Felsabbrüche ist aber nicht nur eine Augenweide, sondern auch eine geologische Kuriosität: Die zwischen der untersten und der obersten Materialdecke zusammengepressten, 230 bis 130 Mio. Jahre alten Sedimente (Sand, Ton, Mergel, Kalk) bergen im Zentrum marine Fossilien, die die Transgression des Meeres bis zu diesen Längengraden bezeugen.

Übernachten

Camping ▶ Bei der *posta* in Hornillos gibt es einen wunderbar lauschigen Zeltplatz.

Tilcara ▶ 1, E 3

Der nächste Anziehungspunkt, **Tilcara** 10, ist berühmt wegen seiner in den 1960er-Jahren rekonstruierten *pucará* (›Indianerfestung‹), die

Provinz Jujuy

aber in Wirklichkeit wohl einfach eine strategisch umsichtig angelegte Omaguaca-Siedlung war (Eintritt 30 $, gilt auch für das Archäologische Museum). Kurz vor der zum 8 ha großen Ruinenfeld führenden Brücke zweigt links eine – für Schwindelfreie problemlos – befahrbare Piste ab, auf der man zur **Garganta del Diablo** (›Teufelsschlund‹) gelangt. Von der Höhe bietet sich ein herrlicher Panoramablick über die Quebrada.

Mit vier brillanten Festen im Jahr scheint das – zu seinem Vor- und Nachteil – touristisch gut erschlossene Tilcara seinem Namen (in Quechua ›Flüchtiger Stern‹) alle Ehre machen zu wollen. Einen Besuch lohnen die alte Kirche (begonnen 1795, beendet 1865) sowie das **Archäologische Museum,** in dem mehrere Menhire ausgestellt sind (Belgrano 445, tgl. 9–19, im Juli 9–12.30, 14–18 Uhr).

Übernachten

Boutiquehotel ▶ Viento Norte: Jujuy 536, Tel. 0388 495 56 05, www.hotelvientonorte.com.ar. Preisgekrönte Architektur, Pool, Bar. DZ 775 $.
Mit großem Park ▶ Posada con los Ángeles: Gorriti 153, Tel. 0388 495 51 53, www.posadaconlosangeles.com.ar. Traditioneller Bau mit moderner Einrichtung, Park mit Obstbäumen, Restaurant, Ausflüge. DZ 585 $.
Lamas im Garten ▶ Posada de Luz: Ambrosetti 661, Ecke Alverro, Tel. 0388 495 50 17, www.posadadeluz.com.ar. Angenehmes Hotel auf einer Anhöhe am Ortsrand mit Pool, Park und Restaurant. DZ 550 $.
Rustikales Ambiente ▶ El Antigal: Rivadavia 455, Tel. 0388 495 50 20, www.elantigaltilcara.com.ar. Einfache Zimmer mit Bad, sonniger Patio, Restaurant mit regionaler Küche, Familienmanagement. DZ 450 $.
Camping ▶ El Jardín: Belgrano 700 (RN 9 Km 84, am Ortseingang vor der Brücke), Tel. 0388 495 51 28, www.eljardintilcara.com. Gute Infrastruktur, am Flussufer neben dem Hotel gleichen Namens, mit Restaurant. 30 $ p. P., 20 $/Auto.

Tilcara – anlässlich der Karwoche festlich geschmückt

Aktiv

Touren mit Lamas ▶ **Caravana de Llamas:** Tel. 0388 495 53 26, www.caravanadellamas. com.ar. Im Programm sind Touren von 2 Std. bis zu mehreren Tagen, wobei jeder Teilnehmer ›sein‹ Lama als Tragtier am Zügel führt.

Huacalera und Uquía ▶ 1, E 3

Das schmucke weiße Gotteshaus von **Huacalera** (18. Jh.), das man nach dem Passieren des Wendekreises des Steinbocks erreicht, markiert den Standort der ältesten *posta* der Kolonialzeit. Im Innern der Kirche sind Gemälde aus Cuzco zu bewundern. Rund 15 km weiter stellt sich das 1691 erbaute Kirchlein von **Uquía** ⑪ vor den roten Quebrada-Felsen in Positur. Sein geschnitzter Barockaltar gilt als der älteste der Region. Heiligenfiguren und Gemälde der Cuzco-Schule ergänzen das Interieur, dessen vielleicht interessantestes Detail sich darin offenbart, dass die indianischen Künstler den dargestellten Engeln Waffen der spanischen Eroberer – Arkebusen – in die Hände legten.

Übernachten

… in Uquía:

Gemütlich ▶ **Hostal de Uquía:** Belgrano, Ecke Lozano, am Hauptplatz, Tel. 0388 749 05 23, www.hostaldeuquia.com. Adrette Pension mit 10 sauberen, einfachen Zimmern, guter Küche und gut sortiertem Weinkeller. DZ 320 $.

Humahuaca und Umgebung

▶ 1, E 2

Die Hauptstadt der Quebrada, das ca. 14 000 Einwohner zählende **Humahuaca** ⑫, bietet dem Besucher sehr unterschiedliche Eindrücke: hier laternenbewachte alte Kopfsteinpflastergassen, dort die monotonen Häuserzeilen der Bergarbeiter, im Kern ein echtes Traditionsmuseum und nicht weit davon der Cabildo im Villenstil von Benidorm. Dort, wo früher das kolonialzeitliche Rathaus mit Arkaden und Eisengitterbalkonen stand, öffnet sich heute jeden Mittag um 12 Uhr die Fassadentür, um einen (von einem Oberammergauer Figurenmechanismus angetriebe-

nen) heiligen Franziskus den Segen erteilen zu lassen.

Einen lebendigen Überblick über weitere regionale Eigenheiten vermittelt die kleine Sammlung des Schriftstellers und Kulturpflegers Sixto Vázquez Zuleta im **Museo Folklórico Regional** (Buenos Aires 435, tgl. 8–22 Uhr) und ein herrlicher Blick über die niedrigen Dächer des Ortes bietet sich vom gigantischen **Monumento de Independencia** (Unabhängigkeitsdenkmal von 1950). Im viel besuchten Humahuaca sollte man am besten dann umherwandeln, wenn keine Feste und Wochenenden sind, zu denen Massen von Busreisenden das Örtchen durchkämmen.

Per Auto gelangt man von Humahuaca zum 12 km nordöstlich gelegenen archäologischen Zentrum von **Coctaca** ⑬, wo Ruinenfelder und immense Terrassen von einem Volk träumen, das heute keinen Namen mehr hat. Ca. 100 000 Menschen konnten vom Terrassenanbau ernährt werden.

Nur wenige Kilometer hinter Humahuaca ist die Quebrada zu Ende. Die letzte kleine Kirche der Schlucht zieht sich in **Hornaditas** schon scheu von der Straße zurück, als wolle sie dem ungeduldigen Reisenden den Aufstieg in die Puna nicht verstellen.

Infos

Auskünfte erteilen die **Municipalidad,** Tel. 03887 42 13 75, www.quebradahumahuaca. com, oder – viel besser – **Sixto Vázquez Zuleta** im Museum.

Übernachten

Humahuaca ist ein wenig tourismusgeschädigt. Man kann in Uquía (s. links) wohnlicher unterkommen.

Beste Wahl ▶ **Hostería Camino del Inca:** Av. Ejército de los Andes, an der Brücke, Tel. 03887 42 11 36, www.noroestevirtual.com. ar/camino/inca.htm. Feinstes Hotel im Ort, mit Restaurant. DZ 450 $.

Sehr freundlich ▶ **El Coquena:** Calle Tres Sargentos, im Barrio Medalla Milagrosa (vom Zentrum über die Río-Grande-Brücke, 500 m auf der RP 73 Richtung Aparzo geradeaus, dann rechts abbiegen), Tel. 0388 15 434 04

Provinz Jujuy

54. Großzügige Zimmer, nettes Familienmanagement. DZ 320 $.
Familiär ▶ **Residencial Colonial:** Entre Ríos 110, Tel. 03887 42 10 07. Nahe Busterminal, saubere Zimmer mit/ohne Bad, familiengeführt. DZ 250 $ ohne Frühstück.
Hostel ▶ **El Sol:** Barrio Medalla Milagrosa s/n (s. S. 429), Tel. 03887 42 14 66, www.elsolhosteldehumahuaca.com. Hostelling International angeschlossen. Im Schlafsaal ab 70 $ p. P., DZ 250 $.
Camping ▶ Jenseits der Bahngleise. Rudimentäre Infrastruktur, Erdboden, Schatten.

Essen & Trinken

Regionale Küche ▶ **La Cacharpaya:** Jujuy, Ecke Santiago del Estero, Tel. 03887 42 10 16. Gute regionale Küche, z. B. *cazuela de cabrito* (Ziegeneintopf) oder Käse-*empanadas*. 120 $.
Peña ▶ **Fortunato Ramos:** Jujuy, Ecke San Luis, Tel. 03887 42 10 40. Regionale Küche und regionale Musik. 110 $.
Einfach ▶ **Humahuaca Colonial:** Tucumán 22, Tel. 03887 42 11 72. Einfache Tagesgerichte, *empanadas, tamales*. 90 $.

Einkaufen

Kunsthandwerk ▶ **Sasakuy:** Buenos Aires 276, Tel. 03887 42 13 84, www.artesasakuy.com.ar. Keramik, Silber und Textilien.

Aktiv

Touren ▶ **Ser Andino:** Jujuy 393, Tel. 03887 42 16 59, www.serandino.com.ar. Tagesausflüge in die Umgebung von Humahuaca sowie längere Fahrten bis nach Iruya oder ins Valle Grande, teils mit Wanderungen. **Omaguaca Guiados:** Carlos Salas, Tel. 03887 42 11 80 u. 0388 15 487 68 78, carlosomaguaca@yahoo.com.ar. Trekking- und Maultierexpeditionen ins Zenta-Gebirge (Santa Ana, Valle Grande, Pampichuelas) etc.

Termine

Karneval (Febr.): Eine Woche lang regiert der *diablillo*, das ›Teufelchen‹, die Stadt, bei der *cacharpaya* wird ein Esel mit einer Stoffpuppe auf dem Rücken durch die Straßen getrieben.

Höhepunkt ist der Domingo de Tentación (›Sonntag der Versuchung‹), an dem ein Erdloch mit Opfergaben für die Pachamama (Mutter Erde) gefüllt wird, um das die Komparsen zur Puna-Musik wie in Trance tanzen. Authentischer als in Humahuaca erlebt man den Karneval in den umliegenden Dörfern.

Iruya ▶ 1, E 2

Nördlich von Humahuaca rücken prachtvolle Kandelaberkakteen bis an die Straße heran, doch bald geht den Riesen die Luft aus; Strauch-, dann Grassteppe überzieht die kakaofarbenen Berge bis zum Horizont. Dort im

Quebrada de Humahuaca

Und immer wieder faszinierende farbige Bergformationen, hier bei Tres Cruces

Osten, hinter dem Rücken der Sierra de Zenta (4950 m) liegt das nächste Ziel, das winzige Bergdorf Iruya – ein Standardmotiv der Tourismuswerbung.

Die 48 km lange Seitenroute (RP 13) ostwärts nach **Iruya** 14 zweigt 25 km nördlich von Humahuaca von der RN 9 ab, durchquert die Steppe, dann ein breites Flussbett und wird nach einem Aufstieg auf rund 4000 m bei der Abra del Cóndor von einer *apacheta* (Steinpyramide) begrüßt, deren unterste Lage präinkaische Indios gelegt haben mögen.

Kleine Gehöfte, noch ihre archaischen Grundformen wahrend, begleiten den Weg, der durch die rotwandige Schlucht der weißen, auf einer Felsnase sitzenden Kapelle des Ortes (2730 m) zustrebt. Seit 1573 schon besteht das mit Flusssteinen gepflasterte Dorf, dessen 1000 Einwohner man nur zwei Mal im Jahr vollzählig zu Gesicht bekommt: zum Fest der Pachamama am 1. August und zum Patronatsfest am ersten Oktoberwochenende, wenn sich eine farbenprächtige Prozession durch die Gassen schiebt, die den Synchretismus von christlicher und indianischer Religiosität voll zur Geltung bringt: In der letzten Festnacht wird die *bendición de la luminaria* (›Segnung des Lichts‹) veranstal-

Provinz Jujuy

tet, mit einem Tanz vom Guten gegen das Böse.

Ebenfalls aus vorspanischer Zeit vererbt sind die Ackerbauterrassen am Hang, die lange Zeit brach lagen, heute jedoch wieder bewirtschaftet werden. So tritt man u. a. auch den schwerwiegenden Erosions- und Überschwemmungsproblemen entgegen.

Sofern der Río Iruya keine allzu starke Strömung hat, kann man den Fluss queren und in zwei Stunden nach **San Isidro** laufen – ein stilles Weberdorf, bestehend aus einer kleinen Kapelle und zwei durch den Fluss getrennten Häusergruppen, in dem man Ponchos aus Lamawolle und andere Webarbeiten kaufen kann. Eine andere Wanderung führt von Iruya auf einem anstrengenden Weg durch Schluchten zu den 9 km entfernten Indianerruinen von **Titiconte.**

Übernachten

Im Ort gibt es zahlreiche günstige Privatunterkünfte.

Am Berghang ▶ **Hostería Iruya:** San Martín 641, Tel. 03887 48 20 02, www.hoteliruya.com. Von den 15 Zimmern sind die mit freier Sicht auf das Dorf und die Berglandschaft etwas teurer. Restaurant mit regionaler Küche und Terrasse, von der aus man die Kondore fliegen sieht. DZ 770–870 $.

Abra Pampa und Puna-Routen ▶ 1, E 2

Karte: S. 420

Zurück auf der Hauptachse RN 9, tauchen südlich von **Tres Cruces** wieder die muschelförmigen Schichtgesteine auf, die man bereits bei Maimará in der Quebrada de Humahuaca bestaunen konnte. Ungefähr 90 km nach Humahuaca hat die Straße den 10 000-Einwohner-Ort **Abra Pampa** 15 erreicht, das Tor zur Puna. Tatsächlich schwingen sich von hier aus drei der einsamsten Wege über den Altiplano Richtung Süden bis nach San Antonio de los Cobres (s. S. 398, 407).

Den östlichen (ca. 200 km) Weg bildet die an den Salzlagunen Guayatayoc und Salinas

Grandes entlanglaufende RN 40, die bereits südlich von Abra Pampa von der RN 9 abzweigt. Die mittlere Strecke (207 km) beginnt, wie die westliche, etwas nördlich von Abra Pampa, berührt den Weiler **Casabindo** 16, übersteigt die Cumbre de Alfar und schließt im Süden an die RN 40 an. Das winzige Casabindo rühmt sich der größten Puna-Kirche und hat sich eine – abgewandelte – spanische Tradition bewahrt: Beim Patronatsfest am 15. August findet hier ein unblutiger Stierkampf *(Toreo de la Vincha)* statt, bei dem es darum geht, ein zwischen den Hörnern gespanntes, mit Silbermünzen behängtes Band zu erhaschen. Die Trophäe wird anschließend symbolisch der Schutzpatronin des Ortes, Nuestra Señora de la Asunción, geopfert.

Die – am weitesten ausholende – Westroute (ca. 320 km bis San Antonio de los Cobres) windet sich durch die Sierra de Quichagua, folgt im Süden den Rändern der Salare Olaroz und Cauchari und mündet 17 km vor Olacapato in die RN 51 ein. Einzig hinderlich auf dieser Strecke können gelegentlich im Mittelabschnitt Felstrümmer am Cerro Tocol (4710 m) sein. Ansonsten sind alle drei Routen im Winter mit normalen Pkws, vorzugsweise im Tandem, zu schaffen.

Wer auf einsamen Pisten die Puna durchstreifen, aber nicht nach Süden zurückkehren will, dem empfiehlt sich der reizvolle Abstecher von Abra Pampa ins 24 km entfernte **Cochinoca** 17, dessen zweitürmiges Kirchlein vom 17. Jh. (1871 umgebaut) einige Statuen der Cuzco-Schule birgt. Von hier aus kann man weiterfahren zur Laguna de los Pozuelos (s. S. 434), die auch von der Grenzstadt La Quiaca (s. S. 433) zu erreichen ist.

Übernachten

... in Abra Pampa:

Freundliches Familienmanagement ▶ **Cesarito:** Senador Pérez, Ecke Avellaneda, Tel. 03887 49 11 25. Schlichte Zimmer, Restaurant, Exkursionen. DZ 270 $.

Schlicht ▶ **El Norte:** Sarmiento 530, Tel. 03887 49 13 15. Einfache Unterkunft, Restaurant nur abends geöffnet. DZ 200 $ ohne Frühstück.

La Quiaca und Umgebung

Karte: S. 420

La Quiaca ► 1, E 1

75 km nördlich von Abra Pampa liegt die Grenzstadt **La Quiaca** 🔢. Der 17 000-Einwohner-Ort hat seine Geschäftigkeit spätestens mit der Stilllegung der Eisenbahnstrecke nach Jujuy an das quirlige Nest Villazón auf bolivianischer Seite abgegeben. Aufgrund seiner Lage und seiner guten Infrastruktur bildet La Quiaca jedoch einen idealen Ausgangspunkt zur Erschließung der nördlichen argentinischen Puna.

Übernachten

Ordentlich ► **Crystal:** Sarmiento 539, Tel. 03885 42 22 55, wwwhotelcrystallaquiaca. com. Einfache, saubere Zimmer. DZ 480 $.

Das Beste am Platz ► **Hotel de Turismo:** Rep. Árabe Siria, Ecke San Martín, Tel. 03885 42 33 90. Großzügiges und preiswertes Mittelklassehotel, Restaurant. DZ 330 $.

Hotel & Residencial ► **Frontera:** Belgrano 197, Ecke Balcarce, Tel 03885 42 51 62, und Belgrano 100, Ecke República Árabe Siria, Tel 03885 42 22 69, www.hotelfrontera.com. ar. An zwei Ecken desselben Straßenblocks, liegen das Hotel und das bescheidenere Residencial. DZ 250–300 $.

Camping ► **Municipal:** am Ortsausgang Richtung Yavi. Rudimentäre Infrastruktur.

Termine

Manka Fiesta (3. So im Oktober): Das ›Fest der Töpfe‹ ist ein traditioneller Tauschmarkt der Puna-Region.

Verkehr

Busse: Mindestens 10 x tgl. nach Jujuy bzw. Salta (und weiter nach Tucumán, Córdoba, Buenos Aires). Von Villazón in Bolivien Verbindungen zu größeren bolivianischen Orten.

Über die Abra del Cóndor nach Nazareno ► 1, E 1–F 2

Die vom Fahrerlebnis und Landschaftswechsel her aufregendste Strecke führt von La Quiaca ins 120 km entfernte **Nazareno** 🔢. Um diesen von allen Puna-Dörfern am stärksten abgeriegelten Ort zu erreichen, verlässt man La Quiaca in Richtung Yavi, biegt wenige Kilometer zuvor auf die RP 67 nach Süden ab und fährt über Barrios bis zur RP 69 (nach der Provinzgrenze zu Salta RP 145), die dann Richtung Osten direkt zum Ziel führt. Ab der Abra del Cóndor (4600 m) kommt man aus dem Staunen nicht mehr heraus. In nicht enden wollenden Serpentinen windet sich der – streckenweise steinige und schmale – Fahrweg bis in den tief in einer Talsohle gelegenen Ort hinunter. Dabei bieten sich Ausblicke über das Puna-Relief – wie aus dem Flugzeug. Kein Wunder, dass in Nazareno jeder Fremde bestaunt wird, als käme er vom Mond.

Übernachten

Herberge ► Es gibt eine Touristenherberge der Gemeinde mit ca. 50 Betten.

Essen & Trinken

Tagesessen ► Wechselnde Tagesgerichte bekommt man bei **Señora Andrea,** fast am Ende der Calle Salta, gegenüber dem Laden von Guadalupa Zubalza (hier Proviant, Infos).

Yavi und Santa Victoria ► 1, E/F 1

Steuert man von La Quiaca aus das benachbarte (17 km) Dörfchen **Yavi** 🔢 an, so steigt rechter Hand aus der flachen Steppe eine teigig gewellte, vielschichtige Hügelkette auf, die die Gesteinsformationen von Maimará und Tres Cruces wiederholt: Los Siete Hermanos (›Die sieben Brüder‹).

Das 1667 gegründete Yavi (1100 Einw.) diente ab 1707 als Herrensitz des Marquesado de Tojo, einer Markgrafschaft, die die gesamte argentinische und die südliche bolivianische Puna umfasste. Letzter Zeuge dieses Feudalwesens ist der einen weiten Patio umschließende Hof der **Casa del Marqués.** Das Gebäude beherbergt eine gepflegte kleine Bibliothek und ein bescheidenes Museum (Av. Marqués Campero s/n, Mo–Sa 9–12 Uhr).

Provinz Jujuy

Kolonialbarocke Schätze hat die wuchtige weiße Kirche von 1690 aufzuweisen, die **Iglesia de Nuestra Señora del Rosario y San Francisco:** edle Statuen, herrliche Altarbilder und eine besonders schön geschnitzte und vergoldete Holzkanzel (neben der Casa del Marqués, Schlüsselverwahrer gegenüber der Gendarmerie).

Von Yavi aus führt ein rund 100 km langer, nur für hochachsige Autos geeigneter, pittoresker Fahrweg bis nach **Santa Victoria** 21 (1200 Einw.). Die von Weiden, Eukalyptus- und Walnussbäumen bestandene Hochoase hat sich, ihrer Abgeschiedenheit wegen, noch ein gewisses spätkoloniales Flair bewahrt.

Übernachten
... in Yavi:

Einfach ▶ **La Casona:** Senador Pérez, Ecke San Martín, Tel. 03885 42 23 16. DZ 350 $ ohne Frühstück.

Adobebau ▶ **Hostal Yavi:** am Ende der Senador Pérez, Tel. 03541 15 63 35 22 u. 03887 15 40 07 11, www.yaviargentina.com.ar. Zimmer mit Bad, einfache Mahlzeiten. DZ 300 $.

Mit regionalen Textilien dekoriert ▶ **Pachama:** RN 5, Ecke Senador Pérez, Tel. 03885 42 32 35. Einfache Zimmer in Adobe-Bauart, Restaurant, Ausflüge. DZ 290 $.

Für Rucksackreisende ▶ **Lo de Lola:** drei Straßen vom Dorfplatz. Platz für Schlafsack auf Lehmboden.

Camping ▶ **Municipal:** neben der Casa del Marqués, Tel. 03887 49 11 38.

Von La Quiaca nach Santa Catalina ▶ 1, D/E 1

Eine der schmuckstem Puna-Kirchen, die von **Tafna** 22, 22 km westlich von La Quiaca, steht – ohne sich an einen Ort anzulehnen – wie ein weißer Solitär auf der Kahlfläche. Noch 45 km sind es von hier nach **Santa Catalina** 23, das eine ebenfalls sehr schöne Kirche mit einem dreistöckigem Turm vorzuweisen hat. Für die Fahrt dorthin sollte man dicht unter der bolivianischen Grenze eine Schleife über die Töpferdörfer **Casira** und **Piscuno** ziehen. Hier wird der Ton, wie eh und je, nicht auf der Scheibe, sondern von Hand geformt

und im offenen Erdofen – umhüllt von Tonscherben und bedeckt mit Erde und Eselsmist – gebacken. (Es gibt noch über 20 000 Esel und Maultiere in der Provinz.) Als Puna-Raritäten gelangen die anthrazitfarben brandgefleckten Tongefäße dann bis Buenos Aires.

Laguna de los Pozuelos und Umgebung ▶ 1, D/E 1/2

Biegt man zwischen Tafna und Casira (s. links) in Cieneguillas nach Süden ab, so sieht man sehr bald die **Laguna de los Pozuelos** 24 (3600 m) wie eine Fata Morgana in der Sonne schimmern. Wiege der Salzlagune ist ein ca. 380 km² großes Puna-Becken, von der UNESCO zum Biosphärereservat ernannt. Im Januar und Februar wird der See von einer

La Quiaca und Umgebung

Fabrik unter freiem Himmel: Schutzlos den Dämpfen und der Sonne ausgeliefert sind die Arbeiter, die an einer der Salinen der Puna Salz abbauen

rosa Wolke aus Tausenden von Flamingos bedeckt. Von den drei hier vorkommenden Arten hielt man den *flamenco andino* oder *parina grande (Phoenicoparrus andinus)* lange Zeit für ausgestorben, ehe man dieses Habitat entdeckte. Den wenigen im Winter hier ausharrenden Stelzvögeln frieren nicht selten nachts die Füße am Boden fest, bis die Morgensonne sie wieder von den Eisfesseln befreit. Infos bekommt man im Haus des Parkaufsehers auf der Südseite der Lagune, kurz vor der Brücke. Der Eintritt zu dem Gebiet ist frei, man muss sich jedoch beim Parkaufseher melden (Tel. 03887 49 13 49, www.parquesnacionales.gov.ar).

Der 8 km weiter in einer kleinen Schlucht nistende Ort **Rinconada** (*rincón* = ›Nische‹)

hat seinen Namen verdient. Seine Lage ist absolut beeindruckend und auch seine Kirche von 1791 lohnt einen Blick; schade nur, dass die Restaurierung von 1930 ihr ein Wellblechdach beschert hat.

Eine schluchtenreiche Straße (RP 7) verbindet das Pozuelos-Lagunenbecken und seine Randsiedlungen mit Abra Pampa (s. S. 432). Esel und weidende Lamas – die Ohren oft mit roten Wollbäuschen geschmückt –, Guanakoherden und die Lehmburgen einzelner Gehöfte, in denen das mit dem Salz der Salare gewürzte Schaffleisch *(chalona),* nicht anders als Wäschestücke, an der Leine zum Trocknen in der Sonne aufgehängt ist, sind die einzigen Fixpunkte in der grandiosen Einsamkeit der Puna.

Wasserschleier allerorten verzaubern die Umwelt an den Cataratas del Iguazú

Kapitel 7
Mesopotamien und die Chaco-Wälder

Das argentinische Mesopotamien war lange Zeit eine fast allseits von Wasser umgebene Halbinsel, deren einzige Landbrücke ein ca. 30 km langer, flussfreier Abschnitt – die *frontera seca* (›trockene Grenze‹) zu Brasilien – im Nordosten der Provinz Misiones bildete. Heute überspannen zwei Viadukte den Unterlauf des Río Paraná, von Santa Fe aus bohrt sich ein Tunnel unter dem Fluss hindurch und zahlreiche Brücken verbinden das Zwischenstromland im Osten mit Uruguay, im Norden mit Paraguay und Brasilien, im Westen mit dem Gran Chaco.

Von Süden, also von Buenos Aires kommend, erlebt man einen Landschaftswandel, der sich vom Lieblichen zum Dramatischen steigert: erst die Viehzüchterprovinz Entre Ríos (›Zwischen Flüssen‹) mit ihren Estancias, dann der Gürtel der Zitrusplantagen und der Reisfelder, das Lagunenmosaik der Esteros del Iberá in Corrientes mit seinen Wasserschweinen, Alligatoren und Boas, der subtropische Regenwald von Misiones und die immensen Iguazú-Wasserfälle, die Palmwälder von Formosa und ihre von der Riesenseerose *Victoria regia* bewohnten Tümpel und Teiche, die Ameisenbären und Riesengürteltiere des Chaco und schließlich der Impenetrable, der undurchdringliche Dornbuschwald, der seine Geheimnisse noch nicht preisgegeben hat. Zwölf Nationalparks bzw. Naturreservate liegen in diesem heterogenen Gebiet, das für Touristen allerhand zu bieten hat.

Auf einen Blick
Mesopotamien und die Chaco-Wälder

Sehenswert

Palacio San José: Inmitten einer wildromantischen Landschaft steht die prunkvolle Residenz des ehemaligen Präsidenten Urquiza (s. S. 456).

Parque Nacional El Palmar: In der Höhe rauschen die Yatay-Palmblätter, während in tieferen Lagen die Vizcachas an den Wurzeln nagen (s. S. 458).

14 Esteros del Iberá: Kaimane und Wasserschweine bevölkern diese 13 000 km² große exotische Sumpflandschaft in der Provinz Corrientes (s. S. 459).

15 Cataratas del Iguazú: Großartiges Naturschauspiel im Tropenwald – 2,7 km misst die Front, über die 275 Wasserfälle ca. 70 m in die Tiefe stürzen (s. S. 471).

Schöne Routen

Die Route der Estancias: Besonders interessante Exemplare dieser Landgüter – heute viele davon luxuriöse Unterkünfte – liegen am Río Paraná zwischen der gleichnamigen Provinzhauptstadt und Corrientes (s. S. 449).

Ruinen im Busch – die Jesuitenstationen: Auf dem nördlichsten Abschnitt der RN 12 von Posadas zu den Iguazú-Wasserfällen passiert man die Überreste mehrerer Missionsstationen aus dem 17. Jh., die zum Welterbe der UNESCO gehören (s. S. 465).

Unsere Tipps

Religion zum Anfassen: In Argentinien hat der Volksglaube Hochkonjunktur, wie die beiden Ortschaften Goya und Itatí anschaulich beweisen (s. S. 450).

Windmühle ohne Antrieb: Ein Windmühlenrumpf bei Colón zeugt von den teils haarsträubenden Initiativen der Einwanderer des 19. Jh., mit denen sie die lokalen Gegebenheiten auszutricksen versuchten (s. S. 457).

Che Guevaras erste Heimat: Bei Montecarlo in Misiones steht das Haus, in dem Che seine frühe Kindheit verbrachte (s. S. 469).

Saltos del Moconá: Nur 10 m hoch, aber dafür 3 km breit sind diese bislang unerschlossenen Wasserfälle in Misiones (s. S. 476).

Der Pirogen-Experte: Freddy Iznardo führt über Wasserwege zu verborgenen Naturparadiesen (s. S. 488).

aktiv unterwegs

Geländewagentour durch den Impenetrable: ›Undurchdringlichen‹ nennt man den Chaco-Dschungel im äußersten Nordosten Argentiniens, wo noch nomadisierende Indianerstämme leben – das nahezu unerschlossene Gebiet erkundet man am besten in Begleitung eines Führers (s. S. 485).

Landleben aktiv in der Comarca Bermejo: Als Gast auf einer der Farmen am Río Bermejo kann man den Bauern bei ihren Tätigkeiten zur Hand gehen und z. B. beim Vieheintrieb per Pferd mitmachen (s. S. 488).

Die Provinzen Entre Ríos und Corrientes

Ganz ähnlich wie zwischen Euphrat und Tigris werden die Feuchtgebiete des La-Plata-Beckens von zwei Strömen eingeschlossen: Im Osten flankiert der Grenzfluss Uruguay das argentinische Mesopotamien, im Norden und Westen der mächtige Río Paraná. Das Paraná-Plata-System, wie es korrekt heißt, ist nach dem Amazonasbecken die größte ›Wasserwanne‹ der Erde.

Wenn die Einwohner der 13-Millionen-Stadt Buenos Aires sich täglich einen Wasserverbrauch von 636 l pro Kopf gönnen dürfen (zum Vergleich: im Weltdurchschnitt 300 l, in der nordargentinischen Provinzhauptstadt La Rioja 120 l), dann verdanken sie das ihrer Uferlage an einem 45 km breiten Fluss. Was der Río de la Plata, der Zusammenfluss von Paraná und Uruguay, unaufhaltsam ins Meer schaufelt (50 000 m³ pro Sekunde), ist – nach den Anstrengungen des Amazonas und des Kongo – die drittgrößte durch eine Mündung transportierte Wassermenge der Welt.

2000 Quell-, Neben- und Hauptflüsse plus Seen, Lagunen, Sümpfe, Schneefelder und Gletscher speisen ein Gewässersystem, dessen Geäst einer riesigen Wasserlunge gleicht. Denn es atmet wirklich, dieses Gewebe, in das sich die Schmelzwasserbäche der Anden ebenso ergießen wie die Flüsse der bolivianischen Yungas, des Chaco von Paraguay und des brasilianischen Mato Grosso. Jahreszeiten und Klimawechsel, Regenstürze und Dürreperioden, launische Quellen und sich umbettende Flüsse heben und senken den Wasserspiegel, wobei die ufernahen Galeriewälder und die dem Fließschema angeschlossenen Seen und Sümpfe mit ihrem Netzwerk von Wurzeln wie gewaltige Schwämme wirken, die sich nach Bedarf vollsaugen oder entleeren. Das ganze System pulsiert, dehnt, spannt, lockert sich, erschlafft und produziert seine – sogar selbst

verheilenden – Infarkte: Die dem Río Paraná angelagerten Iberá-Sümpfe (13 000 km² groß und nach dem brasilianischen Pantanal das bedeutendste Biotop dieser Art in der Welt), früher ein Teil des Strombettes, haben sich selbst stillgelegt.

Geschichte

Auf dem Río Paraná versuchten die spanischen *conquistadores* im heutigen Argentinien erstmals ins mythische El Dorado zu gelangen, dessen realer Hintergrund das Gold und Silber der Inka war. Als eine Expedition endlich vom neu gegründeten Asunción aus durch die bis heute fast undurchdringlichen Chaco-Wälder in die Inkagebiete vordrang, war es bereits zu spät: Pizarro hatte schon die Macht und die Schätze im Andenreich an sich gerissen. Seitdem blieben die am Paraná-Ufer gegründeten Städte Hinterland des spanischen Kolonialreiches. Erst nach der Unabhängigkeit Argentiniens gewann vor allem Entre Ríos an Bedeutung, als die Viehzucht in der zweiten Hälfte des 19. Jh. ein Exporttrenner wurde. Die Provinzhauptstadt Paraná war sogar fast ein Jahrzehnt lang (1853–61) Sitz der nationalen Regierung, während der Amtszeit des lokalen *caudillo* (›Führer‹) Justo José de Urquiza. Europäische Einwanderer förderten den Fortschritt der Agrarwirtschaft. Entre Ríos und teilweise

Entlang dem Río Paraná nach Posadas

auch Corrientes stellten einen klaren politischen und wirtschaftlichen Kontrapunkt zur Dominanz der Porteños in Buenos Aires. Am Ende triumphierte der Zentralismus der heutigen Hauptstadt, doch die Spuren dieser Entwicklung sind bis heute in Südmesopotamien sichtbar: etwa im glanzvollen Palacio San José (s. S. 456) oder in den Ruinen des Schlachthofs in Pueblo Liebig (s. S. 456).

Anfahrt ins Zwischenstromland ► 1, M 14/15

Karte: S. 442

Hat man sich erst aus dem Kern von Buenos Aires herausgeschält, dann gleitet man auf der Panamericana wie auf einer Schiene nach Norden. Schichtweise löst sich die Stadt im Umland auf. Kompakte Hochhausschluchten weichen Vorortstraßen, deren Häuser vor allem durch ein anarchistisches Gespinst von Telefondrähten und Stromkabeln zusammengehalten zu werden scheinen. Schicke Supermärkte und armselige Hüttensiedlungen flitzen vorbei, Fabriken, Stundenhotels, Grillrestaurants, Villen, Golfplätze und Pferderennbahnen. Dann machen sich die Country Clubs und ihre posthumen Manifestationen – die privaten Parkfriedhöfe – breit. Den Geruch von Benzin- und Reifenlagern verweht eine erste Eukalyptusbrise. Refugien von ›Kleingärtnern‹ beleben das Grün mit Blumen und bunten Dächern. Und endlich: Wasser, Wiesen, Weiden und darauf Pferde, so schön wie von Franz Marc gemalt. Doch vor der Landlust kommt die Technik.

Bei **Zárate** **1**, ca. 90 km ab Buenos Aires, kurz nach dem Atomkraftwerk Atucha, setzt die Straße zu einem 30 km langen Sprung über den Río Paraná und seine Sumpfniederungen an. In einem weiten Bogen (550 m) schwingen sich die zwei 1977 eingeweihten Stahlbrücken, die auch eine Schienenspur tragen, auf 120 m hohen Stelzen über die Flussbetten des Paraná de las Palmas (Südarm) und des Paraná Guazú (Großer Paraná, Nordarm). Dazwischen quert die Fahrbahn auf Dämmen und langen, pfeilergestützten

Brücken ein Überschwemmungsgebiet, das sich nördlich des Paraná Guazú in Form der auf- und abtauchenden Binnenebenen der **Islas del Ibicuy** (gute Fischgründe) fortsetzt. Im Ganzen benötigt die Straße 150 km, ehe sie wieder festen Boden unter die Füße bekommt. In diesem schwammigen Gelände musste das deutsch-italienische Ingenieursteam, das diese erstaunliche Konstruktion schuf, die Pfeiler der Schrägseilbrücken 70 m tief im Grund verankern. Wer dieses Gebiet der ›transitorischen Lagunen‹ nach einem Hochwasser besucht, erlebt die Sintflut. 200 Tage benötigte der Río Paraná 1983, um in sein normales Flussbett zurückzufinden. Flutgeschädigt waren damals nicht nur 70 000 Uferbewohner, sondern auch Myriaden von grünen Papageien, die in langen Kolonnen die Straßen säumten, sowie ganze Flotten von Nutrias, leichte Beute für Fänger und Pelzhändler.

Noch über den Trockensümpfen gabelt sich bei **Ceibas** **2** die Straße – an diesem Punkt scheiden sich die Reise-Geister: Wer etwas mehr Muße mitbringt, folgt dem Río Paraná flussaufwärts, gönnt dem gleichnamigen schmucken Hauptstädtchen der Provinz Entre Ríos und vielleicht dem vis-à-vis winkenden Santa Fe einen Blick, lässt sich dann auf der Route der Estancias vom Landleben umgarnen und erreicht über Corrientes die Provinzhauptstadt von Misiones, Posadas (s. S. 462); wer auf dem kürzesten Weg den Iguazú-Wasserfällen zustrebt, begleitet stattdessen den Río Uruguay und erreicht auf der RN 14 (durchgehend Autobahn bis Paso de los Libres) und RN 105 die Stadt Posadas.

Entlang dem Río Paraná nach Posadas

Karte: S. 442

Von Ceibas nach Paraná
► 1, M 14–L 12

Der Ort **Gualeguay** **3** liegt an der Mündung des Río Gualeguay (›Schweinefluss‹), dessen 20 000 km² umfassendes Gewässersystem

Provinzen Entre Ríos und Corrientes

Entlang dem Río Paraná nach Posadas

die besten schwarzen Böden Argentiniens speist. Entre Ríos ist der fruchtbare Vorgarten des nimmersatten Buenos Aires. Gemüse, Obst, Milch, alles schluckt der Moloch. 335 Mio. Hühner schlachten die 2500 Geflügelhalter von Entre Ríos jährlich. Über 4,5 Mio. Rinder stehen auf den Weiden. Die 61 *frigoríficos* (›Schlachthäuser‹) der Provinz verarbeiten 300 000 Rinder pro Jahr. Die Schlachthöfe sind große Flussverschmutzer, doch offenbar profitieren die Fische davon. In den 42 000 Flusskilometern in Entre Ríos gehen jährlich gut 14 000 t *sábalos* (eine Alsenart) und andere Exportfische in die Netze. Hinter den bis zu 10 m hohen Steilufern, die der Fluss ausgeschürft hat, ist Entre Ríos so flach, dass Landschaftsmaler vor allem gute Porträtisten weiter Himmel sein müssen. Stolz nennt sich daher das 32 000 Einwohner große **Victoria** Stadt der sieben Hügel. Eine Brücke führt von hier hinüber ans andere Ufer des Río Paraná nach Rosario (s. S. 447).

Das 80 km weiter flussaufwärts liegende **Diamante** 4 (20 000 Einw.) muss mit seinem Cerro de la Matanza (›Schlächterei-Hügel‹) leben: Hier wurden die letzten Chanaé-Indianer niedergemacht. Diamante liegt in einer rund 30 000 km² großen Ölsaatenzone, die sich von Gualeguay bis Paraná hinzieht. Die gelb blühenden Rapsfelder sind das Manna für 620 000 Bienenvölker, die 8000 t Honig pro Jahr spenden. An Diversifikation kann es mit Entre Ríos keine andere Provinz aufnehmen.

Übernachten

… in Gualeguay:

Traditionshaus ▶ Jardín: Mitre 168, Tel. 03444 42 45 06, www.turismoentrerios.com/hoteljardin. Nettes, zentrales Hotel in 100-jährigem Haus mit Patio. DZ 450 $.

Ländlich ▶ Ahonikenk: 1a Sección de Quintas, nördliche Stadteinfahrt, Tel. 03444 42 60 04, www.turismoentrerios.com/hotelahonikenk. Pool, Autoabstellplatz. DZ 300 $.

… in Victoria:

In einer Mühle ▶ El Molino Resort & Spa: RP 11 Km 112,5, an der nördlichen Stadteinfahrt, Tel. 03436 42 12 00, www.elmolinoresort. com. Hotel und Restaurant in einer Weizenmühle aus dem Jahr 1873, die einst dem lokalen Benediktinerkloster gehörte. Auch Bungalows und Campingplatz in einem 15 ha großen Park an einem Nebenfluss des Río Gualeguay. DZ 550–800 $, Bungalows für 4 Pers. 1000 $.

Stilvoll ▶ ArtDeco Hotel: San Martín 137, Tel. 03436 42 52 79, www.artdecovictoria. com.ar. In einer eleganten Wohnung des Zentrums, modern ausgestattet, kostenloser Zugang zum Golfplatz. DZ 435 $.

Mit Wald ▶ El Ceibo: RP 26 Km 1, Tel. 03436 42 81 75 u. 15 45 72 01, www.complejoelceibo.com.ar. Große Anlage an der östlichen Ortsausfahrt, umgeben von 25 ha Naturwald. Gute Infrastruktur, Pool, Restaurant. Bungalows für 2 Pers. 450 $, Camping 75 $ p. P, Auto 15 $.

… in Diamante:

Landgut ▶ El Descanso: RP 11 Km 45, vor der Stadteinfahrt aus Richtung Victoria auf der rechten Straßenseite, Tel. 03436 498 19 07, www.casacampoeldescanso.com. 100-jähriges Landhaus mit 4 Zimmern; Pool, Reiten, Birdwatching, Rundflüge, Touren zum Parque Nacional Pre-Delta sowie nach Spatzenkutter und in andere Dörfer der Wolgadeutschen. Im DZ 350/395 $ p. P. inkl. HP/VP.

Camping ▶ Municipal La Ensenada: Av. Costanera, am Paraná-Ufer, nördlicher Stadtrand, Tel. 03434 498 10 24. Gute Infrastruktur auf 80 ha. 10 $/p. P., 25 $/Zelt, einmalig 10 $/Auto, im Winter kostenlos (dann mit eingeschränkter Infrastruktur). **Paraje Molino Doll:** RP 11, ca. 5 km südlich von Diamante an einer alten Wassermühle. Ohne Infrastruktur, kostenlos.

Paraná ▶ 1, L 12

Die Provinzhauptstadt **Paraná** 5 (270 000 Einw.), wohlweislich auf einer 50 m hohen Böschung erbaut, entwickelte sich allmählich um eine schon 1730 hier etablierte Pfarrei. Von 1853 bis 1861 war sie sogar unter dem Präsidenten Urquiza Hauptstadt der Argentinischen Konföderation, von der allerdings Buenos Aires abtrünnig blieb.

Ihre das Hochufer überziehenden Grünanlagen mit dem schönen **Parque Urquiza**, die

Provinzen Entre Ríos und Corrientes

Gewässerlandschaft des Río Paraná bei Diamante

den breiten Fluss überragenden Panoramabrüstungen, die eleganten Fassadenreihen studioartiger Häuser und auch so manches architektonische Relikt, das in der Innenstadt erhalten blieb, machen Paraná zu einer der angenehmsten Provinzmetropolen Argentiniens. Hier ist noch ein Hauch der vergangenen Glorie zu spüren.

Im **Museo Histórico Martiniano Leguizamón** werden interessante Exponate zur wechselvollen Geschichte von Entre Ríos gezeigt (Buenos Aires 286, Ecke Laprida, Tel. 0343 420 78 69, Di–Fr 8–12.30, 15.30–20, Sa 9–12, 17–19, So 9–12 Uhr, 4 $). Das in einem feinen Patrizierhaus untergebrachte **Museo de Bellas Artes** vermittelt mit seiner Sammlung impressionistischer und zeitgenössischer argentinischer Kunst Einblick in den kulturellen Anspruch der *entrerrianos,* der stolzen Einwohner der Provinz (Buenos Aires 355, Tel. 0343 420 78 68, Di–Fr 8–12, 17–21, Sa 10–12, 16–19, So 10–12 Uhr, Eintritt frei.

Infos
Secretaría de Turismo: Laurencena, Ecke San Martín (Parque Urquiza), auch im Busterminal und auf der Parallelstraße Buenos Aires 132, Tel. 0343 423 01 83 , www.turismo parana.gov.ar, tgl. 8–20 Uhr.

Übernachten
Am Fluss ▶ **Howard Johnson Mayorazgo:** Etchevehere, Ecke Miranda, Tel. 0343 420 68 00, www.hjmayorazgo.com.ar. Beim Park am

Entlang dem Río Paraná nach Posadas

marcos.com.ar. Klein, in Randlage, nicht die lauten Zimmer zur Straße nehmen. DZ 360 $.
Camping ▶ **Toma Vieja:** 8 km nördlich des Zentrums am Flussufer, Tel. 0343 433 17 21. 12 ha großes Gelände mit viel Schatten, gute Infrastruktur, Pool. 2-Pers.-Zelt 20 $, 5 $/Auto.

Essen & Trinken
Am Hafen ▶ **Quinchos del Puerto:** Laurencena 350, Tel. 0343 423 20 45. Flussfische am Hafen. 180 $.
Vom Grill ▶ **Don Charras:** Alvaro Uranga 1127 sowie San Martín, Ecke San Lorenzo, Tel. 0343 433 17 60 u. 422 59 72, www.doncharras.com, So abends geschl. Fisch und Fleisch vom Grill. 170 $.
Gute Bierauswahl ▶ **La Ventola:** San Juan, Ecke Victoria, Tel. 0343 432 03 19, www.laventolaweb.com.ar. Fisch und Fleisch vom Grill in nettem Ambiente. 160 $.

Einkaufen
Kunstgewerbe ▶ **Kunstgewerbemuseum:** Urquiza 1239, Tel. 0343 420 88 91, Di–Fr 7.30–13, 16–20, Sa 8–13, So 10–12 Uhr. Hier gibt es u. a. Flecht- und Lederwaren, Holzfiguren, auch Literatur zur Provinz. **Casa de la Cultura:** Enrique Carbó 194, Ecke 9 de Julio, Tel. 0343 420 79 01, Mo 8–12.30, Di–Fr 8–12.30, 16.30–21, Sa 16.30–21 Uhr. Zier- und Gebrauchsgegenstände aus Holz, Horn, Ton und Leder, Klöppelarbeiten etc.

Aktiv
Bootstouren ▶ **Baqueanos del Río:** Muelle 2, Puerto Nuevo, hinter der Touristeninformation, Tel. 0343 15 611 21 70, www.raturc.desarrolloturistico.gov.ar/litoral. Tagesausflüge auf dem Río Paraná mit typischen Fischerbooten (100 $). **Costanera 241:** Buenos Aires 212, Tel. 0343 423 43 85, www.costanera241.com.ar. Großes Angebot, u. a. Fotosafaris auf Schlauchbooten durch die Inselwelt (180 $), Flussfahrten auf Katamaranen (Sa/So 16.30 Uhr, 50 $), mehrtägige Angelausflüge.

Verkehr
Flüge: Aerolíneas Argentinas verbindet 7 x wöchentlich Paraná mit Buenos Aires. Der

Flussufer, mit ausgezeichneter Sicht. Casino, Pool, gutes Restaurant. DZ 100 US$.
Gute Sicht ▶ **Maran Suites & Towers:** Rivadavia, Ecke Mitre, Tel. 0343 423 54 44, www.maran.com.ar. Modernes 5-Sterne-Hotel am Fluss. Im Restaurant werden Flussfische und Fleisch fein zubereitet. DZ 880 $.
Renoviert ▶ **Paraná Hotel Plaza Jardín:** 9 de Julio 60, Tel. 0343 423 17 00, www.hotelesparana.com. Entzückendes Kolonialhaus mit gedecktem Patio, zentral, Garage (70 $), gutes Preis-Leistungs-Verhältnis. DZ 519 $.
Mit Garten ▶ **Residencial San Jorge:** Belgrano 368, Tel. 0343 422 16 85. Nettes älteres Gebäude. DZ 400 $.
Adrett ▶ **Residencial Don Marcos:** Ramírez 2681, Tel. 0343 434 30 17, www.hoteldon

Provinzen Entre Ríos und Corrientes

Flughafen General Urquiza liegt an der RN 12, 8 km südöstlich vom Stadtzentrum, Tel. 0343 426 16 72.

Busse: Täglich Verbindungen mit allen Städten der Provinz Entre Ríos sowie nach Buenos Aires und Corrientes mit Rápido San José und Tápido Tata. Busterminal: Av. Ramírez 2350, Tel. 0343 422 1282, www.empresasanjose.com u. www.rapidotata.com.ar.

Santa Fe ► 1, K 12

Der 3 km lange Tunnel Hernandarias (offiziell Tunel Subfluvial Uranga-Sylvestre-Begnis genannt) verbindet Paraná mit seinem 490 000 Einwohner großen Zwillingsort **Santa Fe de la Vera Cruz 6**, Hauptstadt der Provinz Santa Fe. Der Ort wurde bereits 1573 von dem Konquistador Juan de Garay an der Stelle gegründet, wo heute Cayastá liegt (ca. 90 km weiter nördlich). Ständige Indianerangriffe machten jedoch 87 Jahre später die Verlegung an den jetzigen, durch Lagunen und Flussschlingen geschützten Standort erforderlich. Hauptachse in Santa Fe ist die zum historischen Kern um die Plaza 25 de Mayo leitende Fußgängerzone San Martín.

Um die Plaza scharen sich das prächtige französisierte Regierungsgebäude, die **Iglesia Nuestra Señora de los Milagros,** deren Hauptaltar von den Indianern der Jesuitenstation von Loreto (s. S. 465) angefertigt wurde, und die **Kathedrale** in einer historischen Insel inmitten der ziemlich chaotisch gewachsenen Stadt.

Kreuzt man die Calle 3 de Febrero, gelangt man zu einem schönen Herrenhaus aus dem 17. Jh., in dem das **Museo Histórico Provincial** untergebracht ist. Gezeigt werden Zeugnisse der bewegten Provinzgeschichte, inklusive wertvoller Werke des Barroco de Indias, der religiösen Kunst, die von Indianern unter Anleitung der Jesuiten geschaffen wurde (San Martín 1490, www.museohistorico-sfe.gov.ar, Di–Fr Jan.–April 8.30–12, 15–19, Mai–Dez. 8.30–19, Sa/So 16–18.30 Uhr, Eintritt frei).

Folgt man der Calle San Martín 100 m in südlicher Richtung, so stößt man auf das **Convento de San Francisco,** dessen Hauptattraktion das hölzerne Deckengewölbe ist,

das im 17. Jh. nach spanisch-arabischer Tradition ohne Nägel gebaut wurde. Im dazugehörigen **Museum** wird die Verkündigung der argentinischen Verfassung (1853) mit Wachsfiguren dargestellt (Mo–Sa 8–12, 16–19, 16–19 Uhr, 5 $).

Infos

Touristeninformation: San Martín 2020 (Fußgängerzone), gegenüber vom Stadttheater, www.santafe.tur.ar, Mo–Fr 7–13, 15.30–19.30, Sa 9–13, 15.30–19.30 Uhr, und im Busterminal, Belgrano 2910, Tel. 0342 457 41 23, tgl. 8–20 Uhr, in beiden Infos über die Stadt; Pellegrini 3100, Tel. 0342 457 48 24, www.turismo-santafe.org.ar, Infos über die Provinz.

Übernachten

In Getreidesilos ► **Los Silos:** Dique 1, im Hafen, Tel. 0342 450 28 00, www.hotellossilos.com.ar. Designhotel in alten Silos, mit Pool, Spa, 2 Restaurants, Panoramaterrasse, Casino. DZ 934 $.

Gute Lage ► **Corrientes:** Corrientes 2520, Tel. 0342 459 21 26, www.hotelcorrientes-sf.com.ar. Modern, komfortabel, zentral, Garage, Swimmingpool. DZ 630 $.

Angenehm ► **España:** 25 de Mayo 2647, Tel. 0342 400 88 34, www.lineaverdedehoteles.com.ar. Ruhiger und charmanter im Vergleich zum Conquistador, das zum gleichen Komplex gehört; Pool, Garage, renommiertes Restaurant (s. unten). DZ 500 $.

Interessantes Gebäude ► **Emperatriz:** Irigoyen Freyre 2440, Tel. 0342 453 00 61. Spanisch-maurisches Haus von 1920, das einst der erste Zahnarzt von Santa Fe bewohnte; gemütlich, Familienmanagement. DZ 320 $.

Essen & Trinken

Bester Flussfisch ► **El Quincho del Chiquito:** Almirante Brown, Ecke Monseñor Príncipe, Tel. 0342 460 26 08. Leckere Fischgerichte. 150 $.

Art nouveau ► **España:** im gleichnamigen Hotel, Eingang in der Fußgängerzone San Martín 2644. Gute internationale Küche in stilvollem Haus. 175 $, Mo–Sa Mittagsmenü (ohne Getränke) 80 $.

Entlang dem Río Paraná nach Posadas

An der Brauerei ▶ Patio Cervecero: Calchines 1398, Barrio Candioti Sur, Tel. 0342 450 22 00, www.polodelacerveceria.com.ar. Santa Fe hat eine lange Biertradition. Im Biergarten der Brauerei Santa Fe kommt das Bier zum Imbiss über eine Leitung direkt aus den Stahlfässern. 100 $.

Verkehr

Flüge: Santa Fes Flughafen Sauce Viejo, ca. 17 km südlich der Stadt, bietet 6 x wöchentlich Verbindungen nach Buenos Aires mit Aerolíneas Argentinas/Austral. Sol Líneas Aéreas fliegt 16 x wöchentlich nach Buenos Aires, ebenso oft nach Rosario. Vom Flughafen in die Stadt kommt man mit der Buslinie Continental (3 $) oder einem Taxi (Remises Aeropuerto, Tel. 0342 456 41 18, 135 $).

Busse: Zahlreiche Busse tgl. nach Entre Ríos, Rosario und Buenos Aires. Busterminal: Belgrano 2910, Tel. 0342 457 41 24, www.terminalsantafe.com.

Auto: In Santa Fe werden die Parkgebühren mit einer magnetischen Karte (Mindestbetrag 30 $) bezahlt, die man u. a. in Hotels erhält.

Abstecher nach Rosario
▶ 1, K 14

Ebenfalls in der Provinz Santa Fe, 170 km südlich der Provinzhauptstadt, liegt **Rosario** [7], Argentiniens drittgrößte Stadt (1,2 Mio. Einw.), die in den letzten Jahren einen spektakulären Aufschwung erlebt hat und besonders mit ihrem lebendigen Nachtleben entlang der Uferzone auf sich aufmerksam macht. Aber auch in architektonischer Hinsicht hat Rosario einiges zu bieten, das zeigt schon ein Blick auf die eklektizistischen Gebäude rund um den Hauptplatz, die **Plaza 25 de Mayo:** die Kathedrale, die Hauptpost, der Palacio de los Leones (Sitz der Stadtregierung) und daneben ein Patrizierhaus mit dem **Museo Municipal de Arte Decorativo,** das eine außergewöhnliche Kunstsammlung beheimatet, u. a. Limoges-Porzellan und ein Goya-Gemälde (Santa Fe 748, Sommer Mi–So 9–14, Winter Mi–Fr 15–20, Sa/So 10–20 Uhr, 3 $). Die Plaza öffnet sich zum Fluss über den Pasaje Juramento zum gigantischen **Monumento a la Bandera,** dessen 75 m hoher Turm eine gute Sicht über die Stadt ermöglicht.

Im Frühling fährt man in Rosario durch ›Tunnel‹ aus blühenden Jacaranda-Bäumen

447

Provinzen Entre Ríos und Corrientes

Empfehlenswert ist ein Spaziergang entlang dem Fluss in nördlicher Richtung durch Parkanlagen und vorbei an historischen Gebäuden, darunter die **Silos Davis,** in denen das **Museo de Arte Contemporáneo** seinen Sitz gefunden hat (Av. de la Costa, Ecke Bv. Oroño, www.macromuseo.org.ar, Do–Di 14–20 Uhr, 7 $). Uhr). Ein kurzer Abstecher führt zum **Geburtshaus von Ernesto ›Che‹ Guevara** (Entre Ríos, Ecke Urquiza), etwas weiter folgen der alte Hauptbahnhof **Rosario Central** (Av. Wheelwright, Ecke Av. Corrientes) und das **Barrio Pichincha,** das ehemalige Rotlichtviertel der Hafenstadt, in dem lange eine berüchtigte Mafia herrschte. Einige Bordelle stehen noch, wurden jedoch inzwischen in Hotels, Restaurants etc. umgewandelt.

Südlich der Plaza 25 de Mayo führt die **Avenida Córdoba** an den nobelsten Gebäuden der Stadt entlang und wird deshalb auch Paseo del Siglo (›Jahrhundert-Promenade‹) genannt. Für diesen großen Namen stehen die Handelsbörse, der Sitz der Vertretung der Provinzregierung, die Bürohäuser der Getreideexporteure wie der Palacio Minetti und der Edificio Molino Félix sowie das Art-déco-Gebäude des Architekten De Lorenzi, der einige der schönsten Häuser dieser Straße schuf.

Nach etwa 15 Straßenblocks führt der vornehme Boulevard Oroño südwärts zum **Parque Independencia,** in dem nicht nur das Stadion des Fußballclubs Newell's Old Boys, sondern auch eines der besten Kunstmuseen Argentiniens steht, das **Museo Municipal de Bellas Artes Juan B. Castagnino** (Av. Pellegrini, Ecke Bv. Oroño, www.museocastagnino.org.ar, Mi–Mo 14–20 Uhr, 7 $).

Infos

Ente Turístico Rosario: Av. Belgrano, Ecke Buenos Aire; im Busterminal, Cafferata 702; Tel. 0341 480 22 30/31, www.rosarioturismo. com, tgl. 9–19 Uhr.

Übernachten

Modern ▶ Ros Tower: Mitre 299, Ecke Catamarca, Tel. 0341 529 90 00, www.rostower. com.ar. 5-Sterne-Hotel mit Pool, Spa, gutem Restaurant, Sicht auf den Fluss. DZ 121 US$.

Historisch ▶ Esplendor Savoy: San Lorenzo 1022, Tel. 0341 429 60 00, www.esplendor savoyrosario.com. Renoviertes, 100-jähriges Hotel, Pool, Terrassenrestaurant, Traditionscafé. DZ 109 US$.

Traditionshotel ▶ Merit Majestic: San Lorenzo 980, Tel. 0341 440 58 72, www.hotelma jestic.com.ar. Schönes Gebäude von 1923, ein Pendant zum Savoy. Mit Garage (80 $). DZ 675 $.

Mit Park ▶ Garden Hotel: Callao 45, Tel. 0341 437 00 25, www.hotelgardensa.com. Modern, im ruhigen Barrio Pichincha, Restaurant, Pool, Spa, Garage (80 $). DZ 570 $.

Hostel ▶ La Lechuza: San Lorenzo 1786, Tel. 0341 679 33 71, www.lalechuzahostel. com.ar. In einer zentralen, aber dennoch ruhigen Straße, mit Terrasse und Bar. Im Schlafsaal 85 $ p. P., DZ 250 $.

Essen & Trinken

Bestes Fischlokal ▶ Escauriza: Escauriza, Ecke Paseo Ribereño, Tel. 0341 454 17 77. Flussfische, Terrasse mit Blick auf den Fluss. 200 $.

Spanisch ▶ Pobla del Mercat: Salta 1424, Tel. 0341 447 12 40, www.pobladelmercat. com. Minimalistische Ausstattung in traditionellem Haus, mediterrane Avantgarde-Küche. 200 $.

Terrasse am Flussufer ▶ Los Jardines: Av. Illia 1700, Tel. 0341 320 11 22. Flussfische vom Grill, entspanntes Ambiente. 170 $.

Mit Flussblick ▶ Davis: Bv. Oroño, Ecke Av. de la Costa (am Kunstmuseum), Tel. 0341 435 71 42. Pizza und Fingerfood auf einer Terrasse mit Blick auf den Fluss. 160 $.

Vegetarisch ▶ Verde que te quiero verde: Córdoba 1358, Palace Garden, 1. Stock, Tel. 0341 530 44 19, www.verdequetequiero.com, So geschl. Vegetarisches Lokal, ausgewählte Zutaten. Mittags 75 $, abends 90 $.

Abends & Nachts

Bar ▶ El Cairo: Sarmiento, Ecke Santa Fe, Tel. 0341 449 07 14, www.barelcairo.com. Traditionellstes Café in Rosario, Treffpunkt von Schriftstellern, Künstlern und Journalisten, Mo Jazz und Tangomusik.

Entlang dem Río Paraná nach Posadas

Aktiv

Bootstouren ▶ Abfahrt der Boote Av. Belgrano, Ecke La Rioja (La Fluvial); am Monumento a la Bandera (Barco Ciudad de Rosario); Av. E. Carrasco, Ecke Ricardo Gutiérrez, kurz vor der Brücke. Ausflüge auf dem Río Paraná zu den Inseln im Alto Delta.

Verkehr

Flüge: Flughafen Islas Malvinas (ex Fisherton), Av. Jorge Newbery s/n, 10 km nordwestlich, Tel. 0341 451 32 20. Flüge nach Buenos Aires, Córdoba, Santa Fe, Mendoza, Mar del Plata und Brasilien mit Aerolíneas Argentinas/Austral, Sol, TAM und Gol.
Busse: Zahlreiche Verbindungen nach Buenos Aires, Santa Fe und in praktisch alle Provinzen Argentiniens. Busterminal: im ehemaligen Bahnhof, Caferatta 702, Tel. 0341 437 30 30, www.terminalrosario.gov.ar.

Von Paraná nach Corrientes
▶ 1, L 12–M 7

Die **Route der Estancias** zieht sich von Paraná aus über das – der Name sagt es – wahrhaft friedliche **La Paz** 8, **Esquina** mit seinen Kolonialbauten, **Goya** 9, **Bella Vista** und **Empedrado** 10 mit seinem hellen Sandstrand (schöne Uferzeltplätze) bis zur Provinzhauptstadt Corrientes am Ufer des Río Paraná entlang. Ortsnamen wie Hasenkamp, Spatzenkutter und Colonia Avigdor erinnern an wolgadeutsche Siedler, österreichisch-ungarische Agrargenossenschaften, schweizerische Kolonisten und die jüdischen Gauchos, die der philantropische Eisenbahnpionier Baron Maurice Hirsch während der zweiten Hälfte des 19. Jh. ins Land holte. An den Flüssen fischen Sportangler aus aller Welt, die den wild kämpfenden *dorado* (nicht mit der spanischen *dorada*, der Goldbrasse, verwechseln!) an den Haken locken und sich mit 20 kg schweren Prachtstücken fotografieren lassen (Juli–Nov.). Gourmands essen den allerorten angebotenen *surubí*, Gourmets genießen den saftigen *pejerrey* (Ährenfisch), der auf den Speisekarten wegen seiner Größe gern zum Gran Paraná geadelt wird.

Im Fluss findet man noch hin und wieder einen alten Anker und besinnt sich dabei auf die Zeit, als die Schiffe die *miradores* (als Ausguck dienende Türme der Estancias) als Landmarken für die Navigation benutzten und eine am Ufer gehisste Flagge anzeigte, dass Ware abzuholen sei. Viele der Landgüter am Flussufer haben in den letzten Jahren

Toll zum Angeln und zum Campen: der Strand von Empedrado

449

Provinzen Entre Ríos und Corrientes

Tipp: Religion zum Anfassen

Auf der RN 123, die nördlich von Goya von der RN 12 Richtung Osten abzweigt, sieht man 6 km vor Mercedes am 6. Januar Hunderte Menschen mit roten Flaggen, die bis zum 8. Januar zu einem regelrechten Menschen- und Fahnenmeer anwachsen. Es handelt sich dabei aber nicht um eine linksgerichtete Demonstration, sondern um Andächtige, die den **Gauchito Gil** anbeten, ihn um Wunderheilung bitten oder ihren Dank für bereits erfüllte Wunder bekunden. Entlang der Straße werden CDs verkauft, auf denen die ›wahre‹ Geschichte des Volksheiligen erzählt wird: Der Gaucho Antonio Gil soll in den Zivilkriegen des 19. Jh. in Corrientes den Militärdienst verweigert haben, weil er kein Bruderblut vergießen wollte. Eine Patrouille verhaftete ihn, aber anstatt den Deserteur abzugeben, erhängten ihn die Soldaten am 8. Januar 1868, um sich den Weg zu erleichtern. Gil soll seinem Henker gesagt haben, dass dessen Sohn todkrank sei, er aber bei Gott Fürbitte für ihn leisten würde. Und so geschah es dann auch, erzählt die Legende. Wo der Soldat ihn erst erhängte und dann reuevoll ein Kreuz errichtete, begleitet seitdem alljährlich ein improvisierter Markt die Andächtigen: Plastiktüten mit ›heiligem‹ Wasser, Flaschen, in denen der Gauchito vor rotem Hintergrund schwebt, Bilder des Gauchito Gil inmitten eines Wasserfalls – das Angebot scheint unerschöpflich. Und wer nicht zum Hauptaltar gelangt, wünscht sich einfach anderswo sein Wunder: Im ganzen Land stehen am Straßenrand kleine Altäre mit roten Fahnen, der Farbe des Gauchito Gil.

Etwas katholischer geht es am 16. Juli in Itatí zu, wenn kurz nach Mitternacht die angeblich von Indianern im 17. Jh. gefundene und von Papst Leon XIII. im Jahr 1900 gesegnete **Virgen de Itatí** von ihrem Altar in der Basílica de Nuestra Señora de Itatí zum Río Paraná getragen wird, um eine Flussfahrt zu unternehmen. Rund 150 000 Menschen strömen zu dieser von Gauchos angeführten Prozession, die den kleinen Ort 64 km östlich von Corrientes eine Woche lang zum Leben erweckt. Bereits Tage zuvor beginnen die Feierlichkeiten, am Vortag treffen die Pilger aus den Nachbardörfern ein. Dieser Caravana de la Fe (›Glaubenszug‹) schließen sich all diejenigen an, die von Corrientes aus zu Fuß nach Itatí gekommen sind. Wie dem Gauchito Gil werden auch der Jungfrau von Itatí schützende Kräfte zugesprochen – viel gefragte Fähigkeiten in einer Region, in der solch unberechenbare Geister wie der Pombero und Payó zu Hause sind. Den Einheimischen scheint es dabei völlig unwichtig zu sein, welchen Ursprung die helfenden Kräfte haben: Hauptsache, es gibt eine Gelegenheit mehr, Kontakt mit dem Wunderbaren zu wahren.

---

jedoch die Produktion von Milch, Fleisch oder Saatgut aufgegeben, um sich voll oder hauptsächlich dem *agroturismo* – der argentinischen Version vom Urlaub auf dem Bauernhof – zu widmen. Mehrere Farmen dieser Region haben sich auf Jagdtouren spezialisiert, wie die **Estancia Los Laureles** südlich von La Paz (s. S. 451), in deren Waldinsel *monte paraguayo* (›paraguayischer Busch‹) 2 bis 4 Mio. Wildtauben leben. Im Hinterland der Provinz Corrientes hat die Entenjagd ihr angestammtes Revier (wofür die Reisbauern dankbar sind). Andere Landgüter wie die in Nordcorrientes gelegene **Estancia San Juan** Poriahú (s. S. 454) haben sich die Erhaltung ihrer Naturwälder zur Aufgabe gemacht: Hier wird kein Baum gefällt. Von den an den Ríos Paraná und Corrientes gelegenen Estancias aus starten Angelsportler zum Fischfang. Etwas ab vom Schuss, aber die Mühe der Anfahrt unbedingt wert, liegt eines der Highlights der Region: die Esteros del Iberá (s. S. 459, Anfahrt über Goya oder Paso de los Libres).

Infos

Subsecretaría de Turismo: Vieytes 1143, Ecke España (am Hafen), La Paz, Tel. 03437

Entlang dem Río Paraná nach Posadas

42 36 01, www.lapazentrerios.gov.ar, tgl. 7–20 Uhr.

Dirección Municipal de Turismo: José Gómez 953 (am Busterminal), Goya, Tel. 03777 43 17 62, www.turismogoya.gov.ar, Mo–Fr 8–20, Sa/So 16.30–19.30 Uhr.

Übernachten

… zwischen Paraná und La Paz:

Mit Jagdrevier ▶ Estancia Los Laureles: von Paraná auf der RN 12 Richtung La Paz, bei Gobernador Racedo (Estación Cerrito) links ab auf die RP 8 Richtung Hernandarias, bei Km 17,5 (Schild) links ab auf die 6 km lange Zufahrt, Tel. 0343 457 37 32, www.excitingoutdoors.com. Am Hochufer des Paraná gelegene Estancia, ehemals der Milchproduktion gewidmet, sehr komfortabler Gästebungalow mit luxuriösen Zimmern, exzellente Küche, Jagd und Sportfischen. DZ 210 US$ p. P. inkl. VP, für Jäger 910 (April–Sept.)/630 (Okt.–März) US$, für Fischer 390/520 US$.

Am Río Paraná ▶ Estancia El Desafío: ca. 8 km südl. von La Paz (kostenloser Transfer), Reservierung über Don Guillermo, Belgrano 386, 3190 La Paz, Tel. 0347 15 40 07 52, www.estanciaeldesafio.com.ar u. www.cazapescaenfamilia.com.ar. 500 ha großes Anwesen am Paraná, fast ganz von Naturwald bedeckt; 4 gut eingerichtete Bungalows (max. 6 bzw. 14 Pers.) mit Küche und Flussblick, Angeln, Jagd auf Tauben, Enten, Rebhühner, Bekassinen (Sumpfschnepfen), Hasen und Büffel. Im 6er-Bungalow 650 $ p. P.

… in La Paz:

An der Plaza ▶ Milton: Italia 1029, Tel. 03437 42 22 32, www.milton-hotel.com.ar. Zentral, ordentlich, mit Restaurant. DZ 540 $.

Mit Charme ▶ La Cautiva de Ramírez: Sáenz Peña, Ecke Azcuénaga, Tel. 03437 42 17 01, www.lacautivaderamirez.com.ar. Rustikale Eleganz in einer restaurierten Mühle und Nudelfabrik. Pool, Restaurant, Garage, Fahrradverleih. DZ 450 $.

Ideal für Angler ▶ Hostería Posta del Surubí: España 180, Tel. 03437 42 11 28, www.postasurubi.com.ar. Gemütliches Hotel, das selbst Geangeltes kommt auf die Speisekarte: als Vorspeise *pescado en escabeche* (Fisch

in würziger Marinade), als Hauptgang *surubí al ajillo* (mit Knoblauch und Whisky gegrillter *surubí*), an Wochenenden auch Fleisch von der Parrilla. DZ 550 $ p. P. inkl. Mahlzeiten und Bootsfahrt zum Fischen. DZ 190 $.

… zwischen Esquina und Goya:

Pferdefarm ▶ Estancia La Rosita: RN 12, Km 680, 14 km von der Landstraße auf Fahrweg, 18 km von Esquina entfernt, Tel. 011 15 60 52 55 66 (Fernando Landgraf), www.estancialarosita.com.ar. 100-jähriges Haus auf 2500 ha großem Landgut. Die Estancia bietet die Möglichkeit, mit den Gauchos das Vieh einzutreiben oder auf dem Polofeld zu spielen. Auch 5-Tage-Reittour durch vier Estancias (1840 US$ p. P.), Birdwatching, Fischen. DZ 175 US$ p. P. inkl. VP und Aktivitäten.

Deutsch sprechende Besitzer ▶ Estancia Buena Vista: 40 km nördlich von Esquina am Fluss, Tel. 03777 46 01 69 u. 15 41 28 88 (Klaus Liebig), www.estanciabuenavista.com.ar. Traditionelles Haus aus dem 19. Jh., Birdwatching, Reiten, Wandern und Angeln, Mitarbeit auf der Farm möglich. DZ 150 US$ p. P. inkl. VP und Aktivitäten.

Reetgedecktes Haus ▶ Posada Hambaré: 3 km nördlich von Esquina (bei Quinta Cuatro von der RN 12 Richtung Fluss abbiegen), Tel. 03777 46 02 70, www.posadahambare.com.ar. Komfortables Landhaus auf ca. 4 ha großem Anwesen am Fluss mit 20 Zimmern, Pool, Grillplatz. Angelausflug ohne Lizenz für 2 Pers. 1920 $, Sportfischen, Enten- und Rebhuhnjagd (April–Aug.). DZ 460 $, inkl. VP 1130 $.

Im andalusischen Stil ▶ Estancia La Pelada: von Esquina 26 km auf der RN 12 Richtung Norden, dann ca. 14 km auf der RP 30 Richtung Fluss, Tel. 03777 46 00 32 u. 15 41 96 16. Gut ausgestattetes Landhaus auf dem Hochufer des Río Corrientes. 6 Doppel- bzw. Dreibettzimmer, Ausritte, Entenjagd, Angelausflüge. 1050 $ p. P. inkl. VP und Aktivitäten.

… in Goya:

Casino ▶ Condado: España 635, Tel. 03777 43 06 00, www.condadohotelcasino.co.ar/goya. Modernes Casino-Hotel in zentraler Lage mit Restaurant, Pool, Kino, Garage. DZ 890 $.

Provinzen Entre Ríos und Corrientes

Karneval fast wie in Rio de Janeiro hat Corrientes im Februar zu bieten

Zentral ▶ Gran Hotel de Turismo: B. Mitre 880, Tel. 03777 42 29 26, www.hotelturismo goya.com.ar. Gediegene Zimmer, freundliches Management, Garten mit Pool, Bar und Restaurant, Garage. DZ 520 $.

Bungalows ▶ Cabañas Pirá Porá: 1ros Concejales s/n, Rincón de Gómez, Tel. 03777 42 70 22, www.cabanapirapora.com.ar. Nette Bungalows am Flussufer, Restaurant, Bootsverleih, Angeltouren. Inkl. Angeltour u. VP für 4 Pers. 2850 $, DZ 270 $.

Camping ▶ Asociación Bancaria: Camino de la Costa, Paraje Remanso, 5 km nördlich, Tel. 03777 42 26 76. Gute Infrastruktur, Pool, 80 m vom Fluss. 4-Pers.-Zelt 200 $.

Essen & Trinken

... in La Paz:

Am Fluss ▶ Garibaldi: Vieytes 1151, Tel. 03437 42 47 88. Fisch und Pasta vor Flusspanorama. 150 $.

Preiswert ▶ La Vereda: Moreno, Ecke San Martín, an der Plaza, Tel. 03437 42 99 12. Zu empfehlen: *pescado en escabeche* (Fisch in pikant-würziger Marinade). 140 $.

... in Goya:

Flussfische ▶ El Náutico: Mitre 880, Ecke Loza, Tel. 03777 43 22 42. Club-Restaurant mit sehr guten Fischspeisen. 150 $.

Grill ▶ Estilo Campo: Sarmiento, Ecke Bartolomé Mitre, Tel. 03777 15 51 68 64. Beliebte Parrilla. 140 $.

Aktiv

Angeln ▶ Eines der beliebtesten Freizeitvergnügen am Río Paraná – mehrmals jährlich finden Wettbewerbe statt: im März das Pacú-Wettangeln in Esquina, im April/Mai das Surubí-Wettangeln in Goya. Touren bieten u. a. **Víctor Flores,** La Paz, Tel. 03437 42 26 34, www.victorflores.com.ar; **Aníbal Bähler,** La Paz, Tel. 03437 15 41 62 22, www.pescaenla paz.com.ar; **Baldi Pesca,** El Dorado s/n, Acceso Norte, Esquina, Tel. 03777 46 19 45, www.baldipesca.com.ar.

Corrientes ▶ 1, M 7

Der Río Paraná biegt vor **Corrientes** [11] beim Zusammenfluss mit dem Río Paraguay fast im rechten Winkel nach Süden. Sieben Land-

Entlang dem Río Paraná nach Posadas

spitzen in der Kurve bilden sieben verschiedene Strömungen *(corrientes)* im Fluss, weshalb die 1588 von den spanischen Konquistadoren gegründete Stadt zuerst **San Juan de Vera de las Siete Corrientes** genannt wurde. Die erste spanische Siedlung in der Region besitzt ein gut erhaltenes historisches Viertel, das einen Besuch lohnt. Selbst das Gründungskreuz existiert noch und wird heute in der **Iglesia de la Cruz de los Milagros** aufbewahrt – angeblich nachdem Indianer versucht hatten, es zu verbrennen (Belgrano 888, Plaza de la Cruz).

Über die an die Plaza de la Cruz angrenzende Calle Buenos Aires gelangt man nach vier Blocks in nördlicher Richtung zur Fußgängerzone **Junín,** um die sich das Geschäftszentrum der 375 000 Einwohner zählenden Stadt gebildet hat. Noch einmal drei Blocks weiter nördlich gruppieren sich um die **Plaza 25 de Mayo** das Regierungsgebäude, die **Iglesia de La Merced** mit Kloster, der ehemalige Gouverneurspalast sowie andere historische Bauten, die ein eindrucksvolles Gesamtbild abgeben.

Nur ein paar Schritte weiter sind es zum Flussufer und der **Avenida Costanera,** an der sich die Correntinos zum Mate am Nachmittag oder zum Abendessen treffen.

Im Februar findet in Corrientes das größte **Karnevalsfest** Argentiniens statt. Bereits einen Monat vorher legen die Correntinos bei der **Fiesta Nacional del Chamamé** ihren lokalen Volkstanz aufs Parkett. Der Tiroler Jesuitenpater Florian Paucke, erster Chronist der Region, brachte 1752 die Instrumente ins Land, die die Guaraní-Indianer als ›Wunderkinder‹ zu beherrschen lernten und aus deren Klangformen sich die Correntiner Volksmusik entwickelte. Die vom Polkarhythmus bestimmte und von weinenden Bandoneonen oder Akkordeonen begleitete *polkita correntina* erhielt jedoch erst in den 1930er-Jahren den Namen *chamamé.*

Infos

Dirección Municipal de Turismo: Av. Costanera, Tel. 0379 447 48 29, Mo–Fr 7–21, Sa 9–21, So 10–21 Uhr. Infos über die Stadt.

Subsecretaría de Turismo: 25 de Mayo 1330, Tel. 0379 442 72 00, www.corrientes. gov.ar, tgl. 7–21 Uhr. Infos über die Provinz.

Übernachten

Mit Blick auf Fluss ▶ **Gran Hotel de Turismo:** Entre Ríos 650, Tel. 0379 446 22 44, www.ghturismo.com.ar. Renoviertes Casino-Hotel in Uferlage, Gartenpool, Spa, Bar und Restaurant. DZ 952 $.

Modern-funktionell ▶ **Gran Hotel Guaraní:** Mendoza 970, Tel. 03783 43 38 00, 0379 443 38 00, www.granhotelguarani.com. 4-Sterne-Hotel mit viel Marmor und Glas, Pool, Sauna, Bar und Restaurant, Garage. DZ 650 $.

Zentral ▶ **Orly:** San Juan 867, Tel. 0379 443 03 80, www.hotelorlycorrientes.com.ar. Angenehme Zimmer, Confitería. DZ 432 $.

Camping ▶ In Stadtnähe entlang der RN 12 gibt es fünf Plätze, teilweise direkt am Fluss; nähere Infos beim Touristenbüro (s. links).

Essen & Trinken

Gourmetküche ▶ **Cristóbal Resto Bar:** Av. Costanera, Ecke Quevedo u. Plácido Martínez 1102, Ecke San Juan, Tel. 0379 446 93 18. Ersteres ein Terrassenlokal (nur abends), das zweite ein Hafenrestaurant. 220 $.

Yacaré & Wein ▶ **Pyahu Enófilos:** Junín 1250, 1. Stock, Tel. 0379 442 93 66, So geschlossen. Wine Bar mit Restaurant, serviert werden Yacaré-Steak, gegrillter Surubí, Maniok-Empanadas, hausgemachte Gnocchi etc. 170 $.

Zwischenmahlzeiten ▶ **Marta Bianchetti:** 9 de Julio 1198, Tel. 0379 442 30 08. Regionale Küche zu Kaffee und Bier, u. a. gibt es vorzügliche *chipá,* das für die Region typische Maniok-Käse-Brot. 110 $.

Vom Grill ▶ **Posta San Juan:** San Juan 1278, Tel. 0379 442 86 61, Mo geschlossen. Fisch und Fleisch. 110 $.

Termine

Fiesta Nacional del Chamamé (1. Januarwoche): Fest mit rund 400 Musikern zu Ehren des Volkstanzes *chamamé* und Auftakt zum Karneval.

Karneval (Febr.): Umzüge etc.

Provinzen Entre Ríos und Corrientes

Verkehr

Flüge: Aerolíneas Argentinas fliegt Mo–Sa nach Buenos Aires. Der Flughafen liegt 10 km nordöstlich der Stadt an der RN 12, Tel. 0379 443 16 28. Um den Transport ins Zentrum kümmert sich die Fluggesellschaft.

Busse: El Rápido, Chevalllier, Flecha Bus, La Estrella, Singer sowie 30 weitere Busgesellschaften verbinden Corrientes mit allen wichtigen Städten des Landes und natürlich mit Buenos Aires. Busterminal: Av. Maipú 2700 (RP 3, 4 km südlich), Tel. 0379 447 76 00.

Weiter nach Posadas ▶ 1, N 7

Die RN 12 knickt, dem Knie des Río Paraná folgend, bei Corrientes Richtung Osten ab und erreicht nach etwa 315 km Posadas (s. S. 462). Nacheinander berührt die Straße das Anglerparadies **Paso de la Patria,** den Wallfahrtsort **Itatí** 12 mit seiner Basilika (s. S. 450) und bei **Ituzaingó** den monumentalen **Complejo Hidroeléctrico Yacyretá.** Das hydrografische Potenzial des Paraná wollte der Mensch nicht ungenutzt lassen. 1994 nahm eine 65 km lange Staumauer (im Mittelteil über 70 m hoch) den Vater aller Flüsse in ihre Arme und drückt ihn seither durch 20 Turbinengeneratoren, die jährlich bis zu 20 000 Gigawattstunden Strom erzeugen sollen. Am oberen Paraná ging das – zusammen mit Paraguay projektierte – Wasserkraftwerk Yacyretá in Betrieb, eines der größten der Welt. Die babylonische Anlage kostete fast 12 Mrd. Dollar. 108 000 ha Paraná-Regenwald und 300 Flussinseln ertranken in dem künstlichen See, dessen Fläche achtmal so groß ist wie

die Stadt Buenos Aires. Nach dem ersten Probelauf der Turbinen trieb – infolge eines ›technischen Fehlers‹ – ein Teppich von 120 000 toten Fischen den Paraná hinab. In der paraguayischen Stadt Encarnación mussten der Marktplatz und die Uferstraße verlegt werden, um nicht überschwemmt zu werden (Tel. 03786 42 15 43, www.yacyreta.org.ar, Führungen tgl. 9, 11, 12.30, 14 Uhr).

Übernachten

Fly fishing ▶ Emboga Fish Resort: Sarmiento s/n, Itá Ibaté (etwa auf halbem Weg zwischen Itatí und Ituzaingó), Tel. 0379 15 439 13 61, www.emboga.com.ar. Gut ausgestattete Bungalows am Hochufer des Río Paraná, beliebt bei Sportfischern. Restaurant, Park, Pool. DZ 1650 $ inkl. VP und Angeltouren.

Nahe den Esteros del Iberá ▶ Estancia San Juan Poriahú: von der RN 12 nach Süden auf die RN 118 abbiegen, kurz vor Loreto links ab, Tel. 03781 15 60 86 74 u. 15 60 96 58, www.sanjuanporiahu.com.ar. Neun schöne Zimmer mit Bad in ländlich-stilvollem Gästebungalow, gute regionale Küche. Von den 13 000 ha dieses Naturparadieses mit rund 70 Lagunen sind 4000 ha streng geschützt. Die reiche, für das Iberá-Gebiet (s. S. 459) typische Wasser- und Avifauna umfasst u. a. Kaimane, Wasserschweine, Nutrias, Affen, Sumpfhirsche, die Riesenboa *curiyú* und 220 Vogelarten, die kaum menschenscheu sind, weil in Poriahú seit 150 Jahren kein Schuss gefallen ist. Aktivitäten: Naturbeobachtung und Fotosafaris. Zu empfehlen ist ein Aufenthalt von 2–3 Tagen. DZ 120 US$ p. P. inkl. VP und Aktivitäten.

Tipp: Angelwettbewerbe

Insbesondere vier Veranstaltungen locken alljährlich die nationale – und teilweise sogar internationale – Anglergemeinde an den Río Paraná: Im März/April sowie ein zweites Mal im August findet in **Paso de la Patria** ein Dorado-Wettangeln statt. Derjenige, der den größten *surubí* am Haken hat, wird gegen Ende April/Anfang Mai in Goya bzw. im Juli in **Ituzaingó** geehrt.

Entlang dem Río Uruguay nach Posadas

Karte: S. 442

Gualeguaychú und Umgebung
▶ 1, M/N 14

Erste Anlaufstelle auf der von **Ceibas** dem Río Uruguay folgenden Strecke (RN 14) ist das Städtchen **Gualeguaychú** 13 mit seinen

Entlang dem Río Uruguay nach Posadas

hübschen Flussstränden, darunter das 15 km entfernte Strandbad **Ñandubaysal.** Zweimal im Jahr – an Karneval im Februar und zur Fiesta del Pejerrey (›Ährenfisch-Fest‹) im Juli geht es hier hoch her. 35 km östlich vom Ort führt eine Brücke ins benachbarte Uruguay nach Fray Bentos.

Übernachten

Camping ▶ Ñandubaysal: ca. 15 km östlich von Gualeguaychú, Tel. 011 68 41 04 77, www.nandubaysal.com. Weitläufiger und schattiger Platz beim gleichnamigen Strandbad. 210 $/Zelt.

Concepción del Uruguay
▶ 1, N 13

Fährt man über die RN 14 weiter nach Norden, so gelangt man nach 75 km zum Flusshafen **Concepción del Uruguay** 🔟. Das 80 000 Einwohner große Städtchen, Dienstleistungszentrum einer mittelständischen Agrarwirtschaft, ist rührig und, mit manch stillem Patio hinter verspielten alten Hausfassaden, beschaulich zugleich.

In einem prächtigen Patrizierhaus aus der Kolonialzeit befindet sich das **Museo Histórico Delio Panizza,** das einen interessanten Blick in die lokale Geschichte ermöglicht. Unter anderem steht dort eine Kanone, die dem italienischen Freiheitskämpfer Giuseppe Garibaldi gehörte, der einige Jahre lang auch am Río de la Plata aktiv war (Supremo Entrerriano 58, Tel. 03442 42 42 10, tgl. 9–12, 16–20 Uhr, 5 $).

Die von dem *caudillo* Urquiza (s. unten) gegründete Elite-Schule **Colegio Superior de Uruguay Justo José de Urquiza** beherbergt ein regionales Naturkundemuseum. Begründer des Museums war der sächsische Botaniker Paul Günther Lorentz, einer der ersten Moos-Forscher und Autor der ersten systematischen Florabeschreibung Argentiniens (Urquiza 25, Tel. 03442 42 55 54, tgl. 10 u. 17 Uhr, nur mit Führung, Eintritt frei).

In der italienisch inspirierten, von einem säulengetragenen Frontispiz geschmückten **Kathedrale** (1859) ruht der große *caudillo* der Region, Justo José de Urquiza. Der General

und Estanciero, wie er sich selbst gerne nannte, stieg vom Provinzkrämer zum Präsidenten der argentinischen Föderation auf, bevor er 1870 in seinem Palacio San José ca. 30 km westlich von Concepción del Uruguay ermordet wurde. Auf dem Höhepunkt seiner Macht ließ sich der zum Nationalhelden avancierte Feldherr, Privatbankier und Großschlachthofbesitzer – er lieferte ›Sklavenfraß‹ (Pökelfleisch) an die Plantagen auf Cuba und in Brasilien – zwei herrliche Paläste in toskanischer Manier erbauen (s. S. 456). Dazu holte er sich den italienischen Baumeister Pietro Fossati aus Ägypten, der dann auch die Kathedrale von Concepción sowie das Hospital Italiano in Buenos Aires errichtete.

Infos

Secretaría de Turismo: Galarza, Ecke Elía und 9 de Julio 844, Tel. 03442 44 08 12, www.concepcionentrerios.tur.ar, www.concepcion entrerios.com.ar, www.elportalcdelu.com.ar, tgl. 8–20 Uhr.

Übernachten

… in Concepción del Uruguay:

Boutiquehotel ▶ Antigua Posta del Torreón: Almafuerte 799, Tel. 03442 43 26 18, www.postadeltorreon.com.ar. Gut gelegen, 9 Zimmer mit WLAN, Pool. DZ 640 $.

Art-déco ▶ Unico Casa Hotel: Moreno 322, Tel. 03442 43 98 68, www.unicocasahotel. com. Vier bequeme Zimmer in einem Art-déco-Haus mit Garten und Pool. DZ 600 $.

In einem Stadtpalais ▶ Grand Hotel: Eva Perón 114, Tel. 03442 42 55 86 u. 42 28 52, www.grandhotelcasino.com.ar. Stilvoll, im 75 Jahre alten, ehemaligen Stadtpalais der Familie Texier. Mit Garage. DZ 490 $.

Residencial ▶ Nuevo Centro: Moreno 130, Tel. 03442 42 74 29, www.nuevorescentro. com.ar. Zentral, Zimmer rund um einen Patio. DZ 280 $.

… außerhalb:

Camping ▶ Banco Pelay: 5 km vom Zentrum am Ufer des Río Uruguay, Tel. 03442 42 40 03. Der schönste der 7 Campingplätze in der näheren Umgebung, 3 km Sandstrand, komplette Infrastruktur. 2 Pers. mit Zelt 80 $.

Provinzen Entre Ríos und Corrientes

Essen & Trinken

Beliebte Taverne ▶ Los Verdes Años: Mitre 764, Tel. 03442 42 79 78. Gängige Speisen, auch Fisch (surubí, pacú, dorado). 180 $.

Mit angenehmem Patio ▶ El Conventillo de Baco: España 193, Tel. 03442 43 38 09. Fisch und Fleisch in nettem Ambiente. 170 $.

Traditionslokal ▶ La Delfina: Eva Perón 125, Tel. 03442 43 32 40. Gepflegt, reiches Speisenangebot. 150 $.

Hotelrestaurant ▶ Carlos I: Eva Perón 115, Tel. 03442 42 67 76. In einer casona im gleichnamigen Hotel, einfach, gemütlich, preiswerte Tagesgerichte und Menüs. 130 $.

Cafés ▶ Café de la Plaza und **Café Rys,** beide in Galarza, Ecke Urquiza am historischen Hauptplatz der Stadt. Angenehm zum Frühstücken und Kaffeetrinken.

Verkehr

Busse: Vom Busterminal, Bv. Constituyentes 52, Tel. 03442 42 23 52, Verbindungen in alle Landesteile mit Rápido San José, Tel. 03442 42 50 01; Flecha Bus, Tel. 03442 42 70 00; Singer, Tel. 03442 42 25 06; El Tata, Tel. 03442 42 71 17.

Die Umgebung von Concepción del Uruguay ▶ 1, M/N 13

Ca. 30 km westlich von Concepción del Uruguay umschließt der zweitürmige, arkadengesäumte **Palacio San José** zwei cortiles (›Höfe‹), um die sich 38 Räume gruppieren. Heute birgt das sehenswerte Gebäude ein historisches Museum. Wer gerne fotografiert, sollte den Palast am Vormittag aufsuchen, wenn er sich im schönsten Licht präsentiert. Im Teich des dazugehörigen Parks spiegeln sich venezianische Brücken. Als Urquiza hier Feste im Stil des Sonnenkönigs feierte, unterhielt er seine Gäste mit dem Allermodernsten: Dampfbootfahrten. Nach Urquizas Tod waren über 1 Mio. ha Land unter seinen 28 anerkannten – von durchaus verschiedenen Müttern stammenden – Kindern zu verteilen. Man erreicht den Palacio San José per Auto (von Concepción del Uruguay auf der RN 39 Richtung Westen und nach ca. 25 km bei Km 128 rechts abbiegen und 3 km Richtung

Norden) oder per Zug von Villa Elisa (s. S. 457; Tel. 03442 43 26 20, www.palaciosanjose.com.ar, Mo–Fr 8–19, Sa/So 9–18 Uhr, 15 $; Jan./Febr. Fr 20.30–23.30 Uhr abendlicher Galabesuch, bei dem Besucher wie einst Urquizas Gäste durch den festlich beleuchteten Palast geführt werden, 50 $).

Der zweite Prachtbau des paternalistischen Herrschers entstand am Arroyo La China nahe Concepción in Form des **Palacio Santa Cándida.** Dieses Landschloss, bei dessen Gestaltung sich die Lüsternheit eines Potentaten mit viktorianischer Gediegenheit vermählte, beherbergt sevillanische Leuchter, französische Kamine, Sarah Bernhardts Wandspiegel und ein Gemälde, dessen Motiv sich der Parfümfabrikant Atkinson zum Logo für seine Flacons erkor (Tagesbesuch mit Voranmeldung 70 $, s. auch ›Übernachten‹).

Übernachten

Landschloss ▶ Palacio Santa Cándida: an der Mündung des Arroyo La China, 9 km südlich von Concepción (s. oben), Tel. 03442 42 21 88 u. 011 15 58 53 78 49, www.palaciosantacandida.com. Neun Zimmer, Restaurant (ab 17 US$ ohne Getränke), Pool, Boots-, Reit- und Trekkingtouren. DZ 180 US$.

Einfache Farm ▶ Los Quinchos: RP 39, über Caseros 45 km westlich von Concepción del Uruguay, vor Herrera rechts ab 7 km auf Schotterstraße (ausgeschildert), Tel. 03442 15 48 33 10 u. 15 64 81 05, www.turismoentrerios.com/chacralosquinchos. Mit Pool und einfachen Zimmern. Ausritte, Birdwatching, Landarbeit. Camping 40 $ p. P., DZ 400 $, inkl. HP 120 $ p. P., VP 200 $ p. P.

Colón und Umgebung ▶ 1, N 13

Nur 44 km nördlich von Concepción kommt man ins nette Städtchen **Colón 15,** wo sich an den Namen der hügeligen Straßen bis heute der Einfluss der Einwanderung von Schweizern, Franzosen und Italienern aus Valais, Savoyen und Piamonte erkennen lässt.

In **Pueblo Liebig,** 12 km nordwärts, wurde 1903 der zweite Schlachthof der Welt eröffnet, der die vom Darmstädter Chemiker Justus von Liebig entwickelte Fleischextrakt-

Entlang dem Río Uruguay nach Posadas

Tipp: Windmühle ohne Antrieb

Zwischen Colón und Colonia San José liegt 200 m linker Hand der Straße ein Bauwerk, das in dieser Gegend reichlich seltsam anmutet: der **Molino Forclaz,** eine nach holländischem Vorbild errichtete Windmühle, die vom Unternehmensgeist – und den Enttäuschungen – der Immigranten des 19. Jh. berichtet. Ihr Erbauer war der Schweizer Müller Jean Baptiste Forclaz, der seit 1859 an diesem Ort lebte und mit dem Verkauf von Mehl an die Truppen von Urquiza zu Wohlstand gekommen war. 1887 ersetzte er seine alte, durch Maultiere angetriebene Mühle durch den 12 m hohen Molino Forclaz. Der dreistöckige Bau wurde von einer mobilen Zinkkup-

pel gekrönt, die es den Flügeln ermöglichte, sich den Windverhältnissen entsprechend auszurichten. Ein Denkfehler allerdings unterlief dem Müller: Der schwerfällige Drehmechanismus erforderte starke Winde, die in dieser Region sehr selten sind. So konnte die Mühle nie wirklich in Gang gebracht werden. Eine Legende erzählt, Forclaz habe sich enttäuscht an einem der Flügel erhängt und seine Witwe deshalb zuerst das Antriebssystem abgebaut, bevor sie wieder die Maulesel einspannte (Calle Primeros Colonos, Tel. 03447 15 45 35 51, www.forclaz.com.ar, Führungen Mo, Di, Do, Fr 10–13, 16–19, Sa/So 10–13, 16.30–19.30 Uhr).

Technologie anwendete. Mit englischem Kapital betrieben, lieferte das Unternehmen während des Zweiten Weltkriegs das Fleisch von täglich 1500 Rindern an britische Truppen und die Zivilbevölkerung. Dafür hinterließen die Engländer im Dorf ihre ›saubere‹ Ziegelarchitektur in Industriegebäuden und Personalwohnungen. Das zentrale Monument von Colón ist – passenderweise – eine gigantische *corned-beef*-Dose.

Die ersten Einwanderer der Region wurden 1857 in **Colonia San José,** 9 km westlich von Colón, ansässig. Zeugnisse davon findet man im **Museo Histórico Regional,** dessen Exponate unter Mithilfe des Smithsonian Institute sehr anschaulich zusammengestellt wurden (Urquiza 1127, Tel. 03447 47 00 88, www. museocoloniasanjose.com.ar, Sommer Di–So 9–12, 17–20, Winter 15–18 Uhr, 5 $).

Von **Villa Elisa,** 17 km nordwestlich von Colón, fährt ein historischer Zug mit zwei Waggons durch Einwandererland und vergessene Bahnhöfe (Tel. 03447 48 17 17, www. villaelisa.tur.ar, nur an Feiertagen, 90 $).

Infos

Oficina de Turismo: Gouchón, Ecke Costanera Gobernador Quirós (am Sporthafen), Colón, Tel. 03447 42 12 33, www.colonturis mo.gov.ar, tgl. 6–20 Uhr.

Übernachten
… in Colón:

Direkt am Wasser ▶ Hotel Internacional Quirinale: Gobernador Quirós, Ecke Noalles, Tel. 0800 555 78 47, www.quirinale.com.ar. Moderner Bau am Fluss mit Pool, Spa, Restaurant. DZ 1480 $.

Historisch ▶ Hostería del Puerto: Alejo Peyret 158, Tel. 03447 42 26 98, www.hoste riadecolon.com.ar. Historisches Haus mit Blick zum Fluss und einem netten Innenhof, in dem man am Brunnen frühstücken kann. Restaurant und Pool, keine Kreditkarten. DZ 575 $.

Camping ▶ Agreste: Camino Costero Sur, Tel. 03447 15 45 77 87, www.colonentrerios. com.ar/campingagreste. Bewaldeter, 3 ha großer Platz am Zusammenfluss des Arroyo La Leche und Uruguay. Mai–Sept. geschlossen. 50 $ p. P.

Essen & Trinken
… in Colón:

Pasta ▶ La Cosquilla del Angel: Peyret 180, Tel. 03447 42 37 11. Gute Pasta in nettem Lokal am alten Hafen, Terrasse. 200 $.

Fisch vom Grill ▶ El Viejo Almacén: Urquiza, Ecke J. J. Paso, Tel. 03447 42 22 16. Ein Block von der Plaza San Martín, ausgezeichneter *surubí* vom Grill. 180 $.

Provinzen Entre Ríos und Corrientes

... außerhalb:

Landhaus ▶ Almacén Don Leandro: Colonia Hoker, 29 km nordwestl., Tel. 03447 48 04 70, www.almacendonleandro.com.ar, nur Sa/So mittags. Parrilla (mit Reservierung, *tenedor libre* 110 $), hausgemachte Pasta. 170 $.

Verkehr

Busse: Die Buslinien Rápido San José, Tel. 03447 42 29 96, und Flecha Bus, Tel. 03447 42 26 89, fahren Ziele in Entre Ríos, Corrientes, Misiones sowie Buenos Aires an. Terminal: Paysandú, Ecke Sourigues (15 Blocks nordwestlich der zentralen Plaza San Martín), Tel. 03447 42 17 16.

Parque Nacional El Palmar
▶ 1, N 12

Wie der Osten Mesopotamiens – und übrigens auch ganz Uruguay – einmal aussah, bevor die Palmwälder gefällt und die restlichen Samen von Rinderhufen zertreten wurden, zeigt rund 75 km nördlich von Concepción der an den Río Uruguay angrenzende **Parque Nacional El Palmar 16.** Tausende von bis zu 18 m hohen Yatay-Palmen, manche 800 Jahre alt, wiegen ihre Federhäupter im Wind. Hier kann man in Uferlage (heller Sandstrand) auf einem gepflegten Waldcampingplatz zelten, zutrauliche Vizcachas füttern oder Nutrias, Wasserschweinen und Iguanas nachpirschen. Die Zufahrt zum Park zweigt – von Süden kommend – 6 km vor Ubajay bei Km 198 von der RN 14 rechts ab (Tel. 03447 49 30 53, www.parquesnacionales.gob.ar u. www.elpalmarapn.com.ar, Infozentrum tgl. 8–19 Uhr, 80 $).

Wer ausreichend Zeit zur Verfügung hat und das argentinische Mesopotamien genauer kennenlernen möchte, kann auf Höhe des Nationalparks (am einfachsten ca. 20 km südlich von Concordia über die RN 18) die Provinz Entre Ríos queren und die Route entlang dem Río Paraná fortsetzen (s. S. 449).

Übernachten

... in Ubajay:

Im Naturreservat ▶ La Aurora del Palmar: RN 14 Km 202, Tel. 03447 15 43 16 89, www.

auroradelpalmar.com.ar. Gegenüber vom Nationalpark führt die NGO Vida Silvestre ein 1300 ha großes Naturreservat. Geführte Touren mit dem Pferd, zu Fuß oder per Boot (um 120 $ p. P.), auch Birdwatching. Zimmer in Bahnwaggons, mit Restaurant. 3 Nächte inkl. HP u. Ausflüge 2000 $ p. P., DZ 550 $, Zelten 80 $ p. P., 50 $/Zelt.

... im Nationalpark:

Camping ▶ Los Loros: Tel. 03447 42 33 78. Zeltplatz am Flussufer. 45 $ p. P., 30 $/Zelt.

Weiter Richtung Posadas
▶ 1, N 12–O 10,

Nördlich des mit einer Reihe schöner alter Gebäude aufwartenden Städtchens **Concordia 17** wird am Stauwerk Salto Grande die dritte Brückenzufahrt nach Uruguay und bei **Paso de los Libres 18** in der Provinz Corrientes der vierte Flussübergang ins Nachbarland passiert. Wesentlich spannender als die Orte entlang der Strecke präsentiert sich jedoch die Landschaft, die bis Posadas (ca. 600 km auf direktem Weg ab Concordia) vier Mal ihr Aussehen ändert.

Auf der Höhe von Monte Caseros zieht sich ein 30 km breiter Zitrusgürtel am Río Uruguay entlang. Hier wollte 1880 ein französischer Weinliebhaber auf seinem 10 ha großen Los Reben anbauen, doch ein durchreisender Brasilianer schenkte ihm zufällig einige Zitruspflänzchen – 1908 zählte man schon 100 000, heute sind es 7 Mio. Bäume. Ihr Aroma übertönen inzwischen aber die ätherischen Düfte der Eukalyptuswälder. Im Übergangsraum zum Lagunengebiet schwimmen dann immense Reisfelder vorbei, das ›weiße Gold‹ von Corrientes. Tausende von *tajamares* – ein 2000 km² großes Teichsystem – füllen sich im Winter mit Wasser. In der dritten Zone, in deren Herz die noch wenig berührten Esteros del Iberá (s. S. 459) schlummern, löst sich die Erde buchstäblich in Lachen auf und die Straßen reiten auf Dämmen über das in Regenzeiten violett schimmernde Spiegelparkett. Noch weiter nördlich trocknen die Marschen aus, machen Tabakpflanzungen und schließlich immensen Prärien und Weideflächen Platz.

Übernachten
... in Concordia:
Mit Flussblick ▶ Salto Grande: Urquiza 581, Tel. 0345 421 00 34, www.hotelsaltogrande. net. Zentral, von den teureren Zimmern in den oberen Etagen gute Sicht auf den Río Uruguay. Pool, Restaurant. DZ ab 661 $.
Ruhige Lage ▶ Hathor: RN 14 Km 264,5, Tel. 0345 422 23 62, www.hhotels.com.ar. An der Landstraße zwischen der Nord- und Südeinfahrt der Stadt. Modernes Hotel mit großem, von Blaubeerplantagen umringten Garten, Pool und Restaurant. DZ 645 $.
... in Santo Tomé:
Einladend ▶ Hostería ACA: knapp 200 km nördlich von Paso de los Libres Richtung Posadas, Belgrano 950, Tel. 03756 42 01 61. Pool, Garten, gute Küche. DZ 460 $, ADAC-Mitglieder 320 $.

Esteros del Iberá
▶ 1, N/O 8/9

Karte: S. 442
Die Blaue Braut des Paraná, wie Correntiner Poeten das 13 000 km² große Schilfseegebiet der **Esteros del Iberá** gerne nennen, verschleiert ihre Umrisse nicht nur hinter Sumpfnebeln, die Konturen verändern sich auch mit der klimabedingten Hebung und Senkung des Wasserspiegels. Hunderte von Lagunen, nie mehr als 15 m tief, sind in das Rohrdickicht eingebettet. Die **Laguna Iberá** selbst, natürliche Eingangsschleuse zu diesem Naturreservat, liegt mit ihrem Ort **Colonia Carlos Pellegrini** 19 am Südostrand der 150 km breiten Sümpfe. Die weltferne, 800 Einwohner zählende Kleinbauernkolonie, die weder über eine Bank noch über eine Tankstelle verfügt, erreicht man von dem zentralen Landstädtchen **Mercedes** 20 aus über eine gut 120 km lange Schotterstraße (RP 40, nach Regen schwer befahrbar), deren letzter Teil über einen Damm läuft. Nach Mercedes kommt man von der östlichen RN 14 über Curuzú Cuatiá (RN 119) oder Paso de los Libres (RN 123), von der westlichen RN 12 über Goya und die RN 123.

Esteros del Iberá

Mit ihren Schilfbänken, Binsengebüschen und schwimmenden Grasinseln bilden die nur vom Boot aus zu erkundenden Gewässer eine ideale Heimat für wertvolle Spezies der Aquafauna. Ungezählte Sumpfhirsche, *yacarés* (Kaimane) sowie *carpinchos* (Wasserschweine) sind in diesem Dschungel von Rohrkolben und Wasserschwertlilien zu Hause und natürlich nisten Tausende von Wasservögeln im Kamelottgras und im Geäst der wie Ertrinkende ihre Arme aus dem Totoraschilf reckenden Zwergbäume. Hier sichtet man auch noch eine andere Art von Nestern: schwarze Kokons, die aussehen wie mit Brombeeren gefüllte Nylonnetze. Die Brombeeren indessen sind zusammengekauerte Spinnen, die, nachts auf Insektenjagd, sich tagsüber kolonieweise zu Aberhunderten einweben, um sich vor den Vögeln zu schützen. Und tatsächlich greift kein gefiederter Feind diese klebrigen Gespinste an – er würde sich rettungslos darin verheddern.

Im Halblicht verschwimmen die melancholischen Sümpfe zu Aquarellen, in denen Himmel und Wasser ineinander übergehen. Das im Abendwind sich wiegende Schilf und seine Schatten zaubern eine eigene Fauna von Einhörnern und Salamandern in dieses nur von Vogelrufen aufgeschreckte Paradies, gerade so, als seien die Schemen Borges' »Handbuch der fantastischen Zoologie« entsprungen.

Schon immer waren die Iberá-Niederungen der Hort von Fabelwesen und Geisterschiffen. Wasserpflanzen bilden *camalotes* genannte schwimmende Matten auf der Oberfläche, füllen sich mit angewehten Erdpartikeln auf; als Samen niedergegangene Pflanzen nisten sich ein, wachsen hoch, der Wind bläst in ihr Blattwerk, die Matte reißt sich von ihrer Verankerung los – und segelt fortan als unbemanntes Gefährt durch das Lagunenlabyrinth. Die schwimmenden Inseln des Iberá und der betäubende Duft der nur zwei Nächte lang blühenden *Victoria regia,* der brunnenschalengroßen Seerose, haben nicht wenig zu den Phantasmagorien der Moorbewohner des argentinischen Nordens beigetragen.

Provinzen Entre Ríos und Corrientes

Infos

Touristeninformation: RN 40, Ecke Mbiguá, am Ortseingang, Tel. 03773 15 45 91 10 u. 15 45 89 22, www.ibera.gov.ar.

Übernachten

... in Colonia C. Pellegrini:

Pfahlbau ▶ Irupé Lodge: direkt am Ufer der Laguna Iberá, Tel. 03773 15 40 21 93, 15 41 79 97 u. 03752 43 83 12, www.ibera-argentina.com. Rustikaler Pfahlbau einer Schweizer Familie mit neun Zimmern und Spa, die Lodge gehört zu den wenigen Unterkünften im Ort, die Kreditkarten annehmen. Angeboten werden u. a. Geländewagentouren von/nach Iguazú mit Besuch der Jesuitenruinen und anderen touristischen Attraktionen auf dem Weg (einfach ca. 660 US$ für 4 Pers.). DZ 200 US$, 2 Nächte inkl. VP und Ausflüge 505 US$ p. P.

Mit Sicht auf die Lagune ▶ Posada Aguapé: Yacaré, Ecke La Laguna, Tel. 03773 49 94 12 u. 011 47 42 30 15, www.iberawetlands.com. 13 Zimmer, Pool, bestes Restaurant im Ort. DZ 2815 $ inkl. VP und Ausflüge.

Lodge ▶ Posada de la Laguna: Guazú-Virá, an der Laguna Iberá, Tel. 03773 49 94 13, www.posadadelalaguna.com. Stilvolle Lodge mit 2 ha Garten, 8 Zimmern, Pool, Restaurant mit Vegetarierkost. Touren zu Fuß, per Boot und per Pferd, spezialisiert auf Vogelbeobachtung, u. a. Kehlband-Schleppentyrann *(Gubernetes yetapa/yetapá grande),* Rotkehl-Schleppentyrann *(Alectrurus risora/yetapá de collar),* gelbköpfiger Stärling *(Xanthopsar fla-*

vus/tordo amarillo) und Grünkardinal *(Gubernatrix cristata/cardenal amarillo).* DZ 200 US$ p. P. inkl. VP und Ausflüge.

In schönem Park ▶ Hostería Ñandé Retá: Guazú-Virá, Tel. 03773 49 94 11, www.nandereta.com. 9 Zimmer, Pool, Ausflüge (z. B. Nachtwanderungen und Bootsfahrten, auf denen die Alligatoren bei der Jagd beobachtet werden können, während der tausendfache Chor der Frösche dazu musiziert). DZ 2 Nächte 5343 $ inkl. VP und Ausflüge.

Landhaus ▶ Rancho Iberá: Caraguatá, Ecke Aguará, Tel. 03773 15 41 26 61 u. 03783 15 31 85 94, www.posadaranchoibera.com.ar. Restaurant und Pool. DZ 2 Tage 3090 $ inkl. VP und Ausflüge. HP 2690 $.

Für Vogelfans ▶ Rancho Inambú: Yerutí, zwischen Pehuajó u. Aguapé, Tel. 0221 15 542 49 62, www.ranchoinambu.com.ar. Fünf Zimmer in traditionellem Bau. Der Ornithologe und Fotograf Jorge Sisí führt fachkundig über geheime Pfade durch die Lagunenlandschaft. DZ 2 Tage inkl. Ausflüge 2200 $.

Neu ▶ Posada Yacaré: Curupí, Ecke Yaguareté, Tel. 03773 49 94 13 u. 15 46 15 93, www.iberatours.com.ar. Fünf Adobe-Zimmer, Ausflüge unter Führung des Experten Hugo Boccalandro. Kreditkarten. DZ 72 US$.

Camping ▶ Municipal Iberá: am Dorfeingang, Tel. 03773 15 45 89 30 u. 15 62 96 56. Gute Infrastruktur. 50 $ p. P.

... außerhalb:

Am Rand des Naturparks ▶ Estancia Rincón del Socorro: 30 km südlich von Colonia C. Pellegrini in Richtung Mercedes, 4,5 km westlich der Hauptstraße, Tel. 03782 49 71 72 u. 03774 15 63 82 15, www.rincondelsocorro.com. 1999 wurde hier unter Aufsicht des Conservation Land Trust (CLT) und des US-amerikanischen Philantropen Douglas Tompkins die Landwirtschaft eingestellt und die Wiederbelebung der natürlichen Flora und Fauna gefördert, u. a. mit der Einführung des hier vor längerer Zeit ausgestorbenen Ameisenbärs und des Yaguareté. 6 Zimmer und 3 Bungalows auf 12 000 ha, nur Amex- und Visa-Kreditkarten, sonst per Banküberweisung im Voraus oder bar. DZ 320 US$ p. P. inkl. VP und Ausflüge.

Tipp: Zugang zu den Esteros del Iberá

Das Naturreservat kann auch aus westlicher bzw. nördlicher Richtung angefahren werden: Von Bella Vista (s. S. 449) über die RP 27 oder von Ituzaingó (s. S. 454) über die RN 12 gelangt man auf die RP 118, die parallel an der Sumpflandschaft entlangführt. In den Orten Loreto, San Miguel und Concepción sind die Übernachtungskosten bedeutend niedriger als in Colonia Carlos Pellegrini.

Esteros del Iberá

Augen auf in den Esteros del Iberá, dann entdeckt man viele Vögel und mit etwas Glück auch Sumpfhirsche, Kaimane und Wasserschweine

Essen & Trinken

Colonia C. Pellegrini besitzt keine Restaurants – ausgenommen in den Hotels, die aber oft nur Hausgästen offenstehen. Dafür gibt es diverse Familienhäuser *(comedores domiciliarios),* die für 120 $ ein 3-gängiges Menü bieten:

Einfach, gut und billig ▶ **Iberá Porá:** Yaguareté, Ecke Mbucuruyá, Tel. 03773 15 40 39 22. Auch Unterkunft (DZ 1323 $ inkl. HP u. Ausflüge). **Yacarú Porá:** Caraguaté, Ecke Yaguareté, Tel. 03773 15 41 37 50. **El Esquinazo:** Guazú-Virá, Ecke Curupí, Tel. 03773 15 62 75 48.

Aktiv

Touren ▶ Bootsausflüge zur Beobachtung von Vögeln, *yacarés* (Alligatoren), *carpinchos* (Wasserschweinen) und *ciervos de los pantanos* (Sumpfhirschen) werden von den Unterkünften sowie von Rangern (einstige Sumpffischer und -jäger mit guter ökologischer Ausbildung) der **Flora-y-Fauna-Station** an der Brücke durchgeführt. Auf anspruchsvolle Abenteuer wie die Beobachtung der gelben Anaconda spezialisiert ist Hugo Boccalandro von der Posada Yacaré (s. S. 460).

Verkehr

Busse: Von Buenos Aires tgl. mit Flecha Bus nach Mercedes (450 $). Transfer über die sehr schlechte Straße von Mercedes nach Colonia C. Pellegrini entweder im Bus (Crucero del Norte, Tel. 03786 42 05 70, 107 $, nicht bei Regenwetter) oder im zuverlässigeren Geländewagen (Sr. Monzón, Tel. 03773 42 01 84, 200 $ p. P., Abfahrt in Mercedes um 10 Uhr, Rückfahrt um 14 Uhr). Den Transfer nach Posadas macht Hugo Boccalandro von der Posada Yacaré (s. S. 460, 4 Pers. 330 US$).

Provinz Misiones

Das Grün der Regenwälder wächst aus der roten Tonerde bis zu 40 m in den Himmel. Die Flüsse stürzen mit Getöse über noch höhere Abhänge als in Iguazú. Der Urwald musste aber einen Teil seines Gebiets an die Mate-Plantagen abgeben, die erst von Jesuiten und Indianern und später von mitteleuropäischen Einwanderern angelegt wurden. Misiones ist landschaftlich und kulturell eine farbige Provinz.

Wer vor 60 Jahren den argentinischen Amazonas bereisen wollte, kletterte im Hafen von Buenos Aires in ein Sunderland-Flugboot, ließ sich über den lehmbraunen Río Paraná 1200 km weit in die Hitze des Nordens tragen und nach glücklicher Ankerung auf dem pfützenwarmen Strom unter dem Schutz aufgespannter Regenschirme von einer *lancha* an das Ufer bringen, wo ein stilles Posadas erst wieder nach Sonnenuntergang aus dem Tiefschlaf erwachte. Nachts startete ein Bus unbekannten Alters über eine windungsreiche rote Lehmstraße durch den Urwald und wurde, wenn er steckenblieb, von der einen Hälfte der Fahrgäste schiebend, von der anderen Hälfte an einem Tau ziehend, aus den Schlammkuhlen befreit, um des Abends am Fluss Iguazú anzukommen. Heute durcheilt man das – ehemals zu Paraguay gehörende – Land der Roten Erde auf der schnittigen RN 12 in wenigen Stunden: Gut 300 km sind es

Tipp: Abenteuergeschichten

In **Puerto Rico, Montecarlo, El Dorado, Oberá** und zahlreichen weiteren Ortschaften der Provinz Misiones kann man im Gespräch mit älteren Einwohnern – oft auch auf Deutsch – die abenteuerlichen Erlebnisse der Einwanderer der ersten Jahrzehnte des 20. Jh. wieder aufleben lassen.

von Posadas nach Puerto Iguazú. Es sei denn, man möchte die argentinischen Tropen schon unterwegs ein wenig besser kennenlernen …

Posadas und Encarnación
► 2, P 7

Karte: S. 464

Die heute 370 000 Einwohner große Hauptstadt der Provinz mit dem selbsterklärenden Namen Misiones entstand, wie so viele andere Orte der Region, aus dem Keim einer Jesuitenstation (frühestes belegtes Datum: 1615). Urbane Züge nahm die Siedlung erst 250 Jahre später an, nannte sich aber immer noch Trincheras (›Schützengräben‹) de San José – eine Bezeichnung, die ebenfalls Geschichte zitiert, denn lange Zeit mussten sich die Patres und ihre indianischen Schützlinge gegen die von Brasilien einfallenden *bandeirantes* wehren, die auf Sklavenjagd für die Plantagen gingen. Mit der Benennung **Posadas** [1] adoptierte die Stadt 1879 dann den Namen des ersten *director supremo* der vereinten La-Plata-Provinzen.

Posadas trägt die entspannten Züge einer subtropischen Kleinstadt, in deren Zentrum sich der Verkehr allenfalls freitag- und samstagabends staut, wenn *toute Posadas* seine Promenade im Auto absolviert oder von einem der Trottoircafés aus die kleinen Eitel-

462

Posadas und Encarnación

Nach Regenfällen glitschige Bahnen: die Erdstraßen im argentinischen Urwald

keiten im Sitzen verfolgt. Die von Lapacho-, Peteribí-, Jakaranda-Bäumen und schlanken Pindó-Palmen bestandene und vom rosafarbenen **Regierungspalast** von 1883 (mit schönem Patio) flankierte **Plaza 9 de Julio** ist der bedächtige Mittelpunkt, an dem die palmengesäumte **Calle Bolívar** als Hauptgeschäfts- und Flanierstraße entlangläuft. Nach Osten fällt die in einer Biegung des Río Paraná liegende Stadt über eine Böschung – die Bajada Vieja (›Alter Abhang‹) – zum Fluss hin ab.

Eine moderne Straßen- und Eisenbahnbrücke verbindet Posadas mit der paraguayischen Zwillingsstadt **Encarnación**. Am kleinen Flusshafen verlädt man hauptsächlich Yerba Mate, Holz, Tee und Kaffee. Warum Posadas sich weiter oben ansiedelte, erklärt wortlos eine Bronzeplatte, die an das Hochwasser vom 12. Juli 1983 erinnert: 7,09 m. Wenn die Regengüsse Südbrasiliens sich im Río Paraná kanalisieren, schickt der Fluss bis zu 40 000 m^3 Wasser pro Sekunde ins Tal.

An der Bajada Vieja verstecken sich noch einige alte Häuser, aber ist nicht auch das ein Bild wie aus vergangenen Zeiten: wenn eine betagte Dampflok einen mit Maniok beladenen Güterzug schnaubend über die Flussbrücke zieht?

Infos
Secretaría de Turismo: Colón 1985 u. im Busterminal, Posadas, Tel. 0376 444 75 40, www.turismo.misiones.gov.ar u. http://turismo.posadas.gov.ar.

Übernachten
... in Posadas:

Modern ▶ **Posadas Urbano:** Bolívar 2176, Tel. 0376 444 38 00, www.hahoteles.com/posadasurbano. Moderne Architektur und ebensolche Ausstattung, Restaurant, Pool, Spa. DZ 114 US$.

Stilvoll ▶ **Posadas Hotel:** Bolívar 1949, Tel. 0376 444 08 88, www.hotelposadas.com.ar. Schönes, gediegenes Stadthotel von Posadas nahe der Plaza. DZ 540 $.

Preiswert ▶ **Le Petit Hotel:** Santiago del Estero 1630, Tel. 0376 443 60 31. Sauber, familiengeführt, klimatisierte Zimmer, Autoeinstellplatz. DZ 450 $.

Provinz Misiones

Adrett ► **El Colonial:** Barrufaldi 2419, Tel. 0376 443 61 49. Familiengeführtes, kleines Hotel nahe dem Busbahnhof mit klimatisierten Zimmern, Autoeinstellplatz. DZ 265 $.

Hostel ► **Posadeña Linda:** Bolívar 1439, Tel. 0376 443 92 38, www.hostelposadasmi siones.com. Zentrales Kolonialhaus mit Pool und Küche. Schlafsaal 100 $ p. P., DZ 270 $.

… außerhalb:

Schweizerhaus ► **Hostería Suiza:** Rivadavia 1551, Candelaria, 20 km in Richtung San Ignacio auf der linken Straßenseite, Tel. 0376 449 33 99, www.hosteriasuiza.com.ar. Nette Zimmer und gute schweizerische Küche. Erika und Heinz Egg organisieren auch Ausflüge im Geländewagen zu typischen Highlights der Region, z. B. zu den Cataratas del Iguazú und in die Esteros del Iberá (Tagestrip 300 US$ für bis zu 4 Pers.). DZ 260 $.

Essen & Trinken

… in Posadas:

Mit Flussterrasse ► **Itakua:** Av. Costanera, Ecke Reguera, Tel. 03752 43 70 70, www.ita kua.com.ar. Moderne Küche und gute Weine, herrlicher Blick auf den Río Paraná. 200 $.

Entlang dem Río Paraná nach Puerto Iguazú

Parrilla ▶ **La Querencia:** Bolívar 1867, Tel. 0376 443 71 17. Beliebte Parrilla an der Plaza, sehr gutes Fleisch, auch Flussfisch und Pasta. 150 $.

Aktiv

Touren ▶ **Guayra Turismo Alternativo:** La Rioja 1481, 3. Stock A, Tel. 0376 443 34 15, www.guayra.com.ar. Im Angebot sind u. a. Ausflüge zu den Saltos de Moconá (s. S. 476) und Transfer in die Esteros de Iberá (439 US$ bis maximal 4 Pers.). Tagestouren für 2 Pers. kosten um 500 US$; auch deutschsprachige Führungen.

Verkehr

Flüge: Aerolíneas Argentinas fliegt 12 x wöchentlich nach Buenos Aires. Der Flughafen Libertador General San Martín liegt 13 km südwestlich der Innenstadt; eine Taxifahrt dorthin kostet etwa 100 $.

Busse: Internationale Verbindungen nach Paraguay und Brasilien mit Crucero del Norte, Tel. 0376 445 55 53, und Reunidas, Tel. 0376 445 47 95; nationale Ziele mit Expreso Singer, Tel. 0376 445 58 00; Flecha Bus, Tel. 0376 445 31 20; La Nueva Estrella, Tel. 0376 445 54 55. Ständige Verbindungen mit lokalen Bussen von Posadas zu den Jesuitenruinen von Santa Ana, Loreto und San Ignacio (s. rechts) vom Busterminal an der Kreuzung Av. Santa Catalina und RN 12, Tel. 0376 445 61 06. Ein Taxi vom Zentrum zum Busterminal kostet ca. 60 $.

Entlang dem Río Paraná nach Puerto Iguazú

Karte: links

Von Posadas über die nächsten 350 Uferkilometer bis hoch nach Ciudad del Este (Grenzübergang Paraguay–Brasilien) ist der mächtige Río Paraná mit keiner weiteren Brücke gesegnet – was ihm zur Idylle und dem Schmuggel zum Vorteil gereicht, denn nirgendwo fällt es leichter als hier, die *ladrillos* (›Backsteine‹) aus gepresstem Marihuana (die in Asunción 50 Dollar, hier das Vierfache kos-

ten und zum zwanzigfachen Preis an den Endverbraucher gehen) über die fließende Grenze zu schaffen. Dem Fluss folgt die nach Norden laufende Fernstraße RN 12 in gehörigem Abstand, nur an einigen Biegungen gibt sie den Blick auf den Strom frei. In dieser Gegend verteilen sich die Ruinen mehrerer Jesuitenmissionen. Die besterhaltenen und daher auch meistbesuchten sind zwar die von San Ignacio (56 km nördlich von Posadas), diese sind aber nicht die auf geheimnisvolle Art wildromantischsten.

Santa Ana und Loreto ▶ 2, Q 7

16 km vor San Ignacio leitet ein beschilderter Stichweg zu den zwischen wuchernden Bäumen und Kletterpflanzen eingebetteten Trümmern der Station von **Santa Ana** 2, wo der 1767 des Landes verwiesene Orden seine Schätze vergraben haben soll. Hinter den umgestürzten Grabsteinen des aufgelassenen Friedhofs bezeugen Gruben jüngeren Datums, dass hoffnungsvolle Schatzsucher gelegentlich noch immer am Werk sind. Eindrucksvoll ist die breite Freitreppe, die einst zur Kirche hochführte. Doch mit sanfter Gewalt verschlingen die Urwaldpflanzen das Menschenwerk. Vor allem der polypenartige *ibapoí* – der ›verrückte Wildfeigenbaum‹, wie die Einheimischen sagen – umklammert und erdrückt meterdicke Mauern, so wie er andere Bäume stranguliert, in deren rissigen Stämmen er seine Samen aufgehen ließ (tgl. 7–18 Uhr, Eintritt 70 $, gültig auch für die beiden anderen Jesuitenmissionen innerhalb der folgenden 15 Tage).

Im verwunschenen Wald von **Loreto** 3 einem anderen Ruinenfeld ca. 5 km vor San Ignacio, starren die rotbraunen Sandsteintrümmer wie ertrunkene Menhire aus dem grünen Moospolster: Reste von Mauern, Toren, Säulen, Taufbecken. Es ist ein eigenartiges Gefühl, sich vorzustellen, dass in diesem Dschungel der erste Druckerpresse Argentiniens stand – ein Selbstverlag im Jahre 1700! Sogar ihre eigene Tinte stellte die Mission her (tgl. 7–18 Uhr, Eintritt s. oben, Santa Ana).

Beide Ruinenfelder wurden, nachdem sie jahrhundertelang sich selbst überlassen ge-

Provinz Misiones

Die friedliche Eroberung – Jesuitenstationen und Mate-Anbau

Nachdem Pater Sepp aus Südtirol ›seinen‹ Guaraní-Indianern erklärt hatte, wie man den Ochsen vor dem Pflug führt, und die prächtigen Bataten, die in den Ackerfurchen gedeihen würden, mit der Hand in die Luft gemalt hatte, zog er sich zu seinen Sprachstudien zurück. Als er am Abend wieder das Feld aufsuchte, sah er, dass es bei der einen am Morgen gezogenen Furche geblieben war.

Auf dem unbestellten Acker lagerten Guaraní-Familien am Feuer und lobten ihren Einfall, der späteren Ernte von Hackfrüchten die sofortige Schlachtung des Ochsen vorgezogen zu haben. In gewisser Weise bedeutete der Geschmack, den die zwischen den Ríos Paraguay und Uruguay lebenden Waldindianer dem Rindfleisch abgewannen, einen enormen zivilisatorischen Fortschritt. Denn ursprünglich aßen sie Menschenfleisch, und zwar nicht, wie die Anthropologen es gewünscht hätten, aus rituellen Gründen, sondern ganz einfach aus Hunger. Doch dadurch ließen sich die um jede Seele ringenden Missionare nicht erschrecken.

Zu dritt und zu viert fuhren sie in kleinen Pirogen die Urwaldflüsse ab und lockten – indem die einen ruderten, die anderen spielten – mit Schalmeientönen die braunhäutigen Menschen aus dem Dschungel. In wenigen Jahrzehnten gelang es den Patres, obwohl 35 von ihnen den ›Märtyrer‹-Tod starben, in den Urwäldern am oberen Paraná einen der platonischen Utopie nachempfundenen, in seiner Blütezeit rund 300 000 Indianer umfassenden Jesuitenstaat zu schaffen. Dieses paternalistische Selbstverwaltungsgebilde sollte nicht nur ein Musterbetrieb der Agrarwirtschaft werden, es brachte auch erstaunliche Handwerksleistungen und Kunstwerke hervor. Unter der Anleitung der Jesuiten lernten die Schützlinge Möbel zu schreinern, Uhrwerke zu konstruieren, Glocken zu gießen, zu töpfern und zu drucken. Ja, sie bauten, nach Pater Sepps Plänen, sogar eine Orgel. An Zauberei soll ihre Fähigkeit gegrenzt haben, die verschiedensten Instrumente zu spielen.

Hatten sich die spanischen Eroberer als militante Glaubensstreiter auf amerikanischen Boden und dort in die direkte Konfrontation mit den Eingeborenen begeben, so eroberten die Jesuiten die Indianerseelen, indem sie sich mit der Geduld ihrer humanistischen Vordenker in die Vorstellungswelt der ›Wilden‹ einzufühlen versuchten. Auch Tupa, der Gott der Guaraníes, war einmal über die Erde gepilgert; beiden Glaubenslagern war der Gedanke an ein Leben nach dem Tode zu eigen; und was die Leiden auf dieser Erde angeht, so lehrt auch das Evangelium, dass die Erlösung nicht nur von Gott allein, sondern auch vom eigenen Handeln zu erwarten ist.

Man rodete den Wald, baute Ortschaften, bestellte Felder und züchtete Vieh. Nur je zwei Patres dirigierten eine solche, manchmal von 50 Kaziken befehligte und aus mehreren Tausend Guaraníes bestehende Gemeinde. Den Gemeinderat bildeten die Indianer. Sie wählten ihren Alkalden. Es gab Mütterbetreuung, ein Witwenhaus, geregelte Arbeitszeiten und einen Quotenplan zur Umverteilung der Einkünfte. Ein Staat im Staate also, im Ganzen 75 000 km² groß. War er ein kommunistisches Arkadien? Sogar der Lästerer Voltaire nannte die Jesuitenstationen einen Triumph der Menschlichkeit.

466

Jesuitenmissionen

Thema

Dem schwärmerischen Trübsinn der ersten Missionare setzten die Jesuiten ein humanes, lebensnahes Tugend- und Sündensystem entgegen, weshalb sie auch den von den Guaraníes mit Vorliebe getrunkenen Mate-Tee, zunächst als Höllentrunk bezeichnet, entteufelten. Bald erkannten die Patres den ökonomischen Wert der von den Indianern aus 300 km Entfernung herangeschafften Blätter des Yerbabaums. Sie begannen die Pflanzen zu kultivieren, propagierten ihre stimulierenden, blutreinigenden Eigenschaften, tauschten Mate gegen das Silber von Potosí und exportierten 1620 bereits 50 000 Ballen des bald monopolisierten Jesuitentees.

Man kann sich vorstellen, wie die Nutznießer der kolonialen Ausbeutung jubelten, als die spanische Krone denjenigen Gehör schenkte, die dem Orden unterstellten, er strebe die Weltmonarchie an. 1767 wurden die Jesuiten, 6000 an der Zahl, vertrieben. Die Stationen verfielen, die Indianer verloren sich in der Außenwelt. Geblieben aber ist die Sitte, Mate zu trinken. Heute gibt es in Misiones ungefähr 17 000 Mate-Anbauer, die auf knapp 200 000 ha jährlich rund 250 000 t *yerba* gewinnen. Die Bezeichnung leitet sich vom Wort *hierba* (›Kraut‹) ab, das die Spanier verwandten, bevor Saint Hilaire die Stechpalmenblätter 1822 als *Ilex paraguarinensis* klassifizierte. Das Wort *mate* übernahmen die Eroberer aus dem Quechua, wo *mati* einfach ein Trinkgefäß bezeichnet; heute werden auch die Teeblätter selbst so genannt.

Neu angepflanzter *Ilex* (man zählt 280 Spezies) wird nach fünf Jahren zum ersten Mal geerntet. Die Verarbeitung frisch geschnittener Zweige erfolgt in drei Stufen: Schnelltrocknung, Röstung, Zerkleinerung. Pro Kopf werden in Argentinien durchschnittlich 6,5 kg Mate pro Jahr verbraucht. *Matear,* also Mate trinken, ist gleichbedeutend mit Gastfreundschaft, Geselligkeit, Wohlbefinden. Dann gehen Trinkgefäß und *bombilla* (Saugröhrchen) im Kreis herum. Den besten Mate jedoch bringt – eine alte Gauchoweisheit – ›ein Mädchen mit abgrundtiefen Augen und einem Tango in den Hüften‹.

Mate-Tee – damals wie heute ein beliebtes Getränk

Provinz Misiones

blieben waren, 1996 mit einer schützenden Infrastruktur versehen.

San Ignacio und Umgebung
▶ 2, Q 7

Der Fantasie mehr zu Hilfe kommt das Restmauerwerk der sich an das heutige Örtchen **San Ignacio** 4 anlehnenden **Reducción San Ignacio Miní.** Deutlich zu erkennen ist die funktionelle Grundordnung der um eine zentrale Plaza gruppierten Bereiche: im Norden, Osten und Westen die Reihenwohnungen der Eingeborenen, im Süden Kathedrale, Klaustrum, Friedhof und Werkstätte. Der 1724 fertiggestellte Kirchenbau, dessen abgestützte Sandsteinmauern 10 m Höhe erreichen, misst in der Grundfläche 24 x 60 m. Erst vor 100 Jahren wurden die von der Vegetation überwucherten Ruinen wiederentdeckt und freigelegt. Die Säulenordnungen, das Wechselspiel von Durchblicken und Verstellungen, die intuitiv von der Natur aufs Mauerwerk übertragenen pflanzenhaften Ornamente verweisen auf die umgebende Wildnis als Ursprung der Verkörperung von Würde, Macht und Sinnlichkeit. Für die meisten Fotomotive an den Ruinen herrscht nachmittags das beste Licht (tgl. 7–18 Uhr, Eintritt s. S. 465, Santa Ana, bei gutem Wetter und genügend Besuchern abends Luz-y-Sonido-Aufführung, 70 $).

In derselben Wildnis, in San Ignacio, baute sich 1906 der in Uruguay geborene Schriftsteller Horacio Quiroga sein Haus. Er war einer der ersten, die auf die Jesuitenruinen aufmerksam machten. Aber sein Interesse konzentrierte sich auf die fantastischen Figuren des Urwalds, von der Anaconda bis zur Riesenschildkröte, die seine Literatur prägten – und auch sein Leben, dem er 1937 mit Zyanid ein Ende setzte. Die **Casa de Horacio Quiroga** umfasst Haus und Werkstatt des Schriftstellers (Av. Horacio Quiroga, am Westende von San Ignacio, knapp 1,5 km südwärts, ausgeschildert, tgl. 8–18 Uhr).

Infos

Centro de Interpretación Regional: am Eingang zu den Ruinen von San Ignacio, Tel. 0376 447 01 86.

Übernachten
… in San Ignacio:

Zimmer, Bungalows & Camping ▶ **El Descanso:** Pellegrini 270, Tel. 03752 47 02 07. Cabañas für bis zu 3 Pers., Zeltmöglichkeit, Grillplatz, Wasch- und Kochgelegenheit bei deutschsprachiger Familie. Bungalow für 2 Pers. 250 $, Zelten 50 $ p. P.

Essen & Trinken

Gegenüber den Eingängen zu den Ruinen und zum Museum kann man in einfachen Touristenlokalen und Parrillas einkehren.

Montecarlo ▶ 2, R 6

Und weiter geht die Fahrt nach Norden über die in Wellen auf- und abschwingende RN 12, auf der unentwegt Holzlaster in die Sägewerke und Papierfabriken rollen. Ein vielstufiges Mosaik von Grünflächen begleitet die Straße: Pflanzwälder und Naturwaldinseln, Mate-Plantagen und Zitrushaine, Aufforstungen von Kahlschlägen, Bananenfelder, Araukarienalleen, Galeriewälder, die an den Brücken über die Paraná-Nebenflüsse ins Blickfeld rücken, und giftgrüne Hütten, vor denen Kinder und Hunde spielen.

Über **Jardín América** und **Puerto Rico** erreicht man ca. 120 km nach San Ignacio das sympathische **Montecarlo** 5. Lohnend ist eine Fahrt zum Ufer des Río Paraná mit seinem Inselchen **Caraguatay** sowie zum gleichnamigen Ort mit Ernesto ›Che‹ Guevaras Geburtshaus (s. S. 469). Wie auch im nördlichen Eldorado ist die noch junge Geschichte Montecarlos durch viele deutsche Siedler geprägt, die unter der Führung des Neuwieder Ingenieurs Carlos Culmey und einiger Jesuitenpater nach dem Ersten Weltkrieg vier Städte in Misiones und ein Dutzend in Südbrasilien gründeten. Zur inzwischen international bekannten Stadt der Orchideen wurde der Ort, nachdem der Züchter Willy Baden in den 1980er-Jahren aus seinem Hobby einen Beruf machte: Heute gibt es in Montecarlo rund ein Dutzend Orchideenzuchten, beispielsweise **Orquilandia** an der Ecke Avenida Libertador und Rivadavia (weitere in den Hotels zu erfragen).

Entlang dem Río Paraná nach Puerto Iguazú

Tipp: Che Guevaras erste Heimat

Knapp 25 km südöstlich von Montecarlo befindet sich in **Colonia Caraguatay** 6 (▶ 2, R 6) das Haus, in dem Ernesto ›Che‹ Guevara seine frühe Kindheit verbrachte. Die Eltern waren 1927 kurz vor seiner Geburt dorthin gezogen, um ihr Glück mit dem Yerba-Mate-Anbau zu versuchen. Zur Entbindung machte sich Ernestos Mutter auf den Weg von Misiones in ein Hospital nach Buenos Aires, doch der ungeduldige Che kam bereits unterwegs in Rosario zur Welt. Nach einigen Monaten war die Familie wieder am Urwaldrand zurück, wo der zukünftige Guerrillero seine ersten Schritte machte. Obwohl sie kurze Zeit später nach Buenos Aires zogen, hielt Ernesto lebenslang eine Bindung zu seiner ersten Heimat. Man erzählt, er sei 1961, bereits Industrieminister in Kuba, heimlich nach Caraguatay zurückgekehrt, um das von seinem Vater gebaute Haus wiederzusehen. Seine Guerrillero-Aktivitäten führten ihn mehrfach in ähnliche Urwaldlandschaften, zuletzt in Bolivien,

wo er den Tod fand. Die Kubaner nannten ihn Che (wie sich die Argentinier häufig ansprechen), vermutlich ohne zu wissen, dass dieses Wort für die im heutigen Misiones ansässigen Guaraní-Indianer ›Mensch‹ bedeutet.

Das Haus in Caraguatay wurde inzwischen restauriert und in ein **Museum** umgewandelt, um das sich auf 23 ha die **Reserva Natural-Cultural Parque El Che** ausbreitet. In der 200 m² großen Wohnung, von der man eine tolle Sicht auf den Río Paraná genießt, wird der Lebenslauf des Che dargestellt; für tiefere Recherchen dienen eine Bibliothek und ein Auditorium. Ein großes Bild zeigt den Guerilla-Ideologen mit einem Mate-Trinkgefäß in der Hand – was könnte ein besserer Beweis für Misiones als seine Herkunft sein. Unbedingt sollte man auch die 300 m durch den Park zum Río Salamanca spazieren, die Trinkwasserquelle und der Badeort der Familie, an dem man den geheimnisvollen Geräuschen des Urwalds lauschen kann (www.solardelche.com).

Übernachten

Hier spricht man Deutsch ▶ **Ideal:** Poll s/n, Tel. 03751 48 00 76, www.idealhotel.com.ar. Kleines Hotel in hübschem Haus, geführt von deutschsprachiger Familie. DZ 350 $.

Chalet-Stil ▶ **Helvecia:** El Libertador 2882, Tel. 03751 48 00 28, www.hosteriahelvecia. com.ar. Adrette Hostería mit klimatisierten Zimmern, Pool und großem Park. DZ 290 $.

Camping ▶ Auf dem Gelände des **Club de Pesca** (Angelverein) am flussseitigen Ende der Ortsdurchfahrt. Hochuferwiese neben Wald, Flussblick, ordentliche Infrastruktur und Restaurant.

Essen & Trinken

Parrilla ▶ **Las Palmeras:** RN 12, am Rondell an der Ortseinfahrt, Tel. 03751 45 05 04, So geschl. Einfache Parrilla, preiswerte, dennoch gute Gerichte aus regionalen Erzeugnissen wie *mandioka* (Maniok), zum Nachtisch *quinoto* (Kumquat)*, mamón* (Papaya) und andere landestypische Spezialitäten. 160 $.

Termine

Fiesta Nacional de la Orquídea (Okt.): Hauptbestandteil des jährlichen Orchideenfests ist eine Ausstellung mit rund 1400 Orchideenarten (www.fiestadelaorquidea.com).

Eldorado und Umgebung
▶ 2, R 6

Rund 25 km nördlich von Montecarlo erreicht man **Eldorado** 7, den größten Ort zwischen Posadas und Puerto Iguazú. Vom Flussufer in **Puerto Eldorado,** über dem der herrliche Parque Schwelm seine Araukarienkronen ausbreitet, kann man zur paraguayischen Seite übersetzen. Durchmisst man den Ort in östlicher Richtung, entführt die RP 17 (Richtung Bernardo de Irigoyen) in eine der üppigsten Bergwaldregionen von Misiones: Vom **Cerro 60,** 55 km von Eldorado entfernt, genießt man einen fantastischen Blick über das Gewoge der grünen Hügel (s. auch S. 476).

Wer den Iguazú-Fällen zustrebt, durchquert auf der RN 12 nördlich von Puerto Es-

Provinz Misiones

peranza die Ödflächen um den **Embalse de Urugua-í** (›Staudamm von Urugua-í‹) – gleichsam um dann das Schauspiel der schönsten Wasserfälle unseres Planeten noch euphorischer erleben zu können.

Infos
Touristeninformation: 300 m südlich vom Rondell an der Ortseinfahrt von Eldorado, Tel. 03751 42 11 52, www.eldorado.gov.ar, Mo–Fr 7–12.30 Uhr, nachmittags wechselnde Zeiten.

Übernachten
... in Eldorado:
Englische Tradition ▶ **Estancia Las Mercedes:** am östlichen Ortsende nach Süden in die Av. Córdoba und 6 km Erdstraße strikt geradeaus, dann an der Gabelung 1 km nach links, Tel. 03751 42 09 39 u. 15 55 95 55, www.estancialasmercedes.com. Die 620 ha große Viehfarm wurde 1919 von neuseeländischen Einwanderern gegründet und liegt in einem schönen Park. Charmantes Herrenhaus aus Holz, gemütliche Räume, 2 Doppel- und 3 Mehrbettzimmer, 4 Bäder, anglo-argentinisches Familienmanagement, Ausritte, Exkursionen im Allradfahrzeug in die östlichen Waldgebiete, Kanadiertouren. DZ 180 US$ p. P. inkl. VP und Aktivitäten.
Pferderanch ▶ **Haras Rancho Lodge:** etwa 6 km von Eldorado entfernt, von der Ortseinfahrt westwärts in Richtung Puerto Piray, Tel. 03751 42 50 87, 42 55 27 und 15 66 13 95, www.harasrancholodge.com.ar. Auf der Farm werden Pferde gezüchtet. Ausritte durch den Urwald (100 $ p. P.), auch Trekking, Birdwatching, Flussfahrten in Pirogen etc., Pool. Bungalow für 4 Pers. 910 $.
Schöne Hügellage ▶ **ACA-Hotel Eldorado:** Esperanza 480, Km 9, Tel. 03751 42 13 70, 42 18 70, www.acaeldorado.com.ar. Kleiner Naturpark, ruhig, Swimmingpool, schöne Terrasse, Bar und Restaurant. DZ 460 $, ADAC-Mitglieder 320 $.
Camping ▶ Die Zeltplätze mit der schönsten Lage und der besten Infrastruktur sind **La Playita** (nahe Aero Club nordöstlich des Ortes am Piray-Miní-Ufer) und **Parque Schwelm** (fast am Río Paraná auf dem Hochufer).

Essen & Trinken
... in Eldorado:
Hotelrestaurant ▶ **ACA:** s. oben. Internationale Küche. 130 $.
Parrilla ▶ **Papa Rulo:** RN 12, am Rondell an der Ortseinfahrt. Sehr ordentlicher Grill. 120 $.

Aktiv
Rafting ▶ **Aventuras Saltos y Selvas/Cueva Miní:** Eldorado, Tel. 03751 43 05 91, www.aventurasys.com.ar. Auf dem Río Piray Miní.
Touren ▶ Ausflüge zu den Saltos de Moconá (s. S. 476) mit Geländefahrzeugen oder Booten organisieren beispielsweise **Aventu-**

Der Plural ist Programm: 275 Wasserfälle bilden die Cataratas del Iguazú

ras Saltos y Selvas/Cueva Miní (s. S. 470) und **Del Monte,** San Martin 1734, Tel. 03751 42 21 13, delmonteedt@hotmail.com.

Verkehr
Busse: Crucero del Norte, Tel. 03751 42 04 81 u. 42 17 55, Andesmar, Tel. 03751 42 55 25, und Vía Bariloche, Tel. 03751 42 21 13, verbinden Eldorado mit vielen anderen Orten.

Cataratas del Iguazú
▶ 2, R 5

Karte: S. 464

Viel hat der Adelantado Cabeza de Vaca (›Kuhkopf‹) uns vorenthalten, indem er keine Schilderung seiner Entdeckung hinterließ. Kein anderer Konquistador war in diesem maßlosen Kontinent je auf ein solches Naturspektakel gestoßen: eine von dichtestem Urwald eingefasste Kaskadenfront, die sich – von Regenbogen beleuchtet, bunten Schmetterlingen umflattert und vom eigenen Echo betäubt – in eine 70 m tiefe Schlucht stürzt. Der aus der dürren Extremadura kommende Spanier, so denkt man, müsse vor Glück verrückt geworden sein. Doch Cabeza de Vaca hatte es 1541 eilig, nach Asunción – damals die Hauptstadt Südamerikas – zu kommen. Er taufte die Fälle, wie so vieles andere unterwegs, auf den Namen Santa María und zog eilends weiter. Heute reisen allein auf argentinischer Seite jährlich etwa 1,2 Mio. Besucher an, um dieses Weltwunder der Natur zu erleben.

Vergessen darf man die längst ihres natürlichen Rahmens beraubten Niagarafälle, wenn man hierherkommt. Nur Afrikas Victoriafälle (höher, aber um einiges schmäler) halten einem Vergleich stand. Die **Cataratas del Iguazú** (sie erhielten ihren von den Guaraní-Indianern verliehenen Namen zurück, der ›Große Wasser‹ bedeutet) leiten ihren Plural aus den 275 Wasserfällen ab, die sich, den blitzenden Falten eines Vorhangs gleich, über die Sturzkante ergießen. Der 2,7 km breite Basaltriegel, der den Fluss hier halbmondförmig in den Abgrund schickt, lässt im Mittel 1700 m^3 Wasser pro Sekunde über seine gezackten Ränder rollen. In den Felsnischen hat sich sogar eine Iguazú-endemische Flora und Fauna entwickelt. Die polsterförmigen Podoste-Monaceen haben gelernt, ihren Lebenszyklus von der Keimung bis zur Fruchtreife im Sprühnebel zu bewältigen. Und ihre geflügelten Nachbarn, die akrobatischen *vencejos* – hier keine Mauersegler, sondern Turmspringer – stürzen sich beim Insektenfang mit solchem Geschick durch die verwehte Gischt und die Hohlräume zwischen den Wassersäulen, dass ein vorübersegelnder Tukan mit seinem gelben Schnabel wie der dazugehörige Clown in einer Zirkusnummer wirkt.

Provinz Misiones

Tipp: Verhaltensregeln im Naturpark

– Nicht die possierlichen *coatis* (Nasenbären) füttern, die schon so konditioniert sind, dass sie auf das Rascheln einer Kekstüte reagieren. Solche Kost ist für die Tiere schädlich und verkürzt ihre Lebensdauer.
– Nicht mit dem Hubschrauber über die Fälle fliegen (nur von brasilianischer Seite aus möglich), denn die Luftdruckwellen der Rotorblätter zerstören z. B. die Hüllen empfindlicher Vogeleier.
– Sich beim Betreten unübersichtlichen Geländes vor Schlangen in Acht nehmen: kniehohe Stiefel tragen und sich mit einem Stock bemerkbar machen. Keine Schlange greift mutwillig an, sondern nur, wenn sie sich selbst in Gefahr glaubt. Das schönste Reptil von Misiones ist zugleich die gefährlichste Giftschlange: die zitronengelbe, mit einem blattförmigen grünen Rückenmuster geschmückte *yarará cusú*.
– Keinen Schmetterling (oder andere Insekten) fangen, der sich auf den Arm des Besuchers setzt, um etwas Salz vom Schweiß aufzunehmen.
– Keine Souvenirs kaufen, zu deren Herstellung Tiere getötet wurden.

Der Río Iguazú entspringt 500 km weiter östlich in der brasilianischen Serra do Mar in 1300 m Höhe. Auf seinem kapriziösen Weg zum Paraná (nur 90 m ü. d. M.) bildet er abwechselnd Stromschnellen, hüpft über Felskanten oder ruht sich, fast stehenden Wassers, in *canchas* (›Becken‹) aus; mal fließt er mit 500 m, mal mit 1000 m Breite dahin, bis er kurz vor den Fällen in einer flachen, U-förmigen Biegung die Inseln bildet, die den Strom auffächern und ihn in getrennten Kaskaden über die Steilkante laufen lassen. Fast jeder dieser gelblichweißen Bärte hat seinen speziellen Namen, doch keiner ist so groß und schaurig-schön wie der **Salto Unión** (durch seine Mitte läuft die Grenzlinie zu Brasilien), der durch die **Garganta del Diablo** (›Teufelsschlund‹) gurgelt.

Auf der Talsohle wird der wiedervereinigte Fluss durch einen 80 m schmalen *cañadón* gedrückt, bevor er sich einige Kilometer weiter im Paraná auflöst. In diesem Mündungsbereich wurden für den Río Iguazú bei Hochwasser schon Durchflussmengen von rund 29 000 m³ pro Sekunde gemessen. Dann ist natürlich am Teufelsschlund erst recht die Hölle los.

Erkundung der Wasserfälle

Ein ausgeklügeltes Brückensystem erlaubt den Besuch durchgehend zu Fuß. Die Tour zur **Garganta del Diablo** empfiehlt sich vorzugsweise am frühen Nachmittag, wenn der Wind die Besucher mit weniger Gischt eindeckt und der Sonneneinfall für Fotografen am günstigsten ist.

Ausgangspunkt für die Erschließung der Fälle in ihrer Gesamtheit ist der **Centro de Informes** am Parkeingang. Von hier aus führt der 1100 m lange **Circuito Superior** (›Oberer Weg‹) bis zum **Salto Mbiguá** (Blick auf die Isla San Martín und die gleichnamige Kaskade). Dieser Höhenpfad sowie der Uferweg auf brasilianischer Seite (bestes Licht ebenfalls am frühen Nachmittag), beide von vielen Aussichtsplattformen bekrönt, bieten den größten Motivreichtum über die Gesamtlänge der Wasserfälle.

Ein anderer, treppenbewehrter Panoramaweg, der 1200 m lange **Circuito Inferior** (›Unterer Weg‹), folgt dem Verlauf der Fälle ab dem Informationszentrum auf niedrigerer Ebene. Das von diesem Pfad aus mögliche Übersetzen zur **Isla San Martín** – mit anstrengendem, aber überaus lohnendem Aufstieg, wenn man will – ist kostenlos.

Ein **Öko-Zug** verbindet, ebenfalls kostenlos, die verschiedenen Startpunkte der Wanderungen. Es ist daher keineswegs erforderlich, bei einer Agentur eine Exkursion zu den Wasserfällen als Ausflugspaket zu buchen.

Ein ganz anderes Erlebnis bietet die Annäherung an die Fälle im **Schlauchboot** (Buchung im Centro de Informes). Zunächst fährt

Rund um Puerto Iguazú

man im Minibus 8 km durch den Wald zur Anlegestelle Macuco und von dort ca. 8 km im Boot bis zum Fuß der Wasserfälle. Den Rückweg legt man gewöhnlich zu Fuß über den Circuito Inferior zurück.

Parque Nacional Iguazú

Die Iguazú-Fälle sind die große, schimmernde Perle des **Parque Nacional Iguazú,** der sie umschließt und mit seinem angrenzenden Reservat einen artenreichen Dschungel von 67 000 ha behütet (dazu kommen auf brasilianischer Seite noch einmal 180 000 ha). In dieser Regenwaldenklave leben 2000 Pflanzenspezies, 400 Vogelarten, 100 verschiedene Säugetiere und so selten gewordene Tiere wie der Jaguar oder die metallisch-blau irisierenden Schmetterlinge der Gattung *Morpho* mit 15 cm Flügelspannweite. Ameisen (es gibt hier rund 250 Arten) werden bis zu 4 cm groß. Auch der Regenwald bildet, vom durchwurzelten Boden bis zu den 30 m hohen Timbós, die das Kronendach durchstoßen, alle seine Vegetationsformen aus: ein unentwirrbares Geflecht von Farnen, Lianen, Flechten, Moosen, Luftwurzeln, Halbschmarotzern und Faschinen des unglaublichen Riesenbambus *(tacuaruzú),* an dessen bis zu 25 m hohen Rohren hochzulaufen (an den Schöpfen gedeihen ihre Früchte) die Bambusratte *(Rata tacuarera)* besondere Kletterfüße entwickelt hat. Allerdings wird der Besucher von den meisten Tieren – scheu, selten oder nachtaktiv – allenfalls die Spuren zu sehen bekommen (Anfahrt: von Puerto Iguazú aus 17 km über die RN 12, vom Internationalen Flughafen Puerto Iguazú aus 9 km über RN 101, tgl. 8–18 Uhr, 170 $).

Rund um Puerto Iguazú

▶ 2, R 5

Karte: S. 464

Nur 11 km von den Wasserfällen entfernt liegt die ruhige 50 000-Einwohner-Stadt **Puerto Iguazú** 8 . Mit dem betriebsameren **Foz do Iguaçu** (250 000 Einw.) auf brasilianischer

Farbenprächtige Beigabe zu den Wasserfällen: Tausende von Schmetterlingen

473

Provinz Misiones

Fischer auf dem dunstverhangenen Río Paraná: Mit etwas Glück fangen sie *dorada*, *surubí* **und** *pejerrey*

Seite ist sie durch eine Grenzbrücke verbunden. Busse pendeln viertelstündlich zwischen beiden Orten hin und her, andere bringen den Besucher von Foz aus (oder direkt vom Rondell hinter dem Grenzübergang) zum 25 km entfernten Tropical Hotel das Cataratas, von wo aus der beschriebene Panoramaweg (s. S. 472) zum brasilianischen Teil der Fälle führt. Und da man sich hier im Dreiländereck zwischen Argentinien, Brasilien und Paraguay befindet, geleitet auch eine Brücke über den Paraná von Foz do Iguaçu zur paraguayischen **Ciudad del Este** (›Stadt des Ostens‹), die jedoch keinerlei Attraktionen besitzt und nur für Billigeinkäufe von z. B. Autoreifen oder elektronischen Geräten interessant ist.

Infos

Dirección General de Turismo: Victoria Aguirre 311, Puerto Iguazú, Tel. 03757 42 08 00, www.iguazuturismo.gov.ar, Mo–Fr 8–13, 14–21, Sa/So 8–12, 16–20 Uhr.

Centro de Informes: Victoria Aguirre 369, Puerto Iguazú (bei den Wasserfällen), tgl. 7–19 Uhr.

Parque Nacional Iguazú: Victoria Aguirre 66, Puerto Iguazú, Tel. 03757 42 07 22, www.parquesnacionales.gob.ar u. www.iguazuargentina.com, sowie im Nationalpark, Tel. 03757 42 01 80.

Übernachten

... in Puerto Iguazú:

Im Park ▶ Sheraton Internacional Iguazú: Parque Nacional Iguazú, Tel. 03757 49 18 00, www.sheraton.com.ar. 5-Sterne-Hotel, die beste Unterkunft auf argentinischer Seite; sachlich-moderner Bau mit tollem Panoramablick auf die Wasserfälle, mit Konferenzräumen und Restaurant. DZ ab 300 US$.

Mit Garten ▶ Saint George: Córdoba 148, Tel. 03757 42 06 33, www.hotelsaintgeorge.com. Tropischer Garten, Pool, gepflegt, familiäres Ambiente, nahe dem Busterminal. DZ 900 $.

B & B ▶ **Secret Garden Iguazú:** Los Lapachos 623, Tel. 03757 42 30 99, www.secretgardeniguazu.com. 3 Zimmer und ein wunderbarer Garten, vom Fotografen John Fernandes liebevoll geführt. DZ 125 US$.

Deutschsprachig ▶ **Los Helechos:** Paulino Amarante 76, Tel. 03757 42 03 38, www.hosterialoshelechos.com.ar. Hostería der ordentlichen Mittelklasse mit Pool und schönem Frühstücksraum, deutschsprachiges Familienmanagement, nahe Busterminal. DZ 820 $.

Bungalows ▶ **Complejo Turístico Americano:** RN 12 Km 3, Tel. 03757 42 01 90, www.complejoamericano.com.ar. Bungalows für 2 Pers. 720 $.

Einfaches Residencial ▶ **Lilian:** Fray Luis Beltrán 183, Tel. 03757 42 09 68. Zimmer mit Bad, nahe Busterminal. DZ 350 $.

Camping ▶ **El Pindo:** RN 12 Km 5, Tel. 03757 42 17 95. Bungalow für 2 Pers. 406 $, Camping 20 $ p. P., 10 $/Zelt.

… in Foz do Iguaçu:

Panoramalage ▶ **Hotel das Cataratas:** Rodovia Br 469, Km 32, Tel. 0055 45 21 02 70 00, www.hoteldascataratas.com. Das edelste und schönste Hotel der Gegend, fantastische Panoramalage an den Wasserfällen, portugiesischer Kolonialstil, anheimelnd, gepflegtes Restaurant. DZ ab 1030 Reais.

Essen & Trinken
… in Puerto Iguazú:

Gourmet ▶ **De La Fonte:** 1 de Mayo, Ecke Corrientes, Tel. 03757 42 06 25, www.boutiquehoteldelafonte.com. Feine Küche, Tische auch im Garten. 220 $.

Traditionelle Parrilla ▶ **La Rueda:** Córdoba 28, Tel. 03757 42 25 31, www.larueda1975.com. Gediegenes Restaurant, spezialisiert auf Flussfisch und Fleisch vom Grill. 200 $.

Im Park ▶ **Fortín Cataratas:** Parque Nacional Iguazú, Tel. 03757 49 10 40. Parrilla im Nationalpark vor dem Leuchtturm. All you can eat 150 $ ohne Getränke.

Aktiv

Touren ▶ **Iguazú Jungle Explorer:** am Parkeingang, Tel. 03757 42 16 96, www.iguazujungle.com. Per Motorboot auf dem unteren

Iguazú bis zur Garganta del Diablo (450 $), per Schlauchboot auf dem oberen Flusslauf ab der Estación Garganta (220 $). **Explorador Expediciones:** Perito Moreno 217 und im Hotel Sheraton, Local 16, Tel. 03757 42 19 22, www.rainforestevt.com.ar. Beobachtung von Flora und Fauna, auch Birdwatching – auf der Safari en la Selva folgt man den Spuren von Riesenameisen und Wildschweinen (320 $), die Safari a la Cascada führt bis an den Rand der Wasserfälle (260 $). **Iguazú Argentina:** Tel. 03757 49 14 69, www.iguazuargentina.com. Jeweils fünf Tage um Vollmond geht es nachts mit dem Öko-Zug (s. S. 472) zur Garganta del Diablo (400 $, mit Abendessen im Restaurant La Selva 550 $).

Verkehr
Flüge: Bis zu 10 x tgl. mit Aerolíneas Argentinas, Andes und LAN nach Buenos Aires. Andes und Aerolíneas Argentinas verbinden Puerto Iguazú auch mit Salta und Córdoba. **Busse:** Alle 30 Min. von Puerto Iguazú (Hito 3 Fronteras) zum Centro de Informes im Nationalpark und von dort weiter nach Puerto Canoas (Abfahrt 6.30–19 Uhr bzw. 10 Min. später vom Busterminal, Rückfahrt ab Nationalpark 8–20 Uhr, 30 $).

Östliche Provinz Misiones

Karte: S. 464

Von Puerto Iguazú nach San Vicente ▶ 2, R 5–7

Rot und Grün, das sind die ruhigen Farben von Misiones. Doch wunderschön gezeichnete Schmetterlinge streuen dazu Konfetti von taumelnden bunten Punkten in die Luft. Besonders die feuchten Waldgürtel sind das Habitat von Faltern, die mit dem Haarpinsel bemalt zu sein scheinen. Schon bei einer Rast im **Parque Nacional Iguazú,** den die asphaltierte RP 101 nach Osten durchschneidet, oder in dem von der gleichen Straße weiter südlich berührten **Parque Provincial Urugua-í** landen die leuchtenden Insekten wie kleine farbige Papierdrachen auf Kleidung

Provinz Misiones

und Haut. Entlang der Strecke fädeln sich Weiler und Kleinbauernsiedlungen auf, die vom Kürbis bis zum Tung alles kultivieren, was die rotbraune Erde hergibt. Die purgativen Eigenschaften des (aus China stammenden) Tunggewächses – zehnmal so stark wie Rizinus – hatte bereits Marco Polo kennengelernt, heute liefert die Pflanze vor allem das Isolieröl für Halbleiterchips.

Nach 140 Kilometern ab Puerto Iguazú ist die Straße auf 800 m geklettert und hat an der nur kurzen *frontera seca* – der trockenen, also flussfreien Grenze – zu Brasilien mit **Bernardo de Irigoyen** 9 Argentiniens östlichste Ortschaft erreicht. Immer auf Asphalt, rollt man 66 km auf der RP 17 nach Westen bis zum **Cerro 60** bei **Pozo Azul** 10 (s. S. 469), biegt auf die RP 20 nach Süden ab und schlüpft nach 44 km unter die Schirmkronen der Araukarien vom Aufforstungszentrum **San Pedro.** Von hier an reitet die durchgehend asphaltierte Zentralstraße der Provinz (RN 14) als Corredor de las Sierras auf dem Rücken der Sierra de Misiones nach Südwesten, was dem Reisenden eine Fülle von Fernblicken beschert.

Übernachten
… in Bernardo de Irigoyen:
Motel ▶ ACA: RN 14 Km 1435, Tel. 03741 42 00 28. DZ 310 $, ADAC-Mitglieder 220 $.

Saltos del Moconá ▶ 2, R 7

Das gegenwärtig noch unverdorbenste Abenteuer erlebt, wer bei **San Vicente** 11 Richtung Südosten nach **El Soberbio** abbiegt: Nur 73 km ab dort, die RP 2 entlang, trennen Erlebnishungrige von den breitesten Wasserfällen der Erde, den **Saltos del Moconá** 12. Die RP 2 wurde ab Azara im Süden bis zu den Saltos del Moconá in eine 294 km lange Park Way umgestaltet, um den Ökotourismus entlang dem Río Uruguay zu fördern. Die letzten 50 km der Strecke führen durch überwältigend schönen missionischen Urwald, dann geht es, am Haus des *guardaparques* (Parkverwaltung, Tel. 03752 44 75 90) vorbei, zum basaltfelsenbewehrten Ufer des Río Uruguay hinunter, der hier den Grenzfluss zu Brasilien

bildet. Eine Laune der Natur spaltete den Strom und ließ ihn in einem unteren und einem oberen Bett dahinfließen. Von der natürlichen Beschaffenheit des Ufers daran gehindert, seinen Weg auf höherer Ebene fortzusetzen, ergießt sich das Wasser – nicht quer, sondern längsdiagonal zur Fließrichtung – über eine Länge von 3 km in das untere Strombett. Das und die Tatsache, dass an diesem verwunschenen Ort (noch) nichts an Infrastruktur entstand, macht den Reiz des nur 10 m hohen Wasserkamms aus. Um ihn mit dem Auge zu erfassen, muss man auf das brasilianische Ufer hinüber. Das geschieht im Boot ohne jede Grenzformalitäten.

Übernachten
… in San Vicente:
Mit Pool ▶ Richard Palace: Libertador 220, Tel. 03755 46 01 92, www.nuevohotelrichard palace.webnode.com.ar. Hotel mit 50 Zimmern und Restaurant, auch Organisation von Ausflügen. DZ 350 $.
… in El Soberbio:
Panoramalage ▶ Hotel Puesta del Sol: Suipacha s/n, Tel. 03755 49 51 61, www.h-puestadelsol.com.ar. Mit Restaurant und Pool. DZ 400 $.

Camping ▶ Club de Caza y Pesca Moconá: 2 km vom Zentrum von El Soberbio. **Municipal La Plata:** 5 km vom Zentrum. Beide mit guter Infrastruktur.
… bei den Saltos del Moconá:
Lodge ▶ Don Enrique: von El Soberbio aus auf der RP 2 bis Km 16, dann links ab und weitere 15 km, dann rechts bis zum Ufer des Arroyo Paraíso (nur mit Geländewagen befahrbar, auf Wunsch Abholung für 150 $ in Colonia La Flor bei El Soberbio, wo man den eigenen Wagen sicher abstellen kann), Tel. 011 15 59 32 62 62, www.donenriquelodge.com.ar. DZ 980 $ p. P. inkl. VP.

Für Trekker ▶ Refugio Moconá: 4 km von den Wasserfällen, Tel. 03751 15 51 70 76, www.refugiomocona.com.ar. Zeltplatz und Trekker-Unterkunft mit 6 Zimmern und 26 Betten. Das Refugio liegt rund 65 km nach El Soberbio auf der rechten Straßenseite, 2 km vor der Parkeinfahrt (ausgeschildert). Halb-

Östliche Provinz Misiones

tägige Kajaktrips 330 $ p. P., Mahlzeiten 80 $. DZ 390 $ inkl. Trekkingtouren, Camping 30 $ p. P., 150 $/Zelt.

Aktiv
Touren ▶ Tagestouren zu den Fällen starten vom Ort El Soberbio. Im **Refugio Moconá** (s. S. 476) kann man zu einem fairen Preis erfahrene Waldläufer anheuern, die mit den Touristen auf Pirsch gehen.

Über Oberá nach Posadas
▶ 2, P–R 7

Zurück auf der RN 14, passiert der südliche Teil der Sierra-Straße die Zentralregion des Mate-Anbaus mit ihren hellgrünen geometrischen Feldern der Yerba-Pflanzungen und verknüpft die Orte Aristóbulo del Valle, Campo Grande, Oberá, Leandro N. Alem und San José miteinander. So manchen von Ochsen gezogenen Leiterwagen – den *carros polacos,* den ›polnischen Karren‹ – sieht man hier, werktags mit Feldfrüchten, sonntags mit der ganzen Familie beladen, über die roten Erdwege schaukeln. Man erblickt viele Blondschöpfe zwischen den *cabecitas negras* (›Schwarzköpfchen‹): Misiones wurde vor allem von deutschen, österreichischen, polnischen, schwedischen, finnischen, schweizerischen und ukrainischen Siedlern kolonisiert, die die Erinnerung an ihre Ursprungsländer und Traditionen bis heute aufrecht erhalten. Wenn in **Oberá** 13 Anfang September die **Fiesta Nacional del Inmigrante** gefeiert wird, sind Abkömmlinge von 17 Nationen unter den Fahnen versammelt.

Ist es das viele, wie man sagt beruhigende Grün, das einen die Fahrt so entspannt genießen lässt? Gewiss war es auch, wie man sich bei der Ankunft in San José erstaunt erinnern wird, die totale Abwesenheit von Hochhäusern, Flachdächern und Betonklötzen über Hunderte von Kilometern. Das ändert sich wieder rund 40 km nördlich von San José in Posadas, wo sich die Runde durch den äußersten Norden des Landes schließt.

Termine
Fiesta Nacional del Inmigrante (Anfang Sept.): Buntes Programm mit kulturellen und kulinarischen Beiträgen aus 17 Nationen. Infos unter www.fiestadelinmigrante.com.ar.

Kitschige Sonnenuntergänge gehören in den argentinischen Tropen zum Programm

Gran Chaco

Eine 2,5 km lange Brücke schwingt sich von Corrientes über den Río Paraná zum westlichen Ufer hinüber. Hier beginnt gleichsam eine andere Welt: der 1 Mio. km^2 große Gran Chaco, eine der wildesten und heißesten Regionen der Erde. Vier Länder teilen sich dieses Gebiet, doch liegen die schönsten und artenreichsten Landschaften auf argentinischem Territorium in den Provinzen Chaco und Formosa.

Resistencia ► 1, M 7

Einfallstor zum Gran Chaco ist die von Skulpturen übersäte Provinzhauptstadt **Resistencia,** deren Name – ›Widerstand‹ – an die Episode erinnert, als sich die weiße Siedlergruppe, die 1876 die Stadt gründen sollte, in einem bewaffneten Konflikt mit dem Indianerhäuptling Leoncito behaupten musste und sich nur mit Not in der befestigten Wohnung eines Militärs verschanzen konnte. Breit angelegt, mit vielen Parks und Bäumen der Chaco-Flora versehen, zwischen denen über 580 Skulpturen und einige moderne Gebäude der Stadt eigenartige Züge verleihen, gilt Resistencia trotz seiner jungen Geschichte als eine der interessantesten Provinzhauptstädte des argentinischen Nordostens (Skulpturenpark: Av. de los Inmigrantes 1001, Tel. 0362 441 50 20, www.fundacionurunday.org, Mo–Sa 9.30–13.30, 16–20 Uhr, Eintritt frei).

Einblick in das Leben der Ureinwohner des Chaco und in die früh verlassenen Siedlungen der Konquistadoren und Jesuiten gewähren das **Museo Regional de Antropología** (Las Heras 727, Mo–Fr 9–12, 16–20 Uhr, Eintritt frei) und das **Museo del Hombre Chaqueño** (Juan B. Justo 260, Tel. 0362 445 30 05, Di–Fr 8–12, 15–20, Sa 17–20 Uhr, Eintritt frei). Das **Museo Policial** informiert über die bewegten Gründerjahre in diesem Grenzgebiet (Julio A. Roca 233, Mo–Fr 8–12, 16–20 Uhr). Im Schlangeninstitut des **Centro de Ofidiología** bekommt man einen Vorgeschmack auf die Fauna in der Chaco-Wildnis (Santiago del Estero, Eingang links von der Nr. 488, Mo–Fr ab 18 Uhr, Voranmeldung unter Tel. 0362 442 28 67 empfohlen). Konzerte, Kunstausstellungen und Theatervorführungen bietet die neue **Casa de las Culturas** (Marcelo T. de Alvear, Ecke Mitre, Tel. 0362 445 30 54, http://casadelasculturas.blog spot.com.ar).

Infos

Dirección Municipal de Turismo: Plaza 25 de Mayo, Tel. 0362 446 83 11 u. 445 82 89, Mo–Fr 6.30–12.15, 13.30–20, Sa 7–12 Uhr. Infos über die Stadt.
Subsecretaría de Turismo: Sarmiento 1675, Tel. 0362 443 88 80, www.chaco.travel, Mo–Fr 6.30–20, Sa/So 10–12.30, 16–18.30 Uhr. Infos über die Provinz Chaco.

Übernachten

Bestes Haus im Ort ► Amerian Hotel Casino Gala: Juan D. Perón 330, Tel. 0362 445 24 00, www.hotelcasinogala.com.ar. Modernes 5-Sterne-Hotel in historischem Bau mit gutem Restaurant (200 $), Pool, Sauna und Spa. DZ 750 $.
Renoviert ► Covadonga: Güemes 200, Tel. 0362 444 44 44, www.hotelcovadonga.com. ar. Mit Pool, Cafetería, Garage. DZ 650 $.
Einfache Mittelklasse ► Colón: Santa María de Oro 143, Tel. 0362 442 28 61, www.co

lonhotelyapart.com. Beliebtes, zentrales Touristenhotel mit Restaurant. DZ 470 $.

Preiswert ▶ Diamante: Av. Belgrano 379, Tel. 0362 443 21 27, www.hoteldiamantechaco.com.ar. Zentral, sauber, mit gutem Preis-Leistungs-Verhältnis. DZ 300 $.

Camping ▶ Im **Parque 2 de Febrero,** Ávalos 1000, Tel. 0362 445 83 66. Ordentliche Anlage mit guter Infrastruktur und Schatten, Sportmöglichkeiten. 52 $/Zelt.

… außerhalb:

Charmant ▶ Hotel de Campo Doña Lola: in Colonia Benítez, 15 km nördlich an der RP 11 (Linienbus in die Stadt), Tel. 0362 15 471 36 45, www.hoteldecampodl.com.ar. 4 Zimmer mit Klimaanlage in einem alten Landhaus französischer Einwanderer, mit Pool und Park. DZ 450 $.

Essen & Trinken

Angenehmes Ambiente ▶ Nanas de Cebollas: Av. Paraguay 38, Tel. 0362 443 47 49, So geschl., Mo nur abends. Beliebtes Lokal mit internationaler Küche, Di–Fr Mittagsmenü 90 $ ohne alkoholische Getränke. 150 $.

Parrilla ▶ El Parrillero: Perón 698, Tel. 0362 444 92 52. Die beste Parrilla am Ort, gemütlich, an Wochenenden allerdings oft überlaufen und hektisch. 140 $.

Pizza ▶ Los Campeones: Juan Perón, Ecke Necochea, Tel. 0362 444 38 64. Hier gibt es die besten Pizzas in Resistencia. 130 $.

Einkaufen

Kunsthandwerk ▶ Fundación Chaco Artesanal: Pellegrini 272; **Pérgola de Artesanos:** auf der Plaza 25 de Mayo de 1810. Tontöpfe, Schmuck, Körbe, Kleidung, Tiermasken und Musikinstrumente in der Tradition der Mocoví-, Wichi- und Qom-Indianer.

Abends & Nachts

Künstlertreff ▶ Fogón de los Arrieros: Brown 350, Tel. 0362 442 64 18, Mo–Sa 8–12 u. ab 21 Uhr. Eine Mischung aus Club, Bar, Raritätenkabinett, Kunst, Kitsch und schwarzem Humor – Treffpunkt der Lokalintelligenz und Zentrum zeitgenössischer Kunst in Resistencia.

Kaffee & Bier ▶ El Nuevo Café: Pellegrini, Ecke Yrigoyen. Gemütliches Café mit Bier-Bar und Tischen auf dem Bürgersteig.

Verkehr

Flüge: 2–4 x tgl. starten Maschinen von Aerolíneas Argentinas und Aerochaco nach Buenos Aires, außerdem Verbindungen mit Córdoba und Presidencia Sáenz Peña. Der Flughafen liegt 5 km südwestlich des Zentrums, Tel. 0362 444 60 09.

Busse: Verbindungen nach Buenos Aires und in mehrere Porvinzhauptstädte mit La Nueva Estrella, Flecha Bus, Singer, Andesmar, La Estrella etc. Busterminal: Av. Mac Lean, Ecke Malvinas, Tel. 0362 446 10 98.

Provinz Chaco

Der dichte Wald des **Chaco** hat eine Einwanderung wie in anderen Provinzen weitgehend verhindert und die indigene Bevölkerung teilweise vor der auf argentinischem Gebiet praktizierten Ausrottung geschützt. Jahrhundertelang blieb der Chaco Indianerland. Erst im letzten Viertel des 19. Jh. wurde die Beutegier nach dem Roten Gold des Chaco, dem gerbstoffreichen rotbraunen Quebracho-Holz, so stark, dass man die indigene Bevölkerung mit Gewalt niederzwang. Zwei Infanterie- und drei Kavallerieregimenter sowie drei Kanonenboote machten 1884 den Weg frei für 900 von 10 000 Ochsen gezogene Karren, die den *quebracho colorado,* den Roten Quebracho, aus den abgeholzten Wäldern zogen. Bald wurde ein 700 km langer (privater) Schienenweg gebaut, dessen Schwellen selbstredend aus Quebracho-Bohlen bestanden – *quebracho* (abgeleitet von *quebradero de hachas* – ›Äxtebrecher‹) wurde das fast unsägbare Holz seiner extremen Härte wegen genannt.

Der das hochwertige Tannin extrahierenden britischen Monopolgesellschaft La Forestal, die bis 1925 – ungeachtet der 1881 eingeführten Peso-Einheitswährung – ihr eigenes Geld prägte und druckte, gehörten Anfang des 20. Jh. 23 000 km^2 Chaco-Land. Als sie sich aus den entwaldeten Gebieten zu-

Gran Chaco

Im Wandel begriffen – das Gesetz des Dschungels

Auf unverhoffte Weise hat der Chaco zum Ursprung seines Namens – entstanden aus der Quechua-Bezeichnung *chacu* für ›Treibjagd‹ – zurückgefunden. Nacht für Nacht ziehen im Ort Taco Pozo ein Dutzend camouflierter Jäger mit Laternen, Flinten und Stöcken in den Busch, um Wildtiere zu erlegen.

Wenn die Patrouille morgens ihre Beute anschleppt, lodern in dem Dorf knapp 500 km nordwestlich von Resistencia an der RN 16 bereits die Quebracho-Holzfeuer, über deren Glut später saftige Nutria-Lenden oder Wasserschwein-Schnitzel schmoren werden. Am begehrtesten ist das Schwanzstück vom Kaiman, das die Konsistenz von Hühnerfleisch und den Geschmack von Edelfisch hat, aber auch ein in Bananenblätter gewickelter Leguan ist nicht zu verachten.

Raubbau am Wildbestand? »Wir hüten«, sagen die Dorfbewohner, »das, von dem wir leben: Kein Wilddieb kommt in unser Revier und schon gar kein Häuteaufkäufer. Hier wird nichts vermarktet.« Tatsächlich bleiben die wertvollen Echsenpanzer achtlos im Busch liegen, gejagt wird nur der tägliche Mundvorrat. Naturschutz aus Überlebensnot: Die Gemeindeverwaltung hat die Hälfte des Personals entlassen, die nächstliegende Tanninfabrik wird mit Robotern betrieben und andere Arbeit gibt es im Umkreis von 50 Leguas (alte Längeneinheit, 1 Legua = ca. 5 km) nicht. Taco Pozo ist nur eines von vielen Chaco-Dörfern, wo das Gesetz des Dschungels Selbstbehauptung heißt.

Soll man den als Maskottchen exportierten sprechenden Chaco-Papagei unter strengen Naturschutz stellen, fragen sich umweltbewusste Systemdenker? Dann hätten auch die Profiteure kein Interesse mehr an der Erhaltung des Naturwaldes, der das Habitat des limonengrünen Vogels ist. Limitierte Quoten für den Fang freizugeben, meint die FVSA (Fundación Vida Silvestre Argentina), sei der vernünftigste Ausweg aus dem Dilemma. Zur Umsetzung dieser Idee wurde 1997 das Projekt Elé ins Leben gerufen: Man trainierte die lokalen Vogelfänger auf arterhaltende Fangtechniken, die allerdings nur außerhalb der eingerichteten Schutzzonen zur Anwendung kommen dürfen. Unter Beachtung der Fangquoten werden inzwischen nicht nur Vögel, sondern auch andere Tierarten kommerzialisiert. Rund 1 Mio. Iguana-Häute gehen in Argentinien jährlich in den Handel. Im West-Chaco (Chaco Salteño) stellen mehrere Verarbeiter aus Echsenleder tausendstückweise Texasstiefel her, die nach der Kleiderordnung der Nobelcowboys in Texas, Nevada und Florida aus den Originalhäuten von Pythonschlangen, Ameisenbären, Krokodilen, Leguanen oder Straußen zu bestehen haben.

Bei so zwingenden Anforderungen an den Naturhaushalt sind Länder wie die Vereinigten Staaten selbst, wie Südafrika und Australien bereits vor Jahren, auf das *ranching* von Wildtieren übergegangen, und in Argentinien schicken sich, unter dem Auspizium der Dirección Nacional de Fauna, immer mehr Estanzien an, edle Bestien für den freien Markt zu züchten; z. B. wird vom Strauß, dessen Federn man mit 400 Dollar pro Kilo handelt, vom Leder über das Fleisch bis zur Hornhaut der Augen (für Transplantationszwecke) alles

Pflege des Wildbestands

verwertet, was das Tier auf den Seziertisch bringt. Argentinische Chinchilla-Farmen haben bereits dafür gesorgt, dass das von der Ausrottung bedrohte Andenchinchilla überlebt – während zugleich die Endverbraucherin ihren Pelzmantel ohne Reue tragen darf.

In einigen Regionen sind Füchse zur Plage geworden; da ist es gewiss besser, eine kontrollierte Anzahl von Rotfüchsen zum Abschuss freizugeben, als sie von Farmern, in deren Schafherden die Räuber einfallen, mit Strychnin vergiften zu lassen (woran dann auch Aas fressende Vögel – darunter Kondore – zugrundegehen). Seit man weiß, dass in der freien Natur nur 10 % der Alligatoreier oder der ausgeschlüpften Jungtiere von Feinden verschont bleiben, wird es geradezu als Gebot der Arterhaltung angesehen, selektiv Echseneier einzusammeln, sie künstlich auszubrüten und einen angemessenen Anteil von halbjährigen Tieren wieder der Natur zurückzugeben; der andere Teil wird kommerziell verwertet. Einige Privatinitiativen dienen auch einfach der Wiederbevölkerung: In den Sumpfwäldern des nordöstlichen Chaco, wo Krokodiljäger jahrzehntelang auf die Dickhäuter schossen, hat beispielsweise die Estancia El Bagual ein 4000 ha großes Reservat eingerichtet, in dem ein Zoologe durch die Aufzucht und das Aussetzen von Jungechsen für das Wiedererstarken des freien Tierbestandes sorgt.

Zur Familie der Riesennager gehört das Wasserschwein – bei Einheimischen begehrt auf dem Grill, bei Touristen dagegen eher vor der Fotolinse

481

Gran Chaco

rückzog, die sich später in Baumwollfelder verwandelten, hinterließ sie 50 000 Arbeitslose. Nach wie vor sind Chaco und Formosa die beiden Provinzen mit der höchsten Armutsquote im Land.

Wer heute über die Hauptverkehrsachse des Chaco, die RN 16, nach Nordwesten fährt, sieht immer noch mit schweren Stämmen beladene Lastwagen in die Tanninfabriken rollen. Allein der Gerbstoffgewinner Unitan in der Stadt Formosa kocht jährlich rund 100 000 t Quebrachoholz aus, allerdings jetzt aus eigenen Plantagen. Andere haushoch beladene Transporter fahren die Baumwollernten des Chaco ein. Die von der flauschigen Last weggewehten weißen Flocken säumen die Fernstraße zu beiden Seiten. Die durchgehend asphaltierte RN 16 geleitet zu den drei sehenswertesten Zielen der Chaco-Provinz: zum Parque Nacional Chaco, zum Kraterfeld der Meteoriteneinschläge Campo del Cielo und zum Impenetrable, dem ›Undurchdringlichen‹, einem Dornbuschwald, der die letzten Riesengürteltiere und Jaguare der Region vor der Ausrottung bewahrt.

Reserva Natural El Cachapé
▶ 1, M 6/7

Auf der RP 90, etwa 65 km nordwestlich von Resistencia bei La Eduvigis, befindet sich die 1750 ha große **Reserva Natural El Cachapé.** Unter Führung von Experten kann man das Reservat zu Fuß, im Jeep, per Pferd oder in Pirogen durchkreuzen, Fauna und Flora kennenlernen und im Programm zur Vermehrung der *yacarés* (Alligatoren) mitarbeiten. Im Rahmen des Projekts werden Alligatoreier eingesammelt und anschließend künstlich ausgebrütet, was eine wesentlich höhere Überlebensquote als in der freien Natur garantiert. Ein Großteil der jungen Kaimane (bisher über 2300 Stück) darf zurück in die Freiheit, die anderen bleiben zu Zuchtzwecken im Reservat – Krokodilleder ist ein gefragtes Produkt. In den Sommernächten wird die frei lebende Yacaré-Bevölkerung gezählt (Besuch nur mit Voranmeldung, s. unten).

Übernachten

Bei den Yacarés ▶ **Refugio El Cachapé:** im Naturreservat, Tel. 0362 15 464 81 88 u. 011

Ein Großteil der Guaraní-Indianer lebt heute in Reservaten

15 31 07 93 23, www.elcachape.com.ar. Zwei Tage mit einer Übernachtung 150 US$ p. P. inkl. VP u. Aktivitäten.

Parque Nacional Chaco
▶ 1, L 6/7

Die – bis Capitán Solari – asphaltierte RP 9 zum **Parque Nacional Chaco** zweigt 56 km westlich von Resistencia von der RN 16 nach Norden ab. Nach 38 km geht bei Capitán Solari ein 5 km langer Fahrweg zum Naturpark ab. In dem 15 000 ha großen Naturreservat, dessen ruhende Gewässer vom an- und abschwellenden Río Negro gespeist werden, sind alle Baumspezies des typischen Chaco-Waldes vertreten: drei Quebracho-Arten, Guayacán, Urunday, Guayaibi, Palo Borracho und der rosafarbene Lapacho. Die Lichtungen halten Caranday-Palmen besetzt. Im Kronenbereich palavern Affen und grüne Papageien um die Wette. Pumas lauern Tapiren auf, Boas erwürgen Pekaris und Kaimane versuchen am Ufer trinkende Mähnenwölfe ins Wasser zu ziehen. Aber nur selten wird der Mensch Zeuge der Dramen, die den Urwald in Atem halten.

Der Park kann auf verschiedenen *senderos* (›Pfaden‹) erkundet werden, z. B. entlang dem Río Negro bis zu den vogelreichen **Lagunen Carpincho** und **Yacaré** (3 km) oder auf dem 1,5 km langen **Sendero de la Flor**, der mit den verschiedenen Baumarten der Region bekannt macht. Auf einem Fahrweg kann man mit dem Auto 12 km durch Quebracho-Wälder ans Ufer der **Laguna Panza de Cabra** fahren, einem schönen (kostenlosen) Zeltplatz. Auch der Parkeintritt ist frei.

Infos
Information: beim Parkaufseher am Eingang, Tel. 03725 49 91 61, chaco@apn.gov.ar, www.parquesnacionales.gob.ar, tgl. 9–17 Uhr.

Übernachten
Hotel, Bungalows & Camping ▶ Am **Eingang.** Schattiger und sauberer Platz mit guter Infrastruktur. Moskitonetz und Mückenschutzmittel mitbringen! Lebensmittel gibt es nur im 5 km entfernten Dorf Capitán Solari.

Aktiv
Öko-Touren ▶ **Eco Tur:** Carlos Schumann, Villa Bermejito, Tel. 0364 447 10 73 u. 15 446 81 28, http://ecoturchaco.blogspot.com. Organisation von Touren in den Impenetrable und Treffen mit Wichi, Bootstrips auf dem Río Teuco. **Chaco Aventuras:** Beto Guarnieri, in Resistencia, Tel. 0364 15 423 32 67, chacoaventuras@hotmail.com (s. S. 485).

Verkehr
Busse: Tgl. von Resistencia nach Capitán Solari; von da 5 km Fußmarsch oder Anheuern eines privaten ›Taxifahrers‹ im Dorf.

Presidencia Sáenz Peña und Campo del Cielo ▶ 1, L 6

Folgt man der RN 16 weiter nach Westen, so erreicht man **Presidencia Sáenz Peña** mit seinen Thermen, die bei Rheuma und Arthritis eine heilende Wirkung haben sollen. 35 km hinter dem Ort zweigt bei **Avia Terai** von der RN 16 die durchgehend asphaltierte, aber ab Pinedo von Schlaglöchern durchsiebte RP 94 nach Süden ab. Man lässt die Ortseinfahrt von **Gancedo** rechts liegen und schwenkt 2 km weiter, genau gegenüber der Baumwollentkernungsanlage, nach links (keine Beschilderung) in einen Fahrweg ein, der nach 6 km an einer linker Hand liegenden Schule vorbeiführt. Nach weiteren 6 km biegt man links in einen breiten Fahrweg ein und wendet sich nach 500 m an der Gabelung nochmals 100 m nach links: Da liegt die prachtvolle Sternschnuppe, El Chaco genannt, auf dem **Campo del Cielo** aufgebahrt, rund 37 t schwer, metallisch schimmernd und – wie könnte es anders sein – von Besuchern beschriftet, die sich offenbar auch dem Kosmos namentlich verbunden fühlen.

Neben seiner Himmelsbahn musste der Meteorit noch einer weniger ›sauberen‹ irdischen Laufbahn folgen, bis er endlich wieder zu seinem angestammten Platz im Chaco zurückfand. Ein Polizist des Kontrollpostens an der Grenze zwischen den Provinzen Chaco und Santiago del Estero lüftete in einer heißen Januarnacht des Jahres 1990 die Plane eines Lastwagens, um das Transportgut zu

Gran Chaco

prüfen, und wunderte sich nicht wenig, einen einzigen großen Felsblock als Ladung zu entdecken. Sein Verdacht, dass es sich bei dem seltsamen Solitär um etwas ganz Besonderes handeln müsse, war denn auch gerechtfertigt. Wie einst internationale Kunsträuber die Schätze Ägyptens plünderten, so hatte der Nordamerikaner Robert Haag seine Fänger ausgeschickt, einen der weltgrößten Meteoriten zu stehlen. Solche Nickel-Eisen-Steine stehen bei Museen und Sammlern hoch im Kurs. Und auch der reine Materialwert ist nicht zu verachten: etwa 5000 US-Dollar pro Kilo. Doch das in Buenos Aires zum Abtransport bereitstehende Schiff wartete vergebens. Der Riesenklunker wurde sichergestellt und zurück in den Buschwald gefahren, wo ein etwa 15 km langer Kratergürtel endet, der sich in einem elliptischen Bogen von der Provinz Santiago del Estero nach Norden zieht und bereits den Ureinwohnern Rätsel aufgab. Sie nannten die Einschlagzone, deren größtes Loch 7 m tief ist, ehrfürchtig *pingüen nonraltá,* was im Quechua so viel bedeutet wie Himmelsfeld *(campo del cielo).* Als Zeugen einer mutmaßlich 4000 Jahre zurückliegenden kosmischen Katastrophe gingen in diesem Streubezirk über 200 schwergewichtige Aerolithen nieder, freilich keiner so hochkarätig wie El Chaco. Mr. Haag ist übrigens nicht der einzige Schwärmer im außerirdischen Kräftefeld: Ein 800 kg schwerer Meteorit, lange Zeit ausgestellt im Schulhof der Chaco-Gemeinde Las Víboras, verschwand unlängst wie ein Wandelstern – Bahn und Ziel unbekannt …

Die Kratereinschläge im Gelände auszumachen gestaltet sich nicht ganz einfach. Spurensucher sollten daher am besten am Parkeingang einen ortskundigen Führer *(baqueano)* engagieren (Information: Municipalidad de Gancedo, Tel. 03731 49 16 12, 49 12 54 u. 15 62 11 49).

Übernachten

… in Avia Terai:

Nahe dem Campo del Cielo ▶ **Estancia Las Curiosas:** an der Kreuzung der RN 16 mit der RP 94, Tel. 0364 464 27 81 u. 011 15 54 62 94 65, www.lascuriosas.com. Estancia mit 200 ha Naturreservat an der Abzweigung zum Meteoritenfeld. Pool, Spa, Restaurant (25 US$), Safaris. DZ 80 US$ inkl. Ausritte.

… in Presidencia Sáenz Peña:

Bestes Haus im Ort ▶ **Atrium Gualok:** Av. San Martín 1198, Tel. 0364 442 05 00, www. atriumgualok.com.ar. Modernes Hotel mit Restaurant, Pool und Spa. DZ 550 $.

Freundlich ▶ **Hotel Familiar:** Calle 14 (Moreno) 486, zwischen 9 u. 11, Tel. 0364 442 99 06. DZ 250 $.

El Impenetrable und Reserva Natural Formosa ▶ 1, K 5–J 3

Die Pforte zum Impenetrable, dem ›Undurchdringlichen‹, bildet das von vielen deutschen Kolonisten besiedelte Dorf **Juan José Castelli,** das gut 118 km nördlich von Presidencia Sáenz Peña liegt und über die RN 95 erreichbar ist. Fährt man die stellenweise von ursprünglichem Chaco-Wald begleitete Straße weiter (im letzten Abschnitt schlaglochübersät), so gelangt man zum Río Bermejo, den hier eine breite Brücke überspannt. Die am jenseitigen Ufer nach **Ibarreta** an die RN 81 führende Erdstraße ist jedoch nur in trockenem Zustand passierbar. Die verfilzte Vegetation des **Impenetrable,** dessen stachelbewehrten Charakterbaum die *espina corona* (›Dornenkrone‹) bildet, zieht sich nordwestlich von Castelli über **Nueva Pompeya** bis El Sauzalito hin. Die 300 km lange Strecke ist nur in trockenem Zustand befahrbar und führt mitten durch das indianische Siedlungsgebiet der Wichi. Von **El Sauzalito** aus lässt sich der Río Bermejo – oder Río Teuco – überqueren (Bootsverkehr für Passagiere, keine Autofähre). Auf der anderen Uferseite winkt die 10 000 ha große **Reserva Natural Formosa** mit typischer Chaco-Vegetation, reicher Avifauna und Tieren, die so selten geworden sind wie der in ungeschützten Regionen sinnlos abgeknallte Ameisenbär.

Wer die endlose RN 16 bis zur Provinz Salta durchfährt, hört die am Wege liegenden Orte Geschichten erzählen: Pampa del Infierno (›Höllenpampa‹), Río Muerto (›Toter Fluss‹), Monte Quemado (›Verbrannter Wald‹).

Provinz Chaco

aktiv unterwegs

Geländewagentour durch den Impenetrable

Tour-Infos

Start: Resistencia
Dauer: 6 Tage
Kosten: 350 US$ pro Tag für eine Gruppe von bis zu 6 Pers. inkl. Transport und Führung, ohne Übernachtung und Verpflegung
Anbieter: Chaco Aventuras, s. S. 483

Die Fahrt in den von den Spaniern nie eroberten Impenetrable (s. S. 484) kann man zwar auf eigene Faust unternehmen, doch ist es in dieser abgelegensten Region Argentiniens empfehlenswert, sich einem sachkundigen Führer anzuvertrauen, zumal die Wegbeschaffenheit mehr als schlecht ist. Beto Guarnieri von Chaco Aventuras gilt als der erfahrenste Full-time-guide im Chaco. Unter seiner Führung gewinnt man innerhalb von sechs Tagen einen tiefen Einblick in die Undurchdringlichkeit des Chaco, seiner Fauna und Flora und nicht zuletzt auch seiner Bewohner. Beto Guarnieri kennt die Gegend wie seine Westentasche.

Start der Tour ist Resistencia. Parallel zum Ufer des Río Paraná geht es zur **Isla del Cerrito** am Zusammenfluss mit dem Río Paraguay. Übernachtet wird auf der Insel, die in einem praktisch unberührten Feuchtgebiet liegt. Am zweiten Tag fährt man durch den feuchten Chaco und Caranday-Palmenwälder in den **Parque Nacional Chaco** (s. S. 483). Bei einer Wanderung durch Savannen und Uferwälder lassen sich zahlreiche Vogelarten beobachten. Danach wird **Villa Río Bermejito** (s. S. 487) angesteuert, wo man

die nächsten beiden Nächte verbringt. Am dritten Tag steht ein Besuch des Indianerreservats von **Teuco-Bermejito** auf dem Programm, ein 150 000 ha großes, gemeinschaftlich geführtes Gebiet der Qom-Stämme. Die Führung wird von jungen Qom-Indianern übernommen. Mit einem Floß fährt man dann über den Río Bermejito zur Indianerschule in **Lapelolé,** wo in einem Lehmofen das Abendessen zubereitet wird. Die nächtliche Bootsfahrt zurück nach Villa Río Bermejito eignet sich hervorragend zur Tierbeobachtung.

Am vierten Reisetag steht eine lange Fahrt durch den Impenetrable mit dem Landrover in Richtung **Nueva Pompeya** an, wo man eine Franziskanermission besichtigt und bei Wichi-Indianern übernachtet. Der nächste Tag vergeht mit dem Auskundschaften der Umgebung – hier, im Herzen des Impenetrable, leben noch nomadische Stämme, für die diese Art von Öko-Tourismus eine der wenigen nachhaltigen Alternativen darstellt.

An Tag sechs schließlich geht es zurück in die Zivilisation und für die letzte Übernachtung auf die **Estancia Las Curiosas** (s. S. 484). Vor der Rückfahrt nach Resistencia macht man noch einen Stopp in **Presidencia Sáenz Peña** und besucht den Zoo, der sich vor allem um die Rettung und Auswilderung gefährdeter Tiergattungen der Region bemüht.

Die Tour kann auch verlängert werden. Über Las Lajitas und den Parque Nacional El Rey (s. S. 415) geht es bis Salta oder über den Parque Nacional Calilegua und Valle Grande (s. S. 421) bis San Salvador de Jujuy.

Allmählich, ganz allmählich geht die Üppigkeit der Landschaft in Dürre über. Die Sümpfe scheinen zu verdunsten, über den Horizont wandern Salzsteppen heran. Staub oder Schlamm – der Chaco, Argentiniens Outback, kennt nur Extreme.

Übernachten

… in Juan José Castelli:
Neu ▶ **Atrium Gualok El Impenetrable:** RN 95, Ecke Leandro Alem, Tel. 0364 447 70 55, www.atriumgualok.com.ar. Moderner Bau mit Spa und Pool. DZ 300 $.

Gran Chaco

Indianer im Chaco Thema

Vor mindestens 5000 Jahren müssen die ersten Fischer den bis zu 100 kg schweren Manguruyú, eine Welsart, aus den Gewässern Mesopotamiens gezogen haben – so alt sind die frühesten menschlichen Zeugnisse, die dem feuchten Klima in dieser Region getrotzt und die Zeiten überdauert haben.

Zu den Funden gehören Steinanker, Keulen und Schaber, mit denen sich die Kom-Indianer zum Zeichen der Trauer die Stirnpartie der Kopfhaare abrasierten. Das brachte ihnen die von den Spaniern eingeführte Stammesbezeichnung *toba* ein, was in ihrer Sprache Stirnglatze bedeutet. Fast alle Chaco-Indianer erhielten Benennungen, die ihnen ihre Feinde gaben. Die abschätzige Bezeichnung *matacos* (im Spanischen ohne spezifische Bedeutung, aber phonetisch herabwürdigend) wurde erst in den letzten Jahren wieder durch den eigenen Namen *wichi* ersetzt. Nicht anders erging es den Chiriguano, die sich selbst einst stolz *jaguareté-avá* (›Jaguarmenschen‹) nannten, bis die Inka, ihre Widersacher, sie in *chiri guano* (Quechua: ›kalter Mist‹) umtauften.

Heute leben noch ca. 21 000 Chiriguano im westlichen Chaco, ca. 9000 Wichi im Zentral-Chaco und dazwischen rund 1400 Angehörige der Arawak-Chané-Gruppe. Ca. 45 000 Qom-Indianer (von den Spaniern Tobas genannt) sind auf Orte im östlichen Chaco verteilt; in Misiones leben noch ca. 3000 Guaraní in der Übergangszone zwischen Wildvegetation und Pflanzungen. Noch immer kämpfen Reste der Urbevölkerung um wenigstens ein Stückchen des Landes, das ihnen einst – ohne Eigentumstitel – gehörte. Neben der Subsistenzwirtschaft leben die Indianer heute vorwiegend vom Kunsthandwerk, das dem regionalen Souvenirhandel stellenweise traditionswahrende Züge verleiht. Originell sind z. B. die von den Wichi gefertigten Tiermasken.

Der Aneignungszauber hat seine Wurzeln in der engen Verbindung mit einer mystifizierten Natur, belebt von gottähnlichen, zoomorphen Halbwesen: *piranú,* der pferdeköpfige Fisch, der die Boote angreift; der Bösewicht *eyara,* der, als Flamingo getarnt, junge Mädchen becirct; die Sumpfschlange *mboi yaguá,* die ihren Hundekopf aus dem Wasser reckt.

Mythen und Fabeln sind in diesem Gewässerlabyrinth bis in die Gegenwart zu Hause. Der Schriftsteller Horacio Quiroga (s. S. 468), als südamerikanischer Kipling jahrelanger Dschungelgänger in Misiones, schickte seine Anaconda durch den Río Paranahyba und der immer auf exotische Handlungsorte versessene Graham Greene siedelte seinen Honorarkonsul in Corrientes an. Doch die Wirklichkeit wartet manchmal mit Geschichten auf, wie man sie kaum zu erfinden wagt: Etwa 6000 Wichi und Pilagá waren 1947 zur Zuckerernte nach Salta gezogen. Als sie nur ein Drittel des Tageslohns empfingen, kehrten sie hungernd in ihre Heimat zurück. Rund 1000 Pilagá baten die Behörden um Nahrungsmittel – an denen 50 Indianer vergiftet starben. Um der Qual ein rasches Ende zu bereiten, wurden weitere 500 erschossen, 200 verschwanden bei den Verfolgungsaktionen zur Zeugenelimination. Die Überlebenden konnten in den Wäldern untertauchen. Vor wenigen Jahren strengten sie einen Prozess gegen den Staat an, der 2005 mit der Aushebung des ersten Massengrabs begann. Es war das letzte Indianer-Massaker in Argentinien.

Lehrerhaus ▶ Amudoch: Belgrano, Ecke Remedios de Escalada, Tel. 0364 447 10 80. Hotel der Lehrergenossenschaft. DZ 180 $ ohne Frühstück.

… in Villa Río Bermejito (ca. 50 km nordöstlich von Juan José Castelli):

Direkt am Río Bermejo ▶ Complejo Turístico Ecotur: am Flussufer, Tel. 0364 447 10 73 u. 15 446 81 28, www.ecoturchaco.com.ar. Kleines Hotel im Igluformat, Bungalows und Campingplatz auf 7 ha. DZ 260 $, Bungalow für 6 Pers. 400 $, Camping 15 $ p. P.

… in El Sauzalito:

Im Impenetrable ▶ Pablito Hotel: Ernesto Reinoso s/n, Tel. 03715 48 20 33 u. 15 61 78 48. Mit Klimaanlage. DZ 300 $.

Aktiv
Touren ▶ s. S. 485

Provinz Formosa

Die von Millionen von Palmwedeln beflaggte **Provinz Formosa,** im Süden vom Río Bermejo, im Norden vom Río Pilcomayo begrenzt, bildet den nördlichsten Teil des argentinischen Gran Chaco. Als die ersten spanischen Expeditionen – immer auf der Suche nach Gold – im 16. Jh. vom Río Paraguay aus durch die Pilcomayo-Mündung flussaufwärts vorstießen, verloren sie sich im Geäst der mäandernden, sich hebenden und senkenden Gewässer. Bibern gleich, bauten die Abenteurer unter titanischen Anstrengungen unterhalb des jeweiligen Ankerplatzes Dämme, um ihr letztes Schiff im Stauwasser schwimmend zu halten. Tatsächlich gibt es heute zwei Ríos Pilcomayo: Der in den bolivianischen Anden in fast 5000 m Höhe entspringende Arm schleppt Baumstämme, Steine und Sand ins Tiefland, verstopft sich am Ende selbst den Weg und verkürzt, in Lagunen und Tümpeln verrinnend, seinen Lauf jährlich um etwa 10 km; durch ein zweites Bett fließt der andere, rund 240 km westlich von Clorinda entspringende Pilcomayo, an dessen letzter enger Biegung, der *vuelta formosa,* die Stadt Formosa (daher der Name)

als 220 000 Einwohner große Provinzmetropole liegt.

Formosa ▶ 1, N 6

Schon wer auf der RN 11 von Resistencia aus der Stadt zueilt (ca. 170 km), bekommt die subtropische Lagunenlandschaft mit ihren lichten Palmsavannen, von ›Wasserkohl‹ und *irupé (Victoria regia)* überzogenen Teichen, den flussbegleitenden Galeriewäldern und offenen Viehweiden exemplarisch vorgeführt. Der feuchte Atem dieser Sumpfebene liegt auch über der nur von wenigen Hochbauten unterbrochenen, baumreichen Flächenstadt **Formosa,** die sich in der Januarhitze unter Bananenblättern und Ventilatorflügeln duckt.

Formosa bietet eine recht gute Infrastruktur, aber keine nennenswerten Sehenswürdigkeiten. Einen Blick lohnt allenfalls das original erhaltene Kolonialhaus des ersten Provinzgouverneurs Ignacio Fotheringham, in dem das **Museo Histórico Regional Juan Pablo Duffard** archäologische Funde sowie Memorabilia aus der Regionalgeschichte zeigt (Av. 25 de Mayo, Ecke Belgrano, Mo–Fr 8–12, 16–19, Sa/So 9–12, 17–20 Uhr). Einen Straßenblock weiter in Richtung Fluss kann man in der **Casa de la Artesanía** Kunsthandwerkern der Wichi-, Pilagá- und Qom-Ethnien über die Schulter sehen und die Produkte auch gleich kaufen (San Martín 802, Ecke 25 de Mayo, Mo–Sa 8–12, 16–20 Uhr).

Infos
Dirección Provincial de Turismo: Uriburu 820, Ecke Fontana, Tel. 0370 443 61 20 u. 442 51 92, www.formosa.gov.ar/turismo, Mo–Fr 8–13, 18–20.30 Uhr.

Übernachten
Nüchtern ▶ Internacional de Turismo: San Martín 759, Tel. 0370 443 73 33 u. 443 11 22, www.formosahotelturismo.com.ar. Modern, mit Restaurant und Pool. DZ 460 $.

Ruhig ▶ Portal del Sol: Junín 527, Tel. 0370 442 79 45. Mit üppigem Garten. DZ 410 $.

Am Hauptplatz ▶ Plaza: Uriburu 920, Tel. 0370 442 67 67 u. 442 95 27, www.hotelplaza formosa.com.ar. Beliebtes familiäres Touris-

Gran Chaco

aktiv unterwegs

Landleben aktiv in der Comarca Bermejo

Tour-Infos

Start: Formosa oder Resistencia
Beste Jahreszeit: April–Okt.
Preise: Übernachtung ab ca. 200 $, Mahlzeiten ca. 90 $
Adressen: Im Chaco – Selvas de Oro, in Selvas del Río Oro, und Ñandé Reta, in Pampa Almirón, Kontakt über Hernán Ramírez, Tel. 0364 15 464 30 78, hernanramirez110@hotmail.com; Buena Aventura Rural, in General San Martín, Kontakt über Mercedes Sampayo, Tel. 03725 15 60 85 60, chacomer@hotmail.com; Perla del Bermejo, in Presidencia Roca, Kontakt über Carlos Villalba, Tel. 03725 15 40 49 23, perladelbermejo@yahoo.com.ar; Quaralamaxat, in Pampa del Indio, Kontakt über Gisella Espinoza, Tel. 03725 15 41 25 93, ege118@hotmail.com.
In Formosa – Machiwini und Ñandé Roga, beide in El Colorado, und Turismo Misión Laishí, in Misión Laishí, Kontakt über Claudio Wutzke, Tel. 0370 15 420 83 25, Claudio-w-r-@hotmail.com; Fortín Solari, in Mayor Villafañe, Kontakt über Ximena Miranda de Villafañe, Tel. 0370 15 433 34 81, ximenamiranda 5@hotmail.com; Mística Laguna La Sirena, in Villa Dos Trece, Kontakt über Emmanuela Cortez, Tel. 0370 15 435 62 44, eec072@hotmail.com.
Koordination: Carlos Arnedo, Tel. 0370 15 465 10 22, www.comarcabermejo.com.ar.

Auf Initiative des Agrar-Entwicklungsinstituts INTA bildete sich im Jahr 2005 ein Netzwerk für die argentinische Version vom Tourismus auf dem Bauernhof. In zehn kleinen Ortschaften an beiden Ufern des Río Bermejo, dem Grenzfluss zwischen den Provinzen Chaco und Formosa, bieten Landwirte die Möglichkeit, sie in ihrem Alltagsleben aktiv zu begleiten und unter sachkundiger Führung Ausflüge in die Natur zu unternehmen. Je nach Gusto kann jeder Reisende sein eigenes Programm zusammenstellen, das Angebot ist vielfältig: Ausritte (3 Std./150 $), Beteiligung bei der Käseproduktion und der Baumwolllernte (3 Std./75 $) oder per Pferd beim Viehtrieb (250 $), Birdwatching, Tierbeobachtungen, Trips in Pirogen (3 Std./150 $), Kennenlernen der Imkerarbeit (75 $), Besuche von Indianergemeinden (90 $) und vieles mehr.

tenhotel. Pool, Bar, Restaurant, Garage, recht gutes Preis-Leistungs-Verhältnis. DZ 400 $.
Schlicht ▶ Colón: Belgrano 1068, Tel. 0370 442 07 19, www.hotelcolonformosa.com. Beliebtes kleines Hotel in Flussnähe, propere Mittelklasse. DZ 377 $.

Essen & Trinken

Gourmetküche ▶ Baldomero: Av. Costanera 1101, Tel. 0370 429 73 33, www.baldomeroformosa.com.ar. Am Flussufer, mit Biergarten, bestes Restaurant in Formosa. 190 $. Gegenüber etwas billiger, aber ebenfalls zu empfehlen: **Baldo Grill & Pizza** und **Eisdiele.**
Yacaré ▶ La Ribera: Paseo Costanera, Local B, Vuelta Formosa, Tel. 0370 437 56 59. In einem alten Hafenlager, Terrassendeck am Río Paraguay; Highlights: Yacaré-Steak und die kalte Flussfischplatte. 180 $.
Pasta ▶ El Tano Marino: 25 de Mayo 55, Tel. 0370 443 09 70. Ansprechende Trattoría, gute Pasta und andere Gerichte. 170 $.
Fisch ▶ Raíces: 25 de Mayo 65, Tel. 0370 442 70 58, So abends geschl. Regionale Küche, Pasta, täglich ein Fischgericht. 160 $.

Aktiv

Angeln ▶ Anmietung von privaten Booten direkt am Hafen.
Bootstouren ▶ Aventura Formosa, Freddy Iznardo, Tel. 0370 15 455 60 17 u. 443 37 13, fiznardo@hotmail.com. Freddy Iznardo ist

Provinz Formosa

nicht nur ein Kenner der Fauna und Flora der Flusslandschaft von Formosa, sondern auch ein anerkannter Pirogen-Rudermann. Seit über 15 Jahren führt er Besucher zu verborgenen Flussinseln im Riacho Montelindo, durch das Bañado La Estrella, den Río Paraguay stromabwärts und in Galeriewälder, dem Lebensraum der *carayás,* lautstarken Brüllaffen.

Verkehr

Flüge: Aerolíneas Argentinas fliegt 2 x tgl. den Flughafen El Pucú an, RN 11, 6 km südwestlich von Formosa, Tel. 0370 442 63 49.
Busse: El Pulqui, La Nueva Estrella, Flecha Bus und Aguila Dorada Bis sind einige der Gesellschaften, die Formosas Busterminal, Av. Gutnisky 2615, Tel. 0370 445 17 66 u. 445 07 77, www.terminalformosa.com.ar, ansteuern. Verbindungen in alle Landesteile.
Fähren: Alle 15 Min. pendelt eine Personenfähre zum Freihafen Villa Alberdi auf der paraguayischen Uferseite.

Parque Nacional Río Pilcomayo ▶ 1, N 4/5

Die von Formosa nach Nordwesten ausholende, rund 700 km lange Gerade der durchgehend asphaltierten RN 81 durchmisst alle von der Sumpfvegetation über die Grasprärien bis zur Steppe abmagernden Klimazonen des Chaco. Sie stößt in der Provinz Salta auf die RN 34, die über Tartagal bei Profesor S. Mazza die bolivianische Grenze erreicht, im Süden in die Provinzmetropolen San Salvador de Jujuy und Salta führt.

Folgt man von Formosa aus der RN 11 weiter nordwärts, erreicht man nach 106 km **Clorinda.** Eine Brücke verbindet die Stadt mit Asunción, der Hauptstadt von Paraguay.

Das natürliche Kleinod der Provinz Formosa bildet der 48 000 ha große **Parque Nacional Río Pilcomayo,** dessen beide Zufahrten von Clorinda aus über die asphaltierte RN 86 Richtung Westen erreichbar sind: Die erste Zufahrt (ca. 53 km) zweigt bei **Naick Neck** rechts ab und führt nach ca. 5 km zum Parkplatz am Ufer der Laguna Blanca; die zweite, nur in trockenem Zustand passierbare Zufahrt (ca. 65 km) beginnt beim Ort **Laguna**

Blanca und führt zum 8 km entfernten Parkplatz Estero Poí.

Die Bezeichnung Kleinod erhält einen unfreiwillig ironischen Beigeschmack, wenn man weiß, dass dieses durch die gierige Hand des Menschen – »aus verschiedenen Gründen«, wie es offiziell heißt – immer mehr zurückgestutzte Reservat ursprünglich mehr als fünfmal so groß war wie heute. Ein Stegsystem führt über die von Alligatoren und Wasservögeln bewohnte Laguna Blanca, zwei Lehrpfade geleiten durch den Überschwemmungswald. Zwischen den Caranday-Palmen und den Wollbaum- *(palo borracho)* und Hartholzgewächsen (Urunday, Guyacán und Algarrobo) leben Pekaris (Wildschweine), Ameisenbären, Mähnenwölfe, auch noch Jaguare, drei Arten von Affen und eine reiche Vogelwelt (Eintritt frei).

Infos

Information: Av. Pueyrredón, Ecke RN 86, an der Ortseinfahrt von Laguna Blanca, Tel. 03718 47 00 45, www.parquesnacionales.gob.ar, riopilcomayo@apn.gov.ar, Mo–Fr 7–14 Uhr.

Übernachten

… in Ingeniero Juárez:
Motel ▶ **ACA-Hostería:** 450 km westlich von Formosa an der RN 81, Tel. 03711 42 00 60. 4 Zimmer. DZ 260 $, ADAC-Mitglieder 180 $.
… im Parque Nacional Río Pilcomayo:
Camping ▶ Am Estero Poí und an der Mündung des Estero Arasá in die Laguna Blanca gibt es jeweils einen einfachen, kostenlosen Zeltplatz. Die Mitnahme von Moskitonetzen und Mückenschutzmittel wird empfohlen. In puncto Temperatur und Moskitos gelten die Monate April bis November als die besten Reisemonate für einen Besuch im Park.

Verkehr

Busse: Die zwischen Clorinda und dem Ort Laguna Blanca verkehrenden Busse setzen Passagiere auf Wunsch an den Zufahrtswegen zum Nationalpark ab. In Laguna Blanca kann man auf der Calle San Martín ein Taxi nehmen (etwa 90 $), falls man die letzten Kilometer nicht zu Fuß zurücklegen möchte.

Register

Abra Blanca 407
Abra de Potrerillos 426
Abra del Acay 398
Abra del Infiernillo 392
Abra Pampa 432
Achango 354
Acheral 390
Aconcagua 335
Agua de las Palomas 374
Aira, César 61
Aktivurlaub 86
Alacaluf **35,** 236
Alfonsín, Raúl 44
Almagro, Diego de 406
Alpa Corral 194
Alta Gracia 195
Alto Río Senguer 291
Aluminé 312
Álvarez, José 132
Amaichá del Valle 392
Ambulanz 95
Andacollo 318
Andalgalá 374
Angastaco 395
Angelis, Alfredo de 59
Angeln 86, 252
Angualasto 354
Animaná 394
Anreise 79
Antarktis 242
Antofagasta de la Sierra 378,
    379
Antofalla 378
Apotheken 95
Aramburu, Eugenio 40
Arlt, Roberto 60
Ärztliche Versorgung 94
Ascochinga 203
Ausgehen 89
Ausrüstung 93
Ausspracheregeln 98
Avellaneda, Nicolás 39

Bacalov, Luis Enrique 62
Baden 86
Bahía Blanca 166, **176**
Bahía Creek 214
Bahía Samborombón 164
Bahía San Sebastián 256
Bajo Caracoles **283,** 285
Balcarce 170
Balcozna 371
Bardas Blancas 345

Beagle-Kanal 24, 237, **249**
Behinderte 78
Belén 372
Bella Vista 449
Bergsteigen 87
Bermejo 488
Bernardo de Irigoyen 476
Berni, Antonio 62
Bevölkerung 15, **48**
Bianciotti, Héctor 61
Binner, Hermes 30, 45
Bioy Casares, Adolfo 49, **61,**
    167
Boca Juniors 54, 134
Bocca, Julio 55
Boero, Felipe 56
Bolívar, Simón 38
Bonpland, Aimé 18
Borges, Jorge Luis 48, 49, 57,
    60, 121, 181
Bosques Petrificados de
    Jaramillo y Sarmiento 225
Botschaften 73
Bridges, Thomas 236, 249,
    251
Buenos Aires 106
Burman, Daniel 62
Busse 81

Cabo Blanco 228
Cabo Raso 223
Cabo San Antonio 164
Cabo San Pablo 253
Cabo Vírgenes 233
Caboto, Sebastian 35
Cachi **395,** 413
Cafayate 393
Calchaquí 203
Caleta Olivia 226
Calingasta 351
Camarones 223
Campanellas, Juan José 62
Camping 85
Campo del Cielo 483
Campo Quijano 406
Campo, Estanislao del 57
Cámpora, Hector J. 40
Canaro, Francisco 58
Candonga 203
Cariló 167
Carmen de Patagones 212
Carolina 191
Carretera Austral **285,** 290

Cartoneros 49
Casabindo 432
Casira 434
Cassidy, Butch 294
Cataratas del Iguazú 16, **471**
Caviahue 316
Ceibas 441
Celis, Pérez 55
Cerro Áspero 192
Cerro Torre 279
Chaworth Musters, George 212
Chilecito 363
Chiriguano 486
Chivilcoy 184
Cholila 293
Chorrillos 406
Chorro Blanco 413
Chos Malal 316
Ciudad del Este 474
Clorinda 489
Cochinoca 432
Coctaca 429
Colón 456
Colonia Caraguatay 469
Colonia Carlos Pellegrini 459
Colonia Caroya 203
Colonia del Sacramento 158
Colonia San José 457
Colonia Suiza 301
Comandante Luis
    Piedrabuena 230
Comechigon 34
Comodoro Rivadavia 224
Concepción del Uruguay 455
Concordia 458
Cono Sur 16
Copahue 316
Corbusier, Le 117
Córdoba 198
Corrientes 18, 440, **452**
Cortázar, Julio 61
Cosquín 197
Cruz del Eje 197
Cruz del Paramillo 334
Cuesta de Chilca 374
Cuesta de Lipán 426
Cuesta de Miranda 359
Cuesta de Randolfo 377
Cuesta del Obispo 413
Cuesta del Portezuelo 371
Cuesta del Totoral 371
Cueva de las Brujas 345
Cuevas de las Manos **283,** 286

490

Der Haupteintrag ist **fett** hervorgehoben.

Darío, Rubén 60
Darwin, Charles 228, 236
Deán Funes 197
Diaguita 34, **375**
Diamante 443
Difunta Correa **349,** 350
Dinosaurier 317
Diplomatische Vertretungen 73
Dormal, Jules 120
Drake, Francis 229
Dreibund-Krieg 39
Drogen 89
Duarte de Perón, Eva 33, 40, **42,** 125
Duhalde, Eduardo 44

Eiffel, Gustave 166
Einreise 79
El Alisal 406
El Alto 371
El Barreal 352
El Bolsón 296
El Calafate 269
El Carril 412
El Chaltén 279
El Condado 423
El Cóndor 214
El Impenetrable 484
El Mollar 391
El Peñón 379
El Portezuelo 305, 371
El Sauzalito 484
El Soberbio 476
Eldorado 469
Elektrizität 89
Empedrado 449
Encarnación 463
Epuyén 295
Esquel **288,** 289
Esquina 449
Essen 63
Estancia Alta Gracia 204
Estancia Caroya 203
Estancia El Carmen 395
Estancia El Cóndor 233
Estancia El Ombú de Areco 149
Estancia Harberton 249
Estancia Helsingfors 278
Estancia Jesuítica La Candelaria **196,** 204
Estancia Jesús María 203
Estancia La Angostura 281

Estancia La Bamba 152
Estancia La Candelaria 154
Estancia La Maipú 281
Estancia La María 229
Estancia La Oriental 283
Estancia La Porteña 151
Estancia Los Toldos 210
Estancia María Behety 255
Estancia Moat 250
Estancia Santa Catalina 203
Estancias 85
Esteros del Iberá 459

Fader, Fernando 62, **197**
Fähren 82
Falkland Islands 257
Falklandkrieg 41
Falú, Eduardo 56
Famatina 366
Fauna 18
Feiertage 54
Fernández de Kirchner, Cristina 30, 45
Fernsehen 96
Ferrari, León 62
Feuerland 24, **236**
Fiambalá 366
Fierro, Martín 60
Film 62
Fitz Roy 226, **279,** 280
Flora 18
Flüge 81
Formosa 487
Fotografieren 89
Foz do Iguaçu 473
Frauen allein unterwegs 89
Fußball 53, 55

Gaiman 221
Galtieri, Leopoldo 41
Gancedo 483
Garay, Juan de **35,** 109
García, Alejo 35
García, Charly 56
García Lorca, Federico 117
Gardel, Carlos 59
Gaucho 50
Geld 91
Geografie 14
Geoparque Paleontológico Bryn Gwyn 221
Geschichte 14, **34**
Gesellschaft 48

Gesundheit 94
Getränke 65
Ginastera, Alberto Evaristo 56
Glaciar Perito Moreno **276,** 277
Gleitschirmfliegen 86
Gobernador Costa 290
Gobernador Gregores 281
Golfen 86
Goya 449
Goyeneche, Roberto 59
Gruta de Intihuasi 191
Grutas de Ongamira 197
Gualeguay 441
Gualeguaychú 454
Guaraní 37, **466**
Guerra, Maximiliano 55
Guevara, Ernesto 469
Güiraldes, Ricardo 60
Guttero, Alfredo 62

Haush **35,** 236
Hernández, José 51, **60**
Herrera, Paloma 55
Hoces, Francisco de 236
Höhenkrankheit 94
Hornillos 426
Hua Hum 306
Huacalera 428
Hualfín 376
Hualtarán 190
Huarpe 34
Huinganco 318
Humahuaca 429
Humboldt, Alexander von 18

Ibarreta 484
Immigranten 48
Impfungen 94
Indianer **34,** 486
Informationen 72
Inka 34, **338**
Internet 96
Iruya 430
Ischilín 197
Isla de los Estados 250
Isla Grande 237
Islas Malvinas 257
Itatí 454
Ituzaingó 454

Jagen 86
Jeanneret, Charles Eduard 117

Register

Jesuitenmissionen 37, **465**
Jesús María 203
Juan José Castelli 484
Jujuy 22, **418**
Junín de los Andes 308

Kagel, Mauricio 56
Kanufahren 86
Kelper 259
Kirchner, Néstor **30**, 45
Klettern 86
Klima 16
Kolonialarchitektur 416
Kolonialzeit 35
Kondor 336
Kreditkarten 91
Kriminalität 95
Kuitka, Guillermo 62
Kulinarisches Lexikon 68

La Alumbrera 32
La Banda 392
La Cumbre 197
La Cumbrecita 195
La Laja 348
La Lobería 214
La Mamora 422
La Merced 371
La Paz 449
La Plata 155
La Poma 397
La Quiaca 432
La Rioja 358
La Toma 191
La Viña 371
Lago Aluminé 313
Lago Argentino 269
Lago Buenos Aires 284
Lago Correntoso 305
Lago Curruhué Chico 311
Lago Curruhué Grande 311
Lago del Desierto 280
Lago Epulafquen 311
Lago Escondido 253
Lago Espejo 305
Lago Fagnano 252, **253**
Lago Falkner 306
Lago Fontana 291
Lago Futalaufquen 292
Lago General Vintter 290
Lago Gutiérrez 304
Lago Hermoso 306
Lago Hess 304

Lago Huechulafquen 311
Lago Hui Hui 312
Lago Lácar 306
Lago Mascardi 304
Lago Nahuel Huapi 27
Lago Ñorquinco 313
Lago Paimún 311
Lago Posadas 283
Lago Puelo 295
Lago Pueyrredón 283
Lago Queñi 306
Lago Rivadavia 293
Lago San Martín 281
Lago San Roque 196
Lago Steffen 304
Lago Traful 305
Lago Tromen 310
Lago Viedma 277
Lago Villarino 306
Lago Yehuin 253
Laguna Azul 233
Laguna Brava 363
Laguna de los Pozuelos 434
Laguna Mar Chiquita 169, 203
Las Bóvedas 333
Las Cañas 371
Las Grutas 214
Las Lajas 316
Las Leñas 344
Las Palmas 196
Las Quinoas 378
Le Corbusier 117
Lerma, Hernando de 400
Lesetipps 74
Lezama, José Gregorio 130
Linné, Carl von 23
Lipeo 423
Literatur 57
Lobos 154
Londres 372
López Buchardo, Carlos 56
López Rega, José 40
Loreto 37, **465**
Los Altos 371
Los Antiguos 284
Los Fabulosos Cadillacs 56
Los Molles 343
Los Penitentes 337
Los Puquios 340
Los Redonditos de Ricota 56
Los Terrones 197
Lugones, Leopoldo 60
Luján **154**, 184

Lule 34
Luna, Felix 42
Lunfardo 132

Macanudo 132
Macri, Mauricio 45
Magalhães, Fernão de 35, 210, **234**
Magellanstraße 35, **234**, 237
Maimará 427
Malargüe 345
Malerei 61
Malharro, Martín 62
Mapuche **48**, 211
Mar Azul 168
Mar de Ajó 166
Mar de las Pampas 168
Mar del Plata 171
Mar del Tuyú 166
Maradona, Diego 53, 130
Marechal, Leopoldo 60
Martínez, Tomás Eloy 61
Mate 466
Mazorca 38
Mendoza 23, **324**
Mendoza, Pedro de **35**, 109
Menem, Carlos Saúl 30, 33, 38, **44**
Menotti, César Luis 54
Mercedes 184, 459
Merlo **193**
Messi, Lionel 54
Mietwagen 82
Milonga 58
Miramar 174
Misiones 18, **462**
Mitre, Bartolomé 39
Moat 250
Molinos 395
Monte Aymond 233
Monte Hermoso 166, **175**
Monte San Lorenzo 283
Monte Tronador 304
Montecarlo 468
Moquehue 313
Moreno, Francisco 27, 270
Moyano, Carlos María 212
Musik 55

Nahverkehr 83
Naick Neck 489
Ñandubaysal 455
Napoleon 38

492

Der Haupteintrag ist **fett** hervorgehoben.

Nationalparks 27, 77
Nazareno 433
Necochea 166, 174
Neuquén 315
Nonogasta 359
Notrufnummern 95
Nueva Pompeya 484

Oberá 477
Öffnungszeiten 88, 91
Ojos del Salado 363, 367
Olivera, Héctor 62
Omaguaca 34
Ona **35,** 236
Ongamira 197
Ostende 167

Páez, Fito 56
Pampa 24, 161, **180**
Pampa Linda 304
Pampastrauß 20
Panguipulli 311
Papagayos 193
Paraná 443
Parodis, Teresa 56
Parque Arqueológico y
    Natural Cerro Colorado 203
Parque Nacional Baritú 422
Parque Nacional Calilegua 421
Parque Nacional Campos del
    Tuyú 165
Parque Nacional Chaco 483
Parque Nacional El Leoncito
    352
Parque Nacional El Palmar
    458
Parque Nacional El Rey 415
Parque Nacional Iguazú 473
Parque Nacional Lago Puelo
    295
Parque Nacional Laguna
    Blanca 314
Parque Nacional Lanín 309
Parque Nacional Lihué Calel
    186
Parque Nacional Los Alerces
    291
Parque Nacional Los
    Cardones 396, **413**
Parque Nacional Los
    Glaciares 275
Parque Nacional Monte León
    230

Parque Nacional Nahuel
    Huapi **298,** 304
Parque Nacional Perito
    Moreno 283
Parque Nacional Río
    Pilcomayo 489
Parque Nacional Sierra de las
    Quijadas 191
Parque Nacional Talampaya
    360
Parque Nacional Tierra del
    Fuego 246, **248**
Parque Nacional Torres del
    Paine 274
Parque Natural Ongamira 197
Parque Provincial Urugua-í 475
Paso Carirriñé 311
Paso de Icalma 313
Paso de Jama 426
Paso de la Patria 454
Paso de los Libres 458
Paso de Pino Hachado 313
Paso de San Francisco 367
Paso del Agua Negra 354
Pastorutti, Soledad 56
Payogasta 397
Paz, Carlos 56
Pehuen-Có 176
Península El Páramo 256
Península Valdés 214
Perito Moreno 284
Perón, Juan Domingo 39, **42**
Piazzolla, Astor **56,** 59
Pigafetta, Antonio 210
Piglia, Ricardo 61
Pinamar 167
Piñeyro, Marcelo 62
Piscuno 434
Pismanta 354
Plaza de Mulas 340
Plaza Huincul 314
Politik 15, **30**
Polizei 95
Pomán 372
Port Stanley 259
Porvenir 256
Posadas 462
Post 96
Pozo Azul 476
Präkolumbische Kulturen 34
Preise 92
Presidencia Sáenz Peña
    483

Pucará de Andalgalá 374
Pucará de Schaqui 372
Pucará del Aconquija 374
Pueblo Liebig 456
Puelche 35
Puente del Inca **337,** 339
Puenzos, Luis 62
Puerta Tastil 406
Puerto Deseado 227
Puerto Eldorado 469
Puerto Espora 256
Puerto Iguazú 473
Puerto Madryn 215
Puerto Montt 301
Puerto Natales 274
Puerto Pirámides 216
Puerto Santa Cruz 230
Pueyrredón, Juan Martín 38
Puig, Manuel 61
Punta Arenas 233
Punta Delgada 233
Punta Mejillón 214
Punta Rasa 164
Punta Tombo 223
Purmamarca 425

Quebrada de Humahuaca
    424
Quebrada de la Flecha 395
Quebrada de la Troya 362
Querandí 34
Quillén 312
Quilmes 392
Quiroga, Horacio **61,** 468, 486

Radfahren 87
Radio 96
Rafting 86
Ramírez, Ariel 56
Rawson 221
Reducción San Ignacio Miní
    468
Reisezeit 93
Reiten 87
Religion 15, **53**
Reserva de Biosfera San
    Guillermo 354
Reserva Nacional Punta Norte
    216
Reserva Natural Cabo Dos
    Bahías 223
Reserva Natural del Cóndor
    Andino 337

Register

Reserva Natural El Cachapé 482
Reserva Natural Formosa 484
Reserva Natural Isla de los Pájaros 216
Reserva Natural Parque Luro 185
Reserva Natural Punta Rasa 164
Reserva Provincial El Payén 345
Reserva Provincial Ischigualasto 354
Resistencia 478
Restaurants 135
Rice, Tim 43
Rinconada 435
Río Cuarto 194
River Plate 54, 134
Rodeo 354
Roosevelt, Eleanor 16
Rosario 447
Rosas, Juan Manuel de 38
Rotter, Ariel 62
Routenplanung 75
Rúa, Fernando de la 44
Rucachoroi 312
Rundreisen 75
Ruta 40 269

Saavedra, Hernando Arias de 36
Sábato, Ernesto **61,** 130
Salar de Antofalla 378
Salar de Pipanaco 366
Salar del Hombre Muerto 379
Salar Pocitos 379
Salinas Grandes 197, 426
Salta 400
Saltos del Moconá 476
San Agustín del Valle Fértil 354
San Antonio de Areco 149
San Antonio de los Cobres **379,** 398, 407
San Antonio Oeste 214
San Bernardo 165
San Blas 372
San Carlos 394
San Carlos de Bariloche 298
San Cayetano 53
San Clemente del Tuyú 165
San Fernando 376

San Fernando del Valle de Catamarca 368
San Ignacio 37, **468**
San Isidro 431
San Javier 388
San José de Cachi 395
San José de Jáchal 353
San José de la Dormida 203
San José de Vinchina 362
San Julián 229
San Luis 188
San Martin de los Andes 306
San Martín, José de 38
San Miguel de Tucumán 387
San Pedro de Atacama 426
San Rafael 342
San Ramón de la Nueva Orán 422
San Salvador de Jujuy 418
San Vicente 476
Sanaviron 34
Santa Ana 465
Santa Catalina 203, 434
Santa Cruz 268
Santa Elena 203
Santa Fe de la Vera Cruz 446
Santa María 376
Santa Rosa 184
Santa Rosa de Conlara 193
Santa Rosa de los Pastos Grandes 379
Santa Rosa de Tastil 410
Santa Victoria 434
Santaolalla, Gustavo 62
Santiago del Estero 384
Santis, Pablo de 61
Sarmiento, Domingo Faustino **39,** 50, 57
Seclantás 395
Segeln 87
Selk'nam 236
Sicherheit 95
Sierra Alvear 253
Sierra Chica 196
Sierra de Famatina 362
Sierra de la Ventana 178
Sierra de las Quijadas 190
Sierra de los Comechingones 193
Sierra de San Luis 191
Sierras de Córdoba 192
Sierras Pampeanas 188
Siján 372

Singuil 371
Sívori, Eduardo 62
Solanas, Pino 62
Solar, Xul 62
Solís, Juan Díaz de **35,** 109
Sosa, Mercedes 56
Souvenirs 88
Spinetta, Luis Alberto 56
Sport 86
Sprachführer 98
St. Exupéry, Antoine de 167
Surfen 87
Susques 426

Tafí del Valle 391
Tafna 434
Talacasto 354
Tango 54, **58,** 140
Tauchen 87
Taxis 83
Tehuelche 35, **180,** 210
Telefonieren 96
Termas de Reyes 424
Tierra del Fuego 24, 236
Tigre 145
Tigre-Delta 144
Tilcara 427
Tincalayu 379
Tinogasta 366, **372**
Tolhuin 253
Tolombón 392
Tornquist 178
Tortolo, Adolfo 53
Touristenbüros 72
Transportmittel 80
Trekking 87
Trelew 221
Tren a las Nubes 81, **406**
Tres Cruces 432
Tres Lagos 281
Trevelín 292
Trinkgeld 92
Tucumán 384
Tumbaya 425

Umwelt 16, 27
Unterkunft 84
Uquía 429
Uriburu, José 39
Urquiza, Justo José de **38,** 440
Uruguay 157
Ushuaia 239
Uspallata 333

494

Der Haupteintrag ist **fett** hervorgehoben.